KB176865

GDP per

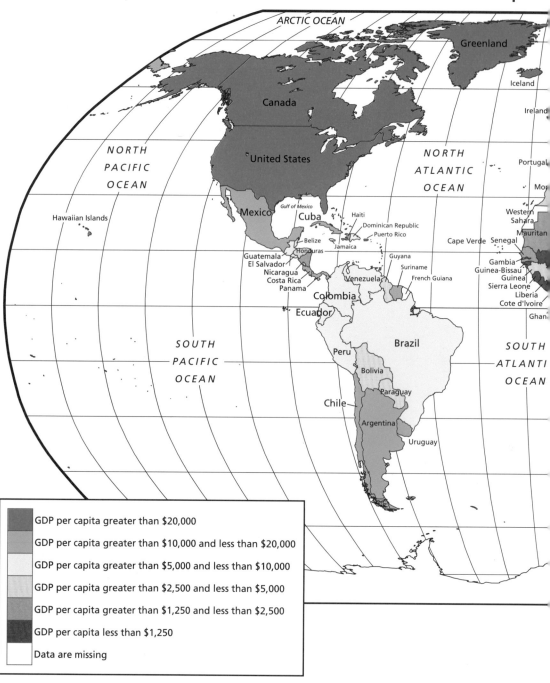

ARCTIC OCEAN

Greenland

Iceland

Ireland

Canada

NORTH
PACIFIC
OCEAN

United States

NORTH
ATLANTIC
OCEAN

Portugal

Mo

Hawaiian Islands

Mexico

Gulf of Mexico

Cuba

Haiti
Dominican Republic
Puerto Rico

Western
Sahara

Mauritan

Belize
Honduras

Jamaica

Guatemala
El Salvador
Nicaragua
Costa Rica
Panama

Venezuela

Guyana

Suriname

French Guiana

Cape Verde

Senegal

Gambia
Guinea-Bissau
Guinea
Sierra Leone
Liberia
Cote d'Ivoire

Colombia

Ecuador

Ghan

SOUTH
PACIFIC
OCEAN

Peru

Brazil

Bolivia

SOUTH
ATLANTI
OCEAN

Paraguay

Chile

Argentina

Uruguay

GDP per capita greater than $20,000

GDP per capita greater than $10,000 and less than $20,000

GDP per capita greater than $5,000 and less than $10,000

GDP per capita greater than $2,500 and less than $5,000

GDP per capita greater than $1,250 and less than $2,500

GDP per capita less than $1,250

Data are missing

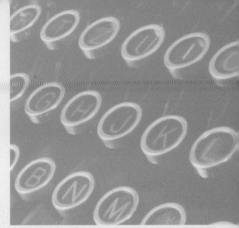
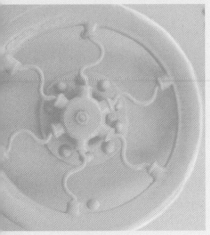

경제성장론 ^{제3판}

David N. Weil 지음 | 백웅기, 김민성 옮김

Σ 시그마프레스

경제성장론 제3판

발행일 | 2013년 3월 5일 1쇄 발행
2014년 2월 5일 2쇄 발행

저자 | David N. Weil
역자 | 백웅기, 김민성
발행인 | 강학경
발행처 | (주)시그마프레스
편집 | 우주연
교정·교열 | 백주옥

등록번호 제10-2642호
주소 서울특별시 영등포구 양평로 22길 21 선유도코오롱디지털타워 A401~403호
전자우편 sigma@spress.co.kr
홈페이지 http://www.sigmapress.co.kr
전화 (02)323-4845, (02)2062-5184~8
팩스 (02)323-4197

ISBN 978-89-97927-81-4

Economic Growth, 3rd edition

Authorized translation from the English language edition, entitled ECONOMIC GROWTH, 3rd Edition, ISBN: 0321795733 by WEIL, DAVID N., published by Pearson Education, Inc., Copyright © 2013 by Pearson Education, Inc., publishing as Addison-Wesley.

All rights reserved. No part of this book may be reproduced or transmitted in any form or by any means, electronic or mechanical, including photocopying, recording or by any information storage retrieval system, without permission from Pearson Education, Inc.

Korean language edition published by SIGMA PRESS, INC., Copyright © 2013.

이 책은 Pearson Education, Inc.와 (주)시그마프레스 간에 한국어판 출판·판매권 독점 계약에 의해 발행되었으므로 본사의 허락 없이 어떠한 형태로든 일부 또는 전부를 무단복제 및 무단전사할 수 없습니다.

*책값은 책 뒤표지에 있습니다.

ta in 2009

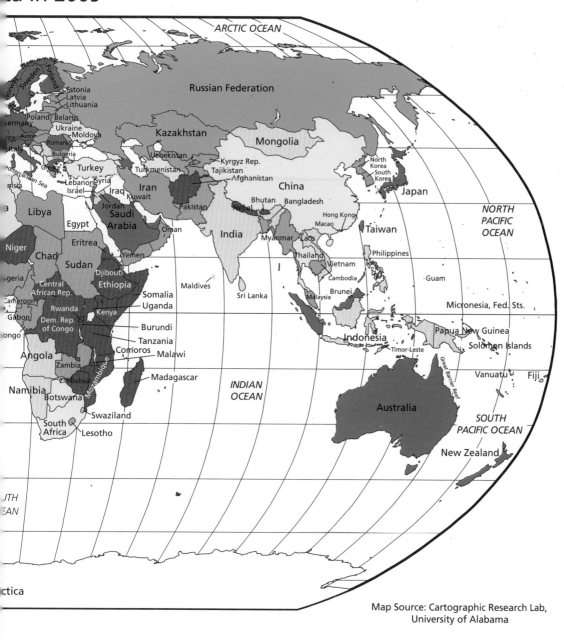

ARCTIC OCEAN

Russian Federation

Sweden
Finland
Estonia
Latvia
Lithuania
Poland Belarus
Germany
Ukraine Moldova
Italy
Romania
Bulgaria
Greece
Mediterranean Sea
Turkey
Lebanon Syria
Israel
Jordan Iraq Kuwait
Libya
Egypt
Saudi
Arabia
Oman
Niger
Eritrea
Chad Sudan Yemen
Central
African Rep. Djibouti
Ethiopia
Cameroon
Gabon Rwanda
Dem. Rep.
of Congo Kenya
Congo Burundi
Tanzania
Angola Comoros Malawi
Zambia
Zimbabwe
Namibia
Botswana
South
Africa Swaziland
Lesotho

Kazakhstan
Mongolia
Uzbekistan
Turkmenistan Kyrgyz Rep.
Tajikistan
Afghanistan China
Pakistan Bhutan Bangladesh
Nepal
India
Myanmar Laos
Thailand
Vietnam
Cambodia
Maldives
Sri Lanka
Uganda
Somalia

North
Korea
South
Korea
Japan
NORTH
PACIFIC
OCEAN
Hong Kong
Macao
Taiwan
Philippines
Guam
Brunei
Malaysia
Micronesia, Fed. Sts.
Indonesia Papua New Guinea
Timor-Leste Solomon Islands
Great Barrier Reef Vanuatu Fiji
Australia
SOUTH
PACIFIC OCEAN
New Zealand

Madagascar
Mozambique

INDIAN
OCEAN

UTH
EAN

ctica

Map Source: Cartographic Research Lab,
University of Alabama

경제성장론 제3판

노벨 경제학상 수상자인 로버트 루카스는 1993년 3월에 'Econometrica'에 발표한 "Making a Miracle"이라는 논문을 통해 1960년에 필리핀과 소득수준이 비슷하였던 한국이 1988년에는 소득이 필리핀의 3배까지 상승한 현상을 기적이라고 불렀다. 루카스는 한국과 필리핀의 경우처럼 수십 년에 걸쳐서 생활수준의 차이가 벌어지게 된 가장 주된 원인은 인적 자본에 있다고 생각했다. 구축물이나 기계 등의 물적 자본은 경제성장을 설명하는 데 보조적인 역할만 할 뿐이지만 학교, 연구기관, 생산과정이나 교역 등을 통해서 축적되는 인적 자본은 성장에 대단히 중요한 요인이라고 주장했다. 루카스의 논문이 발표된 이후 '성장의 기적'을 설명하기 위한 경제학자들의 노력이 꾸준히 이어져 오늘날에는 다양한 성장모형이 개발되었으며, 이와 관련한 경제정책들을 도입함으로써 경제성장의 발판을 마련하고자 하는 국가들이 많이 나타났다.

경제성장뿐 아니라 넓은 의미에서의 경제발전은 1980년대 이후 가장 활발한 연구가 이루어진 경제학 분야다. 그럼에도 불구하고 지난 30여 년간 축적된 연구결과를 학부 수준의 눈높이에서 집약한 적절한 교재가 개발되지 못했다. 그 동안 학부수준의 교재가 전혀 집필되지 않았던 것은 아니지만 어떤 교재는 지나치게 한 시각에서만 집필되었기 때문에 다양한 연구 성과를 담고 있지 못하며 또 다른 교재는 수리적인 표현을 너무 많이 사용해서 수학적 배경이 부족한 독자들에게는 그림의 떡에 불과했다. 이런 배경에서 경제성장에 관심 있는 사람들은 경제학 원론 수준의 지식만 가지고도 최근에 눈부시게 발전한 이 분야의 지식을 쉽게 습득할 수 있는 책이 출판되기를 염원해왔다.

2005년 애디슨 웨슬리에서 출판한 본 교재의 영문판은 이와 같은 시장수요를 충족시키기에 손색없는 책이라고 할 수 있다. 저자인 와일 교수는 현 세대의 경제학자들 중에서 경제성장에 관련한 연구를 가장 활발하게 수행하고 있는 석학인 동시에 탁월한 교육자다. 그는 1997년부터 2000년까지 세계적인 학술지인 'American Economic Review'의 편집이사를 역임했으며, 현재 'Journal of Development Economic'의 공동

편집위원장을 맡고 있으며, 브라운대학교의 경제학과 교수로서 후학들을 양성하고 있다. 지난 20년간 와일 교수의 연구를 통해 기술, 인구, 저축, 주식 및 통화정책과 성장 간의 관계가 새로이 밝혀졌으며, 세계 각국에서 활동하고 있는 그의 제자들을 통해서 이러한 연구들이 더욱 확산·발전되고 있다. 자신의 연구뿐 아니라 이 분야의 연구들을 두루 섭렵하고 있는 와일 교수야말로 일반 독자까지도 읽을 수 있는 이 분야의 전문서적을 집필하기에 가장 적합한 학자라고 생각한다.

이 책이 2005년에 미국에서 처음 출간되었을 때 독자들의 반응은 상당히 뜨거웠다. "매우 재미있는 책이다. 교과서가 그럴 수 있다는 것이 놀랍다(This is a fascinating book, and that is an amazing achievement for a textbook)." "학생들에게 경제성장이라는 흥미로운 분야를 소개하기 위해 이보다 더 나은 방법이 있을지 모르겠다(I cannot imagine a better way of introducing students to the fascinating field of economic growth)." 이상과 같은 아마존의 독자평을 보면 지금까지 어려운 수학이나 전문용어를 통해서만 가르쳐지던 경제성장이 이제는 학부생까지도 쉽게 이해할 수 있는 수준의 책으로 출판되었다는 사실이 교육자의 입장에서는 반가운 일이 아닐 수 없다. 사실 출판사로부터 처음 번역의뢰를 받았을 때는 다른 일에 쫓겨 예정한 날짜까지 번역을 맞출 수 있을지 걱정이 많았다. 그러나 번역회의를 할 때마다 역자들은 이 책 내용의 탁월함에 사로잡혀 힘들더라도 반드시 출판예정일에 맞춰서 번역을 완료해야 한다고 다짐했다.

이 책이 특별한 또 하나의 이유는 사회가 직면하는 수많은 문제들이 어떻게 경제성장과 관련되어 있는지를 다양한 각도에서 보여 주고 있다는 것이다. 이 책은 최근 우리 경제가 글로벌 경제위기를 당하면서 현안으로 떠오른 성장잠재력의 확충, 저출산·고령화 문제를 비롯하여 기술, 문화, 지리, 기후, 환경, 보건, 천연자원, 경제정책과 제도 등의 요소가 경제성장과 어떻게 연결되어 있는지를 명쾌하게 설명해주고 있다. 이러한 이유로 우리는 이 책이 대학의 교재로 사용되는 것을 넘어서 기업과 정부의 각 부처, 연구기관 등에서도 널리 읽히게 되어 한국 경제의 성장 잠재력을 키우고 실현하는 데 도움이 되기를 바란다.

이 책을 번역할 기회를 주신 (주)시그마프레스에 감사드리며 저자의 뜻을 제대로 전달하지 못한 부분이 있다면 그 책임은 전적으로 역자들에게 있음을 밝혀둔다. 강사들 중 출판사에 신청해 주신 분들께 본문의 표와 그림을 모아 파워포인트 파일로 제공하니 많은 이용 바란다. 끝으로, 잦은 야근과 주말 근무를 이해해 준 가족들에게 감사의 마음을 전한다.

역자 일동

20 05년에 출간한 Economic Growth의 한국어판 서문을 쓰게 된 것을 영광스럽고
도 기쁘게 생각한다. 학자로서 나의 저서가 널리 읽히는 것보다 더 기쁜 일도
없을 것이다. 따라서 내 책이 수백만의 새 독자들에게 다가갈 수 있도록 번역된다는
것은 만족스러운 일일 수밖에 없다. 하지만 한국어판이 나오게 된 것은 특별히 더 흡
족한 일인데 그것은 경제성장을 연구하는 경제학자에게 한국만큼 흥미로운 나라도 없
기 때문이다.

한국이 빈곤을 극복하고 풍요를 누리게 된 것은 20세기의 가장 특이하고 신비로운
사건들 중 하나다. 1960년과 2000년 사이에 한국의 1인당 GDP는 10배 이상으로 증가
했다. 같은 기간 중에 다른 나라의 1인당 GDP의 변화와 비교해 보면 미국에서는 2.7
배 증가했고 일본에서는 5.4배 증가했다. 한국 사회는 경제성장과 함께 지각변동에 비
견되는 변화를 겪었다. 성인인구의 평균 학력은 3배(여성의 경우는 4배) 이상으로 높
아졌다. 1960년 당시 한국 인구의 72%는 농촌인구였다. 2004년에 이르러서는 인구의
81%가 도시에 거주하게 되었다. 1960년에 GDP의 15%에 불과했던 국제무역이 2000년
에는 GDP의 78%에 이르렀다. 1960년 당시에는 신생아의 12.7%가 다섯 살을 넘기지
못하고 사망하였으나 오늘날 그 비율은 0.5%도 되지 않는다. 요즘 한국 대학생의 신장
은 식량이 부족했던 시기에 자랐던 그들의 조부모들보다 훨씬 크다.

고도성장을 경험한 아시아의 다른 나라들과 비교해 보아도 한국은 독특하다. 한국은
홍콩이나 싱가포르와 같은 도시국가가 아니다. 한국의 경제성장은 일본에 비해 훨씬
뒤에 시작되었지만 빈곤으로부터 번영으로의 이행기간은 훨씬 짧았다. 물론 중국에서
현재 일어나고 있는 폭발적인 성장은 한국이 이룩한 것보다 더 빠른 속도로 그리고 훨
씬 더 많은 사람들에게 일어나고 있지만, 아직 소득 수준은 한국에 비하면 그 근처에도
미치지 못한다.

한국의 보기 드문 경제적 성공은 성장을 연구하는 경제학자들의 관심을 끈 지 오래

다. 우리는 모두 한국의 고도성장을 가능하게 한 특별한 무언가가 있다는 것을 감지하고 있지만 그것이 무엇인지에 대해서는 합의를 이루지 못하고 있다. 경제성장의 연구자들의 뇌리에 자리 잡고 있는 한국의 특별한 지위는 내가 쓴 교과서 곳곳에 한국이 등장한다는 것만 봐도 알 수 있다. 한국은 저축률, 건강 수준, 문화, 소득분배, 정부의 산업정책 등을 비롯한 다양한 논의에서 중요한 예로 언급된다. 만약 책을 더 길게 쓸 수 있었더라면 식민지 경험과 금융위기의 경제적 영향과 같은 주제를 다루면서 한국에 관한 상세한 논의를 하였을 것이다.

이러한 관심에도 불구하고 경제학자들은 아직 한국의 경제성장의 비밀에 대해 제대로 이해하지 못하고 있으며 한국의 경험에 기초하여 다른 나라에 적용할 수 있는 처방을 개발해 내는 일은 더욱 더 요원하다. 문제는 관찰된 자료는 하나밖에 없는데 이에 관한 다양한 이론이 존재한다는 것이다. 한국은 고유한 역사를 가지고 있다. 문화도 그렇고 정부가 취한 산업정책도 심지어 기후도 고유하다. 노벨상을 수상한 경제학자 로버트 루카스가 말하였듯이 "어떤 사회에게 단순히 '한국 모델을 따르라'고 조언하는 것은 어떤 점에서는 야심에 찬 농구선수에게 '마이클 조던 모델을 따르라'고 조언하는 것과 비슷하다." 그렇다고 우리가 한국의 경제성장의 비밀을 영원히 이해하지 못할 것이라는 말은 아니다. 다만 아직은 해결되지 않은 문제로 남아 있다는 것뿐이다. 과연 한국의 성장에 대해 제대로 설명하지 못하고 있다는 사실 자체가 그만큼 그것을 흥미로운 연구 대상으로 만드는 것이다.

이 책에서 줄곧 강조하고 있듯이 여기서 내가 제시하는 아이디어들의 대다수는 내가 새로 만든 것이 아니다. 경제학 연구는 자료를 모으고 새로운 모형을 제시하며 가설을 검정하고 서로의 연구 결과를 비평하고 확장하는 수천 명의 학자들이 함께 하는 협력 사업이다. 나는 이 책의 독자들 중 일부가 고무되어 이와 같은 공동 노력에 동참해 주기를 바란다. 어쩌면 이 번역판의 독자들 가운데 누군가가 마침내 한국의 경제성장의 비밀을 해독해 낼지도 모르는 일이다.

끝으로, 나는 번역자들에게 감사의 뜻을 표하고자 한다. 나의 책을 번역할 만큼 중요한 것이라고 이 학자들이 생각해 준 사실이 나에게는 큰 찬사이며 번역판이 나올 수 있도록 그들이 쏟은 열정에 감사한다.

데이비드 와일

제3판의 새로운 점

세계 경제는 빠르게 진화하고 있으며, 그만큼 경제성장 분야의 연구도 발전하고 있다. 세계 경제와 경제성장이라는 두 가지 측면에서 발생한 변화를 반영하기 위해서 교과서를 개정하였다.

- 이 책에 사용한 방대한 데이터를 업데이트하였다. GDP 데이터는 펜월드테이블 버전 7.0(Penn World Tables v7.0)에서 얻었다. 제1장부터 제7장까지의 분석 기간을 1975~2009년으로 조정하였다. 제1판에서는 1960~2000년, 제2판에서는 1970~2005년이었다. 인적 자본, 이동성, 불평등도에 관한 데이터는 새로운 자료를 활용하거나 최신 자료를 사용하였다. 다른 여러 가지 시계열 자료들도 기간을 확장하였다.
- 무작위대조군시험(randomized controlled trials, RCT)에 관한 자료가 체계적으로 책 전체에 걸쳐 포함되었다. 제2장에서는 추론의 맥락에서 RTC 논의를 시작했으며, 제4장과 제6장에서는 연구에 활용된 RTC의 활용 사례를 소개하였고 각 장의 연습문제에서 좀더 논의할 수 있도록 하였다.
- 제12장에 새로운 절을 삽입하였는데, 시민 폭력과 경제성장 간의 관계에 관한 내용이다.
- 제8장에도 새로운 절을 하나 추가하였는데, 특허 및 다른 형태의 지적재산권보호에 관한 내용이다.
- 제17장의 이스터린의 역설(Easterlin paradox)은 새로운 연구로부터 도출된 결과를 반영하여 개정하였다.
- 미국의 세대 간 이동성, 국가 간 이동성 비교, 이동성에 대한 인식의 차이 등에

관한 새로운 데이터를 추가하였다.

- 사회적 자본, 출산율에 대한 문화의 입장, 여성 문제 등에 영향을 미치는 언론의 역할에 관한 새로운 데이터를 제14장에 추가하였다.
- 전 세계 온도에 관한 새로운 그림, 정부 소유의 은행, 피크오일, 천연자원의 가격, 기업의 생산성과 규모 간의 상관관계가 국가마다 다른 까닭, 채굴산업투명성기구 (Extractive Industries Transparency Initiative, EITI)에 관한 새로운 자료들이 추가 되었다.

여기에 더하여 제3판에서는 십여 군데에서 본문 해설의 일부로 새로운 연구 결과들을 활용하였다. 또한 책 전체적으로 수많은 정보들이 업데이트되었다. 2000년대 후반에 발생한 대침체와 같은 최근 사태도 내용에 포함되어 있다.

연구 분야로서의 경제성장

경제성장은 마음을 끌어당기는 주제다. 당신은 신문을 읽거나 세계 이곳저곳을 다닐 때마다 국가 간의 생활수준 차이가 왜 이렇게 심해졌는지 의아해할 것이다. 또한 지구 상의 여러 나라에 사는 수많은 사람들의 소득은 늘지 않는 데 반해, 10억이 넘는 인구를 가진 중국은 불과 한 세대만에 빈곤을 극복해 가고 있다는 사실이 무척 놀라울 것이다. 우리가 우리 조부모에 비해 잘 사는 만큼 우리 손자들도 우리에 비해 그만큼 잘 살 것인지 의문을 가지지 않을 수 없다.

경제학자들은 이 주제에 관해 오랫동안 생각해 왔다. '왜 어떤 나라는 다른 나라에 비해서 더 잘사는가'라는 수수께끼는 애덤 스미스(Adam Smith)의 저서 『Inquiry into the Nature and Causes of the Wealth of Nations』(1776)라는 제목에 잘 나타나 있다. 왜 어떤 나라는 부유하지만 어떤 나라는 가난한가, 왜 어떤 나라는 빠르게 성장하지만 어떤 나라는 천천히 성장하는가라는 논제는 경제학 연구에서 빠진 적이 없었다. 그러나 이런 논제들은 제2차 세계대전 이후에 몇 개의 분야로 나누어져 연구되었다. 경제성장에 대한 이론적 논의는 거시경제학의 일부가 되었으며 가난한 나라에 관한 연구는 경제발전론, 생산성 증가에 관한 연구는 산업조직론 분야에서 수행되었다. 한편 오늘날의 부유한 국가가 발전해 온 길에 관한 연구는 경제사에 편입되었다.

지난 30여 년에 걸쳐서 경제성장은 독립적인 경제학 분야로 다시 등장하게 되었다. 이 분야가 얼마나 급속하게 팽창해 왔는지 감을 잡기 위해서 1981년부터 2010년까지

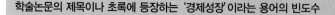

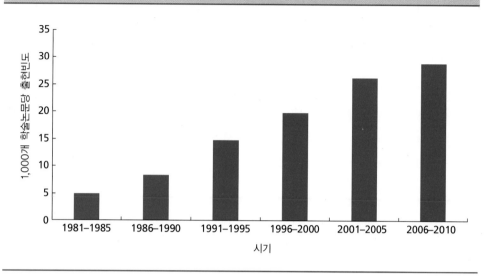

Econlit(경제학 문헌) 데이터베이스에 포함되어 있는 경제학 학술지에 수록된 논문의 제목이나 초록에 경제성장(economic growth)이라는 용어의 출현빈도를 조사해 보았다. 위의 그림을 보면 이 기간 중에 출현빈도는 6배가량 증가하였다. 경제성장에 관한 논문 수가 크게 증가하였는데, 이는 경제성장이라는 주제를 다루는 대학원 교과목수와 연구자수가 늘어났기 때문이다. 이제 다른 분야의 일부가 아닌 독자 분야로서의 경제성장을 연구하는 경제학 박사 세대가 탄생한 것이다.

　본질적으로 연구방향이 서로 다른 연구들을 경제성장이라고 하는 단일 분야에 융합시킨 것은 경제학이 지난 30년에 걸쳐서 이룩한 가장 놀라운 지적 쾌거였다. 이것은 연구실적물을 단순히 재배열하는 것 이상이었다. 왜 어떤 나라는 다른 나라보다 잘살며, 왜 어떤 나라는 다른 나라보다 빨리 성장하는지 등과 같은 오래된 과제에 관하여 새로운 이론과 새로운 데이터와 새로운 통찰력이 집중되었다. 이 중에서 오래된 이론과 새로운 이론으로 구성된 뼈대 위에 실증분석의 살을 붙이는 과정이라고 할 수 있는 새로운 데이터의 적용이 특히 중요했다.

목표와 대상 독자

이 책은 급속히 증가하고 있는 경제성장 분야의 문헌을 종합하기 위해서 기획되었다. 최근 연구에서 방대한 양의 새로운 사례, 데이터, 분석적인 시각 등이 형성되었다. 이런 새로운 자료를 가지고 하나의 일관된 지적 구조를 만들어 낸다면 학생들로 하여금 이 분야의 지식을 더욱 쉽게 습득할 수 있도록 할 뿐만 아니라 미래의 연구를 위한 새로운 길도 제시할 수 있다.

나는 방대한 문헌을 종합하는 작업 외에도 다양한 배경을 지닌 독자들이 쉽게 접근할 수 있는 방식으로 경제성장에 관한 연구물들을 발표해 왔다. 이 책은 경제원론 수준의 사전지식이 필요하며 교과서 본문을 이해하기 위해서는 미적분학이 필요하지 않다(그러나 어떤 장에 덧붙인 수학 부록과 웹사이트에서 다운로드가 가능한 고급 모듈에서는 수학적 성향을 가진 교수를 위하여 엄밀하게 설명하였다). 이 책은 다음과 같은 교과목에 적합하다.

- **학부과정의 경제성장론** 연구의 중점을 경제성장에 두고 있는 교수들은 지금까지 학부과정에서 자기들의 관심분야를 강의할 수 없었다. 왜냐하면 지금까지 어느 누구도 전문적 수준에서 작성된 연구결과물들을 학부용 교재로 다시 만드는 작업을 떠맡지 않았기 때문이다. 그렇지만 이제는 이 책으로 강의가 가능하다.
- **학부과정의 경제발전론** 많은 경제발전 학자들은 표준모형이나 한 나라의 미시경제 데이터에서 도출한 결과 등을 포함해서 이 책이 그들의 관점에 딱 맞는다는 것을 알게 될 것이다. 실제로 이와 같은 경제발전 학자들은 이 책이 '경제발전'이라는 표제의 교과서보다 오히려 그들의 관점에 더 잘 부합한다고 생각할 것이다.
- **고급거시경제학** 거시경제학자들은 경제성장은 물론 거시경제학의 다른 연구 주제들을 포함하는 고급거시경제학 과정의 부교재로 이 책을 사용해도 좋다.
- **응용계량경제학** 스태타(Stata) 혹은 엑셀(Excel)을 사용하는 응용계량경제학을 위한 기초로서 이 책을 온라인 데이터 및 해밀턴대학교의 앤 오웬(Ann Owen)이 만든 방대한 온라인 실습 매뉴얼과 함께 사용할 수 있다.
- **경제발전론 연구, 개발정책론 혹은 공공정책론** 좋은 보충교재를 함께 사용한다면 이 책은 광범위한 주제를 다루는 학부나 석사과정의 경제발전론 연구, 개발정책론 혹은 공공정책론 과정의 교재로 사용해도 좋다.
- **박사과정** 박사과정에 개설된 경제성장론, 경제발전론, 거시경제학을 공부하기 위해서 이 책을 읽으면 광범위한 문헌과 핵심 이슈를 신속하게 파악할 수 있다. 또한 이 책은 교수들은 물론 학생들에게 개인연구를 수행할 수 있도록 일관된 틀을 제공한다.

내용과 구성

제1부에서는 두 장에 걸쳐 설명할 사실들과 분석의 틀을 소개한 후 다음과 같이 세 부에 걸쳐 본론을 전개한다.

- 제2부 생산요소 축적(3~6장) 제2부에서는 물적 자본, 교육과 건강을 모두 포함하는 인적 자본과 인구증가를 살펴본다. 생산요소의 축적을 결정하는 요인뿐만 아니라 생산요소의 축적이 국가 간의 소득 차이를 어느 정도까지 설명할 수 있는지 연구한다. 이 부분에서는 산출량을 결정하는 데 있어서 생산요소의 역할에 관한 정량분석에 큰 비중을 둔다.
- 제3부 생산성(7~11장) 제3부는 제7장의 성장회계분석부터 시작한다. 여기서는 국가 간 소득과 성장의 차이를 설명하는 데 있어서 생산성 수준과 성장률 변화의 중요성을 보여준다. 이어서 제8장과 제9장에서는 기술을 분석하는데, 제8장은 주로 국가 간 기술수준의 차이를 살펴보고 제9장은 첨단기술 발전의 결정요인에 초점을 맞춘다. 마지막 두 장에서는 경제제도와 세계 경제에 대한 자국경제의 개방이 경제운영의 효율성에 어떠한 영향을 미치는지 살펴본다.
- 제4부 경제의 근본요인(12~16장) 제4부의 다섯 개 장에서는 국가 간 생산요소 축적과 생산성의 차이를 만들어 내는 근본적인 결정요인을 자세히 조사한다. 여기서는 정부, 소득불평등, 문화, 지리, 기후 및 천연자원 등의 요인을 검토한다.

소득의 차이를 만들어 내는 직접적 결정요인으로부터 시작하여, 이 요인들을 설명하기 위한 근본적 결정요인을 찾아내는 접근방식은 학부생들의 머릿속에 명확한 분석 구조를 넣어 주는 동시에 상당히 많은 양의 정보와 분석을 이해할 수 있도록 해 준다. 또한 이 접근방식은 경제성장이 지난 30년 동안 발전해 온 길을 그대로 따라간다. 경제성장을 연구하는 학자들은 생산요소의 축적에서 시작하여 생산성의 기술적인 측면과 비기술적인 측면을 거쳐 지금은 경제성장의 직접적 결정요인의 밑바닥에 깔려 있는 근본적인 결정요인을 탐색하는 데로 관심을 옮겨왔다.

선택적 교수요목

담당교수가 경제성장론 자체에 더 관심이 많다면 이 책의 마지막 주제인 경제성장의 근본결정 요인 중에서 일부 혹은 전부를 생략해도 괜찮다. 이런 사람들은 웹사이트에서 얻을 수 있는 고급과정의 수학적 '모듈'과 이 책의 부록에 초점을 맞추는 것이 좋다.

개발정책에 특별한 관심을 가지고 있는 교수들은 제3부의 일부(특히 효율과 개방에 관한 제10장 및 제11장)와 제4부가 가장 중요하다고 생각할 것이다. 이 사람들은 제3장과 제7~9장을 빠르게 훑고 지나가는 것이 좋다.

기술적인 내용을 제외하고자 하는 교수는 다음 두 가지 중에서 하나 혹은 모두 생략해도 이 책이 제시하는 구조를 손상시키지 않는다. (1) 솔로우 모형과 모형의 정량적 함의가 포함된 4.2절, 5.2절의 전반, 6.3절과 제3장 및 제7장 전체, (2) 기술진보와 스필오버(spillover)의 공식적 모형이 포함되어 있는 8.3절과 제9장 전체다.

제5장은 미래의 인구추세에 관한 내용으로 다른 장의 내용과는 독립되어 있기 때문에 생략해도 강의의 연속성을 잃지 않는다. 제16장 역시 세계 전체의 자원과 환경에 관한 독립적인 내용을 수록하고 있기 때문에 생략할 수 있다.

교수가 웹사이트에 링크되어 있는 많은 데이터 출처를 비롯하여 웹사이트에 있는 데이터 분석 도구 및 앤 오웬의 실습 매뉴얼을 활용하는 실증분석 과제를 학생들에게 부과하는 경우에는 진도를 천천히 나가는 것이 좋다.

주요 특징

- **풍부한 데이터** 이 책에 소개한 모형의 동기를 설명하거나 예시하기 위해서 출산율부터 질병환경, 법치, 소득불평등에 이르기까지 다양한 특성을 보여 주는 국가 간 횡단면 자료를 사용한다. 그뿐만 아니라 가계와 마을 단위에서 수집한 데이터, 무작위대조군과 자연 실험 등으로부터 얻은 결과도 광범위하게 활용한다.

- **탄탄한 이론 틀** 단순하지만 탄탄한 이론 틀은 학생들로 하여금 경제성장에 영향을 주는 여러 가지 요인들이 어떻게 서로 조화를 이루어 성장을 설명해 가는지에 관한 개념을 잡도록 도움을 준다.

- **정량적 성향** 교과서 전체를 통해서 학생들에게 어떻게 생각을 뛰어 넘을 수 있는지 보여 준다. "x가 성장에 영향을 주는가?" 대신에 "x가 어느 정도까지 성장에 영향을 주는가?"라는 질문을 던진다.

- **최신내용** 교과서 내용은 무척 빠르게 발전하고 있는 경제성장 분야의 최근 연구를 포함하고 있다. 표와 그림이 담고 있는 데이터는 가장 최근의 자료다.

교육보조자료

- 제2장은 생생한 비유 형식으로 이 책의 구조를 제시한다. 각 부와 각 장의 서론은 학생들에게 이 책의 전반적인 구조를 상기시켜 준다.
- 각 장에서 특별한 주제를 다루는 BOX 안에는 독립적인 예제와 연구논의가 포함되어 있다.
- 여러 장에 딸려 있는 수학 부록과 웹에서 다운로드가 가능한 '모듈'은 본문의 내용을 엄정하게 도출하는 과정과 확장된 내용을 제공한다.
- 각 장은 핵심용어, 복습문제, 연습문제로 마친다. 여백에 표기되어 있는 아이콘은 컴퓨터나 계산기와 미적분이 필요한 문제들이다.
- 이 책의 마지막에 수록되어 있는 용어해설에는 모든 핵심용어를 정의하였다.

온라인 추가자료

이 책의 웹사이트 www.pearsonhighered.com/weil은 학생들에게 이 과목을 풍부하게 경험하도록 하기 위해 여러 가지 내용을 제공한다. 온라인 데이터 플로터, 해밀톤대학교의 앤 오웬 교수가 만든 랩 연습문제, 웹 링크, 교과서의 모든 그림과 표가 담긴 파워포인트 슬라이드 등이 자료에 포함되어 있다.

교수들을 위해서는 해답집을 온라인으로 제공한다. 저자인 와일 교수가 직접 작성한 해답집은 교과서에 나오는 모든 연습문제에 대한 풀이를 제공한다. 이번 제3판의 해답집은 교수들을 위해 추가 문제와 해답도 제공한다. 웹사이트(www.pearsonhighered.com/irc)에 접속해서 다운로드 받으면 된다.

감사의 말

나는 이 책을 쓰면서 많은 도움을 받았다. 브라운대학교의 동료 학자들 중에서 오데드 갈로어(Oded Galor), 피터 하우잇(Peter Howitt), 로스 레빈(Ross Levin), 루이스 퍼터만(Louis Putterman), 허쉘 그로스만(Herschel Grossman), 엔리코 스폴라오레(Enrico Spolaore), 버논 헨더슨(Vernon Henderson), 앤드루 포스터(Andrew Foster), 토비 페이지(Toby Page)와 수잔 쇼트(Susan Short)는 자신의 시간과 통찰력을 아낌없이 쏟아 부어주었다. 이밖에도 나는 빅터 래비(Victor Lavy), 죠램 메이샤(Joram Mayshar), 오머 모아브(Omer Moav)와 애비 심천(Avi Simchon)(모두 히브리대학교), 필립 애기온 (Philippe Aghion)(하버드대학교), 엘리스 브레지스(Elise Brezis)(바 일란대학교), 야코 프 하자노프(Yaakov Khazanov)(벤 구리온대학교), 이종화(고려대학교), 케빈 오루키 (Kevin O'Rouke)(더블린의 트리니티대학교), 스티브 패런티(Steve Parente)(일리노이 대학교), 마이클 스패갓(Michael Spagat)(런던의 왕립 할로웨이대학교), 죠아킴 스팀 (Joakim Stymne)과 크리스 웨버(Chris Weber)(시애틀대학교)를 비롯한 여러 동료들로 부터 대단히 유익한 도움을 받았다. 그렉 맨큐(Greg Mankiw)는 내게 경제학을 연구하 는 방법을 가르쳐 주었으며 교과서 집필의 모형이 되기도 했다. 아린담 찬다 (Areendam Chanda), 세브넴 칼렘리-오즈칸(Sebnem Kalemli-Ozcan), 제임스 페이러 (James Feyrer), 렌나트 에릭슨(Lennart Erickson), 마이클 저마노우스키(Michal Jerzmanowski), 필 가너(Phil Garner), 채드 뎀나리스트(Chad Demarest), 제프 브라운 (Jeff Brown), 맬하 나바(Malhar Nabar), 애드리엔 루카스(Adrienne Lucas), 덕 박(Doug Park)와 앨라카 홀라(Alaka Holla) 이샤니 테와리(Ishani Tewari), 조슈아 월드(Joshua Wilde), 이사벨 테쿠(Isabel Tecu), 모모타주르 라만(Momotazur Rahman)과 아담 스토 어가드(Adam Storegard)를 비롯하여 수 세대에 이르는 브라운대학교의 대학원생들은 연구조교나 검토자 혹은 이 두 가지 역할을 모두 감당하기 위해 차출되었다. 나는 토 마스 벤슨(Thomas Benson), 수잔 군내스티(Susan Gunasti), 닉 애드바니(Nick Advani), 새랭가 생가카라(Saranga Sangakkara), 네이싼 마커스(Nathan Marcus), 캉 구 엔(Khang Nguyen), 가우리 카르티니 새스트리(Gauri Kartini Shastry), 애미야 밸세카 (Ameya Balsekar), 제시카 욘존(Jessica Yonzon), 제프리 캉(Jeffrey Kang), 메리 브라이 스 밀레(Mary Bryce Mille)를 비롯하여 여러 명의 학부 연구조교들의 도움을 받았다. 브라운대학교, 하버드대학교 및 히브리대학교의 학생들은 내가 초고를 들고 가르치는 것을 지켜보는 즐거움을 누렸다. 제3판을 준비하면서 파티마 애퀼(Fatima Aqueel), 마 틴 피스츠바인(Martin Fiszbein), 에반 프리드만(Evan Friedman)과 다니엘 프린쯔 (Daniel Prinz)로부터 엄청난 도움을 받았다.

또한 나는 아래 기록한 분들께서 제공한 상세한 논평을 통해 커다란 도움을 받았다.

Daron Acemoglu, *Massachusetts Institute of Technology*

Marcellus Andrews, *Columbia University*

Susanto Basu, *Boston College*

Charles Bischoff, *Binghamton University*

Henning Bohn, *University of California, Santa Barbara*

Patrick Coe, *Carleton University*

Steve Colt, *University of Alaska, Anchorage*

Brad DeLong, *University of California, Berkeley*

Eric Fisher, *California Polytechnic State University*

Terry Fitzgerald, *Federal Reserve Bank of Minneapolis*

Gerhard Glomm, *Indiana University*

Jonathan Haughton, *Suffolk University*

Harvey James, *University of Missouri, Columbia*

Louis D. Johnston, *College of Saint Benedict, St. John's University*

Barry Jones, *Binghamton University*

Louise Keely, *University of Wisconsin, Madison*

Peter Klennow, *Stanford University*

Steve Knack, *The World Bank*

Gregory A. Krohn, *Bucknell Univesity*

Jong-Wha Lee, *Korea University*

Ross Levine, *University of Minnesota*

Bernard Malamud, *University of Nevada, Las Vegas*

Jenny Minier, *University of Kentucky*

Oliver Morand, *University of Connecticut, Storrs*

Malhar Nabar, *Wellesley College*

Ann Owen, *Hamilton College*

Chris Papageorgiou, *International Monetary Fund*

Pietro Peretto, *Duke University*

Diego Restuccia, *University of Toronto*

James Robinson, *Harvard University*

David Romer, *University of California, Berkeley*

William Seyfried, *Rollins College*

Peter Solar, *Vesalius College*

Kevin Sylwester, *Southern Illinois University, Carbondale*

Robert Tamura, *Clemson University*

John Tang, *University of California, Berkeley*

Jonathan Temple, *University of Bristol*

Akila Weerapana, *Wellesley College*

Larry Westphal, *Swarthmore College*

Mark Wright, *University of California, Los Angeles*

Randall Wright, *University of Pennsylvania*

Darrell Young, *University of Texas, Austin*

Lester A. Zeager, *East Carolina University*

이미 거명한 바와 같이 직접적인 기여를 한 분들 외에도 나는 경제성장을 연구하고 있는 많은 학자들에게 감사의 빚을 졌다. 나는 지난 25년 동안 한 분야에서 연구할 수 있는 특권을 부여받았는데, 알프레드 마샬(Alfred Marshall)이 기록했듯이 이 분야에는 "훌륭한 연구가 정확하게 인정을 받으며, 새로운 것이나 개선된 것을 곧바로 논의한다는 장점이 있다. 만약 어떤 사람이 새로운 아이디어를 창출해 내면 다른 사람들도 이 아이디어를 흡수하고 자신들의 제안과 결합시킨다. 따라서 그것은 더욱 새로운 아이디어의 원천이 된다."라는 특징이 있다. 이 책에서 소개한 많은 아이디어들은 학회나 세미나에서 논의되고 있는 것으로 아직 공식적으로 정리되지 않은 내용에서 뽑아낸 것들이다. 국가경제조사국(NBER)은 대단히 많은 아이디어들을 일깨워 주는 장소이기 때문에 특별히 언급할 가치가 있다.

나는 이 책의 초고를 기본 자료로 열심히 사용했던 몇몇 교수들과 학생들에게도 도움을 받았다. 활발하게 이 교재를 가르치고 배우는 과정에서 나온 의견들은 '현장으로부터'의 목소리이기 때문에 내가 여러 가지로 이 책의 설명을 개선하는 데 도움을 주었다. 나는 생카 차크라보티(Shankha Chakraborty)(오레곤대학교), 패트릭 코(칼튼대학교), 테리 피제랄드(Terry Fitzgerald)(미니애폴리스 연방준비은행), 배리 존스(Barry Jones)(빙햄튼대학교), 앤 오웬(Ann Owen)(해밀톤대학교), 피터 솔라(Peter Solar)(베살리우스대학교)와 로버트 타무라(Robert Tamura)(클렘슨대학교)에게도 감사드린다.

출판사 직원들과 함께 일한 것은 대단한 경험이었다. 이 책의 제1판 작업을 함께 했던 분들께도 계속 감사드린다. 제작과정에서 편집을 맡은 실비아 맬로리(Sylvia Mallory)와 제인 터프스(Jane Tufts), 데니스 클린톤(Denis Clinton), 낸시 펜톤(Nancy Fenton), 디자인을 담당한 지나 하겐 콜렌다(Gina Hagen Kolenda), 웹사이트를 담당한

멜리사 호니그(Melissa Honig), 출판을 맡은 엘름 스트리트 출판사(Elm Street Publishing Services)의 헤더 존슨(Heather Johnson)에게 특별히 감사드린다. 제2판 출간을 위해서 다른 팀이 수고했다. 노엘 사이베르트(Noel Seibert)가 편집장으로 팀을 리드했으며 캐더린 디노보(Kathryn Dinovo)는 출판의 전 과정을 꼼꼼히 챙겨주었으며, 엘름 스트리트 출판사의 에밀리 프릴(Emily Friel)은 제2판의 디자인을 멋지게 해 주었으며, 킴 니콜스(Kim Nichols)는 제작 업무를 수행했다. 제3판 출판을 위해서는 편집장인 린제이 론(Lindsey Loan)과 출판 책임자인 캐스린 디노보(Kathryn Dinovo)에게 감사드린다. 또한 인테그라사(전 엘름스트리트 출판사)의 크리스틴 조비(Kristin Jobe)에게도 고마움을 표한다.

나의 아내이자 동료인 레이첼 프리드버그(Rachel Friedberg)에게 가장 깊이 감사드린다. 내게 학술지 논문과 같은 표준화된 출판물의 범위를 넘어선 것을 만들어 보라고 처음 권한 사람은 레이첼이었다. 아내는 이 프로젝트의 모든 단계에 기여했지만, 아내의 제안 덕분에 독자들은 이제 화려한 테크닉이 담겨 있는 페이지와 핵심에서 벗어나는 곁가지 논의를 더 이상 볼 수 없게 되었다. 내게 더욱 소중한 것은 레이첼이 나와 함께 행복한 결혼생활과 집안을 꾸려왔으며 내가 이 책의 구상을 가다듬는 지난 5년의 세월 동안 세 명의 자녀를 낳았다는 사실이다.

요약 차례

제 1 부 …… 개관

제 2 부 …… 요소축적

제4장 인구와 경제성장 / 93

제5장 미래의 인구추세 / 137

제 ③ 부 ‥‥‥ 생산성

제 ❹ 부 ······ 경제의 기본요인

제12장 ▶ 정부 / 371

제13장 ▶ 소득불평등도 / 409

제 **5** 부 ······ 결론

제17장 우리가 배운 것과 앞으로 남은 과제 / 565

개관

국민소득, 건강 또는 물질의 소유 중에서 어느 것으로 측정하든지 오늘날의 세계는 부유한 나라와 가난한 나라 간의 생활수준 차이가 엄청나게 크다. 이 책의 제1부에서는 이런 차이에 관하여 여러 가지 데이터를 살펴본다. 또한 생활수준의 심한 차이를 초래한 국가 간 경제성장률의 다양한 경험도 알아본다. 왜 어떤 나라는 부유한 반면에 어떤 나라는 가난한지, 그리고 왜 어떤 국가는 빠르게 성장하는 반면에 다른 국가는 느리게 성장하는지에 관한 문제들이 이 책 전체에 걸쳐 우리를 사로잡을 것이다.

제 1 장

설명해야 할 사실들

우리는 빈부가 공존하는 세상에 살고 있다. 지구에 거주하고 있는
70억 명의 사람들은 엄청나게 서로 다른 경제적 여건 아래 살
아가고 있다. 개발도상국(개도국)에 사는 9억 2,500만 명의 사람들
은 식량부족을 겪고 있으며, 8억 8,400만 명의 사람들은 안전한 식
수를 얻지 못하며, 25억 명은 위생설비를 이용하지 못한다. 5세 이하의
어린이들 가운데 약 5,000명이 수질오염 때문에 매일 죽어가고 있다. 한편 선진국에서
는 주요 건강문제가 음식물 과다섭취로 생긴 질병이지, 기아로 생긴 질병이 아니다.
UN이 인적 개발(human development) 상위국으로 분류한 나라에 사는 21억 명의 사
람들은 출생 시점의 기대수명이 76세이며, 인적 개발 중위국에 사는 36억 명의 기대수
명은 69세, 인적 개발 하위국에 사는 11억 명의 기대수명은 56세이다.[1]

> 집은 돌로 짓는 것처럼 과학은
> 사실들로 구성한다. 그러나 돌무더기가
> 집이 아니듯이 사실들만 모아 놓았다고
> 과학이 될 수는 없다.
>
> ─헨리 포앙카레

이와 같은 생사문제가 아니더라도 사람들의 생활수준 차이는 현저하다. 2008년에 호
주의 평균 승용차 보유대수는 인구 1,000명당 687대였다. 그러나 방글라데시에서는 2
대였다. 세계 인구의 11%에 해당하는 사하라 남부 아프리카는 2003년도에 세계 전력
의 2.3%만을 사용했다. 반면에 세계 인구의 4.6%에 해당되는 미국은 26%를 사용했다.
가장 부유한 국가군에 거주하고 있는 전 세계 1/5의 사람들이 전 세계 소득의 60%를
점하고 있다. 세계은행은 11억 명의 사람들이 하루 1달러 미만의 소득으로 연명하고

---

1) United Nations(2010), http://www.wfp.org/hunger; http://www.unicef.org/wash/, http://www.unicef.
org/wash/, http://www.unep.org/Documents.Multilingual/Default.asp?DocumentID=617&ArticleID=
6505&1=en.

있으며, 26억 명 사이의 사람들이 하루 2달러 미만으로 살아가고 있다고 추정했다.[2]

이런 국가 간의 차이는 미스터리다. 왜 어떤 나라는 부유한 반면에 다른 나라는 찢어지게 가난한가? 이럴 수밖에 없는 것인가? 이처럼 엄청난 빈부 간 격차를 초래한 요인(혹은 변화)으로 지적할 수 있는 것들이 과연 존재하는가? 부유한 나라의 행복은 어떤 식으로든 가난한 나라의 지속적인 고통에 의존하고 있는 것은 아닌가?

국가의 발전경로를 살펴볼 때 두 번째 미스터리가 생긴다. 오늘날의 부유한 국가도 그 나라의 과거 수준에 비추어 보면 상당한 생활수준의 차이가 존재한다. 1880년에 태어난 일본 어린아이의 기대수명은 35세였지만, 오늘날 일본의 기대수명은 83세다. 1775년과 1975년 사이에 영국 남자는 양호한 영양섭취로 인해 평균신장이 9.1cm나 커졌다. 1958년에 평균임금을 받는 미국의 근로자는 냉장고 한 대를 사기 위해서 333시간을 일했지만, 오늘날에는 그 시간의 1/5만 일해도 더 좋은 냉장고를 살 수 있다. 19세기 후반 이후에 미국인들이 식료품에 지출하는 소득비중은 2/3가 줄어든 반면, 여가에 지출하는 소득비중은 3배나 늘었다.[3]

이런 물질적 부의 증가로 인해 근로시간은 현저히 줄어들었다. 1870년에 미국의 주당 평균근로시간은 61시간이었으며 노년에 은퇴한다는 개념은 거의 들어볼 수 없는 말이었다. 그렇지만 오늘날 주당 평균근로시간은 34시간이며 보통 근로자들은 은퇴 후에 10년간의 여가를 기대할 수 있게 되었다.[4]

오늘날에는 가난한 나라라고 할지라도 100년 전에는 그 어디에서도 전례를 찾아볼 수 없는 생활수준을 향유하고 있으며, 또한 지금의 이집트, 인도네시아와 브라질 사람들은 20세기 초 영국의 귀족들보다 더 긴 기대수명을 누리고 있다. 옛날에는 독서용 전등처럼 단순한 물건도 아주 부유한 사람들만을 위한 사치품이었다. 그렇지만 오늘날에는 세계 인구의 79%가 가정에서 전기를 사용한다.[5] 하루에 1달러 미만을 버는 세계 인구의 비율은 1981년에서 2002년 사이에 무려 절반이나 줄어들었다. 중국만 하더라도 하루에 1달러 미만을 버는 사람의 수가 같은 기간 중에 2억 명이 감소했다.[6]

대부분의 세계는 지난 반세기 동안 전례 없는 생활수준의 상승을 경험했다. 가장 부유한 국가군에서는 이런 현상이 이미 1세기 이상 지속되고 있으며, 그 결과 경제환경이 항상 개선되고 있다는 생각을 하게 된다. 그렇다면 이러한 성장의 원천은 무엇인가?

---

2) United Nations(2006).

3) Costa(2000), Federal Reserve Bank of Dallas(1997).

4) Cox and Alm(1999).

5) Baumol and Blinder(1997), http://www.iea.org/weo/electricity.asp

6) World Bank(2002).

여러 나라의 경제성장을 상호 비교하면 더 많은 궁금증이 생긴다. 어떤 국가들은 거의 동일한 수준으로 성장해 왔다. 예를 들어 영국과 프랑스는 수세기 동안 서로 비견할 만한 생활수준을 유지해 왔다. 또 어떤 나라는 이런 국가군을 따라가는 데 실패했는데 20세기 초에 세계에서 가장 부유한 국가군에 속했던 아르헨티나가 한 예이다. 한편 일본은 아주 오랫동안 선진국보다 훨씬 가난했지만 단숨에 이들을 따라잡았다. 이런 기적적인 성장은 제2차 세계대전 이후에 한국이 한 세대 만에 가장 가난한 나라에서 강력한 산업국가로 전환하면서 점차 극적인 양상을 보였다. 어떤 나라는 지금까지도 다른 나라의 성장과는 아무런 상관없이 지독한 빈곤에 방치된 채 있다. 예를 들어 아프리카의 보통 가계의 1998년 소비는 25년 전에 비해 20% 감소하였다. 국가 간의 어떤 차이가 이와 같이 상반된 경험을 초래했는가?

경제성장에 관한 이러한 관찰이 제기하는 마지막 질문은 이런 차이의 끝은 어디인가라는 것이다. 세계에서 가장 부유한 나라들은 점점 더 부유하게 되어 그 자손들이 지금의 원시적인 환경을 되돌아보면서 놀랄 것인가? 가난한 국가들은 계속 부유한 국가들에 뒤처진 채 따라갈 것인가 아니면 그 격차를 좁힐 것인가? 천연자원 매장의 고갈을 우려하는 사람들은 부유한 나라까지도 소비를 줄여야 할 것이라고 주장해 왔다. 상대적으로 빈곤한 지역에 살고 있는 세계 인구의 4/5는 자원의 한계로 인하여 부유한 나라들을 따라잡을 수 없을 것인가? 아니면 인류는 신기술을 이용하여 대부분의 인류 역사를 통하여 숙명으로 받아들였던 빈곤에서 벗어날 수 있을 것인가?

이 책은 국가 간 생활수준의 차이가 왜 발생하는지, 어떤 나라는 부유하게 되지만 어떤 나라는 왜 그렇게 되지 못하는지 알아본다. 이 장의 나머지 부분에서는 설명해야 할 사실들에 관하여 좀더 자세히 기술한다. 처음에는 국가 간 소득수준의 차이를 살펴보고 나중에 국가 간 소득증가율의 차이를 살펴보려고 한다. 앞으로 공부하겠지만, 수준과 증가율 두 척도 간에는 밀접한 관련이 있다. 오늘날 부유한 국가는 틀림없이 과거에 상당히 오랜 기간 동안 빠르게 성장해 왔던 나라다.

1.1 국가 간 소득수준의 차이

우선 국가 간 경제적 지위의 차이를 살펴보자. 우리의 관심 대상인 **국내총생산**(gross domestic product, GDP)은 한 해 동안 한 나라에서 생산된 모든 재화와 용역의 가치 척도다. GDP는 한 나라에서 생산된 산출물의 가치로서 그 나라가 취득한 임금, 지대, 이자, 이윤과 같은 형태의 모든 소득으로 측정할 수 있다. 따라서 GDP는 생산 혹은 국

전형적인 말리 가정의 살림

민소득으로 알려져 있으며 이 책에서는 GDP와 동의어로 사용한다.

한 나라의 복리(福利)를 측정하기 위한 목적으로 GDP를 사용하는 데 문제가 없는 것은 아니다. GDP는 경제적 복리가 가지고 있는 여러 측면을 계측하지 못하며 국가별 혹은 한 나라의 연도별 GDP를 측정해 비교하는 데도 심각한 개념상 또는 실질적 문제를 발생시킨다. 이런 결점에도 불구하고 GDP는 생활수준을 나타내는 대략적이며 용이한 척도다. 가능한 경우에는 경제적 복리를 나타내기 위하여 다른 척도를 사용함으로써 GDP를 보완할 예정이다. GDP가 부정확한 척도이기는 하지만 오늘날 국가 간의 생활수준 차이가 워낙 크기 때문에 GDP 격차는 여전히 관심의 대상이다.

국가 간의 소득 비교에 있어 우리가 직면하는 쟁점은 각국 통화의 차이를 취급하는 방법이다. 이와 비슷하게 한 나라의 소득을 조사할 때 서로 다른 시점 간의 물가를 어떻게 취급해야 하는가라는 문제도 있다. 이 책에서는 2005년도의 미국 달러화를 공통의 화폐단위로 삼아 GDP 및 기타 자료를 표시한다. 2005년과는 다른 연도나 미국 이외의 국가 화폐로 표시한 금액을 전환하기 위해서는 **구매력평가**(purchasing power

전형적인 영국 가정의 살림

parity, PPP) **환율**이라고 하는 일종의 인위적으로 만든 비율을 사용한다.[7] 이 장의 부록에서는 PPP 환율의 계산 방법과 국가 간 GDP 비교에 영향을 미치는 환율의 적용방식에 관하여 상세히 논의하였다.

국가 간 소득의 차이는 엄청나게 크기 때문에 이해하기 어려울 수 있다. 이해에 도움이 되는 이미지를 얻기 위해 경제학자 잰 펜(Jan Pen)은 퍼레이드에서 행진하는 세계인들을 상상하라고 제안했다. 행진자의 키는 자기 나라의 평균소득에 비례한다고 가정할 때 평균 신장은 1.82m가 된다. 당신은 전망대에서 퍼레이드를 관람하고 있으며 퍼레이드가 당신 앞을 통과하는 데는 정확하게 1시간이 소요된다고 가정하자. 퍼레이드 행진자들은 일정한 속도로 나아가기 때문에 행진을 시작한 지 15분 후에는 세계인들의 1/4이 당신 앞을 지나가게 된다. 행진자들은 가장 키가 작은 사람부터 시작하여 큰 키 순서로 행진한다.

퍼레이드는 어떤 모습일까? 퍼레이드의 대부분은 난쟁이들의 행진이다. 처음 7분간은 약 29cm의 키를 가진 사하라 남부 아프리카에서 온 사람들이 지나간다. 시작한 지 13분이 지나면 59cm의 인도사람들이 지나가는데 그들이 다 지나가려면 꼬박 10.5분이

---

7) GDP와 PPP 환율 자료는 Heston, Summers, and Aten(2011)을 인용하였다.

총GDP 대 1인당 GDP

이 책은 어떤 요인 때문에 국가가 부유하게 되었는가에 관한 내용에 상당한 지면을 할애하였다. 그러나 '부유'하다는 단어를 정의하기가 쉽지 않다. 한 나라의 총소득이나 1인당 소득을 이용해서 이 용어를 정의할 수 있다. 그런데 여러 가지 측면에서 1인당 소득(1인당 GDP)이 총소득(총GDP)보다 더 자연스러운 척도다. 멕시코와 캐나다의 총소득은 거의 같다(멕시코는 1조 2,910억 달러, 캐나다는 1조 2,130억 달러). 그러나 우리는 멕시코(1인당 GDP 11,629달러)는 가난한 나라이고 캐나다(1인당 GDP 36,209달러)는 부유한 나라라고 생각한다. 우리는 대부분 인구가 많기 때문에 '부유'한 나라, 즉 개인소득이 낮은 나라보다는 총소득으로 보면 '가난'하지만 1인당 소득으로는 '부유'한 나라에 살기 원한다.

그러나 1인당 GDP가 사용하기에 항상 좋은 척도는 아니다. 이것은 관심의 대상에 따라 언제든지 달라질 수 있다. 한 나라의 통치자는 거둬들일 수 있는 총세금에 관심이 있기 때문에 1인당 GDP보다는 총소득에 더 신경을 쓴다. 만약 모병할 수 있는 군인의 수에 관심을 가진다면 총소득보다는 총인구가 더 적절한 척도가 된다. 〈표 1.1〉은 세 가지 척도, 즉 1인당 GDP, 총소득 및 총인구를 기준으로 2009년의 세계 상위 11개국 통계를 나타내고 있다.

국가 간 1인당 소득의 차이는 국가 간 총소득의 차이보다 더 미스터리다. 어떤 나라는 단순히 인구가 많기 때문에 총소득이 많다. 그러나 어떤 나라는 1인당 소득 기준으로는 부유하지만 다른 나라는 왜 그렇지 않은가를 설명하기란 상당히 어렵다(제4장에서 살펴보겠지만 1인당 소득과 인구와의 관계는 복잡하다).

표 1.1

세 가지 척도에 따른 2009년도 세계 11대 국가

순위	1인당 최대 GDP		최대 경제규모		인구가 가장 많은 나라	
	국가	1인당 GDP(달러)	국가	총GDP(달러 조)	국가	인구(백만 명)
1	카타르	159,469	미국	12.62	중국	1,320
2	룩셈부르크	84,525	중국	10.08	인도	1,160
3	아랍에미리트	52,946	일본	3.81	미국	307
4	버뮤다	52,090	인도	3.76	인도네시아	240
5	마카오	51,057	독일	2.66	브라질	199
6	노르웨이	49,945	영국	2.07	파키스탄	181
7	싱가포르	47,373	러시아	2.05	방글라데시	154
8	쿠웨이트	46,639	프랑스	1.98	나이지리아	149
9	부르나이	46,229	이탈리아	1.68	러시아	140
10	호주	41,304	브라질	1.62	일본	127
11	미국	41,099	멕시코	1.29	멕시코	111

걸린다. 약 30분이 지나면 중국에서 온 행진자들이 지나가는데 키가 1.4m에 불과하며 그들이 다 통과하려면 12분이 소요된다. 터키 행진자들은 45분경에 당신 앞에 나타난다. 퍼레이드의 마지막 15분 동안에 행진자들의 키는 놀라울 정도로 커진다. 크로아티아에서 온 2.78m 행진자는 50분에 통과하며 5.51m의 일본 사람들은 52분에 통과한다. 퍼레이드의 마지막 3분에는 5.6~7.3m의 서유럽인들과 7.51m의 미국인들이 지나간다. 퍼레이드의 마지막 순간에는 호주, 싱가포르, 노르웨이 등의 부유한 산업국가들이 등장하는데 불과 15초 만에 지나가 버리며, 룩셈부르크, 아랍에미리트, 쿠웨이트, 카타르 등의 부국에서 온 9.7~29m 거인들은 2~3초 안에 훅 지나가 버린다.

〈그림 1.1〉은 위 이야기와 동일한 자료를 보여 준다. 이 그림은 실상 멀리서 바라본 퍼레이드의 모습과 똑같다. (카타르는 너무 소득이 높아서 그림에서 제외하였다.) 세로축은 1인당 소득이며 가로축은 전망대를 통과한 세계인들의 백분율이다. 그림에서 1인당 세계 평균소득은 9,909달러임을 알 수 있으며 이를 퍼레이드 행진자의 키로 말하자면 1.83m에 해당된다. 이 그림은 각국의 소득이 얼마나 불평등하게 분포되어 있는지

▶ **그림 1.1**

세계 소득의 퍼레이드

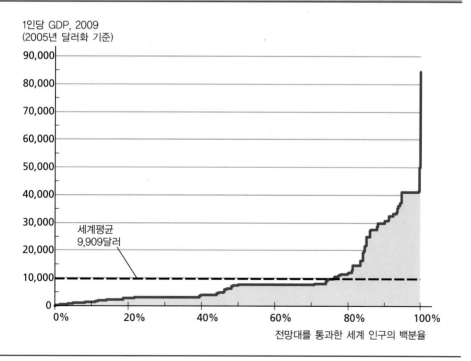

자료 : Heston, Summers, and Aten(2011).

확실하게 보여 주고 있다. 가장 부유한 국가군에 살고 있는 세계 인구의 20%가 세계 소득의 60%를 점유하고 있다.

가장 부유한 국가군이 다른 국가들에 비해서 훨씬 부유하기 때문에 〈그림 1.1〉에서는 상대적으로 가난한 국가들 간의 차이가 모호하게 보인다는 점이 문제이다. 미국(1인당 GDP 41,099달러)의 관점에서는 이란(1인당 GDP 10,624달러), 몰도바(1인당 GDP 2,493달러), 에티오피아(1인당 GDP 684달러) 간의 차이가 크게 보이지 않을지 모른다. 이 그림을 보면 미국은 '부유'하지만 다른 세 나라는 '가난'하다고 말하고 싶을지 모른다. 그러나 조금 더 면밀히 관찰해 보면 미국이 이란에 비해서 부유한 만큼 이란은 몰도바에 비해 4배 더 부유하다. 이와 유사하게 이란이 몰도바에 비해서 부유한 만큼 몰도바는 에티오피아에 비해서 4배 더 부유하다. 미국과 비교할 때 획일적으로 한 덩어리처럼 보였던 가난한 나라들의 실상은 서로 다르다는 점을 알 수 있다.

1.2 국가 간 소득증가율의 차이

〈그림 1.1〉에서는 여러 국가의 소득수준 차이를 조사했다. 그런데 이 자료를 보면 궁금증이 생긴다. 왜 어떤 나라는 다른 나라에 비해서 훨씬 더 잘 사는가? 우리의 두 번째 조사대상 척도는 1인당 소득이 얼마나 빨리 증가하는지를 보여 주는 '소득증가율'이다. 빠르게 성장하는 나라일수록 더 높은 소득수준에 도달하기 때문에 소득증가율은 중요하다.

성장이 소득수준에 미치는 영향

〈그림 1.2〉의 그래프는 미국의 1인당 소득수준에 관해 신뢰할 만한 자료가 존재하는 첫 해인 1870년까지 거슬러 올라간다.[8] 이 그림의 가장 인상적인 메시지는 오늘날의 사람들이 얼마나 잘살고 있는가라는 점이다. 이 그림의 패턴은 국가 간의 소득을 비교할 때 활용했던 난쟁이들과 거인들의 퍼레이드를 닮았다. 다만 지금은 1870년대의 시민들이 난쟁이들이고 오늘날의 시민들이 거인들이라는 점이 다르다. 2009년의 1인당 GDP는 1870년의 1인당 GDP에 비해서 12.3배나 커졌다. 이러한 대규모의 소득증가는 복리(複利) 증가(compound growth)의 힘에 기인한다. 이 기간 중에 1인당 GDP의 연평균 성장률은 1.8%이다. 이런 정도의 변화라면 1년 안에는 차이가 거의 눈에 띄지 않

---

8) Maddison(1995).

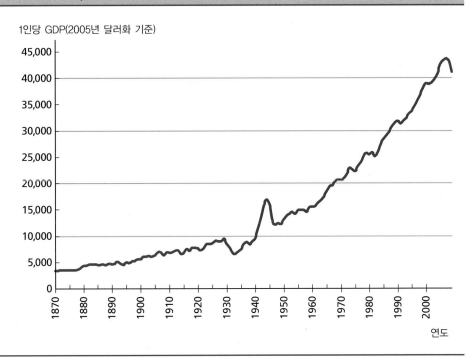

그림 1.2

미국의 1인당 GDP, 1870~2009년

1인당 GDP(2005년 달러화 기준)

연도

는다. 그러나 139년 동안 이 변화율을 복리로 계산한다면 효과는 엄청나게 커진다.

긴 기간에 걸친 소득 자료를 관찰할 때에는 비율척도("증가율 계산연습" 참조)를 사용하면 편리하다. 〈그림 1.4〉는 미국의 1인당 GDP(그림 1.2)를 비율척도를 이용해서 다시 그린 것이다. 〈그림 1.4〉는 오랜 기간에 걸쳐서 1인당 GDP의 성장이 규칙적이었음을 보여 주고 있다. 흔히 신문의 헤드라인에서 보게 되는 생산변동도 이 그림에 분명히 나타나 있지만 경제성장은 놀라울 정도로 예측이 가능하다. 1929년 이전의 자료로부터 도출한 추세선을 1929년 이후에 대해서 그대로 적용하여 80년 후의 1인당 소득을 예측하면 그 예측값은 실적값의 작은 오차범위(15%) 안에 들어올 만큼 정확하다.

이 기간 중에 미국의 경험을 조사해 보면 미국인들이 성장에 관해서 가지고 있는 사고방식을 알게 된다. 미국의 대통령 후보들은 국민들이 더 행복해지는 것이 항상 당연한 듯 다음과 같은 질문을 던진다. "국민 여러분은 4년 전에 비해 더 행복해지셨습니까?" 그러나 1870년 이후에 일정한 추세처럼 보이는 미국의 성장경험은 세계 역사상 거의 유일무이한 것이다. 다른 나라나 혹은 좀더 장기간에 걸쳐서 미국의 자료를 조사해 보면 이런 규칙성은 사라져 버린다.

〈그림 1.5〉는 비율척도를 활용하여 미국, 영국, 일본 세 나라의 장기성장을 나타낸

증가율 계산연습

경 제변수 X를 인접 연도에 걸쳐 관찰한다고 가정하자. X의 증가율(혹은 성장률)은 첫 연도부터 둘째 연도로의 변화량을 첫 연도의 X값으로 나눈 것이다. t를 첫 해, $t+1$을 둘째 해라고 표기하자. 수학적으로 X_t와 X_{t+1}을 관측값이라고 하면 이 변수의 증가율 g는 아래 식으로 정의된다.

$$g=\frac{X_{t+1}-X_t}{X_t}$$

예를 들면 $X_t=100$, $X_{t+1}=105$라고 하면 연간 성장률은 아래와 같다.

$$g=\frac{105-100}{100}=5/100=0.05=5\%$$

수년간에 걸친 평균성장률을 계산하기 위해서는 위 공식을 수정해야 한다. 우선 성장률 공식을 다음처럼 다시 써보자.

$$X_{t+1}=X_t\times(1+g)$$

다음에는 X가 2년 연속 동일한 성장률 g로 증가한다고 하자. 이 식을 $t+1$년과 $t+2$년에 적용해 쓴 후 X_{t+1}을 다시 치환하면 다음과 같이 된다.

$$\begin{aligned}X_{t+2}&=X_{t+1}\times(1+g)\\&=[X_t\times(1+g)]\times(1+g)\\&=X_t\times(1+g)^2\end{aligned}$$

이와 같은 방식으로 어떤 변수가 n년 동안 성장률 g로 증가했다면 다음과 같은 값이 된다.

$$X_{t+n}=X_t\times(1+g)^n$$

이제 X_t와 X_{t+n}이 알려져 있다고 가정하자. 위 수식을 g에 대해 다시 정리해서 평균성장률(보다 정확히는 기하학적 평균성장률)을 계산하면 다음과 같다.

$$g=\left(\frac{X_{t+n}}{X_t}\right)^{1/n}-1$$

이 공식을 이용하는 예를 생각해 보자. $X_t=100$, $X_{t+20}=200$의 두 관측값이 있다. 이 경우 평균성장률은 다음과 같다.

$$g=\left(\frac{200}{100}\right)^{1/20}-1$$
$$=1.035-1=0.035=3.5\%$$

시간에 따라 증가하는 변수의 그래프를 그리기 위해서 비율척도(ratio scale, 로그척도라고도 함)를 활용하면 편리하다. **비율척도**란 어떤 변수의 비율적 변화가 세로축에 일정한 간격으로 나타나도록 그래프를 그리는 방식이다. 예를 들면 $X=1$과 $X=10$의 세로축에서의 간격은 $X=10$과 $X=100$의 간격과 동일하다. 이와는 대조적으로 좀더 흔히 사용되는 **선형척도** (linear scale)는 일정한 변화량을 축 위의 일정한 간

것이다.[9] 이 자료는 많은 흥밋거리를 제공하고 있다. 1870년부터 2009년까지 139년 동안 미국은 매년 1.8%씩 성장했으나, 영국은 연평균 1.5%씩 성장했다. 이런 성장률의 미미한 차이는 시간이 흐르면 엄청난 차이를 나타낸다. 1인당 소득으로 보면 1870년의 영국은 미국에 비해 31% 더 부유했지만 2009년에는 오히려 19% 더 가난해졌다.

---

9) Maddison(1995).

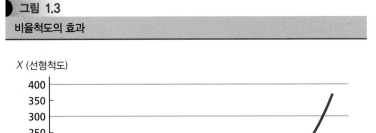

그림 1.3

비율척도의 효과

X (선형척도)

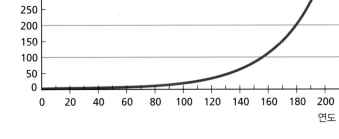

X (비율척도)

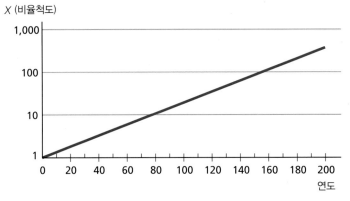

율척도가 선형척도에 비해서 어떤 시각적 차이를 나타내는 지 보여 준다. 두 개의 그림은 0년도에 1부터 시작하여 200년간 연평균 3%씩 증가하는 변량 X의 그래프이다. 위 그림은 선형척도를 사용했으며 아래 그림은 비율척도를 사용했다.

성장률에 관해서는 **72의 법칙**(rule of 72)이라는 수리적 근사법을 유용하게 사용할 수 있다. 여기서 '법칙'이란 어떤 변수가 일정한 비율로 증가할 때 이 변수가 2배 되는 데 걸리는 시간을 추정하는 공식을 말한다. 즉, 2배 되는 데 걸리는 시간은 다음과 같다.

$$걸리는 \; 시간 \approx \frac{72}{g}$$

여기서 g는 퍼센트로 표시한 연간성장률이다. 예를 들어 보자. 어떤 변수가 연율 2%로

격으로 표시한다. 비율척도에서는 일정한 비율로 성장하는 변량이 직선으로 나타난다. 〈그림 1-3〉은 비 성장한다고 가정하면 약 36년이 지나서 이 변수의 값은 2배로 될 것이다.

이 그림에서 가장 두드러진 것은 일본 자료이다. 첫 번째 인상적인 것은 일본이 과거에 두 나라에 비해서 무척 가난했다는 점이다. 일본 자료가 존재하는 첫해인 1885년에는 일본 소득이 미국 소득의 1/4 수준에 불과했다. 그다음 반세기 동안에 일본은 미국보다 약간 빠르게 성장했다. 그러나 1939년까지만 해도 일본 소득은 미국 소득의 35%에 불과했다. 그런데 제2차 세계대전이 끝난 후에 일본의 성장에 질적인 변화가 발생했다. 일본의 이런 급속한 성장의 이면에는 전쟁의 폐허를 재건하는 과정이 감추어

■ 그림 1.4
미국의 1인당 GDP, 1870~2009년(비율척도)

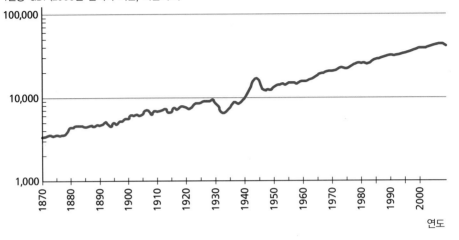

■ 그림 1.5
미국, 영국, 일본의 1인당 GDP, 1870~2009년

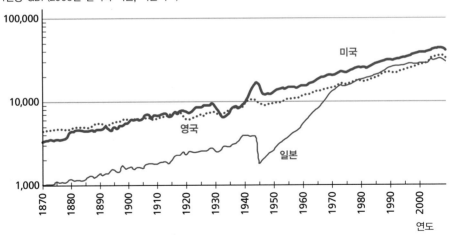

자료 : Maddison(1995), Heston, Summers, and Aten(2011).

져 있다. 1960년대까지 일본은 전전(戰前)의 추세를 능가하는 급속한 경제성장을 지속했다. 1950년과 1990년 사이에 미국의 연평균 소득성장률은 2.1%에 그쳤던 반면에, 일본은 5.9%를 기록했다. 1990년에 일본의 1인당 소득수준은 미국의 85%까지 도달했다.

1980년대 후반에는 전후(戰後) 일본의 성장추세를 지켜보았던 많은 사람들이 2000년이 되면 일본이 미국의 1인당 소득을 확실히 추월할 것이며, 그로부터 몇 십 년의 세월이 흐르면 일본이 미국을 훨씬 앞설 것으로 전망했다. 이런 생각은 태평양의 한쪽에 있는 나라에는 자긍심을 불어넣었지만 다른 한쪽에 있는 나라에는 공포심을 유발시켰는데, 신타로이 이시하라(Shintaroi Ishihara)의 『Japan That Can Say No』(1989)에서 그 예를 찾아볼 수 있다. 이시하라는 일본이 미국으로부터의 독립을 강력히 주장할 만한 경제적 역량을 충분히 비축했다고 주장하는 보수정치인이다. 또한 마이클 크라이턴 (Michael Crichton)의 소설 『Rising Sun』(1992)에서는 일본기업과 범죄조직이 로스앤젤레스까지 세력을 확장한다. 그러나 〈그림 1.5〉가 보여 주듯이 일본의 성장은 일본이 미국의 소득수준에 근접하면서 둔화되었고, 1990년대 초에 자산 버블이 꺼지면서 10년 동안 일본경제는 참담한 상황을 맞았다("경제성장 대 경기순환" 참조).

경제성장 대 경기순환

경제학들은 경제성장을 장기적 현상으로 구분하여 정의한다. 경제상황은 매년 혹은 매월 변동한다. 우리는 경기순환이라고 부르는 이런 단기적 변동을 10년 이상에 걸친 장기적 추세와 분리하는 것이 유용하다는 사실을 이미 알고 있다. 〈그림 1.5〉는 이런 구분을 확실하게 나타내고 있다. 미국의 장기(혹은 추세) 성장은 상대적으로 일정했지만 대공황, 제2차 세계대전 중의 생산호조, 1974년, 1982년, 2008년의 경기침체는 추세로부터 벗어난 정상적인 것이 아니었다. 일본의 추세성장에는 두 가지 분명한 변화가 나타났다. 하나는 제2차 세계대전이 끝난 후 성장이 가속되었을 때였으며, 다른 하나는 1973년에 성장이 둔화되었을 때였다.

역사적 자료를 이용하여 경기순환과 추세성장을 분리해 내는 것은 비교적 쉬운 일이지만, 실시간으로 무슨 일이 진행되고 있는지 이해하는 것은 어렵다. 예를 들어 1990년대 일본에서 시작된 저성장이 장기침체의 결과인지 여부는 아직도 불분명하다. 즉, 장기추세로부터 일시적 이탈인지 아니면 장기성

장률이 더 낮아지는 새로운 시기가 시작되는 것인지 불확실하다.

생산의 단기적 변동은 언론의 주목을 끈다. 우리는 지난 분기의 GDP 성장률, 지난달의 실업률과 심지어는 지난 15분간의 주식시장 소식을 언론에서 접한다. 그러나 장기적 변동은 별 기삿거리가 되지 않는다. 추세성장이 바뀌었다는 것을 알아차리기까지는 10년이 걸릴지도 모르는 일이기 때문에 1년에 단 한 번이라도 추세성장의 변화에 관해 언급하기란 쉽지 않다. 시간의 흐름에 따라 한 국가의 부유한 정도를 결정하는 것은 장기적 추세다. 기자들이 20세기 미국 경제의 역사를 요약해야 한다면 기사의 표제는 경기침체나 호황의 횟수가 아니라 '1인당 소득증가율 연간 1.8%'가 될 것이다.

성장률과 성장의 장기적 효과에 초점을 맞추면 여러 국가들을 상호 비교하기가 좀 수월해진다. 경기침체기를 맞은 미국이 호경기를 맞은 인도보다 여전히 훨씬 더 잘 산다.

지난 수십 년의 성장

소득수준처럼 소득의 증가율은 나라마다 다르다. 나라마다 성장경험이 다양하다는 증거를 얻기 위해 〈그림 1.6〉을 작성했다. 이 도표는 지난 1975년부터 2009년까지의 기간 동안 156개국 표본으로부터 얻은 자료를 정리한 것이다. 이 자료는 세계 인구의 대부분을 포함한다. 각국은 연평균 1인당 소득증가율에 따라 구분되어 있다. 도표는 각 그룹에 속한 대표국 몇 나라와 나라의 수를 보여 주고 있다. 예를 들어 이 기간 중 캐나다는 연평균 1.6% 성장했으며, 연평균 1.5~2.0% 성장한 29개 국가의 그룹에 속해 있다.

〈그림 1.6〉은 각 그룹의 소득증가율이 얼마나 큰 편차를 보이는지 잘 말해 주고 있다. 도표의 맨 위에는 '성장의 기적'으로 잘 알려져 있는 국가들이 있으며 아래쪽에는 '성장의 실패' 사례인 니카라과, 소말리아, 짐바브웨 등이 있는데, 1인당 소득은 표본기간 중 실제로 하락했다. 2009년의 인구를 가중치로 삼으면 도표에 있는 국가들의 연평균 성장률은 3.3%이다. 1870~2009년의 기간 중 미국의 연평균 경제성장률 1.8%는 이 기간 중에 1인당 소득을 12.3배 증가시켰지만 〈그림 1.6〉에서는 중간쯤 위치한다.

한 나라의 성장은 시간이 흐르면 상당한 소득증가로 발현되는 것처럼 두 나라 간의 평균성장률 차이도 시간이 흐르면 상대적인 소득수준의 차이를 초래한다. 예를 들어 1960년에 한국과 필리핀의 1인당 국민소득은 각각 1,782달러와 1,314달러로 대략 비슷한 수준이었지만, 50년의 세월이 흐르면서 두 나라의 성장률은 큰 차이를 보였다. 한국은 동아시아 기적을 일으킨 경제로 연평균 5.5%의 성장률을 보였다. 한편 필리핀은 세계기준으로 판단할 때 낮지만 결코 비참한 수준은 아닌 연평균 1.6%로 성장했다. 이런 경제성장률의 차이는 2009년에 이르러 양국 간 소득수준에서 엄청난 차이를 발생시켰다. 2009년에 한국의 1인당 국민소득은 25,034달러였던 반면에, 필리핀은 2,838달러였다. 출발시점에는 한국이 더 가난했을지 몰라도 기간 말에는 필리핀보다 무려 9배나 더 부유한 나라가 되었다(1960년대에 많은 개발경제학자들은 필리핀이 경제적으로 더 성공할 가능성이 있다고 보았기 때문에 양국의 경험은 특별히 재미있는 사례이다).[10]

1820년 이후의 성장

〈그림 1.6〉은 여러 국가에 대하여 신뢰할 만한 정보가 존재하는 최근 34년의 기간을 다루고 있다. 1960년 이전의 자료는 그 이후의 자료에 비해 피상적이라고 할 수 있다.

---

10) Lucas(1993), Easterly(1995).

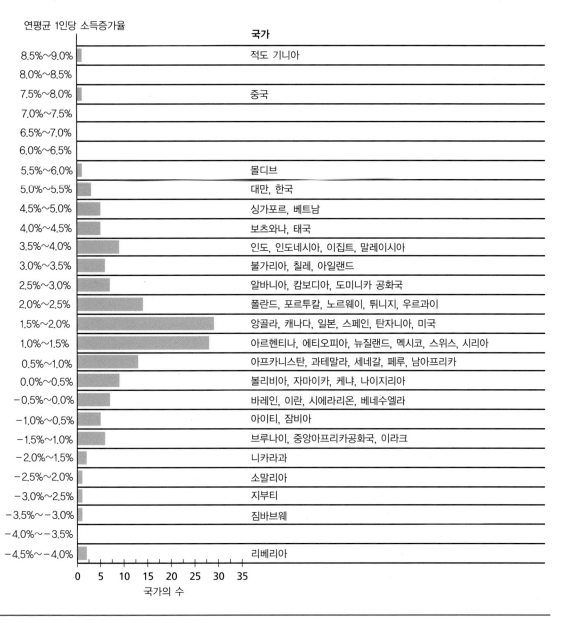

그림 1.6

소득증가율의 분포, 1975~2009년

연평균 1인당 소득증가율 / 국가

연평균 1인당 소득증가율	국가
8.5%~9.0%	적도 기니아
8.0%~8.5%	
7.5%~8.0%	중국
7.0%~7.5%	
6.5%~7.0%	
6.0%~6.5%	
5.5%~6.0%	몰디브
5.0%~5.5%	대만, 한국
4.5%~5.0%	싱가포르, 베트남
4.0%~4.5%	보츠나와, 태국
3.5%~4.0%	인도, 인도네시아, 이집트, 말레이시아
3.0%~3.5%	불가리아, 칠레, 아일랜드
2.5%~3.0%	알바니아, 캄보디아, 도미니카 공화국
2.0%~2.5%	폴란드, 포르투칼, 노르웨이, 튀니지, 우루과이
1.5%~2.0%	앙골라, 캐나다, 일본, 스페인, 탄자니아, 미국
1.0%~1.5%	아르헨티나, 에티오피아, 뉴질랜드, 멕시코, 스위스, 시리아
0.5%~1.0%	아프카니스탄, 과테말라, 세네갈, 페루, 남아프리카
0.0%~0.5%	볼리비아, 자마이카, 케냐, 나이지리아
-0.5%~0.0%	바레인, 이란, 시에라리온, 베네수엘라
-1.0%~0.5%	아이티, 잠비아
-1.5%~1.0%	브루나이, 중앙아프리카공화국, 이라크
-2.0%~1.5%	니카라과
-2.5%~2.0%	소말리아
-3.0%~2.5%	지부티
-3.5%~-3.0%	짐바브웨
-4.0%~-3.5%	
-4.5%~-4.0%	리베리아

0 5 10 15 20 25 30 35
국가의 수

자료 : Heston, Summers, and Aten(2011).

왜냐하면 이 시기에는 정부가 정보를 많이 모으지 못했으며, 정복과 독립으로 인하여 국경이 상당히 변경되었기 때문이다. 이러한 문제점을 해결하기 위해서 경제학자들은 국가군별로 자료를 조사하였는데, 어떤 그룹은 한 나라로 구성된 반면에 어떤 그룹은

▶ **그림 1.7**
국가군별 1인당 GDP, 1820~2008년

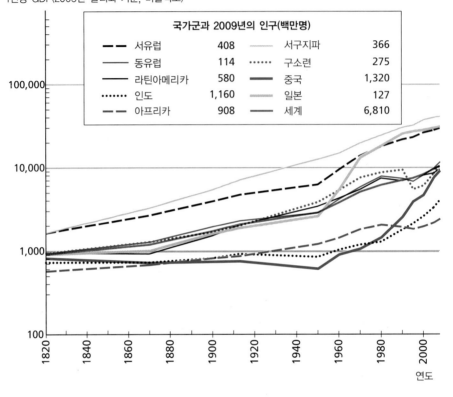

1인당 GDP(2005년 달러화 기준, 비율척도)

국가군과 2009년의 인구(백만명)			
━ ━ 서유럽	408	─── 서구지파	366
─── 동유럽	114	····· 구소련	275
━━━ 라틴아메리카	580	━━━ 중국	1,320
······ 인도	1,160	━━━ 일본	127
━ ━ 아프리카	908	─── 세계	6,810

연도

자료 : Maddison(2008), Heston, Summers, and Aten(2006).

서로 유사한 몇 나라로 구성되기도 하였다. 〈그림 1.7〉은 1820~2008년의 기간 중 전 세계국가를 10개의 국가군으로 나누어 1인당 GDP를 계산한 결과를 보여 주고 있다.[11] 각 그룹의 규모가 어느 정도인지를 나타내기 위해 각 국가군에 대하여 2009년의 인구를 표시하였다.

이 그림이 말해 주듯이 경제성장의 속도는 세계 모든 지역에서 빨라졌다. 1820년부터 1870년 사이에 세계의 1인당 GDP는 연간 0.5% 증가했다. 또한 1870년부터 1950년까지 1인당 GDP의 증가속도는 연간 1.1%였으나, 1950년부터 2008년까지는 연간 2.2%로 가속되었다.

〈그림 1.7〉은 188년에 걸쳐 부유한 나라와 가난한 나라 간의 1인당 소득격차가 더

---

11) Maddison(2001), Heston, Summers, and Aten(2011).

벌어졌음을 나타내고 있다. 1820년에 세계에서 가장 부유한 국가군은 가장 가난한 국가군에 비해 1인당 소득이 3배쯤 되었다. 그러나 2008년에 이르러서는 가장 부유한 국가군과 가장 가난한 국가군의 1인당 소득비율은 17:1로 크게 벌어졌다.

〈그림 1.7〉에 나타난 국가군의 상대적 위치 변화를 살펴보자. 일본은 20세기에 걸쳐 동유럽, 라틴아메리카, 구소련 및 서유럽을 모두 추월했다. 서구지파인 미국, 캐나다, 호주와 뉴질랜드는 1820년에 서유럽보다 소득이 약간 낮았지만 1950년에는 서유럽 소득의 2배가 되었다. 1950년에 가장 가난한 국가군에 속했던 중국은 2008년에 인도와 아프리카 1인당 국민소득의 2배가 넘었다.

1820년 이전의 성장

1820년 이전의 자료는 더 희귀하다. 당시의 생활수준에 관한 추정값을 얻고 국가 간 비교를 하기 위해서는 마르코 폴로(13세기에 중국으로 항해했던 베니스 사람)와 스페인 정복자들(현 멕시코 땅인 아즈텍 제국을 발견한 최초의 유럽인)을 비롯한 각종 여행자 보고서 및 심지어는 유물조사 등의 역사적 기록을 종합해야 한다. 그러나 우선 이용이 가능한 정보로부터 몇 가지 결론을 내릴 수 있다.

첫째, 성장이 지지부진했다. 경제학자 앵거스 매디슨(Angus Maddison)은 1700~1820년의 1인당 GDP의 평균 성장률을 0.07%, 1500~1700년에는 0.04%로 추정했다. 1500~1820년에는 세계에서 우위를 점유하고 있었던 서유럽에서조차 연평균 성장률이 0.14%에 그쳤다. (중국은 최근 연평균 7%로 성장하고 있는데, 이것은 과거에 서유럽이 50년 걸려서 달성했던 실적이다.) 더 과거로 거슬러 올라가면 1500년 이전에는 생활수준에 어떠한 추세성장이 있었는지 증거를 거의 찾을 수 없다.

추세성장이 실종되었다고 해서 생활수준이 변하지 않았다는 의미는 아니다. 사실 그와는 반대로 산업화 이전의 경제는 수확여건에 따른 연간변동과 경우에 따라서는 수백년간 지속되기도 하는 순환에 의해 특징지어진다. 경제학자 존 메이나드 케인스(John Maynard Keynes)는 다음과 같이 이 상황을 서술하였다.

우리가 기록을 시작했던 최초의 시기, 이를테면 기원전 2000년부터 18세기 초에 이르기까지 지상에서 문명의 중심에 살고 있는 보통 사람의 생활수준에는 커다란 변화가 없었으나 등락은 분명히 있었다. 또한 전염병과 기근과 전쟁이 찾아왔으며, 그 사이에 번영기도 존재했다. 그러나 진보적이며 격렬한 변화는 없었다. 대략 1700년까지 약 4000년의 기간 동안 한 시기가 다른 시기에 비해 50% 혹은 기껏해야 100%쯤 더 나은

국가 간 및 국가 내 소득불평등

이 책에서 우리는 국가 간 소득의 평균수준 차이에 주로 관심을 가진다. 따라서 세계 소득의 퍼레이드를 조사할 때 한 나라에 속하는 모든 사람들이 똑같은 평균소득을 가진다고 가정했다. 그러나 국가 간 소득 차이가 불평등을 유발하는 유일한 원천은 아니다. 한 나라에서도 어떤 사람들의 소득은 평균보다 높은 반면에, 다른 사람들의 소득은 평균 이하다. 따라서 세계인들의 소득불평등은 국가 내 소득불평등과 국가 간 소득불평등에 기인한다.

이러한 불평등의 두 가지 원천을 생각해 보면 자연스럽게 다음 질문이 떠오른다. 어떤 것이 더 중요한 원천인가? 〈그림 1.8〉은 이 질문에 대한 답변을 암시하는 자료를 보여 준다. 이 그림은 1820~1992년의 기간 중 세계의 불평등을 나타내고 있는데, 전체의 불평등을 국가 간 차이에 기인하는 부분과 국가 내 차이에 기인하는 부분으로 나누었다.*

구체적으로 여기에 사용한 불평등의 척도는 평균로그편차(mean logarithmic deviation)이다.†

〈그림 1.8〉에는 세 가지 주목할 만한 점이 발견된다. 첫째, 1820년 이후에 불평등이 증가했지만 대부분은 제2차 세계대전 이전에 발생했다. 1820년부터 1950년 사이에 증가한 불평등은 1950년부터 1992년 사이에 증가한 불평등의 7배였다. 1980년 이후에 불평등은 오히려 하락했다.

두 번째 주목할 점은 오늘날의 세계에서는 국가 간 불평등이 불평등의 가장 중요한 원천이라는 사실이다. 구체적으로는 국가 간 불평등이 전체 불평등의 60%를 설명한다.

마지막으로 국가 간 불평등이 오늘날에는 지배적이지만 항상 그랬던 것은 아니다. 사실은 그 반대이다. 1820년에는 국가 내 불평등이 세계 불평등의 87%를 설명했다. 〈그림 1.8〉의 분석대상 기간 중에는 국가 내 불평등이 대략 일정한 수준을 유지했던 반면에 국가 간 불평등은 상당히 증가했다. 이와 같은 국가 간 불평등의 증가는 〈그림 1.7〉에서도 보인다.

1992년 이후에 과거 측정치와 일관성을 갖는 데이터는 존재하지 않는다. 그러나 현존하는 자료들은 지난 20년 동안에 세계 불평등도가 20세기 초 수준으로 빠르게 하락했다는 점을 보여 준다. 이런 변화는 전적으로 국가 간 불평등의 하락에 기인한 것으로 국가 내 불평등의 평균적 차이는 거의 없었다.†

국가 간 불평등이 오늘날 세계 불평등을 더 많이

때가 있었다.[12]

이 시기의 두 번째 특징은 국가 간 소득차이가 현대적 기준으로 판단할 때 아주 작았다는 사실이다. 심지어는 1820년보다 국가 간 불평등이 덜했다. 경제사학자인 폴 베어록(Paul Bairoch)은 세계의 가장 부유한 지역과 가장 가난한 지역 간의 생활수준 차이가 1.5배에서 2.0배에 불과하다고 추정했다. 더욱이 1세기의 로마, 10세기의 아랍 칼리프 통치구역, 11세기의 중국, 17세기의 인도, 18세기 초 유럽의 생활수준이 대략 비

---

12) Keynes(1930).

설명하고 있음에도 불구하고(국가 간 불평등의 증가가 1820년 이후의 세계 불평등 증가의 대부분을 설명함) 국가 내 불평등을 무시할 수는 없다. 〈그림 1.8〉에 나타나 있듯이 이것 역시 세계 소득의 편차를 발생시키는 주요한 결정요인이다. 더욱이 한 국가 내 소득불평등의 정도는 그 나라의 경제적 성공을 결정하는 주요 요인이 되기도 하며 그 결과 소득의 평균 수준에 영향을 미치기도 한다. 제13장에서 이 문제를 보다 심도 있게 논의할 예정이다. 마지막으로 사람들은 자기 나라가 다른 나라에 대하여 가지는 상대적 지위보다는(자기와 비교대상이 되는) 자기 나라 사람들에 대한 상대적인 지위가 더 중요하다고 생각하는 것 같다. 이 문제는 제17장에서 다시 논한다.

그림 1.8
세계의 불평등과 구성요소, 1820~1992년

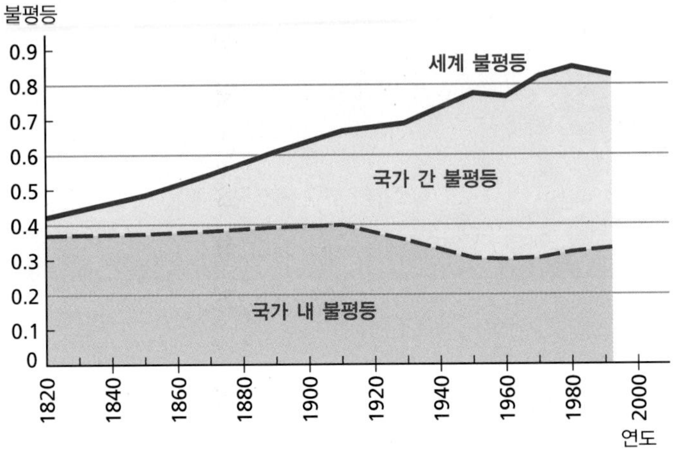

자료 : Bourguignon and Morrison(2002).

* Bourguignon and Morrison(2002)

† 수학 주 : 평균로그편차는

$$\frac{1}{n} \sum_{i=1}^{n} \ln\left(\frac{\bar{x}}{x_i}\right)$$

여기서 $\bar{x}$는 x의 평균값, n은 관측치 수이다.

‡ Bourguignon(2011).

숫하다고 추정했다.[13]

마지막으로 1820년 이후의 기간처럼 1820년 이전에도 소득분포에 따른 국가별 순위에 상당한 변화가 있었다. 15세기의 세계를 연구하는 사람들에게는 서유럽이 이루어 놓은 것보다 오히려 오스만, 잉카와 아즈텍의 광대한 식민지 제국이 더 인상적으로 느껴졌을 것이다.[14] 서반구에 있는 유럽의 식민지 가운데 1790년에 가장 부유했던 나라는 아이티였는데, 지금은 세계에서 가장 가난한 국가군에 속한다.

경제가 추락했던 가장 극적인 예는 중국이다. 8세기와 12세기 사이의 중국은 18세기

---

13) Bairoch(1993).
14) Fernandez-Armesto(1995).

대기권 밖에서 본 경제성장

경제성장을 연구하는 경제학자들은 통계청, 중앙은행, 다양한 국제기구들이 생산하고 있는 GDP 추정값을 많이 사용한다. 그런데 GDP에는 여러 가지 개념적 문제 외에도 실제적 문제들이 있다. GDP는 각종 조사나 행정기록 등의 자료를 활용하는데 이 과정에서 각종 오류가 발생한다. 지하경제와 같은 경제활동은 고의적으로 은폐되기도 하며, 경우에 따라서는 조사관들이 간과하기도 한다. 간혹 작은 생산단위의 소표본 자료가 경제 내 큰 부문의 생산량을 추정하기 위해 쓰이기도 한다. 때로는 정부가 의도적으로 오류를 범한다. 정치적 혼란기에는 이따금 자료의 수집이 모두 중단될 수 있다. 아울러 이 장의 부록에서 확인할 수 있듯이 구매력평가 조정을 하는 과정에서 오류가 발생한다.

이런 이유 때문에 측정된 GDP를 가능하다면 다른 자료들과 비교할 필요가 있다. 잘 사용하지 않는 자료 가운데 대기권 밖에서 저녁에 볼 수 있는 불빛의

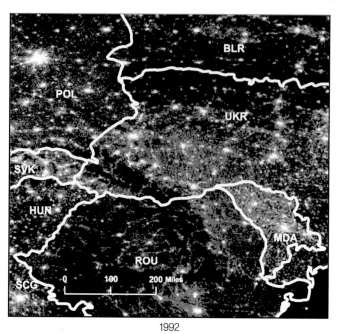

1992

1992년에 인공위성에서 바라 본 동유럽

양이 있다. 불빛은 가정, 공장, 자동차 등 밤에 사람들이 활동하는 장소로부터 우주로 흩어져 나간다. 부유한 나라일수록 불빛이 많다는 것은 그리 놀랄 일도 아니다. 물론 경제활동과 불빛 간의 관계가 아

말까지 세계 어디서도 유례를 찾아볼 수 없을 정도의 폭발적인 경제성장을 경험했는데, 이로 인하여 상업과 산업이 상당히 발전했다. 이 기간 중에 중국인들은 화약, 인쇄와 수력물레를 발명했으며 강철을 용해하는 데 석탄을 사용했고, 운하를 파고 갑문을 설치함으로써 강을 포함해서 항해 가능한 수로의 네트워크가 무려 48,280km에 이르렀다.[15] 중국은 유럽이 후세기에 추진했던 세계탐험과 동일한 경로를 이미 개발했으며 15세기 초 중국 명나라 제독이었던 쩡히(鄭和, Zheng He)는 아프리카 동부해안까지 탐험항해를 감행했다. 이처럼 대단한 발전에도 불구하고 중국경제는 침체되어 갔다.

---

15) Pomeranz(2000), Kelly(1997).

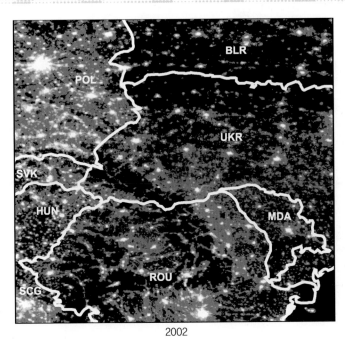

2002

2002년에 인공위성에서 바라 본 동유럽

(이 분야의 전문가들은 이런 요인들을 배제하기 위해서 데이터를 조정하는 방식을 배운다).*

옆의 두 장의 그림은 1992년과 2002년에 인공위성이 찍은 동유럽의 모습이다. 이 시기는 1991년 공산경제권 및 소련 붕괴 직후의 대변혁기로 서유럽에 가까운 나라에게는 기회를 주었으며 다른 나라에게는 광범위한 경기침체의 원인을 제공했다.

이런 변화들은 야간 불빛의 모습에서 알 수 있으며 통상적인 GDP 측정값으로 확인 가능하다. 불빛이 집중적으로 많이 늘어난 곳은 연평균 GDP가 4.2% 증가한 폴란드이며, 그다음은 3.4% 증가한 헝가리와 2.5% 증가한 루마니아이다. 이 기간 중 GDP 증가가 거의 없었던 우크라이나는 눈에 띌 정도로 어두워졌다. 더 심한 곳은

주 정확하지는 않다. 예를 들면 유전으로부터 나온 천연가스 불꽃, 야간 오징어잡이를 위한 집어등 불빛, 경작지 정리를 위한 산불 등의 경제활동은 경제적 가치와 비교할 때 터무니없이 많은 불빛을 만들어 낸다

몰도바로 이 기간 중 1인당 GDP가 연평균 1.2%나 감소했다.

* Henderson, Storeygard, and Weil(2012).

유럽이 산업화되고 그 영향력을 전 세계에 행사했던 반면에, 중국은 점점 더 고립되어 갔다. 유럽의 생활수준은 1750년경에 중국을 추월했으며, 19세기 중엽의 아편전쟁 때 중국은 산업화된 유럽의 맹습 앞에 속수무책이었다.

1.3 결론

1776년에 출간된 애덤 스미스의 『국부론(An Inquiry into the Nature and Causes of the Wealth of Nations)』 이후 경제학자들은 왜 어떤 나라는 부유한 반면에, 어떤 나라는 가난한지에 관하여 연구하기 시작했다. 지난 2세기 동안에는 세계사에서 유례를 찾기

콜롬버스의 산타마리아호와 비교한 쩡히의 배

어려울 만큼의 폭발적인 경제성장이 이루어졌다. 2000년 동안 거의 변하지 않았던 세계 최고 부유국의 생활수준은 완전히 변했다. 가장 부유한 국가의 1인당 국민소득은 200년 전에 비해 적어도 10배 이상 증가했다.

그러나 소득의 증가가 고르게 나타난 것은 아니다. 서유럽 지역을 포함한 미국, 캐나다 등의 서구지파는 가장 먼저 성장을 시작한 국가군에 속하는데 이 나라들은 상대적으로 성장속도가 느렸지만, 거의 2세기가 넘는 기간 동안 성장의 복리(複利) 효과로 의해 생활수준에 커다란 변화가 생겼다. 일본은 뒤늦게 성장을 시작했지만 선발국보다 빠르게 성장하여 20세기 말에 이르러서는 소득 면에서 볼 때 선발국들을 따라잡았다.

제2차 세계대전 이후에 경제성장의 전염력이 지구 곳곳에 퍼짐에 따라 세계 소득의 평균성장률은 증가했다. 1960년부터 2000년까지 세계 인구의 72%가 1인당 국민소득이 최소한 2배 이상 증가한 나라에 살고 있으며, 27%는 1인당 국민소득이 4배 이상 오른 나라에 살고 있다. 그러나 이 기간 중이라도 세계의 어떤 지역에서는 경제성장에 실패했다. 사하라 남부 아프리카를 비롯한 여러 나라에서는 지난 40년 동안 1인당 국민소득이 오히려 하락했다.

국가 간의 성장이 고르지 않았기 때문에 부유한 나라와 가난한 나라 간의 소득격차는 엄청나게 벌어졌다. 실제로 오늘날 생활수준에 나타난 국가 간의 차이는 스미스의 연구에 영감을 불어넣었던 당시의 국가 간 소득격차가 미미하게 느껴지게 한다. 이러한 국가 간의 불평등은 전체 세계불평등에 대한 기여도로 볼 때 국가 내 불평등보다 훨씬 중요하다.

국가 간 소득의 불평등한 분포는 분명히 오늘날의 세계에서 가장 중요한 경제적 사실일 것이다. 이렇게 높은 정도의 불평등은 국제관계, 환경과 보건 분야의 발전에 영향을 준다. 부유한 나라와 가난한 나라 간의 격차가 가지고 있는 가장 중요한 함의는 빈곤이 앞으로 줄어들 가능성이 다분히 있다는 점이다. 19세기 초의 미국으로부터 1950년대의 한국에 이르기까지 많은 나라가 빈곤에서 벗어났다는 사실은 아직도 궁핍한 형편에 처해 있는 수십억 명의 사람들에게 희망적인 신호다. 실제로 세계의 모든 경제적인 문제에도 불구하고, 우리는 오늘날 인류역사를 통하여 빈곤이 줄어들고 있는 가장 위대한 시대에 살고 있다.

부유한 나라와 가난한 나라 간의 격차, 급속하게 성장한 나라와 침체를 겪은 나라의 다양한 경험들은 경제학자들에게 난제를 던져 주었다. 국가의 번영을 결정하는 요인은 무엇인가? 이에 관련된 구체적인 경제정책들을 지적해 낼 수 있는가? 경제적 운명을 결정하는 국가의 구체적인 특징이 있는가? 번영은 단순히 행운에 따른 결과인가? 노벨 경제학상 수상자인 로버트 루카스가 서술한 것처럼 "이런 질문들이 인류복지에 대해 함축하고 있는 바는 실로 엄청나다. 일단 이런 것들에 관해 생각하기 시작하면 다른 것에 대해서 생각하기 어렵다."[16]

핵심용어

구매력평가 환율(purchasing power parity)	비율척도(ratio scale)
국내총생산(gross domestic product)	선형척도(linear scale)
	72의 법칙(rule of 72)

복습문제

1. 오늘날 세계에서 가장 부유한 나라와 가장 가난한 나라 간 소득격차는 어떠한가?

2. 오늘날 세계에서 가장 부유한 나라의 소득과 200년 전의 그 나라 소득 간의 격차는

---

16) Lucas(1988).

어떠한가?

3. 어떤 경우에 1인당 GDP가 한 나라 소득의 가장 좋은 척도가 되는가? 어떤 경우에 총GDP가 가장 좋은 척도가 되는가?

4. 1960년 이후 세계 1인당 소득의 평균증가율을 전(前) 세기와 비교하면 어떠한가? 19세기의 경제성장을 그 이전 시기의 성장과 비교하면 어떠한가?

5. 세계 불평등을 설명할 때 국가 내 불평등과 국가 간 불평등의 상대적 중요성은 어떠한가? 시간이 흐름에 따라 상대적 중요성은 어떻게 변했는가? 왜 그런가?

연습문제

1. 선형척도가 아닌 비율척도를 사용하면 〈그림 1.1〉이 어떻게 달라지는가?

2. 한 나라가 9년 안에 2배로 성장하려면 얼마나 빠르게 성장해야 하는가? 72의 법칙을 사용해서 답하라.

3. 어떤 특정한 국가에서 1인당 GDP가 1900년에 1,000달러였으며 1948년에는 4,000달러였다. 72의 법칙을 사용해서 1인당 GDP의 연평균 증가율을 계산하라.

4. 세계 인구가 4명으로 구성되어 있는데 모두 2명의 인구를 가진 두 나라에 속해 있다고 가정하자. 다음 표는 그들의 소득과 국적에 관한 자료이다. 이 표에 근거할 때 어느 것이 세계 불평등의 더 중요한 원천이 되는가? 국가 간 불평등인가 아니면 국가 내 불평등인가?

사람	국적	소득
알프레드	국가 A	1,000
밥	국가 B	2,000
캐롤	국가 B	3,000
도리스	국가 A	4,000

5. 1900년 일본의 1인당 GDP(2005년 달러화 기준)는 1,617달러였으며 2000년에는 29,639달러가 되었다. 이 기간 중 일본의 1인당 소득증가율을 계산하라. 일본이 2000년 이후 한 세기 동안 동일한 속도로 증가한다고 가정하자. 일본의 1인당 GDP는 2100년에 얼마가 될 것인가?

6. 2009년에 스리랑카의 1인당 GDP는 4,034달러였던 반면에, 미국의 1인당 GDP는 41,0996달러였다. 미국의 1인당 소득은 연간 1.8%의 동일한 속도로 증가했다고 가정한다(그림 1.4는 이것이 사실임을 입증한다). 미국의 1인당 국민소득이 스리랑카

의 2009년 1인당 국민소득과 같았던 연도를 계산하라.

7. 1975~2009년 사이에 미국의 1인당 GDP는 연평균 1.8% 증가한 반면에, 중국의 1인당 GDP는 연평균 7.9% 증가하였다. 2009년에 미국의 1인당 GDP는 41,099달러였고 중국의 1인당 GDP는 7,634달러였다. 만약 앞으로도 두 나라가 이와 동일한 증가율로 성장한다면, 언제 중국의 1인당 GDP가 미국의 1인당 GDP를 추월할 것인가?

온라인 데이터 플로터(Data Plotter)와 데이터를 이용해서 실습하려면 http://www.pearsonhighered.com/weil을 방문하라.

구매력평가(PPP) 환율을 사용한 GDP의 측정과 비교

국내총생산(GDP)은 1년 동안 한 경제에서 생산된 모든 재화와 용역(최종생산물에 사용된 중간재는 제외)의 가치다. 원리적으로 GDP의 계산에는 생산된 모든 재화와 용역(예를 들어 석탄 200만 톤)에 적절한 가격(톤당 100달러)을 곱한 후 그것들은 더하는 시산과정이 포함된다. 2009년에 미국에 대하여 이 계산을 수행하면 GDP가 12.6조 달러, 1인당 GDP가 41,099달러가 된다. 이 숫자들은 그 자체로 흥미로운 것이기는 하지만, 우리가 논의하려고 하는 주제는 GDP(혹은 1인당 GDP)의 국가 간 비교와 관련이 있다. 두 나라 간 혹은 한 나라라고 할지라도 서로 다른 시점과의 비교가 이에 해당된다. 이런 비교를 하기 위해서는 서로 다른 GDP(엔화 혹은 1927년 기준의 달러화)를 동일한 화폐단위로 전환하기 위한 방식이 필요하다.

서로 다른 두 시점에서 측정한 달러화의 가치를 비교하는 문제는 거시경제학에서 잘 알려져 있다. 인플레이션은 1달러로 구입 가능한 재화와 용역의 수량을 잠식한다. 우리는 서로 다른 시점에서의 달러화 가치를 비교하기 위해서 소비자물가지수(CPI)나 GDP 디플레이터 등과 같은 물가지수를 사용하는 방식에 익숙하다.

자국통화로 표시한 여러 나라의 GDP를 상호 비교할 때 처음에는 물가지수를 만드는 어려움을 겪을 필요 없이 환율만 사용하면 잘될 것처럼 보인다. 실제로 달러화와 다른 나라 통화 간의 환율을 매일 관측할 수 있다. 그러나 다음과 같은 두 가지 문제 때문에 이런 비교가 고민거리가 될 가능성이 있다. 첫째, 시장환율은 매일 변동하는데 가끔 대규모의 변동을 겪는다. 엔화는 1주에 달러화에 비해 10%나 절상되기도 한다. 이 경우에 두 나라의 1인당 GDP를 비교하기 위해서 시장환율을 사용한다면 양국의 생산량이 변하지 않았음에도 불구하고 일본 사람이 미국 사람보다 평균 10% 더 부유하게 되었다고 결론 내릴지 모른다.

시장환율에 관한 두 번째 문제는 포착해 내기가 다소 어렵다는 것이다. 이 문제는 다음 두 가지 사실이 상호작용함으로써 발생한다. 첫 번째 사실은 비교역재에 비해 교역재 가격은 부유한 나라보다는 가난한 나라에서 훨씬 더 높은 경향을 보인다. 두 번째 사실은 시장환율을 적용해서 교역재 가격을 공통의 통화로 환산하면 가격이 같아지도록 시장환율이 결정되는 경향을 보인다(두 번째 사실을 일물일가의 법칙이라고 하는데 단순히 재정거래[역자 주 : 한 시장에서 재화를 사고 그와 동시에 다른 시장에서는 재화를 팔아 차익을 얻기 위한 거래] 가능성의 결과다). 개발도상국을 여행하는 사람들은 식당 음식이나 이발처럼 국내에서 생산한 재화나 용역이 방문객들에게 무척 싸지만 국제적인 교역재(혹은 비행기 표처럼 상당한 교역재적 요소가 있는 상품)는 별로 싸지 않다는 사실을 금방 알아차린다.

이와 같은 두 가지 영향력이 작용하기 때문에 시장환율로 평가한 GDP를 상호비교하면 개발도상국의 소득을 체계적으로 과소평가하게 된다. 간단한 예를 통해 이 문제를 이해해 보자. 〈표 1.2〉에는 교역재인 TV와 비교역재인 이발 두 가지 재화와 용역을 생산하고 있는 두 나라가 있다. 리치랜드는 푸어랜드에 비해 TV를 1인당 4배 더 생산하며, 이발도 4배 더 생산한다. 논리상 리치랜드의 1인당 GDP는 생산량 기준으로 볼 때 푸어랜드의 4배여야 한다. 표의 네 번째와 다섯 번째 칸에는 양국의 TV와 이발 가격이 나타나 있다. 이 가격들은 리치랜드 달러와 푸어랜드 달러 등 자국통화로 표시한 것이다. 푸어랜드에서 교역재와 비교역재의 가격 비율은 10 : 1로 리치랜드에서의 비율인 10 : 2보다 2배 더 크다. 마지막 칸은 자국통화로 계산한 양국의 1인당 GDP다.

양국의 GDP를 비교한다고 생각해 보자. TV는 교역재이기 때문에 공통화폐로 환산했을 때 환율이 두 나라의 TV 가격을 동일하게 만들어 줄 것으로 기대한다. 그러므로 푸어랜드 달러와 리치랜드 달러 간의 환율은 1이 된다. 이 환율을 적용해서 리치랜드의 통화로 푸어랜드의 GDP를 전환하면 푸어랜드의 1인당 GDP는 리치랜드의 1/6 수

▶ **표 1.2**

리치랜드와 푸어랜드의 생산량과 가격

나라	1인당 TV생산량	1인당 이발생산량	자국통화표시 TV 가격	자국통화표시 이발 가격	자국통화표시 1인당 GDP
리치랜드	4	40	10	2	120
푸어랜드	1	10	10	1	20

준이 된다. 교역재와 비교역재 간의 가격비율의 차이가 푸어랜드의 소득을 상대적으로 과소평가하는 결과를 가져온다.

이 문제를 피하기 위해서 경제학자들은 **구매력평가**(purchasing power parity, PPP) 환율이라는 일종의 인위적 환율을 만들어 냈다. 구매력평가 환율은 교역재와 비교역재를 포함한 표준적인 재화와 용역의 바스켓 가격에 기초하여 작성한다. 앞의 리치랜드와 푸어랜드의 예에서 별 무리 없이 사용할 수 있는 상품 바스켓은 TV 1대와 이발 10번이다. 이렇게 바스켓을 구성하는 이유는 이것이 세계적으로 소비되는 상품의 비율이기 때문이다. 이런 바스켓의 가치는 리치랜드에서는 30달러이지만 푸어랜드에서는 20달러이다. 양국의 바스켓 가격은 3 리치랜드 달러에 대해서 2 푸어랜드 달러의 구매력환율을 제시한다. 이 환율을 사용하면 푸어랜드의 1인당 GDP(20 푸어랜드 달러)는 30 리치랜드 달러의 가치를 가지며, PPP 환율에 기초해서 푸어랜드의 1인당 GDP는 리치랜드의 1/4이라고 결론 내릴 수 있다.

이 책 전체를 통해서 국가 간 GDP를 비교할 때는 PPP 환율을 사용할 것이다. 〈표 1.3〉은 대표적인 몇 나라에 대해서 시장환율을 PPP 환율로 바꿨을 때의 효과를 보여 주고 있다. 이 표가 말해 주듯 일본통화는 PPP에 비해 과대평가되어 있다. 시장환율을 적용하면 일본의 1인당 GDP는 미국의 89%이지만, PPP 환율을 적용하면 미국의 73%로 낮아진다. 전형적인 개발도상국이라고 할 수 있는 인도에서는 시장환율이 PPP 환율에 비해서 상대적으로 상당히 과소평가되어 있다. 인도의 경우에 PPP 환율을 적용하면 1인당 GDP는 무려 3배나 증가한다.

PPP 환율은 GDP가 아닌 다른 물량을 비교할 때도 유용하다. 예를 들어 개발도상국의 노동여건에 관한 신문기사는 종종 근로자들의 평균임금을 시장환율 기준의 미국 달

▶ **표 1.3**

구매력평가 환율을 사용할 때 GDP의 각국에 대한 영향

국가	시장환율(달러) 사용 시 2009년 1인당 GDP	PPP 환율(달러) 사용 시 2009년 1인당 GDP
미국	41,099	41,099
일본	36,651	30,008
독일	36,702	32,488
아르헨티나	6,519	11,961
멕시코	7,257	11,629
인도	1,041	3,239

러로 전환해서 보도하곤 한다. 이 경우에 시장환율 대신 PPP 환율을 적용하면 값은 달라지지만 더 정확한 현황을 얻을 수 있다.

연습문제

1. 하루에 1달러 미만으로 생활하는 전 세계 인구를 시장환율 혹은 구매력평가 환율로 각각 계산할 수 있다. 어느 쪽이 더 많겠는가? 왜 그런지 설명해 보라.
2. 세계에서 생산된 재화가 컴퓨터와 아이스크림 두 가지밖에 없다고 하자. 컴퓨터는 교역대상이지만 아이스크림은 아니다. 아래 표는 양국의 컴퓨터와 아이스크림의 생산량과 가격에 관한 정보이다.

나라	1인당 컴퓨터생산	1인당 아이스크림생산	자국통화표시 컴퓨터가격	자국통화표시 아이스크림가격
리치랜드	12	4	2	4
푸어랜드	3	1	1	1

   a. 각국의 1인당 GDP 수준을 자국통화로 계산하라.
   b. 두 나라 통화 간의 시장환율을 계산하라.
   c. 시장환율을 사용하면 리치랜드의 1인당 GDP와 푸어랜드의 1인당 GDP 비율은 어떻게 되는가?
   d. 두 통화 간의 구매력평가 환율을 계산하라.
   e. 구매력평가 환율을 사용하면 리치랜드의 1인당 GDP와 푸어랜드의 1인당 GDP의 비율은 어떻게 되는가?

온라인 데이터 플로터(Data Plotter)와 데이터를 이용해서 실습하려면
http://www.pearsonhighered.com/weil을 방문하라.

제 2 장

분석을 위한 틀

왜 어떤 나라는 부유하고 어떤 나라는 가난한지 설명하려면 여러 가지 요인에 대한 상대적 중요성을 평가해야 된다. 이 질문에 답하기 위해서는 먼저 목표에 관한 통찰력을 가질 필요가 있다. 이 장의 2.1 절에서는 그런 통찰력을 갖추기 위해 한 가지 비유를 소개하였다.

당신은 비유로만 답할 수 있는 질문을 던졌습니다.
— 플라톤, 『공화국』

이 비유가 위 질문에 대한 최종적인 답변을 제시해 주지는 않는다. 그보다는 답변의 형태가 어떠할 것인지 보여 준다. 현실에서는 데이터를 구하기가 쉽지 않으며 숫자들도 명확하게 들어맞지 않는다. 명확성의 측면에서 이 비유를 분석해 보면 별게 아닐 수도 있다. 이 장의 비유는 책의 후반부에서 논의할 여러 가지 요인들을 간과하고 있다. 최종적으로는 이 요인들이 우리가 짜 맞추고자 하는 틀에 잘 어울리게 될 것이다. 그러나 지금 단계에서는 이 요인들에 대하여 고민하지 않고 틀을 생각하는 게 이해에 더 도움이 된다. 2.2절에서는 이 비유가 이 장 이후에 등장할 완전히 체계를 갖춘 모형과 어떤 관계에 있는지 생각해 본다. 마지막 절에서는 경제학자들이 검증을 위해 데이터를 어떻게 사용하며 자기들이 구축해 놓은 이론을 어떻게 정량적으로 분석하는지 살펴본다.

2.1 실바니아와 프리도니아의 경제학 : 비유

당신이 일류 경제컨설팅회사의 대표라고 상상해 보라. '실바니아는 왜 이웃나라인 프리도니아 공화국에 비해 가난한가?' 라는 간단한 질문에 답을 구하기 위해서 실바니아

국왕이 당신을 고용했다고 하자.

당신은 모든 실무를 담당하게 될 우수한 회사직원들을 규합시키고 국립통계연구소 (National Office of Statistical Research)의 막대한 자원을 이용하여 일을 시작한다. 첫 번째 임무는 양국의 차이가 얼마나 큰지 밝혀내는 것이다. 당신은 조심스럽게 양국이 생산한 모든 재화와 용역의 가치(GDP)를 측정함으로써 프리도니아의 GDP가 실바니아 GDP의 8배나 된다는 사실을 알게 된다. 양국의 인구는 거의 같기 때문에 양국 간 중요한 차이는 1인 기준의 차이와 같아진다. 즉, 프리도니아의 1인당 GDP는 실바니아의 8배가 된다.

문제의 범위가 명확하기 때문에 당신은 이제 문제에 대한 진상을 규명하기 시작한다. 당신은 양국의 여건을 조사하기 위해 회사직원들을 파견할 것이고 그들은 조사결과에 관해 흥미로운 의견들을 제시할 것이다. 양국은 두 가지를 투입하여 재화와 용역을 생산한다. 한 가지 투입은 노동이며 다른 하나는 우리가 일괄해서 **자본**(capital)이라고 부르는 것으로 기계, 자동차, 건물, 설비 등처럼 근로자들이 마음대로 사용할 수 있는 도구들이다. 회사직원들은 평균적으로 프리도니아 근로자가 실바니아 근로자에 비해서 작업에 투입하는 자본을 더 많이 가지고 있다는 사실을 알고 있다. 양국의 근로자가 작업할 때 사용하는 자본이 많아질수록 산출물의 양은 증가한다.

이런 관측은 근로자 개개인이 사용하고 있는 자본의 차이가 프리도니아와 실바니아 간의 소득차이를 설명할 수 있음을 시사하고 있다. 그러나 근로자 1인당 자본의 차이가 발생하는 근본원인은 무엇일까? 회사직원들은 그럴듯한 답변을 가지고 있다. 소비하지 않고 새로운 자본재의 생산에 투입한 **투자량**(quantity of investment)이 실바니아보다 프리도니아가 훨씬 많았기 때문이다. 실제로 회사직원들은 해마다 프리도니아가 실바니아의 32배를 투자한다고 생각한다.

경제학의 기본지식을 활용하면 당신은 각국에서 발생하고 있는 새로운 자본에 대한 투자가 그 나라 국민들의 저축과 관련을 가지고 있음을 알게 된다. 프리도니아는 부유한 나라이기 때문에 프리도니아가 실바니아보다 저축을 많이 한다는 사실이 그렇게 신기한 것은 아니다. 그러나 숫자를 들여다 보면 프리도니아가 실바니아보다 소득에 대한 저축 비율이 더 높음을 알게 된다. 소득은 8배 더 높지만 투자는 32배나 더 많다. 따라서 프리도니아의 투자율(소득 중 투자 비율)은 실바니아보다 4배 더 높아야 한다.

당신은 이제 소득격차가 발생한 원인에 대한 확실한 증거를 찾아냈다고 생각할 것이다. 프리도니아와 실바니아 소득의 차이는 오로지 절약의 차이에 기인하는 것 같다. 실바니아는 프리도니아보다 소득의 더 적은 부분을 저축하고 투자한다. 따라서 실바니아의 투자율이 낮기 때문에 근로자 1인당 자본도 적고 총소득도 적다.

이 이론을 평가하기 위해서 당신은 회사직원들에게 다음과 같은 질문을 던진다. "프리도니아와 실바니아 간의 유일한 차이는 프리도니아가 실바니아보다 매년 소득의 4배를 투자하는 것이라고 가정하자. 그렇다면 이런 투자율의 차이로부터 두 나라의 소득은 얼마나 차이날 것으로 예상하는가?" 회사직원들은 이제 이 문제를 가지고 열심히 씨름한다. 그들은 투자의 차이가 양국의 소득차이를 어느 정도 설명할 수는 있지만 완전히 설명할 수는 없다고 답변한다. 구체적으로 두 나라는 투자율에서 4배 차이가 나고, 다른 차이가 없다면 소득은 2배의 차이를 보인다(좋은 직원이 늘 그렇듯이 당신 회사의 직원들도 복잡한 계산과정을 보여 주지는 않는다. 그러나 제3장에서 우리는 어떻게 이런 결과가 나오는지 배우게 될 것이다). 양국이 소득에서 8배의 차이를 보이기 때문에 투자율 차이에 의해서 설명되지 않는 나머지 4배의 소득차이가 생긴 원인은 다른 요인에 의해서 설명되어야 하는 부분이다. 직원들은 이런 차이가 각국이 소유하고 있는 자본이 아닌 **생산성**(productivity)에 기인한다고 말한다. 생산성이란 자본 1단위가 생산하는 산출량을 의미한다.

분명히 생산성은 매우 중요하다. 그러나 무엇이 생산성을 결정하는가? 왜 프리도니아의 생산성은 실바니아보다 훨씬 높은가? 당신은 이 문제를 논의하기 위한 난상토론을 하려고 전 직원들을 소집한다. 회사의 어느 직원이 실바니아의 근로자 1인당 자본이 프리도니아의 근로자 1인당 자본에 비해서 생산성이 떨어지는 이유는 **기술**(technology)의 후진성 때문이라는 의견을 제시한다. 여기서 기술이란 산출물을 만들어 내기 위해 투입을 조합하는 방법에 관한 유용한 지식을 말한다. 결국 그 직원은 기술진보가 프리도니아로 하여금 동일한 투입을 가지고 실바니아보다 더 많은 산출물을 생산하게 한다고 말한다. 당신은 그 생각을 따르기로 결정하고 그 직원에게 양국의 기술상태를 조사하도록 지시한다. 직원들은 놀라운 결론에 도달한다. 실바니아는 프리도니아에 비해 기술적으로 약 35년이 뒤처져 있다. 즉, 현재 실바니아가 사용하고 있는 기술은 프리도니아가 약 35년 전에 사용했던 것과 같다.

이런 기술격차가 양국 생산성의 차이를 설명할 수 있을 것인지 판단하기 위해서 당신은 직원들에게 "35년 전에 두 나라의 근로자들이 동일한 기술을 사용했다면 오늘날의 프리도니아는 생산량이 얼마나 줄어들 것인가?"를 물어본다. 이 질문에 대해 직원들은 프리도니아의 기술진보율이 일정하다고 가정할 때 35년 전의 기술을 그대로 사용한다면 지금의 절반 정도의 산출물을 생산하게 될 것이라고 답변한다. 달리 표현하자면, 35년에 걸쳐 기술수준은 2배가 되었다(여기서는 이 결론에 도달하게 된 세밀한 과정을 가지고 여러분들을 괴롭히지는 않을 것이다. 그러나 제7장과 제10장에서 어떻게 이런 결론을 얻었는지 공부한다).

따라서 4배의 생산성 차이 중에서 절반에 해당하는 2배는 기술에 기인하였다. 그렇다면 나머지 다른 요인은 무엇인가? 당신 회사의 직원들은 양국을 가까이에서 관찰하면 한 가지 구별되는 행동양식이 보인다고 말한다. 그것은 프리도니아는 더 많은 자본과 더 향상된 기술 이외에도 일사분란한 움직임이 있다는 점이다. 실바니아보다 프리도니아의 사람들은 더 열심히 일하고, 더 좋은 품질의 상품을 만들어 내고 있으며, 낭비하는 시간도 더 적다. 1인당 자본을 똑같이 사용하고 기술수준이 똑같은 양국의 공장을 비교해 보면 프리도니아 공장이 실바니아 공장보다 더 많은 산출물을 생산한다.

회사직원들은 이런 애매하지만 중요한 특질을 **효율성**(efficiency)이라고 부르는데, 이것은 이용 가능한 기술과 생산에 사용한 투입물들이 산출물을 만들어 내는 데 실제로 얼마나 잘 사용되고 있는가를 나타내는 척도이다. 양국 간의 기술차이가 설명할 수 없는 생산성의 차이는 효율성의 차이로 설명이 가능하다. 회사직원들은 생산성을 두 가지 항목으로 간단히 '분해' 할 것을 제안한다. 생산성은 기술 곱하기 효율성이다. 프리도니아와 실바니아는 생산성에서 4배 차이가 나며 기술에서 2배 차이가 나기 때문에 효율성도 역시 2배 차이가 날 수밖에 없다.

당신은 회사직원들의 연구를 종합하여 실바니아의 상대적 빈곤에 관한 세 가지 원인(적은 자본을 초래하는 낮은 투자율, 열등한 기술, 낮은 효율성)을 설명하는 보고서를 작성한다. 이 원인들은 각각 실바니아의 상대적 빈곤에 관하여 2배씩 기여한다. 만약 이 원인들 가운데 어느 것 하나라도 제거된다면 실바니아는 이웃에 비해 소득이 1/4 오를 것이다. 그리고 세 가지 문제가 모두 해결된다면 실바니아는 프리도니아 수준으로 살 수 있다.

당신은 국가 만찬장에서 이 보고서를 왕에게 제출한다. 왕은 당신에게 상당한 고마움을 표시하지만 완전히 만족하지는 않는다. 당신은 왕에게 잘못된 점을 알려 주었으나 문제의 근본원인에 관해서는 이야기해 주지 않았다. "그것은 당신이 내게 마치 왕의 말이 약한 근육과 상처난 발굽 때문에 경마에서 우승하지 못했다고 이야기한 것과 진배없소. 그러나 당신은 내게 왜 이런 문제가 생겼는지 이를테면 불충분한 섭생, 과도한 훈련이나 사육불량 등과 같은 근본원인을 말해 주지는 않았소. 나는 내 나라 문제에 관해 더 깊은 원인을 알고 싶소."

그래서 당신은 한 번 더 회사 직원들과 함께 앉아서 난상토론을 한다. 실바니아를 프리도니아보다 더 가난하게 만든 근본원인에 해당하는 경제의 **기본요인**(fundamentals)은 무엇일까? 당신이 작성한 초기 보고서는 이와 같은 근본원인이 어떤 식으로 표출되었는지를 왕에게 알려 주었다. 이것은 낮은 저축률과 부진한 자본축적으로 나타났고, 다른 나라처럼 빠르게 신기술을 개발하지 못했으며, 자본과 이용 가능한 기술을 비효율적으로 사용하는 결과를 초래했다. 그렇지만 이런 현상을 유발한 근본원인은 과연 무엇일까?

당신은 이 질문의 근원에 도달하기 위해서 많은 나라에서 원인이 될 수 있다고 생각하는 경제의 기본요인들을 측정하고 그것들이 저축, 기술 및 효율성과 어떠한 관련을 가지는지 연구하는 방대한 프로젝트를 출범시킨다. 이 프로젝트로부터 당신은 일련의 가능성들을 조사한다. 연구대상으로 삼고 있는 나라들은 검약성이나 국민들이 일에 투입하는 노력과 같은 문화적 측면에서 차이가 있을 수도 있다. 또한 조세, 관세 및 규제와 같은 양국의 경제정책도 한 가지 설명이 될 수 있다. 그뿐만 아니라 천연자원, 기후 혹은 세계시장에 대한 근접성과 같은 지리적 차이가 실바니아의 상대적 빈곤에 대한 원인일지 모른다.

이처럼 근본원인이 될 수 있다고 생각하는 경제의 기본요인들을 골라내는 과정은 까다롭지만 행운은 당신 편에 있다. 실바니아와 프리도니아가 처한 경제의 기본요인들은 기후를 비롯해서 여러 가지 측면에서 대부분 동일하다. 따라서 이 기본요인들이 양국 간 소득격차의 근원이라고 할 수는 없다. 자동차 주행도로의 방향과 같은 점에서는 양국이 서로 다른 특성을 보이지만 통계를 분석해 보면 이런 요인들이 국가 간의 소득격차를 설명하지 못함을 알 수 있다. 그런데 양국이 차이를 보이는 것들 중에서 국가 간의 소득격차를 설명할 만큼 중요한 요인이라고 판명되는 척도가 한 가지 있다.

당신은 회사직원들을 실바니아 바깥으로 안전하게 내보낸 후에 왕에게 연구조사 결과를 설명하기 위한 두 번째 보고서를 작성한다.

당신은 "실바니아의 상대적 빈곤의 근본원인은 정부의 유형에 있다."라고 보고서에 쓴다. 프리도니아의 민주주의에 비교하면 실바니아의 군주제는 국가의 경제발전을 위해 비용이 많이 드는 시스템이다. 실바니아의 주민들은 본래 검소한 사람들이다. 그러나 주민들은 자기 돈을 절약해서 자본을 축적하려고 하지 않는다. 왜냐하면 왕이 언제 자기들의 재산을 빼앗아 갈지 모르기 때문이다. 이와는 반대로 프리도니아에서는 재산이 보호되고 주민들은 자기들이 절약해서 축적한 열매를 미래에 향유할 수 있다고 믿는다. 프리도니아에서는 영리한 발명가들이 새로운 생산적인 기술을 발명하면 보상을 잘 받는 반면에, 실바니아에서는 능력 있는 과학자들이 끊임없이 왕이 벌이는 사소한 전쟁을 수행하기 위한 신무기를 발명하는 데 온갖 노력을 바친다. 실바니아에서 재산과 지위를 갖추는 가장 확실한 방법은 왕의 환심을 사는 것이며 이 나라의 가장 능력 있는 사람들은 이렇게 하는 데 최선을 기울인다. 반대로 프리도니아에서 성공하는 방법은 일을 잘하는 것을 비롯하여 구체적인 성취를 이뤄내는 것이다. 이 때문에 실바니아보다 프리도니아에서 모든 일이 훨씬 더 효율적으로 잘 성취된다.

"따라서 1차 보고서에서 찾아낸 실바니아의 상대적 빈곤의 원천이라고 할 수 있는 부진한 자본축적, 기술의 후진성과 비효율성은 모두 군주제라는 하나의 뿌리까지 거슬러 올라갈 수 있다."

당신은 이 2차 보고서를 왕에게 전달하고는 황급히 궁궐을 빠져나온다. 실바니아의 국경을 향해 달려간 후에 왕실호위병이 당신을 추격하는 모습을 바라보면서 당신의 노력과 통찰력이 프리도니아에서 훨씬 더 후한 대접을 받을 수 있을 것이라고 생각한다.

2.2 비유에서 현실로

실바니아와 프리도니아의 비유를 글자 그대로 받아들여서는 안 된다. 특별히 군주제나 민주주의 등의 정부형태는 이 책에서 고려하는 소득결정의 기본요인 중 한 가지에 불과하다. 이 비유는 국가 간의 소득격차를 초래하는 여러 요인들의 상대적 중요성을 비교·고찰하고 분석하는 방식을 보여 줌으로써 경제성장의 결정요인에 관한 우리의 사고방식을 가르치기 위해 만들어졌다. 이 비유에는 전달하고자 하는 세 가지 핵심 아이디어들이 담겨 있다.

- 국가를 부유하게 하는 두 가지 구체적인 요인이 있는데, 하나는 생산에 들어간 여러 가지 투입의 축적이고, 다른 하나는 투입이 활용될 때 발휘되는 생산성이다. 2.1절의 비유에서는 노동 이외에 생산에 들어간 투입은 자본이었다. 그러나 물론 다른 투입들도 있을 수 있다.
- 국가 간의 생산성 격차는 기술격차와 효율성 격차의 두 가지 요소로 분해될 수 있다. 기술은 연구와 개발, 지식의 전파, 과학적 진보의 관점에서 논의할 수 있는 반면에, 효율성은 경제체제, 제도 등과 관련이 깊다.
- 어떤 기본요인과 심층적 특성이 한 나라의 소득에 대한 1차적인 결정요인에 영향을 미치는지 조사하기 위해서 그 배후를 관찰하면 많이 배울 수 있다. 성장에 영향을 주는 요인에는 **직접적 원인**(proximate cause)과 **궁극적 원인**(ultimate cause)이 있다. (직접적 원인이란 어떤 관찰된 결과에 대해 직접적인 책임이 있는 사건

을 말하며, 궁극적 원인이란 일련의 인접 사건들을 통해 관찰된 결과에 영향을 미
치는 것을 말한다.)

이러한 핵심 아이디어들은 이 책 각 부(各部)의 주제다. 제2부는 각국이 생산에 사용
한 투입 축적의 차이에 초점을 맞추고 제3부는 생산성과 그 구성요소인 기술과 효율성
에 관한 내용이다. 마지막으로 제4부에서는 제2부와 제3부에서 조사한 모든 내용을 종
합하여 국가 간 소득 차이를 설명하는 잠재적인 경제의 기본요인들을 검토한다.

이 절의 나머지 부분에서는 이미 제시한 첫 번째 아이디어를 좀더 형식을 갖춘 경제
분석으로 발전시키는 방법과 국가 간 **성장률**의 차이를 이해하기 위해서 비유의 주제인
국가 간 소득수준의 차이를 분석한 결과를 이용하는 방법에 관해서 간단히 생각해 보
기로 한다.

생산함수

프리도니아와 실바니아의 비유는 두 가지 이유 때문에 두 나라가 1인당 소득에서 차이
를 보일 수 있다는 아이디어를 소개했다. 그 이유는 생산에 활용된 투입의 축적이 차
이를 보였거나 혹은 투입물들을 사용할 때 적용되는 생산성이 차이를 보였기 때문이었
다. 비유에서는 자본이라는 단 하나의 투입이 생산에 사용되었다. 제2부에서 살펴보겠

▶ **그림 2.1**

생산함수

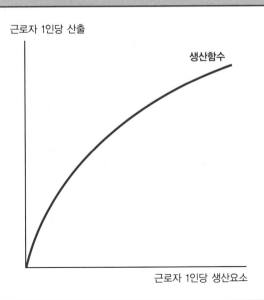

지만 자본은 국가가 축적할 수 있는 여러 가지 투입 중 하나다. 집합적으로 이런 투입을 **생산요소**(factors of production)라고 한다.

이 책에서 우리는 생산요소와 산출과의 관계를 표현하기 위해서 생산함수를 사용한다. 미시경제학에서 **생산함수**(production function)는 기업이 사용하는 투입이 산출로 전환되는 방식에 관한 수리적 표현이다. 여기서 우리가 고려할 산출은 국가 전체의 생산으로서 기업의 산출과 기본적으로 같은 아이디어다.

〈그림 2.1〉은 생산함수의 예를 보여 준다. 가로축에는 근로자 1인당 생산요소라고 표기되어 있는데, 이것은 우리가 어떤 특별한 생산요소나 여러 가지 생산요소들을 종합해서 하나로 고려할 수 있다는 점을 보여 주고 있다. 세로축은 근로자 1인당 산출을 측정한다. 생산함수의 기울기는 양(陽)으로 생산요소를 많이 투입할수록 더 많은 산출물을 생산할 수 있음을 의미한다. 근로자 1인당 생산요소의 양이 증가함에 따라 생산함수는 더욱 평평하게 되는데, 그 이유는 제3장에서 설명할 예정이다.

이런 일반적인 형태의 생산함수를 고려함으로써 쟁점을 부각시키려고 한다. 국가 간의 소득격차는 어느 정도까지 생산요소 축적의 차이에 기인하는가? 〈그림 2.2〉는 국가 1과 국가 2 두 나라를 고려한다. 국가 1의 1인당 생산 y_1은 국가 2의 근로자 1인당 생산 y_2보다 높다. 그림에 나타난 3개의 그림은 왜 두 나라가 생산에서 차이를 보이는지 가능한 설명을 나타내고 있다. 패널 (a)에서 두 나라는 동일한 생산함수를 가진다. 그

그림 2.2

근로자 1인당 생산 격차의 원천

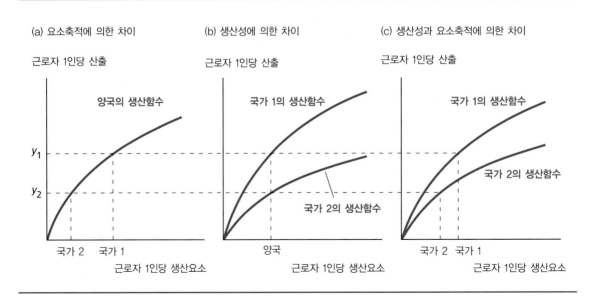

러나 국가 1의 근로자 1인당 생산요소가 더 많다. 패널 (b)에서 두 나라는 똑같은 양의 생산요소를 가지고 있지만 국가 1의 생산함수가 국가 2의 생산함수 위에 있기 때문에 어떤 양의 생산요소든지 국가 1이 국가 2보다 생산을 더 많이 한다. 패널 (c)에서 국가 1은 국가 2보다 생산요소도 많고 생산성도 더 높다. 실제로 국가 간에 소득변동의 상당부문이 다양한 생산요소의 축적이나 생산성의 변동에 기인하기 때문에 제7장에서는 이런 분석적인 접근을 사용할 것이다.

소득수준에서 성장률로

프리도니아와 실바니아의 비유는 국가 간 소득수준의 차이에 관한 것이다. 그러나 우리는 제1장에서 데이터로부터 발견한 여러 가지 흥미 있는 사실들이 주로 국가 간의 **성장률** 차이에 관한 것임을 알았다. 나라마다 다양한 성장률의 차이를 조사하려면 앞에서 소개한 비유의 틀을 어떻게 활용할 수 있을까?

정답은 새로운 균형산출수준을 향해 점진적 조정을 한다는 아이디어를 분석에 활용하는 것이다. 구체적으로 이야기하려면 프리도니아와 실바니아의 세계로 돌아가야 한다. 거기에는 소득격차의 근본원인 중에서 정부의 형태 하나만 존재한다. 이 예에서 실바니아의 군주제는 두 나라가 8배의 소득격차를 보인 데 대한 책임이 있다.

이제 실바니아에서 혁명이 일어나 왕을 폐위하고 군주제를 민주주의로 대체했다고 가정하자. 그렇다면 실바니아에서 혁명이 일어난 이후 두 나라는 똑같은 경제의 기본요인을 가지게 될 것이다. 모형에서는 산출이 간단하게 결정되기 때문에 우리는 실바니아가 프리도니아와 동일한 근로자 1인당 산출수준을 갖게 될 것으로 기대한다. 그러나 실바니아가 프리도니아를 곧바로 따라잡을 것으로 기대하지는 않는다. 왜 그런가? 처음에 발생한 얼마간의 소득격차는 자본 스톡의 차이에 기인했는데, 자본 스톡의 차이는 실바니아의 낮은 저축률에 기인하였다. 실바니아가 군주제를 포기했을 때 저축률은 상승할 것이다. 그러나 실바니아가 프리도니아만큼 자본을 축적하기 위해서는 시간이 필요하다. 실바니아의 상대적인 빈곤은 실바니아의 군주제가 해외로부터 첨단기술의 접근을 막았기 때문이었다. 그러나 이제 군주제가 사라졌기 때문에 실바니아는 기술적으로 이웃 나라를 따라잡겠지만 하루아침에 그렇게 되지는 않는다. 아무리 작은 차이라고 할지라도 프리도니아는 기술선도국으로 수년간 남아 있게 될 것이다.

이러한 소득수준의 점진적 조정이 성장률 비유의 근간이 될 수 있다. 프리도니아는 아무것도 변하지 않았기 때문에 실바니아 혁명 이전과 똑같은 속도로 성장을 지속할 것이다. 그러나 실바니아는 프리도니아를 추격하기 때문에 소득증가율이 빨라질 것이다. 실제로 실바니아는 프리도니아를 따라잡을 때까지 프리도니아보다 더 빠르게 성장한다.

처음에는 이렇게 빠른 성장이 놀라울지 모른다. 경제학자들은 나라가 빠르게 성장하기 위해서는 이런저런 정책을 시도해 보라고 늘 권한다. 여기서 양국은 민주주의라는 동일한 정책을 가지고 있지만 한 나라가 다른 나라보다 더욱 빠르게 성장한다. 더욱이 이렇게 빠른 성장은 과거에 나쁜 정책을 가지고 있었던 것에 대한 보상처럼 보인다.

설명하자면 이렇다. 실바니아는 과거의 나쁜 정책 때문에 프리도니아에 비해 저소득이라는 형태의 비용을 치렀다. 그러나 민주주의로 전환하면 시간이 지남에 따라 과거의 나쁜 정책이 초래했던 피해는 점차 사라진다. 과거로부터의 영향이 사라지기 때문에 빠른 성장이 구현될 수 있다.

이 사례를 일반화하면 소득수준의 결정 모형을 소득증가율의 결정 모형으로 쉽게 전환시킬 수 있다. 양국 경제의 기본요인이 똑같거나 양국 경제의 기본요인에 근거한 소득이 똑같을 것으로 기대한다면 우리는 소득이 낮은 나라가 더 빨리 성장할 것으로 기대한다. 왜냐하면 혁명 직후의 실바니아처럼 경제의 기본요인이 주어져 있을 때에는 가난한 나라의 소득이 기대한 수준에 미치지 못하기 때문이다. 이와는 반대로 만약 프리도니아의 민주주의가 군주제로 대체되었다면 부유한 나라는 경제의 기본요인으로부터 기대했던 수준 이상의 소득을 얻을 수 있었기 때문이다.

이 분석은 경제성장에 영향을 미치는 정책토론이 왜 가끔은 혼란스러운지 명확하게 보여 준다. 예를 들어 빌 클린턴이 대통령 재임시절 초기에 '경제를 성장' 시킬 의향을 발표했을 때 자기가 노력을 쏟아 부을 잠재적 목표는 고통스러울 정도로 낮은 미국의 저축률이었다. 클린턴 정부는 경제학자들에게 저축률의 증가가 경제성장에 어떻게 영향을 미치는지 물었다. 저축률이 증가하면 곧바로 수년 이내 생산증가율이 올라갈 수 있을지도 모른다. 그러나 결국 성장률은 저축의 증가가 발생하지 않았을 때의 수준인 베이스라인으로 되돌아간다. 성장률이 장기적으로는 저축률이 증가하기 이전과 동일하게 된다고 할지라도 산출은 저축이 증가하지 않았을 때의 수준보다는 높아질 것이다. 어떤 정치가라도 이런 답변이라면 답변이 끝나기도 전에 흥미를 잃어버릴 것이다.

2.3 우리는 데이터에서 무엇을 배울 수 있는가?

경제학은 이론적 추론과 데이터 분석의 결합을 통하여 세상에 대한 우리의 이해를 증진시킨다. 경제이론은 간혹 **경제모형**(economic model)으로 표현되기도 하는데, 모형이란 한 변수의 변동이 다른 변수에 영향을 미치는 방식과 같은 경제변수의 결정방식을 비롯하여 현실을 단순화시킨 표현이다. 예를 들면 우리가 익숙한 수요공급모형은 상품의 가격과 구매량의 결정을 분석하는 데 활용되고 있다. "밀가루 가격이 상승한다면 빵의 소비량이 어떻게 변할까?"라는 질문에 답변하기 위하여 수요공급모형을 사용할 수 있다. 또한 조세와 가격상한제와 같은 정책이 경제에 미치는 영향을 조사하기 위해서 수요공급모형을 사용할 수 있다.

데이터는 경제이론을 검증하는 데 활용이 가능하다. 수요공급이론은 아주 단순하기 때문에 그 타당성이 별로 의심받지 않고 지금까지 충분히 검증되어 왔다. 반면에 다른 이론들은 활발한 토론의 대상이 되었다. 이론으로부터 얻은 예측값을 데이터의 실제값과 비교함으로써 이론의 정확성을 평가할 수 있다.

경제학자들은 경제모형의 각 부문에 관해 구체적인 규모를 논의할 때 데이터를 사용한다. 이 방법을 정량분석(quantitative analysis)이라고 한다. 우리는 수요공급모형을 활용함으로써 빵 가격의 상승이 빵에 대한 수요를 감소시킬 것이라고 알고 있다. 그러나 특정한 크기의 가격상승이 수량을 얼마나 감소시킬지 알기 위해서는 데이터를 분석해야 한다. 수요곡선의 기울기가 얼마나 가파른지 알아야 하기 때문이다. 또한 특정한 세금으로부터 발생할 것으로 예상하는 세수규모를 파악하기 위해서는 데이터를 조사할 필요가 있다. 이런 종류의 정량분석이 없다면 이론은 쓸모없어진다.

이런 이유 때문에 경제학자들은 데이터에 대한 집착이 대단히 강하다. 그러나 경제학자들은 자기들이 원하는 것을 알아내기 위해 데이터를 사용하는 데 많은 어려움이 따른다는 사실도 알고 있다.

그런데 문제는 경제학자들이 좋은 데이터를 충분히 가지고 있지 않다는 점이다. 경제학자들이 알고 싶어 하는 여러 가지 문제들은 측정이 불가능하다. 예를 들어 경제이론은 행복 혹은 효용(utility)을 최대화한다는 아이디어를 근간으로 한다. 그러나 개인적 행복은 직접 관찰될 수 없다. 또한 "당신 가계는 지난주에 식비로 얼마를 지출했습니까?"라는 서베이 문항처럼 어떤 경우에는 우리가 알고 싶어 하는 것들이 부정확하게 측정된다. 이 책에 자주 등장하는 것처럼 여러 나라로부터 얻은 데이터를 분석하다 보면 각국이 정보를 서로 다른 형태로 수집한다는 문제도 나타난다. 마지막으로 어떤 경우에는 통계 수집을 담당하고 있는 공무원이 특별한 편의(偏倚)를 가지고 있을 수 있는데 보고할 때는 중립적 숫자인 것처럼 기록할 수 있다.

거의 모든 경우에 경제학자들이 취급하는 데이터들은 실험(experimental)으로부터 얻은 데이터가 아니라 관찰(observational)로부터 얻은 데이터들이다. 다시 말하면, 경제학자들은 자기 주변의 세계를 관찰하기는 하지만 일반적으로 생물학자, 화학자, 물리학자들처럼 실험을 할 수는 없다. 앞으로 살펴보겠지만 경제학자들이 실험을 할 수 없다는 무능력 때문에 간혹 무엇이 무엇의 원인이 되었는지 밝혀내기 어려운 경우가 생긴다.

산포도와 상관관계

경제학자들은 가끔 산포도를 이용해서 데이터를 분석한다. **산포도**(scatter plot)에서는 하나의 관측값이 한 점으로 표시된다. 한 **변수**(variable)(조사대상의 한 가지 특성)는 가로축을 따라 측정되며, 다른 한 변수는 세로축을 따라 측정된다. 산포도는 두 변수 간의 전반적인 관계를 보여 준다. 또한 산포도는 어떠한 관측값들이 전반적인 관계와 일치하며 어떠한 관측값들이 통상적인 관계에서 벗어나 있는지 알려 준다. 이와 같이 불일치성을 보이는 관측값들을 **극단값**(outlier)이라고 한다.

〈그림 2.3〉과 〈그림 2.4〉는 이 책에서 인용한 자료를 활용한 산포도의 예다. 〈그림 2.3〉은 국가의 위도와 1인당 GDP 간에 강한 양의 관계가 있음을 보여 준다. 반면에 〈그림 2.4〉는 1인당 GDP와 인구증가율 간에 음의 관계가 있음을 보여 준다. 〈그림 2.3〉에

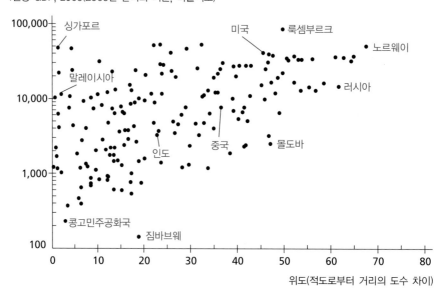

▶ 그림 2.3

위도와 1인당 소득 간의 관계

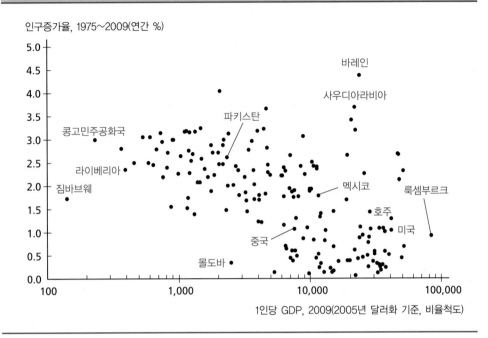

그림 2.4

1인당 소득과 인구증가율 간의 관계

인구증가율, 1975~2009(연간 %)

1인당 GDP, 2009(2005년 달러화 기준, 비율척도)

서 적도 부근에 있지만 부유한 나라인 싱가포르의 관측값은 극단값의 한 예라고 할 수 있다.

산포도를 분석하려면 기본적으로 변수 간의 상관관계를 파악해야 한다. **상관관계** (correlation)란 두 변수가 함께 변화하는 정도를 말한다. 만일 한 변수의 높은 값들이 다른 변수의 낮은 값들과 연계된 경향을 보이면 두 변수는 음의 상관관계에 있다. 예를 들면 학생들이 1주일에 공부하는 시간은 성적과 양의 상관관계에 있다.

두 변수 간의 상관관계 정도는 **상관계수**(correlation coefficient)로 측정되며 −1과 1 사이의 값을 가진다. 상관계수가 1이라면 완전한 양의 상관관계를 나타내며, −1의 상관계수는 완전한 음의 상관관계를 나타낸다. 상관계수가 0이라면 두 변량이 함께 변동하는 경향이 없음을 의미한다.[1] 〈그림 2.3〉과 〈그림 2.4〉에서 상관계수는 각각 0.52와 −0.42이다(이런 상관계수들은 1인당 GDP의 로그값을 이용하여 계산한다).

두 변수 간의 상관관계를 조사하는 것은 이 변수들이 서로 어떻게 연관되어 있는지

---

1) 상관계수 공식은 $\dfrac{\sum(X-\overline{X})(Y-\overline{Y})}{\sqrt{\sum(X-\overline{X})^2}\sqrt{\sum(Y-\overline{Y})^2}}$ 이며, 여기서 $\overline{X}$는 X의 평균이고 $\overline{Y}$는 Y의 평균이다.

무작위대조군시험

최근에 경제학자들은 연구대상 변수 간의 관계를 분석한다든지 정책을 만드는 분야에 무작위대조군시험(Randomized Controlled Trials, RCT)이라는 강력한 분석도구를 점차 더 많이 활용하고 있다.* 경제학의 RCT는 새로운 치료약의 효과를 평가하는 데 오랫동안 사용되어 온 기법을 토대로 모형을 만든다. 경제학의 RCT는 보조금, 정보캠페인, 프로그램 접근성과 같은 처치(treatment)를 받은 '실험군'과 비교를 위해서 이런 처치를 받지 않은 '대조군'을 포함한다. 실험군은 무작위로 개인 그룹이나 마을을 선정한다. 그 후에 연구자들은 실험군과 대조군의 평균 결과를 비교한다. 때로는 이와는 다르게 유용한 집단 중에서 무작위로 추출된 여러 개의 실험군이 동시에 대상이 되기도 한다.

RCT는 몇 가지 장점을 가지고 있다. 우선, 상관관계로부터 인과관계를 추출하는 문제에 RCT를 활용할 수 있다. 실험군은 무작위로 선택되어서 처치를 받기 때문에, 처치가 누락변수와 연계되었다거나 역인과관계를 유발할 가능성이 전혀 없다. 서로 다른 처치를 받은 집단들이 모두 다른 결과를 만들어 낸다면, 처치는 확실히 인과관계에 영향을 미친다고 할 수 있다. 두 번째 장점은 작은 집단에 대해서 RCT를 시행해 보고 성공하면 더 큰 규모로 대상 집단을 확대할 수 있다.

여러 가지 정책들이 이론상 좋은 결과를 보일 때, RCT는 그 정책들을 서로 비교하는 데 있어서 아주 효과적이다. 교육을 개선한다고 하자. 많은 개발도상국의 학교는 교과서와 부교재와 교사가 부족하다. 또 많은 학생들이 질병에 걸리기 때문에 결석률이 높다. 교과서와 부교재를 더 많이 제공하고, 더 많은 교사를 채용하며, 아이들의 질병 문제를 해소해 주면 교육성과가 향상된다. 그러나 어떤 정책이 비용과 대비해서 가장 효과가 좋을까?

이 질문에 답을 찾기 위해서는 RCT를 시행하면 된다. 무작위로 선택된 어떤 마을에는 교과서를 더 공급하고, 다른 마을에는 결석생들을 줄이기 위해서 구충제를 공급하며, 세 번째 마을에는 아무런 처치도 하지 않는다고 하자. 처치가 있기 전과 후의 성과를 평가하면, 어떤 처치가 가장 높은 성과를 얻었는지 알 수 있다. 케냐에서 실시한 RCT에서는 구충제 처치가 비용 대비 효과면에서 가장 우수한 것으로 나타났다.[†]

위와 같은 유형의 RCT는 부모로 하여금 자녀에게 예방접종을 시키는 최선의 방법, 정부 주도의 도로공사에서 부패를 줄이는 방법, 소액금융이 이웃 번영에 미치는 효과 등을 분석하는 데 활용되어 왔다.

RCT는 경제적 행위를 결정하는 근본요인이 무엇인지 조사하는 데도 활용될 수 있다. 몇 명의 자녀를 가질 것인지, 또한 얼마나 저축할 것인지 등의 문제를 생각해 보자. 사람들이 특정한 방식으로 행동하는 이유에 관해서, 여러 이론들은 환경이 변할 때 사람들이 서로 다른 방식으로 반응하기 때문이라고 한다. 이론들을 검증하기 위해서, 연구자는 RCT를 활용하여 어떤 시점에 사람들이 직면하고 있는 여건을 변화시킬 수 있다. 예를 들면, 한 연구에서는 케냐에서 신용 접근이 제한될 때 소기업들의 생산성이 저

알아보기 위한 출발점이 된다. 그러나 상관관계는 조심스럽게 해석되어야 한다. 두 변수 X와 Y 간에 존재하는 양의 상관관계를 생각해 보자. 데이터를 통해 관찰되는 상관관계에 대하여 다음과 같은 세 가지 설명이 가능하며 이것들은 상호 배제적이 아니다.

하되는지 여부를 조사하였다. 회사들이 대출을 받기 위해서 무작위로 추출되었고, 그들의 성과는 대출을 받지 못한 회사들의 성과와 비교되었다.

비록 RCT가 경제학이 당면하고 있는 어떤 문제에 대해서 답을 줄 수 있는 훌륭한 도구라고 할지라도, 어느 경우에나 통하는 보편적 방식은 아니다. RCT는 외적 타당성(external validity) 문제가 있다. 외적 타당성이란 어떤 특정한 경우(예를 들어 특정한 지역)에 처치가 효력을 보인다면 다른 경우(지역)에도 효과가 있을 때를 말한다. 이보다 더 심각한 문제는 RCT를 사용해서 검증할 수 있는 가설에 명백한 한계가 있다는 사실이다. 한 가정이나 마을이 아니라 전국에 영향을 주는 경제정책은 RCT로는 검증하기 어렵다. 이와 같은 정책의 예로는 보호주의 무역정책(제11장)과 금융시장 규제정책(제10장) 등이 있다. 더욱이 RCT 분석은 처치를 받은 개인에 대한 정책효과에 초점을 맞추기 때문에 중요한 효과를 간과한다. 예컨대, 개인에게 교육을 더 많이 제공하면 과연 소득이 올라가는지를 RCT를 통해서 보일 수 있다. 그러나 소득 상승이 경제 전체의 소득에 추가해서 나타난 것인지, 아니면 처치 받지 않은 사람이 누리고 있는 고소득 대신, 처치 받은 사람이 그 자리에 들어가서 나타난 소득인지는 알기 어렵다.[†]

RCT는 전체 경제의 발전 수준에 영향을 미치는 딥 팩터를 고려할 때에는 별로 유용하지 않다[딥팩터는 이 장에서 근본요인(fundamental)이라고 하였다]. 예컨대 제12장에서 논의하겠지만 경제학자들은 정부의 수준이나 부패 혹은 민주주의의 범위와 같은 정부 특성이 경제성장에 미치는 영향에 관해서 오랫동안 생각해 왔다. RCT를 가지고 이 문제에 답하려면 우선 무작위로 구분된 국가 그룹이 필요하며, 그 다음에는 한 그룹에게는 부패한 정부를 또 다른 그룹에게는 정직한 정부를 줄 수 있어야 한다. 그러나 이것은 현실적으로 불가능하다. 이와 유사하게 문화의 역할(제14장), 식민지 역사(제12장), 지리적 특성(제15장)도 경제학자들이 처치(treatment)할 수 있는 여지가 전혀 없기 때문에 RCT를 사용해서 얻을 수 있는 이득이 거의 없는 분야이다.

그러나 RCT 방법론의 신봉자들은 이런 문제점에 대해서도 답변을 가지고 있다. RCT가 경제학에서 아직 밝혀지지 않은 근본요인들을 모두 규명하지는 못할지라도, 이런 것들을 알아내는 일은 실제적 가치가 있다기보다는 학구적 가치가 있는 일이다. RCT의 유용성이 상당히 떨어지는 무역정책과 같은 분야에서는 정책이 정치적인 이유로 수립된다. 따라서 경제학자들이 어떤 정책이 최선인지 알았다고 할지라도 실제로 수립되는 정책과는 무관하다. 이런 분야에는 선택할 여지가 있는 정책들이 확실히 있으며, 정책을 선택하는 사람들은 RCT가 가장 유익하다는 사실을 깨달은 경제학자들의 목소리도 들을 줄 아는 사람들이다.

---

* Banerjee and Duflo(2011).

† Kremer and Miguel(2004).

‡ Acemoglu(2010).

1. **Y가 X를 인과한다.** 이 경우에 변수 X는 변수 Y에 영향을 주므로 변수 X를 바꿀 수 있다면 변수 Y도 바뀐다. 예를 들면 비(X)가 아주 많이 오는 도시에서 사람들은 우산(Y)을 가지고 다니는 경향이 있다. X로부터 Y로 향하는 인과관계는 비와 우산의 예에서 보듯이 직접적일 수도 있지만 간접적인 인과관계를 통해 연결되기

역사적 데이터로부터 배우기

이 책에 수록된 상당수의 데이터는 **횡단면자료**(cross-sectional data)로 어느 한 시점에서 국가나 국민과 같은 상이한 구성단위에 관한 관측값이다. 경우에 따라서는 횡단면자료를 사용하는 대신 10년 혹은 이보다 더 긴 과거의 시간 동안 경제변수의 변동을 조사하기도 한다. 역사적 데이터는 오늘날 국가들이 왜 소득수준의 차이를 보이는지 알아볼 때 유용하다. 왜냐하면 앞 장에서 공부했듯이 오늘날 소득격차의 대부분은 지난 200년간의 경제성장에 그 뿌리를 두고 있기 때문이다.

역사는 관찰이 가능하지만 해석하기는 힘들다. 다른 데이터와 마찬가지로 역사적 데이터를 해석할 때 생기는 한 가지 문제는 두 가지 사건이 동시에 발생했을 때 어느 사건이 어느 사건을 인과했는지 모를 뿐만 아니라 심지어는 그 사건들이 상호 인과관계를 가지고 있는지조차 잘 알지 못한다는 점이다. 역사적 데이터에 관한 또 하나의 문제는 우리가 흥미를 가지고 있는 질문에 대해서 역사는 단 하나의 데이터만을 제공한다는 점이다. 구체적으로 우리는 사건이 한 방향으로만 발생하고 다른 방향으로는 발생하지 않는 이유에 관해서 관심을 가지고 있다. 예를 들면 왜 유럽은 중국보다 먼저 발전했으며, 왜 영국이 산업혁명을 주도했는가 등이다.

경제사학자인 로버트 포겔(Robert Fogel)은 그때까지만 해도 너무나도 당연하게 역사적 교훈으로 받아들이고 있었던 사실, 즉 철도가 19세기에 미국 경제성장에서 반드시 필요했다는 점이 허구임을 밝힘으로써 노벨상을 공동 수상했다. 한 세기에 걸쳐 철도가 나라 곳곳에 농산물과 공산품을 수송하는 지배적인 수단이었다는 사실 때문에 역사학자들은 미국의 경제성장에서 철도가 핵심적 역할을 수행했다고 확신했다. 그러나 포겔은 수송에 있어서 철도의 우월성이 철도가 반드시 필요했음을 입증하는 것이 아님을 주장했다. '철도가 발명되지 않았더라면'과 같이 '사실이 아닌' 세계를 생각해 보면 포겔은 철도에 의해 발달이 중단되어 버린 항행가능수로 및 운하의 네트워크가 미국에서 날이 갈수록 성장하고 있는 교통수요에 훌륭하게 대처할 수 있음을 보여 주었다. 〈그림 2.5〉는 1890년에 존재했던 철도를 대부분 대체할 수 있음을 보여 주고 있다.*

역사는 단 한 번만 발생하기 때문에 행운을 완전히 배제하기는 어렵다. 활자 인쇄는 행운이 경제발전에 미치는 영향을 보여 주는 사례에 해당한다. 요하네스 구텐베르크(Johannes Gutenberg)가 1453년에 유럽에 도입한 활자판은 유럽대륙에 지대한 경제·사회적 영향을 미쳤다. 그러나 흥미롭게도 활자판에 의한 인쇄는 구텐베르크보다 600년이나 먼저 중국에서 발명되었다. 그러나 유럽과는 달리 중국에서는 성공하지 못했다. 왜 인쇄술이 유럽보다 중국에서 인기가 없었을까? 그것은 수천 자의 상형문자를 사용하는 필기용 중국어는 적은 수의 알파벳만을 사용하는 유럽어에 비해서 활자판을 끼워 맞추기가

도 한다. 예를 들어 한 나라의 평균기온은 말라리아의 발생과 상관관계를 가진다. 이것은 따뜻한 공기가 질병을 발생시키는 원인이 되기 때문이 아니라 말라리아 기생충을 전파하는 모기가 따뜻한 기후에서 더욱 활동적이기 때문이다.

2. **Y가 X를 인과한다.** 그렇지만 X가 Y를 인과한다고 착각하는 경우를 생각해 보자. 이 상황을 **역인과관계**(reverse causation)라고 한다. 예를 들면 한 나라의 주민이

훨씬 힘들기 때문이다. 따라서 이 예에서는 행운이 사회·정치적 요인보다 지역의 운명을 결정하는 중요한 요인이 된다고 생각할 수 있다.

요컨대 다른 데이터와 마찬가지로 역사는 조심스럽게 해석되어야 한다. 역사적 경험이 특별한 이론을 지지하거나 반대하는 데 무게를 더할 수는 있다. 그러나 '역사가 어떤 것을 증명하는' 경우는 아주 드물다.

*Fogel(1964).

> **그림 2.5**
>
> **1890년 현재 잠재적 수로의 이동성을 보여 주는 포겔의 지도**

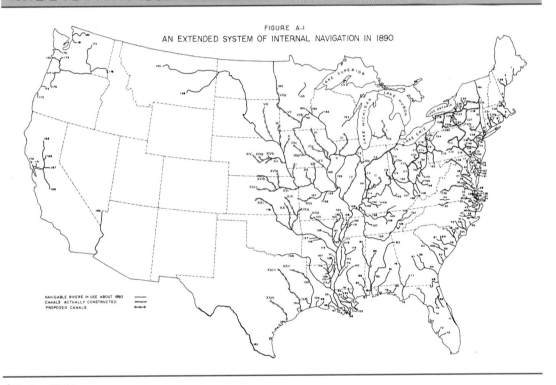

자료 : Fogel(1964).

가지고 있는 넥타이 수의 평균값은 1인당 국민소득과 양의 상관관계에 있다. 한 순진한 넥타이 회사사장이 이런 상관관계를 발견한 후 넥타이를 많이 보유하는 것이 소득을 높일 수 있는 증거라고 해석한다고 하자. 그렇지만 넥타이는 소득에 아무런 영향도 주지 못하며, 부유한 나라에 사는 사람들은 거북한 의복에 돈 낭비를 더 많이 하기 때문에 이런 상관관계가 나타난다고 해석하는 것이 더 합리적이다.

인과관계가 양방향으로 작용하는 것도 물론 가능하다. 예를 들면 골프선수의 연습시간은 경기결과와 양의 상관관계에 있다. 타이거 우즈는 하루에 4~5시간 연습한다고 한다. 이런 양방향의 상관관계는 두 가지 사실에 연유한다. 하나는 연습이 선수의 게임 결과를 향상시키며, 다른 하나는 본래 재능 있는 선수들은 열심히 연습할 유인이 많기 때문이다.

산포도에서 X가 Y를 인과하지만 그 역은 성립하지 않는다고 알고 있다면 X를 가로축에 Y를 세로축에 그리는 것이 관행이다. 그렇다고 한 변수를 가로축에 그린다는 것이 바로 이 변수가 다른 변수를 인과한다는 것을 반드시 의미하는 것은 아니다. 인과관계가 양방향으로 걸려 있거나 인과관계의 방향이 알려져 있지 않은 경우에는 어느 변수를 가로축에 그리고 다른 변수를 세로축에 그릴 것인지 정해져 있지 않다.

3. **X와 Y 간에 직접적인 인과관계가 없다.** 그러나 제3의 변수인 Z가 X와 Y 모두를 인과하는 경우이다. 제3의 변수(Z)는 **누락변수**(omitted variable)라고 알려져 있다. 예를 들면 어느 특정한 날에 발생하는 상어의 공격 횟수는 아이스크림의 소비량과 양의 상관관계에 있다. 아이스크림의 소비가 상어의 공격을 인과하지 않으며 그 역도 성립한다는 사실은 명백하다. 이것은 사실 날씨가 아이스크림의 소비량과 상어의 공격을 인과하기 때문에 나타난다. 무더운 날씨에 많은 사람들은 바다에 나가서 수영하며 아이스크림을 더 즐겨 먹기 때문이다.

통계학자들은 상관관계를 해석할 때 발생하는 문제점에 대처하기 위한 다양한 방안들을 고안했다. 누락변수의 경우에 다중회귀(multiple regression) 방식은 두 변수 간의 관계로부터 제3의 변수가 미치는 영향을 분리해 내는 방법을 제공한다. 상관관계로부터 인과관계(X가 Y를 인과하는지, 혹은 Y가 X를 인과하는지, 아니면 양방향의 인과관계인지)를 찾아내는 여러 가지 기법도 있다. 이런 방법들은 계량경제학에서 가르치며 도구변수(instrumental variable)는 그중에서 가장 유용한 기법 중 하나이다. 여기서는 이러한 통계적 기법을 직접 사용하지 않지만 이 책에서 인용한 많은 문헌은 이런 기법들을 활용하고 있다. 드문 경우이지만 인과관계는 실험을 통한 상관관계로부터 얻어지기도 한다. 즉 X를 변동시키는 것이 Y를 변동시키는 원인이 되는지 살펴본다("무작위대조군시험" 참조). 이와 같은 기법 외에도 경제이론과 상식이 데이터를 해석하는 데 동원되어야 한다.

"상관관계가 곧 인과관계를 시사하지는 않는다."라는 구절에 요약되어 있듯이 눈에 보이는 데이터로부터 인과관계를 파악하는 데 발생하는 어려움은 만만치 않다. 그럼에 도 불구하고 인과관계가 관심의 대상이라면 상관관계부터 파악하는 것이 좋은 출발점 이 되기도 한다.

2.4 결론

이 장에서는 국가 간의 소득격차가 어떻게 결정되는지 알아보기 위한 일반적인 틀을 제시하였다. 프리도니아와 실바니아의 비유는 우리가 취하고 있는 접근방식의 핵심에 해당하는 세 가지 주제를 소개했다. 첫째, 국가 간 1인당 소득격차는 생산요소의 축직 에 기인하는 부분과 생산요소가 활용될 때 발휘되는 생산성에 기인하는 부분으로 나누 어진다. 둘째, 국가 간의 생산성 격차는 기술격차에 의한 부분과 효율성 격차에 의한 부분으로 다시 분해된다. 셋째, 경제성장을 완전히 이해하기 위해서는 요소축적, 기술 및 효율성과 같이 소득격차를 결정하는 직접적 요인 외에도 직접적 요인들을 결정하는 근본요인들을 조사해야 한다.

이와 같은 세 가지 주제는 이 책의 틀을 형성하고 있다. 앞으로 논의할 제2부에서는 국가 간 생산요소의 축적에 왜 차이가 발생하며 요소축적의 격차는 1인당 소득격차를 얼마나 설명할 수 있는지 등의 내용을 자세히 설명한다. 제3부에서는 생산성의 구성요 소인 기술과 효율성뿐만 아니라 국가 간의 생산성 격차도 조사한다. 마지막으로 제4부 에서는 기본요인들을 살펴보고 이 요인들이 국가 간의 산출물 격차를 결정하는 직접적 요인들과 어떤 관련성을 가지고 있는지 알아본다.

핵심용어

경제모형(economic model)

경제의 기본요인(fundamentals)

궁극적 원인(ultimate cause)

극단값(outlier)

기술(technology)

누락변수(omitted variable)

변수(variable)

산포도(scatter plot)

상관계수(correlation coefficient)

상관관계(correlation)

생산성(productivity)

생산요소(factors of production)

생산함수(production function)

역인과관계(reverse causation)

자본(capital)

직접적 원인(proximate cause)

투자(investment)

횡단면자료(cross-sectional data)

효율성(efficiency)

복습문제

1. 국가 간 소득격차에 기여하는 요인으로서 생산성과 요소축적 간의 차이점은 무엇인가?
2. 생산성, 기술 및 효율성 간의 관계는 무엇인가?
3. 한 나라의 1인당 소득을 결정하는 **직접적 요인**과 **궁극적 요인**은 어떻게 다른가?
4. 생산함수란 무엇인가? 생산요소란 무엇인가?
5. 인과관계를 추론하기 위해서 상관관계에 관한 데이터를 사용할 때 장애 요인은 무엇인가?
6. 무작위대조군시험에서는 데이터로부터 인과관계 추론을 할 때 발생하는 문제점을 어떻게 극복하는가?

연습문제

1. 1인당 GDP가 낮은 데 대하여 가능하다고 생각하는 직접적 원인을 한 가지 제시하라.
2. 1인당 GDP가 낮은 데 대하여 가능하다고 생각하는 근본원인을 한 가지 제시하라.
3. 두 나라의 1인당 산출수준은 동일하지만 요소축적과 생산성은 달라지는 경우를 〈그림 2.2〉의 방식으로 그려라.
4. 모든 면에서 동일한 A, B 두 나라가 있다고 하자. A국은 B국보다 소득이 2배 더 높다. 당신은 어떤 나라가 단기에 더 높은 경제성장률을 보일 것이라고 생각하는가? 장기에는 어떠할 것이라고 보는가?
5. 어떤 변수가 1인당 GDP와 상관관계를 가지되, 선험적으로 볼 때 GDP가 그 변수의 원인이 되기는 하지만 그 역은 성립하지 않는 예를 한 가지 들어라.
6. 한 연구에 따르면 비만과 심장마비는 매우 밀접한 관련이 있다고 한다. 이 연구는 비만이 심장마비의 원인이라는 것을 입증하는 것인가? 인과관계가 역인과관계에 기인하는 예를 들어 보라. 인과관계가 생략된 변수에 기인하는 예를 들어 보라.
7. 다음 각각의 시나리오에 대하여 어떤 통계적 문제가 추론을 잘못되게 하는지 논하라.
    a. 우익 정당에 찬성투표를 하는 사람은 좌익 정당에 찬성투표를 하는 사람보다 오래 사는 경향이 있다. 따라서 정치적 보수파가 되는 것이 당신에게 좋다.
    b. 병원 안에 있는 사람은 일반적으로 병원 밖에 있는 사람보다 건강하지 못하다. 따라서 병원을 피하는 것이 상책이다.
8. 다음 각각의 변수 쌍에 대하여 두 변수가 양, 음 혹은 0 중에서 어떤 상관관계를 보

일 것인지 추측하고 그 이유를 설명하라.

 a. 1인당 GDP와 1인당 인쇄된 책의 수

 b. 1인당 GDP와 영양실조로 고통 받는 인구비율

 c. 안경을 끼는 인구비율과 기대수명

 d. 1인당 자동차 수와 국가이름의 글자 수

9. 한 제약회사가 학생들이 더 효과적으로 학습할 수 있도록 도와주는 약을 개발했다. 당신의 대학 캠퍼스에서 "약이 정말 효과가 있다는 주장"을 평가해 보려고 하는데, 어떤 방식으로 무작위대조군시험(RCT)을 설계해야 하는지 설명해 보라. 시험대상선정 방식, 실험시행 방식, 결과평가 방식 등에 관하여 구체적으로 답하라. 이 RCT를 시행하는 데 있어서 부딪히게 될 물류상 혹은 윤리적 장애에 관하여 논하라. 당신이 설명한 RCT로부터 약의 효능에 관해서 일반적인 결론을 도출하는 데에는 어떤 문제점이 예상되는가?

온라인 데이터 플로터(Data Plotter)와 데이터를 이용해서 실습하려면 *http://www.pearsonhighered.com/weil*을 방문하라.

요소축적

나라마다 왜 소득수준의 차이가 생기는지 이해하기 위해서 우리가 취한 첫 번째 접근방법은 그 나라의 산출물을 생산하는 데 사용한 도구들인 생산요소를 관찰하는 것이다. 가난한 나라의 근로자들은 부유한 나라의 근로자에 비해서 생산요소를 적게 가지고 있다. 즉 물적 자본도 적고, 교육수준도 낮고, 건강상태도 뒤처진다. 우리는 이런 요소축적의 차이가 국가 간의 소득차이를 어느 정도까지 설명하는지 분석할 것이며, 요소축적의 과정 자체를 면밀히 검토할 것이다.

제3장

물적 자본

인간의 능력을 확장시키거나 우리 대신 일을 해 주는 물체 혹은 도
구를 경제학자들은 **자본**(capital)이라고 부른다. 자본은 공장
의 기계뿐 아니라 우리가 사용하는 건물, 도로나 항만 등의 인프
라 시설, 상품과 원자재 수송에 사용하는 차량 및 심지어 교수들
이 교과서 집필에 사용하는 컴퓨터까지 포함한다. 무슨 일이든
지 하려면 자본이 없이는 불가능하다. 자본을 더 많이 가지고 있
거나 혹은 더 좋은 자본을 가지고 있는 근로자는 생산을 더 많이
할 수 있다.

> 도구를 만들 줄 아는 동물이라는
> 인간의 정의는 잘못된 것이 아니다.
> 인간의 미개한 생활을 유지하기 위한 최초의
> 발명품들은 매우 단순하며 조악한
> 구조의 도구를 이용해서 만들어졌다.
> 그렇지만 최근에는 단순히 사람의 손 기술을
> 대체하기 위한 것이 아니라
> 머리 쓰는 일을 덜어주기 위한 발명품들이
> 만들어지고 있는데 이것은 한층 뛰어난
> 도구의 사용에 기초하고 있다.
> ―찰스 배비지[1]

자본을 더 많이 가진 근로자가 더 많이 생산할 수 있기 때문에 자본
의 차이는 우리가 관찰하는 국가 간의 소득차이를 자연스럽게 설명한다. 2009년에 미
국의 근로자는 평균 201,618달러의 자본을 가지고 일했다. 같은 해에 멕시코 근로자는
1인당 66,081달러의 자본을 가지고 있었으며, 인도는 17,918달러에 불과했다.[2] 〈그림
3.1〉은 근로자 1인당 자본과 근로자 1인당 GDP를 여러 나라의 자료를 활용해 그린 것
이다. 두 변수 간의 밀접한 상관관계가 그림에서 뚜렷하게 나타난다. 근로자가 사용하
는 자본의 커다란 차이가 국가 간 산출량의 커다란 차이를 확실하게 설명한다. 그러나
제2장에서 논의했듯이 미국이 자본 때문에 멕시코나 인도보다 부유하다고 결론짓기
전에 이 문제를 좀더 조심스럽게 분석할 필요가 있다.

---

1) Babbage(1851).
2) 이 계산은 Heston et al.(2010)을 따랐다.

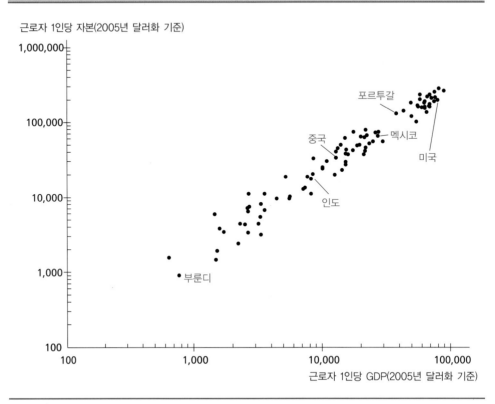

그림 3.1
근로자 1인당 GDP와 자본, 2009

근로자 1인당 자본(2005년 달러화 기준)

근로자 1인당 GDP(2005년 달러화 기준)

자료 : 이 계산은 Heston et al.(2010)을 따랐다.

이 장은 국가 간 소득수준의 차이가 발생하는 이유를 설명하려는 이론 중 자본에 기초한 이론을 소개한다. 이런 단순한 모형이 우리가 관찰하고 있는 모든 현상을 설명할 수는 없지만, 이러한 모형이 어느 정도의 설명력을 가지는지 보여 주기 위한 목적에서는 효과적이다. 이 모형에서 활용된 개념들은 추후 복잡한 모형을 다룰 때도 사용된다. 모형의 검토과정에서 추후에 이 책에서 활용하게 될 수리적 기법들을 단순한 환경에서 적용해 보는 기회가 있을 것이다.

3.1 자본의 특성

소득격차를 설명하기 위해 도입한 이론을 이해하기 위해서는 우선 자본의 다섯 가지 핵심적 특징을 알아야 한다. 자본은 ① 생산력이 있으며 ② 생산된 것이고 ③ 사용처는 한정되어 있으며 ④ 수익을 얻고 ⑤ 마모된다. 각각의 특징을 좀더 자세히 알아보자.

　자본은 생산력이 있다. 즉, 자본을 사용하면 근로자가 생산할 수 있는 산출물의 양이 증가한다. 다음 절에서 이 특성을 자세히 설명한다.

　자본은 그 자체가 생산된 것으로 건설되었거나 만들어진 것이다. 자본을 생산하는 과정을 **투자**(investment)라고 부른다. 자본이 생산된 것이라는 사실은 자본을 땅과 같은 천연자원과 구별시키는 특징이다. 천연자원도 근로자로 하여금 산출물의 양을 증가시키지만 그 자체가 생산된 것은 아니다. 자본은 생산된 것이기 때문에 자본을 얻기 위해서는 소비를 감소시켜야 한다. 따라서 자본 한 단위를 생산하는 데 사용된 자원을 다른 목적에 사용할 수도 있다. 현대의 경제는 예전에 비해 더 많은 산출을 새로운 자본형성에 사용하고 있다. 2009년에 미국은 2.1조 달러 혹은 GDP의 16.6%를 투자했다. 이유를 막론하고 투자를 줄이는 나라는 소비를 위해 더 많은 자원을 확보하게 될 것이다.

　자본형성은 생산설비인 경우에 사적으로 결정되지만 도로와 같은 사회간접자본인 경우에는 정부에 의해 결정된다. 어느 경우든지 자본창출과 관련된 것, 즉 자본창출에 자원을 사용하는 것은 투자행위다. 다음으로 투자는 저축과 동전의 양면과 같은 관계를 가진다. 즉, 자원을 관리하는 사람이 당장 소비할 수 있는 자원을 미래의 생산에 활용할 자본을 형성하는 데 사용한 것이다.

　자본은 사용측면에서 볼 때 **경합적**(rival)이다. 이 말은 한정된 수의 사람들만이 현재 있는 자본을 동시에 사용할 수 있음을 의미한다. 간단한 예로 망치를 생각해 보자. 망치는 한 번에 한 사람만 사용할 수 있다. 그러나 도로를 포함한 다른 종류의 자본은 다수지만 유한한 수의 사람들이 동시에 사용할 수 있다.

　경합성(rivalry)이 자본의 특징이라고 말하는 것은 당연하다고 생각할 것이다. 왜냐하면 여러 명의 사람들이 동시에 사용할 수 있는 생산도구가 많지 않다고 생각하기 때문이다. 그러나 아이디어(idea)와 같은 도구도 있다. 아이디어는 자본처럼 근로자로 하여금 생산을 증가시키도록 해 준다. 그리고 아이디어는 투자의 산물이라는 특성을 자본과 공유한다. 아이디어의 경우는 연구개발이 곧 투자에 해당된다. 그러나 아이디어가 일단 창출된 후에 무수히 많은 사람들이 동시에 사용할 수 있다는 점에서 자본과 다르다. 제8장에서는 이와 같은 아이디어의 특성을 훨씬 더 깊이 있게 논의한다.

　자본은 생산력을 갖추고 있으며 사용처가 제한되어 있기 때문에 수익을 올릴 수 있다. 근로자가 특정 자본을 사용하여 생산성을 높인다면 근로자는 사용한 자본에 대하여 기꺼이 대가를 지급할 것이다. 도구의 경우를 보면 근로자는 스스로 도구에 투자할지 모른다. 도구를 구입하고 사용함으로써 보다 높은 임금을 받기 때문이다. 택시 운전수가 조를 편성해서 교대로 일하는 대신 택시를 임대하는 경우가 이에 해당한다. 자동차 생산처럼 복잡한 경제활동의 경우에는 수천 명의 근로자가 공장이라는 대규모의 자본을 사용한다. 이때는 근로자가 자본을 구입하거나 임대하지 않는다. 그 대신 자본의 소유주가 근로자들을 고용하며 근로자들에게 임금을 지급한 이후 남는 이윤이 자본 소유주의 수익이 된다.

자본이 취득하는 수익은 자본을 창출하는 유인이 된다. 만약 당신이 금년 소득의 일부를 소비하지 않고 어떤 회사의 자본에 투자하기로 결정했다면 당신은 장래에 자본 사용에 대한 보수를 취득하려고 그렇게 했을 것이다. 그렇지만 모든 자본이 사적으로 소유될 수 있는 것은 아니다. 통상 도로나 항만 등의 사회간접자본은 정부가 건설하며 소유한다.

마지막으로 자본은 마모된다. 이렇게 닳아 없어지는 과정을 경제용어로 **감가상각**(depreciation)이라고 한다. 자본을 사용하면 항상 조금씩 마모된다. 자본의 사용이 직접적인 마모의 원인이 되지 않는다고 할지라도 시간이 흐르면 자연히 마모되기도 한다. 녹이 슬거나 부패하기도 하며 날씨에 의해 손상되기도 한다. 감가상각이란 경제적 수명이 다해가는 일상의 과정이며 이런 점을 염두에 두지 않고 자본을 구입하는 사람은 없다. 마모된 자본을 대체하기 위한 목적으로 전체 투자 중 많은 부분이 사용되고 있다.

3.2 생산에서 자본의 역할

자본의 첫 번째 두드러진 특징은 생산력이 있다는 점이다. 자본은 근로자들로 하여금 더 많이 생산할 수 있도록 해 준다. 이 절은 왜 국가 간 소득수준의 차이가 발생하는지 설명하기 위해서 자본을 기초로 하는 이론의 확립에 필요한 수학적 기초작업을 한다. 이를 위해서 자본과 생산 간의 관계를 구체적으로 분석한다.

자본의 역할을 분석하기 위해 생산함수 사용하기

지금부터 생산함수의 개념을 사용하여 생산에서 자본의 역할을 분석해 보자. 제2장에서 배운 대로 생산함수는 생산요소인 투입과 산출 간의 관계를 표현하고 있다는 사실을 기억하라. 단순히 K(자본)와 L(노동)의 두 가지 투입만 이용하여 생산하는 경우에 산출 Y는 다음과 같이 표현된다.

$$Y = F(K, L)$$

이 생산함수가 채택하고 있는 두 가지 가정은 이미 기초적인 미시경제학에서 익숙한 내용이다. 첫째, 생산함수는 **규모대비 수익불변**(constant returns to scale)이다. 다시 말하면, 모든 투입을 동일하게 증가시키면 산출도 동일한 배율로 증가한다. 예를 들면, 모든 생산요소를 2배 증가시키면 산출도 2배가 된다. 수학적으로 이 가정이 시사하는 바는 다음과 같다. 단, z는 양의 상수이다.

$$F(zK, zL) = zF(K, L)$$

총산출 대신 근로자 1인당 산출에 더 관심이 있다고 하자.[3] 생산함수가 규모에 대한 수익불변이라면 근로자 1인당 산출은 근로자 1인당 자본에만 의존한다. 이것은 생산함수 $Y = F(K, L)$의 양변에 $1/L$을 곱함으로써 확인이 가능하다. $1/L$은 규모에 관한 수익불변을 정의할 때 사용했던 상수 z와 같은 역할을 한다.

$$\left(\frac{1}{L}\right)Y = \left(\frac{1}{L}\right)F(K, L) = F\left(\frac{K}{L}, \frac{L}{L}\right) = F\left(\frac{K}{L}, 1\right)$$

근로자 1인당 자본량을 $k = K/L$, 근로자 1인당 산출량을 $y = Y/L$라고 정의하면 위의 식은 다음과 같이 쓸 수 있다.

$$y = F(k, 1)$$

즉, 근로자 1인당 산출은 근로자 1인당 자본의 함수다. 최종적으로 근로자 1인당 항목으로 표기한 생산함수에서 두 번째 요소는 변동하지 않기 때문에 이 부분을 생략한 후에 $y = f(k)$로 나타낼 수 있다.

생산함수에 관한 두 번째 가정은 한계생산물 체감이다. 특정한 생산요소의 **한계생산물**(marginal product)은 생산요소가 한 단위 추가 투입되었을 때 얻게 되는 추가적 산출물이다. 예를 들어 자본의 한계생산물이란 자본 한 단위를 추가로 사용했을 때 얻게 되는 산출의 증가분 혹은 근로자 1인당 자본을 한 단위 추가했을 때 얻게 되는 근로자 1인당 추가적 산출이다. 수리적으로 자본의 한계생산물(MPK)은 다음 식으로 주어진다.[4]

---

3) 모든 사람이 노동하지는 않기 때문에 근로자 1인당 산출과 1인당 산출은 동일한 개념이 아니다. 이 분석에 동기를 부여했던 제1장의 데이터를 설명할 때는 1인당 산출을 사용했으나 이 장의 자본축적을 분석할 때는 근로자 1인당 산출을 사용하였다. 총인구에 대한 근로자 비율이 모든 국가마다 동일하다면 국가 간 근로자 1인당 산출의 차이는 1인당 산출의 차이에 비례한다. 제5장에서는 총인구에 대한 근로자 비율이 국가 간에 어떻게 달라지는지와 시기에 따라 어떻게 달라지는지 논의한다.

4) 미적분을 사용하면 자본의 한계생산물은 자본에 대한 생산함수의 도함수인 MPK $= \partial F(K, L)/\partial K$ 또는 근로자 1인당 변수로는 MPK $= df(k)/dk$가 된다.

$$MPK = f(k+1) - f(k)$$

한계생산물 체감(diminishing marginal product)의 가정은 다른 요소들의 투입량은 고정시킨 채 한 요소의 투입량을 계속 증가시킬 때 마지막 투입한 한 단위가 추가적으로 생산한 산출이, 바로 직전에 투입한 한 단위가 추가적으로 생산한 산출보다 작은 특성을 말한다. 〈그림 3.2〉는 한계생산물 체감을 보여 준다. 가로축은 근로자 1인당 자본을 세로축은 근로자 1인당 산출을 나타낸다. 자본의 한계생산물은 이 함수의 기울기로 근로자 1인당 자본을 한 단위 추가 투입할 때 더 얻을 수 있는 근로자 1인당 산출의 양이다.

구체적인 생산함수를 생각해 보자. 이 책에서는 콥–더글라스 생산함수(Cobb–Douglas production function)를 사용한다. 이 생산함수는 투입과 산출 데이터에 잘 들어맞는다. 콥–더글라스 생산함수는 다음과 같다.

$$F(K, L) = AK^{\alpha}L^{1-\alpha}$$

> **그림 3.2**
> **자본의 한계생산물이 체감하는 생산함수**

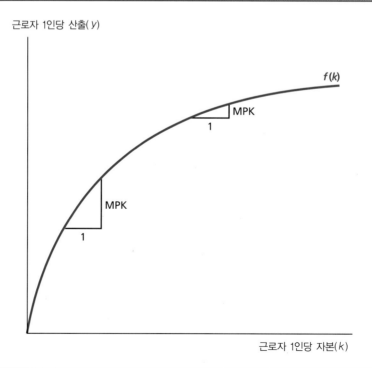

파라미터 A는 생산성의 척도라고 생각할 수 있다. 주어진 자본 K와 노동 L에 대하여 A가 커지면 산출이 증가한다. 파라미터 α는 0과 1 사이의 값을 가지는데 산출물을 생산하기 위해서 자본과 노동이 어떤 방식으로 결합할 것인지를 결정한다("자본소득분배율" 참조).

앞의 식을 근로자 1인당 변수로 표기한 콥-더글라스 생산함수로 변형하려면 투입과 산출 양변에 $1/L$을 곱해야 한다. 이로부터 다음 식을 얻는다.

$$y = \left(\frac{Y}{L}\right) = \frac{F(K,\,L)}{L} = F\left(\frac{K}{L},\ \frac{L}{L}\right) = A\left(\frac{K}{L}\right)^{\alpha}\left(\frac{L}{L}\right)^{1-\alpha} = Ak^{\alpha}$$

이것을 근로자 1인당 생산에 대해 다시 쓰면

$$y = Ak^{\alpha}$$

이 장의 부록에는 콥-더글라스 생산함수에 관한 상세한 분석을 수록하였다.

요소 지급과 요소분배율

자본이 취득한 수익이 자본을 창출하는 투자에 동기를 부여하듯이 노동이 취득한 수익이나 임금은 사람들로 하여금 자기의 노동을 경제에 공급하고 싶은 동기를 부여한다. 추후에 다른 생산요소를 고려하더라도 모든 생산요소에는 수익이 발생한다. 이 수익을 잘 관찰하면 α와 같은 생산함수의 파라미터에 값을 배정할 때 도움이 된다.

완전 경쟁상태의 경제에서는 생산요소가 한계생산물만큼의 대가를 지급받는다는 경제학의 기초지식을 상기해 보자. 한 기업이 얼마만큼의 생산요소를 고용할 것인지 생각해 보자. 예를 들어 어떤 기업이 종업원의 총수를 결정한다고 하자. 근로자 한 사람을 더 고용하면 노동의 한계생산물(MPL)만큼의 추가적인 산출물을 생산한다. 만약 임금이 MPL보다 낮다면 기업이 추가적인 근로자를 고용할 경우 인건비보다 수익이 더 크므로 그 근로자를 고용하기를 원한다. 그러나 노동의 한계생산물 체감 때문에 새로운 근로자가 고용될 때마다 MPL은 저하되며 궁극적으로 MPL은 임금과 같아진다. 이 상태에서 기업은 더 이상의 근로자를 고용하지는 않는다. 이와 유사하게 임금이 MPL보다 높으면 기업은 MPL과 임금이 동일해질 때까지 근로자를 해고하기 원한다. 따라서 기업은 노동의 한계생산물이 임금과 동일해지도록 최적노동량을 결정한다. 또한 자본의 한계생산물이 단위시간 동안 자본 한 단위를 임대할 때 소요되는 비용인 자본의 '임대율'과 동일해지도록 최적자본량을 결정한다.

자본소득분배율

자본의 소유주에게 돌아가는 국민소득의 몫은 경제성장을 연구하는 학자들이 조사하는 아주 중요한 데이터이다. 생산함수가 콥-더글라스일 경우에 자본소득분배율은 핵심 파라미터인 α값이 된다.

〈그림 3.3〉은 53개국 표본에 대한 자본소득분배율 데이터를 보여 준다.* 이 표본의 평균 분배율은 0.35 또는 약 1/3이다. 예외는 있지만 대부분의 국가에서 자본소득분배율은 대체로 평균 근방에 있다. 예를 들면, 그리스의 자본소득분배율은 0.21로 추정된 반면에, 보츠와나와 에콰도르에서는 0.55로 추정되었다. 또한 자본소득분배율과 1인당 GDP 간에 체계적인 관계가 존재하지 않는다는 사실도 흥미롭다. 부유한 국가는 가난한 국가에 비해 자본소득분배율이 높거나 낮은 경향을 보이지 않았다. (1935년 이후에 미국의 자본소득분배율은 0.25에서 0.35의 범위에서 변동했다.)[†]

〈그림 3.3〉에 나타나 있듯이 국가 간에 자본소득분배율이 왜 차이 나는지에 관해서는 좋은 이론이 없다. 한 가지 분명한 가능성은 이것이 측정오차(measurement error)에 기인할 수 있다는 사실이다. 자본소득분배율의 참값은 모든 국가마다 동일하지만, 측정치가 상당한 정도의 '잡음(noise)'을 가지고 있기 때문에 자본소득분배율이 차이 나게 보인다는 것이다. 이 이론을 뒷받침하는 증거가 있다. 이것은 가난한 나라들보다 우량한 데이터를 가지고 있는 부유한 나라들 사이에서 자본소득분배율의 측정값들이 별로 차이가 나지 않는다는 사실이다.

이 결과에 근거해서 이 책은 1/3을 α의 추정값으로 사용한다. 데이터가 잘 정리되어 있지 않기 때문에 이 추정값이 정확하기는 어렵지만 훌륭한 근사값은 될 수 있다.

* Bernanke and Gürkaynak(2002), table 10과 note 18.
[†] Gollin(2002).

콥-더글라스 생산함수에서 요소지급과 생산함수 파라미터 간에는 잘 정리된 관계가 존재한다. 콥-더글라스 생산함수는 다음과 같다.

$$Y = AK^{\alpha}L^{1-\alpha}$$

이 생산함수에서 한계생산물은 다음과 같음을 부록에서 보였다.

$$\text{MPK} = \alpha AK^{\alpha-1}L^{1-\alpha}$$

경쟁상태의 경제에서 자본의 한계생산물은 자본 한 단위의 임대율과 같아진다. 다시 말하면 이것은 기업이 자본 한 단위에 대해서 지급하고자 하는 금액이 된다. 자본에 대한 총지급액은 자본 한 단위당 임대율에 총자본량을 곱한 것이 되며 MPK × K로 적을 수 있다. **자본소득분배율**(capital's share of income)은 자본에 대한 임대료로 지불되

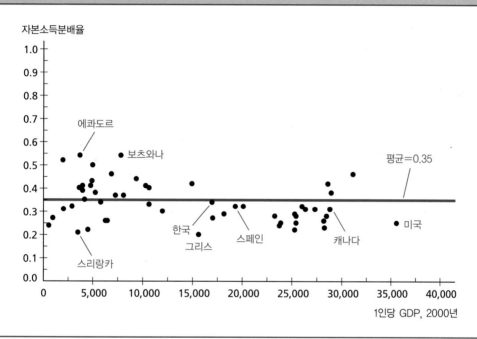

그림 3.3

국가 간 횡단면 자료상의 자본소득분배율

자료 : Bernanke and Gürkaynak(2002), table 10과 note 18.

는 국민소득(Y)의 비율이다. 수학적으로 자본소득분배율은 다음 식으로 주어진다.

$$자본소득분배율 = \frac{MPK \times K}{Y} = \frac{\alpha A K^{\alpha} L^{1-\alpha}}{A K^{\alpha} L^{1-\alpha}} = \alpha$$

이와 유사한 계산을 하면 노동소득분배율은 $1-\alpha$가 됨을 알 수 있다. 이로부터 자본과 노동이 변동함에도 불구하고 임대율과 임금률은 각 생산요소에 지급되는 소득분배율이 영향을 받지 않도록 변동함을 유추할 수 있다.

이 결과는 자본의 소득분배율을 관찰함으로써 값을 추정할 수 있음을 시사하고 있기 때문에 중요하다. 일반적으로 α는 1/3에 가깝게 추정되기 때문에 여기서는 이 값을 추정값으로 사용할 예정이다.

3.3 솔로우 모형

노동과 자본이 산출로 변환되는 방식인 생산함수를 가지고 단순한 경제성장모형을 만들 수 있는데, 이 모형은 국가 간 1인당 소득수준의 차이를 설명하는 데 있어서 물적 자본의 중요성을 보여 준다. 우리가 살펴볼 모형은 솔로우(Solow) 모형이라고 하는데, 노벨경제학 수상자인 로버트 솔로우(Robert Solow)의 이름을 딴 것으로 1956년에 만들어졌다. 솔로우 모형은 국가마다 달라지든지 아니면 한 나라에서 시기에 따라 달라지든지 한 가지 요소에만 초점을 맞추기 때문에 단순한데, 그것은 근로자가 일을 위해 가지고 있는 물적 자본이다. 생산함수는 근로자 1인당 자본과 산출 간의 관계에 관한 것이기 때문에 모형에 유일하게 추가해야 할 내용은 근로자 1인당 자본이 결정되는 과정이다.

근로자 1인당 자본의 결정

솔로우 모형에서는 노동 L이 상수라고 가정한다. 또한 생산함수도 시간에 따라 변하지 않는다고 가정하자. 다시 말하면, 생산성의 개선이 없다. 콥-더글라스 생산함수에서 파라미터 A가 상수라고 가정하는 것과 마찬가지다. 따라서 솔로우 모형의 모든 동태적 행위는 자본축적에서 시작되는데 자본축적은 두 가지 힘의 지배를 받는다. 하나는 새로운 자본을 구축하는 투자고 다른 하나는 오래된 자본의 마모를 의미하는 감가상각이다. 이 장 이후의 내용을 보면 제4장에서는 단순한 솔로우 모형을 노동투입이 변동하는 모형으로, 제6장에서는 생산요소가 추가된 모형으로, 제3부에서는 생산성의 변화가 발생하는 모형으로 확장시켰다.

어떤 시점에서도 자본 스톡(capital stock)의 변화량은 투자와 감가상각의 차이가 된다. 만약 I가 투자, D가 감가상각을 나타낸다면 자본 스톡의 변화량은 다음과 같다.

$$\Delta K = I - D$$

자본 스톡의 변화량을 근로자 1인당 변수로 표현해 보자. i와 d를 각각 근로자 1인당 투자와 감가상각이라고 하자. 그렇다면 다음과 같이 자본 축적식을 다시 쓸 수 있다.

$$\Delta k = i - d$$

논의를 좀더 진전시키기 위해서는 투자와 감가상각이 어떻게 결정되는지 생각해 봐야 한다. 투자의 경우 산출물의 일정부분이 투자된다고 가정한다. 이 비율을 γ(그리스어 감마)라고 쓰자. 이 가정은 다음 식처럼 근로자 1인당 변수로 표기된다.

$$i = \gamma y$$

투자결정에 관해서는 이 장의 후반부에 다시 논의한다. 위 식에서 γ는 상수로 취급된다. 감가상각은 매기마다 자본 스톡 중 일정한 비율이 마모된다고 가정한다. 이 비율을 δ(그리스어 델타)라고 쓰면 다음 식이 성립한다.

$$d = \delta k$$

앞의 세 방정식을 결합하면 근로자 1인당 자본의 변량에 대한 방정식을 다음과 같이 새로 쓸 수 있다.

$$\Delta k = \gamma y - \delta k$$

마지막으로, 근로자 1인당 산출량 y가 근로자 1인당 자본인 k의 함수로 주어져 있다면 위 식은 다음과 같이 표현된다.

$$\Delta k = \gamma f(k) - \delta k \qquad\qquad (3.1)$$

이 방정식을 이용하는 방법을 이해하기 위하여 다음과 같은 구체적인 예를 살펴보자. 2010년에 어떤 나라의 근로자 1인당 자본은 100, 근로자 1인당 산출 $f(k)$는 50이며, 산출의 20%가 항상 투자되고 있으며 감가상각률은 5%라고 가정하자. 이 숫자들을 식 (3.1)에 대입하면 다음과 같이 된다.

$$\Delta k = 0.20 \times 50 - 0.05 \times 100 = 10 - 5 = 5$$

따라서 근로자 1인당 자본의 변량은 5이다. 2011년에 근로자 1인당 자본량은 100보다 5 증가한 105이다.

정상상태

식 (3.1)은 자본의 변동 상황을 보여 준다. 이 방정식에 의하면 투자 $\gamma f(k)$가 감가상각 δk보다 크다면 자본 스톡의 변동인 Δk는 플러스 값을 가지기 때문에 시간의 흐름에 따라 자본 스톡이 증가한다. 반대로 $\gamma f(k)$가 δk보다 작다면 자본 스톡은 감소한다. 만약 $\gamma f(k)$와 δk가 동일하다면, 즉 투자량과 감가상각이 똑같다면 자본 스톡은 전혀 변

자본의 부침(浮沈)

이 장의 성장분석은 자본과 노동의 두 가지 생산요소만 존재하는 경우에 한정된다. 처음에는 두 가지 생산요소로 시작하지만 나중에는 생산요소를 추가할 예정이다. 이 접근법을 취한 이유는 우선 모형이 간단한 데다 오늘날에는 자본과 노동이 가장 중요한 생산요소이기 때문이다.

그러나 19세기 이전에는 노동을 제외한 생산요소 중에서 가장 중요한 것은 자본이 아니라 토지였다. 토지와 자본의 가치 변동을 보면 두 가지 생산요소 간에 중요도의 비중이 어떻게 변화해 왔는지 쉽게 알 수 있다. 자본과 토지가 모두 매매 가능하기 때문에 매매가격이 존재한다. 한편 토지와 자본의 소유권은 재산의 가장 큰 부분을 차지하고 있다. 총재산을 구성하는 다른 요인으로는 주택, 금을 비롯한 각종 귀금속 등이 있지만 토지나 자본에 비해서는 중요하지 않다.

〈표 3.1〉에서 볼 수 있듯이 토지 형태로 보유하고 있는 총재산의 비율은 영국에서 지난 3세기 동안 크게 하락했다. 토지의 총재산 비율의 하락은 자본소유주에 비해 토지소유주에 대한 지급액이 상대적으로 하락했음을 말해 준다. 이와 같은 변화는 생산요소로서 자본의 중요성이 점증하고 있음을 보여 준다.[*]

왜 자본이 생산의 핵심투입으로서의 토지를 대체하게 되었는가? 가장 중요한 원인은 기술의 변화다. 약 1760년에 시작된 산업혁명기에는 자본의 생산성을 크게 향상시켰던 증기 엔진과 같은 신기술이 탄생하였다. 이와 유사하게 농업기술의 발전은 화학비료와 같은 투입을 만들어 냄으로써 토지를 대체하게 되었다. 이러한 기술발전에 동반하여 산출의 구성에도 변화가 생겼다. 토지를 사용해서 생산하는 식품

표 3.1	
영국의 농토가 총재산에서 차지하는 비율	
1688	64%
1798	55%
1885	18%
1927	4%
1958	3%

은 줄어들고, 자본을 사용해서 생산하는 상품은 증가했다.

생산요소인 자본의 증가는 경제성장의 항구적인 특징인가? 반드시 그렇지는 않다. 일부 논평자들은 지식과 기술이 핵심적인 생산요소로서 물적 자본을 대체하는 '후기산업화' 경제가 선진국에서 출현하고 있음을 목격했다. 1950년대의 전형적인 근로자는 대형기계들로 꽉 차 있는 공장에서 일했지만, 2000년의 전형적인 근로자는 노트북 컴퓨터 이외의 자본을 거의 사용하지 않는다. 제6장에서는 생산요소로서의 중요성이 점차 증대되고 있는 기술을 포함한 추가적 생산요소로 인적 자본(human capital) 개념을 도입하였다.

그러나 토지나 천연자원이 중요한 생산요소로서의 위상을 빼앗긴 것이 일시적인 현상이라는 주장도 있다. 이런 비관론자들은 천연자원의 부족 때문에 시간이 지나면 천연자원의 소유주들에게 지급되는 국민소득의 비율이 증가할 것으로 예상하고 있다. 제15장과 제16장에서는 생산에서 천연자원이 어떤 역할을 하는지 살펴본다.

[*]Deane and Cole(1969), Revell(1967).

동하지 않는다.

〈그림 3.4〉는 식 (3.1)의 그래프 분석 결과이다. 그림에는 방정식 우변에 있는 두 항

시간 흐름에 따른 변화의 측정

이 책은 대부분 시간의 흐름에 따라 관심의 대상이 어떻게 변하는지에 관심을 두고 있다. 대부분의 경우는 얼마나 성장하는지에 관심을 두지만 간혹 얼마나 줄어드는지에도 관심을 둔다. 시간에 따른 변화를 측정하는 방법에는 두 가지가 있다. 첫 번째 방법은 한 연도와 다음 연도 간의 변동량의 크기를 측정하는 것으로 **차분**(difference)이라고 하며 희랍어 Δ(대문자 델타)로 표기한다. 만약 x_t가 t시점의 변량이고 x_{t+1}이 $t+1$시점의 변량이라면 두 시점 간 x의 차분은 Δx_t로 표기하며 다음과 같은 값을 가진다.

$$\Delta x_t = x_{t+1} - x_t$$

예를 들면, 2009년 7월 1일의 미국 인구는 306,656,290명이었으며 1년 후에는 309,050,816명이었다고 하자. 인구를 L이라고 표기한다면 다음과 같은 차분이 성립한다.

$$\begin{aligned}\Delta L_{2009} &= L_{2010} - L_{2009} \\ &= 309,050,816 - 306,656,290 \\ &= 2,394,526\end{aligned}$$

즉, 인구가 3백만 명 미만으로 증가했다.

어떤 변수가 얼마나 빠르게 변하고 있는지 알아보려면 당연히 증가율을 보아야 한다. **증가율**(growth rate)이란 변수의 변화량을 시작시점의 값으로 나눈 것이다. 수학적으로는 차분을 시작시점의 값으로 나

눈 것이다. 이 책에서는 변수 위에 'hat(^)'을 붙여 증가율을 표기한다. 앞의 인구 예로 돌아가서 증가율을 계산하면 다음과 같다.

$$\begin{aligned}\hat{L}_{2009} &= \frac{L_{2010} - L_{2009}}{L_{2009}} \\ &= \frac{2,394,526}{306,656,290} \approx 0.0078 \\ &= 0.78\%\end{aligned}$$

즉, 인구는 2010년에 0.78% 증가했다. 일반적으로 변수 x에 대해 x의 차분과 x의 증가율은 다음 식으로 연결된다.*

$$\hat{x} = \frac{\Delta x}{x}$$

* 주 : 미적분을 알고 있는 독자들은 변화율을 측정하는 다른 방식에 익숙할 것이다. 어떤 변수의 차분, 다시 말해 이산적(離散的) 시간에 관해서 변화하는 것을 측정하기보다는 변수의 변화를 연속적으로 측정할 수 있다. 이것은 시간에 관한 도함수를 계산하면 된다. 이 책에서는 일부 수리적 각주와 부록에서만 시간에 관한 도함수를 사용한다. 도함수는 변수 위에 점을 찍어 나타낸다.

$$\dot{x} = \frac{dx}{dt}$$

증가율과 시간에 관한 도함수 간의 관계는 아래와 같다.

$$\hat{x} = \frac{\dot{x}}{x}$$

목이 각각 그래프로 표시되어 있다. 하나는 투자인 $\gamma f(k)$이고, 다른 하나는 감가상각인 δk이다. 그림에는 생산함수 $f(k)$도 나타나 있다. 투자와 감가상각의 그래프가 만나는 점에 대응하는 자본수준을 정상상태(steady-state)의 자본 스톡이라고 하며, 그림에는 k^{ss}로 표기되어 있다. 한 경제가 k^{ss}만큼의 자본 스톡을 보유하고 있다면 근로자 1인당 자본은 시간이 지나도 변동하지 않기 때문에 **정상상태**(定常狀態)라고 한다.

자본 스톡이 정상상태에서의 자본과 다르다면 어떻게 될 것인가? 〈그림 3.4〉는 시간

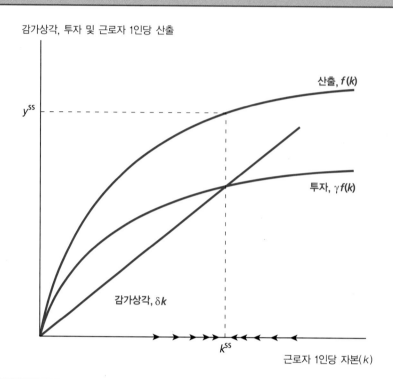

그림 3.4
솔로우 모형의 정상상태

이 흘렀을 때 자본 스톡이 정상상태를 향하여 움직일 것임을 보여 준다. 예를 들면 자본 스톡이 정상상태보다 낮은 위치에 있다면 이때의 투자량 $\gamma f(k)$는 감가상각 δk보다 분명히 크다. 이 경우에는 식 (3.1)에서도 알 수 있듯이 자본 스톡은 증가한다. 이와 유사하게 자본 스톡이 정상상태 수준보다 높은 위치에 있다면 감가상각은 투자보다 크기 때문에 자본 스톡은 시간의 흐름에 따라 축소된다. 이 경우의 정상상태를 안정적 (stable)이라고 부르며, 경제가 k^{ss}와 다른 수준에서 출발하더라도 시간이 흐르면 점차 k^{ss}로 수렴하는 특징을 보인다.

〈그림 3.4〉를 다시 보자. 그림에는 정상상태의 자본 스톡 k^{ss}에 대응하는 정상상태의 산출 y^{ss}가 존재한다. 자본이 k^{ss}보다 적은 경제는 산출도 y^{ss}보다 적다. 또한 산출이 y^{ss}와 다르다면 시간이 흐름에 따라 산출은 y^{ss}로 수렴한다.

다음에는 경제 여건이 달라진다면 정상상태의 산출은 어떻게 달라지는지 이 그림을 이용해서 분석해 보자. 우선 산출 중 투자비율인 γ가 변동한다고 하자. 〈그림 3.6〉은 γ가 γ_1에서 γ_2로 변동할 때의 효과를 보여 준다. γ의 증가에 따라 $\gamma f(k)$ 그래프는 위쪽

정상상태 : 칼로리와 몸무게의 예

정상상태라는 아이디어를 명확하게 이해하기 위해서 한 사람이 소비하는 음식의 양과 몸무게와의 관계를 예로 들어 보자. 소비하는 칼로리보다 많은 칼로리의 음식을 섭취하는 사람은 살이 찐다고 알려져 있다. 반대로 소비하는 칼로리보다 적은 칼로리를 섭취하는 사람은 살이 빠진다.

〈그림 3.5〉에서 세로축은 일일 칼로리 섭취 혹은 소비량이며 가로축은 몸무게를 나타낸다. 칼로리 섭취는 몸무게에 따라 결정되지는 않는다고 가정한다. 칼로리 섭취는 수평선의 그래프로 나타난다. 그러나 일상의 육체적 활동의 과정에서 무거운 사람은 가벼운 사람에 비해 에너지를 더 많이 소비하기 때문에, 칼로리 소비는 몸무게에 따라 증가한다. 따라서 칼로리 소비 그래프는 우상향하는 기울기를 가진다.

그림에서는 이 두 가지 그래프가 만나는 점이 바로 정상상태 수준의 몸무게임을 보여 준다. 만약 어떤 사람의 몸무게가 정상상태의 몸무게보다 적다면 칼로리 섭취가 소비를 초과함으로써 몸무게는 증가할 것이다. 반면에 어떤 사람의 몸무게가 정상상태의 몸무게보다 많다면 칼로리 섭취가 소비보다 적기

때문에 몸무게는 감소할 것이다.

〈그림 3.5〉는 또한 정상상태의 몸무게에 영향을 미치는 요인이 무엇인지 보여 주고 있다. 음식섭취를 늘이면 몸무게에 따른 칼로리 섭취 그래프를 위쪽으로 이동시키기 때문에 정상상태의 몸무게는 증가한다. 또한 몸무게에 따른 칼로리 소비 그래프를 위쪽으로 이동시킬 만한 생활습관이나 환경의 변화기 있다면 정상상태의 몸무게는 감소한다.

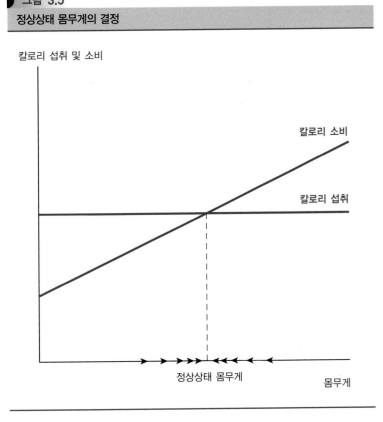

그림 3.5
정상상태 몸무게의 결정

칼로리 섭취 및 소비

칼로리 소비

칼로리 섭취

정상상태 몸무게

몸무게

으로 이동하며 그 결과 정상상태의 자본과 산출이 모두 증가한다. 한편 감가상각률 δ 가 증가하면 δk 그래프는 왼쪽으로 회전 이동하여 기울기가 가파르게 변동함으로써

정상상태의 자본과 산출이 모두 감소한다.

콥-더글라스 생산함수 $y = Ak^\alpha$를 활용하면 수학적인 분석이 가능하다. 식 (3.1)을 다음과 같은 식으로 다시 쓸 수 있다.

$$\Delta k = \gamma Ak^\alpha - \delta k \tag{3.2}$$

정상상태를 찾는 것은 간단히 식 (3.2)의 값이 0이 되는 자본 k^{ss}를 찾는 것과 같다. 즉

$$0 = \gamma A(k^{ss})^\alpha - \delta k^{ss}$$

이므로 다음 식이 성립한다.

$$\gamma A(k^{ss})^\alpha = \delta k^{ss}$$

이 식을 k^{ss}에 관해 풀기 위해서 양변을 $(k^{ss})^\alpha$와 δ로 나눈 후 $1/(1-\alpha)$승을 하면 다음

▶ **그림 3.6**

투자율의 증가가 정상상태에 미치는 영향

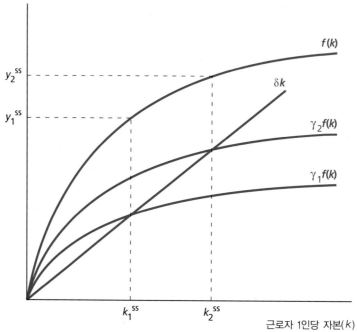

주 : $\gamma_2 > \gamma_1$

식을 얻는다.

$$k^{ss} = \left(\frac{\gamma A}{\delta}\right)^{1/(1-\alpha)}$$

위 식에서 얻은 근로자 1인당 정상상태의 자본을 생산함수에 대입하면 다음과 같은 근로자 1인당 정상상태의 산출을 얻는다.

$$y^{ss} = A(k^{ss})^{\alpha} = A^{1/1-\alpha}\left(\frac{\gamma}{\delta}\right)^{\alpha/(1-\alpha)} \tag{3.3}$$

이 식은 투자율의 증가가 근로자 1인당 정상상태의 산출을 증가시킬 것이라는 〈그림 3.6〉의 결과를 확인해 준다. γ를 증가시키면 $\left(\frac{\gamma}{\delta}\right)$의 분자가 증가하며 결과적으로 정상상태의 근로자 1인당 산출이 늘어난다. 한편 감가상각률 δ를 높이면 분모가 증가함으로써 y^{ss}가 줄어든다.

소득격차이론으로서의 솔로우 모형

식 (3.3)은 정상상태에서 근로자 1인당 산출이 투자율과 어떤 관계에 있는지 보여 주고 있다. 투자율이 높아지면 정상상태에서의 산출도 증가한다. 이런 점에서 솔로우 모형을 소득격차이론(theory of income difference)이라고 간주해도 좋다. 그렇다면 솔로우 모형은 현실의 데이터를 얼마나 잘 설명하고 있을까? 여기서는 다음과 같은 방식으로 솔로우 모형이 예측한 소득격차와 실제의 소득격차를 비교한다.

논의를 단순화하기 위해 국가 간에 투자율 γ만 다르다고 하자. 모든 국가의 생산성 A와 감가상각률 δ는 똑같으며 모든 나라의 경제는 정상상태에 있다고 가정하자. 나중에 이 가정을 완화시키면 어떤 변화가 발생하는지 알아볼 예정이다.

i와 j 두 나라가 있다고 하자. 국가 i의 투자율을 γ_i, 국가 j의 투자율은 γ_j라고 한다면 정상상태에서 두 나라의 근로자 1인당 산출량은 다음과 같다.

$$y_i^{ss} = A^{1/(1-\alpha)}\left(\frac{\gamma_i}{\delta}\right)^{\alpha/(1-\alpha)}$$

그리고

$$y_j^{ss} = A^{1/(1-\alpha)}\left(\frac{\gamma_j}{\delta}\right)^{\alpha/(1-\alpha)}$$

첫 번째 방정식을 두 번째 방정식으로 나누면 국가 i의 근로자 1인당 소득과 국가 j의

근로자 1인당 소득의 비율이 얻어진다. 즉

$$\frac{y_i^{ss}}{y_j^{ss}} = \left(\frac{\gamma_i}{\gamma_j}\right)^{\alpha/(1-\alpha)}$$

두 나라가 동일한 파라미터 A와 δ를 가지고 있다는 가정 때문에 이 파라미터들은 위 식에서 소거되었다.

이제 이론으로부터 정량적 예측을 할 수 있게 되었다. 예를 들어 국가 i의 투자율이 20%, 국가 j의 투자율이 5%라고 하자. $\alpha=1/3$을 사용하면 $\alpha/(1-\alpha)=1/2$이 된다. 주어진 투자율과 파라미터를 위 식에 대입하면 다음 결과를 얻는다.

$$\frac{y_i^{ss}}{y_j^{ss}} = \left(\frac{0.20}{0.05}\right)^{1/2} = 4^{1/2} = 2$$

따라서 솔로우 모형은 국가 i의 근로자 1인당 소득이 국가 j의 두 배가 될 것으로 예측한다.

〈그림 3.7〉은 이 방식을 여러 국가의 데이터에 적용한 결과이다. 가로축은 투자율

▶ 그림 3.7
근로자 1인당 GDP의 예측값과 실제값

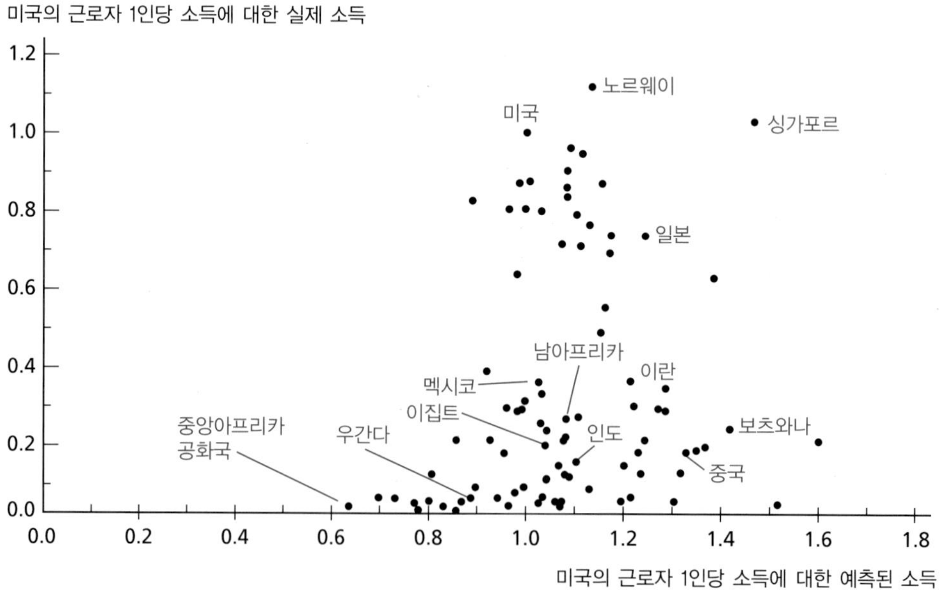

미국의 근로자 1인당 소득에 대한 실제 소득

미국의 근로자 1인당 소득에 대한 예측된 소득

자료 : Heston, Summers, and Aten(2011)의 데이터를 활용한 저자의 계산.

(구체적으로는 1975~2009년까지 GDP에 대한 투자의 평균비율)에 기초하여 예측한 미국의 근로자 1인당 소득에 대한 각국의 근로자 1인당 소득비율이다. 세로축에는 미국의 근로자 1인당 소득에 대한 각국의 근로자 1인당 소득의 실제 비율을 표시했다. 솔로우 모형이 완벽하다면 〈그림 3.7〉에 있는 점들은 45도의 기울기를 가진 직선 위에 놓인다. 이것은 미국의 근로자 1인당 소득에 대한 각국의 근로자 1인당 소득의 실제 비율이 모형이 예측한 것과 일치함을 의미한다. 이와는 대조적으로 솔로우 모형이 국가 간 소득격차를 설명할 능력이 없다면 예측값과 실제값을 비교해서 그린 그림에 어떤 패턴도 나타나지 않는다.

전반적으로 판단할 때 〈그림 3.7〉은 아주 강하지는 않지만 예측된 소득과 실제 소득 간에 어떤 관계가 존재하고 있음을 보여 준다. 두 변수의 상관계수는 0.17에 불과하다(두 변수를 로그 변환하면 상관계수가 0.35로 올라간다). 중국과 보츠와나는 모두 그래프의 아래쪽에 위치하는데, 이것은 미국에 비해서 부유할 것이라고 예측되었지만 실제로는 가난한 나라들이기 때문이다. 미국은 그림에서 특별한 위치에 있는 국가이다. 모형에 의하면 표본 국가 중 약 절반이 미국보다 높은 1인당 소득을 누려야 하지만 실제로 그런 나라는 노르웨이와 싱가포르밖에 없다. 전체적으로 모형이 예측한 국가 간의 소득격차는 데이터에서 관찰한 실제의 소득격차보다 작은 경향이 있다. 예를 들면, 모형에서 1인당 국민소득이 가장 낮을 것으로 예측된 나라는 중앙아프리카공화국으로 미국의 63%일 것으로 예측되었지만, 실제로는 이보다 훨씬 낮은 1.9%에 불과하였다.

근로자 1인당 소득에 관해 솔로우 모형의 예측값과 실제값 간에 불완전한 대응관계가 생기는 이유는 무엇인가? 각국의 소득에 영향을 미치는 요인 중에서 이 분석이 간과하고 있는 것이 있다. 그렇지 않다면 이 책의 나머지 부분을 읽을 필요가 없다. 이 책의 후반부에서는 자본이 단지 투자뿐 아니라 인구증가율에 의해서도 결정되고(제4장), 물적 자본 이외의 생산요소를 도입하며(제6장), 국가 간 생산성의 차이를 용인한다(제7장). 이 장에서는 이런 요인들을 고려하지 않았기 때문에 모형이 현실을 정확히 설명할 것으로 기대하지는 않는다.

〈그림 3.7〉이 불완전한 적합도를 보이는 것은 각국이 정상상태에 있지 않기 때문일 수도 있다. 이 장의 솔로우 모형 분석은 어떤 시간에도 국가들이 정상상태에 이미 도달했음을 보여 준 것이 아니라 시간이 흐르면 점차 정상상태로 수렴할 것임을 보여 주었다. 따라서 어떤 나라는 특정한 시간에 정상상태 부근에 있지 않을 수도 있다. 여기에는 여러 가지 이유가 있다. 예를 들어, 자본 스톡의 일부가 전쟁에서 파괴되었다면 자본과 산출이 궁극적인 정상상태 수준에 미달한다. 이와 유사하게 현재는 정상상태에

있지만 투자율이 바뀌었다고 하자. 이 나라는 점차 이전의 정상상태에서 벗어나 새로운 정상상태로 수렴할 것이다. 그러나 관측시점에서 판단할 때 이 나라는 새로운 정상상태로부터 훨씬 벗어난 지점에 있을 수도 있다.

지금까지는 솔로우 모형이 데이터를 완벽하게 설명하지 못하는 이유에 관해 알아보았다. 이제 모형에서 실제 소득과 정상상태와의 갭을 잘 이용하면 국가 간에 소득증가율의 차이가 왜 발생하는지 이해할 수 있게 된다. 다음에는 이 문제를 생각해 보자.

상대적 성장률에 관한 이론으로서의 솔로우 모형

우리는 제1장에서 국가 간에 성장률의 차이가 크다는 사실을 확인했다. 어떤 경제성장 모형이든지 그 목표는 이런 차이를 설명하는 데 있다. 솔로우 모형으로도 이 차이를 설명할 수 있는가?

우선 이 책에 소개한 솔로우 모형은 성장률에 관해 완전한 설명력을 가지고 있지는 않다는 사실에 주목해야 한다. 가장 중요한 이유는 모형에서는 어떤 나라든지 일단 정상상태에 도달하면 더 이상 성장하지 않기 때문이다. 따라서 솔로우 모형에서는 시간이 흐르면 정상상태에 도달하기 때문에 장기성장을 설명하지는 못한다. 그러나 이 책의 후반부에 가면 장기성장을 설명할 수 있는 모형들을 소개하는데, 이 중에는 솔로우 모형을 확장시킨 것들도 있다.

솔로우 모형의 이런 단점에도 불구하고 국가 간의 **상대적** 성장률에 관해서 어떤 시사점을 가지는지 질문을 던져 볼 수 있다. 다시 말하면, 왜 어떤 나라는 다른 나라에 비해 더 빠르게 성장하는가라는 물음이다. 이 문제에 관하여 솔로우 모형은 유용한 예측력을 보인다.

솔로우 모형을 이용해서 상대적 성장률을 조사할 때의 핵심은 국가들이 정상상태에 있지 않다는 점이다. 일정한 투자율을 가진 어떤 나라도 결국에는 정상상태에 도달하며, 이 점에서는 근로자 1인당 산출 증가율이 0이 되기 때문에 모형에서 관찰되는 모든 성장은 과도기적 성격이 있다. 즉, 모든 성장은 정상상태로 수렴하는 과도기에서 발생한다. 자본이 정상상태 이하에 있기 때문에 근로자 1인당 산출이 정상상태의 산출보다 작은 나라에서는 자본 스톡이 증가할 것이며, 그 결과 산출이 증가한다. 이와 비슷하게 정상상태의 산출을 초과하는 나라에서는 산출이 하락한다.

이 장의 부록은 한 나라가 정상상태보다 낮은 상태에 있을수록 성장률이 빠르다는 사실을 보인다. 정상상태보다 훨씬 아래 있는 나라의 성장률은 매우 높지만 그 나라가 정상상태에 가까워질수록 성장률은 점차 둔화되어 0에 근접한다. 이와 마찬가지로 한 나라가 정상상태보다 훨씬 위에 있다면 자본 스톡은 빠르게 감소할 것이며 감소속도는 자본 스톡이 정상상태에 가까워질수록 0에 근접한다. 한 나라가 어떤 상태로부터 투자율에 의해서 결정되는 정상상태를 향해 갈 때 근로자 1인당 산출량이 증가 혹은 감소하는 과정을 **정상상태로의 수렴**(convergence toward the steady state)이라고 부른다.

이 장에서 비경제학적인 예로 제시한 칼로리와 몸무게의 예를 보면 수렴이 무엇인지 직관적으로 분명히 알 수 있다. 어떤 사람의 몸무게가 정상상태에 있다고 하자. 이 사람이 칼로리 섭취를 줄이면 〈그림 3.5〉의 수평선 그래프가 아래쪽으로 이동한다. 칼로리 섭취가 줄어드는 순간 정상상태의 몸무게는 줄어든다. 그러나 이 사람의 실제 몸무게가 곧바로 줄어들지는 않는다. 섭취하는 칼로리보다 소모하는 칼로리가 더 많기 때문에 실제 몸무게는 점차 줄어든다. 그렇지만 몸무게가 감소하기 때문에 매일 소모되는 칼로리도 줄어든다. 따라서 시간이 갈수록 몸무게가 줄어드는 속도는 느려지며 새로운 정상상태에 도달하면 더 이상 몸무게가 줄어들지 않는다.

이제 조금 전의 논의로 되돌아 가자. 정상상태로의 수렴 개념은 다음 세 가지 흥미로운 예측에 대한 근거를 제시한다.

- 두 나라의 투자율이 동일하지만 소득수준이 서로 다르면 소득이 낮은 나라의 성장이 더 빠를 것이다.

  투자율이 같기 때문에 두 나라의 정상상태 소득은 동일할 것이다. 부유한 나라의 소득이 정상상태보다 아래 있다면 가난한 나라의 소득은 이보다 더 낮을 것이며 부유한 나라보다 더 빠르게 증가할 것이다. 역으로 가난한 나라의 소득이 정상상태 위에 있다면 부유한 나라의 소득은 이보다 더 위에 있을 것이다. 따라서 정상상태로 수렴하는 과정에서 나타나는 음(陰)의 효과(negative effect)가 부유한 나라에서 더 크게 나타날 것이다. 마지막으로 가난한 나라의 소득은 정상상태보다 아래에 있지만 부유한 나라의 소득은 정상상태 위에 나타날 경우에 정상상태로의 수렴은 가난한 나라의 성장에는 양(陽)의 효과(positive effect)를 미치지만 부유한 나라의 성장에는 음의 효과를 미칠 것이다.

- 두 나라의 소득수준이 동일하지만 투자율이 서로 다르면 투자율이 높은 나라의 성장이 더 빠를 것이다.

  두 나라 중에서 투자율이 더 높은 나라가 정상상태 소득이 더 높을 것이다. 두 나라가 모두 정상상태보다 아래 있다면 높은 투자율을 가진 나라가 정상상태보다 상대적으로 더 아래 있는 셈이기 때문에 더 빠르게 성장할 것이다. 두 나라가 모두 정상상태보다 위에 있다면 낮은 투자율을 가진 나라가 정상상태보다 더 위에 있는 셈이기 때문에 성장에 미치는 음의 영향이 더 뚜렷할 것이다. 투자율이 높은 나라는 정상상태보다 아래 있지만 투자율이 낮은 나라는 정상상태보다 위에 있다면 당연히 투자율이 높은 나라의 성장이 더 빠를 것이다. 왜냐하면 정상상태보다 아래에 있을 때에는 양의 성장률이 나타나지만 정상상태보다 위에 있을 때에는 음의 성장률이 나타나기 때문이다.

● 투자를 증가시키는 나라는 소득증가율이 더 높아질 것이다.

어떤 나라가 초기에 정상상태의 소득을 누리고 있다면 투자의 증가는 정상상태를 위쪽으로 옮겨 놓을 것이다. 그 결과 현재의 소득은 새로운 정상상태보다 아래쪽에 놓이게 되므로 양의 성장이 나타날 것이다. 한편 어떤 나라가 초기에 정상상태보다 아래에 있다면 투자의 증가는 새로운 정상상태를 위쪽으로 이동시킬 것이기 때문에 현재 상태는 새로운 정상상태보다 훨씬 더 아래에 있게 되는 셈이다. 따라서 성장은 가속화될 것이다. 마지막으로 어떤 나라가 초기에 정상상태보다 위에 있다면 투자의 증가로 인해 초기 상태는 정상상태에 더 가까워지는 효과가 발생한다. 혹은 투자 증가가 상당히 크다면 소득은 바로 정상상태 소득과 일치할 수도 있으며, 정상상태보다 아래에 있게 될 수도 있다. 그렇지만 어떤 경우든지 소득증가율은 높아질 것이다.

위의 세 가지 예측은 정상상태의 결정에 영향을 미치는 생산성 A나 이 책의 후반부에 등장할 다른 요인들의 국가 간 차이가 없을 때만 성립한다. 그러나 정상상태의 소득에 영향을 미치는 기타 요인을 고려할 때도 동일한 양상이 솔로우 모형에서 발생한다. 예를 들어 보자. 제6장에서는 근로자 교육에 투자하는 노력의 양이 마치 투자율이 정상상태의 소득을 결정하는 것과 동일한 방식으로 정상상태의 소득결정에서 역할을 한다. 따라서 소득을 비롯한 다른 측면에서는 두 나라가 유사하지만 교육투자비에서 차이를 보인다면, 솔로우 모형은 더 많은 교육투자를 하는 나라의 성장이 더 빠를 것이라고 예측한다. 또한 솔로우 모형은 교육투자비를 갑자기 증가시킨 나라는 새로운 정상상태로 이동해야 하기 때문에 성장이 가속화되는 경험을 하게 될 것이라고 예측한다.[5]

---

5) 국가 간의 상대적 성장률에 관한 솔로우 모형의 예측력 검정을 위해서는 Mankiw, Romer, and Weil(1992) 참조.

3.4 투자와 저축 간의 관계

앞 절에서는 솔로우 모형이 완벽하지는 않지만 왜 어떤 나라들은 부유한 반면에 어떤 나라들은 가난한가라는 질문과 왜 어떤 나라들은 빨리 성장하는 반면에 어떤 나라들은 느리게 성장하는가라는 질문에 관해 부분적으로 답변을 주고 있음을 보였다. 그러나 투자율의 차이가 경제를 서로 다른 수준의 정상상태로 이끈다는 답변은 당초의 질문을 또 다른 형태의 질문으로 바꿔 놓았을 뿐이다. 투자율이 왜 다른가에 관해서는 아직 답을 구하지 못했다. 이제 이 질문에 초점을 맞춰 보자.

이 장에서는 일찍이 모든 투자활동이 저축활동에 부합한다고 설명했다. 즉, 자본을 구축하기 위해서는 다른 용도로 써버렸을지 모르는 자원을 사용해야만 한다. 자원을 사용하는 주체(개인, 가족 혹은 정부)는 그 자원을 소비할 기회를 포기한 대가로 생산적 자본의 소유주가 된다. 왜 국가 간에 투자율이 서로 다른지 알고 싶다면 저축에 대하여 생각해 봐야 한다. 아마도 저축률이 국가 간에 서로 다르기 때문에 투자율도 달라질 것이다. 그러나 이 설명은 잠재적인 문제를 내포하고 있다. 모든 투자활동은 저축활동에 부합함에도 불구하고 투자는 그 나라의 저축과 일치해야 하는 것은 아니다. 왜 그럴까? 투자는 국경을 넘을 수 있기 때문이다. 예를 들면, 미국의 근로자가 브라질에 있는 자본에 투자하기로 선택할 수도 있다.

따라서 국가 간 투자율 차이의 원인을 분석하는 과정은 두 부분으로 구성된다. 첫째, 국가 간 저축률은 얼마나 다른지 또한 왜 다른지 조사한다. 둘째, 한 나라의 투자는 그

▶ **그림 3.8**

1인당 소득의 십분위로 본 저축률

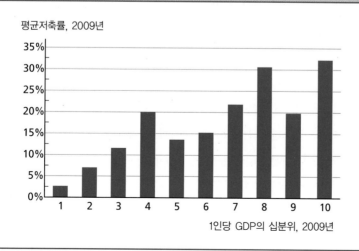

평균저축률, 2009년

1인당 GDP의 십분위, 2009년

나라의 저축과 관련이 있는지 아니면 국제적 자본이동 때문에 투자는 그 나라의 저축과 무관하게 결정되는지 조사한다.

이 중에서 두 번째 내용은 제11장에서 다룰 예정이다. 거기서 국제적 투자의 흐름이 때로는 중요하지만 한 나라의 투자율을 결정짓는 가장 중요한 요인은 자국의 저축률임을 배우게 된다. 저축률을 분석할 때 우리는 솔로우 모형에서 투자율이 산출에 영향을 미치는 것과 마찬가지로 저축률이 산출에 영향을 준다고 생각할 수 있다.

〈그림 3.8〉은 188개국의 표본에 대하여 1인당 소득과 저축률 간의 관계를 나타내고 있다. 각국은 2009년의 1인당 소득수준에 따라 순위를 정했으며, 평균저축률은 10분위별(가장 가난한 10%의 국가, 다음 가난한 10%의 국가 등)로 계산하였다. 이 그림의 핵심은 저축과 1인당 소득 간에는 밀접한 관련이 있다는 점이다. 이 관계는 다음의 두 가지 사실을 이해하면 놀라운 일이 아니다. 하나는 솔로우 모형의 예측에 의하면 투자율이 높은 나라가 소득도 높으며, 다른 하나는 제11장의 설명으로서 각국의 투자율은 저축률과 밀접한 관계에 있다는 사실이다. 따라서 저축률을 결정하는 것은 무엇인가라는 질문만 남게 된다.

저축률에 대한 설명 : 외생적 요인인가 아니면 내생적 요인인가?

경제학자들은 모형에 등장하는 변수를 두 가지 유형으로 구분한다. **내생변수**(endogenous variable)는 모형 내에서 결정되는 변수다. **외생변수**(exogenous variable)는 모형을 분석할 때 주어져 있는 변수로 모형의 외부에서 결정된다. 예를 들면, 빵 시장에 수요공급모형을 적용할 때 빵 가격과 판매수량은 내생변수인 반면에 밀가루 가격, 버터 가격과 같이 수요곡선과 공급곡선을 이동시키는 요인들은 외생변수다.

국가 간 저축률의 차이가 왜 발생하는지 알아보기 위해서 일단 저축률을 외생변수로 간주하자. 이 경우에 각국은 1인당 소득수준과는 전혀 무관하게 저축률의 차이를 보인다. 저축률의 차이는 투자율의 차이로 나타나며 솔로우 모형을 통해서 다시 1인당 소득수준의 차이를 발생시킨다.

이 접근방법이 국가 간의 소득격차를 이해하는 데 도움을 준다면 저축률이 나라마다 왜 다른지 생각해 봐야 한다. 이 책의 제4부에서 이 문제를 논의할 예정이다. 경제성장을 결정하는 여러 가지 기본요인들은 일단 저축률을 변동시킴으로써 성장에 가장 중요한 영향력을 행사한다. 정부정책(제12장), 소득불균형(제13장), 문화(제14장), 지리(제15장) 등의 요인은 모두 저축률에 미치는 영향에 초점을 맞추어 분석한다.

시간이 좀 걸리는 방법이기는 하지만 소득이 저축에 영향을 미치는 방식을 생각해 보는 것도 중요하다. 즉, 저축이 내생변수가 될 가능성을 생각해 봐야 한다. 저축률의 내생변수화는 데이터의 해석방법과 성장의 모형화 방식에 관한 함의를 가진다.

저축을 내생변수화한다면 〈그림 3.8〉에 나타난 저축률과 소득 간의 강한 관계는 더 이상 솔로우 모형이 옳다는 증거로 사용되기 어렵다. 자본이 생산에 중요한 요소라고 생각하지 않았던 사람처럼 솔로우 모형을 믿지 않은 사람은 데이터에서 관찰되는 산출과 저축률 간의 관계는 저축률이 내생변수이기 때문에 발생한다고 주장할 수 있다. 다시 말하면, 부유한 나라이기 때문에 저축을 많이 하는 것이지, 저축을 많이 한다고 부유한 나라가 되는 것이 아니라는 주장이다. 이런 해석상의 어려움 때문에 솔로우 모형이 저축과 성장 간의 관계를 완전하게 설명한다는 결론을 내리지 못한다. 그럼에도 불구하고 대부분의 경제학자들은 저축과 자본축적이 성장에 있어서 중요한 역할을 한다고 확신한다.

저축을 내생화하는 경우에도 성장률과 저축률의 관점에서 국가의 상황이 어떻게 나타날 것인지 짚어볼 수 있다. 이제 여기에 관련된 제반 함의를 알아보자.

소득이 저축에 미치는 영향

〈그림 3.8〉이 보여 주듯이 가난한 나라의 저축률이 낮은 데 대한 자연스런 설명은 국민들이 '저축할 만한 여유가 없기' 때문이다. 이 해석을 경제적 용어를 사용하여 다시 풀어쓰면 가난한 나라의 국민들은 겨우 생계유지선에서 생활하고 있기 때문에 미래를 위한 저축을 위해 현재의 소비를 줄일 수 없다는 의미가 된다. 이 주장은 세계에서 가장 가난한 국가에는 해당되지만 조금이라도 더 잘사는 국가에는 적용되지 않는다. 1인당 평균소득이 1,152달러인 우간다의 국민은 생계유지선에 있기 때문에 저축할 수 있는 여유가 없다고 한다면, 1인당 평균소득이 2,353달러인 파키스탄에 대해서는 동일한 주장을 할 수 없다. 왜냐하면 파키스탄 국민의 소득은 생계유지수준보다 훨씬 높기 때문이다.

다른 주장은 저축의 여유가 없다는 제약조건보다 국민들의 자발적 선택에 초점을 맞추고 있다. 이 주장의 골자는 소비하기보다 저축하려는 결정이 현재의 만족과 미래의 만족 간의 선택을 반영하고 있는 것이다. 따라서 미래를 별로 중요하게 생각하지 않는 사람은 저축하지 않는다. 이 이론에 따르면 가난은 미래에 별 주의를 기울이지 않도록 만든다. 조지 오웰(George Orwell)은 『Down and Out in Paris and London』이라는 책에서 "가난이 미래를 파멸시킨다(poverty annihilates the future)."고 이 아이디어를 정확하게 요약했다.

정부정책과 저축률

솔로우 모형은 왜 저축률이 높은 나라의 1인당 국민소득이 높은지 설명한다. 따라서 저축률을 제고하는 정부정책은 국민소득을 증가시키는 수단이 될 수 있다.

정부가 국민저축률을 증가시키는 대부분의 직접적인 수단은 자체 예산을 사용하는 것이다. 국민저축률에는 두 가지 요소가 있다. 하나는 가계와 기업에 의해 이루어지는 민간저축이며 다른 하나는 정부의 조세수입과 지출 간의 차이인 정부저축이다. 정부의 입장에서 볼 때 음의 저축에 해당하는 재정적자는 국민저축률을 감소시키며 그 결과 투자와 경제성장을 위축시킨다.

정부는 여러 가지 수단으로 민간저축률에 영향을 미칠 수 있다. 가장 중요한 수단은 노후국민연금계획을 도입하는 것이다. 그러나 미국의 사회보장(Social Security) 프로그램은 저축(따라서 투자)을 증대시키지 못한다. 왜냐하면 고령자에게 지급하는 연금이 주로 취업계층에 대한 조세부과에 의해 자금이 조달되기 때문이다. 이와는 대조적으로 근로기간 중의 저축으로 자신의 퇴직 후 연금을 조달하는 프로그램은 많은 자본을 생성한다. 1980년대 초반에 칠레는 근로자들에게 민간연금회사의 계좌에 본인 수입의 일정부분을 반드시 예금하도록 하는 일종의 기금화된(funded) 연금제도를 도입하였다. 이 프로그램의 결과 1980년대 초엽 0%에 가깝던 칠레의 민간저축률은 1991년에 17%로 상승하였다. 이런 칠레의 성공사례를 보고 아르헨티나, 볼리비아, 콜롬비아, 멕시코, 페루, 우루과이도 1990년대에 유사한 계획을 마련하였다.*

이러한 저축친화정책(pro-saving policy)의 극단적 유형이 싱가포르에서 시행되었다. 싱가포르의 근로자들은 1950년대부터 본인 임금의 일부를 반드시 중앙노후기금(central provident fund)에 출연하도록 되어 있는데 이 기금은 퇴직뿐 아니라 의료비와 주택구입에도 사용될 수 있다. 정부가 정한 의무납부율은 1980년대 초에 근로자 임금의 무려 40%에 육박했다. 이러한 강제저축정책은 이례적으로 높은 싱가포르 저축률의 중요한 결정요인이 되었다.

그렇다고 모든 저축친화정책이 강제적인 것은 아니다. 예를 들면, 일본 정부는 국민들로 하여금 자발적으로 저축률을 높이도록 설득하였다. 정부는 1924년부터 1926년까지 근면저축장려운동(Campaign to Encourage Diligence and Thrift)을 통해 기차에 붙이는 포스터, 사찰, 신문광고, 영화, 라디오 방송과 자동차 경주를 활용하여 저축친화 홍보활동을 전개했다. 제2차 세계대전 직후 저축추진 중앙위원회(Central Council for Savings Promotion)는 저축친화 홍보운동을 더욱 확장시켜 나갔다. 학생들에게 저축의 중요성을 교육시키고 학교 내에 어린이 특수은행을 설립하였다. 높게 나타난 저축률이 어느 정도까지 정부의 설득에 기인한 것인지 판단하기란 쉽지 않지만, 일본은 제2차 세계대전 이후 세계에서 가장 높은 저축률을 보인 나라가 되었다.†

* James(1998).

† Garon(1998).

이런 이유 때문이든 아니든 간에 가난이 개인의 저축률을 하락시킨다는 사실과 가난한 나라가 부유한 나라에 비해 저축률이 낮다는 사실은 많은 사람들에게 직관적으로 받아들여진다. 이것이 솔로우 모형에는 어떤 시사점을 주는가? 이 문제를 조사하기 위하여 국경을 넘는 투자는 존재하지 않는다고 가정하자. 따라서 모든 국가의 투자율은 저축률과 동일하다. s는 산출 중에서 저축된 비율, γ는 산출 중에서 투자된 비율이라고 할 때 이 가정은 $s=\gamma$를 의미한다.

다음은 저축률이 소득에 따라 달라지는 경우이다. 극단적인 경우로 저축이 소득에 의존한다고 하자. 낮은 저축률 s_1와 높은 저축률 s_2의 두 가지 저축률이 있다고 할 때 근로자 1인당 소득이 y^*보다 낮으면 저축률은 s_1이 되며 근로자 1인당 소득이 y^*보다 높으면 저축률은 s_2가 된다. 이 방정식은 다음과 같이 표현된다.

$$\gamma = s_1 \quad \text{if } y < y^*$$
$$= s_2 \quad \text{if } y \geq y^*$$

〈그림 3.9〉는 이 경우를 그림으로 보여 주고 있다. 이것은 앞에서 솔로우 모형(그림 3.4)의 정상상태를 찾기 위해 사용했던 것과 같은 그림이다. 그림에 나타난 두 가지 그래프는 자본의 변동을 나타내는 식 (3.1)의 오른편에 있는 두 항을 나타내고 있다 .

$$\Delta k = \gamma f(k) - \delta k \tag{3.1}$$

▶ 그림 3.9
저축률이 소득수준에 의존하는 솔로우 모형

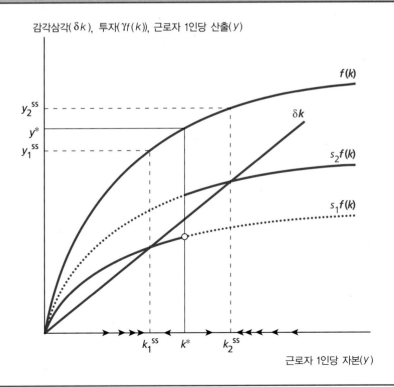

〈그림 3.9〉의 $\gamma f(k)$ 곡선에 점프가 존재하다는 사실이 이전의 그래프와는 다르다. 그 이유를 파악하기 위해서는 한 나라의 저축률이 낮은지 혹은 높은지를 결정하는 소득 y^*에 대응하는 자본이 존재한다는 사실에 주목해야 한다. 현재의 자본이 이 자본보다 적으면 저축률이 낮고, 이 자본보다 많으면 저축률은 높다. 자본 k^*는 생산함수에서 결정될 수 있다. 만일 자본이 k^*보다 작거나 같으면 산출은 y^*보다 작을 것이고 그 결과 저축률은 s_1이 된다. 이와 유사하게 자본이 k^*보다 많거나 같다면 산출은 y^*보다 크거나 같으며 결과적으로 저축률은 s_2가 된다.

저축률이 s_1이라면 경제의 정상상태는 자본이 k_1^{ss}라고 표시된 곳에서 발생한다. 만약 저축률이 s_2가 된다면 정상상태는 자본이 k_2^{ss}로 표시된 곳에서 발생한다. 저축률이 낮은 데서 높은 데로 바뀔 때의 자본 k^*는 k_1^{ss}과 k_2^{ss} 사이에서 결정된다. 이것은 근로자 1인당 자본수준이 k^*보다 작으면 저축률은 s_1이 되며 경제는 정상상태 k_1^{ss}로 수렴한다. 그러나 자본 스톡이 k^*를 넘으면 저축률은 s_2가 되며 경제는 정상상태 k_2^{ss}로 수렴한다. 바꾸어 말하면, 이 경제에는 두 개의 정상상태가 존재하며 초기 자본수준에 따라 하나의 정상상태로 수렴한다.

〈그림 3.9〉는 두 나라의 기본적인 소득결정요인이 똑같음에도 불구하고 정상상태에서는 1인당 소득수준이 달라지는 경우를 보여 준다. 낮은 정상상태에 있는 국가는 저소득의 덫에 걸렸다고도 볼 수 있다. 저축률이 낮으면 1인당 소득이 낮아지며, 1인당 소득이 낮아지면 이는 다시 저축률을 낮추기 때문이다. 이것은 일반적으로 **복수(複數) 정상상태**(multiple steady states)라고 알려져 있는데, 초기여건이 여러 개의 정상상태 중에서 어느 것으로 수렴할지 결정한다. 경제학자들은 복수정상상태가 어느 정도까지 국가 간 소득격차를 설명할 수 있을지에 관해 활발하게 논의하였다. 복수정상상태가 중요하다면 국가 간 1인당 소득격차는 반드시 국가 간 '근본요인(fundamental)'의 차이 때문에 생기는 것은 아니다. 오히려 부유한 국가는 더욱 부유해지고 가난한 국가는 더욱 가난해지는 자체강화행태(self-reinforcing behavior) 때문에 발생할 수도 있다.

〈그림 3.9〉에서 저축의 소득에 대한 의존성은 확실하다. 이제 이 그림처럼 어느 소득에서 저축률이 점프하는 것이 아니라 소득수준의 향상과 더불어 점진적으로 높아지는 경우를 생각해 보자. 이 경우에도 복수정상상태가 존재할 수 있지만 단 하나의 정상상태만 존재할 수도 있다. 정상상태가 단 1개만 존재할 때 저축률이 소득에 따라 상승한다는 사실은 정상상태를 향한 수렴과정이 느려질 것이라는 중요한 함의를 가진다. 왜 그런지 파악하기 위해서 정상상태 이하의 소득 혹은 자본을 가진 나라를 생각해 보자. 이전에 설명한 동일한 투자율을 가진 솔로우 모형에서는 초기에 빠른 성장세를 보

자본의 부침(浮沈) 재론

데이비드 리카도(David Ricardo, 1772~1823)나 토마스 맬서스(1766~1834)와 같은 고전파 경제학자들에게 노동을 제외한 가장 중요한 생산요소는 자본이 아니라 토지였다. 여기에는 이유가 있다. 이들이 집필할 당시에는 토지가 자본보다 훨씬 더 중요한 재산이었다. 유럽에서 발생한 산업혁명(Industrial Revolution)의 도래와 함께 자본이 경제에서 토지보다 더 중요한 역할을 하게 되었으며 경제학자들도 그 사실을 받아들였다.

자본축적이 경제성장의 핵심이라는 믿음은 제2차 세계대전 이후 최고조에 달했다. 노벨상 수상자인 아서 루이스(W. Arthur Lewis)는 1954년에 "경제발전론의 핵심문제는 국민소득의 4~5%만 저축하고 투자하는 경제를 자발적으로 저축률이 12~13%에 도달하도록 전환하는 방법을 이해하는 것이다. 경제발전의 핵심은 신속한 자본축적에 있기 때문에 이것이 중심문제이다."라고 말했다.* 탁월한 경제학자인 로스토우(W. W. Rostow)도 경제성장의 단계를 설명하는 글에서 지속적인 성장 단계로 도약하기 위해서 투자율의 상승을 반드시 필요한 것으로 정의했다.

지금은 사라진 환상이 되어버린 소련의 경제적 성공도 자본축적이 경제성장의 핵심적인 역할을 했다는 견해를 뒷받침한다. 폴 새뮤얼슨(Paul Samuelson)은 그의 명저인 경제학 교과서에서 소련체제의 비효율성을 지적하긴 했지만 그럼에도 불구하고 소련이 자본형성을 확대시키고 경제발전을 도모하기 위해 현재의 소비를 과감하게 절감하는 결정을 내렸기 때문에 그와 같은 과거의 성장을 이뤄낼 수 있었다고 주장했다.

성장을 이뤄내는 데 있어서 자본의 역할에 관한 경제학자들의 견해는 개발도상국과 국제기구가 경제발전을 촉진하기 위해서 시도한 정책에 영향을 주었다. 제2차 세계대전 이후에 수십 년간 개발도상국은 투자율을 향상시키도록 권고 받았으며 국제원조도 가난한 국가들이 자본을 더 많이 취득하도록 돕는 것에 초점이 맞추어졌다.

그러나 이런 정책들은 대부분 실패한 것으로 판명되었다. 거의 모든 경우에 자본투입은 개발도상국에서 상당한 성장을 창출해 내는 데 실패했다. 구식의 쓸모없어진 공장들을 가진 옛 소련은 오로지 자본축적에만 초점을 맞추었던 경제학자들을 설득하는 좋은 반증물이 되었다. 1960년과 1989년 사이에 소련은 GDP의 29%를 투자한 반면에, 미국은 21%를 투자했다. 소련이 붕괴된 이후의 분석은 자본의 대량 축적이 생산성의 증가를 거의 수반하지 못했으며 결국 이런 이유 때문에 침체에 빠지는 운명을 맞았다고 결론지었다.

최근 수십 년간 경제학자들은 자본축적을 개발의 중심으로 보지 않았다. 그들은 교육, 기술변화 및 경제제도의 구조 등의 요소에 더 주목했다. 자본이 개발에 관한 사고의 핵심적 위치에서 내려왔다고 해서 자본이 중요하지 않다는 뜻은 아니다. 그보다는 경제학자들이 이제는 자본축적을 경제성장의 여러 가지 양상 가운데 하나로 인식하고 있다는 뜻이라고 봐야 한다.[†]

* Lewis(1954).

[†] Easterly and Fischer(1995), King and Levine(1994).

이지만 자본 스톡이 점차 정상상태에 가까워질수록 성장세가 둔화된다. 저축이 내생화되는 경우에 정상상태 이하의 소득을 가진 나라는 저축률도 낮을 것이고 그 결과 성장률도 위축될 것이다. 따라서 정상상태에 도달하는 과정에서 나타나는 과도기적 성장은 저축률이 일정한 경우에 비해서 더 오랜 시간에 걸쳐 나타날 수밖에 없다.

3.5 결론

이 장에서는 경제성장에 있어서 물적 자본의 역할을 살펴보았다. 구체적으로 말하면, 이 장은 자본축적을 기초로 한 솔로우 모형이 국가 간의 근로자 1인당 소득격차를 설명함과 동시에 국가 간 경제성장률의 차이를 설명할 수 있음을 보였다.

그러나 이러한 분석은 솔로우 모형의 몇 가지 단점도 지적하였다. 솔로우 모형은 국가 간 소득격차를 설명하기에는 불완전하다. 한 가지 이유는 솔로우 모형이 국가 간의 근로자 1인당 소득격차를 설명하는 요인으로 다른 생산요소나 생산함수의 차이는 무시한 채 근로자 1인당 자본 스톡의 차이만 고려하기 때문이다. 또한 국가 간 자본의 차이에 분석의 초점을 맞춘다고 하더라도 솔로우 모형은 투자율의 차이가 중요하다고만 강조할 뿐 이런 차이가 발생한 근본원인에 관해서는 아무런 언급이 없다. 또한 정상상태에서는 국가가 전혀 성장하지 않기 때문에 장기성장을 모형화하지 못한다는 또 다른 문제점을 가지고 있다.

우리는 이 책의 후반부에서 이런 모든 문제를 논의하려고 한다. 구체적으로는 솔로우 모형을 자본 이외의 기타 생산요소, 국가 간 생산함수의 차이, 시간의 흐름에 따른 기술진보 등을 포함하는 모형으로 확장시킬 것이다. 또한 정상상태로의 수렴 등 이미 받아들여지고 있는 여러 가지 견해들을 확장된 솔로우 모형을 통해 논의할 것이다.

핵심용어

감가상각(depreciation)

규모대비 수익불변(constant returns to scale)

내생변수(endogenous variable)

복수정상상태(multiple steady state)

외생변수(exogenous variable)

자본(capital)

자본소득분배율(capital's share of income)

정상상태(steady state)

정상상태로의 수렴(convergence toward the steady state)

증가율(growth rate)

차분(difference in a variable)

투자(investment)

콥-더글라스 생산함수(Cobb-Douglas production function)

한계생산물(marginal product)

한계생산물 체감(diminishing marginal product)

복습문제

1. 국가 간 1인당 소득격차의 원인이 왜 자본 때문이라고 생각하는가?

2. 국가 간 소득격차가 투자율의 차이에 기인한다는 이론을 뒷받침하는 증거로는 어떤 것이 있는가? 이 이론을 반대하는 증거에는 어떤 것이 있는가?

3. 솔로우 모형에서 투자율의 증가가 정상상태의 근로자 1인당 산출에 미치는 영향은 어떠한가? 또한 모형에서 투자율의 증가는 근로자 1인당 산출의 증가율에 어떤 영향을 미치는가?

4. 저축률이 내생변수인가 아니면 외생변수인가라는 논쟁은 솔로우 모형이 국가 간 소득격차를 설명하는 데 어느 정도 영향을 주는가?

5. 오로지 자본만 계속 축적하는 나라는 왜 영원히 성장할 수 없는가?

연습문제

1. 아래 각 항목을 보고 물적 자본 여부를 판단하라.

   a. 수송트럭

   b. 우유

   c. 농장

   d. 피타고라스 정리

2. 어떤 나라에 대해 솔로우 모형을 만드는 데 생산함수가 $y=k^{1/2}$로 주어져 있으며 k의 값은 400이라고 가정하자. 산출 중에서 투자된 비율은 50%이며 감가상각률은 5%이다. 이 나라의 근로자 1인당 소득은 정상상태보다 높은지, 낮은지 아니면 정상상태의 소득과 같은지 답하라. 결론을 도출한 과정을 보여라.

3. 이 장의 정상상태—칼로리와 몸무게의 예처럼 경제학 이외의 분야에서 정상상태의 예를 찾은 후 그림을 곁들여서 설명하라.

4. 국가 1의 투자율은 5%이며 국가 2는 20%이다. 두 나라의 생산성은 모두 A로 동일하며 감가상각률도 δ로 같다고 하자. 또한 파라미터 α는 1/3이라고 가정하자. 국가 1의 근로자 1인당 정상상태의 산출을 국가 2의 1인당 정상상태의 산출에 비교하면 어떤 비율인가? α가 2/3로 바뀌면 이 비율은 어떻게 변하는가?

5. 다음 표에는 세 쌍의 국가에 대하여 투자율과 근로자 1인당 산출 데이터가 주어져 있다. 각 쌍에 대해 솔로우 모형의 예측을 따라 정상상태에서 근로자 1인당 GDP의 비율을 계산하라. 단, 모든 국가들이 동일한 A와 δ값을 가지며 α는 1/3이라고 가정

한다. 솔로우 모형은 어느 국가 쌍의 상대소득을 가장 잘 예측하는가? 또한 솔로우 모형은 어떤 국가 쌍의 상대소득을 가장 잘 예측하지 못하는가?

a.

국가	투자율 (1975~2009년 평균)	2009년의 근로자 1인당 산출
태국	35.2%	13,279달러
볼리비아	12.6%	8,202달러

b.

국가	투자율 (1975~2009년 평균)	2009년의 근로자 1인당 산출
나이지리아	6.4%	6,064달러
터키	16.3%	29,699달러

c.

국가	투자율 (1975~2009년 평균)	2009년의 근로자 1인당 산출
일본	29.9%	57,929달러
뉴질랜드	18.6%	49,837달러

6. 국가 X와 국가 Y의 근로자 1인당 소득이 같으며 감가상각률 δ와 생산성 A도 동일하다고 하자. 그런데 국가 X에서는 근로자 1인당 산출이 증가하지만 국가 Y에서는 감소하고 있다. 이 정보를 가지고 두 나라의 투자율에 관해서 어떤 이야기를 할 수 있는가?

7. 생산함수가 $y=k^{1/2}$인 나라가 있다. 이 나라의 투자된 산출의 비율 γ는 0.25이며 감가상각률 δ는 0.05다.

a. 정상상태에서 근로자 1인당 자본 k와 근로자 1인당 산출 y를 계산하라.

b. 연도 1에 근로자 1인당 자본수준은 16이다. 아래 표에서 자본과 산출이 어떻게 변동하는지 연도 8까지 표를 완성하라. 예시를 위하여 시작연도의 값은 표에 계

연도	자본 k	산출 $y=k^{1/2}$	투자 γy	감가상각 δk	자본 스톡의 변동 $\gamma y - \delta k$
1	16	4	1	0.8	0.2
2	16.2				

산되어 있다.

  c. 연도 1과 연도 2 사이에 산출 증가율을 계산하라.

  d. 연도 7과 연도 8 사이에 산출 증가율을 계산하라.

  e. 한 나라가 정상상태에 가까워질수록 산출 증가율의 속도에 관해 어떤 결론을 내릴 수 있는가? c와 d의 답을 비교해 답하라.

8. 투자가 저축량과 동일한 경제를 생각해 보자. 즉 이 경제에는 국제 간 자본이동이 없다. 저축되지 않은 산출은 모두 소비된다. 생산함수는 $y=Ak^{\alpha}$이다. 정상상태에서 근로자 1인당 소비를 극대화시키는 소득에 대한 투자비율 γ의 값을 찾아라. 이것을 '투자수준의 황금법칙(golden rule level of investment)'이라고 한다.

9. 노동과 자본을 이용해서 산출물을 생산하는 국가가 있다고 하자. 근로자 1인당 생산함수는 $y=k^{1/2}$이며 감가상각률은 2%이다. 투자율 γ가 아래 식에 따라서 결정된다고 하자.

$$\gamma = 0.20 \text{ if } y \le 10$$
$$\gamma = 0.40 \text{ if } y > 10$$

이 모형의 정상상태(들)를 그림에 표시하라. k와 y의 정상상태 값을 계산하라. 또한 k와 y가 정상상태를 벗어나 있을 때는 어떤 값을 가지게 되는지 말로 간단하게 서술하고 그 상태를 그림에 표시해 보라. 정상상태(들)의 안정성은 어떠한가?

온라인 데이터 플로터(Data Plotter)와 데이터를 이용해서 실습하려면 http://www.pearsonhighered.com/weil을 방문하라.

콥-더글라스 생산함수와 솔로우 모형의 수렴속도에 관한 설명

K를 자본, L을 노동, A를 생산성, α를 0과 1 사이의 상수라고 할 때 콥-더글라스 생산함수는 다음과 같다.

$$Y = F(K, L) = AK^{\alpha}L^{1-\alpha}$$

이 생산함수는 우리가 본문에서 가정으로 채택한 규모대비 수익불변과 한계생산물이 체감하는 특성을 가지고 있다. 규모대비 수익불변을 검증하려면 자본과 노동에 동일한 요인 z를 곱한 후에 산출도 이 요인만큼 증가하는 것을 확인하면 된다.

$$F(zK, zL) = A(zK)^{\alpha}(zL)^{1-\alpha} = z^{\alpha+1-\alpha}AK^{\alpha}L^{1-\alpha} = zF(K, L)$$

자본의 한계생산물(MPK)은 자본에 대한 산출의 도함수로 아래와 같이 표기된다.

$$\text{MPK} = \frac{\partial Y}{\partial K} = \alpha AK^{\alpha-1}L^{1-\alpha}$$

한계생산물체감을 확인하려면 자본에 대해 MPK의 도함수를 계산하면 된다.

$$\frac{\partial \text{MPK}}{\partial K} = (\alpha-1)\alpha AK^{\alpha-2}L^{1-\alpha} < 0$$

도함수의 부호가 음이므로 자본이 증가함에 따라 MPK는 감소하므로 한계생산물이 체감함을 확인할 수 있다.

콥-더글라스 생산함수를 사용하면 한 나라가 정상상태에 있지 않을 때의 성장률을 좀더 완전하게 분석할 수 있다. 우선 근로자 1인당 자본의 변화를 나타내는 식 (3.2)를 다시 살펴보자.

$$\Delta k = \gamma A k^{\alpha} - \delta k \qquad (3.2)$$

자본의 증가율 $\hat{k}$은 자본의 변화량 Δk를 자본으로 나눈 값과 같다. 따라서 자본의 증가율에 관한 식을 유도하기 위하여 식 (3.2)의 양변을 자본으로 나누어 다음 식을 도출한다.

$$\hat{k} = \frac{\Delta k}{k} - \gamma A k^{\alpha-1} - \delta$$

〈그림 3.10〉은 위 방정식의 오른편에 있는 두 항의 그래프이다. 방정식에 의하면 첫 번째 항 $\gamma A k^{\alpha-1}$이 두 번째 항 δ보다 크다면 자본증가율은 양의 값을 가진다. 이런 현상은 k값이 낮을 때 그림의 왼편에서 발생한다. 이와는 대조적으로 k값이 높을 때는 두 번째 항이 첫 번째 항보다 크므로 $\hat{k}$은 음의 값을 가진다. 따라서 자본 스톡은 감소한다. 두 선이 교차하는 지점에서는 자본의 증가율이 0이 되며, 이 점이 바로 정상상태

▶ 그림 3.10

정상상태로의 수렴 속도

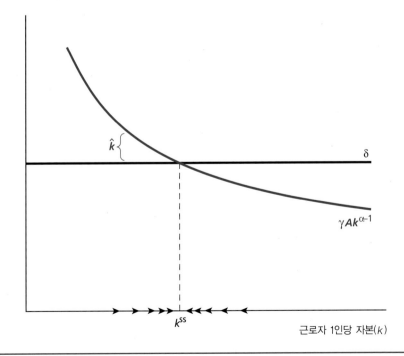

가 된다. 이 분석이 시사하는 정상상태 조건인 $\gamma A(k^{ss})^{\alpha-1}=\delta$는 본문에서 도출한 $\gamma A(k^{ss})^{\alpha}=\delta(k^{ss})$와 동일한 것이다. 앞 식의 양변에 k^{ss}를 곱하면 바로 확인할 수 있다.

이렇게 모형을 보는 새로운 방식은 경제가 정상상태에 가까워지는 속도에 관한 정보를 추출할 수 있기 때문에 유용하다. 자본의 증가율은 곡선 $\gamma Ak^{\alpha-1}$과 직선 δ 사이의 거리에 비례하기 때문에 이 그림은 자본의 증가율이 클수록 이 나라가 정상상태로부터 멀리 떨어져 있음을 분명히 말하고 있다. 이와 유사하게 한 나라가 정상상태보다 높은 근로자 1인당 자본을 가지고 있다면 자본이 정상상태에서 멀리 있을수록 자본 스톡은 더 빠르게 감소한다. 근로자 1인당 자본이 정상상태에 가까워질수록 $\gamma Ak^{\alpha-1}$과 δ의 간격은 좁아지고 근로자 1인당 자본의 증가속도는 0에 가까워진다.

제 4 장

인구와 경제성장

옛속담은 인구가 경제성장에 미치는 영향을 생각해 보기 위한 좋은 출발점이 된다. 이 속담은 인구변화가 한 경제의 소비수요(입의 수)와 생산능력(손의 수)에 모두 영향을 미친다는 점을 잘 보여 준다. 산출물을 생산하기 위해 사용하는 유일한 요소가 노동이라면 인구와 경제성장 간의 상호관계는 별로 흥미롭지 않을 것이다. 왜냐하면 인구가 2배 늘면 산출량도 2배 증가하여, 인구규모는 결과적으로 1인당 산출에 영향을 주지 않기 때문이다. 그러나 노동 이외의 다른 투입요소가 존재한다면 사람이 1명 증가할 때마다 입 한 개와 손 두 개가 더 생기지만 다른 투입요소는 더 생기지 않는다. 이 경우에 '1인당' 단위로 계산하면 인원이 늘어나기 때문에 모든 것이 축소된다.

> 신은 입 한 개마다 손 두 개를
> 만들어 주셨다.
> −속담

이런 단순한 관측에 기초하여 1인당 소득을 설명하는 모형에 인구를 포함시킨다. 앞으로 살펴보겠지만 인구는 두 가지 방식으로 소득의 결정요소가 될 수 있다. 어떤 정황에서는 인구의 규모(size)가 중요한 반면에, 다른 정황에서는 증가율(growth rate)이 중요하다. 인구가 고정된 양으로 존재하는 천연자원과 갖는 상호관계를 생각하면 인구규모가 중요하다. 다른 요소가 변하지 않는다면 자원의 양에 비해서 상대적으로 인구가 많은 나라는 가난하게 될 것이다. 그러나 자본과 같은 생산해 낼 수 있는 투입요소와 인구 간의 상호관계를 고려할 때는 인구증가율이 더 적절한 개념이다.

물론 시간에 따라 인구증가의 속도가 사람의 수를 결정하는 요인이 된다. 그러나 시간에 따라라는 말은 큰 차이를 만들어 낸다. 어떤 나라는 인구가 서서히 증가하지만 자원에 비해 많은 인구를 보유할 수 있다. 혹은 어떤 나라는 인구가 빠르게 증가하지만 자원에 비해 인구가 적을 수 있다. 일본과 케냐가 이에 해당되는 예이다. 1975년과 2009년 사이에 일본의 인구는 연 0.37%씩 증가했지만 2009년의 인구밀도는 1km²당 354명으로 세계에서 가장 높았다. 반면에 차드는 같은 시기에 인구증가율이 연 2.68%지만 2009년의 인구밀도는 1km²당 8.1명에 불과했다.

〈그림 4.1〉에 보듯이 1인당 소득과 인구증가율 사이에는 강한 음의 상관관계가 존재한다. 그러나 음의 상관관계가 데이터에서는 쉽게 관찰되지만 이것을 완전하게 이해하기는 어렵다. 인과관계에 관한 제2장의 논의를 상기하면 〈그림 4.1〉의 데이터는 빠른 인구증가가 가난의 원인이거나, 가난이 빠른 인구증가의 원인이거나, 아니면 두 변수 간에 양방향의 인과관계 모두 존재할 수 있음을 시사한다. 경우에 따라서는 인구증가와 1인당 소득이 직접적으로는 아무 관련이 없을 가능성도 있다. 제3의 요소가 1인당 소득과 인구증가에 모두 영향을 줄 수 있기 때문이다.

이 장의 첫 번째 절에서는 인구와 경제성장 간의 역사적 관계를 고찰한다. 대부분의 인류역사를 통하여 경제적 능력이 인구증가를 억제해 왔음이 알려져 있다. 그러나 인구와 경제와의 관계는 지난 2세기 동안 근본적으로 변동해 왔다. 두 번째 절에서는 인구증가가 제3장에서 논의한 솔로우 모형의 틀 안에 수용될 수 있음을 보인다. 아울러 인

> 그림 4.1

1인당 소득과 인구증가율 간의 관계

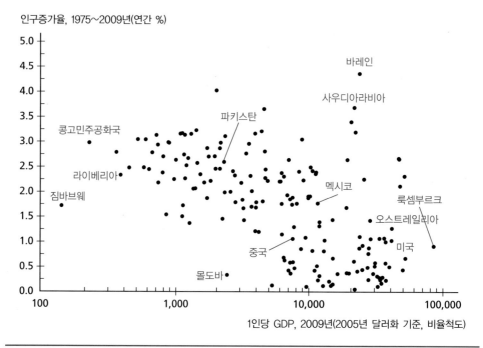

자료 : Heston et al.(2011).

구증가에 의해 발생한 소득격차가 어느 정도인지 파악하기 위해 정량적 분석을 시행한다. 그 다음 절에서는 인구증가의 두 가지 결정요인인 사망률과 출산율을 조사한다. 마지막 절에서는 소득이 증가함에 따라 왜 출산율이 하락하는지에 관한 경제적 설명을 찾아본다.

4.1 인구와 산출의 장기적 추이

지난 200년은 인류 역사상 아주 특별한 시기였다. 제1장에서 보았듯이 지난 2세기 동안에 세계 모든 곳에서 생활수준이 대폭적으로 향상되기 시작했다. 이 장을 통해 알게 되겠지만 인구증가의 특성에서도 이와 유사한 변화가 나타났다.

 이 책의 대부분은 빠른 변화를 보인 최근에 관련되어 있다. 그렇지만 깊은 이해를 위해서 인류역사상 인구와 생산이 어떻게 상호작용했는지 살펴볼 필요가 있다.

인구의 장기적 추이

〈그림 4.2〉는 기원전 10,000년까지 거슬러 올라가서 인구규모의 변동을 보여 주고 있

▶ 그림 4.2

기원전 10,000년부터 기원후 2010년까지 세계 인구의 변화

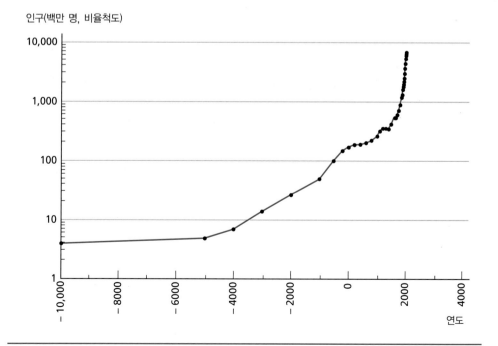

자료 : Kremer(1993).

다. 세계 인구는 오늘날의 70억 명에 비하면 대부분의 역사를 통해 볼 때 그 수가 상당히 적었다. 기원후 1000년까지만 해도 지구상에는 요즘 미국 인구보다 적은 수의 사람들이 살았다.

이 그림의 또 다른 놀랄 만한 특징은 인구가 대부분의 기간에 서서히 증가했다는 것이다. 기원전 10,000년부터 기원후 1세기 초 사이에 세계 인구는 연평균 0.04% 증가했다. 즉, 인구는 매 25년마다 1%씩 증가한 셈이다. 다음 1,800년 동안에 인구는 연평균 0.09%씩 증가했다. 그 이전에 비하면 높은 증가율이지만 오늘날에 비하면 아주 낮은 증가율이다. 그림에서 보듯이 지난 200년 동안에 인구증가율이 빠르게 상승했다. 세계 인구의 증가율은 19세기에는 평균 0.6%였지만, 20세기 초반에는 0.9%, 20세기 후반에는 1.8%로 상승했다.

따라서 바닥을 기는 수준을 벗어나 꾸준히 인구가 증가한 것은 새로운 현상이다. 장기에 걸쳐서 인구증가가 왜 이런 행태를 보이는지 연구하면 인구증가의 결정요인과 국가 간 인구증가율의 차이가 발생하는 원인에 관한 통찰력을 얻을 수 있다.

인구의 힘

인구학자들은 인간의 빠른 번식능력을 보여 주는 좋은 예로 후터파 교도들(Hutterites)을 꼽는다. 이들은 1870년대에 러시아로부터 미국의 다코타 주와 캐나다로 이민 온 공동체생활을 하는 기독교인이다. 후터파 교도의 생활방식은 최대한 아이들을 많이 낳을 수 있도록 거의 완벽하게 되어 있었다. 여자들은 어려서 결혼했으며 종교적인 이유로 인하여 커플이 전혀 피임을 하지 않았다. 이 교파는 모유수유를 하기 때문에 출산율이 줄어드는 영향을 조기이유(離乳)를 통해 줄여나갔다. 한 걸음 더 나아가 오늘날 출산율이 높은 개발도상국 사람들과는 달리 후터파 교도들은 영양상태가 좋고 건강했다. 이들의 사망률은 전체 미국사람들의 사망률과 별로 다르지 않았다.

아이를 많이 낳는 생활방식의 결과도 인상적이었다. 후터파 여인은 보통 45세까지 10.4명의 자녀를 낳았다. 한 후터파 집단은 1880년에 215명이었으나 1960년에는 외부인의 유입이 전혀 없이 5,450명으로 증가했다. 이 기간의 평균 인구증가율은 4.1%였으며, 17년마다 인구가 두 배로 늘어나는 증가율이다. 지금도 일부 개도국은 이처럼 높은 인구증가율을 보이지만 어떤 나라도 이렇게 긴 기간 동안 높은 증가율을 유지하지는 못한다.

적절한 자원이 존재할 때 인구가 확장되는 능력을 보여 준 다른 예는 17세기에 퀘벡에 정착한 프랑스계 캐나다인들에게서 찾아볼 수 있다. 1680년 이전에 프랑스에서 이민 온 3,380명의 개척자들은 그 이후 추가 이민이 거의 없었음에도 불구하고 1950년까지 인구가 250만 명으로 늘어났다. 1950년에 이 지방에 살고 있는 사람들의 유전자 공급원을 조사한 결과 약 68%가 초기 정착민들로부터 유래한 것으로 밝혀졌다.*

* Larsen and Vaupel(1993), Livi-Bacci(1997).

맬서스 모형

역사적으로 볼 때 인구의 정체현상은 영국의 목사였던 토머스 맬서스(Thomas Malthus, 1766~1834)가 1798년에 출판한 『Essay on the Principle of Population』에서 잘 설명했다. 맬서스 이론의 출발점은 적합한 환경에서는 인간이 놀라울 정도로 번성할 수 있다는 사실이다("인구의 힘" 참조). 이와 같이 잠재되어 있는 출산율에 대항해서 인구증가를 억제하는 유일한 힘은 한정된 자원뿐이며 유한하게 존재하는 토지가 전형적인 예가 된다. 이용할 수 있는 토지에 비해 상대적으로 인구가 적을수록 사람들의 삶은 풍족해지고 이에 따라 인구는 빠르게 증가한다. 그런데 인구가 증가하면 한 사람이 사용할 수 있는 토지의 양은 감소하고 사람들의 삶은 빈곤해질 것이다. 결국 사회는 일정한 수의 인구에 상응하는 소득수준에 도달한다.

이런 식의 서술은 맬서스 모형을 완전히 생물학적인 것으로 만들어 버린다. 그러나 맬서스는 인간이 다른 생물과 근본적으로 다르다고 말했다.

> 식물과 동물의 경우 이 주제를 바라보는 관점은 단순하다. 생물들은 종족을 번식시키려는 강력한 본능에 따라 움직인다. 이런 본능은 이성(理性)이나 혹은 자기 종족을 양육할 수 없을 것이라는 의심에 의해서도 간섭받지 않는다. 자유로운 곳에서는 어디서나 번식의 힘이 발휘되지만 나중에 공간이나 영양이 결핍되면 종족이 지나치게 많아지는 효과가 억제된다. 이러한 현상은 동식물을 막론하고 일반적으로 발생하는데, 동물에 있어서는 다른 종족의 먹이가 됨으로써 이 효과가 나타나기도 한다.[1]

그러나 인간의 경우에는 이와 달리 고려해야 할 점이 있다.

> 자기 종족을 번성시키려는 강력한 본능 못지않게 이성(理性)은 인간의 활동을 간섭하고, 부양수단을 제공할 수 없는 경우에는 생명을 번식시켜야 할지 혹은 말아야 할지 스스로에게 질문을 던진다. …… 생활의 지위가 낮아지지는 않을까? 현재보다 더 큰 어려움에 봉착하지는 않을까? 더 열심히 일해야 하지는 않을까? 대가족을 거느린다면 고된 노력을 통해서라도 가족들을 부양할 수는 있을까? 후손들이 누더기를 입고 비참한 생활을 하며 사 줄 능력이 없음에도 불구하고 자기에게 빵을 달라고 요구하는 모습을 보게 되지는 않을까?[2]

---

1) Malthus(1798), Chapter 2.
2) Malthus(1798), Chapter 2.

맬서스는 동식물은 자원에 대한 제약 때문에 번식이 제한된 반면에, 인간은 두 번째 종류의 제약 때문에 번식이 제한된다고 주장한다. 빈곤을 방지하려는 목적에서 출산율을 고의적으로 감소시키는 행동이 이에 해당한다. 맬서스는 첫 번째 제약 메커니즘을 '현실적 억제(positive check)'라고 했으며, 인간에게만 해당하는 두 번째 메커니즘을 '예방적 억제(preventive check)'라고 했다. 인간은 예방적 억제를 적용할 수 있으므로 다른 동물들과 같이 끔찍한 환경 속에서 살지 않아도 되는 운명을 타고 났다. 그렇지만 이런 억제가 잘 적용되지 않으면 다음 단계에서는 현실적 억제가 기다리고 있다.

〈그림 4.3〉은 맬서스 모형을 그래프로 나타낸 것이다. 그림의 패널 (a)에는 가로축의 1인당 소득과 세로축의 인구규모 간의 관계가 나타나 있다. 인구규모가 생활수준에 미치는 영향은 우하향하는 직선으로 표시된다. 패널 (b)는 가로축에 1인당 소득과 세로축에 인구증가율을 표시한 그래프이다. 패널 (b)의 우상향하는 직선은 소득이 높아질수록 인구증가율도 상승함을 보여 주고 있다.

패널 (a)의 A점이 현재의 인구규모라고 생각하자. 이 그림은 인구규모가 어떻게 1인당 소득으로 전환되는지 보여 준다. 패널 (b)로 내려오면 패널 (a)에서 결정된 1인당 소득이 어떻게 인구증가율로 전환되는지 알 수 있으며 결과적으로 장래의 인구변동도 알게 된다. 예를 들면, A점의 인구는 높은 1인당 소득수준과 양의 인구증가율을 나타낸다. 현재 인구가 A점에 있다면 앞으로 인구는 증가할 것이다. 따라서 인구는 패널 (a)의 세로축을 따라 올라갈 것이다. 이와 유사하게 현재 인구가 B점에 있다면 1인당 소득은 낮을 것이며 인구증가율은 음이 된다. 따라서 인구는 점차 줄어든다. 이와 같은 방향의 인구이동이 패널 (a)의 세로축에 화살표로 표시되어 있다.

정상상태의 1인당 소득은 이 그림에서 y^{ss}로 표기되어 있으며 여기서 인구증가는 발생하지 않는다. 이에 대응하는 정상상태의 인구는 L^{ss}이다. 현재의 인구가 L^{ss}보다 적다면 1인당 소득은 y^{ss} 위에 놓이게 되며 그 결과 인구는 증가한다. 반대로 인구가 L^{ss}보다 많다면 인구는 줄어든다. 따라서 정상상태는 안정적이라고 할 수 있다. 종합하면 초기상태의 인구수에 관계없이 이 나라는 정상상태에 도달한다.

여건의 변화나 행태의 변화가 맬서스 모형에서 소득과 인구에 어떠한 영향을 주는지 파악하기 위해서 이와 동일한 그림을 활용할 수 있다. 우선 생산여건의 개선이 생활수준에 어떤 영향을 주는지 알아보자. 예를 들어, 관개(灌漑)시설의 도입이나 농작물의 신품종 개발로 인해 생산성이 높아졌다고 하자. 그 결과 제한된 토지면적에서 생산되는 농작물의 양이 증가한다. 다른 예로 사람이 전혀 살지 않는 새로운 땅이 발견되었다고 하자. 이러한 변화는 〈그림 4.4〉의 패널 (a)에서 인구규모와 1인당 소득 간의 그

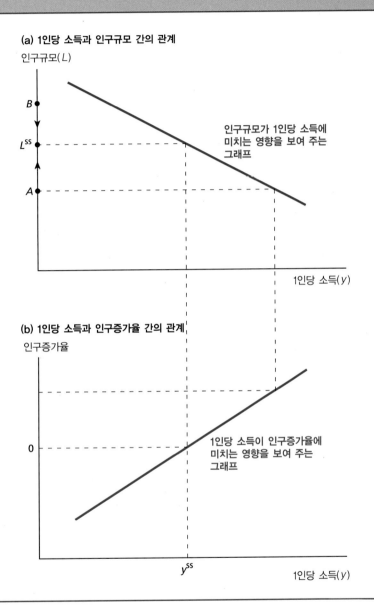

그림 4.3
맬서스 모형

(a) 1인당 소득과 인구규모 간의 관계

인구규모(L)

B

L^{ss}

A

인구규모가 1인당 소득에
미치는 영향을 보여 주는
그래프

1인당 소득(y)

(b) 1인당 소득과 인구증가율 간의 관계

인구증가율

0

1인당 소득이 인구증가율에
미치는 영향을 보여 주는
그래프

y^{ss}

1인당 소득(y)

래프를 바깥으로 이동시킨다. 인구규모가 어떠하든지 관계없이 1인당 소득은 높아진
다. 반면에 패널 (b)의 인구증가율과 1인당 소득 간의 관계는 변하지 않는다.

생산성 향상의 즉각적인 영향으로 생활수준이 높아진다. 그러나 시간이 지나면 예전
보다 잘살게 된 사람들은 아이들을 더 많이 낳으며, 증가한 인구는 새로운 기술이나 땅
이 주는 편익을 희석시킨다. 인구는 생활수준이 옛 수준으로 하락할 때까지 계속 증가

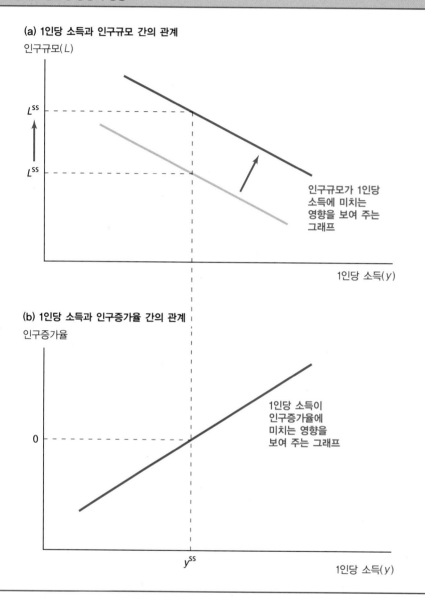

● 그림 4.4

맬서스 모형에서 생산성 향상의 영향

(a) 1인당 소득과 인구규모 간의 관계

인구규모(L)

L^{ss}

L^{ss}

인구규모가 1인당
소득에 미치는
영향을 보여 주는
그래프

1인당 소득(y)

(b) 1인당 소득과 인구증가율 간의 관계

인구증가율

0

1인당 소득이
인구증가율에
미치는 영향을
보여 주는 그래프

y^{ss}

1인당 소득(y)

하며 결국 인구증가율은 0이 된다. 변화 이전의 정상상태를 새로운 정상상태와 비교하면 인구는 늘어나지만 1인당 소득에는 변화가 없다. 보다 진보된 기술과 확장된 토지는 사람들의 생활수준을 향상시키지 못하며 단지 인구만 증가시키는 결과를 초래한다.

생산성이 향상되면 생활수준이 높아지는 것이 아니라 인구증가만 초래할 것이라는 맬서스 모형의 함의는 경제사 자료에 잘 들어맞는다. 〈그림 4.2〉에서 보듯이 대부분의 기간에서 나타났던 완만한 인구증가는 느린 기술진보율과 부합하며, 이 두 변수는 거의 변동하지 않았던 생활수준을 배경으로 하고 있다. 같은 시기의 나라들을 서로 비교해도 모형의 예측은 빗나가지 않는다. 1000년경 중국은 세계에서 가장 발전된 기술을 보유하고 있었다. 그러나 높은 인구밀도 때문에 중국인들은 기술적으로 뒤처진 유럽인들처럼 겨우 생계수준에 가까운 생활을 하고 있었다. 이 메커니즘이 잘 작동하고 있음을 보여 주는 또 다른 예는 아메리카 원산 식물인 감자가 아일랜드에 도입되었을 때를 보면 된다. 감자 밭은 비슷한 규모의 곡물 밭에 비해서 약 2~3배 많은 사람들을 먹여 살릴 수 있다. 따라서 감자는 아일랜드 농업의 생산성을 획기적으로 개선시켰다. 1750년 이후에 감자는 아일랜드 사람의 주식이 되었으며 인구는 3배로 늘어났다. 그러나 맬서스가 예측했던 것처럼 이러한 인구증가는 아일랜드 사람들의 생활수준을 거의 향상시키지 못했다.

맬서스 모형은 생산성의 개선이 사람들의 복지를 향상시키지 못한다고 예측했는데 그렇다면 무엇이 사람들을 보다 잘살게 할 수 있을까? 맬서스는 출산을 억제하는 '도덕적 억제(moral restraint)'가 한 사회의 생활수준을 향상시킬 수 있는 유일한 길이라고 답변했다. 이와 같은 변화는 〈그림 4.5〉의 패널 (b)에서 인구증가와 1인당 소득 간 그래프의 하향이동으로 표현된다. 그래프의 이동은 동일한 소득수준에서 인구증가의 둔화를 나타낸다. 이 시나리오에서는 인구규모와 소득 간의 그래프가 변하지 않는다. 그림에서 보듯이 도덕적 억제정책을 시행하는 나라에서는 정상상태의 인구가 줄어들지만 1인당 소득은 늘어난다. 맬서스는 이것을 다음과 같이 설명한다.

> 소비자들에게 지급되는 식량의 양을 증가시키기 위해 우리는 당연히 식량의 절대량을 증가시키는 데 관심을 기울였다. 그러나 이 정책을 아무리 빠르게 시행해도 소비자의 수는 이보다 더 빨리 늘어나기 때문에 이런 노력에도 불구하고 우리는 여전히 뒤처져 있다는 사실을 깨닫게 된다면 이런 방향의 노력만으로는 결코 성공할 수 없다는 확신을 가져야 한다. …… 따라서 식량을 인구에 맞도록 할당할 수 없다는 사실을 자연의 법칙에서 배웠다면 다음 시도는 당연히 식량에 맞도록 인구를 조정하는 것이어야 한다.[3]

맬서스 모형의 붕괴

맬서스 모형은 분명히 오늘날의 세계에는 적용되지 않는다. 모형이 깨졌다는 증거는

---

3) Malthus(1826), Book 4, Chapter 3.

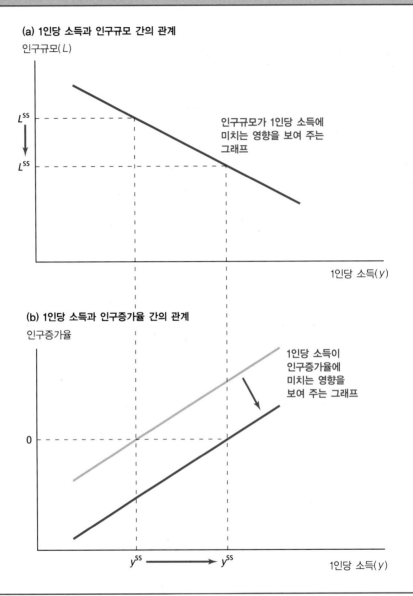

그림 4.5
맬서스 모형에서 '도덕적 억제'의 영향

(a) 1인당 소득과 인구규모 간의 관계

인구규모(L)

L^{SS}

L^{SS}

인구규모가 1인당 소득에
미치는 영향을 보여 주는
그래프

1인당 소득(y)

(b) 1인당 소득과 인구증가율 간의 관계

인구증가율

1인당 소득이
인구증가율에
미치는 영향을
보여 주는 그래프

0

y^{SS} y^{SS}

1인당 소득(y)

생활수준의 변화에서 찾아볼 수 있다. 맬서스 모형은 기술진보를 이룩하는 경제라고
할지라도 생활수준은 변하지 않을 것으로 예측했다. 이것은 인류역사 대부분의 기간을
잘 설명했다. 그러나 지난 2세기에 걸쳐 세계 여러 지역에서 생활수준이 현저하게 높
아졌다. 또한 맬서스 모형에서 1인당 소득과 인구증가 간의 관계가 깨지는 현상도 목
격되었다. 맬서스 모형의 핵심요소 가운데 하나는 소득이 높아지면 인구증가율도 높아

진다는 것이다. 그러나 맬서스의 예측과는 달리 〈그림 4.1〉은 이 두 변수 간의 관계가 음이라는 사실을 보여 주고 있다. 이 그림에 의하면 세계에서 가장 부유한 나라들이 가장 낮은 인구증가율을 보이고 있다.

아이러니하게도 맬서스 모형이 붕괴되기 시작한 시점은 19세기 초로 맬서스가 인구론을 저술했던 시기와 일치한다. 몇 가지 변화들이 맬서스 모형의 핵심이 되는 다음 두 가지 요소에 영향을 미쳤다. 첫째, 토지공급이 한정되어 있기 때문에 인구가 증가하면 생활수준의 하락이 나타난다. 둘째, 1인당 소득이 높으면 인구는 증가한다. 지난 2세기에 걸쳐 이 두 가지 메커니즘은 크게 약화되었다.

우선 인구규모가 1인당 소득에 미치는 영향을 생각해 보자. 인구가 지난 2세기 동안 크게 증가했음에도 불구하고 인구증가가 1인당 소득의 증가를 막지 못했다는 것은 단순한 사실이다. 빠른 기술진보가 1인당 천연자원의 수준이 하락하는 효과를 충분히 보상할 수 있었기 때문에 인구증가에도 불구하고 1인당 소득의 증가가 가능했다. 이 과정이 진행되는 상세한 내용에 관해서는 이 책의 후반부에서 다시 논의한다.

이 장은 맬서스의 또 다른 메커니즘이라고 할 수 있는 '인구증가율의 1인당 소득의 존성'의 약화에 초점을 맞춘다. 왜 맬서스의 예측대로 생활수준의 개선이 인구증가율의 대폭적인 증가를 가져오지 못했는가?

〈그림 4.6〉은 맬서스 모형이 처음으로 붕괴된 지역인 서유럽의 1인당 산출증가율과 인구증가율을 보여 주고 있다. 그림에서 보듯이 소득증가와 인구증가 간의 연결고리가 갑자기 끊어진 것은 아니었다. 1700년 이전의 200년 동안에 인구는 연평균 0.2%씩 증가했다. 1700년과 1820년 사이에는 연평균 0.4%, 1820년부터 1870년 사이에는 연평균 0.7%씩 증가했다. 이 기간 중에는 경제성장이 인구증가율을 앞질렀으며 1인당 소득은 계속 증가했다. 그런데 19세기 후반에 영문 모를 현상이 나타났다. 소득증가율은 빨라지는데 인구증가율은 둔화되기 시작했다. 서유럽의 여러 나라에서 인구가 줄어들 것으로 전망되었기 때문에 앞으로 수세기 동안은 맬서스 모형으로부터의 이탈이 더욱 극적인 양상을 보일 것이다. 분명히 소득증가율과 인구증가율 사이에 맬서스적 관계는 더 이상 성립하지 않는다.

경제성장이 초기에는 인구증가를 초래하지만 추후에는 감소로 연결되는 패턴이 세계 각지에서 반복되어 왔다. 이 현상을 이해하는 것이 이 장의 후반부 주제다. 그러나 우선 인구증가가 1인당 소득수준에 영향을 미치는 또 다른 경로를 살펴보자. 이 두 번째 경로는 인구증가가 근로자 1인당 자본에 미치는 영향을 반영하고 있다.

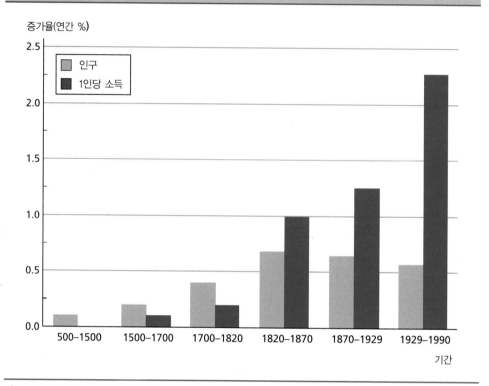

그림 4.6

서유럽에서 맬서스 모형의 붕괴

자료 : Galor and Weil(2000).

4.2 솔로우 모형의 인구증가

맬서스 모형에서 인구규모와 1인당 소득수준은 상호 영향을 주며 결정된다. 이러한 맬서스의 메커니즘은 인류역사의 대부분의 기간 동안 인구규모와 1인당 소득수준을 커다란 변동 없이 유지시켜 왔다. 그러나 앞에서 주목한 대로 지난 2세기 동안 역사상 유례없는 인구증가와 1인당 소득의 상승으로 인하여 맬서스의 메커니즘은 붕괴되었다.

맬서스 모형이 더 이상 작동하지 않는다는 사실은 인구가 1인당 소득에 아무런 영향을 주지 않는다는 의미인가? 다음 두 가지 이유 때문에 이 질문에 대한 답변은 "아니요"다. 첫째, 인구가 많아지면 토지와 같은 자원이 부족하게 된다는 맬서스의 메커니즘은 예전처럼 지배적인 역할을 하는 것은 아니지만 지금도 여전히 한 나라의 소득을 결정하는 중요한 요인이라고 할 수 있다. 둘째, 인구증가가 1인당 소득에 영향을 미치는 과정에는 맬서스가 연구한 것과 완전히 다른 두 번째 경로가 존재한다. 이 경로는 인구가 자본에 미치는 영향을 반영한다. 맬서스 모형은 인구규모(size)에 초점을 맞추고 있지만, 이 경로는 인구증가율(growth rate)을 통해 작동한다. 인구증가가 1인당 소득에 영향을 미치는 두 번째 경로는 제3장의 솔로우 모형을 확장하면 잘 이해할 수 있다.

인구증가와 자본희석

인구증가율이 어떤 방식으로 자본량과 상호작용을 일으켜서 1인당 소득에 영향을 주는지 파악하기 위해서 인구가 빠르게 증가하는 국가를 생각해 보자. 만일 이 나라의 자본이 변동하지 않는다면 인구증가는 근로자 한 사람이 사용할 수 있는 자본을 축소시킨다.[4] 이처럼 인구증가가 1인당 자본에 미치는 마이너스 영향을 **자본희석**(capital dilution)이라고 한다. 근로자 1인당 자본의 감소는 제3장에서 논의한 이유로 인하여 근로자 한 사람이 생산하는 산출량의 감소로 이어진다. 이제 다른 경우를 생각해 보자. 인구가 빠르게 증가하는 국가도 새로운 자본을 형성하는 데 산출물을 더 많이 투자함으로써 근로자 1인당 자본을 일정한 수준으로 유지할 수 있다.

자본희석의 영향을 면밀히 파악하려면 자본이 산출에 영향을 주는 모형이 필요하다. 운이 좋게도 우리는 그런 모형을 이미 가지고 있다. 바로 솔로우 모형이다. 제3장에서 설명한 솔로우 모형에서는 투자(새로운 자본형성)와 감가상각(기존 자본의 마모) 때문에 근로자 1인당 자본이 변동한다. 근로자 1인당 자본의 변동을 표현하는 방정식(식 3.1)은 다음과 같다.

$$\Delta k = \gamma f(k) - \delta k$$

여기서 γ는 산출물 중에서 투자된 부분이며 δ는 감가상각률이다. 또한 $f(k)$는 생산함수이고, Δk는 근로자 1인당 자본의 변량이다.

이제 자본희석을 이 방정식에 포함시켜 보자. 구체적인 예로 근로자의 수가 1년에 1% 증가하며 자본에 대한 감가상각이 없는 경제를 고려하자. 만약 경제활동인구의 증가에도 불구하고 근로자 1인당 자본을 일정수준에서 유지하기를 원한다면 기존의 근로자가 보유하고 있는 자본과 동일한 양을 새로운 근로자에게 제공할 수 있을 정도로 투자가 이루어져야 한다. 따라서 투자는 자본 스톡의 1%가 되어야 한다. 한편 경제활동인구의 증가에도 불구하고 투자가 발생하지 않는다면 근로자 1인당 자본은 1년에

---

4) 여기서는 인구증가율이 경제활동인구(labor force)의 증가율과 같다고 가정한다. 그렇지 않을 경우에 관해서는 제5장에서 설명한다.

▶ 그림 4.7
인구증가가 있는 솔로우 모형

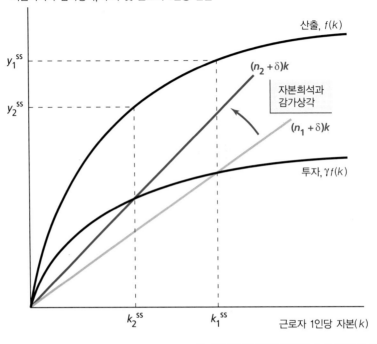

이 그림은 인구증가율이 n_1에서 n_2로 증가하면 정상상태에서 근로자 1인당 자본(k)과 근로자 1인당 산출량(y)이 어떻게 변동하는지 보여 주고 있다.

1% 하락한다. 이 예를 일반화시킨다면 경제활동인구의 증가율을 n이라고 할 때 근로자 1인당 자본의 변화를 나타내는 방정식은 다음과 같다.[5]

$$\Delta k = \gamma f(k) - \delta k - nk = \gamma f(k) - (n+\delta)k$$

새로운 근로자의 출현에 기인한 자본희석은 감가상각과 정확히 같은 방식으로 작용한다.

자본희석의 영향을 고려하기 위하여 일단 자본축적 방정식을 수정하면 솔로우 모형

---

5) 미적분을 사용하면 연속시간에서도 동일한 방정식을 유도할 수 있다.

$$\dot{k} = \frac{dk}{dt} = \frac{d\left(\frac{K}{L}\right)}{dt} = \frac{L\frac{dK}{dt} - K\frac{dL}{dt}}{L^2} = \frac{\dot{K}}{L} - k\frac{\dot{L}}{L} = \frac{\gamma Y - \delta K}{L} - k\frac{\dot{L}}{L} = \gamma y - \delta k - nk$$

경제활동인구 증가율의 정의는 $n = \dot{L}/L$이다.

의 나머지 부분은 간단하다. 정상상태의 조건은 자본 스톡의 변화량 Δk가 0이 되는 것이다. 이것으로부터 다음 식을 얻는다.

$$\gamma f(k) = (n+\delta)k$$

여기서도 〈그림 3.4〉와 같은 방식으로 정상상태의 결정을 보일 수 있다. 〈그림 4.7〉에서는 기울기가 $(n+\delta)$인 선 대신에 기울기가 δ인 선이 존재한다. 인구증가율이 높아지면 기울기 $(n+\delta)k$로 표현되는 선이 시계의 반대방향으로 회전하는데, 이것은 정상상태의 산출을 축소시킨다. 따라서 인구증가를 포함하도록 수정한 솔로우 모형은 왜 인구증가율이 높은 국가가 인구증가율이 낮은 국가에 비해서 가난한지 선명할 수 있게 된다. 즉, 인구증가율이 높으면 근로자 1인당 자본 스톡이 빠르게 희석되며 그 결과 근로자 1인당 정상상태의 산출이 하락한다.

정량적 분석

제3장처럼 여기서도 솔로우 모형을 이용해서 인구증가가 정상상태의 소득에 미치는 영향을 예측할 수 있다. 근로자 1인당 변수로 표시한 콥-더글라스 생산함수를 가정하자. A는 생산성 파라미터이다.

$$f(k) = Ak^{\alpha}$$

이 식으로부터 정상상태 조건을 유도하면 다음과 같다.

$$\gamma Ak^{\alpha} = (n+\delta)k$$

이 방정식을 근로자 1인당 자본수준 k^{ss}에 관해 풀어 해를 얻는다.

$$k^{ss} = \left(\frac{\gamma A}{n+\delta}\right)^{1/(1-\alpha)}$$

마지막으로 k^{ss}를 생산함수에 대입하면 정상상태에서 근로자 1인당 산출량 y^{ss}를 얻는다.

$$y^{ss} = A(k^{ss})^{\alpha} = A^{1/(1-\alpha)}\left(\frac{\gamma}{n+\delta}\right)^{\alpha/(1-\alpha)}$$

인구증가가 정상상태에서 근로자 1인당 산출량에 미치는 영향을 계산하기 위해서는 인구증가율을 제외한 모든 요인들이 똑같은 두 나라를 비교한다고 생각하자. 따라서

A(생산성), γ(투자되는 산출물의 비율), δ(감가상각률)의 값도 같다. 두 나라를 각각 i, j라고 하고 n_i와 n_j를 각국의 인구증가율이라고 하자. 여기서는 인구와 경제활동인구가 동일한 증가율을 보인다고 가정한다. 양국의 정상상태에서 근로자 1인당 산출량 방정식은 다음과 같다.

$$y_i^{ss} = A^{1/(1-\alpha)}\left(\frac{\gamma}{n_i+\delta}\right)^{\alpha/(1-\alpha)}$$

$$y_j^{ss} = A^{1/(1-\alpha)}\left(\frac{\gamma}{n_j+\delta}\right)^{\alpha/(1-\alpha)}$$

국가 j의 정상상태 소득에 대한 국가 i의 정상상태 소득의 비율을 유도하기 위해서 첫 번째 방정식을 두 번째 방정식으로 나누어 다음 식을 얻는다.

$$\frac{y_i^{ss}}{y_j^{ss}} = \left(\frac{n_j+\delta}{n_i+\delta}\right)^{\alpha/(1-\alpha)}$$

이 계산을 시행하기 위해서는 감가상각률 δ, 각국의 인구증가율 n_i와 n_j, 생산함수에서 자본에 붙는 지수 α에 대한 값이 필요하다. 감가상각률은 5%의 값을 사용한다. 인구증가율은 데이터에서 관찰할 수 있는 값인, $n_i = 0\%$, $n_j = 4\%$를 사용한다. α는 제3장에서 논의한 이유 때문에 1/3을 사용하기로 한다. 정상상태에서 근로자 1인당 소득의 비율은 주어진 숫자들을 위의 방정식에 대입하면 된다.

$$\frac{y_i^{ss}}{y_j^{ss}} = \left(\frac{0.04+0.05}{0.00+0.05}\right)^{1/2} \approx 1.34$$

따라서 인구증가율이 0인 국가(국가 i)가 인구증가율이 4%인 국가(국가 j)에 비해서 근로자 1인당 소득이 34% 더 많다고 할 수 있다.

이것은 〈그림 4.1〉의 인구증가율 차이에 대응하는 1인당 소득차이에 비해서 매우 작은 차이이다. 그러나 이 계산은 값에 상당히 민감하다는 점을 유념해야 한다. 제6장에서 명백해지겠지만 $\alpha = 2/3$라고 생각해 보자. 이 경우에 두 나라의 정상상태에서 소득의 비율은 3.24가 된다. 즉, 국가 i는 국가 j에 비해 3배 이상 잘살게 될 것이다.

1인당 소득격차인 3.24배도 〈그림 4.1〉의 빠른 인구증가율을 보이는 국가와 느린 인구증가율을 보이는 국가 사이의 소득격차만큼 크지는 않다. 그럼에도 불구하고 인구증가율이 설명하는 소득격차는 어쩌면 큰 편이라고 할 수 있다. 더욱이 이 요인 하나만으로 우리가 관찰하는 국가 간 소득격차를 전부 설명할 수 있으리라고 기대하지는 않

는다. 제3장에서 이미 국가 간 투자율의 차이가 부분적으로 소득격차를 설명할 수 있
다는 사실을 알았다. 다른 요인들도 소득격차를 설명하는 데 기여하고 있음을 알게 될
것이다.

　종합하면 인구증가를 포함하도록 확장한 솔로우 모형을 이용해서 높은 인구증가율
이 자본희석 경로를 통해서 1인당 소득을 저하시킴을 설명했다. 확장된 솔로우 모형은
〈그림 4.1〉에서 볼 수 있듯이 1인당 소득과 인구증가율 간의 음의 상관관계를 부분적
으로 설명할 수 있다. 그러나 투자의 영향에 초점을 맞추었던 제3장의 단순한 솔로우
모형이 국가마다 투자율의 차이가 왜 발생하는지에 관해서는 답변을 하지 않고 남겨
두었던 것처럼 확장된 솔로우 모형도 국가마다 인구승가율의 차이가 왜 발생하는지에
관해서는 답변을 하지 않고 남겨 두었다. 다음 절에서 이 문제를 논의해 보자.

4.3 인구증가에 관한 설명

맬서스 모형과 솔로우 모형 모두 인구가 1인당 소득에 영향을 주는 방식에 관한 문제
를 다룬다. 그러나 맬서스 모형은 솔로우 모형이 간과하고 있는 요소를 가지고 있다.
또한 맬서스 모형은 인구규모가 어떻게 결정되는지 설명한다. 맬서스 모형은 인구를
모형 내에서 결정되는 내생변수로 취급하지만 이와는 대조적으로 솔로우 모형은 인구
증가를 외생적으로 취급한다.

　이미 살펴보았듯이 맬서스 모형은 지난 2세기 전까지만 해도 소득과 인구를 잘 설명
하였다. 그러나 그 이후 맬서스의 인구모형은 붕괴되었다. 우리는 솔로우 모형에 대한
정량분석을 통해서 국가 간 인구증가율의 차이가 국가 간 소득격차를 부분적으로 설명
할 수 있음을 확인했다. 이 장의 나머지 부분에서는 국가 간에 인구증가율의 차이가
왜 발생하는지 그 근원을 조사한다.

　인구증가에 관한 생각을 정리하기 위한 유용한 틀은 **인구학적 변천**(demographic
transition)이라는 개념으로 이것은 나라가 발전함에 따라 인구학적 특성이 바뀌는 과정
을 말한다. 이 절에서 인구증가의 변화는 사망과 출생의 패턴 변화라고 할 수 있는 **사
망률 변천**(mortality transition)과 **출산율 변천**(fertility transition)의 상호작용이 초래하는
것임을 알게 될 것이다. 인구학적 변천의 과정은 부유한 나라에서는 거의 끝났지만 개
발도상국에서는 아직도 진행 중이다. 인구학적 변천이 아직 끝나지 않았다는 것은 구
체적으로 사망률이 출산율보다 더 빠르게 하락하고 있다는 사실을 말한다. 바로 이 사
실 때문에 많은 개발도상국이 높은 인구증가율을 보인다는 설명이 가능하다.

사망률의 변천

지난 2세기에 걸쳐 사망률이 줄어든 것은 인류 역사상 가장 놀라운 변화 중 하나였다. 우리는 지금 대부분의 아이들이 건강하게 장수할 것이라고 기대하는 사회에서 살고 있기 때문에 불과 반세기 전까지만 해도 세상의 많은 사람들이 인생을 불안(precarious-ness)의 관점에서 파악하려 했다는 사실을 이해하기 어렵다.

인구학자들은 **출생 시 기대수명**(life expectancy at birth)을 계산함으로써 사망률을 계측하는데, 이것은 신생아가 살아갈 것으로 예상하는 평균연수라고 할 수 있다. 예를 들면 모든 신생아가 40세까지 살고 그 직후 사망하는 국가의 출생 시 기대수명은 40년이 될 것이다. 이와 유사하게 신생아의 절반이 곧 바로 사망하고 나머지 절반이 80세에 사망한다면 출생 시 기대수명은 역시 40년이다. 이 장의 부록에서는 기대수명과 기타 인구학적 척도들을 어떻게 정의하고 측정하는지 광범위하게 논의하였다.

〈그림 4.8〉은 여러 선진국에서 기대수명이 어떻게 변동해 왔는지 보여 준다. 데이터는 18세기 중반까지 거슬러 올라가는데 이로부터 지난 2세기에 걸쳐 사망률이 개선되

▶ 그림 4.8
선진국의 기대수명

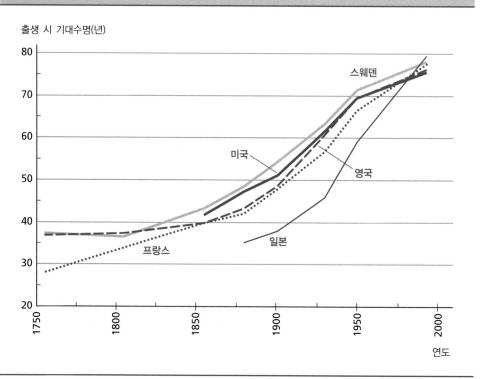

자료 : Livi-Bacci(1997).

어 왔음을 알 수 있다. 1인당 소득의 변화처럼 기대수명도 선진국이라 할지라도 18세기 이전에는 거의 개선되지 않았음이 역사적으로 입증되고 있다.

〈그림 4.9〉에 의하면 개발도상국에서도 기대수명이 개선되는 모습이 나타나고 있다. 〈그림 4.8〉과 〈그림 4.9〉를 비교해 보면 개발도상국의 사망률 변천은 오히려 선진국보다 빨랐음을 알 수 있다. 예를 한 가지 들어 보자. 인도의 출생 시 기대수명은 1930년에 26.9년이었지만 1980년에는 55.6년으로 증가했다. 프랑스에서는 이와 견줄 만한 변화를 하는데 약 3배나 긴 시간이 소요되었다. 구체적으로는 1755년에 프랑스인의 출생 시 기대수명은 27.9년이었고 1930년에야 56.7년에 도달했다.

개발도상국 사망률 변천의 중요한 특성은 속도뿐 아니라 1인당 소득수준에서도 나타났다. 개발도상국은 1인당 소득이 선진국보다 훨씬 낮은 수준에서 사망률의 변천을 경험했다. 예를 들어, 인도는 1980년에 1인당 소득이 1,239달러(2000년 달러화 기준)일 때 55.6년의 기대수명을 기록했다. 이와는 대조적으로 프랑스는 1930년에 1인당 소득 4,998달러(2000년 달러화 기준)일 때 56.7년의 기대수명을 기록했다.

▶ 그림 4.9
개발도상국의 기대수명

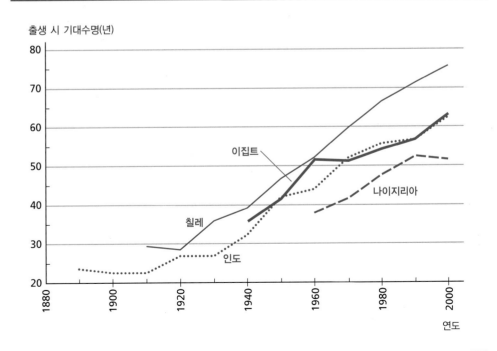

자료 : Kalemli-Ozcan(2002).

사망률 변천의 설명

사망률의 감소요인은 다음 세 가지로 집약된다. 첫째는 생활수준의 개선이다. 음식의 양과 질의 개선에 주목할 만하다. 산업화 이전의 사람들은 가끔 만성적 영양실조에 시달렸으며 그 결과 영양상태가 좋은 사람들에게는 별 문제가 되지 않는 질병으로 사망했다. 사람들이 부유해짐에 따라 굶주림도 줄어들었으며 질병에 대한 저항력도 높아졌다. 음식이 좋아졌을 뿐만 아니라 주거환경이 개선되었고 의복을 더 자주 세탁할 수 있게 되었으며 질병에 의한 희생이 줄어드는 등 생활수준의 발전도 함께 이루어졌다. 사망률이 낮아진 데 대한 두 번째 요인은 깨끗한 물과 음식을 확보하고 모기가 서식하는 습지를 제거하는 등 공중위생수단을 개선한 것이다. 마지막으로 사망률 감소의 세 번째 요인은 질병치료에 있어서 의학적 치료가 적절한 역할을 한 것이다.

경제발전을 먼저 경험한 나라에서는 위의 세 가지 개선요인이 한 번에 한 가지씩 발생했다. 첫째는 영양공급과 생활수준의 개선이었으며 다음에는 공중위생수단의 개선 그리고 마지막에는 의학의 발전이었다. 경제사학자인 로버트 포겔(Robert Fogel)은 영양상태의 개선이 1775년부터 1875년까지 영국과 프랑스 사망률 둔화의 약 90%를 설명하는 것 같지만, 그 이후에 발생한 사망률의 감소에 대해서는 훨씬 설명력이 떨어진다고 분석했다.[6] 19세기 후반에 들어서면 대부분의 선진국 도시는 현대식 하수 및 상수 공급 시스템을 갖추었으며 그 결과 콜레라나 장티푸스와 같은 질병으로 인한 사망률도 급감하였다. 의학적 치료는 20세기에 들어서야 기대수명을 개선하는 데 중요한 기여를 하였다.

개발도상국에서 사망률이 빠르게 하락한 이유는 부유한 나라에서 서서히 축적되었던 여러 개선사항들이 모두 한꺼번에 나타났기 때문이다. 개발도상국의 정부와 비정부기구들은 제2차 세계대전을 전후해서 공중위생기법과 현대식 의약품들을 재빠르게 도입했다. 선진국과 개발도상국의 사망률이 개선된 원천적인 이유가 이처럼 서로 달랐기 때문에, 선진국에서 사망률이 하락했을 때의 소득수준에 비해서 개발도상국에서는 훨씬 낮은 소득수준에서 수명이 늘어날 수 있었다.

출산율 변천

인구학자들은 **합계출산율**(total fertility rate, TFR)이라는 지수를 만들어서 출산율을 계측한다. 이 지수는 한 여성이 가임기간 동안 현재의 연령별 여성 출산율만큼 출산한다

---

6) Fogel(1997).

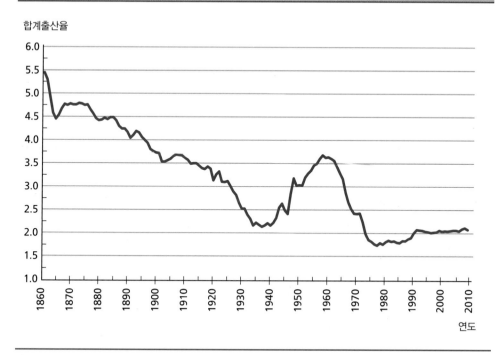

그림 4.10

미국의 합계출산율, 1860~2008

자료 : Coale and Zelnik(1963), Wade(1989).

는 가정하에 낳을 수 있는 자녀의 수를 의미한다. 예를 들어 20~39세 사이의 여성이 연평균 0.2명의 자녀를 낳으며 이 연령대 이외의 여성들은 아이를 낳지 않는다고 가정하면 합계출산율은 4명(0.2명×20년)이 된다. TFR의 결정과정에 관한 자세한 논의는 부록을 참조하기 바란다.

　선진국의 출산율 변천의 예를 살펴보기 위해서 〈그림 4.10〉을 보자. 이것은 1860년 이후 미국의 합계출산율이다. 출산율은 지난 140년에 걸쳐 여성 1인당 5명의 자녀에서 약 2명의 자녀로 크게 감소했다. 사망률의 경우와는 달리 출산율의 변화는 매끄러운 추세를 보이지 않는다. 오히려 출산율의 하향추세는 1946년부터 1964년까지 베이비붐 시기를 지나면서 일시적이지만 눈에 띌 정도로 중단된 적이 있다. 대공황과 제1차 세계대전 기간 중에는 출산율이 낮았지만 제2차 세계대전 이후에는 출산율이 급증한 것과 유사한 패턴이 다른 선진국에서도 나타났다.

　사망률처럼 개발도상국의 출산율 변천도 대부분의 선진국에서 걸렸던 시간보다 훨씬 짧은 시간에 발생했다(출산율 변화에 관한 데이터는 다음 장의 〈표 5.1〉 참조). 예를 들어 TFR이 5에서 3으로 변천하는 데 미국은 63년(1862년부터 1925년까지)이 걸렸지만 인도네시아는 불과 15년(1975년부터 1990년까지)이 걸렸다.

출산율과 사망률의 상호작용

〈그림 4.10〉에서 미국은 과거에 합계출산율이 오늘날 대부분의 개발도상국처럼 높은 수준이었다(다음 장의 〈그림 5.4〉참조). 유럽도 이와 비슷했다. 예를 들어, 18세기에 영국, 프랑스, 스페인의 TFR은 모두 5를 넘었다. 그런데 왜 과거 유럽과 미국의 인구증가율이 오늘날 개발도상국 수준에 한번도 도달하지 못했을까? TFR은 한 여성이 가임기간 동안 생존해 있다고 가정할 때 낳을 수 있는 아이의 수라는 사실을 기억한다면 답을 찾을 수 있다. 지구상의 인구 중에서 일부 여성들만 운이 좋았다. 많은 여성들은 임신을 해 보지도 못하며, 또한 이보다 더 많은 여성들은 가임기간 중에 사망한다. 따라서 인구증가를 이해하기 위해서는 출산율과 사망률의 상호작용을 살펴보아야 한다.

인구증가를 결정하는 데 있어서 출산율과 사망률의 영향을 결합시키는 아이디어는 **순재생산율**(net rate of reproduction, NRR)이다. 순재생산율이란 한 여성이 현 인구의 사망률과 출산율을 따른다고 가정했을 때 여성 한 사람이 낳을 것으로 기대하는 여아(女兒)의 수를 말한다(상세한 논의는 부록 참조). 예를 들어 모든 여아의 절반이 유아기에 사망하고 나머지 절반만이 가임기를 보내는데 이 기간 중 4명의 아이를 낳으며 태어난 아이 중 절반이 여아라고 가정하자. 이때 '아이를 가질 확률 1/2 × 태어날 아이의 수 4 × 태어난 아이가 여아일 확률 1/2 = 1'이 되기 때문에 NRR은 1이 된다. 다른 시각에서 본다면 NRR이란 각 세대의 여아 수가 증가하는 비율을 고려하는 개념이다. 따라서 NRR이 1이라면 인구가 일정하다는 의미이므로 인구증가율은 0이 된다. NRR이 2라면 여성 수가 세대마다 2배로 증가한다는 의미가 된다. 그 결과 전체 인구도 세대마다 2배로 증가한다.

NRR에는 사망률의 감소가 인구증가에 중요한 역할을 하고 있음이 반영되어 있다. 예를 들어 보자. 약 절반의 여성이 가임기 연령에 도달할 때까지 살아남기 어려운 나라가 있다고 생각해 보자. 이런 나라는 산업화 이전 사회의 전형적인 모습이었다. 이제 사망률이 줄어들어서 모든 여성이 가임기까지 살 수 있게 되었다고 가정하자. 이 결과 NRR은 2배가 된다. 사망률이 감소하기 이전(NRR이 1일 때)에는 인구가 정확히 재생산되기만 했으나 NRR이 증가한 이후에는 출산율의 변화 없이도 인구가 한 세대마다 2배로 늘어난다.

〈그림 4.11〉은 현실세계의 예로서 전형적이라고 할 만한 스웨덴의 경험으로 순재생산율을 결정하는 데 있어서 사망률과 출산율 변동의 상호작용을 나타내고 있다. 우선

그림 4.11

스웨덴의 출산율, 사망률과 순재생산율

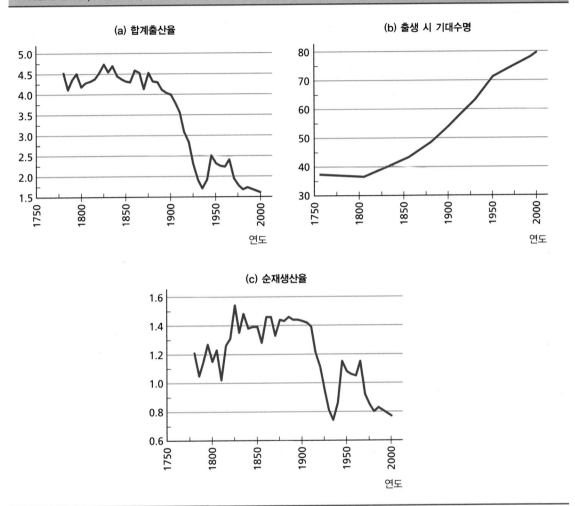

자료 : Keyfitz and Flieger(1968, 1990), Livi-Bacci(1997).

패널 (a)는 합계출산율이고 패널 (b)는 출생 시 기대수명이며, 패널 (c)는 순재생산율이
다. 그림이 보여 주듯이 초기에는 사망률의 감소 때문에 NRR이 1을 훌쩍 뛰어 넘었다.
그 이후 출산율과 사망률이 하락했지만 약 1세기 동안 NRR이 1보다 큰 기간이 유지되
었다. 마지막으로 20세기 중반에 이르면 사망률의 개선이 NRR에 미치는 영향력은 힘
을 잃었으며(거의 모든 여성이 가임기 동안 살아 있기 때문에), 지속적인 출산율의 감
소가 NRR을 위축시켰다.

이 데이터에서 서로 다른 출산율과 사망률이 결합하여 동일한 NRR을 생성하고 있음
을 알 수 있다. 다음 세 기간 중에는 NRR이 거의 동일하다. 1780년과 1915년의 NRR은

모두 1.21이었으며 1965년의 NRR은 1.15였다. 그러나 NRR을 구성하고 있는 출산율과 사망률은 기간마다 차이가 심했다. 1780년에는 TFR이 4.54, 기대수명은 36.9년이었다. 반면에, 1915년에는 TFR은 3.08, 기대수명은 58.6년이었으며 1965년에는 TFR은 2.41, 기대수명은 73.7년이었다.

따라서 사망률과 출산율 감소 시기의 불일치로 인하여 상당한 기간 동안 NRR은 1을 상회하여 인구가 증가하였음을 알 수 있다. 이런 과정이 1세기 넘게 진행되어 왔기 때문에 스웨덴의 인구는 크게 증가했으며 유럽 전역에도 이런 현상이 나타났다.

개발도상국은 어떠했을까? 두 가지 사실이 분명하게 나타났다. 첫째, 개발도상국의 출산율과 사망률은 현재 부유한 나라의 증가율에 비해 상대적으로 빠르게 감소한 반면에, 사망률의 감소가 출산율 감소보다 빨랐다. 그 결과 개발도상국에서 나타나기 시작한 출산율과 사망률 간의 격차는 어떤 부유한 나라가 경험했던 격차보다도 컸다. 이에 상응하는 순재생산율과 인구증가율도 높아졌다. 둘째, 여러 개발도상국에서 출산율의 변천은 아직 끝나지 않았다.

오늘날의 세계에서 인구가 많은 나라라고 할 수 있는 인도와 나이지리아의 경험을 생각해 보자. 〈표 4.1〉에서 알 수 있듯이 인도는 45년 넘게 TFR의 극적인 감소가 있었기 때문에 기대수명의 증가가 나타났음에도 불구하고 NRR이 초기에는 거의 같은 수준으로 유지되었으며 후에는 약간 하락했다. 〈표 4.2〉에 의하면 나이지리아에서는 TFR이 거의 줄어들지 않았다. 동일한 시기에 기대수명은 증가했기 때문에 NRR은 놀랄 만큼 늘어났다. 두 나라의 데이터는 인구학적 변천의 중간기부터 시작한다. 1955년에도 두 나라의 NRR은 유럽의 인구증가율이 최고조에 달했던 19세기 중반의 NRR과 유사했다.

▶ 표 4.1

인도의 인구학적 데이터

기간	합계출산율	출생 시 기대수명	순재생산율
1955~1960	5.92	42.6	1.75
1965~1970	5.69	48.0	1.87
1975~1980	4.83	52.9	1.73
1985~1990	4.15	57.4	1.61
1995~2000	3.45	62.1	1.43
2000~2005	2.73	64.2	1.17

자료 : United Nations Population Division(2010).

표 4.2

나이지리아의 인구학적 데이터

기간	합계출산율	출생 시 기대수명	순재생산율
1955~1960	6.90	38.2	1.97
1965~1970	6.90	42.0	2.12
1975~1980	6.90	46.1	2.28
1985~1990	6.70	50.2	2.38
1995~2000	5.92	52.5	2.20
2000~2005	5.61	50.3	2.00

자료 : United Nations Population Division(2010).

4.4 출산율 변천에 관한 설명

사망률의 변천을 설명하기란 경제학자들에게 비교적 쉽다. 사람들이 더 잘살게 됨에 따라 더 오래 살 수 있는 음식물이나 주거시설 등의 소비가 늘어난다. 또한 대부분의 사람들은 오래도록 건강하게 살기를 원하기 때문에 질병을 줄일 수 있는 새로운 기술이 개발되었을 때 사회는 이런 기술들을 도입하였다. 이와는 대조적으로 출산율의 변천을 설명하기란 대단히 어렵다. 건강과 긴 수명처럼 아이들도 통상 좋은 것으로 받아들여진다. 그렇다면 나라가 잘살게 될수록 왜 국민들은 아이를 덜 가지려고 하는가?

사람들이 몇 명의 자녀를 가지고 싶어 하는지 또한 경제발전단계에 따라 최적 자녀의 수는 어떻게 변하는지에 관해 많은 경제이론이 있다. 그러나 사람들은 항상 자기들이 원하는 수의 자녀를 가지지는 않는다는 측면에서 자녀들이란 경제학이 고려하고 있는 다른 재화와 같지 않다. 따라서 출산율의 변천을 고려할 때는 우선 자녀의 수를 조절하는 능력을 주시해야 한다.

출산율의 감소 : 수단

맬서스는 '이성 간의 정욕'이 억제될 수 없는 한 인류는 가난 속에서 번식해야 할 운명이라는 점을 근본적인 것으로 간주했다. 그러나 맬서스 시대보다 훨씬 이전부터 사람들은 정욕을 포기하지 않은 채 아이 갖기를 피해 보려고 노력해 왔다. 피임에 관한 가장 오래된 문서라고 할 수 있는 「카훈 의학 파피루스(Kahun Medical Papyrus)」(기원전 1850년경)에는 세 가지 질좌약 처방전이 기록되어 있다. 그 중에는 악어의 배설물과 발효된 반죽 등을 이용하는 방법도 들어 있다. 성경은 임신을 피하기 위한 질외사정을 옳지 않다고 본다. 그리고 고대 그리스 의학 교과서들은 주기방식과 낙태기법은 물론 피임체위, 피임도구 및 좌약 등에 관하여 설명하고 있다.

한편 여러 문화권에서는 가족의 규모를 조절하기 위해 유아살해를 시행하기도 했다. 그리스인들은 강간이나 간통을 통해 태어난 아이들을 야외에서 죽도록 '방치'했으며, 자녀의 수를 제한하는 데도 이 방법을 사용한 적이 있다. 고대 그리스 작가는 "가난한 사람조차 아들은 기르지만 부자라 할지라도 딸은 버린다."라고 비판했다.[7] 아이들을 버리는 행위는 유럽에서 19세기까지 계속 발생했으며 버려진 아이들을 수용하는 가톨릭 교회의 정책도 이를 부추겼다. 이들은 교회의 보호 아래 있었지만 대부분 병으로 죽었다.[8]

산업혁명기 이전의 북유럽에서는 비교적 결혼이 늦기 때문에 출산율이 줄었는데 이는 맬서스가 찬성한 유일한 피임법이다. 17세기 영국의 초혼 연령의 중간값은 남자가 28세였으며 여자가 27세였다. 그리고 여러 문화권에서 모유수유를 오랫동안 시행함으로써 출산율이 억제되었다. 예를 들어 1999년도 인도네시아의 모유수유기간의 중간값은 24개월로 나타났으며 이 기간이 절반으로 단축될 경우에 합계출산율은 약 37% 상승할 것이라는 추정값도 있다.[9]

지난 2세기에 걸쳐 출산조절 기술은 놀라울 정도로 개선되었다. 수천 년 동안 사용해 오는 콘돔은 1844년에 경화고무가 발명된 이후 질적 개선과 더불어 가격도 크게 하락했다. 1838년에는 자궁경캡(cervical cap)이 발명되었으며 이어서 1882년에는 다이아프램(diaphragm), 1909년에는 자궁 내 장치인 IUD(intrauterine device) 등이 발명되었다. 미국 내에서 가장 광범위하게 사용되고 있는 유형의 피임도구인 피임약은 1960년대에 이용 가능하게 되었다.

이와 같은 기술적 변화에 동반하여 출산조절에 대한 사회적 태도에 커다란 변화가 생겼는데 특히 정부의 태도변화는 두드러졌다. 미국의 산아제한의 선구자였던 마가렛 생어(Margaret Sanger, 1879~1966)가 1916년에 미국 최초의 가족계획 진료소를 개원했을 때 그는 음란죄로 현장에서 체포되었다. 테오도어 루즈벨트(Theodore Roosevelt)는 "출산을 겁내는 여성은 전장에서 총을 버리고 도망가는 군인과 같다."고 말했다. 1965년에야 비로소 그리스월드 대 코네티컷 사건(Griswold v. Connecticut)에 관한 대법원의 결정을 통해서 미국 내의 반(反)피임법들이 위헌이라고 판결되었다. 많은 유럽 국

---

7) McLaren(1990), Riddle(1992).

8) Kertzer(1993).

9) Berg and Brems(1989), Population Reference Bureau(1999).

가들은 20세기 전반에 걸쳐 산아제한에 대해 상당히 적대적인 정책기조를 유지했다.

개발도상국에서는 출산제한 장려정책이 크게 늘어났으며 제2차 세계대전 이후 빠르게 증가하고 있는 인구에 대한 우려가 증폭되었다. 1990년 현재 개발도상국 인구의 약 85%는 정부가 출산율이 지나치게 높다고 판단한 국가에 살고 있다.[10]

피임용구를 이용하기가 더 수월해졌다는 사실이 출산율의 변천을 설명할 수 있는가? 유럽의 경우에는 출산율이 주로 하락했던 때가 현대적 피임용구들이 광범위하게 사용되기 이전이기 때문에 위 질문에 대한 답변은 '아니요' 다. 예를 들어, 영국의 출산율이 크게 하락하고 있었던 1910년에 16%의 부부만이 콘돔이나 다이아프램 등의 기계적 피임용구를 사용하고 있었던 것으로 추정된다.[11]

한편 제2차 세계대전 이후 나타난 개발도상국 출산율의 감소는 피임도구 사용의 급증과 일치한다. 1960년대부터 2011년 사이에 개발도상국에서 어떠한 유형이든지 피임을 하고 있는 15~49세의 부부 비율(피임용구 보급률)은 9%에서 61%로 급증하였다.[12] 그러나 이 사실만으로는 피임용구의 사용증가 때문에 출산율이 감소했다는 점을 입증하지 못한다. 유럽처럼 피임용구가 사용되지 않았다고 하더라도 출산율은 하락할 수 있기 때문이다.

피임용구에 대한 접근성이 출산율에 미치는 영향을 검증하기 위해서 1977~1996년의 기간 동안 방글라데시의 매틀랩(Matlab) 지역에서 141개 마을을 대상으로 무작위대조군시험이 시행되었다.[13] 마을 절반에 대해서는 지역보건소 직원들이 모든 기혼 여성들을 격주마다 방문하여 피임상담을 하였고 피임용구 사용을 장려하였으며 피임용구도 무료로 공급하였다. 마을의 나머지 절반 대조군에 속한 여성들도 정부가 운영하는 보건센터에 가면 무료로 피임용구를 받을 수 있었다. 그러나 보건센터까지 가는 데 걸리는 시간과 가정을 벗어나서 다닐 때 가족 한 사람을 동반해야 하는 필요성은 많은 여성들에게 큰 비용 부담이 되었다. 연구기간 동안 실험군 마을이나 대조군 마을에서 모두 출산율이 급격하게 줄어들었지만, 실험군 마을은 대조군 마을보다 출산율이 평균 15% 더 낮았다. 이는 피임용구에 대한 접근성이 출산율 둔화를 설명하는 데 있어서 잠재적으로 중요하다는 사실을 보여주는 것이다. 피임용구의 사용을 가능하게 했던 각종 가족계획 프로그램의 영향에 관한 연구들은 이런 프로그램이 개발도상국 출산율 하락

---

10) Bongaarts(1994).

11) McClaren(1990).

12) Sadik(1991), United Nations(2011).

13) Joshi and Schultz(2007).

가족계획 프로그램과 효과

출산율 감소를 위한 가장 효과적인 프로그램은 심각한 인권제약이라는 비용을 치뤄가면서까지 중국이 1979년에 시작했던 '한 자녀 갖기' 정책이다. 이 정책에 따르면 단 1명의 자녀를 갖기로 동의한 부부는 주택공급에서 특별우대를 받는 것은 물론 임금도 더 많이 받는다. 아이를 지나치게 많이 낳는 사람들에게는 이들이 사회에 주는 부담을 상쇄하기 위하여 '사회적 채무 부담금(social obligation fee)'이 부과되었다. 가족계획을 강행하기 위한 부부의 의무는 심지어 중국 헌법에도 포함되어 있다. 이 정책은 상당한 효과를 발휘하였다. TFR은 1965~1970년에는 5.99였으나 1995년에는 1.76으로 하락했다. 2000년도에 이 정책이 완화되기까지 약 7천만 명의 외동아이들이 태어난 것으로 추정된다.

인도 정부도 1970년대에 잠시 동안 중국과 비슷하게 과감한 정책을 시행한 적이 있었다. 간혹 길거리에서 잡혀온 사람들을 대상으로 강제 불임시술을 시행한 후 이들에게는 참여의 '대가'로 트랜지스터 라디오를 지급하기도 했다. 1976년 한 해에만 8백만 명이 넘는 사람들이 불임시술을 받았다. 이 프로그램은 극도로 평판이 나빴기 때문에 금방 중단되었다.

이런 가혹한 접근방법과는 달리 개발도상국에서 시행하고 있는 대부분의 가족계획 프로그램은 교육과 설득에 의존해 왔다. 멕시코 정부는 1974년 이래 텔레비전을 통해 상시적으로 '소가족 생활이 더 윤택하다'고 반복적으로 선전한다. 인도는 아이를 둘만 갖도록 장려하는 캠페인에서 '우리는 둘 우리의 둘(We Two and Our Two)'이라는 표어를 사용했다. 이것은 나중에 한 가정에 아이 하나만 갖도록 장려하는 표어인 '우리는 하나 우리의 하나(We Are One and Our One)'로 바뀌었다.

1970년대와 1980년대에서 인도네시아는 40,000개의 마을센터를 통해 무료 피임용구와 교육자료를 배포하는 등 광범위한 프로그램을 시작했다. 정부는 가혹할 정도로 피임을 촉구했다. 5루피아짜리 동전의 뒷면은 '가족계획 : 부유하게 되는 길'이라는 메시지와 함께 아이 둘을 가진 가정을 보여 주고 있다. 그리고 기차가 교차로를 지날 때마다 가족계획 안내 방송이 나온다. 매일 오후 5시 정각에는 여성들에게 피임약 복용시각을 알리는 사이렌이 전국에 울려 퍼졌다. 피임을 실천하는 부부의 수는 1972년에 400,000명에서 1989년에는 18,600,000명으로 크게 늘어났으며 같은 기간 동안 TFR은 여성 1명당 5.6에서 3.4로 하락했다.*

그러나 모든 개발도상국이 출산율의 감소를 장려한 것은 아니었으며 심지어 어떤 나라는 반대 입장을 보였다. 예를 들어, 에티오피아에서는 초기에는 종교적인 이유 때문이었지만 나중에는 이런 가족계획 프로그램은 한 인종의 증가를 억제하는 시도라고 인식되는 위험을 무릅써야 했기 때문에 정부가 지속적으로 가족계획을 반대했다. 1975년부터 1995년 사이에 이 나라의 합계출산율은 5.2에서 7.4로 증가했다.†

출산율을 감소시키는 데 있어서 정부의 프로그램은 얼마나 유효할까? 연구자들의 답변은 일치하지 않는다. 어떤 사람들은 정부 프로그램이 아주 사소한 효과만 있다고 추정한 반면에, 다른 사람들은 이런 프로그램들이 1960년대부터 1990년대 사이에 발생했던 출산율 감소의 약 40%를 설명한다고도 말한다. 정부 프로그램의 효능을 신뢰하는 사람들은 강한 가족계획 프로그램이 대략 여성 한 사람당 아이 하나만큼의 합계출산율을 감소시킨다고 주장한다.

---

* Keyfiz(1989).

† Berhanu and Hogan(1997).

> **그림 4.12**
> 개발도상국의 소망하는 출산율과 합계출산율

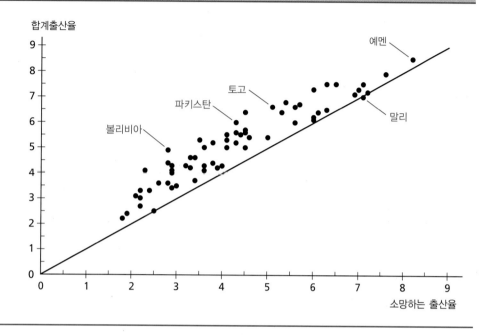

의 10~40%를 설명한다는 사실을 발견했다.[14] 출산율의 하락을 설명하는 기타 요인은 소망하는 출산율(desired fertility)의 변화다. 즉, 한 가정이 원하는 자녀의 수가 변했기 때문에 아이를 덜 낳았다고 할 수 있다("가족계획 프로그램과 효과" 참조).

〈그림 4.12〉는 1970년대와 1980년대의 개발도상국 횡단면 자료로 실제 출산율과 소망하는 출산율 간의 관계를 나타내고 있다. 이 그림에서 소망하는 출산율은 각국의 여성들에게 이상적인 가족규모를 물어보는 조사자료(survey)에 기초하여 작성하였다. 소망하는 출산율이 언제나 실제 출산율과 똑같다면 모든 데이터의 점들은 그림에서 45도선 위에 놓인다. 실제로 거의 모든 데이터 점들은 45도선 위쪽에 위치하고 있는데, 이는 실제 출산율이 소망하는 출산율보다 더 높음을 의미한다.

그림에서 주목을 끄는 것은 거의 모든 나라에서 두 지표가 서로 가깝게 나타난다는 점이다. 볼리비아(2명 차이), 파키스탄(1.7명 차이), 토고(1.5명 차이) 등 일부 소수의 국가에서만 실제 출산율이 소망하는 출산율보다 매우 컸다. 그러나 평균적으로 이 차이는 여성 1인당 0.86명에 불과하며 가장 출산율이 높은 나라에서조차 이 차이는 비교적 작았다. 따라서 피임용구를 더 많이 보급함으로써 출산율을 축소시키는 것은 많은

---

14) Keyfitz(1989).

국가에서 한계를 지닌다.[15]

　국가 간 출산율의 차이가 주로 피임용구의 가용 여부 때문이 아니라는 증거는 여성들이 무엇을 원하는지 조사한 결과에도 나타난다. 어떤 여성이 생물학적으로 임신 가능한 상태에 있으며 향후 2년 이내에 아이를 갖기 원하지 않지만 어떤 전통적 혹은 현대적 피임용구도 사용하고 있지 않다면, 이 사람은 피임용구가 필요하지만 그 '필요가 충족되지 못한 상태('unmet need' for contraception)에 있다고 정의한다. 현재 임신 중이거나 이제 막 출산을 마친 여성들의 임신이 원치 않는 것이었다면 그들 역시 피임용구가 필요하지만 그 필요가 충족되지 못한 상태에 있다고 볼 수 있다. 이 정의에 따르면 2002년에 혼인 혹은 동거 중인 개발도상국 여성의 17%만이 피임용구가 필요하지만 그 필요가 충족되지 못한 상태에 있다고 보고된 바 있다. 따라서 개발도상국에서 원하는 모든 여성에게 피임용구를 지급한다고 하더라도 출산율은 최대 17%까지만 줄어들게 된다.

　이런 사실과 〈그림 4.12〉로부터 국가 간 출산율의 차이가 나타나게 된 가장 큰 원인은 소망하는 출산율을 달성하지 못한 여성의 능력의 문제가 아니라 소망하는 출산율 그 자체에 있음을 알 수 있다. 따라서 국가가 성장함에 따라 왜 출산율이 하락하는지 알기 원한다면 소망하는 출산율이 하락하는 이유에 초점을 맞춰야 한다. 즉, 아이를 적게 갖기 원하는 것과 같이 가정이 처하고 있는 여건을 경제성장이 어떻게 변화시키는지 파악해야 한다.

출산율의 감소 : 동기

경제성장이 출산율을 감소시키는 가장 좋은 방법이라는 생각은 1975년에 개최된 어떤 UN 회의에서 논의된 '발전이 최적의 피임'이라는 구절에 잘 집약되어 있다. 출산율을 낮추는 발전 자체에는 어떤 일이 일어나는가? 이 절에서는 다음 네 가지 가능한 경로를 논의한다.

사망률 감소의 영향

4.3절에서 우리는 인구증가율이 출산율과 사망률의 상호작용에 의해서 결정됨을 알았다. 또한 경제성장은 일반적으로 출산율과 사망률의 하락을 동반하고 있음도 배웠다. 여기서 한 가지 타당한 가설은 사망률의 하락이 사실상 출산율 하락의 원인이 된다는 점이다.

---

15) Pritchett(1994).

이 효과를 이해하기 위해서는 가정에서는 태어난 아이들의 수보다 성인이 될 때까지 생존하는 아이들의 수에 더 많은 관심을 가진다는 사실을 출발점으로 삼아야 한다. 때로는 성인이 될 때까지 생존하는 아이들의 존재 여부에 특별한 관심을 두는 경우도 있다. 사망률의 하락 때문에 각 가정은 출산율의 하락에도 불구하고 생존하는 성인의 수가 동일할 가능성이 생겼다.

〈그림 4.11〉의 스웨덴 경우처럼 전형적인 패턴에 따르면 사망률의 하락이 출산율의 하락을 선행한다. 그 결과 오랜 기간 동안 순재생산율이 1을 상회했다. 이런 패턴이 나타나는 것은 부모들이 사망률 하락을 인식하고 그 결과에 따라 출산율을 조정하는 데 시간이 걸리기 때문이다.

사망률의 하락은 출산율의 하락을 상쇄시키는 것 이상의 효과를 보이기도 하는데 그 결과 순재생산율이 낮아질 수 있다. 사망률이 높을 때는 부모들은 소망하는 생존자녀의 수를 확보하기 위해 평균적으로 보다 많은 자녀를 낳는다. 소망하는 생존자녀의 수를 초과해서 낳은 아이들은 생존 위험에 대한 일종의 보험이다. 사망률의 하락 때문에 이러한 초과 출산율의 필요성이 없어져 버렸다.

다음의 예는 이 점을 보다 분명하게 보여 준다. 모든 부부가 1명의 생존자녀를 소망한다고 하자. 또한 자녀들이 성인이 될 때까지 살아 있을 확률은 50%에 불과하다고 가정하자. 2명의 아들을 가진 부부는 평균적으로 1명의 성년으로 자라날 아들을 갖는 셈이다. 부부들은 이런 위험을 그대로 받아들이기 어렵다고 생각하기 때문에 3명의 아들을 가질 때까지 계속 아이를 낳는다. 만약 모든 부부가 3명의 아들을 가진다면 평균적으로 6명의 자녀를 낳게 되는데 이 결과 생존자녀의 수는 3명이 되며 순재생산율은 1.5가 된다.

이제 모든 자녀들이 성인으로 자랄 때까지 생존할 수 있는 수준으로 사망률이 하락한다면 위의 논의가 어떻게 달라지는지 생각해 보자. 부부들은 1명의 아들(평균 2명의 자녀)을 가질 때까지 계속 자녀를 낳는다. 2명의 자녀들이 모두 성인으로 자랄 것이기 때문에 순재생산율은 1이 된다. 따라서 사망률 감소는 출산율의 하락을 보정하는 것 이상의 결과를 가져올 것이다.

소득효과와 대체효과

소득이 증가함에 따라 출산율이 하락하는 이유를 깊이 연구하기 전에 반대 질문을 고려해 봐야 한다. 소득증가에도 불구하고 출산율은 왜 상승하지 않는 것일까? 이 효과에 대한 논리는 단순하다. 사람들은 소비의 대상인 '재화'에 가치를 부여하듯이 자녀에 대해서도 가치를 부여한다. 사람들이 부유해짐에 따라 대부분의 재화를 더 많이 소비하는데 이런 재화를 정상재(normal good)라고 한다. 자녀에 관한 욕구에 대해서도 마찬가지 논리가 성립한다.

그러나 이 논리의 결함은 소득증가의 두 번째 효과를 무시한다는 점에 있다. 이것은 소득증가에 따라 자녀의 가격이 점차 높아진다는 사실이다. 자녀들이 가장 필요로 하는 것은 부모들의 시간인데, 소득이 상승하면 시간에 대한 기회비용, 즉 부모가 아이들을 돌보지 않는 대신에 벌어들이는 임금소득이 함께 상승한다. 따라서 경제성장은 자녀수요의 변화에 대해 두 가지 효과를 가지는데 이는 미시경제학에서는 익숙한 내용이다.

● 소득효과(income effect) : 부유할수록 모든 것을 더 많이 소비할 수 있다.
● 대체효과(substitution effect) : 임금이 올라갈수록 자녀 양육에 소용되는 비용도 함께 상승한다.

소득효과와 대체효과 중에서 어느 효과가 더 클 것인가? 즉, 경제성장이 소망하는 출산율을 상승시킬 것인가 아니면 하락시킬 것인가 하는 점은 자녀와 돈으로 살 수 있는 다른 재화에 대한 가정의 선호성향이 좌우한다.

대체효과는 임금이 상승함에 따라 자녀 양육에 소요되는 시간비용도 함께 상승한다는 사실에서 비롯한다. 따라서 임금의 상승은 가계의 소득을 상승시키는 동시에 동일한 비율로 자녀의 비용도 상승시킨다. 더욱이 경제발전의 과정에서 대체효과를 증폭시키는 현상도 나타난다. 일반적으로 임금은 상승할 뿐만 아니라 자녀양육을 도맡고 있는 여성에 대한 상대적 임금도 상승한다. 예를 들어 1890년부터 1988년 사이에 미국에서 전일근무 여성의 남성에 대한 임금 비율은 46%에서 67%로 높아졌다. 여성 임금의 상대적 상승은 자녀의 가격, 즉 여성의 시간에 대한 기회비용을 가계소득보다 더 빠르게 상승시키는 원인이 되었다. 이 효과는 출산율이 경제성장에 따라 왜 하락하는지에 관한 심도 있는 설명을 제공한다.[16]

여성의 상대적 임금이 출산율에 미치는 영향력은 여성교육에 의해 보강되었다. 여성이 자녀들에게 성인기 대부분의 시간을 사용하는 사회에서는 여자아이들에게 교육을 제공할 만한 경제적 유인이 별로 없다. 여성이 일하는 데 좀더 많은 시간을 보내고 그에 따른 공정한 보수를 받게 됨에 따라 여성을 교육할 유인이 커지게 되었다. 아이 때부터 교육을 받은 여성은 더 높은 보수를 받을 것이고 그 결과 자녀를 양육하는 데 드

---

16) Galor and Weil(1996).

는 기회비용도 커진다. 교육을 받은 여성은 산아조절의 방법과 조절의 결과로 얻게 되는 이득에 관해 잘 아는 경향이 있다. 1970년대 라틴 아메리카에서 시행된 출산 서베이에 의하면 1~3년의 교육을 받은 여성들의 합계출산율은 6.2명이었던 반면에, 7년 이상의 교육을 받은 여성들의 합계출산율은 3.2명이었다.[17]

부모와 자녀 간 자원의 흐름

국가가 발전함에 따라 자녀양육 비용은 상승하는 한편 자녀로부터 얻는 편익은 감소하는 경향을 보인다. 개발도상국에서는 아이들이 농장의 잡일을 거드는 등 생산적인 일에 참여할 수 있다. 1970년대 방글라데시의 한 마을을 대상으로 한 연구는 이 마을 소년들은 12세가 되면 의식주 비용을 스스로 충당할 수 있을 만큼의 생산적인 일을 시작한다고 결론지었다. 유럽에서도 이와 유사한 사례를 찾아볼 수 있다. 19세기에 프랑스 정부는 버려진 아이들을 돌보는 가정에게 돈을 지급했는데 아이들이 자랄수록 지급규모는 줄어들었다. 1852년까지도 정부는 12세가 넘는 아이들은 스스로 생계를 꾸려나갈 수 있다고 보았기 때문에 책임을 지지 않았다.[18] 이와는 대조적으로 선진국에서는 아이들이 훨씬 더 나이가 들고서야 일을 시작한다. 더욱이 아이들이 20대가 되어도 교육비는 계속 들어갈 수 있다.

개발도상국에서도 자녀들이 노년기의 부모를 부양하는 경우가 종종 있다. 일반적으로 노년기를 유지할 만한 다른 자원이 없기 때문에 아이(특히 아들)를 낳는 것이 경제적으로 필수불가결하게 되었다. 이와는 대조적으로 선진국에서는 국민들이 노후대비를 위한 저축을 할 수 있도록 금융시장이 잘 발달되어 있다. 게다가 젊은 세대는 미국의 사회보장(Social Security) 같은 정부 프로그램을 통하여 노년 세대를 지원하는데, 이 지원은 자기 자녀들에 의해 제공되는 것이 아니다. 따라서 각 가정에서 아이를 낳으려는 유인(誘因)은 줄어든다.

이와 같이 아이를 갖는 데 따르는 상대적인 비용과 편익의 변화는 나라가 발전되어 감에 따라 원하는 출산율 하락의 원인을 어느 정도 설명해 준다. 그러나 다음 두 가지 이유 때문에 이것이 완전한 설명이라고는 할 수 없다. 첫째, 부모들은 오로지 경제적인 조건만 가지고 자녀의 가치를 따지지는 않는다. 둘째, 자녀를 갖는 데 따르는 비용은 비용 그 자체로 설명되어야 한다. 오늘날의 부모들은 과거의 부모들에 비해서 훨씬 많은 돈을 자녀들에게 들인다. 그러나 이런 행위는 대부분 자발적으로 이루어진다. 부모

---

17) Shultz(1997)의 표 3.
18) Cain(1977), Fuchs(1984).

들이 사용하는 돈의 액수는 자녀들의 생존을 보장하는 수준을 훨씬 상회한다. 따라서 우리는 정말로 오늘날의 부모들이 왜 자녀들에게 더 많은 돈을 투자하고 있는지 생각해 보아야 한다. 이제 이 문제를 짚어 보자.

질과 양의 대체

부모들은 자기 자녀를 양육하고 교육하는 데 들이는 자원이 자녀들에게 건강증진, 인생 후반기의 소득증대 및 복리향상을 가져오기를 희망한다. 이러한 비용은 생존을 유지하기 위해 필요한 최소한의 수준을 넘는 것으로 자녀의 질(quality)에 대한 투자라고 판단할 수 있다. 부모들은 몇 가지 이유 때문에 자녀를 질로 판단한다. 부모가 노년기에 부양을 자녀들에게 의존하게 되는 경우에는 더 건강하고 양질의 교육을 받은 자녀들이 높은 소득을 기대할 수 있으며 그 결과 더 좋은 부양자가 될 것이다. 자녀들이 노년기의 부모를 부양하지 않는 경우에도 부모들은 자녀들의 행복 때문에 더 행복해질 수 있다. 따라서 어느 경우든지 부모는 자녀의 질에 돈을 사용할 유인을 가진다.

이런 관점에서 경제발전의 과정에서 나타나는 출산율의 하락을 부모들이 구매하는 자녀의 질과 양의 조합에서 나타나는 변화라고 생각해 보자. 우리가 던지는 질문은 "부모가 선택하는 자녀의 질과 양의 조합을 변화시키는 경제성장의 내용은 무엇인가?"라고 정리할 수 있다.

우리는 경제성장이 질과 양 사이의 선택을 어떻게 변화시키는지에 관해 경제성장과 사망률 감소의 연계를 이미 목격한 바 있다. 많은 자녀들이 성인이 되기 이전에 사망하는 환경에서는 부모들이 1명의 자녀에게 양육과 교육을 위해서 많은 돈을 들이기를 꺼려 한다. 대신에 투자자들이 서로 다른 여러 종류의 자산을 구매함으로써 포트폴리오를 다양화하듯이 부모들도 많은 자녀를 낳아 위험을 분산할 것이다. 성인이 될 때까지 생존이 거의 보장되어 있는 환경에서는 부모들은 소수의 자녀들에게만 자원을 확실하게 집중할 것이다.

경제성장이 부모로 하여금 자녀의 질에 더 많은 투자를 하도록 유도하는 두 번째 경로는 자녀의 질이 창출하는 편익이 증가하기 때문에 생긴다. 특별히 경제성장은 교육의 질적 향상과 연관을 가지고 있으며, 부모들에게 자녀를 교육시킬 유인이 커지도록 한다. 제6장에서 보겠지만 모든 자녀들에게 더 많이 투자하는 부모의 선택은 중요한 함의를 가진다. 더 많은 교육을 받고 더 건강한 자녀는 성인이 되었을 때 생산성이 더 높은 근로자가 될 것이며, 이러한 근로자의 질적 향상은 경제성장에 중요한 기여를 하게 된다.

4.5 결론

이 장에서는 인구가 경제성장에 어떤 영향을 주며 인구증가율이 어떻게 결정되는지 살펴보았다. 맬서스 모형과 솔로우 모형은 각각 인구가 성장에 미치는 영향을 분석하는 방법을 제시하였다. 이 두 모형은 다음 세 가지 측면에서 차이를 보인다. 첫째, 맬서스 모형은 인구가 토지 등의 천연자원과 갖는 상호작용에 초점을 맞춘 반면에, 솔로우 모형은 인구가 자본과 갖는 상호작용에 초점을 맞춘다. 둘째, 맬서스 모형은 인구규모가 소득수준에 미치는 영향에 초점을 맞춘 반면에, 솔로우 모형은 인구증가율이 소득수준에 미치는 영향에 초점을 맞춘다. 셋째, 솔로우 모형에서는 인구증가율이 외생적으로 주어지는 반면에, 맬서스 모형에서는 소득과 인구가 내생적으로 결정된다.

맬서스 모형과 솔로우 모형은 경제성장에 관한 이러한 연구의 다른 측면과도 연계되어 있다. 이 장에서 선보인 솔로우 모형은 이미 제3장에서 소개한 동일한 단순모형을 확장시킨 것에 불과하다. 그리고 앞으로 다룰 장에서는 솔로우 모형의 또 다른 측면을 조사하고 솔로우 모형이 횡단면 자료를 이용한 국가 간의 소득격차를 얼마나 잘 설명하는지 보게 될 것이다. 맬서스 모형이 초점을 맞추었던 인구와 천연자원 간의 상호관계에 관해서는 제15장과 제16장을 통해 천연자원이 경제성장에 미치는 영향을 좀더 개괄적인 차원에서 논의한다.

이 장에서는 맬서스와 솔로우 모형을 동기(動機)로 삼아 인구증가의 결정요인을 조사했다. 이 분석으로부터 얻은 가장 중요한 요점은 인구가 어느 정도까지 신속히 변동하는가라는 점이다. 선진국에서 약 1세기에 걸쳐 일어났던 인구학적 변천은 지금 개발도상국에서 훨씬 빠른 속도로 진행되고 있다.

개발도상국에서는 인구학적 변천이 아직 끝나지 않았기 때문에 우리는 그것이 어떤 식으로 끝날 것인지 모른다. 개발도상국의 인구증가율이 과연 0% 부근에서 안정될 것인지 자신 있게 예측하기 어렵다는 사실이 매우 중요하다. 다음 장에서 이 문제를 논의하기로 한다. 아울러 선진국의 인구증가율이 0% 이하로 하락할 가능성을 점검해 본다.

핵심용어

사망률 변천(mortality transition)

순재생산율(net rate of reproduction, NRR)

인구학적 변천(demographic transition)

자본희석(capital dilution)

출산율 변천(fertility transition)

출생시 기대수명(life expectancy at birth)

합계출산율(total fertility rate, TFR)

복습문제

1. 맬서스 모형에서 작동하고 있는 두 가지 핵심 메커니즘은 무엇인가? 이 메커니즘들은 모형에서 어떤 방식으로 정상상태의 인구수준 및 1인당 소득을 유도해 내는가?

2. 한 경제에서 생산성 수준이 바뀌면 맬서스 모형에서는 1인당 소득이 어떠한 영향을 받는가?

3. 인구증가율은 어떤 방식으로 솔로우 모형에 포함되는가? 솔로우 모형은 왜 인구증가율이 더 높은 나라가 더 낮은 정상상태의 1인당 국민소득을 얻게 될 것이라고 예측하는가?

4. 인구학적 변천이란 무엇인가?

5. 순재생산율의 결정에 있어서 출산율과 사망률은 어떻게 상호작용하는가?

6. 경제성장이 출산율을 감소시키는 가능한 경로에는 어떤 것이 있는가?

7. 애덤 스미스는 『국부론(Wealth of Nations)』(1776)에서 "한 나라의 번영을 보여 주는 가장 결정적인 증표는 거주민의 수적 증가이다."라고 서술했다. 오늘날에는 스미스의 시각(視覺)이 어떻게 바뀌어져야 하는가? 당신은 어떤 방식으로 그런 변화를 스미스에게 설명하겠는가?

연습문제

1. 현대의 인간(homo sapiens)은 약 10만 년 전에 출현했다. 당초에는 2명의 인간이 존재했으며 오늘날에는 70억 명으로 불어났다고 가정하자. 평균 인구증가율은 얼마나 되는가?

2. 다음 각각의 시나리오에 대하여 한 나라의 인구와 1인당 소득이 단기와 장기에 어떻게 달라지는지 맬서스 모형의 그래프를 활용해서 답하라.

   a. 과학자들이 단위면적당 낟알이 2배나 많이 달리는 신품종의 밀을 만든다.

   b. 전쟁이 발발해서 인구의 절반이 사망한다.

   c. 화산폭발로 인구의 절반이 사망하고 토지의 절반이 파괴된다.

3. 〈그림 4.3〉의 맬서스 모형을 생각해 보자. 경제가 정상상태에 있는데 갑자기 부모 되기를 선호하는 방향으로 문화적 성향이 바뀌었다고 가정하자. 주어진 소득에서 사람들은 예전보다 더 많은 자녀를 갖고 싶어 한다. 시간의 흐름에 따른 인구증가율 그래프를 그려라.

4. 부모가 자신들의 자녀에게 투자하는 양을 결정하는 데 있어서 '질과 양 간의 상충

관계'의 중요성을 평가하기 위하여 제2장에 소개한 무작위대조군시험을 어떤 방식으로 활용할 수 있겠는가? 당신은 수많은 윤리적 문제를 야기하지 않고 유사한 추론을 할 수 있는 '자연적 실험(natural experiment)'을 할 수 있겠는가?

5. 투자율과 인구증가율이 다른 X와 Y 두 나라가 있다고 하자. X국에서는 투자가 GDP의 20%이며 인구증가율은 1년에 0%이다. Y국에서는 투자율이 GDP의 5%이며 인구증가율은 1년에 4%이다. 두 나라는 동일한 생산성 A와 5%의 감가상각률 δ를 가지고 있다고 하자. $\alpha=1/3$을 가정한 후에 솔로우 모형을 이용해서 정상상태에서 두 나라의 1인당 소득 비율을 계산하라.

6. 본문에 소개한 것처럼 인구가 증가하는 솔로우 모형을 생각해 보자. 인구가 n_1과 n_2의 각기 다른 속도로 증가할 수 있다고 하자(단, $n_1 > n_2$). 인구증가율은 1인당 산출수준(결과적으로는 1인당 자본수준)에 의존한다. 구체적으로는 $k < \bar{k}$인 경우에는 인구증가율이 n_1이지만, $k \geq \bar{k}$인 경우에는 n_2가 된다.

　　이 모형의 그래프를 그려라. $(n_1+\delta)\bar{k} > \gamma f(\bar{k})$와 $(n_2+\delta)\bar{k} > \gamma f(\bar{k})$를 가정하자. 그림을 이용하여 모형의 정상상태에 관해 설명하라.

7. A와 B 두 나라의 투자율, 감가상각률, 생산성 및 근로자 1인당 산출이 모두 동일하다고 가정하자. 그러나 국가 A의 인구증가율은 국가 B의 인구증가율보다 높다고 하자. 솔로우 모형에 의하면 어느 나라의 근로자 1인당 산출증가율이 더 빠른지 설명하라. (힌트 : 3.3절의 "상대적 성장률에 관한 이론으로서의 솔로우 모형" 참조).

8. 어떤 나라에서 여성의 1/3은 유아사망, 다른 1/3은 30세에 죽고, 나머지 1/3은 60까지 산다고 하자. 여성은 25세, 28세, 32세, 35세에 각 1명의 아기를 출산하되, 그 중의 절반은 여아라고 가정하자.

a. 합계출산율과 순재생산율을 계산하라.

b. 사망률이 하락하여 단 1명의 유아사망도 없다고 하자. 이제 모든 여성의 절반은 30세에, 나머지 절반은 60세에 죽는다. 순재생산율을 계산하라.

c. 연령별 출산율이 변해서 모든 여성은 (평균적으로) 25세, 28세, 32세, 35세에 각 1/2명의 아기를 가진다고 하자. 합계출산율과 순재생산율을 계산하라.

9. 다음의 맬서스 모형을 생각해 보자. 1인당 소득(y)과 인구증가율($\hat{L}$) 사이에는 다음 관계식이 성립한다고 가정하자.

$$\hat{L} = y - 100$$

산출물은 노동과 토지를 사용해서 생산하며 다음 방정식을 따른다.

$$Y = L^{1/2}X^{1/2}$$

여기서 X는 토지의 양이며 $X=1,000,000$이라고 가정하자.

a. y를 가로축에 $\hat{L}$을 세로축에 놓고 1인당 소득과 인구증가율 사이의 관계식을 그래프로 표현하라.

b. 인구 L과 1인당 소득 y 사이의 관계식을 유도하라. (힌트 : $y=Y/L$을 기억하여라.) L을 세로축에 y를 가로축에 놓고 이 관계식을 그려라.

c. 위에서 유도한 방정식을 사용하여 L과 y의 정상상태 값을 계산하라.

10. 인구증가율과 1인당 소득 사이의 관계식이 아래와 같이 표현되는 맬서스 모형을 $\int dy/dx$ 생각해 보자.

$$\hat{L} = \frac{y-100}{100}$$

X를 이 경제의 고정된 토지총량, x를 1인당 토지라고 하자. A를 생산성의 척도라고 할 때 1인당 토지와 1인당 소득을 연결하는 함수가 다음과 같이 표현되었다고 하자.

$$y = Ax$$

a. A가 상수라고 가정하자. 정상상태에서 1인당 소득수준을 계산하라.

b. 이제 A가 매년 10%씩 상승한다고 가정하자. 즉 $\hat{A}=0.1$이다. 정상상태에서 1인당 소득수준을 계산하라. 어떻게 이런 결과가 나왔는지 설명하라.

온라인 데이터 플로터(Data Plotter)와 데이터를 이용해서 실습하려면 *http://www.pearsonhighered.com/weil*을 방문하라.

합계출산율, 기대수명과
순재생산율에 대한 보다 엄밀한 설명

여기서는 4.3절에서 설명한 인구학적 척도를 조금 더 공식적으로 정의한다.

인구학자들은 한 사람이 각 연령별로 생존해 있을 확률을 나타내는 개념인 **생존함수**(survivorship function)를 작성하여 사망률을 연구한다. 생존함수는 출생 시 1(생존할 가능성 100%)부터 시작해서 점차 하락하기 시작하여 최대가능연령에서는 0이 된다.

〈그림 4.13〉은 지난 200년간 스웨덴 여성의 생존함수가 어떻게 변해왔는지 보여 준다. 사망률의 감소는 극적으로 진행되었다. 1780년에 새로 태어난 여아가 40세까지 생존할 가능성은 약 51%였다. 그러나 2세기가 지난 후에 이 확률은 98%로 높아졌다. 산업화 이전의 사회에서는 영아 및 유아 사망률이 가장 높았다. 1780년에는 새로 태어난 여아가 1살이 되기 전에 사망할 확률이 18%였으며, 5세가 되기 이전에 사망할 가능성은 31%였다. 사망률에서 최대의 개선을 보인 연령층도 바로 이 어린 계층이다. 그러나 다른 연령층도 개선을 보였다. 예를 들면, 20세의 여성이 70세까지 살아 있을 가능성은 1780년과 1980년 사이에 37%에서 83%로 2배 이상 높아졌다.

우리는 신생아 출생 시 평균기대수명처럼 사망률을 나타내기 위한 간편한 요약지표를 만들기 위해 생존함수를 이용할 수 있다. 수학적으로 출생 시 기대수명은 어떤 사람이 각 연령에서 살아 있을 확률의 합계로 표기된다. 어떤 사람이 연령 i에 생존할 확률을 $\pi(i)$, 최대가능연령을 T라고 하자. 따라서

$$\text{출생 시 기대수명} = \sum_{i=0}^{T} \pi(i)$$

이 성립한다. 또한 출생 시 기대수명은 생존함수 그래프의 아래 면적이라고 생각할 수

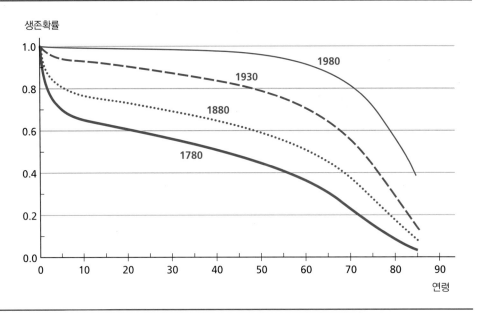

그림 4.13

스웨덴의 여성에 대한 생존함수

자료 : Keyfitz and Flieger(1968, 1990).

있다. 〈그림 4.13〉의 스웨덴의 데이터 경우 출생 시 평균수명은 1780년에는 38.5세였으나 1980년에는 79.0세로 높아졌다.

인구학자들은 특정 연령에 있는 여성이 당해 연도에 출산할 수 있는 자녀의 평균수인 연령별 출산율(age-specific fertility rate)을 조사함으로써 출산율을 계측한다. 〈그림 4.14〉는 1999년 미국과 나이지리아에 대한 연령별 출산율의 예를 보여 주고 있다. 미국의 25세 여성은 1999년에 평균 0.12명의 아이를 낳는다. 나이지리아에서는 같은 연령층의 여성이 평균 0.26명의 아이를 낳는다.

합계출산율(TFR)은 한 여성이 가임기간 동안 생존하면서 현재의 연령별 출산율을 모두 경험한다고 가정했을 때 가질 수 있는 아이의 수를 말한다. 수학적으로 합계출산율과 연령별 출산율 $F(i)$의 관계는 다음 방정식을 따른다.

$$\text{TFR} = \sum_{i=0}^{T} F(i)$$

그래프에서는 합계출산율이 연령별 출산율 그래프의 아래 면적으로 표현된다. 〈그림 4.14〉에 사용된 데이터를 사용하면 미국의 합계출산율은 2.1명이고 나이지리아는 6.0명이다.

그림 4.14

연령별 출산율

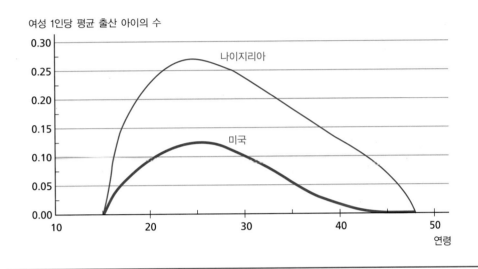

여성 1인당 평균 출산 아이의 수

우리는 이제 출산율과 사망률 간의 상호작용을 조사하는 데 필요한 도구를 모두 확보했다. 생존함수 $\pi(i)$는 어떤 사람이 연령 i에도 여전히 생존해 있을 확률이다. 연령별 출산율 $F(i)$는 연령 i에 있는 여성 한 사람이 출산할 아이의 수를 나타낸다. 이 둘을 결합하면 여자 신생아가 연령별로 출산할 것으로 기대하는 아이의 수를 계산할 수 있다. 예를 들어, 한 여성이 25세까지 생존할 확률이 50%이고 25세의 여성이 낳을 것으로 기대하는 아이의 수가 0.2명이라면, 여자 신생아가 25세에 출산할 것으로 예상하는 아이의 수는 0.1명이 된다. 이와 같은 방식으로 가임기간 동안 출산할 것으로 예상하는 아이의 수를 모두 합하면 한 여자 신생아가 평생 동안 출산할 것으로 예상하는 아이의 수를 계산할 수 있다.

마지막으로, 인구증가율을 살펴볼 때는 여자 신생아가 일생 동안 낳을 수 있는 여아의 수에 초점을 맞추면 편리하다. 여아의 정상출산 비율을 β라고 하자. 이 비율은 자연상태에서 50%에 약간 못 미친다. 그러나 몇몇 나라에서는 아들을 갖고 싶어 하는 가정의 선택적인 낙태의 남용 때문에 이 숫자는 상당히 낮아졌다. 한 예로 중국에서는 2006년에 태어난 신생아 중에서 47%만이 여아다. 순재생산율(NRR)이란 새로 태어난 한 여자아이가 출산할 것으로 예상되는 딸의 수라고 정의한다. 이것을 대수식으로 표현하면 다음과 같다.

$$NRR = \beta \sum_{i=0}^{T} \pi(i)F(i)$$

핵심용어

생존함수(survivorship function)   연령별 출산율(age-specific fertility rate)

연습문제

A.1 생존함수와 연령별 출산율 함수가 아래처럼 주어져 있다고 하자.

　　a. 출생 시 기대수명을 계산하라.

　　b. 합계출산율(TFR)을 계산하라.

　　c. 신생아의 절반이 여아라는 가정하에 순재생산율(NRR)을 계산하라.

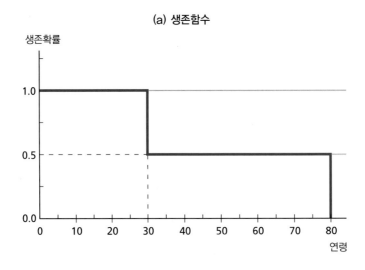

(a) 생존함수

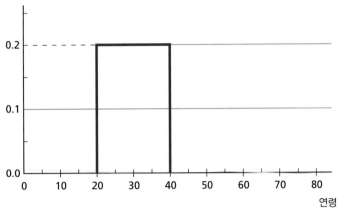

(b) 연령별 출산율

A.2 국가 X와 국가 Y는 똑같은 생존함수를 가지고 있다. 또한 합계출산율도 동일하다. 그러나 국가 X의 순재생산율(NRR)은 2인 반면에, 국가 Y의 NRR은 1에 불과하다. 이런 현상이 어떻게 가능한지 두 나라의 연령별 출산율과 생존함수를 그려서 설명하라.

온라인 데이터 플로터(Data Plotter)와 데이터를 이용해서 실습하려면 http://www.pearsonhighered.com/weil을 방문하라.

제 5 장

미래의 인구추세

우리는 제4장에서 인구증가가 1인당 소득수준을 결정하는 데 중요한 역
할을 한다는 것을 알았다. 맬서스 모형에 의하면 천연자원에 비해
인구가 많은 나라는 가난하게 된다. 또한 솔로우 모형에 의하면 인구
가 빠르게 증가하는 나라도 자본희석의 영향 때문에 가난하게 된다.
출산율이 감소하는 원인을 논의하면서 저출산율은 부모가 자녀에게
투자하는 돈의 액수가 증가하는 것과 관련이 있다는 사실을 알았
다. 제6장에서는 자녀에게 더 많이 투자하는 것이 경제성장을 유
발한다는 사실을 알게 될 것이다. 여기서는 이미 제4장에서 살펴
본 것 이외의 다른 방식으로 인구가 한 나라의 경제상황에 영향을
미칠 수 있는지 알아본다. 구체적으로는 연령별 인구구조의 변화가
1인당 국민소득에 상당한 영향을 미칠 수 있는지 살펴본다.

　이러한 영향 외에도 인구와 성장 간의 관계는 개별국가의 차원을
넘어 범세계적인 차원에서도 성립한다. 제15장과 제16장에서 살펴보
게 되겠지만 한 나라는 수입에 의존하여 천연자원의 부족을 이겨낼 수
있다. 그러나 범세계적인 차원에서 인구와 천연자원의 문제를 생각해 보면,
국가 간의 교역이 자원의 제약을 완화시키지는 못한다. 한 나라에서 각 사람이 사용할
수 있는 천연자원의 양은 그 나라의 인구와 관련이 없을지 모르지만 세계 인구규모와
는 분명히 관련이 있다. 지구온난화와 같은 환경문제를 생각할 때도 세계 인구규모는
중요하다. 이 장의 서두 인용문처럼 세계가 얼마나 많은 사람을 수용할 수 있을지는

> 요즘은 확실히
> 예전에 비해서 더 많은
> 땅을 경작하고 있으며 개간한
> 다. 이제는 어디에나 갈 수 있으
> 며, 모든 것이 문서화되어 있고, 모
> 든 것이 상업화되어 있다. …… 어디에
> 나 주거지가 있으며, 어디에나 군중이 있
> 고, 어디에나 정부가 있으며, 어디에나 사
> 람들이 있다. 사람들이 많아졌다는 가장 큰
> 증거는 우리가 세상 사람들에 부담이 되며
> 자원은 우리가 겨우 쓸 정도밖에 남아 있지
> 않다는 사실이다. 또한 자연은 이미 우리를
> 수용할 능력을 상실했으며, 우리는 필요를 채
> 우지 못해 괴로워하며, 불평에 가득 차있다.
> 과도한 수의 인간을 가지치기 하듯이, 진실
> 로 전염병, 기근, 전쟁과 홍수는 국가를 위
> 한 치유책으로 인식되어야 한다.
> ─퀸타스 셉티무스 플로렌스
> 테르툴리아누스(영혼, 서기
> 200년)

오래 전부터 학문 연구의 초점이 되어 왔다.

이런 이유 때문에 향후 경제발전의 진로는 인구가 어떻게 변화하느냐에 달려 있다. 인구증가는 경제성장에 영향을 미칠 뿐 아니라 그 밖의 다른 중요한 의미를 가진다. 인구의 미래를 생각한다는 것은 얼마나 많은 사람들이 지구상에 존재할 것이며, 그들이 어느 지역에 거주할 것인지 등과 같은 문제를 생각하는 것이다. 따라서 인구의 미래를 살펴보면 지구상의 가장 근본적인 측면을 탐구하게 된다.

이 장은 미래의 인구 전망과 그 전제를 검토하는 작업부터 시작한다. 인구증가의 상당부분은 예측이 가능하다. 우리는 20년 혹은 50년 후의 인구증가를 꽤 정확하게 추측할 수 있다. 그렇지만 이보다 더 긴 미래를 예측할수록 그림은 불확실해진다. 특히 미래의 출산율을 예측하기가 상당히 어려운데 이는 현재 낮은 출산율을 보이는 부유한 나라나 높은 출산율을 보이는 가난한 나라 어디에서도 출산율의 예측에는 불확실성이 만연해 있기 때문이다.

이 장의 후반부에서는 별 무리 없이 예측할 수 있는 인구의 변화가 가져올 경제적 영향을 거론한다. 선진국에서는 비활동 노년층의 인구비율이 상당히 높아져 경제적 부담이 가중될 것이다. 이와는 대조적으로 여러 개발도상국에서는 인구증가율이 둔화되고 아이들의 인구비중이 하락함에 따라 '인구학적 선물(demographic gift)'을 받을 것이다. 또한 인구증가율이 느린 선진국으로부터 인구증가율이 빠른 가난한 국가로 세계 인구가 재분배될 것이다.

5.1 인구전망

1957년도에 UN의 인구학자들은 2000년이 되면 세계 인구가 62억 8천만 명이 될 것으로 전망했다.[1] 이 전망값은 실제값을 불과 2억 2천만 명 혹은 3.6%만 높게 예측했다. 43년의 기간 동안 인구가 2배 이상 증가했지만 전망값이 보여 준 정확도는 놀랄 만하다. 성공적인 전망값을 낼 수 있었던 것은 운도 따랐지만 인구학자들이 전망을 위해 가지고 있던 수단이 강력했기 때문이다. 이런 정도로 정확하게 장기 경제전망을 하기란 어려울 것이다.

〈그림 5.1〉은 UN의 인구전망값을 따른다고 가정했을 때 160년 전부터 앞으로 140년 후까지의 세계 인구를 보여 주고 있다. 세계 인구는 1950년과 2000년 사이에 연간

---

1) Lee(1990).

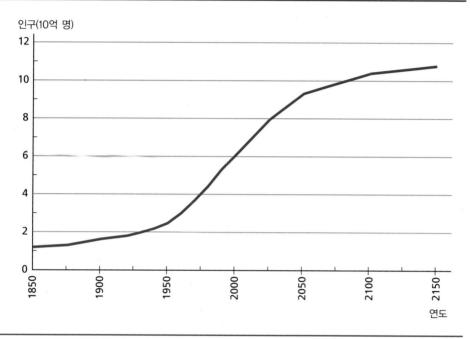

▶ 그림 5.1
세계 인구, 1850~2150년

자료 : United Nations Population Division(2000).

1.8%로 증가한 후 2000년부터 2050년 사이에는 0.8%, 2050년부터 2100년 사이에는 0.2%의 증가율을 보일 것으로 예상된다. 이보다 더 긴 미래를 예측해 보면 극단적인 추론이지만 UN은 2200년경에 세계 인구가 110억 명 이하에서 안정될 것으로 전망했다.[2]

이런 종류의 장기 인구전망을 하는 데 사용되는 수단은 연령별 생존함수(특정 연령의 사람이 이듬해에 사망하지 않을 확률을 표현하는 함수)와 연령별 출산율함수(특정 연령의 여성이 이듬해 자녀를 낳을 확률을 표현하는 함수)다. 이 두 함수에 관해서는 제4장의 부록에서 자세히 설명하였다. 〈그림 5.2〉는 인구전망을 하기 위해 이런 수단들을 어떻게 결합하는지 보여 주고 있다. 우선 특정 연도의 모든 인구를 연령별 사람 수로 쪼개 놓는 일부터 해야 한다. 이듬해의 인구를 전망하기 위해서는 사망률에 대한 조정을 하면서 인구의 나이를 한 살씩 더해 준다. 〈그림 5.2〉의 예에 의하면 2001년에 21살인 사람들의 수는 2000년에 20살인 사람들의 수에서 시작하여 어떤 사람들은 당해 연도에 사망할 것이라는 예측에 대한 조정을 거친 후에 결정된다. 생존 가능성에 관한 정보는 생존함수에 내포되어 있다. 한 가지 예외를 고려하면 다른 연령별 그룹에

---

2) United Nations Population Division(2000).

● 그림 5.2
인구전망

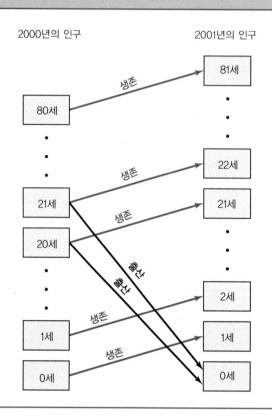

속한 사람들의 수에 대해서도 똑같은 계산방식을 적용할 수 있다. 예외는 바로 2001년에 0살인 아이들, 즉 바로 그해에 태어나는 아이들이다. 이 숫자를 얻기 위해서는 연령별 출산율을 2000년에 각 연령별 그룹에 속한 여성들의 수에 적용해야 한다. 마지막으로, 2001년에 연령별 사람들의 수를 모두 합하면 당해 연도의 총인구가 계산된다. 이런 과정을 매년 반복하면 우리는 훨씬 먼 장래의 인구도 전망할 수 있다. 특정 국가나 지역의 인구를 전망하기 위해서는 이민이나 이주도 고려해야 한다.

  이 방법을 이용하여 전망할 때의 어려움은 사망률과 출산율이 미래에 어떻게 바뀔지 예상하는 데 있다. 이제 미래의 사망률과 출산율 예측값을 좀더 자세히 알아보자.

사망률 전망

제4장에서 얻은 중요한 교훈은 과거에 인구증가율을 결정하는 데 있어서 사망률의 변화가 출산율의 변화 못지않게 중요하다는 점이다. 왜냐하면 최근에 기대수명이 늘어나

기 전까지는 여자 신생아가 가임기간 동안 살아남을 수 있는 확률이 100%에 훨씬 미달했기 때문이다. 따라서 사망률의 개선은 순재생산율을 상당히 증가시키는 결과를 가져왔다. 그러나 향후 인구증가율의 변화를 전망할 때는 가임기간 동안 살아 있을 여자아이들의 비율이 이미 100%에 육박했기 때문에 사망률의 변화가 미치는 영향력이 훨씬 줄어들 전망이다. 미국에서는 여자 신생아가 45세까지 살 확률이 97%이며 심지어는 인도와 같은 개발도상국에서도 이 확률은 82%에 이른다. 따라서 기대수명의 잠재적인 개선은 선진국에서 순재생산율(NRR)에 거의 영향을 주지 못하며 가장 가난한 나라에서조차 약간의 영향만 줄 뿐이다. 그러나 AIDS처럼 기대수명의 감소는 NRR을 감소시킬 것이다("아프리카의 에이즈" 참조).

사망률의 변화는 인구규모에 또 다른 영향을 준다. 만약 새로 태어나는 어린아이의 수는 변하지 않지만 사람들이 더 오래 산다면 어떤 시점에서도 더 많은 사람이 존재할 것이다. 가임기간 중의 여성 사망률이 개선될 수 있는 최소한의 여지가 거의 없는 나라에서도 노년기 사망률의 개선은 여전히 인구변화에 영향을 미친다.

노년기 사망률이 개선될 수 있을지 예측하기가 매우 어려움에도 불구하고, 노년기 사망률은 인구증가를 결정하는 데 있어서 양적 측면에서 출산율의 변화보다 더 중요한 것은 아니다. 예를 들면 미국에서 1990~2020년의 기간 동안 출생 시 여자아이의 기대수명은 78.9세에서 82.1세로 증가할 것으로 예상되고 있다. 출산에 아무 변화가 없다고 가정했을 때 이런 정도의 사망률 변화는 30년 동안 인구를 4.0%(증가한 수명 3.2년을 기대수명 78.9년으로 나눈 결과)밖에는 증가시키지 못한다.

출산율 전망

출산율은 가끔 **대체출산율**(replacement fertility)과 연결되어 전망이 이루어진다. 대체출산율이란 장기적으로 인구규모를 일정한 수준에서 유지할 수 있도록 하는 출산율이다. 선진국에서도 여성이 가임기간에 진입하기 이전에 사망하기도 하며 남자아이가 여자아이보다 약간 더 많이 태어나는 경향이 있다. 따라서 인구증가율 0%에 합당한 합계출산율(TFR)은 2.0명보다 높다. 선진국에서는 대체출산율이 여성 1인당 2.1명이다. 선진보다 사망률이 더 높은 개발도상국에서는 최근 수십 년간 사망률의 개선으로 인해 대체출산율이 그리 높지는 않지만 그래도 선진국에 비해서는 높은 편이다.

장기 출산율 전망이 제기하는 가장 중요한 질문은 출산율이 과연 대체출산율에 근접할 것인가 하는 것인데 이것을 바꾸어 말하면 인구증가율이 0에 근접할 것인가의 여부이다. 앞으로 살펴보겠지만 이 질문은 부유한 나라와 가난한 나라에서 서로 다른 의미

아프리카의 에이즈(AIDS)

세계적으로 AIDS가 만연해 있는 범위는 엄청나다. 2009년에는 3,330만 명의 사람들이 AIDS를 발병시키는 바이러스인 HIV에 감염되었다고 추정되었으며, 약 180만 명이 이 병으로 사망했다. 2009년에는 260만 명의 사람들이 AIDS에 새로 감염되었는데 1997년의 320만 명보다는 감소한 숫자이다.[3]

HIV 감염자 중 90%가 넘는 사람들이 개도국에 살고 있으며 이 병의 영향은 사하라 이남 아프리카에 집중되어 있다. 이 지역에서는 현재 인구의 5%가 HIV에 감염되어 있다. 특히 보츠와나(성인의 25%), 짐바브웨(18%), 남아프리카(17%), 잠비아(14%)의 감염률이 가장 높다.

AIDS의 영향은 인구통계에 확실하게 나타난다. 가장 심각한 영향을 받고 있는 지역의 기대수명은 AIDS가 없었을 때에 비해서 15년 이상 낮아졌다. 최악의 타격을 받은 보츠와나의 인구증가율은 1970년대 후반에 약 4%였으나 2010년에는 1.3%로 하락하였다.

AIDS는 감염된 사람의 고통과 죽음 그리고 생존자의 고통이라는 비용 외에 어떤 경제적 영향을 유발하는가? 이 질병이 경제성장에 미치는 부정적 영향은 주로 생산에 투입되는 노동 때문에 생긴다. HIV 양성반응자는 정상인만큼 노동을 제공할 수 없다. 케냐에서 찻잎 따는 노동자들을 대상으로 한 연구는 감염자가 노동시장을 완전히 떠나기 2년 전이라고 할지라도 건강한 사람에 비해 84% 정도밖에 벌 수 없음을 보였다. 교육을 받은 사람들과 도시민들의 감염률이 여러 나라에서 높게 나타났다. 예를 들면, 1994년 잠비아에서는 10년 이상 교육을 받은 사람들의 HIV 감염률이 4년 이하의 교육을 받은 사람들보다 3배 가량 높았다. 한편 도시민의 감염률은 28.2%로 농촌 사람의 감염률 12.9%보다 2배 이상 높았다. 이 병에 감염되면 희소한 인적 자본이 파괴된다. AIDS에 걸린 사람들의 대부분이 가장 생산적인 연령에 있기 때문에, 사망자의 증가는 대규모의 사회적 붕괴를 초래한다. 아이들의 교육은 부모의 의

를 가진다. UN은 인구전망에서 향후 50년 동안 세계 모든 나라의 TFR이 현재의 수준에서 대체출산율로 수렴할 것으로 전망했다. 구체적으로는 2050년까지 거의 모든 나라의 TFR은 2.1이 될 것으로 전망했다. 이런 결과는 많은 개발도상국에서 출산율이 급하게 하락할 것을 의미하지만 많은 부유한 나라에서는 출산율이 오히려 상승할 것을 의미한다.

부유한 나라의 출산율

선진국 그룹의 합계출산율은 2009년에 여성 1인당 1.74명이었다. 그러나 그룹 내의 편차가 크게 나타났다. 미국의 TFR은 2.05명으로 부유한 나라 그룹 중에서 가장 높은 합계출산율을 보였다. 다른 극단적인 예는 대체출산율에 훨씬 못 미치는 출산율을 보인 나라로 이탈리아(1.41명), 스페인(1.40명), 일본(1.37명), 독일(1.36명), 한국(1.28명) 등

---

3) UNAIDS(2010).

료비용 때문에 뒷전으로 밀린다. 코트디브와르의 한 연구에 의하면 AIDS 환자를 가진 가정은 아이들의 교육비를 절반으로 줄인 것으로 나타났다. 이 전염병은 많은 아이들을 고아로 만들어 버렸는데, 이 아이들은 다른 아이들과 같은 수준의 교육투자를 받지 못한다.

HIV/AIDS에 의한 인구감소는 위와 같은 부정적 영향을 상쇄시키는 측면이 있다. 이 병은 사망률을 높이거나 여성 감염자의 가임률을 낮추는 등의 생물학적 영향 외에도 HIV는 피임수단인 콘돔 사용을 부추김으로써 인구증가율을 낮추기도 한다. 물적 자본과 토지가 희소하거나 근로연령층에 비해 아동의 비율이 높은 나라에서는 출산율 저하가 소득을 상승시키는데 큰 효과가 있다.

HIV/AIDS의 경제적 영향을 종합적으로 계산하기란 쉽지 않다. 세계은행의 한 연구는 이 질병이 아프리카의 1인당 GDP를 연간 0.5%나 위축시켰다고 주장하였다. 그러나 경제학자인 알윈 영(Alwyn Young)은 논란의 소지가 있지만 그의 연구논문들을 통해 HIV가 앞으로 수십 년 동안 사하라 이남 아프리카의 1인당 소득을 높일 것이라고 주장하기도 했다. 영은 HIV로 인해 높아진 경제성장이 추가적인 자원을 생산해내고 그 양은 이 질병으로 고통 받는 사람들을 돌보기에 충분함을 보였다.*

AIDS로 인한 사망자 수가 이미 엄청남에도 불구하고 이 전염병은 이제 막 시작단계에 있을 가능성이 많다. 여러 나라에서 이 병의 전염이 수그러들지 않고 있다. 최근에 치료법이 진전되어 부유한 나라에서는 HIV 환자의 생존율이 크게 높아졌지만 이런 치료들은 너무 비싸기 때문에 AIDS로 인한 개발도상국의 사망률에는 큰 영향을 주지 못한다. UN은 질병의 확산에 대응하여 이 병으로 인한 사망누계와 태어나지 못할 아이들을 고려하여 최근에 2050년의 세계 인구 전망치를 3억 명이나 줄였다.

* Fox et al.(2004), Young(2005, 2007), Wehrwein(1999/2000), Fylkesnes(1997).

이 있다. 대규모의 이민이 없다면 이처럼 낮은 출산율은 인구를 감소시킬 것이다. 예컨대, 일본의 인구는 2009년에 1억 2,700만 명에서 2055년에는 29%가 줄어든 9천만 명이 될 것으로 예측되었다.[4] 저출산율은 평균연령을 상승시키는 효과를 보이는데, 이 문제에 관해서는 5.2절에서 다시 논의하기로 한다.

여러 선진국에서 나타나고 있는 현저하게 낮은 출산율 때문에 정치인들과 언론인들은 이 문제를 여론에 호소하기 시작했으며 스스로를 재생산하지 않는 사회에는 뭔가 혐오스런 것이 있다는 견해를 가진 사람들도 많다. 어떤 학자는 "선진세계는 집단자살을 범하는 과정 중에 있다."고 주장했다.[5]

이러한 논의의 밑바닥에는 출산율이 대체출산율과 같아지는 것이 자연스러운 현상인가라는 질문이 깔려 있다. 간단히 대답하면 "아니요"다. 이미 제4장에서 보았듯이

---

4) Kaneko et al.(2008).

5) Drucker(1997).

맬서스의 모형은 인구증가가 생활수준을 저하시키며 생산성 수준이 비교적 일정한 환경에서 인구증가율이 0에 근접하는 원인을 설명해 준다. 그러나 오늘날의 부유한 나라에서는 이런 조건들이 성립하지 않는다. 따라서 맬서스의 메커니즘은 경제를 0%의 인구증가율에 근접시키지 못한다. 우리는 제4장에서 경제성장이 자녀를 가지려는 유인을 축소시키는 각종 메커니즘에 관해서 배웠다. 예를 들어, 자녀를 가지기 때문에 누리는 경제적 편익보다 비용이 더 클 수 있다. 경제적 조건만 보면 자녀를 가질 때의 편익보다 비용이 더 크기는 하지만, 자녀는 부모에게 여전히 '효용(utility)'을 제공하기 때문에 부모는 계속해서 자녀를 갖는다. 그러나 비용·편익의 계산과정 어디에서도 부모들이 평균 2.1명의 자녀를 원한다는 사실은 발견되지 않는다.

출산율이 대체출산율 이하로 하락했다는 사실을 출산율이 그 수준에 계속 머물 것이라는 의미로 받아들일 필요는 없다. 그것은 사람들의 선호가 변할지 모르며, 정부가 자녀를 갖는 데 대한 유인을 증가시킬지도 모르기 때문이다(그러나 출산율이 가장 낮은 유럽 국가에서는 이미 탁아 보조금과 대학까지 무상교육 등의 유인책들이 상당히 많이 지원정책으로 동원되고 있다). 더욱 중요한 것은 현재 관찰되고 있는 낮은 수준의 출산율은 통계적 착각일 가능성이 있다("속도효과" 참조).

▶ **그림 5.3**

일본의 합계출산율 : 실적과 전망

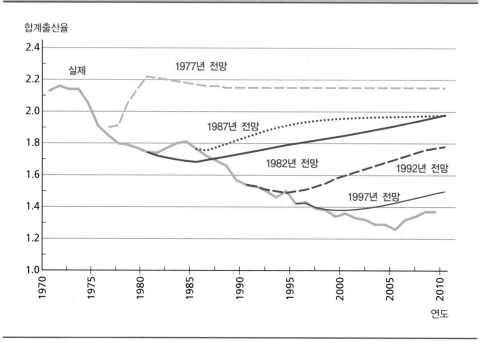

자료 : Yashiro(1998).

출산율 전망이 얼마나 어려운지는 과거의 전망값이 얼마나 잘못되었는지 조사하면 분명해진다. 예를 들면 〈그림 5.3〉은 일본의 실제 TFR과 여러 시점에서 작성된 전망값을 함께 표시한 것이다. 인구학자들은 일관되게 머지않아 TFR이 대체출산율 수준을 회

속도효과

여러 선진국의 극히 낮은 출산율은 관심의 근원이다. 한국의 최근 TFR은 1.3에 불과한데 이런 수준이 지속된다면 인구는 한 세대가 지날 때마다 1/3씩 감소한다. 그러나 이 숫자를 자세히 검토해 보면 낮은 TFR이 반드시 여성들이 자녀를 덜 낳기 때문에 발생한 현상은 아니라는 점을 이해할 수 있다. 혼돈이 생긴 이유는 평균 출산연령의 상승이 TFR에 영향을 미쳤기 때문이다. 이런 현상을 **속도효과**(tempo effect)라고 부른다.

속도효과를 설명하기 위해서 다음과 같은 간단한 예를 들어 보자. 어떤 나라에서 모든 여성들이 같은 해에 모두 아이를 1년 늦게 낳기로 결정했다고 하자. 즉, 21세에 아이를 가질 계획을 세웠던 여성은 22세에 아이를 가질 것이며, 22세에 아이를 가지려고 했던 여성은 23세에 아이를 가지게 된다. 이 결정을 내렸을 때 마침 22세가 된 여성은 원래 21세에 계획했던 아이는 이미 가지고 있겠지만 그 해에는 아이를 가지지 않는다. 이 여성은 원래 22세에 가지려고 했던 아이를 23세에 갖는다. 따라서 여성들이 출산을 연기하는 결정을 내린 시점의 1년간은 아이들이 태어나지 않으며 TFR은 0이 된다. 그러나 이듬해의 TFR은 출산을 연기하기 이전의 수준으로 복귀할 것이다.

여성들이 출산을 연기하기로 결정한 나라의 TFR 데이터를 조사하는 인구학자는 이 나라의 여성들이 더 이상 출산하지 않기로 결정했다는 결론을 내릴지도 모른다. 그러나 이 해석은 틀렸다. 결국에는 모든 여성들은 과거에 계획했던 자녀들을 모두 가질 것이다.

우리는 이 예로부터 출산 연기와 측정된 TFR의 하락에 관한 단순한 규칙을 유도해 낼 수 있다. 한 해에 출산을 x% 연기하면 TFR은 원래 수준보다 x% 감소한다. 한 예로 출산 연기를 하지 않았을 때의 TFR이 2.0이었다면 한 해 동안 10%의 출산 연기는 TFR을 1.8로 감소시킬 것이다.

부유한 국가의 TFR 데이터를 고려하면 이런 유형의 출산 연기가 과연 데이터에서 관찰되는 인구대체 출산율에도 못 미치는 낮은 수준의 TFR을 설명할 수 있는지 묻게 된다. 대부분의 선진국에서 출산 연령이 높아지고 있다는 것은 분명한 사실이다. 영국에서는 1970~1995년에 걸쳐 평균 초산 연령이 23.5세에서 26.3세로 거의 3년 가까이 늘어났다. 한 연구에서는 1985~1989년의 기간 동안 산업국가에서의 속도효과가 TFR을 여성 1인당 평균 0.25명 하락시킨 것으로 조사되었다. 속도효과가 여성 1인당 0.4명의 설명력을 가지는 프랑스의 경우에는 속도효과를 조절하는 것만으로도 TFR이 인구대체 출산율에도 못 미치는 현상을 반전시킨다.[*]

대부분의 선진국에서 TFR의 하락이 속도효과에 의해서 정확히 어느 정도 설명되는지에 관해서는 인구학자들이 대답하기 어렵다. 그것은 인구학자들이 현재 가임기에 있는 모든 여성들의 일생을 관찰해야 하기 때문이다. 그러나 20년 이상 출산율이 인구대체 출산율을 훨씬 밑돌았던 일본이나 다른 나라들에서는 속도효과가 출산율 감소 현상을 아주 조금밖에 설명하지 못하는 것 같다.

[*] Bongaarts(2001).

복할 것이라고 전망했지만 이 나라의 TFR은 지난 30년 동안 계속 하락해 왔다. 미국의 인구학자들도 이보다 더 잘 전망하지는 못했다. 그들은 제2차 세계대전 이후의 베이비 붐과 그 이후의 '베이비 불황(baby bust)'의 전망에 실패했다(그림 4.10 참조). 예를 들면, 미국에서는 1964년에 4백만 명의 아기들이 태어났는데 인구조사국(Census Bureau)은 10년 안에 신생아 수가 연간 5백만 명에 이를 것이라고 전망했다.[6] 그러나 1974년에는 320만 명의 아기만 태어났다.

가난한 나라의 출산율

세계에서 가장 가난한 나라들이 맬서스 모형이 말하는 0%의 인구증가율 균형에서 이탈한 것은 불과 몇 십 년 되지 않았다. 우리가 제4장에서 보았듯이 사망률의 급속한 하락은 이보다 훨씬 완만한 속도로 진행된 출산율의 하락과 결합하여 대부분의 개발도상국들이 상당히 높은 인구증가를 경험하게 되었다. 개발도상국 인구의 향후 추이는 출산율의 하락이 얼마나 빠르게 지속되느냐에 달려 있다.

데이터는 최근 수십 년 사이에 출산율의 하락이 고르지 않았음을 보여 주고 있다. 〈표 5.1〉은 2004년의 인구규모와 1970~1975년과 2000~2005년의 개발도상국 전체 및 각 지역별 합계출산율을 비교해서 보여 주고 있다. 개발도상국 전체로는 TFR이 여성 1인당 5.5명에서 2.9명으로 하락했다. 사하라 이남 아프리카의 출산율은 약간 하락한 반면에, 중국의 출산율은 대체출산율 이하로 떨어졌다. 그리고 남아시아에서 출산율은

▶ 표 5.1

개발도상국의 출산율

	2004년 인구 (백만 명)	1970~1975년 합계출산율	2000~2005년 합계출산율
개발도상국 전체	5,093.60	5.50	2.90
사하라 이남 아프리카	689.6	6.80	5.50
아랍국가	310.50	6.70	3.70
동아시아(중국 제외)	636.10	5.45	3.19
중국	1,307.99	4.90	1.70
남아시아(인도 제외)	441.00	6.21	3.94
인도	1,087.12	5.40	3.10
라틴아메리카 및 카리브해 국가	548.30	5.10	2.60

자료 : United Nations Development Program(2007).

---

6) Mankiw and Weil(1989).

가파르게 하락했지만 여전히 대체출산율보다는 높은 수준을 유지하고 있다.

〈그림 5.1〉을 논의하면서 언급했지만 UN의 인구추정값은 대부분의 개발도상국에서 2050년까지는 출산율이 대체출산율 수준으로 하락할 것이라는 가정을 밑바탕에 깔고 있다. 이 가정이 얼마나 중요한가 보이기 위해서 UN은 다른 가능한 출산율들에 대해서 전망값을 시산했다. 가장 극단적인 경우로 UN은 각 지역의 출산율이 현재 수준을 그대로 유지한다고 가정했다. 세계 인구가 2050년에 94억 명, 2100년에는 104억 명이 될 것이라는 베이스라인 시나리오와 비교할 때 현재와 동일한 출산율을 유지하는 시나리오는 세계 인구를 2050년에 149억 명, 2100년에는 571억 명으로 전망했다. 이 시나리오에서는 2100년에 아프리카 단일 대륙의 인구가 무려 300억 명으로 전망되었다. 베이스라인 전망에서 약간 벗어난 경우로 UN의 인구학자들은 개발도상국의 출산율이 계속 하락하지만 대체출산율 수준까지 하락하지는 않는다는 시나리오를 고려했다. 여기서 출산율은 대체출산율보다 0.5명이 더 많은 수준에서 안정되었다고 가정했다. 이 시나리오에서 세계인구는 2050년에 111억 명, 2100년에는 175억 명에 도달한다.[7] 이와 같은 시나리오 분석은 미래의 출산율이 조금만 차이 나도 얼마나 다른 결과가 나오는지 보여 준다.

우리가 왜 UN의 베이스라인 출산율 가정에 대해서 회의적인지 이해하기 위해 〈그림 5.4〉의 1인당 소득수준과 합계출산율(TFR) 간의 관계를 조사해 보자. 이를 위해 2009년에 인구 1억 4,900만 명으로 아프리카에서 가장 인구가 많은 나라인 나이지리아에 대해서 UN의 가정이 암시하는 바를 알아보기로 한다. UN은 나이지리아의 TFR이 2009년에 5.6명이었으며, 2050년에는 2.1명이 될 것이라고 전망했다. 한편 나이지리아의 1인당 GDP는 2009년에 2,034달러였다. 만약 나이지리아의 1인당 소득이 2009년부터 연간 2%라는 합리적인 속도로 증가한다면 2050년에는 4,581달러가 될 것이다. 〈그림 5.4〉에 따르면 이 정도의 1인당 소득을 가진 나라들은 현재 3.0의 TFR을 보이고 있다. 달리 표현하면, UN은 대부분의 국가가 과거에 대체출산율에 도달했을 때의 소득보다 훨씬 낮은 소득에서 나이지리아가 대체출산율에 도달할 것으로 가정하고 있다. 대체출산율에 도달할 때의 소득수준이 날이 갈수록 하락하고 있기 때문에 이런 결과가 불가능할 이유는 없다. 이 기간 중에 나이지리아의 1인당 소득이 2%보다 빠르게 증가할 수도 있다. 그러나 이런 분석은 최소한 UN 전망값이 시험적 혹은 낙관적인 특징이 있음을 지적하고 있다.

---

7) United Nations Population Division(1998a).

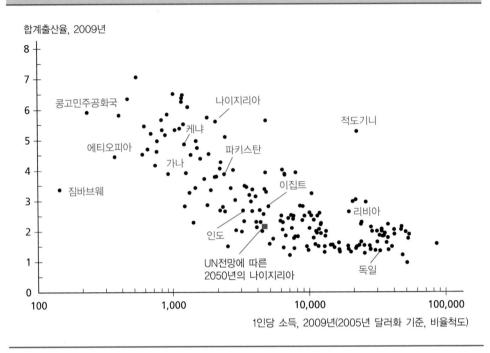

그림 5.4
1인당 소득과 합계출산율

합계출산율, 2009년

자료 : Heston, Summers, and Aten(2011), *World Development Indicators* database.

인구학적 모멘텀

제4장에서 우리는 재생산율이 1(여성 한 사람이 1명의 딸을 낳음)인 나라에서는 결국 인구증가율이 0%가 됨을 알았다. 여기서 결국이라는 단어가 중요하다. 재생산율(NRR) 이 1인 나라라고 해서 곧바로 인구증가율이 0%가 될 필요는 없다. 그 이유는 새로 태어나는 아기의 수는 한 여성이 갖는 아기의 수와 가임기에 있는 여성의 수에 좌우되기 때문이다. 한 여성이 갖는 아이의 수가 일정하다고 하더라도 가임기에 있는 여성의 수가 많아지면 새로 태어나는 아기의 수는 증가할 것이다. 이와 같은 현상을 **인구학적 모멘텀**(demographic momentum)이라고 한다.

인구학적 모멘텀의 중요성을 이해하기 위해서 높은 출산율과 빠른 인구증가율을 보이는 나라를 생각해 보자. 매년 태어나는 아기들의 수는 빠르게 증가할 것이다. 이렇게 출산이 증가한 결과 노년층보다는 젊은 연령층의 인구가 더 많아진다. 예를 들면, 40세 인 사람들보다 신생아가 더 많다. 이제 출산율이 NRR이 1이 되는 수준까지 갑자기 하락했다고 가정하자. 초기에는 가임기에 있는 여성들이 아기를 덜 낳기 때문에 매년 새로 태어나는 아기들의 수가 감소할 것이다. 그러나 시간이 지나면 가임기에 있는 여성의 수가 늘어나기 때문에 새로 태어나는 아기들의 수도 증가할 것이다. 몇 세대가 지나서 이런 인구학적 모멘텀의 영향이 사라지고 나면 인구증가율은 0이 된다.

인구학적 모멘텀은 출산율이 가장 높은 국가에서 가장 높은 경향을 보인다. 따라서 이러한 국가에서 미래의 인구증가율은 다음 두 가지 이유 때문에 높을 것이다. 하나는 당초의 TFR이 높기 때문이며 다른 하나는 TFR이 하락한다고 하더라도 인구학적 모멘텀으로 인하여 인구증가율이 높게 유지되기 때문이다. 이런 나라들에서 TFR이 빠르게 하락하는 것은 언제나 가능하지만 대재앙이나 다름없는 사망률의 폭증, 대규모의 이주, 대체출산율보다 훨씬 낮은 수준까지 TFR이 삼소하는 현상 등은 인구학적 모멘텀이 제 역할을 하지 못하도록 할 것이다.

인구학적 모멘텀의 영향력을 효과적으로 측정하는 척도는 15세 미만의 인구 비율이다. 이 연령층의 인구비율이 큰 나라는 가임기에 있는 여성의 수가 증가하기 때문에 거의 확실하게 향후 수십 년 동안 인구 증가가 나타난다. 아프리카의 36개국을 포함하여 현재 47개국에서는 15세 미만의 인구비율은 최소 40%이다. 이와는 대조적으로 미국의 15세 미만의 인구 비율은 20%, 일본은 13%이다.

인구학적 모멘텀 때문에 장래의 인구증가는 거의 불가피하다. UN은 모든 부부들이 1995년부터 대체출산율 수준에서 아기를 낳기 시작했다고 가정하더라도 인구학적 모멘텀 때문에 2050년까지는 세계 인구가 84억 명이 될 것이며, 2150년에 최종적으로 안정될 때까지 95억 명이 될 것으로 계산하였다. 인도에서는 1995년에 출산율이 대체출산율에 도달했다고 하더라도 2009년의 인구 11억 6천만 명은 2050년까지는 14억 명으로 증가할 것이다.

인구학적 모멘텀은 다음 수십 년간의 인구증가에 관해 많은 것을 이야기해 주지만 더 긴 장래를 보면 그 중요성은 떨어진다. 최장기를 볼 때 인구 증가의 가장 중요한 결정요인은 출산율인데 우리가 이것을 추측해 볼 수 있는 이론적 근거는 거의 없다.

최장기에 걸친 인구전망

〈그림 5.5〉는 경제학자 로스토(W. W. Rostow)가 세계 인구에서 '거대한 스파이크(뾰족한 모양)'라고 명명한 것을 재현한 그림이다. 이 그림의 왼쪽 절반은 제4장에서 이미 보았다. 인구증가율은 인류역사의 대부분의 기간 동안 거의 0%에 머물렀으나 산업혁명 이후 2세기에 걸쳐 전례 없이 치솟아 1970년경에 정점에 도달했다. 그림의 오른쪽 절반은 추측에 근거했다. 로스토는 인구증가율이 정점에 도달한 후 200년간은 인구증

지구는 몇 명의 사람들을 수용할 수 있을까?

1968년에 생물학자 폴 에리히(Paul Ehrlich)는 과잉인구의 위험을 경고하는 『The Population Bomb』이라는 책을 출판하였다.* 에리히는 당시의 인구가 (약 35억) 이미 지구가 지탱할 수 있는 한계를 넘었다고 판단했다. 에리히는 개발도상국은 물론 선진국에서도 대규모의 기아와 과잉인구의 결과로 인해 발생하는 생태계의 재앙이 임박했음을 예고했다.

그 이후 44년 동안 에리히의 예언은 성취되지 않았다. 대부분의 국가에서 출산율이 하락했음에도 불구하고 에리히가 재난을 피하기 위해 필요하다고 생각했던 강제적인 인구감축은 거의 없었다. 1968년 이후 지구상의 인구는 거의 2배로 늘어났지만 세계 각국에서 생활수준은 오히려 향상되었으며 에리히가 상상했던 환경의 붕괴는 발생하지 않았다.

에리히의 분석은 오랜 전통의 일부였다. 경제학자, 인구학자, 과학자 및 다른 여러 사람들은 "지구는 몇 명의 사람들을 수용할 수 있을까?"라는 문제에 도전했다. 다음의 예들을 살펴보자.

● 현미경을 발명한 안토니 반 레벤후크(Antoni van Leeuwenhoek)는 1679년에 세상의 모든 땅이 네덜란드 정도의 인구밀도가 된다면 지구의 최대 인구는 134억 명이 될 것이라고 계산했다.

● 1931년에 웰즈(H. G. Wells)는 당시의 세계 인구(19억 명)가 "안전한 지점을 지나서 유복한 생물학적 균형을 유지할 수 있는 수준보다 더 많아졌을지 모른다."고 기록했다. 그는 "의심할 나위 없이 지구는 암울한 수십 년을 바닥 생존수준에서 삶의 질이 격하된 인류를 19억 명 이상 수용할 수 있다. 어떤 전문가들은 그 수를 70억까지도 본다. 그러나 누가 그것을 원할까?"라고 말했다.†

● 1976년 「Scientific American」에 수록된 한 논문은 지구상의 서로 다른 종류의 모든 토양과 기후로부터 생산될 수 있는 잠재적인 농작물 수확량을 조사하였다. 이 논문은 하루 2,500칼로리의 음식물을 기준으로 한다면 지구가 400억 명까지 수용할 수도 있다고 결론지었다.

● 1998년에 월드워치 연구소(Worldwatch Institute)는 최대인구가 110억 명까지도 늘어날

가율이 0%로 되돌아가는 대칭과정일 것이라고 가정했다. 오랜 역사를 통해 볼 때 이 인구증가 사건은 스파이크처럼 보일 것이다.[8] 그러나 우리는 이 패턴을 얼마나 확신하는가?

훨씬 먼 장래에도 높은 인구증가율이 지속될 것이라는 생각에 반대되는 주장은 복리(複利)의 힘(power of compounding)을 되새겨 보면 알 수 있다. 간단한 예를 들어 보자. 만약 인구가 매년(현재의 인구증가율보다 낮은) 1%의 증가율로 계속 늘어난다면 2200년에는 450억 명이 되며 2512년에는 1조 명으로 불어날 것이다. 장기전망에 커다

---

8) Rostow(1998).

수 있다고 계산하였는데, "이 수준을 넘으면 기근, 질병, 전쟁 등이 발생하여 인구감소 혹은 와해를 촉발할 가능성이 있다."고 했다.[†]

인구학자 조엘 코헨(Joel Cohen)은 1679년부터 1994년 사이에 출판된 자료로부터 지구가 수용할 수 있는 인구의 추정값을 65개나 수집했다. 이 추정값에는 10억보다 약간 미달하는 숫자부터 1조가 넘는 숫자까지 분포되어 있다.[§] 이 전망값들을 논의하면서 코헨은 다음 세 가지 요점을 정리했다.

첫째, 지구가 몇 명의 사람들을 수용할 수 있는지는 이 사람들이 누리게 될 생활수준에 달려 있다. 지구는 큰 집보다는 작은 집에 사는 사람, 육식주의자보다는 채식주의자, 미국 사람보다는 중국 사람 정도의 생활수준에 있는 사람을 더 많이 수용할 수 있다. 따라서 생활수준의 기준을 정하지 않고 지구가 몇 명의 사람들을 수용할 수 있을지 논의하는 것은 불합리하다.

둘째, 지속성의 문제가 있다. 많은 인구는 천연자원의 재고를 고갈시킴으로써 수용이 가능할 것이다. 따라서 지구가 현재는 70억 명을 수용하고 있음에도 불구하고 장기적으로는 이만한 인구를 수용하지 못할 가능성이 있다. 이 문제에 관해서는 제16장에서 다시 논의하기로 한다.

마지막으로, 어떤 기술수준을 염두에 두고 있는지도 중요하다. 200년 전의 기술을 사용한다면 오늘날의 70억 명의 세계 인구는 현재 수준에서는 말할 것도 없고 생존수준에서조차 살아가기 힘들다. 사실 맬서스 모형은 당시에 살았던 9억 명이 생존수준에서 계속 살아갈 수 있었던 최대 인구였다고 암시한다. 이와 유사하게 향후 200년 혹은 20년간 수용할 수 있는 인구규모는 미래의 기술발전에 달려 있을 것이다.

이런 이유들 때문에 "지구는 몇 명의 사람들을 수용할 수 있을까?"라는 질문은 잘못된 것이며 우리는 이 질문에 답변을 하려고 해서도 안 된다. 그러나 이 질문이 답하려고 하는 것은 "자원의 한계가 성장에 얼마나 중요한가?"라는 점이다.

[*] Ehrlich(1968).

[†] Wells(1931), p. 190.

[‡] Worldwatch Institute(1998).

[§] Cohen(1995).

란 불확실성이 포함되어 있지만 많은 사람들은 이런 결과가 나올 수 없다고 생각하고 있으며 어느 누구도 이 결과를 지나치게 믿어서는 안 된다("지구는 몇 명의 사람들을 수용할 수 있을까?" 참조).

미래의 역사학자들은 '거대한 스파이크' 대신 인구증가율이 0%에서 항구적으로 높은 수준에 도달하는 '거대한 계단(great step)'이 될 가능성을 이야기할 수 있다.

미래의 인구증가율에 대해서 로스토의 예측 방향이 아예 틀릴 수도 있다. 로스토는 인구증가율이 0%로 되돌아올 것이라고 예측했다. 만약 인구증가율이 0% 이하로 하락한다면 어떻게 될 것인가? 200년간 인구가 증가했기 때문에 같은 기간 동안 인구가 줄어들 수는 없는가? 여러 선진국에서는 이미 인구가 줄어들 것이라고 예측되었으며, 개

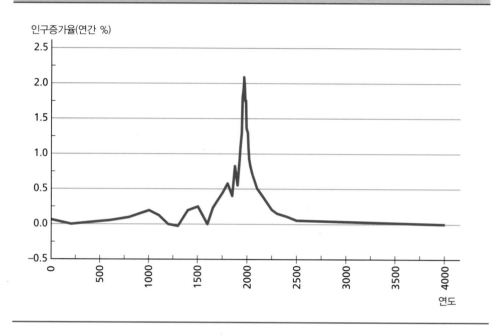

그림 5.5
세계 인구증가율의 '거대한 스파이크'

발도상국도 선진국의 전례를 따라가는 것이 아예 불가능해 보이지는 않는다. 이 경우에 미래의 역사학자들은 인구증가율의 '거대한 스파이크' 대신 '거대한 지그재그(zigzag)'를 이야기할 것이다.

미래의 인구수준에 관한 이런 불확실성은 〈그림 4.2〉의 왼쪽기간처럼 인류역사의 대부분의 기간 동안 거의 일정한 인구를 유지했던 것과는 커다란 대조를 이룬다. 우리는 인구가 거의 변동하지 않았던 현상에 관한 설명을 제4장에서 이해했다. 맬서스의 인구모형에서는 소득수준이 0%의 인구증가율로 하락할 때까지 인구가 계속 증가한다. 그러나 대부분의 선진국에서는 약 200년 전부터 맬서스의 모형을 더 이상 적용하기 어렵다는 것을 알았다. 소득은 인구증가를 억제하는 수준보다 훨씬 더 높아졌다. 그러나 높은 소득이 자동으로 인구증가율을 높인다는 맬서스의 관계는 뒤집어졌다.

결과적으로 우리가 맬서스 모형의 지배를 더 이상 받지 않는 세계에 있는 한 우리는 인구의 장기진로에 관해서 알 수 있는 것이 거의 없다. 우리는 다음 수세기 간에 걸친 인구 추세는 비교적 확신할 수 있지만 아주 먼 미래의 인구 추세는 전혀 알 수 없다.

5.2 인구학적 변화의 경제적 효과

인구학적 변화가 경제성장에 미치는 효과를 분석하기 위해서 제4장에서 개발한 기법을 활용하여 인구증가율의 둔화가 산출에 미치는 영향부터 살펴보자. 그 후에 예측 가능한 인구변화가 갖는 추가적인 경제적 함의를 조사한다. 최장기에 걸쳐서 예측값에 관한 불확실성이 주어져 있다고 할 때의 시계(視界)를 향후 50년으로 국한하기로 한다.

인구증가의 둔화

이미 보았듯이 2000~2050년의 세계인구의 증가율(연간 0.9%)은 지난 50년간 인구증가율(연간 1.8%)의 절반에 그칠 전망이다. 〈표 5.2〉는 UN이 정의한 3개의 국가군별에 대한 인구증가율의 변화를 보여 준다. 국가군에는 북미, 유럽, 일본, 호주와 뉴질랜드 등의 선진국, 세계에서 가장 가난한 48개국을 포함하는 후진국, 그리고 선진국과 후진국 사이의 중진국이 있다. 증가율의 둔화는 2/3 가량이 하락하는 중진국에서 가장 뚜렷하다. 선진국에서도 큰 폭의 인구증가의 둔화가 발생하는데 인구증가율이 0%에 수렴할 것으로 보인다. 후진국에서는 높은 출산율과 인구학적 모멘텀 효과로 인하여 인구증가의 둔화세가 미미할 것으로 보인다.

우리는 제4장에서 소개한 인구증가를 용인하는 확장된 솔로우 모형을 활용하여 인구증가의 변화가 가져오는 경제적 효과를 조사할 수 있다. 근로자가 증가하면 개별 근로자가 마음대로 사용할 수 있는 자본이 줄어들기 때문에 빠른 인구증가율은 근로자 1인당 산출을 낮춘다는 사실을 기억하라. 이 효과를 자본희석이라고 했다. 제4장에서 우리는 인구증가율을 제외한 다른 모든 조건이 동일한 두 나라의 근로자들이 1인당 정상상태에서 결정되는 소득비율 방정식을 도출하였다. 이 방정식은 다음과 같다.

$$\frac{y_i^{ss}}{y_j^{ss}} = \left(\frac{n_j + \delta}{n_i + \delta}\right)^{\alpha/(1-\alpha)}$$

▶ 표 5.2

국가군별 연평균 인구증가율

국가군	1950~2000년	2000~2050년
선진국	0.8%	0.0%
중진국	2.1%	0.8%
후진국	2.4%	2.1%

여기서 i와 j는 두 나라, n_i와 n_j는 인구증가율, y_i와 y_j는 근로자 1인당 소득수준, δ는 감가상각률이다. 모수 α는 콥−더글라스 생산함수에서 자본에 붙는 지수이다.

　인구증가율 둔화에 따른 효과를 파악하기 위해서 앞의 공식을 적용할 수 있다. 앞의 식을 두 나라 간 근로자 1인당 소득차이를 보이기 위한 공식으로 해석하는 대신, 한 나라 혹은 한 국가군에서 두 시점 간의 근로자 1인당 소득을 비교하는 공식으로 해석할 수 있다. 구체적으로 인구증가율이 2.1%에서 0.8%로 하락한 중진국의 경우를 상정하자. 이러한 변화가 근로자 1인당 산출에 어떤 변화를 초래하는지 계산하기 위해서 이 숫자들을 공식에 대입한다. 예를 들어, 국가 i의 인구증가율을 0.8%로, 국가 j의 인구 증가율을 2.1%로 가정한다. δ와 α는 제4장과 같이 각각 0.05, 1/3이라고 하자.

$$\frac{y_i^{ss}}{y_j^{ss}} = \left(\frac{0.021+0.05}{0.008+0.05}\right)^{1/2} \approx 1.11$$

이 결과는 중진국에서 인구증가율의 둔화가 정상상태에서 11%의 근로자 1인당 산출 증가를 시사하고 있다.

　그러나 제4장에서 이 계산은 α값에 민감하다는 사실을 알았다. 제6장에서 자세한 이유를 설명하겠지만 일단 $\alpha = 2/3$에 대해 아래와 같이 다시 계산하였다.

$$\frac{y_i^{ss}}{y_j^{ss}} = \left(\frac{0.021+0.05}{0.008+0.05}\right)^{2} \approx 1.50$$

이 경우에 중진국에서 인구증가율의 둔화는 근로자 1인당 소득을 50% 상승시킬 것이다.

　따라서 인구증가율의 둔화는 자본희석 효과를 축소시킴으로써 경제성장의 속도를 가속시킬 것이다. 그러나 인구증가율의 둔화에도 불구하고 인구는 계속해서 늘어날 것이다. 2050년까지 지구상에 30억 명의 인구가 더 늘어날 것으로 예측되는데 대부분의 인구증가는 가난한 국가에 집중되어 있다. 이렇게 증가한 인구가 경제에 어떤 영향을 미치는지 생각해 보기 위해서 맬서스 모형을 사용하는 것은 당연하다. 인구증가는 1인 당 천연자원의 사용량을 줄어들게 만들며 그 결과 1인당 산출수준에 음(陰)의 영향을 미친다. 이 문제에 관해서는 제16장에서 다시 논의한다.

인구의 고령화

현재 진행 중인 인구학적 변화 가운데 가장 중요한 것은 세계 인구의 고령화이다. 2000~2050년의 기간 중 지구상에 살고 있는 사람들의 중간 나이는 26.5세에서 36.2세로 약 10년 높아질 것으로 예상된다. 이런 고령화 현상은 사망률의 감소와 출산율의 둔화 때문에 발생한다. 이 중에서 사망률의 감소가 더 직접적인 영향을 준다. 모든 사람이 노년기까지 산다면 평균연령이 높아지는 것은 당연하다. 출산율이 인구 고령화에 미치는 영향은 이보다는 좀더 파악하기 어렵다. 출산율의 감소는 인구가 증가하는 속도를 늦추며 예전에 태어난 사람들이 최근에 태어난 사람들의 비율을 낮추기 때문에 인구의 평균연령을 높이는 원인이 된다.

〈그림 5.6〉은 1950년부터 2050년 사이에 인구의 연령구조가 어떻게 바뀌는지 보여 준다.[9] 데이터는 〈표 5.2〉의 국가군에 대해서 그래프로 표현되어 있다. 각 국가군에 대해 인구는 세 가지 연령범주, 즉 아동층(0~14세), 근로연령층(15~64세), 노년층(65세 이상)으로 구분된다.

그림이 보여 주고 있듯이 세계 곳곳에서 아동층의 인구비율이 계속 하락하고 있는 반면에, 노년층의 인구비율은 증가하고 있다. 그러나 이런 인구구조 변화의 시점은 국가군에 따라 차이를 보인다. 선진국에서는 이미 아동층의 인구비율이 상당히 하락했으며 향후 50년 동안에는 조금 더 하락할 것으로 예측되고 있다. 그러나 노년층의 인구비율은 현저하게 증가하고 있기 때문에 2050년까지는 아동층에 비해서 1.7배 더 많아질 것이다. 중진국에서도 2000~2050년의 기간 중에 아동층의 인구비율이 하락하고 노년층의 인구비율은 상승할 것이다. 그러나 2050년이 되어도 아동층이 노년층보다 여전히 많을 것이다. 또한 후진국에서는 아동층의 인구비율(2000년에 43%)이 매우 크지만 향후 50년에 걸쳐 이 비율은 상당히 빨리 하락할 것으로 예측된다. 후진국의 노년층 비율은 오늘날 아주 작으며 2050년에 이르러서도 7%에 불과할 것이다. 이 비율은 1950년 선진국의 노년층 비율이었다.

고령화가 경제성장과 어떤 관련이 있는지 알아보기 위해서는 제3장에서 **근로자 1인당 GDP**와 **1인당 GDP**의 구분을 상기시켜 보자. 한 나라의 생산성을 알고자 할 때는 근로자 1인당 GDP에 초점을 맞추는 것이 자연스럽다. 그러나 그 나라가 얼마나 잘사는지 알고자 할 때는 각 **사람**에게 해당되는 산출량인 1인당 GDP가 더 유용한 지표다.

이 두 지표가 어떤 연관이 있는지 이해하기 위해서 우선 다음 정의를 살펴보자.

$$근로자\ 1인당\ GDP = \frac{GDP}{근로자\ 수}$$

$$1인당\ GDP = \frac{GDP}{총인구}$$

---

9) United Nations Population Division(1998b).

앞의 두 방정식을 결합하여 정리하면 다음 식을 얻는다.

$$1인당\ GDP = 근로자\ 1인당\ GDP \times \left(\frac{근로자\ 수}{총인구} \right) \tag{5.1}$$

이 방정식은 국가 간 1인당 GDP에 차이가 발생하는 두 가지 이유를 강조하고 있다.

▶ **그림 5.6**

인구의 연령구조 변화, 1950~2050년

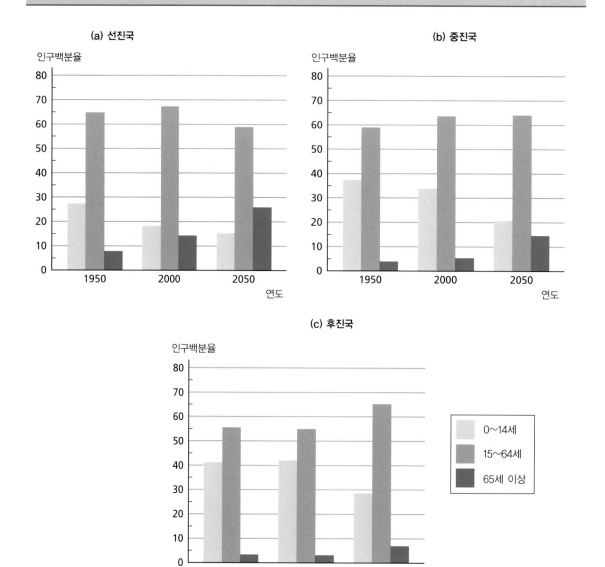

(a) 선진국

(b) 중진국

(c) 후진국

범례: 0~14세 / 15~64세 / 65세 이상

자료 : United Nations(2002).

근로자 1인당 GDP 수준이나 총인구에 대한 근로자 비율이 차이를 보이면 1인당 GDP
에 차이가 생긴다.

인구학적 상황은 한 나라의 총인구에 대한 근로자 비율을 결정하는 중요한 요인 중
하나다. 아동과 노년인구의 경제활동 참가율이 낮기 때문에 총인구에 대한 근로자의
비율은 총인구 중 근로연령(working age)의 비율에 큰 영향을 받는다(물론 근로연령에
대한 명확한 정의가 있는 것은 아니다. 제4장에서 보았듯이 여러 개발도상국에서는 아
이들이 상당한 경제적 기여를 하고 있다. 또한 노년층의 경제활동 참여 정도는 국가마
다 다르다. 그럼에도 불구하고 한 국가 내에서 중간 연령층의 인구비율 변동은 총인구
중 근로자의 비율에 영향을 미칠 것이다). 〈그림 5.6〉이 확실하게 보여 주듯이 현재 진
행 중인 고령화는 근로연령에 있는 인구비율을 상당히 변동시킬 것이다. 2000~2050년
의 기간 중에 근로연령층이 노년기에 진입하게 됨에 따라 선진국에서는 15~64세의 인
구비율이 67%에서 59%로 하락할 것으로 예상된다. 반면에, 후진국에서는 근로연령 비
율이 54%에서 65%로 높아질 것으로 예상된다.

〈그림 5.7〉의 그래프는 1950~2050년의 기간 동안 미국의 근로연령 비율이다.[10] 전
후 베이비 붐이 총인구 중 아이들의 비율을 높였기 때문에 1950년대에는 근로연령 비
율이 하락했다. 그러나 1965~1985년의 기간 중에는 베이비 붐 시기에 태어난 아이들
이 경제활동인구에 편입됨에 따라 근로연령 비율이 다시 상승했으며 이들이 은퇴할
2010~2030년 중에는 다시 하락할 것으로 예상된다.

근로연령에 있는 인구비율의 변화가 1인당 소득증가율에 미치는 영향을 계산하기
위해서는 식 (5.1)을 증가율 항목의 방정식으로 변환시켜야 한다.[11] 실제로 일하는 사
람들의 인구비율이 근로연령에 있는 인구비율과 동일하게 증가한다고 가정하면 다음
식을 얻는다.

1인당 GDP 증가율
= 근로자 1인당 GDP 증가율 + 인구 중 근로연령 비율의 증가율   (5.2)

---

10) 데이터는 U.S. Bureau of Census International Database로부터 얻었다. 지금부터 이 절의 마지막까지 근로
연령은 20~64세로 정의한다.

11) y^{cap}, y^{wrk}를 각각 1인당 소득 및 근로자 1인당 소득으로 정의하고 w를 총인구에 대한 근로연령의 비율이라
고 하자. 이 변수명들을 활용하면 식 (5.1)은

$$y^{cap} = y^{wrk} \times w$$

라고 쓸 수 있다. 양변에 로그를 취한 후 차분을 구하면 본문의 식인

$$\hat{y}^{cap} = \hat{y}^{wrk} + \hat{w}$$

를 얻는다.

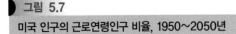

그림 5.7

미국 인구의 근로연령인구 비율, 1950~2050년

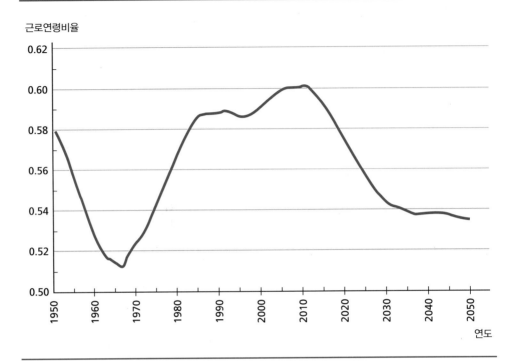

자료 : U.S. Census International Database.

이 방정식의 적용 예로 앞으로 다가올 미국의 근로연령 비율의 하락을 생각해 보자. 2010~2030년의 기간 동안 이 비율은 0.60에서 0.54로 하락할 것으로 예상된다. 이때 근로연령 비율의 연간 증가율은 다음과 같다.

$$근로연령\ 비율의\ 증가율 = \left(\frac{0.54}{0.60}\right)^{1/20} - 1 \approx -0.005 = -0.5\%$$

따라서 식 (5.2)를 이용하면 인구학적 변화는 미국의 1인당 GDP를 연간 0.5%씩 하락시킬 것임을 알 수 있다. 이와 유사하게 1965~1985년의 기간 중에는 근로연령 비율이 0.51에서 0.59로 높아졌는데, 이러한 인구학적 변화는 1인당 GDP를 연간 0.7% 상승시켰다.

〈표 5.3〉은 일정한 기간 동안 몇 개국에 대해 비슷한 계산결과를 보여 주고 있다. 일반적으로 출산율의 감소가 일찍 나타난 선진국은 이미 근로연령 비율이 상승한 시기를 지났으며 향후 수십 년간에는 근로연령 비율의 하락에 직면하게 될 것이다. 여러 개발도상국에서는 지난 수십 년간 출산율이 하락하고 있는데, 이는 근로연령 비율을 상승

▶ 표 5.3

각국의 인구고령화 현상

국가	기간	첫 해에 나이가 20~64세인 인구비율	마지막 해에 나이가 20~64세인 인구의 비율	고령화가 1인당 소득에 미치는 영향(연간 %)
일본	2000~2020	62.3	54.9	−0.6
말레이시아	1980~2010	45.9	54.1	0.6
멕시코	1985~2015	42.7	57.7	1.0
태국	1990~2010	55.2	62.3	0.6
터키	1990~2010	49.2	63.2	0.8
방글라데시	2000~2020	47.1	59.8	1.2

자료 : U.S. Bureau of Census International Database.

시키고 있다. 많은 경우에 이런 '인구학적 선물'은 경제성장에 지대한 영향을 줄 수 있다. 한 예로 방글라데시에서는 근로연령 비율의 증가가 2000~2020년의 기간 중 1인당 GDP를 연간 1.2%씩 상승시킬 것이다. 물론 이런 나라들은 언젠가 고령인구의 증가로 인해 생긴 문제를 처리해야 하지만 적어도 반세기 이후의 일이다. 마지막으로, 출산율이 여전히 높은 나라에서는 출산율이 감소하면 미래의 어느 시점에 1인당 GDP가 상승할 것이라는 희망을 심어 준다.[12]

1인당 GDP에 미치는 영향 외에도 고령화는 사회의 특성을 바꾸어 놓기도 한다. 예를 들어, 10대와 성인 전반기에 있는 사람들이 대부분 범죄를 일으키기 때문에 사회가 고령화될수록 범죄율은 하락한다. 그러나 젊은층은 사회의 역동성의 원인이 되기도 한다. 프랑스의 인구학자 알프레드 소비(Alfred Sauvy)는 인구증가를 멈춘 집단을 '낡은 집에서 낡아빠진 생각에 잠겨 있는 늙은이'라고 묘사했다.

세계지도 다시 그리기

다음 세기까지 포함해서 지난 수세기 동안 가장 중요한 인구학적 현상은 각 나라에 분포되어 있는 세계 인구의 이동일 것이다. 〈그림 5.8〉에는 아시아, 아프리카, 아메리카, 유럽 4개로 구분된 지리학적 지역에 거주하는 인구의 비율이 나타나 있다. 이 그림에는 인구의 상대적인 규모로 볼 때 중요한 변화가 보인다. 17세기 중반까지 유럽과 아프리카의 인구는 비슷했다. 그러나 그 후 250년간 유럽은 소득과 인구규모에 있어서

---

12) Bloom and Williamson(1998).

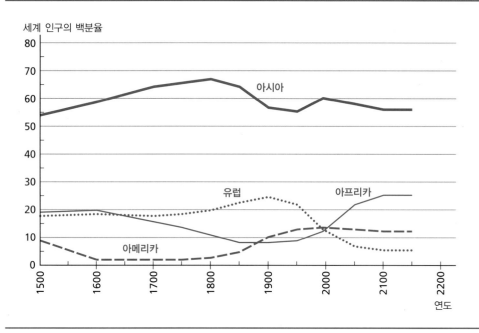

> **그림 5.8**
> **세계의 인구분포**

자료 : Livi-Bacci(1997), United Nations Population Division(2000).

도약을 경험한 반면에, 아프리카는 침체를 면치 못했다. 1900년 무렵에 이르러서는 유럽의 인구가 아프리카의 거의 3배에 달했다. 그 이후 한 세기 동안에는 유럽에서 출산율이 저하되고 아프리카에서 기대수명이(그 결과 순재생산율도) 상승함으로써 인구추세가 반전되었다. 2000년에 이르러서는 두 대륙이 인구규모면에서 다시 한 번 같아진다(이 계산은 유럽과 아프리카의 출산율이 2050년까지는 인구대체 출산율에 가까워질 것이라는 5.1절의 전망값에 근거하고 있다. 이런 출산율 전망값과 달리 유럽은 대체출산율보다 낮고 아프리카는 이보다 높은 현재 수준의 출산율을 유지한다면 2050년에는 아프리카의 인구가 유럽의 5배에 이를 것이다).

아메리카의 인구는 유럽인들의 '대륙발견'의 대재앙으로 인해 급격히 감소했다. 그 후 대규모의 이민과 19세기의 경제성장만으로 아메리카의 인구는 전체로 볼 때 세계에서 중요한 비중을 담당하는 수준까지 증가했다. 이와는 대조적으로 세계 인구에 있어서 아시아의 비중은 전 기간을 통해 대략 54%에서 67% 사이에서 큰 변동을 보이지 않았다.

이와 같은 대륙 간 인구의 재분배 외에도 국가 간 상대적 인구의 변화가 나타날 것이다. 5.1절에서 주목했듯이 많은 선진국에서는 인구가 줄어들 가능성이 있다. 이와는 대조적으로 많은 개발도상국에서는 완만하게 둔화하는 출산율과 인구학적 모멘텀이 결합하여 대규모로 인구가 증가할 것이 거의 확실하다. 구체적인 예를 들면 1950년에 파키스탄 인구(4,000만 명)는 일본(8,400만 명)의 절반도 안 되었다. 2000년에 이르러서는 파키스탄의 인구가 일본보다 약간 많아졌다(파키스탄 1억 4,100만 명 대 일본 1억 2,700만 명). 2050년이 되면 인구는 3배의 차이를 보일 것으로 전망된다(파키스탄 3억 4,400만 명 대 일본 1억 900만 명). 이런 정도의 상대적 인구규모의 변화는 거대한 정치·경제적 문제를 일으킬 수밖에 없다.

인구변화가 갖는 다른 중요한 측면은 인구가 가장 빠르게 증가하는 나라가 역시 가장 가난할 것으로 예상된다는 점이다. 따라서 현재의 부유한 국가에서 살게 될 인구 비율은 날이 갈수록 하락할 것이다. UN은 2000년부터 2050년 사이에 현재의 후진국에서 살게 될 세계 인구의 비율은 11%에서 20%로 상승하는 반면, 현재의 선진국에서 살게 될 세계 인구의 비율은 20%에서 13%로 하락할 것이라고 전망했다.

〈표 5.4〉가 보여 주듯이 이런 인구의 재분배는 세계의 평균소득 증가율에 중요한 영향을 미친다.[13] 이 표는 UN 데이터를 사용하여 세계를 3개의 국가군으로 구분했다. 두 번째와 다섯 번째 칸은 세 국가군의 2000년과 2050년도 인구이다. 표의 2000년 열에 있는 나머지 두 칸은 세 국가군의 총GDP와 1인당 GDP이다. 여기서 매우 간단한 경제성장 시나리오를 생각해 보자. 2000년부터 2050년 사이에 모든 나라의 1인당 GDP가 연평균 2%씩 증가한다고 하자. 처음에는 이 가정이 세계 소득의 평균증가율을 2%라고 암시하는 것처럼 보인다. 그러나 그렇지 않다. 이 시나리오에 따라 2050년과 2000년의

▶ **표 5.4**

구성효과

구분	2000년			2050년			2000~2050년
	인구 (백만 명)	총GDP (십억 달러)	1인당 GDP(달러)	인구 (백만 명)	총GDP (십억 달러)	1인당 GDP(달러)	1인당 GDP 증가율
선진국	1,191	23,921	20,084	1,181	63,845	54,060	2.00%
중진국	4,207	17,601	4,184	6,312	71,077	11,261	2.00%
후진국	658	800	1,216	1,830	5,990	3,273	2.00%
세계	6,056	42,322	6,988	9,323	140,912	15,114	1.55%

자료 : United Nations Population Division(2000), United Nations Development Program(2002).

---

13) United Nations Population Division(2000), United Nations Development Program(2002). PPP로 평가한 1인당 GDP 데이터는 다른 곳에서 사용한 자료와는 다른 자료를 사용했기 때문에 정확히 일치하지는 않는다.

금메달 획득을 위하여

국가 간 인구규모의 상대적 변화는 국제관계에 엄청난 영향을 줄 것이다. 국제경쟁의 성과를 측정할 수 있는 분야는 올림픽이다.

1인당 소득이 높고 인구가 많은 나라일수록 획득하는 메달 수가 많다. 부유한 나라의 국민들은 운동경기에 많은 시간을 쏟으며 더 좋은 훈련시설을 가지고 있으며 일반적으로 건강상태가 더 좋기 때문에 더 많은 메달을 획득한다. 또한 인구가 많은 나라는 그 가운데 우수한 운동선수가 있을 가능성이 더 많기 때문에 더 많은 메달을 획득한다.

경제학자 앤드류 버나드(Andrew Bernard)와 메간 부세(Meghan Busse)는 인구와 1인당 소득의 상대적 역할을 평가하기 위해서 각국이 획득한 메달 수를 분석했다.* 분석 결과 두 가지 요인은 모두 중요하지만 인구가 1인당 소득보다 약간 더 중요하다고 평가되었다. 구체적으로 그들은 한 나라의 인구를 2배 증가시키면 올림픽 메달 획득비율이 1.1% 증가할 것이지만 1인당 소득을 2배 증가시키면 올림픽 메달 획득비율은 1.0% 증가할 것이라는 점을 찾아내었다. 이 두 가지 영향이 효과 면에서 워낙 비슷하기 때문에, 1인당 GDP와 총인구의 곱인 총GDP가 많은 메달을 따기 위해서 가장 중요하다고 말하는 것은 합리적이다.

이런 결과를 미래 인구의 전망값에 적용하면 앞으로 각국의 메달획득 비율에 커다란 변화가 있을 것이라는 점을 알게 된다. 만약 각국의 상대적인 소득은 변하지 않지만 세계 인구에서 차지하고 있는 인구비율이 변한다면, 현재 선진국이 생산하고 있는 GDP가 세계 GDP에서 차지하는 비율은 2000년부터 2050년 사이에 57%에서 45%로 하락할 것이다(표 5.4 참조). 따라서 우리는 선진국의 올림픽 메달획득 비율도 이에 상응해서 하락할 것으로 예측한다.

이 효과를 증폭시키면 여기에는 두 가지 요인이 있다. 첫째, 우리가 이미 보았듯이 인구가 완만하게 증가하는 국가에서는 노년층이 증가하는 방향으로 인구의 이동이 발생한다. 이 국가군은 올림픽 메달을 많이 획득하지 못한다. 이를테면 파키스탄의 총인구는 2050년에 일본의 3배가 되는 반면에, 20세의 인구는 4배 이상이 될 것으로 예측된다. 둘째, 인구의 재분배 효과 외에도 가난한 나라의 1인당 소득이 부유한 나라보다 빠르게 증가하여 경제적으로 잘사는 나라를 따라잡을 가능성이 높다. 이러한 소득증가도 역시 올림픽 메달의 획득비율을 증가시킨다.

* Bernard and Busse(2004).

세계의 1인당 소득을 비교하면 평균증가율은 1.55%밖에 되지 않는다. 세계의 1인당 GDP 평균수준이 각국의 평균만큼 빨리 증가하지 않는 이유는 인구가 가난한 나라에 편중되어 증가하기 때문이다. 인구의 재분배가 세계소득의 평균증가율을 감축시키는 이런 효과를 **구성효과**(composition effect)라고 한다.

현재 부유한 나라에 살고 있는 세계 인구의 비율이 하락할 것이라는 사실이 장래 부유한 나라에 살게 될 세계 인구의 비율이 하락할 것이라는 점을 의미하지는 않는다. 그 이유는 시간이 지나면 앞으로 많은 나라들이 부유해지기 때문이다. 따라서 세계의 부유한 사람들과 가난한 사람들 간의 총체적인 균형은 가난한 나라의 인구증가율과 가난한 나라의 소득증가율 중에서 더 높은 쪽에 따라 좌우된다.

5.3 결론

인구학적 힘은 서서히 그러나 냉정하게 작용한다. 따라서 향후 수십 년을 들여다 보면 우리는 표준적인 경제예측에 관하여 자신하기 어렵지만 어떤 종류의 인구학적 예측에 관해서는 자신할 수 있다. 예를 들어, 2050년이 되면 세계 인구는 통틀어 약 94억 명으로 증가할 것이고, 세계 인구의 증가율은 둔화될 것이며, 세계 인구의 중심은 현재의 선진국에서 이동할 것이며, 선진국의 인구는 상당히 고령화되리라고 거의 확신할 수 있다.

그러나 좀더 긴 미래를 들여다 보면 인구학적 그림은 점점 희미해진다. 가장 불확실한 두 가지 문제는 출산율에 관한 것이다. 즉, 개발도상국의 출산율은 대체출산율 수준까지 하락할 것인가? 부유한 나라의 출산율은 대체출산율 수준까지 상승할 것인가? 그 밖의 많은 것은 물론이거니와 세계경제의 모습도 이 질문에 따라 정해진다.

향후 반세기에 걸친 인구전망의 변화는 경제성장에 좋은 영향과 나쁜 영향을 모두 미친다. 인구증가가 둔화되면 경제활동인구에 새로이 편입되는 근로자들에게 새로 자본을 제공해야 할 필요성이 줄어듦으로써 경제성장이 빨라질 것이다. 많은 선진국에서는 앞으로 수십 년 동안 노년층의 인구비율이 증가할 것이며 그 결과 근로연령에 있는 사람들의 비율이 줄어들 것이다. 이 고령화 현상은 1인당 소득증가율을 둔화시킬 것이다. 선진국의 이러한 '노화현상'과는 대조적으로 최근에 출산율을 줄인 국가에서는 경제적으로 이득이 되는 방향으로 인구구조가 '성숙화'되고 있다. 즉, 아동층의 인구비율이 줄어들고 근로연령에 있는 성인의 비율이 높아지고 있다.

가장 가난한 국가군에서는 출산율이 상당히 하락한다고 가정하더라도 인구학적 모멘텀으로 인하여 인구가 다음 수십 년 동안 빠르게 계속 증가할 것이 분명하다. 이 나라들에서는 낮은 인구증가율과 아동층의 인구비율이 줄어들어서 생기는 이로운 효과가 적어도 20~30년 후에 발생한다. 또한 이 나라들에서는 앞으로 수십 년에 걸쳐 인구규모가 크게 증가할 것이며, 이것은 1인당 사용할 수 있는 천연자원의 양을 축소시킴으로써 성장에 영향을 줄 가능성이 있다.

앞으로 공부하게 될 두 개의 장에서는 직관적으로 인구증가와 직접적으로 밀접한 관계에 있는 문제들을 조사한다. 우선 제9장에서는 세계수준에서 기술발전의 발자취를 추적한다. 사람들이 많아지면 새로운 아이디어를 내놓는 머리 좋은 사람들이 많아지고 그 결과 기술진보도 빨라진다는 점이 인구와 기술을 연결시키는 고리가 된다. 제16장에서는 세계 천연자원의 스톡과 경제성장 간의 관계에 관해서 살펴본다. 지구상의 유한한 자원으로 유지할 수 있는 생활수준은 바로 사람들의 수에 달려 있다.

핵심용어

구성효과(composition effect) 인구학적 모멘텀(demographic
속도효과(tempo effect)   momentum)
인구대체 출산율(replacement fertility)

복습문제

1. 사망률의 변화가 과거에는 어떤 식으로 인구증가에 영향을 미쳤는가? 왜 이 효과가 미래에는 달라질 것으로 생각하는가?
2. 어떤 이유 때문에 선진국의 출산율이 대체출산율에 수렴할 것이라고 예상하는가? 또는 대체출산율에 수렴하지 않을 것이라고 예상하는가?
3. 인구학적 모멘텀이란 무엇인가? 이것은 출산율의 변화가 향후 인구증가율에 미치는 영향에 관해서 어떤 점을 함의하고 있는가?
4. 향후 수십 년에 걸쳐 고령화는 왜 선진국과 개발도상국에서 서로 다른 경제적 영향을 미치는가?
5. 왜 출산율의 감소가 '인구학적 선물'이라는 결과를 초래하는가? 왜 이런 인구학적 선물은 결국 사라져 버리는가?

연습문제

1. 다음 표는 판타지아라는 나라의 데이터다. 판타지아 사람들은 최대 5년을 산다. 이

나이 (마지막 생일 기준)	2000년의 인구	출산율 (여성 1인당 아이의 수)	한 살 더 먹을 때까지 살아 있을 확률
0	100	0.0	1.0
1	100	0.8	1.0
2	100	0.8	1.0
3	100	0.0	0.5
4	100	0.0	0.0

나라의 또 다른 특징은 남자들이 없으며 국민 모두가 여성이다. 그럼에도 불구하고 여성들이 재생산할 수 있다고 가정하자. 이 데이터를 사용해서 2001년 판타지아의 인구를 계산하라.

2. 2200년의 세계 인구증가율을 전망해 보라. 증가율이 0에 가까울 것인지, 0보다 클 것인지 아니면 0보다 작을 것인지 판단하라. 여러 가지 사실과 이론을 활용하여 왜 그러한 답을 도출하게 되었는지 설명하라.

3. 2010년부터 일본과 케냐의 합계출산율이 똑같다고 가정하자. 어떤 방식으로 두 나라의 인구증가율을 비교하겠는가? 왜 두 나라의 인구증가율이 차이를 보이는가?

4. 〈표 5.2〉의 데이터를 사용힐 때 1950~2000년과 2000~2050년의 인구증가율의 변화는 선진국에서 근로자 1인당 산출량을 얼마나 변화시키는지 솔로우 모형을 이용하여 답변하라.

5. 어떤 나라의 2005년 여성 인구구조가 다음과 같다고 가정하자. 전체 여성의 절반이 40세에 사망하고 나머지 절반은 60세까지 산다고 가정하자. 2005년부터 여성 한 사람은 20세에 1명의 딸을 가진다고 하면, 2025년의 여성 인구구조는 어떻게 될 것인가? 또한 2045년과 2065년에는 각각 어떻게 될 것인가?

연령	인구(백만 명)
0~20	60
21~40	40
41~60	20

6. 어떤 나라에서 합계출산율이 0%로 하락해서 그 수준에 머물러 있다고 가정하자. 또한 이민이나 이주도 없다고 하자. 근로연령에 있는 인구비율이 시간에 따라 어떻게 변동할 것인지 그래프를 그려라. 출산율 하락에 이어서 곧바로 근로연령의 인구비율은 상승하는가 아니면 하락하는가? 이 추세는 얼마나 오래 지속되는가? 몇 년 후에 근로연령 비율이 최대값에 도달하는가? 최소값에는 언제 도달하는가?

7. 1950년에 미국 인구의 57.9%가 근로연령층이었다. 1965년에는 인구의 51.2%만이 근로연령층이었다. 이런 인구학적 변화가 연간 1인당 GDP 증가율에 미치는 영향을 계산하라.

8. "낮은 출산율 때문에 우리나라의 인구가 고령화되고 있다. 근로연령층의 인구에 비해서 상당히 많은 노년층의 인구는 생활수준을 하락시키고 있다. 이러한 상황을 치유할 가장 좋은 방법은 출산율을 높이는 것이다." 이 주장을 논평하라. 이 주장은

장기에 옳은가? 단기에는 어떠한가?

9. 세상에 단 두 개의 국가만 존재한다고 하자. 아래 표는 이 국가들의 인구와 1인당 GDP 데이터를 보여 주고 있다. 또한 이 표에는 인구증가율과 GDP 증가율도 있다. 각 나라의 인구증가율과 1인당 GDP 증가율은 절대로 변하지 않는다.

국가	2000년의 인구	2000년의 1인당 GDP	인구증가율 (연간 %)	1인당 GDP 증가율 (연간 %)
국가 A	1,000,000	1,000	0	2
국가 B	1,000,000	1,000	2	0

온라인 데이터 플로터(Data Plotter)와 데이터를 이용해서 실습하려면 http://www.pearsonhighered.com/weil을 방문하라.

제6장

인적 자본

지금까지 우리는 생산에 투입되는 인적 요소인 노동을 국가별이나 시간별로 차이가 없는 것으로 간주하였다. 하지만 사실상 개인이 공급하는 노동의 질에는 엄청난 차이가 있을 수 있다. 근로자에 따라 힘이 세거나 약할 수 있으며 건강상태가 좋거나 나쁠 수도 있고 교육수준이 높거나 낮을 수 있다. 우리는 일상의 경험으로부터 유난히 영리하거나 지칠 줄 모르고 일하는 사람들, 즉 질이 높은 노동력을 공급하는 사람들이 높은 임금을 받는다는 사실을 확인할 수 있다. 오늘날의 선진국에서는 그렇지 않을지 몰라도 과거에는 힘센 사람들이 높은 임금을 받은 적이 많았다. (신체적인 특징이 임금수준에 영향을 미친다는 것은 여전히 사실이다. 미국과 캐나다의 근로자들에 관한 한 연구에 의하면, 다른 조건을 가진 비슷한 사람들 가운데 평균 이상의 외모를 가진 사람들이 평균 이하의 외모를 가진 사람들보다 12% 정도 높은 임금을 받는다.[1])

> 물고기를 주면 하루 먹을거리를 주는 것이지만, 낚시법을 가르쳐 주면 평생 먹을거리를 주는 것이다.
> ─중국 속담

이 장에서 우리는 노동투입의 질적인 차이가 국가 간 소득수준의 차이를 설명하는 한 요인이라는 점에 대해 탐구해 본다. 우리가 이미 소득수준의 차이를 설명하는 다른 요인들에 대해 생각해 본 바 있고 또 앞으로 더 살펴볼 것인 만큼 소득수준의 차이가 노동투입의 질적인 차이에 의해 전적으로 설명되리라고 기대할 수는 없다. 하지만 소득수준의 차이 가운데 어느 정도가 노동의 질적인 차이에 의해 설명될 수 있는지 알아보고자 한다.

우리가 관심을 기울여 보고자 하는 노동의 다양한 질적인 측면들을 함께 묶어서 **인**

---

1) Hamermesh and Biddle(1994).

적 자본(human capital)이라고 부른다. 이렇게 부르는 이유는 노동의 질적인 측면들이 갖는 중요한 특성들이 물적 자본과 유사하기 때문이다. 첫째, 우리는 사람들이 갖는 특징들 중 생산성에 영향을 미치는 것들, 즉 더 많은 물건을 생산할 수 있게 하는 것들에 주목한다. 둘째, 우리가 물적 자본의 주요 특징 중 하나인 물적 자본 자체가 생산된 것이라는 점을 꼽은 것과 마찬가지로 노동에 관해서도 만들어지는 특징들에 초점을 둔다. 앞으로 보겠지만 인적 자본의 생산을 위한 투자는 국가경제의 주요한 지출항목 중 하나이다. 셋째, 물적 자본의 경우와 마찬가지로 인적 자본에 대한 투자도 수익을 거둔다. 하지만 인적 자본에 대한 투자가 수익을 거두는 방식은 물적 자본과는 다르다. 인적 자본의 수익은 임금이 높아지는 것으로 나타나므로 인적 자본의 소유자가 일을 하고 있는 동안에만 발생하는 반면, 물적 자본의 수익은 소유자가 바닷가에서 쉬고 있는 동안에도 발생할 수 있다. 마지막으로, 물적 자본이나 인적 자본 모두 감가상각이 일어난다.

6.1 건강이라는 형태의 인적 자본

한 국가의 경제가 발전하면서 그 구성원의 건강상태는 개선된다. 이는 사람들이 경제발전과 함께 더 나은 삶을 영위하게 된다는 직접적 증거다. 달리 말하면, 건강은 그 자체로 가치 있는 것이다. 그러나 건강은 생산적인 측면도 가지고 있다. 건강한 사람들이 더 열심히 오랫동안 일할 수 있으며 더 명료하게 사고할 수 있다. 건강한 학생들이 더 잘 배울 수 있다. 그러므로 건강수준이 높아지면 소득수준도 높아진다. 이제 이와 같은 건강의 생산적 측면, 즉 인적 자본의 한 형태로서의 건강에 대해 탐구해 보기로 한다.

건강상태의 차이가 소득수준에 미치는 영향

경제발전은 사람들의 신체를 크게 한다. 1775년부터 1975년 사이에 영국 남자의 평균 신장은 9.1cm 커졌다. 1855년 네덜란드 청년남성 가운데 신장이 168cm 미만인 사람의 비율은 3분의 2에 이르렀으나 오늘날 그 비율은 2%로 낮아졌다. 이러한 변화는 전적으로 환경의 변화에 기인한 것인데, 왜냐하면 이들 국가의 인구구성은 유전적인 측면에서 보면 거의 변화하지 않았기 때문이다.[2]

우리가 이 책에서 살펴보는 많은 변화들과 마찬가지로 여러 개발도상국에서 일어난

---

2) Fogel(1997).

신장의 변화는 늦게 시작하여 더욱 빠른 속도로 진행되었다는 점을 제외하면 선진국의 경험과 흡사하다. 한 예로, 한국에서 20대 남성의 평균신장은 1962년과 1995년 사이에 5cm 커졌다.

이와 같은 신장증가의 주요 원인은 영양상태의 증진이다. 영국 성인남성의 하루 칼로리 섭취량은 1780년 2,944에서 1980년 3,701로 늘어났다. 한국의 경우에도 성인남성의 하루 칼로리 섭취량이 1962년 2,214에서 1995년 3,183으로 증가했다.[3] 신장은 영양상태 특히 태아기와 유아기의 영양상태의 좋은 지표이다. 키가 작으면 활동에 필요한 칼로리가 적기 때문에 작은 키는 낮은 음식물 섭취량에 대한 생물학적 적응결과로 나타나는 것이다.

영양결핍으로 성장장애를 겪은 사람들은 건강상태가 나쁘다. 더욱 중요한 것은 발육을 저해하는 영양결핍이 동시에 노동능력을 제한하기도 한다는 점이다. [키가 작다는 것이 항상 영양결핍이나 나쁜 건강상태를 의미하는 것은 아니고 유전적으로 그럴 수도 있다는 것이다. 대부분의 사람들이 아동기에 영양을 많이 섭취하는 미국에서는 신장과 임금 간의 상관관계가 거의 없는데(신장의 1% 차이는 임금의 1% 차이로 연결된다), 영양결핍이 광범위하게 발생하는 브라질에서는 신장의 1% 차이가 임금의 7.7% 차이로 연결된다.[4]]

경제사학자 로버트 포겔(Robert Fogel)은 1780년부터 1980년까지 200년 동안 영국에서 영양상태가 경제성장에 미친 효과의 크기를 추정하였는데, 영양상태의 개선은 두 가지 경로를 통하여 생산량에 영향을 미쳤다. 첫째는 노동능력이 없을 정도로 건강이 나쁜 사람들의 수가 줄어들었고, 둘째는 일을 하는 사람들이 건강상태가 좋아져서 더 열심히 일할 수 있게 되었다는 것이다. 포겔의 계산에 의하면 1780년 영국에서 가장 가난한 성인 20%는 영양상태가 좋지 않아 하루에 한 시간도 일하기 힘들 정도였으나 1980년에 이르러서는 이러한 영양결핍은 완전히 사라졌으며 모든 성인이 일을 할 수 있을 정도로 충분한 영양을 공급받았다. 이러한 변화 자체만으로도 생산량이 1.25배로 증가하였다. 포겔은 일을 하는 사람들에 대해서도 영양공급의 증가로 인해 노동투입이 56% 증가하였을 것이라고 추정하였다. 두 가지 효과를 모두 감안하면 영양공급의 증가로 인해 생산량이 $1.25 \times 1.56 = 1.95$배로 증가하였다. 200년간 변화하였으므로 이는 생산량이 매년 0.33% 증가한 셈이다. 실제로 이 기간 동안 영국의 생산량 증가율은 매년 1.15%였으므로 전체 소득증가 중 3분의 1 가까이가 영양상태의 개선에 기인한 것이다.

---

3) 한국의 신장과 칼로리 섭취에 관한 자료의 출처는 Sohn(2000)이다.
4) Strauss and Thomas(1998).

포겔의 연구는 영양상태가 육체적 노동 능력에 미치는 영향에 초점을 두고 있지만, 정신적 역량에 대한 영향도 존재한다. 이는 과테말라에서 1969~1977년 기간에 실시된 무작위대조군시험에서 드러났다. 비슷한 마을끼리 짝을 짓고, 두 마을 중 한 곳을 무작위로 선택하여 마을 주민 전체에게 매일 무상으로 보조음식을 보급해 주었다. 보조음식은 아톨리(atole)라는 고단백 에너지 음료였다. 다른 한 마을에도 무상으로 보조음식을 주었지만, 단백질이 포함되지 않고 칼로리도 아톨리의 1/3 수준인 과일맛 음료였다. 연구자들은 실험 당시 그 마을들에 살았던 어린이들이 성인이 된 후에 추적 조사를 하였다. 그들은 아톨리가 보급된 마을 출신들이 읽기와 비언어적 인지에 대한 시험에서 더 높은 점수를 받았으며, 평균적으로 더 오래 학교에 다녔다는 사실을 발견했다.[5]

오늘날 선진국에서는 대부분의 사람들이 영양공급을 충분히 받고 있다. 그러나 많은 개발도상국에서는 아직도 영양결핍이 널리 퍼져 있다. 〈그림 6.1〉은 1인당 GDP와 하루 칼로리 섭취량 간의 관계를 보여 준다. 가장 부유한 나라에서의 하루 칼로리 섭취

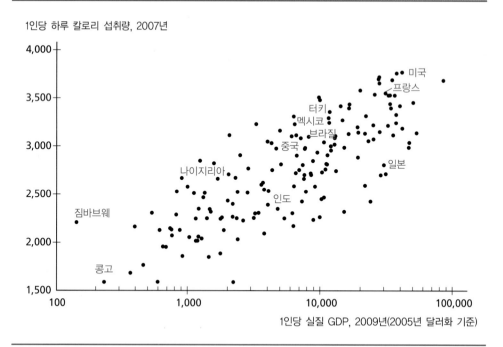

▶ 그림 6.1

영양상태와 1인당 GDP

1인당 하루 칼로리 섭취량, 2007년

1인당 실질 GDP, 2009년(2005년 달러화 기준)

자료 : FAOSTAT 통계자료, Heston, Summers, and Aten(2011).

5) Maluccio et al.(2008).

량은 3,000 내지 3,500인 반면, 가장 가난한 나라에서의 하루 칼로리 섭취량은 2,000을 밑돌고 있다. 이 그림이 보여 주는 수치는 한 국가의 평균이며 식량 배분의 불균등 상태가 간과되어 있기 때문에 이들 나라에서의 영양결핍문제를 과소평가하고 있다. 한 예로 남미의 경우 가장 부유한 20%의 음식물 소비는 가장 가난한 20%의 음식물 소비보다 50% 더 많다.[6] 그러므로 평균적으로는 음식물 소비에 부족이 없어 보이는 국가에서도 가장 가난한 사람들의 경우에는 영양결핍이 발생하고 있다. 전 세계적으로는 약 9억 2,500만 명의 사람들이 충분한 음식을 섭취하지 못하고 있다.

이러한 영양공급의 차이는 그대로 건강상태에 반영된다. 한 나라의 평균적인 건강상태를 측정하는 방법으로 출생 당시의 기대수명을 생각해 볼 수 있다. 〈그림 6.2〉는 기대수명과 1인당 GDP 간의 강한 상관관계를 보여 준다. 대부분의 가난한 나라에서 기대수명은 60세 미만인데 반해, 부유한 나라들의 기대수명은 75세에서 82세 사이이다. 건강상태에 대한 다른 척도도 비슷한 양상을 보여 준다. 예를 들어, 임신하지 않은 여성들 가운데 빈혈증세를 보이는 비율을 보면 가장 가난한 25%의 나라들에서는 평균

그림 6.2

기대수명과 1인당 GDP

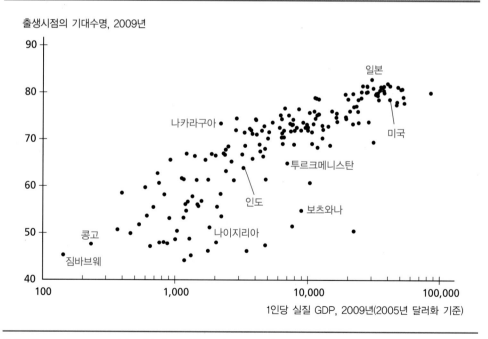

자료 : Heston, Summers, and Aten(2011), *World Development Indicators* 자료.

6) Rosen and Shapouri(2001).

48%가 빈혈증세를 보이는 반면, 가장 부유한 25%의 나라들에서는 평균 18%밖에 빈혈증세를 보이지 않는다.[7]

이러한 자료들은 부유한 국가들과 가난한 국가들 간에 큰 차이를 보이는 건강상태가 두 국가군 간에 소득수준의 차이로 이어질 수 있다는 사실을 입증한다. 이제 우리는 이와 같은 건강상태의 차이가 어디에서 기인되는 것인지에 대해 생각해 보기로 한다.

건강과 소득 간의 상호작용에 대한 모형

앞 절에서 우리는 영양상태 개선으로 근로자들이 더 효과적으로 일할 수 있게 됨으로써 1인당 소득의 증가에 기여하는 것을 보았다. 그러나 이는 한 측면에 불과하다. 부유한 나라의 국민들은 더 좋은 음식물을 더 많이 소비할 수 있으므로 영양상태의 개선은 소득증가의 원인이기도 하지만 소득증가의 결과이기도 하다.

영양상태에 대하여 적용되는 것은 보다 일반적인 건강상태에 대해서도 적용된다. 부유한 사람들에게는 예방접종, 깨끗한 물, 안전한 근로여건 등 건강에 좋은 것들을 소비할 여력이 있다. 경제협력개발기구(OECD)의 부유한 나라들에서는 인구 천 명당 의사 수가 평균 2.2명이지만 개발도상국들에서는 평균 0.8명이고 사하라 이남 아프리카 국가들에서는 평균 0.3명에 불과하다.[8] 또한 건강한 사람들이 일도 잘한다. 그러므로 건강상태와 소득 간의 관계를 이해함에 있어 두 가지가 모두 내생변수라는 점을 이해하는 것이 중요하다. (제3장에서 본 것처럼 외생변수는 모형을 분석할 때 그 값이 주어진 것으로, 내생변수는 그 값이 경제모형 내부에서 결정되는 것으로 정의한다.)

〈그림 6.3〉은 건강상태와 소득 간의 상호작용을 보여 준다. 가로축은 1인당 소득인 y를, 세로축은 근로자의 건강상태인 h를 나타낸다. 그림에서 $y(h)$라고 표시된 곡선은 건강상태가 1인당 소득수준에 미치는 영향을 보여 준다. 근로자들의 건강상태가 좋을수록, 즉 h값이 높을수록 생산량이 더 많으므로 곡선의 기울기는 양(+)이다. 두 번째로 곡선 $h(y)$는 1인당 소득이 건강상태에 미치는 영향을 보여 준다. 이 곡선의 기울기도 양(+)인데, 이는 소득이 높을수록 건강상태도 좋기 때문이다. 단, 이 곡선의 기울기는 1인당 소득수준이 높아지면서 작아지는데, 이는 소득수준이 건강상태에 미치는 영향이 낮은 소득수준에서 더 크다는 점을 반영한다.

〈그림 6.3〉을 보면 두 곡선이 만나는 점에서 소득과 건강상태의 균형이 결정된다. 모형이 시사하는 바를 보기 위하여 건강상태와 무관하게 소득이 변화한다고 하자. 즉,

---

7) Shastry and Weil(2003).

8) United Nations Development Program(2000).

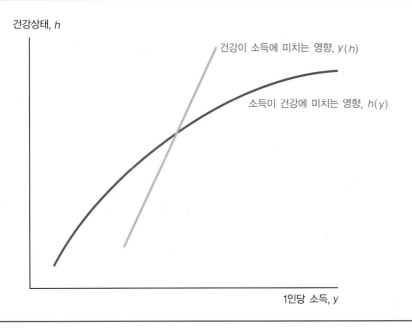

그림 6.3

건강상태와 소득의 상호작용

어떤 외생적인 이유로, 예를 들어 생산기술의 발달로 건강상태의 개선 없이 모든 근로자가 더 많은 물건을 생산할 수 있게 되었다고 하자. 이러한 변화는 〈그림 6.5〉에서 보듯이 $y(h)$ 곡선을 오른쪽으로 이동시킬 것이다. 근로자의 건강상태가 변하지 않았다면 생산량의 증가는 생산성의 증가에 상응하는 정도일 것이다. 이 효과는 〈그림 6.5〉에서 A점에서 B점으로의 이동으로 나타난다. 그러나 그림에서 분명히 드러나듯이 아직 분석이 완결된 것은 아니다. 생산량의 증가는 근로자의 건강상태를 개선시킬 것이고 이렇게 증진된 건강상태는 다시 생산량의 증가로 연결된다. 결국 애초에 증가한 생산성은 '승수(multiplier)' 효과를 통하여 더 큰 생산량의 증가를 가져올 것이다. 이 효과는 〈그림 6.5〉에서 B점에서 C점으로의 이동으로 나타난다.

우리는 모형을 통하여 새로운 예방접종이나 의약품의 도입 등에 의한 외생적인 건강상태의 개선이 갖는 효과를 분석할 수 있다. 그와 같은 개선은 $h(y)$ 곡선을 위로 이동시킬 것이다. 달리 말하면, 주어진 소득수준에서 근로자들의 건강상태가 좋아지는 것이다. 생산성이 증가한 경우와 마찬가지로 이와 같은 외생적인 건강상태의 개선은 승수효과를 갖는다. 근로자들의 건강상태 개선은 생산량의 증가로 이어지고 높아진 소득수준은 더 나은 영양상태와 더 나은 건강상태로 이어진다.

건강과 1인당 소득 : 두 가지 가설

가난한 나라의 국민은 부유한 나라에 비해 건강상태가 나쁘다. 소득수준이 올라가면 건강상태도 개선될 것이며 개선된 건강상태는 다시 소득수준의 향상에 기여할 것이라는 점은 의심의 여지가 없다. 이러한 분석에서 아직 해결되지 않은 점은 선진국과 후진국 간의 소득과 건강수준 차이의 근원적인 요인은 무엇일까? 하는 것이다. 구체적으로 질문을 던지자면, 이러한 차이를 만들어 내는 요인들이 주로 건강에 관련된 것일까, 아니면 소득과 관련된 것일까?

이 문제를 보다 형식을 갖추어 제기하자면 본문에서 살펴본 것과 같은 그림을 사용할 수 있다. 두 나라가 있다고 하고 편의상 이들을 국가 A와 국가 B라고 부르자. 소득수준은 국가 A와 국가 B보다 높고 건강상태도 국가 A에서 더 좋다. 〈그림 6.4〉의 두 그림에서 모두 A점과 B점은 두 나라에 관한 '자료'를 보여 준다. 그러나 이렇게 관찰된 점들을 결정하는 함수들인 $h(y)$와 $y(h)$는 직접 관찰되지 않는다. 함수 $h(y)$와 $y(h)$의 서로 다른 두 조합들이 관찰된 자료를 설명할 수 있다.

〈그림 6.4〉의 패널 (a)가 보여 주는 이른바 '건강 가설'은 국가 간의 차이가 건강과 관련된 환경, 즉 열대성 질병의 유무 등과 같이 건강에 영향을 미치는 소득 이외의 모든 변수들의 차이에서 비롯된 것이라고 가정한다. 건강 환경은 $h(y)$ 함수에 요약되어 들어 있다. 그림에서는 국가 A의 건강함수 $y_A(y)$

가 국가 B의 건강함수 $h_B(y)$보다 높게 위치하는 것으로 가정하였다. 따라서 같은 소득수준이라면 국가 A의 건강 상태가 국가 B보다 좋다. 반면, 소득함수인 $y(h)$는 두 나라에 있어 동일하여 같은 건강상태라면 두 나라의 소득 또한 동일하다는 것을 의미한다. 그러나 균형에서는 두 나라의 건강 환경이 서로 다르므로 소득수준도 서로 다르다.

〈그림 6.4〉의 패널 (b)가 보여 주는 '소득 가설'은 정반대의 가정으로부터 출발한다. 국가 간의 모든 차이는 건강과는 무관한, 예를 들어 자본 축적이나 생산기술과 같은 생산 측면으로부터 비롯된다. 같은 건강수준이라 할지라도 국가 A는 국가 B보다 더 많이 생산할 수 있다. 따라서 $y_A(h)$는 $y_B(h)$보다 오른쪽에 놓인다. 이번에는 두 나라가 같은 $h(y)$ 함수를 가진다고 가정하여 소득수준이 같다면 두 나라의 건강상태도 같다. 균형에서는 두 나라가 서로 다른 소득 및 건강 수준을 갖는다는 점은 패널 (a)에서와 마찬가지다.

이상의 분석에서 알 수 있듯이 두 나라가 소득함수나 건강함수 어느 한 쪽에서만 차이를 보인다고 해도 두 나라 간에는 소득과 건강 모두 차이가 생긴다. 두 가설 모두 국가 간에 관찰된 소득 및 건강수준의 차이를 논리적으로 일관되게 설명한다. 어느 가설이 옳은지 판단하기 위해서는 추가 자료를 볼 필요가 있다.

〈그림 6.4〉에서 본 두 가능성은 물론 극단적인 것

이러한 외생적인 건강상태의 개선은 20세기에 들어 특히 중요해졌다. 사망률을 낮추는 여러 가지 진보들은 건강상태의 개선에도 기여하였다. 예를 들어, 제1차 세계대전 이전 미국 남부에서는 빈혈, 피로, 신체적·정신적 발달장애 등을 초래하는 십이지장충이 경제발전을 저해하는 결과를 초래하였다. 1910년에는 당시 한 언론인이 '게으름병균'이라고 불렀던 이 기생충에 감염된 사람이 자그마치 남부인구의 42%나 되었고

이다. 대부분의 경제학자들은 현실적으로는 국가 간 소득 수준의 차이가 $y(h)$와 $h(y)$ 두 곡선 모두의 차이에 기인한다는 데 동의할 것이다. 뜨거운 논쟁의 대상이 되는 것은 어느 경로가 상대적으로 더 중요한가이다. 한 학파는 가난한 나라들의 나쁜 건강상태는 거의 가난으로부터 비롯된 것이라고 주장한다. 다시 말해서, 이들 국가의 1인당 소득수준이 선진국 수준으로 높아진디면 건강상태도 선진국 수준으로 될 것이라는 얘기다. 다른 학파는 1인당 소득수준이 같아진다고 해도 건강수준의 차이는 여전히 크게 남아 있을 것이라고 주장한다. 이러한 견해에 의하면 가난한 나라들의 열악한 건강 환경이 그 나라들의 낮은 소득 수준의 원인이라는 것이다.*

제15장에서 지리적 여건이 건강 환경에 미치는 영향을 논의하면서 건강상태의 국가 간 차이에 대하여 다시 살펴보게 될 것이다.

* Acemoglu, Johnson, and Robinson(2001); McArthur and Sachs(2001).

> **그림 6.4**
> **건강과 1인당 소득 : 두 가지 가설**

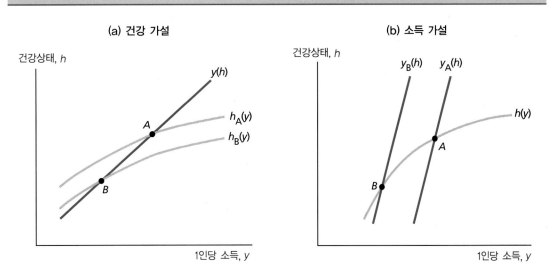

감염자들의 임금수준은 건강한 근로자들의 절반수준이었던 것으로 추정된다. 집중적인 공공위생 노력으로 1930년대에 이르러서는 이 질병의 파급 정도가 상당히 줄어들었다.[9] 지구상의 많은 곳에서는 제2자 세계대전 중 개발된 살충제 DDT 넉분에 말라리아

---

9) Ettling(1981).

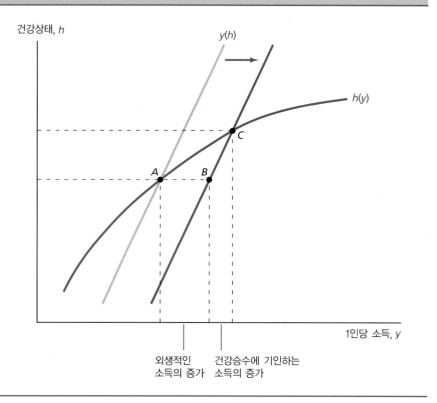

그림 6.5
외생적인 소득 변화의 효과

건강상태, h

$y(h)$

$h(y)$

C

A   B

1인당 소득, y

외생적인
소득의 증가

건강승수에 기인하는
소득의 증가

의 만연을 방지할 수 있었으며 이로 인한 생산성 증대효과 또한 상당하였다.

6.2 교육이라는 형태의 인적 자본

사람들은 일할 때 몸과 정신을 함께 사용한다. 실상 선진국에서 개별 근로자의 임금 결정에는 지적 능력이 신체적 능력보다 훨씬 더 중요한 역할을 한다. 이러한 이유로 지적 능력을 개발하기 위한 투자, 즉 교육은 인적 자본에 대한 투자의 가장 중요한 형태가 되었다.

교육수준의 변화

교육수준은 국가 간에 현격한 차이를 보인다. 〈표 6.1〉은 1975년에서 2010년까지의 기간 동안 122개의 개발도상국, 24개의 선진국, 그리고 미국의 세 국가군에서 성인인구의 교육수준이 어떻게 변화하였는지를 보여 준다(미국은 24개의 선진국에 포함되어 있기도 하다). 2010년 기준으로 전혀 교육을 받지 않은 성인인구의 비율은 개발도상국에서는 20.8%에 이르렀으나 선진국의 경우에는 2.5%, 미국의 경우는 0.4%에 불과하였다. 교육수준 분포의 반대쪽을 보면, 고등교육, 즉 대학교육을 마친 성인인구의 비율은 개발도상국의 경우 5.3%에 불과하지만 선진국에서는 16.6%, 미국에서는 20.0%에 이르렀다.

〈표 6.1〉은 또한 관찰기간 중 평균학력이 높아졌음을 보여 준다. 성인인구의 평균학력이 선진국에서는 3.0년 증가한 것에 비해 개발도상국에서는 평균 3.5년 증가하였다. 개발도상국에서 1975년 당시의 평균학력이 매우 낮았음을 감안하면 이와 같은 교육수준의 증가는 비율로 보면 매우 큰 변화이다. 평균학력이나 초등교육을 마친 성인인구의 비율은 모두 2배 이상으로 개선되었다. 더욱 특기할 만한 일은 중등교육을 마친 성인인구의 비율은 4배로 증가하였으며 고등교육을 마친 성인인구의 비율은 3.5배로 높아졌다는 점이다.

교육은 인적 자본의 축적을 위한 투자이다. 물적 자본에 대한 투자와 마찬가지로 교육비용도 만만치 않다. 2010년 미국정부는 교육에 6,750억 달러를 썼고 민간의 교육관련 지출도 2,360억 달러에 이른다.[10) 총교육비는 GDP의 6.2%에 이르렀다. 그러나 이러한 지표는 실제 교육비용을 매우 과소평가한 것이다. 교사의 봉급, 건물, 교과서 등을 포함하는 명시적인 비용 외에도 교육기간 중 받지 못한 근로소득과 같은 기회비용 등의 보다 묵시적인 비용들은 포함되지 않았기 때문이다. 한 추계에 의하면, 이러한 기회비용은 미국의 경우 다른 모든 명시적인 교육비용과 맞먹는다고 한다. 즉, 교육비용

표 6.1

교육 수준의 변화 : 1975~2010년

| | | | 성인 인구의 교육수준별 구성비 | | | |
		평균재학기간	무학력	초등졸업	중등졸업	대학졸업
개발도상국	1975	3.2	47.4	32.9	8.1	1.6
	2010	6.7	20.8	68.8	31.5	5.3
선진국	1975	8.0	6.2	78.8	34.9	8.0
	2010	11.0	2.5	94.0	63.9	16.6
미국	1975	11.4	1.3	94.1	71.1	16.1
	2010	12.4	0.4	98.8	85.4	20.0

자료 : Barro and Lee(2010). 25세 이상 인구 기준.

---

10) U.S. National Income and Product Accounts, Tables 2.4.5 and 3.17.

■ 말라리아의 경제적 효과

말라리아는 세계적 대재앙 가운데 하나이다. 2010년 한 해에 발생한 감염이 약 2억 천6백만 건에 이르고 그로 인한 사망자 수도 약 65만 5천 명에 달한다. 대부분의 피해는 가난한 열대지방의 국가에 집중되어 있다. 2000년 4월에는 나이지리아의 아부자에서 아프리카의 44개국 정상과 지도자들이 회동하여 2010년까지 말라리아로 인한 사망을 절반 수준으로 줄이기 위한 대규모 노력이 시작되었다. 아부자 회의의 선언문은 말라리아의 경제적 효과에 대해 매우 명시적으로 논의하고 있다. "말라리아는 아프리카 국가들의 성장률을 매년 1.3% 낮추었다. 지난 35년간의 누적된 효과로 현재 아프리카 국가들의 GDP가 말라리아가 없었다고 가정할 때에 비해 최대 32% 낮다."

말라리아 억제의 인도주의적 이득은 엄청나다. 그런데 경제적 이득도 정말 그렇게 클까? 경제학자들은 이 문제에 대해 의견일치를 보이지 않고 있다. 말라리아 발병률이 높은 국가와 낮은 국가 간에 또는 말라리아 발병률이 현저히 낮아진 국가와 그렇지 못한 국가 간에 성장률을 비교해 본 결과, 컬럼비아대학교 지구연구소(Earth Institute)의 제프리 삭스(Jeffrey Sachs) 교수를 비롯한 많은 경제학자들은 말라리아의 경제적 효과가 실제로 크다고 결론지었

다. (아부자 선언이 인용한 1.3%의 성장률 감소 효과도 삭스 교수의 연구에서 나온 것이다.) 그러나 이러한 비교는 제2장에서 논의된 것과 같은 누락변수 편의의 영향을 받는다. 말라리아 발병률이 높은 국가는 농업생산성을 낮추는 기후와 같이 저소득과 관련이 있는 다른 특징들을 함께 가지고 있을 수 있다. 마찬가지로, 말라리아를 통제할 수 있었다는 것이 경제성장의 이유였다기보다 효과적인 제도 등과 같이 높은 성장률을 가져올 수 있는 다른 장점들이 있었다는 증거로 볼 수도 있다. 이러한 이유로 다수의 경제학자들은 삭스 교수의 주장에 대해 회의적이다. 최근의 국가 간 횡단면 연구는 제2차 세계대전 이후 수십 년 간의 의료기술의 확산을 관찰하면서 말라리아 퇴치나 다른 보건 발전에 기인한 사망률 하락의 효과를 찾아내고자 했는데, 기대 수명의 증가는 1인당 GDP에 아무런 영향을 미치지 못했다고 결론지었다.*

의학적인 근거에 의하면 말라리아가 근로자의 생산성에 미치는 가장 중요한 영향은 유아기와 유년기, 그리고 태내에서의 말라리아에 대한 노출과 관련이 있다. 가장 심각한 말라리아 감염이나 그로 인한 사망은 대다수가 어린이에게서 일어난다. 말라리아 발병률이 높은 지역의 주민들은 청소년기에

의 절반이 기회비용이라는 것이다.[11] 기회비용을 감안하여 총교육비용을 명시적 비용의 2배로 잡는다면 이는 2010년 기준으로 미국 GDP의 12.4%에 이른다. 이는 같은 해 물적 자본에 대한 투자가 GDP에서 차지하는 비중과 같은 수준이다. 이로부터 알 수 있듯이, 물적 자본과 인적 자본이라는 두 형태의 자본에 대한 투자의 크기는 일반적으로 서로 비슷하다고 할 수 있다.

〈표 6.1〉에 나타난 세계 여러 나라들의 교육수준 상승은 인적 자본의 생산에 투자된

---

11) Kendrick(1976).

이르면 말라리아에 대한 면역을 획득한다. 그러나 어린 시절의 말라리아 감염은 몇 가지 경로로 성인의 인적 자본에 손상을 입힌다. 말라리아 기생충은 태아에 대한 영양 공급을 방해하고 미숙아 출산을 초래하는데, 그 결과 신생아의 체중이 낮아지고 인지 발달에 영향을 미친다. 심한 경우에는 뇌손상을 초래하기도 한다. 청소년기의 말라리아 감염은 빈혈로 인한 무기력증이나 수업 결손 때문에 인적 자본의 축적을 저해한다.

사료들에 대한 최근의 연구도 어린 시절의 말라리아 감염이 장기적인 영향을 미친다는 의학적 근거를 확인해 주었다. 1940년과 1960년 사이에는 새로 발견된 DDT를 이용한 대규모 국제 캠페인으로 세계 인구의 20%가 거주하는 지역에서 말라리아가 거의 퇴치되었다. 예를 들어, 콜롬비아의 말라리아 발병률은 1957년에서 1961년 사이에 3분의 2가 줄었다. 인도의 우타르 프라데쉬(Uttar Pradesh) 지방에서는 말라리아로 인한 사망자 수가 1952년의 140,000명에서 1963년에는 20,000명 미만으로 감소했다. 이러한 질병 감소 기간 직전에 태어난 사람들과 직후에 태어난 사람들 간의 비교는 말라리아의 장기적 효과를 검증해 볼 수 있는 '자연적 실험'을 제공한다.

이러한 연구들로부터 얻을 수 있는 결론은 어린 시절의 말라리아 감염은 매우 큰 효과를 갖는다는 것이다. 예를 들어, 인도의 문해율(literacy)과 초등교육 이수율은 말라리아 퇴치로 인해 12%포인트 상승하였다. 스리랑카에서 말라리아가 가장 극심했던 지역에서는 말라리아 퇴치로 인해 아동의 평균 교육연수가 2.4년 증가하였다. 브라질과 콜롬비아, 멕시코에서는 어린 시절 말라리아에 감염되었던 성인의 생산성은 감염 사실이 없었던 성인에 비해 절반 수준밖에 되지 않았다.[†]

이러한 연구들은 말라리아가 실제로 중요한 장기적 효과를 갖는다는 것을 보여 주지만, 또 한편으로는 질병 관리의 경제적 이득이 발생하는 시점에 대해서 단서를 붙이고 있다. 말라리아가 경제에 영향을 미치는 주요 경로가 질병에 노출된 어린이들의 인적 자본을 통해서라면 말라리아 퇴치가 보다 생산성이 높은 노동력과 더 높은 산출로 이어질 수 있는 것은 현재의 성인인구가 질병이 퇴치된 이후에 태어난 사람들로 대체된 이후일 것이다. 이 과정은 20년이 지나서야 시작될 것이며 그 후 40년 이상 지속될 것이다.

[*] Acemoglu and Johnson(2007), Gallup and Sachs(2001).

[†] Bleakley(2007), Lucas(2007), Cuttler et al.(2007).

자원이 큰 폭으로 증가하였음을 보여 주는 것이다. 예를 들어 미국 정부의 GDP 대비 교육비 지출은 20세기를 지나면서 5배로 증가하였다. 다수의 개발도상국에서도 급속한 인구증가로 인구의 큰 부분이 학령기에 이르게 되었고 교육비 지출부담도 특별히 높아졌다.

교육과 임금

교육이라는 형태의 인적 자본은 물적 자본과 많은 점에서 비슷하다. 인적 자본과 물적 자본 모두 투자를 통해서만 만들어 낼 수 있고 일단 만들어지면 둘 다 경제적 가치가 있다. 앞에서 우리는 물적 자본은 수익을 만들어 낸다는 것을 공부한 바 있다. 기업이나 근로자들이 물적 자본을 사용하기 위해 기꺼이 비용을 지불하는 이유는 그렇게 함으로써 더 많은 생산이 가능하기 때문이다. 물적 자본이 얼마나 생산적인가를 보려면 물적 자본이 시장에서 누리는 수익이 얼마인지를 측정하면 된다. 그런데 인적 자본의 경우에는 수익을 계산하는 것이 더 복잡한데, 그것은 인적 자본을 소유자와 떼놓을 수 없기 때문이다. 한 사람이 받은 교육을 그 사람의 몸으로부터 떼어 내어 그 사용 요금이 얼마인지를 보는 일은 불가능하다. 이 때문에 인적 자본에 대한 수익을 측정하는 일은 물적 자본의 경우보다 더 어렵다.

이러한 문제를 피하기 위해 경제학자들은 인적 자본에 대한 수익을 사람들의 임금으로부터 유추해 낸다. 교육수준이 높은 사람은 임금수준도 높다는 사실은 그 사람들의 인적 자본이 시장에서 가치 있는 것으로 평가받는다는 증거로 여겨질 수 있다. **교육에 대한 수익**(return to education)을 학력이 1년 증가할 때 임금의 증가분으로 정의한다. 예를 들어, 초등학교를 마친 후 중학교를 1년 다녔을 때 임금이 10% 높아진다고 하자. 이는 다른 면에서는 동일한 두 사람의 경우 한 사람은 초등학교만 마쳤고 다른 사람은 초등학교를 마친 후 중학교를 1년 다녔다면 후자의 경우 임금이 전자보다 10% 더 높을 것이라고 생각할 수 있다는 의미이다.

〈그림 6.6〉은 개발도상국과 선진국에서 관찰된 자료에 근거하여 학력과 임금 간의 관계에 대한 한 예를 보여 준다. 그래프의 근거가 되는 교육 정도에 대한 수익률은 교육의 첫 4년(1~4학년) 동안 연 13.4%, 다음 4년(5~8학년) 동안 연 10.1%, 그 이후에는 연 6.8%이다.[12] (학력의 낮은 단계에서 높은 수익률이 나타나는 것은 그리 놀라운 일이 아닌데, 이는 읽기와 쓰기 등 가장 중요한 기능이 이 기간 중에 습득되기 때문이다.) 그림의 이해를 위해 교육을 1년간 받은 근로자의 경우를 생각해 보자. 첫해의 교육 정도에 대한 수익률이 13.4%이므로 그 근로자는 교육을 전혀 받지 않은 근로자가 받는 임금의 1.134배에 해당하는 임금을 받을 것이다. 마찬가지로 학력이 2년인 근로자는 학력이 1년인 근로자가 받는 임금의 1.134배에 해당하는 임금, 또는 교육을 전혀 받지 않은 근로자가 받는 임금의 1.134^2배에 해당하는 임금을 받을 것이다. 이러한 논리를 연장하면 학력이 4년인 근로자는 교육을 받지 않은 근로자의 임금의 1.134^4배에 해당하는 임금을 받을 것이다. 이제 학력이 5년인 근로자의 경우를 보자. 5년째 교육 정도에 대한 수익률은 10.1%이므로 이 근로자의 임금은 학력이 4년인 근로자가 받는

---

12) Hall and Jones(1999).

그림 6.6

교육이 임금에 미치는 영향

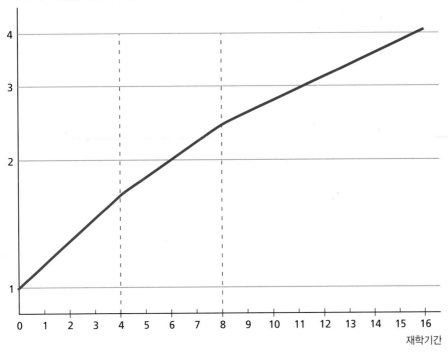

임금의 1.101배일 것이다. 이는 5년간 교육을 받은 근로자의 임금은 교육을 전혀 받지 않은 근로자의 임금의 $1.101 \times 1.134^4 = 1.82$배와 같을 것이다. 이와 같은 방법으로, 학력에 따른 임금이 교육을 받지 않은 근로자의 임금의 몇 배가 되는지 계산할 수 있다. 이렇게 계산된 숫자들이 그림에 나타나 있다.

인적 자본의 임금 몫

제3장에서 물적 자본에 대하여 공부할 때 우리는 국민소득에서 물적 자본의 몫을 물적 자본의 소유자에게 사용의 대가로 지불되는 GDP의 비율로 정한 바 있다. 물적 자본의 GDP 몫은 약 1/3로 계산되었다. 물적 자본의 소유자에게 지불되지 않는 GDP의 약 2/3는 노동에 지불된다.

인적 자본의 개념을 도입하였으므로 이제 우리는 노동에 대한 지불 가운데 얼마만큼이 근로자들이 소유한 인적 자본에 대한 것이며 또 얼마만큼이 '원노동(raw labor)'에

미국의 대졸자 프리미엄

앞의 〈그림 6.6〉이 보여 주는 학교교육에 대한 수익률은 여러 나라들의 평균치이다. 학교교육에 대한 수익률은 실상 국가 간에나 시점에 따라 큰 차이를 보인다. 예를 들어, 교육에 대한 수익은 대체로 부유한 나라에서보다는 가난한 나라에서 더 높은데, 이는 숙련노동자가 가난한 나라에서 더 희소하고 따라서 상대적으로 더 높은 임금을 받는다는 점을 반영하는 것이다.

이러한 논리를 한 나라 안에서 시간의 흐름에 따라 그대로 적용하면 어떤 결론을 얻게 되는가? 〈그림 6.7〉은 미국에서 1940년에서 2008년 사이의 기간 동안 총 근로시간의 교육수준별 구성의 변화를 보여 준다. 분명하게 드러나는 것은 교육 정도가 높은 근로자들의 근로시간이 총 근로시간에서 차지하는 비중이 상당히 높아졌다는 것이다. 대학교육을 받은 근로자들은 이 기간 중 그 희소성이 매우 감소하였다. 우리의 논리에 따르면 이 기간 중 대학교육에 대한 수익이 떨어졌어야 한다.

대학교육에 대한 수익을 측정하는 한 방법으로 **대졸자 프리미엄**(college premium)을 계산해 볼 수 있다. 대졸자 프리미엄은 고등학교 졸업자의 임금 대비 대학교육을 받은 근로자가 받는 임금의 상대적 크기를 말한다. 〈그림 6.8〉은 1940년부터 2008년 사이의 대졸자 프리미엄의 변화를 보여 준다. 그림에서 보듯이, 대학교육에 대한 수익은 1970년대에 하락하였다. 경제학자 리처드 프리먼(Richard Freeman)은 그의 책 『The Overeducated American』(1976)에서 이러한 대졸자 프리미엄의 하락이 대학교육을 받은 근로자의 공급 증가에 기인하며 대학교육이 확대되면서 대졸자 프

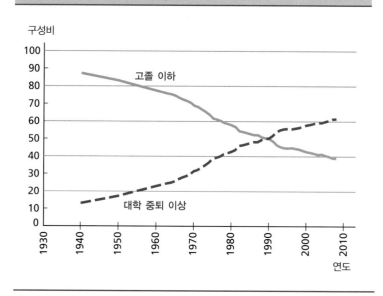

그림 6.7
총근로시간의 교육수준별 구성비, 1940~2008년

자료 : Autor, Katz, and Krueger(1998), Autor, Katz, and Kearney(2008), Acemoglu and Autor(출판 예정)

대한 것, 즉 인적 자본이 전혀 없는 근로자에게 지불될 것인지에 대해 알아볼 수 있다. 안타깝게도 월급명세서에는 두 항목이 따로 나타나 있지 않다! 대신 교육수준과 임금 간의 관계에 대한 분석을 통해 알아볼 수 있다. (건강수준과 임금 간의 관계에 대한 자료는 없으므로 교육으로부터 발생하는 인적 자본에만 국한하여 보기로 한다.)

교육을 5년간 받은 어떤 한 근로자가 있다고 하자. 〈그림 6.6〉에 대한 설명을 하면

리미엄은 지속적으로 하락할 것이라고 주장했다. 하지만 1980년대에는 대졸자 프리미엄이 극적인 상승을 보이고 2008년이 되면서는 1940년 수준의 약 1.5배로 높아졌다. 반면에, 경제활동인구에서 대학교육을 조금이라도 받은 사람들이 차지하는 비율은 13%에서 61%로 높아졌다.

이러한 현상에 대한 설명은 대학교육을 받은 근로자들의 공급 이외의 어떤 다른 요인이 대졸자 프리미엄에 영향을 미쳤다는 것이다. 즉, 대학교육을 받은

근로자들의 공급 증가를 상쇄하면서 그들에 대한 수요 또한 증가하였다는 것이다.

대학교육을 받은 근로자들에 대한 수요의 증가는 미국뿐 아니라 선진국들에서 공통적으로 나타났다. 그 이유는 아직 이렇다 하게 밝혀지지는 않았지만 이에 관한 유망한 이론으로는 두 가지가 있다. 첫 번째 이론은 경제가 국제무역에 노출되면서 생기는 변화 때문이라는 것이다. 이 견해에 의하면 세계 경제 진체로 보면 대학교육을 받은 근로자들이 미국에서보다 훨씬 희소하기 때문에 대외무역은 미국의 대졸 근로자들의 희소성을 사실상 증가시켰다는 것이다.

대졸자 프리미엄을 설명하는 두 번째 이론은 지난 수십 년간의 기술 변화는 '기술 편향적(skill-biased)'이었다는 것이다. 달리 말하면, 기술이 대학교육을 받은 근로자들의 생산성을 그렇지 않은 근로자들보다 상대적으로 더 높게 하였다는 것이다. 특히, 컴퓨터가 사무실에 도입되면서 교육수준이 높은 근로자들의 생산성이 크게 높아졌다는 것이다. 이 신기술은 교육수준이 낮은 근로자들의 생산성에는 별 영향을 주지 못했고 어떤 경우에는 그들을 대체해 버리기도 하였다.

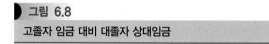

그림 6.8
고졸자 임금 대비 대졸자 상대임금

자료 : Autor, Katz, and Krueger(1998), Autor, Katz, and Kearney(2008), Acemoglu and Autor(2010).

서 이 근로자가 받는 임금은 교육을 전혀 받지 않은 근로자 임금의 $1.134^4 \times 1.101 = 1.82$배일 것이라고 계산하였다. 5년간의 교육 덕분에 더 받게 된 추가임금이 그 교육에 의해 형성된 인적 자본에 대해 주어지는 수익이라고 볼 수 있다. 예를 들어, 교육을 전혀 받지 않은 근로자의 임금이 1.00달러이고 교육을 5년간 받은 근로자의 임금이 1.82달러라고 한다면 0.82달러는 인적 자본에 기인하는 임금이고 나머지 1.00달러는

원노동에 기인하는 임금이라고 할 수 있다. 인적 자본에 기인하는 임금의 비율은 0.82/1.82＝45%인 셈이 되고 나머지 55%는 원노동에 기인하는 임금의 비율인 셈이다. 학력이 5년 미만인 근로자라면 인적 자본에 기인하는 임금의 비율이 45%에 미치지 못할 것이다. 각 근로자의 학력수준에 대한 자료를 가지고 이와 같은 계산을 할 수 있으며 그러한 결과를 모두 모아 경제 전체에서 교육으로 형성되는 인적 자본에 대한 수익으로서의 임금의 비율을 찾아낼 수 있다.[13]

〈표 6.2〉는 이러한 계산에 필요한 자료를 개발도상국과 선진국 두 국가군에 대해 보여 주고 있다. 성인인구를 교육수준에 따라 무학력자부터 고등교육을 마친 사람까지 7개의 교육계층으로 구분하였다. 표의 두 번째 칸은 각 교육수준에 대응하는 교육기간을 햇수로 표시하고 있다. 초등교육을 받기는 했지만 마치지는 못한 사람들의 학력은 4년이라고 가정하였고, 중등교육을 받기는 했지만 마치지는 못한 사람들의 학력은 10년, 고등교육을 받기는 했지만 마치지는 못한 사람들의 학력은 14년이라고 가정하였다. 세 번째 칸은 각 교육계층에 속한 사람들이 받는 임금과 교육을 전혀 받지 않은 사람들이 받는 임금의 비율을 나타낸다. 이는 〈그림 6.6〉에서 사용된 것과 같은 방법으로 계산된 것이다. 마지막 두 칸은 개발도상국과 선진국 두 국가군에서 성인인구 중 각 교육계층에 속하는 사람들의 비율을 나타낸 것이다.

〈표 6.2〉의 숫자들로부터 인적 자본에 대해 발생하는 수익에 해당하는 임금의 비율을 계산하여 그림으로 나타내면 선진국의 경우 〈그림 6.9〉, 개발도상국의 경우 〈그림

표 6.2
학력과 임금수준에 따른 인구 구성

최종 학력	재학기간	무학력에 대한 상대적 임금	인구구성비 개발도상국	인구구성비 선진국
무학력	0	1.00	20.8	2.5
초등 중퇴	4	1.65	10.4	3.4
초등 졸업	8	2.43	18.0	12.3
중등 중퇴	10	2.77	19.3	17.8
중등 졸업	12	3.16	23.2	37.4
대학 중퇴	14	3.61	2.9	9.9
대학 졸업	16	4.11	5.3	16.6

자료 : Barro and Lee(2010).

---

13) Pritchett (2001).

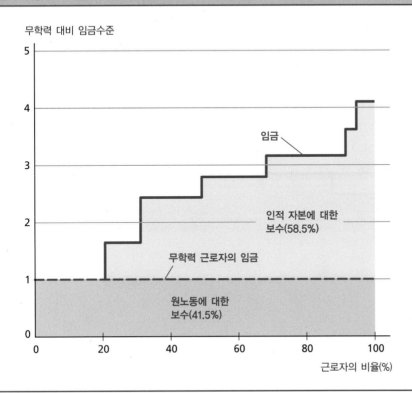

그림 6.9

임금소득 중 인적 자본의 비율 : 개발도상국

무학력 대비 임금수준

임금

인적 자본에 대한
보수(58.5%)

무학력 근로자의 임금

원노동에 대한
보수(41.5%)

근로자의 비율(%)

6.10)과 같다. 각 그림에서 실선은 교육수준별 근로자의 임금수준을 나타낸다. 임금수준은 교육을 전혀 받지 않은 근로자의 임금에 대한 상대적 비율로 측정한 것이다. 주어진 교육수준에서 실선과 점선 간의 차이는 임금 중 인적 자본에 기인하는 부분에 해당된다. 따라서 실선과 점선 사이의 영역 전체의 면적은 인적 자본에 대해 지불되는 총임금을 나타낸다. 마찬가지로 점선 아래의 면적은 원노동에 대해 지불되는 총임금을 나타낸다. 이 두 영역의 합, 즉 실선 아래의 총면적은 모든 근로자들에게 지불되는 임금의 총액을 나타낸다.

인적 자본에 대해 지불되는 총임금을 임금총액으로 나누면 임금 중 인적 자본에 대해 지불되는 비율이 된다. 개발도상국의 경우 이 비율은 59%며 선진국에서는 이 비율이 68%다. 임금총액 중 인적 자본에 대해 지불되는 임금의 비율이 구해지면 국민소득 중 인적 자본에 기인하는 부분이 간단히 계산된다. 구체적으로 말하면, 임금총액은 국민소득의 약 2/3이므로 임금총액 중 인적 자본에 대해 지불되는 임금의 비율에 2/3를 곱하면 된다. 이 계산에 의하면 국민소득 중 인적 자본에 기인하는 부분은 개발도상국

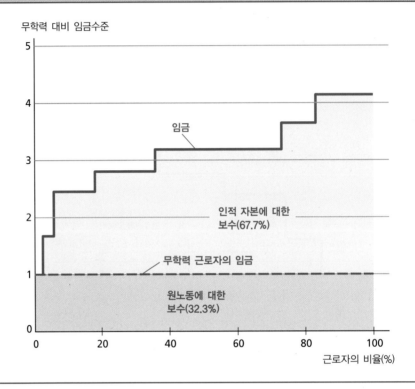

그림 6.10
임금소득 중 인적 자본의 비율 : 선진국

무학력 대비 임금수준

임금

인적 자본에 대한
보수(67.7%)

무학력 근로자의 임금

원노동에 대한
보수(32.3%)

근로자의 비율(%)

의 경우 40%고 선진국의 경우 45%다.

　이로부터 알 수 있는 사실은 개발도상국에서도 국민소득 중 인적 자본에 귀속되는 부분은 물적 자본에 귀속되는 부분보다 크고, 선진국의 경우에는 이러한 경향이 더 강하다는 것이다. 전 세계적으로 근로자들은 자신의 인적 자본 형성에 대한 투자수익을 거두고 있는 셈이므로 근로자들은 이런 의미에서 실질적인 '자본가'라고 할 수 있다. 교육수준이 전 세계적으로 증가하면서 이와 같은 '노동자'와 '자본가'의 융합은 계속될 것이다. 어떤 경제학자들에 의하면 이렇게 부각되는 인적 자본의 중요성이 많은 나라에서 계급의 정치학이 실질적으로 후퇴하게 되는 배경으로 작용하였다고 한다. 노동자와 자본가가 같은 사람이라면 계급투쟁의 개념은 설득력을 상실한다는 것이다.[14]

　인적 자본에 기인하는 국민소득의 비율에 관한 이러한 자료는 앞에서 솔로우 모형을 이용한 분석에 대한 이해를 돕는다. 솔로우 모형이 국가 간 소득수준의 차이를 설명하는 과정에서 콥–더글라스 생산함수에서 자본에 대한 지수인 α의 값이 중요한 역할을

---

14) Galor and Moav(2006).

하였다. 우리는 제3장에서 물적 자본에 기인하는 국민소득의 비율에 관한 자료를 검토하면서 α의 값이 약 1/3이라는 점을 확인하였다. 그러나 제4장에서는 $\alpha = 2/3$인 경우에 모형이 자료와 더 잘 맞는다는 것을 보았다. 즉, 인구증가율이 낮은 나라들과 그렇지 않은 나라들 간의 소득격차는 $\alpha = 1/3$인 경우보다 $\alpha = 2/3$인 경우에 더 잘 설명이 된다는 의미다. 같은 맥락에서 제3장의 연습문제 4번은 α의 값이 클수록 투자율의 국가 간 차이가 정상상태의 근로자 1인당 생산량에 미치는 영향이 더 크다는 것을 보여주었다.

이제 우리는 α의 값이 물적 자본에 기인하는 국민소득의 비율보다 더 큰 것이 적절한 이유에 대하여 설명할 수 있다. 여기서 열쇠가 되는 것은 자본이라는 것을 보다 넓은 개념으로 이해해야 한다는 것이다. 인적 자본과 물적 자본을 모두 자본의 정의에 포함한다면 자본에 기인하는 국민소득의 비율은 전 세계적으로 2/3보다 크다. 그러므로 제3~5장에서처럼 생산요소가 자본과 노동 두 가지만 있는 경우의 솔로우 모형을 분석하고자 한다면 자본소득분배율을 최소한 2/3라고 보고 콥-더글라스 생산함수에서 자본의 지수인 α의 값이 최소한 2/3라고 가정하는 것이 적절할 것이다.

6.3 국가 간 소득격차의 얼마만큼이 교육으로 설명되는가

국가 간 인적 자본의 수준에는 큰 차이가 있다는 점을 발견하였고, 이제 우리는 그러한 차이가 국가 간 소득의 격차 중 어느 정도를 설명할 수 있는지에 대해 생각해 보고자 한다. 우리는 건강상태의 개선보다는 교육으로 인한 인적 자본의 효과에 초점을 두기로 한다. 왜냐하면 교육이 인적 자본의 가장 중요하면서도 일관적인 자료를 얻을 수 있는 유일한 척도이기 때문이다.

국가간 학력의 차이가 갖는 효과에 대한 정량적 분석

〈그림 6.11〉의 산포도와 같이, 한 국가 내에서의 평균학력과 1인당 소득수준 간의 관계는 매우 뚜렷하다. 그러나 이 관찰만으로는 소득격차 중 얼마만큼이 교육의 차이에 기인하는지를 알 수 없다. 부유한 나라에서는 교육에 대한 지출도 많을 것이기 때문이다. 교육이 소득에 미치는 영향이 전혀 없다고 해도 그림에서 보는 것과 같은 양(+)의 상관관계를 볼 수 있을 것이다.

교육수준의 차이가 소득수준의 차이에 미치는 영향의 크기를 측정하기 위해 제3장에서 본 투자율의 차이나 제4장과 제5장에서 본 인구증가율의 효과에 대해서 했던 것

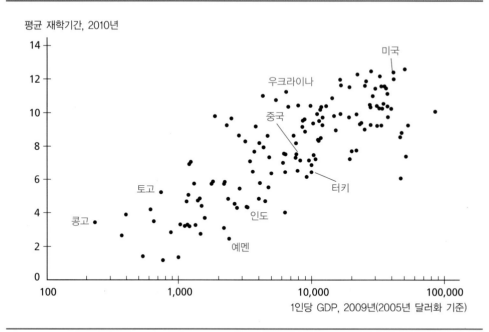

그림 6.11

평균 재학기간과 1인당 GDP

자료 : Barro and Lee(2010), Heston, Summers, and Aten(2011).

과 같은 분석을 해 볼 수 있다. 이 경우에는 투자율이나 인구증가율 등 다른 점에서는 차이가 없고 오직 교육수준에서만 차이가 있는 두 나라가 1인당 소득에서 얼마나 차이가 있는지를 보는 것이다.

앞에서 제3~5장에서 사용하였던 것과 같은 콥-더글라스 생산함수로부터 시작해 보자. 하지만 앞에서와는 다르게 각 근로자가 한 단위의 노동을 공급한다고 가정하는 대신 각 근로자가 공급하는 노동의 양은 국가 간에 차이가 있다고 가정한다. 우리는 근로자당 노동투입을 h라고 할 때 h가 교육수준과 어떻게 연관되어 있는지 보여 주고자 한다. 한 국가 내에서 근로자들은 모두 동일하다고 가정하고 L을 근로자의 수라고 하면, 그 나라의 총 노동투입은 hL과 같다. 이제 생산함수는

$$Y = AK^{\alpha}(hL)^{1-\alpha}$$

와 같이 되는데, 여기서 A는 생산성의 척도이고 K는 자본투입량을 나타낸다.

편의상 근로자 1인당 노동투입량을 앞으로 빼내고 생산함수를 다시 쓰면 다음과 같다.

$$Y = h^{1-\alpha}AK^{\alpha}L^{1-\alpha}$$

이 생산함수를 잘 보면 A가 $h^{1-\alpha}A$로 바뀐 것을 제외하면 우리가 제3~5장에서 사용하였던 생산함수와 같다는 것을 알 수 있다. 제4장에서 우리는 투자율이 γ이고 인구증가율이 n, 그리고 감가상각률이 δ인 국가의 정상상태에서의 근로자 1인당 생산량을 다음과 같은 식으로 도출한바 있다.

$$y^{ss} = A^{1/(1-\alpha)}\left(\frac{\gamma}{n+\delta}\right)^{\alpha/(1-\alpha)}$$

근로자 1인당 노동투입이 가변적임을 감안하면 이 식에서 A 대신 $h^{1-\alpha}A$를 대입하면 된다. 그러므로 정상상태에서 근로자 1인당 생산량은 다음과 같다.[15]

$$y^{ss} = (h^{1-\alpha}A)^{1/(1-\alpha)}\left(\frac{\gamma}{n+\delta}\right)^{\alpha/(1-\alpha)}$$

$$= h \times \left[A^{1/(1-\alpha)}\left(\frac{\gamma}{n+\delta}\right)^{\alpha/(1-\alpha)}\right]$$

이 식에서 분명이 드러나듯이 정상상태에서의 생산량은 근로자 1인당 노동투입량의 척도인 h에 직접적으로 비례한다.

근로자 1인당 노동투입량의 차이가 얼마나 큰 생산량의 차이를 가져올 수 있는지 보기 위해 A, γ, n은 같고 h의 크기만 다른 두 국가를 가정하자. 이 두 국가를 i와 j라고 하면 이들 두 나라의 정상상태에서의 생산량의 비율은 다음과 같다.

$$\frac{y_i^{ss}}{y_j^{ss}} = \frac{h_i \times \left[A^{1/(1-\alpha)}\left(\frac{\gamma}{n+\delta}\right)^{\alpha/(1-\alpha)}\right]}{h_j \times \left[A^{1/(1-\alpha)}\left(\frac{\gamma}{n+\delta}\right)^{\alpha/(1-\alpha)}\right]} = \frac{h_i}{h_j} \tag{6.1}$$

이 식에 의하면 두 국가 간에 다른 차이점이 없다면 정상상태에서의 두 국가 간 근로자 1인당 생산량의 비율은 근로자 1인당 노동투입량의 비와 같다. 한 나라에서 h의 값이 다른 나라의 2배라면 정상상태에서의 근로자 1인당 생산량도 역시 2배일 것이다.

교육수준의 차이가 1인당 소득의 차이를 설명해 주는 정도를 보기 위해서는 한 국가 내에서 근로자 1인당 노동투입량 h와 교육수준 간에 존재하는 관계를 보면 된다. 그러기 위해 우리는 근로자의 임금과 교육수준 간의 관계에 대해 분석했던 것을 다시 보기로 한다. 〈그림 6.6〉에서 나타낸 자료에 의하면 교육 정도에 대한 수익은 처음 4년에

---

15) 인내심이 많은 학생이라면 생산함수로부터 시작하여 제4장에서와 같은 방법으로 동일한 결과를 유도할 수 있다.

대해서는 13.4%, 다음 4년에 대해서는 10.1%, 그 이후의 학력에 대해서는 6.8%였다. 즉, 교육을 1년간 받은 사람은 교육을 전혀 받지 않은 사람이 버는 것의 1.134배를 벌고 이런 식으로 학력에 따른 임금의 차이를 보일 수 있다. 이러한 결과는 교육을 1년 받은 사람이 공급하는 노동력은 교육을 전혀 받지 않은 사람이 공급하는 노동력의 1.134배이고 노동력 한 단위에 지불되는 임금은 정해져 있는 것으로 해석될 수 있다. 이와 같이 해석하면 근로자가 받는 임금은 그의 노동투입량 h에 단순 비례하는 것이 된다.

이제 우리는 평균학력에 관한 자료를 이용하여 국가 간 1인당 소득의 차이를 설명함에 있어서 교육수준의 차이가 갖는 중요성을 정량적으로 예측할 수 있다. 먼저 각국에 대하여 평균학력을 사용하여 교육이 전혀 없는 가상의 나라에 대한 상대적인 값으로 h의 척도를 만들어 낼 수 있다. 식 (6.1)에 의하면 교육수준에서만 차이를 보이는 두 국가 사이에서 정상상태의 근로자 1인당 소득수준은 각국의 h 값에 비례한다.

구체적인 예를 들어 보자. 평균학력이 12년인 나라를 i, 평균학력이 2년인 나라를 j라고 하자. 그리고 교육이 전혀 없는 나라의 근로자 1인당 노동투입량을 h_0라고 하자. 그러면 국가 j에서의 근로자 1인당 노동투입량은 다음과 같이 나타낼 수 있다.

$$h_j = 1.134^2 \times h_0 = 1.29 \times h_0$$

한편, 국가 i에서의 근로자 1인당 노동투입량은

$$h_i = 1.134^4 \times 1.101^4 \times 1.068^4 \times h_0 = 3.16 \times h_0$$

이다. 식 (6.1)에 의하면 두 국가 간 정상상태 소득수준의 비율은 다음과 같다.

$$\frac{y_i^{ss}}{y_j^{ss}} = \frac{h_i}{h_j} = \frac{3.16 \times h_0}{1.29 \times h_0} = 2.47$$

〈그림 6.12〉는 이와 같은 계산을 세계 여러 나라들에 적용한 결과를 보여 준다. 평균학력에 관한 자료를 바탕으로 미국의 소득수준을 기준으로 각국의 소득수준의 상대적 크기를 계산하였다. 이렇게 예측된 값이 그림의 가로축에 표시되어 있다. 그림의 세로축에는 실제 소득의 비율을 표시하였다. 만약 교육수준의 차이가 국가 간 소득수준의 차이를 전부 설명한다면 그림의 점들은 모두 45도 선을 따라 일직선 위에 놓여 있어야 할 것이다. 즉, 실제 소득의 비는 모형이 예측한 소득의 비와 같아야 할 것이다. 반대로 만약 교육수준의 차이가 국가 간 소득수준의 차이를 전혀 설명하지 못한다면 그림

의 점들이 놓인 모양으로부터 아무런 유형을 발견할 수 없을 것이다.

〈그림 6.12〉에 그려진 자료로부터 교육수준의 차이는 국가 간 소득수준의 차이를 전부 설명하지는 못하지만 부분적으로 설명한다는 점을 알 수 있다. 어떤 나라의 평균 교육수준을 기초로 예측된 소득수준이 낮을수록 실제 그 나라의 소득수준은 낮게 나타난다. 흥미로운 예외도 존재한다. 한 예로 싱가포르는 교육수준만 본다면 그 소득수준은 표본국가 중 37위가 되어야 하지만 실제로는 표본국가 중 두 번째로 소득수준이 높다. 반대로 모형에 의하면 중국과 필리핀은 실제 소득수준보다 더 높은 소득수준을 가질 것으로 예측된다. 그림에서 나타나는 또 다른 흥미로운 점은 교육수준의 차이에 근거하여 예측된 소득수준의 격차는 실제 소득수준의 격차보다 작다는 것이다. 예를 들어, 교육수준자료에 의하면 표본국가 중 가장 소득수준이 낮을 것으로 예측되는 나라는 미국의 43% 수준인 모잠비크인데 실제 모잠비크의 소득수준은 미국의 1.9%밖에 되지 않는다.

〈그림 6.12〉를 〈그림 3.7〉과 함께 보면 흥미로운 점을 발견할 수 있다. 〈그림 3.7〉은 〈그림 6.12〉와 유사하지만 물적 자본에 대한 투자의 차이가 소득수준의 차이를 설

▶ **그림 6.12**

근로자당 GDP의 예측치와 실제치

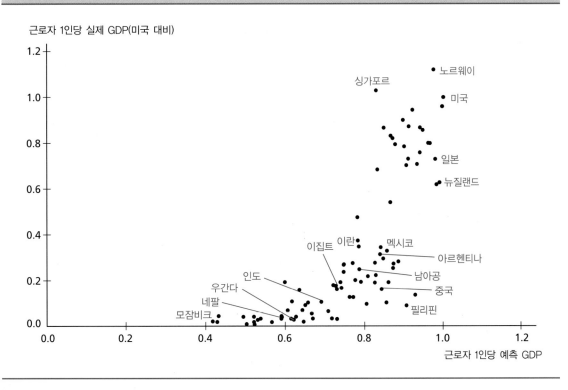

명하는 정도를 보인 것이다. 중요한 것은 각 그림에서 단 한 가지의 요인만으로도 국가 간 소득수준의 차이를 전부는 아니더라도 어느 정도는 설명할 수 있다는 사실이다. 예를 들어, 물적 자본의 투자에 관한 자료를 이용하면 우간다는 미국의 80%에 해당하는 1인당 소득수준을 보일 것으로 예측된다. 교육수준에 관한 자료를 이용하면 우간다의 1인당 소득수준은 미국의 61% 수준일 것으로 예측된다. 두 요인을 모두 고려한다면 우간다의 1인당 소득수준은 미국의 0.80 × 0.61 = 49% 수준일 것이다. 우간다의 실제 1인당 소득수준은 미국의 3.3% 수준임을 감안한다면 여전히 실제 소득수준과 예측된 값은 거리가 있지만, 이처럼 물적 자본과 인적 자본에 관한 정보를 모두 이용하면 보다 실제에 가깝게 소득수준을 예측하는 것이 가능하다. 또한 각국의 소득수준이 전 세계 소득분포에서 어디쯤에 위치하는지에 관한 두 예측에서 발생하는 오차는 서로 상쇄하는 경향이 있다. 한 예로 〈그림 6.12〉에서 멕시코의 1인당 소득수준은 이란보다 7% 더 높을 것으로 예측되었는데, 〈그림 3.7〉에서는 반대로 이란의 소득이 멕시코보다 18% 더 높을 것으로 예측되었다. 실제로 두 나라의 1인당 소득수준은 거의 비슷하다. 이와 같은 관찰로부터 우리는 물적 자본과 인적 자본에 대한 자료 모두를 감안할 때 한쪽만 보는 것보다 소득수준에 대한 더 나은 예측이 가능하리라는 점을 알 수 있다. 이에 대해서는 제7장에서 보다 상세히 알아보기로 한다.

인적 자본이 국가 간 소득수준의 격차를 설명할 수 있는 정도에 관한 결론을 내기 전에 우리의 분석에서는 다루지 못하였지만 자료에 포함되어 있는 중요한 점들에 대해 생각해 볼 필요가 있으므로 두 가지 점을 검토해 보기로 한다.

교육의 질

우리의 분석에서 국가 간 교육수준의 차이는 각국의 평균학력에 관한 자료에 근거한 것이었다. 우리는 교육의 질이 국가 간에 차이가 없다고 암묵적으로 가정하고 있었다. 이러한 가정은 지지될 수 있는 것인가?

우리는 교사나 교과서 등 교육의 투입요소와 교육의 산출(학생의 지식)을 살펴봄으로써 교육의 질을 측정할 수 있다. 교육의 투입요소의 경우 보다 부유한 나라일수록 더 많은 투입을 제공할 수 있다는 분명한 증거가 있다. 2005년 당시 초등학교 교사 1인당 학생 수를 보면 선진국에서는 16명인데 반해 저소득국가에서는 42명, 사하라 이남 아프리카에서는 48명이었다. 게다가 개발도상국의 교사들은 선진국의 교사만큼 잘 훈련되어 있지 않았다. 한 예로 모잠비크에서는 초등학교 1~5학년의 교사들 중 70%가 학교교육을 7년밖에 받지 않았다. 마지막으로, 이 장의 앞부분에서 본 바와 같이 만연한 건강문제로 인해 가난한 나라의 학생들은 학교에 다닌다 하더라도 부유한 나라의

학생들에 비해 한 해의 학습량이 적을 수밖에 없다.[16]

　교육의 산출에 관해서, 즉 학생들이 습득하는 지식에 관해서는 학생들의 시험성적으로 측정할 수 있다. 〈그림 6.13〉은 수학 및 과학과목의 표준화된 시험에서의 성적과 1인당 소득 간의 관계를 보여 준다. 부유한 나라의 학생들이 더 높은 성적을 보이는 것은 놀라운 일도 아니다. 다만 미국과 중국은 다소 예외적인데, 미국은 부유한 나라로서는 시험 성적이 상대적으로 낮은 편이며, 중국은 가난한 나라로서는 극단적으로 높은 시험 성적을 보인다. (대부분의 국가에서는 대표성을 가진 학생집단을 대상으로 시험 성적을 구하지만 중국의 경우 경제적으로 가장 활기찬 상하이 지역의 학생들만 대상으로 시험 성적이 구해졌다는 점을 감안할 필요가 있다.)

　이상에서 본 것처럼 부유한 나라들에서는 가난한 나라들에 비해 학교교육을 더 오래 받을 뿐 아니라 더 질 높은 학교교육을 받는다. 이러한 질적인 차이로 인해 우리가 사용한 인적 자본의 측정값은 교육을 받은 기간의 차이만 보여 주는 것으로 근로자들의 국가 간 인적 자본의 차이를 과소평가하고 있다.

▶ **그림 6.13**

학생 성적과 1인당 GDP

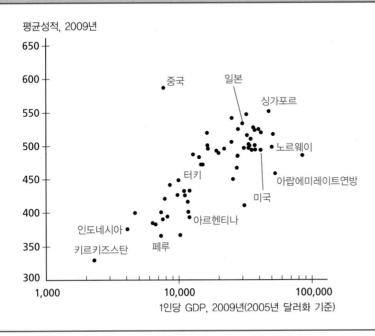

자료 : PISA(2009).

---

16) UNESCO(1999, 2000), World Bank(2007a).

외부효과

인적 자본이 물적 자본과 구별되는 중요한 한 측면은 외부효과와 관련이 있다. **외부효과**(externality)란 어떤 경제활동이 대가 없이 우연히 갖게 되는 효과를 일컫는다. 경제학자들은 교육의 경우 큰 외부효과가 있다고 믿는다. 한 사람이 교육을 받음으로써 한 사람의 생산성만 높아지는 것이 아니라 그 주변 사람들의 생산성도 높아진다는 것이다. 예를 들어, 수확이 좋은 종자나 새로운 비료 등의 신기술은 대개 교육을 받은 농부가 먼저 받아들이고 그 이후에 교육을 덜 받은 주변의 친구들이나 이웃들도 이 같은 신기술을 받아들이게 된다는 것이다. 이런 식으로 한 사람에 대한 교육은 많은 사람의 생산성을 높일 수 있다. 에티오피아에서 행한 한 연구에 의하면 교육의 효과는 교육을 받은 사람이 직접 누린 혜택보다 교육의 외부효과로 인해 다른 사람들이 누린 혜택, 즉 그 마을에 있는 다른 사람들이 누린 혜택의 총합이 더 크다. 달리 표현하면 한 사람이 1년 더 학교에 다님으로써 발생하는 혜택 중 절반 이상이 학교에 다닌 그 사람 이외의 다른 사람들에게 발생한다는 것이다.[17] 보다 많은 사람이 교육을 받는 선진국에서는 이러한 교육의 외부효과가 그리 크지 않을 것으로 예상된다. 하지만 교육이 외부효과를 갖는 다른 경로들도 존재한다. 예를 들어, 교육수준이 높은 나라는 정직하고 효율적인 정부를 가질 가능성이 더 높다.

인적 자본으로부터 발생하는 긍정적 외부효과는 종종 정부가 공교육이나 의무교육 등의 형태로 인적 자본의 형성에 관여하는 이유로 여겨진다. 사람들을 스스로의 의사에만 맡겨두면 자신이나 자녀들이 얼마나 교육을 받을 것인지를 결정할 때 교육이 갖는 사회적 이득을 충분히 고려하지 않고 사회적으로 최적인 수준보다 더 낮은 교육수준을 선택할 것이다.

교육에 외부효과가 존재한다는 사실은 국가 간 소득수준의 격차를 설명함에 있어 인적 자본이 얼마나 중요한 역할을 하는지를 계산하는 데도 영향을 미친다. 학교교육과 인적 자본 간의 관계를 가늠할 때 우리는 교육 정도에 대한 개인적 수익만을 보았다. 즉, 우리의 출발점은 1년간의 교육이 개인의 임금을 얼마나 올려 주는지에 관한 것이었다. 하지만 개인의 인적 자본이 국민소득에 기여하는 바의 많은 부분이 개인이 받는 임금에 반영되어 있지 않다면 교육 정도에 대한 개인적 수익은 추가적인 1년간의 학교교육에 의한 인적 자본의 증가를 제대로 평가하지 못한다. 제대로 된 계산을 한다면 교육 정도에 대한 수익은 더 크다고 가정하여야 하며 따라서 국가 간 소득수준의 차이

---

17) Weir and Knight(2000).

인적 자본의 포화와 성장의 둔화

이 장에서 강조하였듯이 인적 자본과 물적 자본 간의 중요한 차이점은 인적 자본은 그 소유자에게 '장치되는' 것이지만 물적 자본은 그 소유자와는 독립적으로 존재할 수 있다는 점이다. 그 결과, 한 개인이 소유할 수 있는 물적 자본의 양에는 물리적 제한이 없다. 하지만 인적 자본의 경우에는 그러한 제한이 존재한다. 한 개인이 건강한 정도에도 한계가 있고 교육수준에도 한계가 있다. 각 근로사가 함께 일할 물적 자본의 양이 다음 한 세기 동안 계속 증가하지 않을 이유는 없지만, 인적 자본 축적의 한계가 눈앞에 다가오고 있다는 걱정은 이유가 있어 보인다.

건강의 경우, 대부분의 선진국에서 지난 한 세기 동안 신장과 수명의 기준으로 보아 크게 향상되었다. 그러나 대부분의 학자들은 이러한 개선이 미래에도 지속되지는 않을 것이라는 데 동의한다. 가장 부유한 나라들을 보면 이제 거의 모든 사람들이 생물학적으로 가능한 신장의 최대치를 달성할 정도로 충분한 영양을 섭취한다. 미국의 평균수명은 1900년에 51세에서 2000년에 77세로 상승하였다. 향후 100년간 평균수명이 이와 똑같은 정도로(103살로!) 증가할 것이라고 보기는 어렵다. 19세기와 20세기에 걸처 일어난 위생시설, 백신, 항생제 등의 건강과 관련한 위대한 승리들에 필적할 만한 사건들이 미래에도 계속될 가능성은 낮다.

교육의 경우에도 선진국에서 인적 자본 축적의 속도가 미래에는 낮아질 것이라고 믿을 만한 충분한 이유가 있다. 선진국의 평균 교육수준은 1960~1980년 중 1.8년 증가하였지만 1980~2000년 중에는 0.9닌 밖에 증가하지 않았다. 이런 둔화의 증거가 없너라고 교육수준의 상승이 영원히 계속될 수는 없으리라고 생각할 수 있다. 다른 이유가 아니더라도, 늙어서 죽기 전에 언젠가 일은 해야 할 것이기 때문이다.

이러한 이유로 인적 자본의 증가는 지난 한 세기 동안 경제성장의 중요한 요인 중 하나였지만, 이후 100년간 인적 자본 축적의 경제성장에 대한 기여도는 낮아질 것이다. 그렇다고 이러한 변화가 경제성장을 멈추지는 않을 것이다. 왜냐하면 제8장과 제9장에서 논의할 기술의 변화와 같은 다른 성장의 원천들은 여전히 건재할 것이기 때문이다. 하지만 인적 자본 축적의 둔화로 전체적인 성장률의 둔화가 초래될 것이다.*

* Jones(2002).

를 설명함에 있어 인적 자본이 하는 역할은 더 크다고 보아야 할 것이다.

6.4 결론

이 장에서 우리는 경제학자들이 인적 자본이라는 이름 아래 묶어둔 다양한 형태의 노동력의 질적인 측면들이 어떻게 향상되는지를 살펴보았다. 인적 자본의 축적과 인적 자본이 생산에 대해 미치는 영향은 여러 가지로 물적 자본의 경우와 매우 유사하다. 인적 자본을 생산하는 교육에 대한 지출은 마치 물적 자본을 생산하는 투자와 비슷하다.

인적 자본과 물적 자본 모두 생산의 투입요소이며 사실상 각각의 소득분배율은 거의 동등하다. 마지막으로 국가 간 인적 자본 축적의 차이는 물적 자본의 축적이 그랬듯이 국가 간 소득격차를 부분적으로 설명해 주는 것으로 보인다.

인적 자본과 물적 자본은 서로 유사한 점도 많지만 양자 간에는 중요한 차이점도 있다. 물적 자본에 투자하는 유일한 이유는 경제적인 것이다. 물적 자본이 벌어들이는 수익이 없다면 물적 자본을 소유하고자 하는 사람은 없을 것이다. 이와는 대조적으로 사람들은 건강이라는 형태의 인적 자본에 대해 비경제적인 이유로 의미를 둔다. 좋은 건강상태가 생산성을 높게 해 준다는 것은 우리가 우리 자신이나 자녀들의 건강에 관한 결정을 내릴 때 가장 중요하게 고려하는 점이 아니다. 교육을 통해 인적 자본에 투자하기로 결정하는 것은 경제적이기는 하지만 그것은 부분적인 이유일 뿐이다. 사람들이 교육에 의미를 두는 것은 보다 높은 소득수준을 위해서이기도 하지만 그들의 지적이고 영적인 삶을 더욱 풍요롭게 하기 위해서이기도 하다.

핵심용어

교육에 대한 수익(return to education)   외부효과(externality)

대졸자 프리미엄(college premium)   인적 자본(human capital)

복습문제

1. 인적 자본은 어떤 점에서 물적 자본과 유사한가? 양자 간의 차이점은 무엇인가?

2. 건강이 인적 자본의 한 요소로 간주되는 것은 어떤 이유에서인가? 건강이라는 형태의 인적 자본은 교육이라는 형태의 인적 자본과 어떤 점에서 다른가?

3. 건강과 소득수준이 동시에 결정된다는 것은 무슨 의미인가?

4. 교육 정도에 대한 수익이란 무엇인가?

5. 교육 정도에 대한 수익에 관한 자료를 사용하여 국가 간 교육수준의 차이가 국가 간 소득격차에 기여하는 정도를 추정하는 방법은 무엇인가?

6. 교육이 외부효과를 갖는 이유는 무엇이며 그 과정은 어떠한가?

연습문제

1. 효과적인 말라리아 백신이 개발되었다고 하자. 〈그림 6.3〉을 이용하여 건강과 소득

수준에 대한 백신의 효과를 서술하라.

2. 국가 A와 국가 B는 원래 위생환경이 서로 다르다. 구체적으로 말하자면, 1인당 소득수준이 동일하다면 국가 A의 근로자들이 국가 B의 근로자들보다 더 건강할 것이다. 두 나라의 1인당 소득수준은 동일하지만 국가 A의 사람들이 국가 B의 사람들보다 더 건강하다고 가정해 보자. 두 나라에서의 생산과 관련하여 어떤 결론을 내릴 수 있는가? (단, 건강과 관련된 점은 제외) 그림을 이용하여 설명하라.

3. 교육과 임금에 관한 논의에서 우리는 교육이 근로자 한 사람의 생산량을 증가시킴으로써 임금을 상승시킨다고 가정하였다. 그러나 여기서는 교육을 많이 받은 사람이 높은 임금을 받는 이유가 생산성과는 무관하다고 하자. 예를 들어, 교육을 받은 근로자나 교육을 받지 않은 근로자나 똑같은 양의 산출물을 생산하지만 교육을 받은 근로자가 더 많이 버는 이유는 교육을 받지 않은 근로자가 생산한 것을 훔쳐오기 때문이라고 하자. 만약 이것이 사실이라면, 국가 간 교육수준의 차이에 관한 6.3절의 분석이 어떻게 달라지겠는가?

4. 학교교육을 9년간 받은 근로자가 받는 임금 가운데 인적 자본에 기인하는 비율은 얼마인가?

5. 미국의 25세 이상 성인인구에서 최종학력을 보면 2010년 당시 무학력이 0.4%, 초등학교 중퇴자가 0.8%, 초등학교 졸업자가 1.9%, 중등학교 중퇴자가 6.7%, 중등학교 졸업자가 36.2%, 대학 중퇴자가 22.4%, 대학 졸업자가 31.6%였다. 〈그림 6.6〉에 대한 설명에서 사용되었던 방법에 근거하여 인적 자본에 대한 수익에 해당하는 임금의 비율을 계산하라.

6. 교육수준을 제외하고는 모든 면에서 동일한 두 국가 i와 j를 비교한다고 하자. 만약 국가 i의 모든 성인들은 10년간 학교교육을 받았고, 국가 j의 성인들은 모두 4년간 학교교육을 받았다면 정상상태에서 두 국가 간 근로자 1인당 산출량의 비율을 계산하라.

7. 어떤 나라에서 2000년도의 경제활동인구에 속하는 사람들은 모두가 12년간 학교교육을 받은 사람들이었다. 1900년의 경제활동인구에 속한 사람들은 모두가 2년간 학교교육을 받은 사람들이었다. 교육수준의 상승에 기인하는 근로자 1인당 소득의 연평균 증가율은 얼마인가?

8. 교육의 외부효과에 관한 6.3절의 논의를 떠올려 보라. 건강과 관련한 긍정적이거나 부정적인 외부효과가 있다면 어떤 것인가?

9. 국가 A와 국가 B 사이에 투자율, 인구증가율, 감가상각률이 서로 같다. 1인당 소득

수준 또한 양국 간에 동일하며 국가 A는 국가 B보다 성장률이 높다. 솔로우 모형에 의하면 어떤 나라가 인적 자본에 더 많이 투자하고 있는가? 그 이유를 설명하라.

온라인 데이터 플로터(Data Plotter)와 데이터를 이용해서 실습하려면 http://www.pearsonhighered.com/weil을 방문하라.

생산성

국가 간 소득격차를 설명함에 있어 생산요소의 축적이 하는 역할을 고찰하였으므로, 이제 우리는 생산요소를 고려한 후 남게 되는 소득격차의 요인인 생산성에 대해 살펴보기로 한다. 국가 간 생산성의 격차는 매우 클 뿐 아니라 장기간 동안의 경제성장에서 매우 중요한 요소이기도 하다. 우리가 알아볼 것은 장기적인 생산성의 향상이 대부분 기술진보로부터 오지만 국가 간 생산성의 차이는 주로 제도적 구조에 의해 결정되는 경제 효율성의 차이에 기인한다는 점이다.

제 7 장

생산성의 측정

두 학생들에게 똑같은 공구상자와 통나무를 나누어 주고 시합을 시켰을 경우 학생
들은 8시간 안에 되도록 많은 물건을 만들어야 한다. 그러나 시합이 끝나
자 한 학생은 10개, 다른 학생은 20개의 물건을 만들었다고 하자. 두 학생
들이 사용한 공구에는 차이가 없었으므로 분명히 공구 탓은 아닐 것이
다. 이러한 차이를 어떻게 설명할 것인가? 이러한 차이는 두 학생이 얼
마나 공구를 더 효과적으로 사용하였는지에 달려 있다. 이것이 바로 생산
성의 개념이다.

> 다른 모든 요인을 제거하고
> 남는 그것이 진실이다.
> −셜록 홈즈

　물건 만들기 시합에서 생산성의 차이가 나타난 것은 한 학생이 목공에 대하여 더 우
월한 지식을 갖고 있었기 때문이거나 생산과정을 보다 더 조직적으로 운영하였기 때문
이거나 혹은 단지 더 힘차게 일했기 때문일 수도 있다. 이러한 생각을 국가들에 적용
하자면 도구에 해당하는 것은 앞에서 공부한 생산요소들이다. **생산성**(productivity)은
생산요소들이 산출물로 전환되는 과정이 얼마나 효과적인지에 관한 것이다.

　앞서 우리는 4개의 장에 걸쳐 생산요소의 축적에 관하여 살펴본 바 있다. 국가 간에
는 물적 자본에 대한 투자율이나 인적 자본의 수준에 있어 차이가 존재한다. 또한 국
가 간에는 인구증가율의 차이도 있는데 이는 자본희석을 통하여 요소의 축적에도 영향
을 미친다. 각 장에서 우리는 요소축적의 특정 측면에 대하여 살펴보면서 요소축적을
국가 간 1인당 소득격차의 문제와 관련하여 보았다. 예를 들어, 우리는 물적 자본에 대
한 투자율이 낮은 나라는 투자율이 높은 나라들보다 더 가난할 것이라는 이론적 예측
을 도출하였고 또 실증적으로도 그러하다는 점을 확인하였다. 또한 인구증가율이 낮은

나라는 인구증가율이 높은 나라보다 그리고 교육수준이 높은 나라는 교육수준이 낮은 나라보다 소득수준이 더 높은 경향이 있다는 것도 확인하였다. 요소축적의 이와 같은 측면들은 각각이 개별적으로 국가 간 1인당 소득의 격차를 어느 정도 설명해 준다.

그렇다면 요소축적의 다양한 측면들을 다 감안하면 국가 간 격차를 모두 설명할 수 있을까? 이 장에서 자세히 보겠지만 그렇지 않다. 구체적으로 우리는 국가 간 산출량의 차이는 생산요소의 축적량이 달라서이기도 하지만 동시에 생산요소들을 산출물의 생산을 위해 결합하는 방법이 얼마나 효과적인가, 즉 각국의 생산성도 문제가 된다. 그러므로 국가 간 소득의 격차를 설명하기 위해서는 요소축적뿐 아니라 생산성에 대해서도 공부할 필요가 있는 것이다.

이 장에서는 먼저 생산성의 본질과 그 측정에 대해 논한 다음 생산성에 관한 다음의 문제들을 살펴보기로 한다.

1. 국가 간 생산성의 차이는 얼마나 되는가?
2. 국가 간 1인당 소득수준의 격차 중 얼마만큼이 생산성의 차이로 설명되는가?
3. 국가 간 생산성 증가속도의 차이는 얼마나 되는가?
4. 생산성 증가속도의 차이와 요소축적의 차이는 각각 국가 간 성장률의 차이를 얼마만큼 설명하는가?

우리는 두 가지 기법을 사용하여 이러한 의문에 대해 답할 것이다. 한 가지는 **발전회계**이고 다른 한 가지는 **성장회계**이다. 이들 기법을 소개하기 전에 먼저 생산함수에서 생산성이 갖는 역할에 대해 다시 고찰해 보기로 하자.

7.1 생산함수에서의 생산성

앞서 제2장에서 한 나라의 경제가 가진 생산요소들의 양과 생산되는 산출량 간의 관계를 보여 주는 **생산함수**의 개념을 소개하였다. 그에 이어서 우리는 물적 자본이나 인적 자본과 같은 특정한 생산요소들에 대하여 살펴보았다. 그러나 이제 생산성에 관한 분석을 시작하면서부터는 특정한 생산요소보다는 일반적인 생산요소들을 가진 생산함수를 고려하는 것이 편리하다.

〈그림 7.1〉은 우리가 제2장에서 처음 보았던 생산함수의 한 예를 다시 보여 준다. 가로축은 근로자 1인당 생산요소의 양을, 세로축은 근로자 1인당 산출량을 각각 나타

그림 7.1
근로자당 산출량 차이의 가능한 요인들

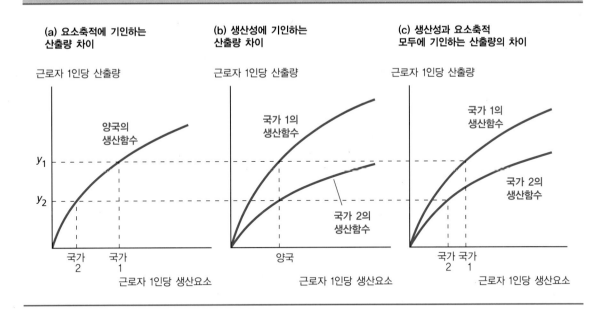

낸다. 그림에서처럼 국가 1과 국가 2라고 표시한 두 나라를 고려해 보자. 그림에서 y_1 이라고 표시된 국가 1의 1인당 산출량은 y_2라고 표시된 국가 2의 1인당 산출량보다 크다고 되어 있다. 세 그림은 각각 두 나라 간 1인당 산출량의 차이가 왜 발생하는지에 대해 설명해 준다. 그림의 패널 (a)에서 보면 두 나라의 생산함수는 동일하지만 근로자 1인당 생산요소의 양은 국가 1이 더 많으므로 국가 1의 산출량 수준이 더 높다. 또한 그림의 패널 (b)에서는 두 나라가 동일한 양의 생산요소를 가지고 있지만 국가 1의 생산성이 더 높아서 국가 1의 생산함수가 국가 2의 생산함수보다 위쪽에 놓여 있다. 그림의 패널 (c)는 근로자 1인당 산출량이 양국 간 서로 다른 이유가 생산요소나 생산성 어느 한쪽이 아니라 양자 모두인 경우이다. 여기서는 국가 1이 국가 2보다 더 나은 생산함수도 가지고 있고 또한 생산요소도 더 많이 가지고 있다.

〈그림 7.1〉을 염두에 두고 이제 실제 자료를 보면 현실에서는 〈그림 7.1〉에서와 같이 생산함수를 직접 관찰할 수 없고 대신 산출량과 요소축적에 관한 자료만 볼 수 있다. 이러한 자료로부터 생산성에 관한 정보를 유추해 내는 것이 우리가 할 일이다.

〈그림 7.2〉는 현실의 자료로부터 두 나라 중 어느 나라의 생산성이 더 높은지를 구별하는 몇 가지 경우를 보여 준다. 그림의 패널 (a)에서는 두 나라의 요소축적 수준은 동일하지만 국가 1의 산출량이 더 높다. 이 경우 우리는 국가 1의 생산성이 국가 2보다

그림 7.2

산출량과 요소축적에 대한 자료로부터 생산성 유추하기

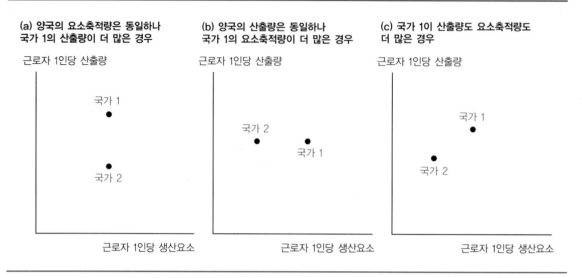

높은 수준이라는 것을 유추할 수 있는데, 생산성의 정의가 바로 생산요소가 얼마나 효과적으로 산출물로 전환되는지를 측정해 주기 때문이다. 그림의 패널 (b)는 두 나라의 산출량은 똑같지만 요소축적량은 서로 다른 경우이다. 요소축적량이 국가 2보다 국가 1이 더 많으므로 국가 2의 생산성이 더 높다고 유추할 수 있다. 요소축적량이 증가하면 산출량도 증가하기 때문에 국가 2가 국가 1과 같은 양의 생산요소를 가졌다면 국가 2의 생산량 수준이 당연히 국가 1보다 높을 것이다.

〈그림 7.2〉에서 패널 (c)는 보다 복잡한 경우이다. 여기서 국가 1은 산출량과 생산요소의 양이 모두 국가 2보다 많다. 이런 경우에는 추가적인 정보가 없다면 어느 나라의 생산성이 더 높은지 말할 수 없다. 예를 들어 〈그림 7.1〉의 패널 (a)와 같이 두 나라의 생산성이 같을 수도 있고 〈그림 7.1〉의 패널 (c)에서와 같이 국가 1의 생산성이 더 높을 수도 있다. 오히려 국가 2의 생산성이 더 높은 것도 가능하다. 아쉽게도 우리가 현실에서 관찰하는 경우는 대부분이 이런 경우인데 생산성에 관해 좀더 얘기할 수 있으려면 앞으로 보는 바와 같이 생산함수에 관해 더 많은 정보를 이용해야만 한다.

7.2 국가 간 생산성 수준의 차이

앞 절에서 논의된 바와 같이 산출량과 요소축적량에 관한 자료만으로는 국가 간 생산성의 비교가 어렵다. 이 절에서는 이러한 문제를 해결하기 위해 제3~6장에서 배운 생산함수의 성질들을 이용한다. 특히 〈그림 7.2〉의 패널 (c)에서처럼 한 나라가 다른 나라에 비해 요소축적량과 산출량 모두 더 많이 가진 경우에도 두 나라 중 어느 나라의 생산성 수준이 더 높은지를 판별해 낼 수 있다. 또한 〈그림 7.2〉와 같은 시각적 접근에 비해 두 가지 점에서 한발 더 나아간 분석결과를 얻을 수 있다. 첫째로, 가로축에 생산요소들을 뭉뚱그려 나타내는 일반적인 분석을 넘어서 물적 자본이나 인적 자본에 관한 실제 자료를 사용할 수 있다. 둘째로, 어느 나라의 생산성이 높은지 뿐만 아니라 생산성의 격차가 얼마나 큰지에 대해서도 분석할 수 있다. 달리 말하면, 국가 간 생산성 격차를 **정량적**으로 살펴볼 수 있다는 것이다. 생산성 격차에 대한 정량적 척도를 사용하면 국가 간 1인당 소득수준의 격차 중 생산성의 차이와 생산요소의 축적량의 차이에 의해 각각 설명되는 정도를 측정하는 것도 가능하다.

국가 간 생산성 차이의 측정

우리가 제6장에서 살펴본 생산함수는 다음과 같이 물적 자본과 인적 자본 모두를 생산요소로 사용한다.

$$Y = AK^{\alpha}(hL)^{1-\alpha}$$

여기서 Y는 산출량, A는 생산성의 척도, K는 물적 자본의 양, L은 근로자의 수, h는 근로자 1인당 인적 자본의 양, 그리고 α는 0과 1 사이의 어떤 수이다. 식의 양변을 L로 나누면 근로자 1인당 생산함수를 다음과 같이 구할 수 있다.

$$y = Ak^{\alpha}h^{1-\alpha}$$

여기서 y는 근로자 1인당 산출량이고 k는 근로자 1인당 물적 자본이다.

물적 자본과 인적 자본은 이 생산함수에서 사용되는 두 생산요소이다. 이 두 생산요소를 '생산요소'라는 하나의 집계변수로 통합하여 이 '생산요소'가 산출물을 생산하는 것으로 보면 유용하다. 즉, 다음과 같이 쓸 수 있다.

$$생산요소 = k^{\alpha}h^{1-\alpha}$$

이제 생산함수는 다음과 같은 것으로 생각할 수 있다.

$$산출량 = 생산성 \times 생산요소$$

두 나라 간의 생산성 비교를 위하여 우선 생산함수를 각국에 대해 써 보자. 예를 들어 두 나라를 국가 1과 국가 2라고 하면 이들 나라의 생산함수는 다음과 같이 쓸 수 있다.

$$y_1 = A_1 k_1^{\alpha} h_1^{1-\alpha}$$
$$y_2 = A_2 k_2^{\alpha} h_2^{1-\alpha}$$

양국 간 비교를 비율로 나타내기 위해 첫 번째 식을 두 번째 식으로 나누면 다음과 같이 쓸 수 있다.

$$\frac{y_1}{y_2} = \left(\frac{A_1}{A_2}\right)\left(\frac{k_1^{\alpha} h_1^{1-\alpha}}{k_2^{\alpha} h_2^{1-\alpha}}\right) \tag{7.1}$$

위의 식은 다음과 같이 해석될 수 있다. 식의 좌변에 있는 항은 국가 1의 근로자 1인당 산출량과 국가 2의 근로자 1인당 산출량의 비율이다. 우변의 첫 번째 항은 국가 1과 국가 2 간 생산성의 비율이다. 두 나라의 요소축적량이 같다면, 즉 두 나라가 가진 물적 자본과 인적 자본의 양이 동일하다면 두 나라의 산출량의 비율은 양국 간 생산성의 비율과 같을 것이다. 우변의 두 번째 항은 생산요소 투입량의 비율이다. 우리는 이 비율이 나타내는 바를 양국 간 생산성의 차이가 없을 경우, 즉 양국 간 산출량의 차이가 전적으로 요소축적량의 차이에 기인하는 경우의 두 나라 간 산출량의 비율이라고 생각할 수 있다. 두 나라 간 소득의 비율은 결국 양국 간 생산성의 비율과 요소축적량의 비율의 곱이라고 할 수 있다.

산출량의 비 = 생산성의 비 × 요소축적량의 비

이 식은 앞 절에서 본 바와 같이 국가 간 산출량의 차이가 생산성이나 요소축적량 혹은 두 가지 모두의 차이에 기인한다는 생각을 구체적으로 표현해 주고 있다.

또한 이 식은 생산성의 차이를 측정할 수 있는 방법을 제공해 주고 있다. 이 식의 세 구성요소 중 산출량과 생산요소축적량의 두 변수는 직접 관찰이 가능하다. 생산성의 직접적인 측정은 불가능하지만 이 식을 이용하여 간접적인 측정은 가능하다. 식을 다음과 같이 재정리하기만 하면 된다.

생산성의 비 = 산출량의비/요소축적량의 비

이제 우변의 두 항은 측정 가능한 것들이다. 예를 들어, 두 나라의 산출량의 비율이 6

이라고 하자. 즉, 부유한 나라의 산출량은 가난한 나라의 산출량의 6배이다. 만약 두 나라의 요소축적량의 비율이 2라고 한다면 앞의 식으로부터 두 나라의 생산성의 비율은 3이라는 것을 알 수 있다.

앞의 식에 따라 두 나라의 생산성 차이를 측정하려면 두 나라의 산출량과 요소축적량을 보면 된다. 두 나라 간 산출량의 비율이 클수록 생산성의 비율도 클 것으로 유추할 수 있다. 역으로 생산요소축적량의 비율이 클수록 생산성의 비율은 작을 것으로 유추할 수 있다. 다시 말해, 양국 간 산출량의 차이 중 생산요소축적량의 차이로 설명되는 부분이 클수록 생산성의 차이가 양국 간 소득격차의 원인이라고 생각할 여지가 적다는 것이다.

유사한 방법으로 식 (7.1)을 두 나라 간 생산성의 비율이 산출량의 비율과 물적 및 인적 자본의 축적량의 비율에 어떻게 의존하는지를 보여 주는 식으로 다시 쓸 수 있다.

$$\frac{A_1}{A_2} = \frac{\left(\frac{y_1}{y_2}\right)}{\left(\frac{k_1^{\alpha} h_1^{1-\alpha}}{k_2^{\alpha} h_2^{1-\alpha}}\right)} \tag{7.2}$$

소득수준의 차이를 생산성의 차이로 설명되는 부분과 요소축적량의 차이로 설명되는 부분으로 나누어 보는 이 같은 방법을 **발전회계**(development accounting)라고 한다.

실제 자료를 검토하기 전에 발전회계를 사용하여 국가 간 생산성 격차를 분석하는 방법을 간단한 예를 통해 살펴보자. 〈표 7.1〉은 국가 1과 국가 2의 산출량과 생산요소축적량의 상대적인 수준을 보여 준다. 먼저 국가 1에서의 근로자 1인당 산출량은 국가 2의 24배이며, 근로자 1인당 물적 자본의 양은 27배이고, 근로자 1인당 인적 자본의 양은 8배이다. 이 숫자들과 $\alpha = 1/3$이라는 값을 식 (7.2)에 대입하면 다음과 같은 결론을 얻는다.

$$\frac{A_1}{A_2} = \frac{\left(\frac{24}{1}\right)}{\left(\frac{27^{1/3} \times 8^{2/3}}{1^{1/3} \times 1^{2/3}}\right)} = \frac{24}{\left(\frac{3 \times 4}{1}\right)} = 2$$

▶ 표 7.1

국가 1과 국가 2의 생산성 분석에 사용된 자료

구분	근로자 1인당 산출량, y	근로자 1인당 물적 자본, k	근로자 1인당 인적 자본, h
국가 1	24	27	8
국가 2	1	1	1

다시 말해, 국가 1의 생산성은 국가 2의 생산성의 2배이다.

이제 y, k, h에 대한 실제 자료를 사용하여 같은 방식으로 계산해 보자. 〈표 7.2〉는 몇몇 대표적 나라들에 대해 2009년 자료를 사용하여 계산해 본 결과이다. 두 번째 칸은 각국의 근로자 1인당 산출량과 미국의 1인당 산출량 간의 비율을 보여 준다. 세 번째와 네 번째 칸은 각국의 물적 자본과 인적 자본의 양을 역시 미국에 대한 상대적인 값으로 보여 준다. 다섯 번째 칸은 통합된 생산요소, 즉 $k^{1/3}h^{2/3}$의 값을 계산한 것이다. 마지막 칸은 생산성 A의 미국에 대한 상대값을 보여 준다.

표를 보면 흥미로운 사실을 몇 가지 발견할 수 있다. 첫째로, 국가 간 생산성(A)의 격차는 놀라울 정도로 크다. 예를 들어, 한국에서의 A값은 미국에 비해 64%밖에 되지 않는다. 다시 말해 만약 미국과 한국이 같은 수준의 1인당 물적 자본과 인적 자본을 가지고 있다면 미국은 한국에 비해 대략 1.5배의 1인당 산출을 생산할 수 있을 것이다. 표의 아래로 내려가면 더욱더 큰 생산성의 격차를 확인할 수 있다. 동일한 양의 물적 자본과 인적 자본을 가지고 미국은 인도의 3배를 생산할 수 있을 것이고 케냐의 7배를 생산할 수 있을 것이다.

▶ 표 7.2

발전회계

국가	근로자 1인당 산출량, y	근로자 1인당 물적 자본, k	근로자 1인당 인적 자본, h	생산요소, $k^{1/3}h^{2/3}$	생산성, A
미국	1.00	1.00	1.00	1.00	1.00
노르웨이	1.12	1.32	0.98	1.08	1.04
영국	0.82	0.68	0.87	0.80	1.03
캐나다	0.80	0.81	0.96	0.91	0.88
일본	0.73	1.16	0.98	1.04	0.70
한국	0.62	0.92	0.98	0.96	0.64
터키	0.37	0.28	0.78	0.55	0.68
멕시코	0.35	0.33	0.84	0.61	0.56
브라질	0.20	0.19	0.78	0.48	0.42
인도	0.10	0.089	0.66	0.34	0.31
케냐	0.032	0.022	0.73	0.23	0.14
말라위	0.018	0.029	0.57	0.21	0.087

출처 : 근로자 1인당 산출량: Heston, Summers, and Aten(2011); 물적 자본: 저자의 계산; 인적 자본: Barro and Lee(2010). 여기와 7.3절에서 사용된 자료는 1975년과 2009년에 대해 일관된 자료가 있는 90개국에 대한 것임.

표에서 발견할 수 있는 또 하나의 흥미로운 점은 각국의 강점과 약점이 다양하다는 것이다. 예를 들어, 일본은 미국과 비교하여 더 많은 물적 자본과 비슷한 크기의 인적 자본을 가지고 있다. 요소축적량에 있어서는 일본이 미국보다 낫다. 그러나 생산성을 비교해 보면 일본이 미국의 70% 정도밖에 되지 않는다는 것을 알 수 있는데, 그 결과 일본의 소득수준은 미국에 비해 상당히 낮다. 캐나다와 영국의 근로자 1인당 산출량은 거의 같은 수준이지만, 캐나다가 요소축적량에 크게 의존하고 있는데 반해 영국은 생산성수준이 더 높다. 또한 케냐와 말라위의 요소축적량 수준은 거의 비슷한데 비해 케냐가 말라위보다 생산성이 61% 더 높으므로 1인당 소득수준도 훨씬 높다.

이러한 절차로 측정된 생산성의 큰 격차는 최근 경제성장에 관한 연구에서의 중요한 발견이다.[1] 앞으로 이 책의 여러 부분에서 이러한 생산성의 격차가 국가 간 소득격차에 어떤 영향을 미치는지와 생산성 격차가 어디에서 비롯된 것인지에 대해 생각해 볼 것인데, 논의를 더 진척시키기 전에 측정 자체에 문제가 없는지에 관해 생각해 볼 가치가 있다. 이제 위의 절차에 의해 도출된 생산성의 격차가 정확하게 측정된 것이라고 확신할 수 있는지 검토해 보기로 한다.

만약 이러한 생산성의 측정값에 결함이 있다면 아마도 그것은 생산요소의 투입량 측정에 있어서의 문제로부터 비롯되었을 것이다. 이유는 간단하다. 생산성은 산출량 가운데 생산요소의 투입량을 고려한 후 '남는' 부분으로 정의되기 때문이다. 만약 생산요소 투입량의 측정이 적절하지 않다면 그것이 국가 간 소득격차에 미치는 영향을 적절히 고려하지 못했을 것이다. 그 결과 산출량의 격차 가운데 생산성에 기인하는 부분 또한 부정확하게 측정되었을 것이다.

물적 자본과 인적 자본의 측정에서 발생하는 문제는 서로 다르다. 물적 자본의 측정과 관련하여 문제가 될 수 있는 것들은 "자본의 측정상 문제"에서 다룬다. 인적 자본과 관련하여서는 제6장에서 몇 가지 문제점에 대해 고려한 바 있다. 제6장에서와 마찬가지로 여기서도 각국의 근로자 1인당 인적 자본의 크기를 측정하기 위해 성인의 학력수준에 관한 자료는 사용하지만 학교교육의 질은 측정하지 않는다. 평균학력이 높은 나라들에서는 학교의 질 또한 높은 경향이 있다. 그 결과 우리가 사용하는 h의 측정값은 근로자 1인당 인적 자본 크기의 격차를 과소평가한다. 즉, 부유한 나라와 가난한 나라 간의 인적 자본 크기의 실제 격차는 우리가 측정한 것보다 더 클 것이다. 우리가 인적 자본의 차이를 과소평가하였기 때문에 산출량의 차이를 설명함에 있어 요소축적의 역할은 과소평가되었고 생산성 격차의 역할은 과대평가되었다.

---

1) Hall and Jones(1999), Klenow and Rodriguez-Clare(1997).

자본의 측정상 문제와 그에 따른 생산성 측정과 관련한 함의

랜트 프릿쳇(Lant Pritchett)이라는 경제학자는 물적 자본의 측정상 문제에 관한 분석을 다음과 같은 농담으로 시작한다.

외국으로 여행을 나갔을 때였다. 정부 관료인 A씨는 그의 친구이자 어떤 가난한 나라의 관료인 B씨가 사는 펜트하우스 아파트를 방문하였다. 훌륭한 집과 가구에 감탄하면서 A씨는 말했다. "B씨, 솔직히 말해 보세요. 당신의 공식적인 봉급으로는 도저히 이런 생활을 할 수 없다는 게 분명합니다. 어떻게 된 일입니까?" B씨는 친구를 창가로 데려가며 말했다. "저기 시내를 가로지르는 고속도로가 보이지요? 10%입니다." 얼마 후 B씨는 A씨가 살고 있는 더 가난한 나라를 방문하고 A씨가 훨씬 더 크고 고급스럽게 꾸며진 펜트하우스 아파트에 살고 있다는 것을 알게 되었다. B씨가 말하기를, "당신의 공식적인 봉급은 나보다 더 낮은데도 당신의 아파트는 훨씬 더 좋군요. 어떻게 된 일이지요?" A씨는 친구를 창가로 데려가면서 밖을 가리키며 말했다. "저기 정글로 뻗어 있는 고속도로가

보이지요?" 한동안 눈을 크게 뜨고 밖을 보다가 B씨가 말했다. "밖에 고속도로가 어디 있어요?" A씨가 대답했다. "바로 그거예요. 100%죠."

프릿쳇은 이 농담이 어느 정도는 진실이라고 생각한다. 새로운 자본에 투자되었다고 하는 돈의 많은 부분이 실상은 다른 용도로 전용되고 있다는 것이다. 나이지리아의 아자오쿠타(Ajaokuta) 제철소를 짓는 프로젝트에서 총 40억 달러의 '투자' 가운데 절반은 여러 관료들의 주머니 속으로 빨려 들어간 사실은 유명한 일이다. 투자하려 했던 돈을 누군가 착복한 경우가 아니라 하더라도 낭비되는 경우가 허다하다. 마르코스 정권하의 필리핀에서 건립된 핵발전소의 경우가 그러하다. 20억 달러나 소요되었지만 그 발전소에서 전기가 생산된 적은 없다.

많은 개발도상국에서 투자기금이 실제로 새로운 자본을 형성하는 데 쓰이지 못하고 다른 곳으로 전용되는 일은 특히 심각하다. 이유는 두 가지다. 첫째, 이들 나라에서 투자의 많은 부분이 정부에 의해

요소축적량의 측정과 관련한 이러한 문제와 그에 따른 생산성의 측정과 관련한 문제들은 얼마나 심각한 것일까? 경제학자들의 대답이 일치하지는 않지만 거의 대부분이 동의하는 점은 이러한 측정의 문제에도 불구하고 분석의 결론은 변하지 않는다는 것이다. 국가 간 생산성의 격차는 매우 크다.

생산성에 따른 국가 간 소득격차

국가 간 생산성의 차이에 대한 척도를 도출하였으므로 이제 생산성의 차이가 소득의 차이를 얼마나 설명할 수 있는지 알아보자. 이 문제에 대해 답하면서 우리는 국가 간 소득격차를 설명함에 있어 요소축적량의 차이가 어떤 역할을 하는지도 알게 될 것이다.

앞에서 보았듯이, 두 나라 간의 소득격차는 생산성의 차이에 기인하는 부분과 요소축적량의 차이에 기인하는 부분으로 나누어 볼 수 있다. 이는 다음과 같이 수식으로

이루어지는데, 투자지출을 자본화하는 데 있어 정부는 민간부문보다 덜 효율적인 경향이 있다. 둘째, 개발도상국에서는 정부나 민간부문 기업 모두 부패해 있다.

자본의 측정에 관한 프릿쳇의 지적은 경제성장을 연구하는 경제학자들에게 몇 가지 중요한 문제를 제기한다. 가장 직접적으로는 투자지출의 낭비 그 자체가 바로 가난한 나라들이 왜 가난한지의 이유가 될 수 있다. 우리는 제12장에서 정부의 역할에 대해 보다 포괄적으로 공부하면서 이 문제를 다룰 것이다.

프릿쳇의 주장이 이 장의 내용과 관련하여 갖는 의미는 우리가 측정한 생산성이 잘못된 것일 수 있다는 점이다. 우리가 본대로 생산성을 측정하기 위해서는 물적 자본의 양을 측정할 필요가 있다. 그런데 만약 프릿쳇이 옳다면, 경제학자들의 생각에 이루어지고 있는 투자의 양은 많은 나라들에서 실제로 이루어지고 있는 것보다 많다. 따라서 경제학자들이 생각하는 자본의 양도 실제로 존재하는 양보다 훨씬 많다.

이와 같이 자본의 양이 과대평가되는 정도는 부유한 나라들에서보다 가난한 나라들에서 더 클 것이므로 부유한 나라와 가난한 나라 간 자본량의 실제 차이는 경제학자들이 추산하는 것보다 더 클 것이다. 이와 같은 오차는 다시 부유한 나라와 가난한 나라 간 생산성의 차이는 경제학자들이 추산한 것보다 더 작은데, 이는 생산성의 격차가 바로 자본과 같은 요소의 축적에 의해 설명되지 않은 산출량의 격차를 의미하는 것이기 때문이다.

실제 자료에서 이러한 문제는 얼마나 심각한가? 프릿쳇의 추산에 따르면 1960~1987년의 기간 동안 중동, 북아프리카, 사하라 이남 아프리카, 그리고 남아시아에서 자본증가율의 실제 크기는 공식 통계에서 확인할 수 있는 것의 절반도 되지 않는다. 그 기간의 마지막에 이르면 실제 자본량은 공식적으로 측정된 자본량의 57% 내지 75% 수준이다.*

* Pritchett(2000).

표현할 수 있다.

$$산출량의\ 비 = 생산성의\ 비 \times 요소축적량의\ 비$$

앞 절에서 본 예에서 국가 1의 산출량은 국가 2의 산출량의 24배였고, 국가 1의 생산성은 국가 2의 생산성의 2배였으며, 국가 1의 요소축적량은 국가 2의 요소축적량의 12배였다. 이 가상의 예에서 두 나라 간의 소득격차가 생산성의 차이보다는 요소축적량의 차이에 의해 더 많이 설명된다는 것은 분명하다.

실제 국가들의 자료를 보면 어떨까? 요소축적량과 생산성 가운데 국가 간 소득격차를 설명함에 있어 더 중요한 요인은 무엇일까? 이 문제에 답하기 위해 자료가 있는 각 나라들에 대해 앞의 식에서 우변의 두 항목을 모두 계산해 보자. 각 항목에 대해 우리는 한 나라씩 미국과 비교해 볼 것이다. 결과는 〈그림 7.3〉과 〈그림 7.4〉에 제시되어 있다.

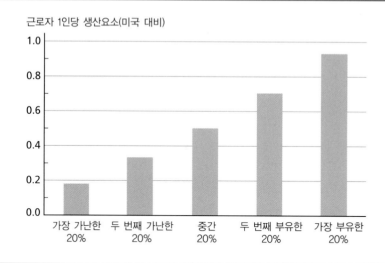

그림 7.3

근로자 1인당 산출량 결정에서 생산요소의 역할, 2009년

자료 : 〈표 7.2〉 참조

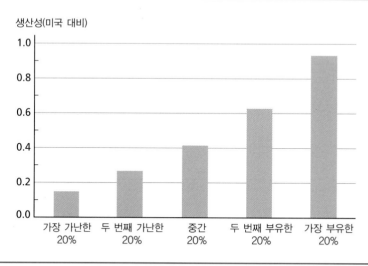

그림 7.4

근로자 1인당 산출량 결정에서 생산성의 역할, 2009년

자료 : 〈표 7.2〉 참조

〈그림 7.3〉은 요소축적량에 대한 자료를 보여 준다. 자료가 있는 모든 나라들을 1인당 소득을 기준으로 가장 가난한 나라들부터 가장 부유한 나라들까지 5개의 그룹으로 나누었다. 각 그룹에 대해 평균 요소축적량을 미국에 대한 상대값으로 계산하였다. 미

수학적 확장

생산성과 요소축적량의 상대적 중요성

다음과 같이 정의하자.

R_i^y＝국가 i의 근로자 1인당 산출량과 미국의 근로자 1인당 산출량의 비
R_i^p＝국가 i의 생산성과 미국의 생산성의 비
R_i^f＝국가 i의 요소축적량과 미국의 요소축적량의 비

이 세 변수 간의 관계는 본문에서 도출한 것처럼 다음과 같다.

$$R_i^y = R_i^p \times R_i^f$$

이 식에 로그를 취하면,

$$\ln(R_i^y) = \ln(R_i^p) + \ln(R_i^f)$$

많은 나라들로 이루어진 표본에서 이 식을 사용하여 $\ln(R_i^y)$의 분산을 분해하면 다음과 같다.

$$\text{Var}(\ln(R_i^y)) = \text{Var}(\ln(R_i^p)) + \text{Var}(\ln(R_i^f)) + 2\text{Cov}(\ln(R_i^p), \ln(R_i^f))$$

〈그림 7.3〉과 〈그림 7.4〉에서 분석한 나라들에 대해 이 식에 있는 각 항의 값들을 구하면

$\text{Var}(\ln(R_i^y)) = 1.64$
$\text{Var}(\ln(R_i^p)) = 0.49$
$\text{Var}(\ln(R_i^f)) = 0.38$
$\text{Cov}(\ln(R_i^p), \ln(R_i^f)) = 0.39$

소득분산의 정도를 요소축적량과 생산성 두 요인으로 나누어 보기 위해 다음과 같이 공분산항을 균등하게 나누는 보통의 방법을 따른다.

$$\text{생산성에 기인하는 소득격차의 비율} = \frac{\text{Var}(\ln(R_i^p)) + \text{Cov}(\ln(R_i^p), \ln(R_i^f))}{\text{Var}(\ln(R_i^y))}$$

$$\text{요소축적에 기인하는 소득격차의 비율} = \frac{\text{Var}(\ln(R_i^f)) + \text{Cov}(\ln(R_i^p), \ln(R_i^f))}{\text{Var}(\ln(R_i^y))}$$

우리의 자료로부터 얻은 값을 대입하면 생산성과 요소축적은 각각 소득분산의 53%와 47%를 설명하는 것임을 알 수 있다.

국을 포함하여 가장 부유한 나라들의 평균 요소축적량은 미국의 94% 수준이고 가장
가난한 나라들의 평균 요소축적량은 미국의 19%에 불과하다.

〈그림 7.4〉는 같은 방법으로 생산성을 비교분석한 것이다. 같은 5개의 그룹에 대해 각 그룹의 평균 생산성을 미국에 대한 상대값으로 계산하였다. 가장 부유한 나라들의 생산성은 평균적으로 미국의 94% 수준이고 가장 가난한 나라들의 평균 생산성은 미국의 15%에 해당한다.

〈그림 7.3〉과 〈그림 7.4〉가 보여 주는 자료가 국가 간 소득격차를 어떻게 설명하는지를 이해하려면 한 나라의 1인당 소득은 요소축적량과 생산성의 곱과 같다는 점을 떠올려 보라. 예를 들어 중간 그룹에 속하는 한 나라에 대해 생각해 보자. 〈그림 7.3〉에 의하면 이 나라의 요소축적량은 미국의 51% 수준일 것이다. 다시 말해 이 나라의 생산성 수준이 미국과 동일하다면 그 나라의 소득은 미국의 51% 수준밖에 되지 않을 것이다. 더욱이 〈그림 7.4〉에 의하면 중간 그룹에 속하는 이 나라의 생산성은 미국의 41%에 불과하다. 요소축적량의 차이와 생산성의 차이를 결합하면 중간 그룹에 속하는 나라들의 1인당 소득은 미국의 21%(즉, 0.51×0.41) 수준에 불과하다는 것이다.

〈그림 7.3〉과 〈그림 7.4〉를 함께 놓고 보면 몇 가지 흥미로운 결론을 도출할 수 있다. 가장 두드러진 점은 두 그림 간의 유사성이다. 가난한 나라에서 부유한 나라로 가면서 요소축적량과 생산성은 대략 같은 비율로 증가한다. 가장 부유한 나라들에서는 생산성과 요소축적이 거의 같은 정도로 미국 대비 소득의 격차를 설명한다. 즉, 생산성과 요소축적량은 각각 미국의 94%와 93% 수준이다. 그러나 다른 네 그룹에서는 생산성이 요소축적보다 조금 더 중요한 역할을 한다. 예를 들어, 가장 가난한 나라들에서는 생산요소가 평균적으로 미국의 19% 수준인데 반해, 생산성은 미국의 15% 정도에 그친다. "생산성과 요소축적량의 상대적 중요성"에 대한 수학적 확장에서 보여 주는 더욱 엄밀한 분석에서도 비슷한 결론에 이른다. 구체적으로는 근로자 1인당 산출량의 국가간 분산 가운데 47%는 요소축적에 기인한 것이고 나머지 53%는 생산성에 기인한 것이다.

7.3 생산성 증가율의 국가 간 차이

발전회계를 사용하여 국가 간 1인당 소득격차를 설명하는 요인이 무엇인지 알아보았다. 이를 통해 우리는 요소축적량과 생산성 두 요인 모두 일정한 역할을 하며 두 요인 가운데 요소축적량이 더 중요한 설명 요인이 된다는 점을 알았다. 이제 우리는 요소축적량과 생산성이 각국의 소득성장을 어떻게 설명하는지 알아보려고 한다. 구체적으로 우리는 한 나라의 소득성장 가운데 얼마만큼이 생산성의 증가에 의해 또 요소축적량의 증가에 의해 설명되는지를 **성장회계**라는 기법을 통해 알아보려고 한다.

성장회계의 분석결과를 가지고 다음과 같은 두 가지 문제에 답할 수 있을 것이다. 첫째, 평균적으로 볼 때 소득증가의 얼마만큼이 생산성의 증가와 요소축적량의 증가에 의해 각각 설명되는가? 둘째, 국가 간 성장률의 차이, 즉 빨리 성장하는 나라와 천천히 성장하는 나라의 차이가 생산성 증가율과 요소축적량의 증가율 각각에 의해 얼마나 설명되는가?

생산성 증가의 측정

근로자 1인당 산출량으로 나타낸 콥-더글라스 생산함수로부터 출발하자.

$$y=Ak^{\alpha}h^{1-\alpha}$$

7.2절에서 본 것처럼 이 식이 의미하는 바는 다음과 같다.

$$산출량 = 생산성 \times 요소축적량$$

여기서 $k^{\alpha}h^{1-\alpha}$는 두 생산요소를 합성하여 나타낸 요소축적량이라고 보면 된다. 이제 이 식을 산출량, 생산성, 생산요소 각각의 증가율 간의 관계를 나타내는 식으로 변환시켜 보자.[2]

$$산출량 증가율 = 생산성 증가율 + 생산요소 증가율$$

산출량과 생산요소의 양은 측정이 가능하지만 생산성은 다른 항목들을 측정한 후에 도출할 수 있다는 점을 기억하라. 위 식을 다시 정리하면 다음과 같이 된다.

$$생산성 증가율 = 산출량 증가율 - 생산요소 증가율$$

증가율을 표시하기 위해 변수의 위에 hat(^)을 씌우는 관행을 따르면 생산성 증가율은 $\hat{A}$이고 산출량 증가율은 $\hat{y}$이다. 한편 합성된 생산요소의 증가율은 $\alpha\hat{k}+(1-\alpha)\hat{h}$로 나타낼 수 있다.[3] 결과적으로 앞의 식은 다음과 같이 쓸 수 있다.

---

2) 이 변환을 하기 위해서는 다음과 같은 공식을 사용한다. $Z=X\times Y$라고 할 때 $\hat{Z}=\hat{X}+\hat{Y}$이다. 여기서 hat(^)은 해당 변수의 증가율을 나타내는 기호이다.

3) 수학적인 도출은 다음과 같이 할 수 있다. 합성 생산요소를 변수 X라고 정의하자.

$$X=k^{\alpha}h^{1-\alpha}$$

▶ 표 7.3

에레혼의 생산성 증가 계산을 위한 자료

구분	근로자 1인당 산출량, y	근로자 1인당 물적 자본, k	근로자 1인당 인적 자본, h
1975년	1	20	5
2010년	4	40	10
연평균 성장률	4%	2%	2%

$$\hat{A} = \hat{y} - \alpha\hat{k} - (1-\alpha)\hat{h}$$

이 식은 한 나라의 산출량, 물적 자본, 인적 자본의 증가율이 주어졌을 때 생산성 증가율을 어떻게 구할 수 있는지를 보여 준다. 이런 방법으로 생산성 증가율을 구하는 기법을 **성장회계**(growth accounting)라고 한다.

발전회계분석의 경우와 마찬가지로 숫자로 제시된 간단한 예를 가지고 시작해 보자. 〈표 7.3〉의 처음 두 칸은 1975년과 2010년에 관찰된 어떤 나라의 1인당 산출량, 물적 자본 및 인적 자본의 양을 보여 준다. 이 나라의 생산성 증가를 계산하기 위해 먼저 이들 각각의 35년 동안의 증가율을 계산한다. 계산 결과는 표의 마지막 줄에 있다. 예를 들어, 산출량 증가율은 다음과 같이 계산된다.

$$\text{산출량 증가율} = \left(\frac{2010년의\ 산출량}{1975년의\ 산출량} \right)^{1/35} - 1 = 4^{1/35} - 1 = 0.04 = 4\%$$

이런 방법으로 계산한 산출량, 물적 자본, 인적 자본의 연평균 성장률을 공식에 대입하고 α값으로 1/3을 대입하면 생산성 증가율은 다음과 같다.

$$\hat{A} = 0.04 - \frac{1}{3} \times 0.02 - \frac{2}{3} \times 0.02 = 0.02$$

즉, 이 나라의 생산성은 35년간 매년 2%씩 증가하였다.[4]

이제 이 기법을 실제 자료에 적용해 보자. 1975년부터 2009년의 자료를 보기로 한

양변에 자연로그를 취하면 다음과 같이 된다.

$$\ln(X) = \alpha \times \ln(k) + (1-\alpha) \times \ln(h)$$

이 식을 시간에 대하여 미분하면 본문의 식을 얻게 된다.

$$\hat{X} = \alpha\hat{k} + (1-\alpha)\hat{h}$$

4) 생산성 증가율을 계산하는 또 하나의 방법은 먼저 y, k, h에 대한 자료로부터 각 연도의 A의 값을 구한 후 그로부터 생산성 증가율을 구하는 것이다.

다. 미국의 경우 근로자 1인당 산출량은 매년 1.34%씩 증가하였고 근로자 1인당 물적
자본은 매년 2.20%씩 증가하였으며, 근로자 1인당 인적 자본은 매년 0.11%씩 증가하
였다. α의 값을 1/3이라 하고 생산성 증가율을 구하면

$$\hat{A} = 0.0134 - \frac{1}{3} \times 0.022 - \frac{2}{3} \times 0.0011 = 0.0054$$

이다. 즉, 생산성은 이 기간 동안 매년 0.54%씩 증가하였다. 이 기간 동안 미국의 근로
자 1인당 산출량의 연평균 증가율이 1.34%였으므로 생산성의 증가가 산출량의 성장
가운데 40%(= 0.54/1.34)를 설명한다는 사실을 알 수 있다. 산출량 증가의 나머지 60%
는 생산요소의 축적으로 설명된다.

생산성과 국가 간 성장률의 차이

〈그림 7.3〉과 〈그림 7.4〉를 설명하면서 국가 간 1인당 소득격차 가운데 얼마만큼이 생
산요소와 생산성의 차이로 설명되는지를 알아보았다. 우리가 계산한 것에 따르면 소득
격차의 47%가 생산요소의 차이에 의한 것이며 나머지 53%가 생산성의 차이에 의한 것
이었다. 이 결과의 의미를 해석해 보기 위해 부유한 나라와 가난한 나라를 비교해 보
자. 부유한 나라는 생산성과 요소축적량의 수준이 모두 가난한 나라보다 더 높다. 두
나라 간 소득수준의 차이 가운데 생산성의 차이에 기인하는 부분이 요소축적량의 차이
에 기인하는 부분보다 조금 더 크다.

　이제 소득의 증가율에 대해 같은 방법으로 알아보기 위해 증가속도가 빠른 나라와
느린 나라를 비교해 보자. 한 나라의 소득증가속도가 다른 나라의 소득증가속도보다
빠른 이유가 얼마만큼이 더 빠른 생산성 증가 때문이며 얼마만큼이 더 빠른 요소축적
때문인가? 즉, 소득증가율의 차이 가운데 어느 정도가 생산성 증가율의 차이에 기인하
는 것이며 또 어느 정도가 생산요소 증가율의 차이에 기인하는 것인가?

　이 문제에 답하기 위해 국가들을 가장 빠르게 성장하는 나라들부터 가장 느리게 성
장하는 나라들까지 5개의 그룹으로 나누어 보자. 각 그룹에 대해 생산요소의 평균 증
가율과 생산성의 평균 증가율을 계산하여 〈그림 7.5〉와 〈그림 7.6〉에 제시하였다.

　〈그림 7.5〉와 〈그림 7.6〉에서 볼 수 있듯이, 근로자 1인당 산출량 증가율의 국가 간
차이는 생산성과 생산요소 양쪽 모두에서 오는 것이다. 가장 느리게 성장하는 그룹으
로부터 가장 빠르게 성장하는 그룹으로 가면서 생산성의 승가율과 생산요소의 승가율
이 모두 더 높아지는 것을 확인할 수 있다. 생산요소의 증가율은 가장 느리게 성장하
는 국가들에서는 연평균 0.43%, 가장 빠르게 성장하는 국가들에서는 연평균 1.83%이

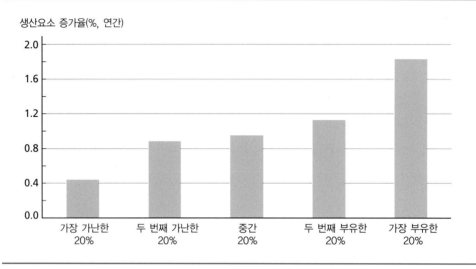

그림 7.5

경제성장률 결정에서 생산요소의 역할, 1975~2009년

자료 : 〈표 7.2〉 참조

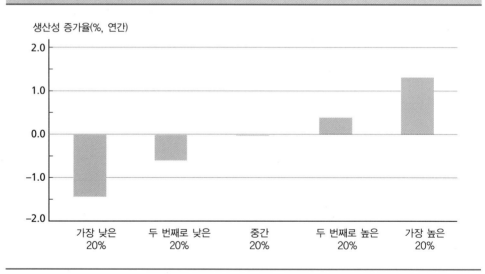

그림 7.6

경제성장률 결정에서 생산성의 역할, 1975~2009년

자료 : 〈표 7.2〉 참조

다. 이 두 그룹 간 생산요소 증가율의 차이는 매년 1.40%이다. 생산성 증가율의 경우 두 그룹 간 차이가 더욱 크다. 가장 빠르게 성장하는 국가들과 가장 느리게 성장하는 국가들 간 생산성 증가율의 차이는 매년 2.75%에 달한다. 또한, 가장 느리게 성장하는

두 도시 이야기

홍콩과 싱가폴은 오랫동안 경제성장을 연구하는 경제학자들에게 흥밋거리였다. 두 나라 모두 제2차 세계대전 후 가장 급성장하는 국가들에 속했다. 1960년과 1996년 사이에 홍콩의 1인당 GDP는 매년 6.1% 증가하였으며 싱가폴은 매년 7.0% 증가하였다. 비슷한 성장률과 1997년 홍콩이 중국에 편입되기 전까지는 두 나라 모두 독립적인 도시국가였음을 감안할 때 두 나라의 경제성장요인도 비슷할 것이라고 짐작하기 쉽다. 따라서 경제학자 앨윈 영(Alwyn Young)이 자세한 연구를 통해 두 나라의 경제성장은 상당히 다르다는 것을 발견했을 때 그것은 큰 충격이었다.

영은 이 장에서 보았던 것과 유사한 성장회계방법을 사용하여 두 나라의 1966~1990년 기간 동안의 경제성장을 분석하였다. 그가 발견한 것은 홍콩의 경우 생산성 증가가 소득성장의 큰 요인이었으나 싱가폴의 경우 소득성장이 전적으로 요소축적에 의한 것이라는 점이다. 홍콩에서는 생산성이 매년 2.3% 증가하였는데 반해, 싱가폴의 생산성은 매년 0.2%밖에 증가하지 않았다.

요소축적이 무한히 지속될 수는 없는 것이므로 영의 발견은 싱가폴에게는 나쁜 소식이었다. 제3장에서 본 바와 같이 투자가 증가하면 경제가 새로운 정상상태로 이동해 가는 과정에서 한동안 경제성장이 나타나지만 결국 그러한 성장은 사라지게 된다. 지속적인 성장을 위해서는 투자율이 계속해서 높아져야 한다. 실제로 싱가폴에서는 1966년과 1990년 사이에 GDP에서 차지하는 투자의 비중이 11%에서 40%로 높아졌다. 물론 투자율의 상승이 영원히 계속될 수는 없다. 마찬가지로, 싱가폴 노동가능인구의 교육수준도 미래에 계속되리라고 보기 어려울 정도로 빠르게 높아졌다. (1966년과 1990년 사이에 노동가능인구 중 고등학교를 졸업한 사람들의 비율은 15.8%에서 66.3%로 높아졌다.)

「Foreign Affairs」라는 잡지의 한 영향력 있는 기고문에서 경제학자 폴 크루그먼(Paul Krugman)은 영의 발견으로부터 싱가폴의 요소축적에 기반을 둔 성장은 곧 둔화될 것이라는 논리적 귀결을 제시하였다. 생산성을 높이지 않고서는 싱가폴은 요소축적을 통해 몇십 년간 고도성장을 이루었다가 생산성 증대에 실패하여 정체하였던 소련의 뒤를 이을 것이 분명하였다.

크루그먼이 촉발한 논쟁에 대응하여 싱가폴은 1996년에 생산성 증가율을 높이기 위한 대대적인 노력을 전개하기 시작했다. 정부는 기업들이 생산적인 지식들을 공유하도록 하는 운동을 펼치기 시작하는 한편 '일을 잘해내면 스스로 뿌듯할 것'이라는 포스터를 내걸기도 하였다. 심지어는 싱가폴의 거리에서 음식을 파는 46,000 노점상들에게도 요리와 경영, 중앙집중식 주방, 성공적인 사업의 프랜차이즈 확대 등을 위한 훈련프로그램이 제공되기도 하였다.*

---

* Young(1995), Krugman(1994), McDermott(1996).

두 그룹의 국가들에서 생산성 증가율은 음(−)이다.

〈그림 7.5〉와 〈그림 7.6〉에서 산출량 증가율의 국가 간 차이는 요소축적보다 생산성 증가율에서 더 많이 비롯되는 것으로 보인다. 시각적으로 확인된 바를 숫자로 확인할 수 있는데, 국가 간 1인당 산출량의 격차를 분석할 때 사용한 것과 같은 방법으로 계산하면 된다. 계산 결과를 보면 국가 간 성장률 격차의 68%가 생산성 증가율의 차이

에 의한 것이며 나머지 32%가 생산요소 증가율의 차이에 기인한 것이다.[5]

7.4 결론

한 나라의 산출량 증가는 생산요소의 사용량이 증가하거나 생산요소를 더 효과적으로 사용함으로써 가능하다. 이 장에서는 생산성, 즉 산출물의 생산에 필요한 생산요소들을 결합하는 방법의 효율성을 알아낼 수 있는 두 가지 방법을 보았다. 발전회계는 국가 간 1인당 소득격차의 원인을 분석한다. 성장회계는 시간에 걸친 생산성의 증가를 분석하는 방법이다.

이 장의 도입부에서는 이러한 두 가지 방법을 사용하여 해결할 네 가지 문제를 제시하였다.

1. 국가 간 생산성의 차이는 어느 정도인가? 상당히 크다. 우리가 계산한 바에 따르면, 가난한 나라들의 생산성은 부유한 나라들의 생산성 수준에 비해 매우 작다. 한 예로 가장 가난한 국가들의 생산성 평균은 미국의 15%에 지나지 않는다. 달리 말하면, 똑같은 양의 물적 자본과 인적 자본을 가지고 미국은 이들 나라들보다 6배에 이르는 양을 생산할 수 있다는 것이다. 심지어 부유한 국가들 간에도 생산성은 놀라울 정도로 큰 차이를 보인다. 예를 들어, 일본의 생산성은 미국의 70%밖에 되지 않는다.

2. 1인당 소득의 국가 간 격차가 생산성의 차이로 설명되는 부분은 어느 정도인가? 우리가 발견한 바에 의하면 생산성과 요소축적량 모두 국가 간 소득수준의 격차를 설명하는 중요한 요인들이지만 생산성이 요소축적량보다 더 중요하다. 구체적으로 보면, 1인당 소득의 국가 간 격차 가운데 53%가 생산성의 차이로 설명되며 나머지 47%가 요소축적량의 차이로 설명된다.

3. 국가 간 생산성 증가율의 차이는 어느 정도인가? 이 역시 상당히 크다. 1975~2009년 기간 중 가장 빠르게 성장하는 국가들의 생산성 증가율은 매년 1.33%였고 가장 느리게 성장하는 국가들의 생산성 증가율은 연평균 −1.42%였다.

---

5) 수학 주 : 이 비율은 7.2절의 수학 상자에서 설명한 방법을 사용한 결과로 얻어진 것이다. 사용된 자료는 $Var(\hat{y})=2.42$, $Var(\hat{y}^p)=1.26$ $Var(\hat{y}^f)=0.41$, $Cov(\hat{y}^p, \hat{y}^f)=0.38$이다. 여기서 $\hat{y}^p$는 생산성 증가율이고, $\hat{y}^f$는 생산요소 증가율이다.

4. 국가 간 성장률의 차이가 생산성 증가율과 생산요소 증가율에 의해 설명되는 부분은 각각 어느 정도인가? 소득수준의 경우에는 생산성이 요소축적보다 조금 더 중요한 설명 요인이었지만 성장률의 국가 간 격차를 설명하는 데 있어는 생산성의 중요성이 훨씬 더 크다. 전체적으로 보면 국가 간 소득성장률의 차이 가운데 68%가 생산성 증가율의 차이로 설명되고 나머지 32%가 생산요소 증가율로 설명된다.

이와 같은 분석결과로부터 두 가지 질문이 나온다. 국가 간 생산성의 격차는 어떻게 설명할 수 있나? 어떤 나라에서는 생산성이 매우 빠르게 증가하지만 다른 나라에서는 생산성이 정체되어 있거나 심지어 낮아지기도 하는 것은 어떤 이유에서인가? 지금까지 우리가 알아본 결과는 이 문제에 대한 해답을 주지 못한다. 생산성을 나타내는 계수 A 를 계산할 수는 있어도 직접 관찰되는 것이 아니므로 그 계수가 담고 있는 내용이 무엇인지는 모른다. 대신 우리는 생산의 투입과 산출을 보고 A의 값을 유추한 것뿐이다. 그래서 이런 방법으로 계산된 값을 종종 '무지의 척도(measure of our ignorance)'라고 부르기도 하는 것이다.[6]

다음 4개 장에 걸쳐 우리는 이와 같은 무지의 영역을 탐구해 보기로 한다.

핵심용어

발전회계(development accounting)   성장회계(growth accounting)
생산성(productivity)

복습문제

1. 산출량이나 물적 자본, 노동투입, 인적 자본에 비해 생산성을 측정하기가 더 어려운 까닭은 무엇인가?
2. 발전회계란 무엇인가?
3. 성장회계란 무엇인가?
4. 발전회계와 성장회계 간의 차이점은 무엇인가?
5. 국가 간 소득수준의 차이를 설명함에 있어 요소축적과 생산성은 얼마나 중요한가?
6. 국가 간 성장률의 차이를 설명함에 있어 요소축적과 생산성은 얼마나 중요한가?

---

6) Abramovitz(1956).

연습문제

1. 〈그림 7.1〉의 패널 (c)는 국가 1이 국가 2보다 생산요소를 더 많이 쓰고 또한 생산성도 더 높기 때문에 산출량도 더 많은 경우를 보여 준다. 다음 각 경우를 보여 주는 그림을 같은 방법으로 그려라.

   a. 국가 1은 국가 2보다 근로자 1인당 산출량과 생산성이 더 높지만 생산요소의 양은 더 적다.

   b. 국가 1은 국가 2보다 산출량과 생산요소의 양은 더 많지만 생산성 수준은 더 낮다.

2. 어떤 나라의 물적 자본과 인적 자본이 모두 100년 전에 비해 2배로 되고, 이때 산출량은 8배로 증가했다고 하자. 생산성은 몇 배로 증가하였겠는가?

3. 국가 1과 국가 2 두 나라에 관한 다음과 같은 자료가 있다고 하자. 생산함수는 $y = Ak^{\alpha}h^{1-\alpha}$, $\alpha = 0.5$라고 한다.

구분	A국	B국
근로자 1인당 산출량, y	100	200
근로자 1인당 물적 자본, k	100	100
근로자 1인당 인적 자본, h	25	64

   a. 각국의 생산성 수준 A를 계산하라.

   b. 산출량 수준의 양국 간 차이가 전적으로 생산성에 기인한다고 할 때 두 나라의 상대적인 산출량 수준을 계산하라.

   c. 산출량 수준의 양국 간 차이가 전적으로 요소축적량에 기인한다고 할 때 두 나라의 상대적인 산출량 수준을 계산하라.

4. 국가 X와 국가 Z 두 나라에 관한 자료가 1975년과 2010년에 대하여 다음과 같이 주어졌다고 하자. 두 나라 모두 근로자 1인당 생산함수는 $y = Ak^{\alpha}h^{1-\alpha}$이다. 여기서 $\alpha = 1/3$이다.

국가	연도	근로자 1인당 산출량, y	근로자 1인당 물적 자본, k	근로자 1인당 인적 자본, h
X	1975	100	1	1
	2010	1,200	27	8
Z	1975	50	2	2
	2010	1,200	54	16

1975년에서 2010년 사이에 어느 나라의 생산성 증가율이 더 높았는가? 풀이과정을 보여라. (계산기가 필요한 문제는 아니다.)

5. 아래 표에서 근로자 1인당 산출량, 근로자 1인당 물적 자본, 근로자 1인당 인적 자본을 모두 미국에 대한 상대값으로 주어졌다. 표에 있는 세 나라 각각에 대하여 요소축적량과 생산성을 미국에 대한 상대값으로 계산하라. 미국 대비 상대소득을 설명할 때 요소축적량이 가장 큰 역할을 하는 나라는 어느 나라인가? 생산성의 역할이 가장 큰 나라는 어느 나라인가?

국가	근로자 1인당 산출량, y	근로자 1인당 물적 자본, k	근로자 1인당 인적 자본, h
네덜란드	0.87	0.81	0.94
파라과이	0.097	0.094	0.80
파키스탄	0.092	0.067	0.65

6. 아래의 표는 세 나라의 근로자 1인당 산출량, 물적 자본, 인적 자본의 연간 증가율을 보여 주고 있다. 각국에 대하여 생산성과 요소축적량의 증가율을 구하라. 요소축적의 경제성장에 대한 기여도가 가장 큰 나라는 어느 나라인가? 생산성의 경제성장에 대한 기여도가 가장 큰 나라는 어느 나라인가?

국가	근로자 1인당 산출량의 증가율, $\hat{y}(\%)$	근로자 1인당 물적 자본의 증가율, $\hat{k}(\%)$	근로자 1인당 인적 자본의 증가율, $\hat{h}(\%)$
아르헨티나	0.66	0.31	0.52
우루과이	1.82	1.83	0.51
파나마	1.73	0.90	0.84

7. 이 장에서 사용한 인적 자본에 관한 자료는 각국 노동인구의 평균학력을 햇수로 측정한 것이다. 그러나 1년간 수업일수는 나라마다 다르다. 부유한 나라들은 가난한 나라들에 비해 수업일수가 더 많은 경향이 있다. 학력을 햇수로 측정한 자료 대신 일수로 측정한 자료를 사용한다고 하자. 새로운 자료를 사용하면 근로자 1인당 산출량의 국가 간 격차를 설명함에 있어 생산성의 역할에 대한 평가가 어떻게 달라지겠는가?

온라인 데이터 플로터(Data Plotter)와 데이터를 이용해서 실습하려면 *http://www.pearsonhighered.com/weil*을 방문하라.

제 8 장

경제성장에서 기술의 역할

경제성장에서 기술의 역할에 관한 증거는 우리 주변에 얼마든지 있다. 생활수준의 향상은 기술진보와 너무나도 밀접한 관계여서 양자는 구분이 불가능한 경우가 많다. 현대의 발명은 물건들이 생산되는 방식을 바꾸어 놓고 근로자들의 생산량은 몇 세대 전에 비해 엄청나게 많아졌다. 또한 기술진보는 항공여행에서 지퍼에 이르기까지 20세기 초만 해도 존재하지 않았던 새로운 재화와 서비스의 소비를 가능하게 하였다.

이와 같은 관찰을 넘어서 우리는 경제성장에서 기술의 변화가 갖는 중요성을 보여 주는 보다 엄밀한 척도에 대해 생각해 볼 수 있다. 제7장에서 보았듯이 성장회계는 생산성의 변화가 여러 나라의 경제성장에 상당히 기여하였다는 점을 보여 준다. 생산성이 향상되면서 똑같은 양의 생산요소를 결합하여 더 많은 산출을 얻을 수 있다. 생산성 향상에 대한 자연스러운 설명은 새로운 생산과정의 발명이라는 예에서처럼 기술수준이 높아졌다는 것이다.

기술의 변화가 성장의 강력한 동력이 되었다는 관찰로부터 두 가지 질문이 제기된다. 첫째, 기술의 변화는 다시 무엇으로 설명될 수 있는가? 둘째, 기술의 변화가 분명히 지난 200년간 부유한 나라들에서 생산성 증가를 설명해 준다 하더라도 기술의 차이가 오늘날 국가 간 생산성 수준의 차이를 설명해 주는가?

이 장에서는 기술과 관련한 몇 가지 문제에 대해 공부할 것이다. 먼저 기술진보의 성격에 대해서 알아볼 것인데, 특히 잠재적인 발명가들이 직면하게 되는 기술창조에 대한 인센티브(유인)에 초점을 둘 것이다. 그리고 기술창조에 배분되는 자원의 양이 변

> 자연은... 수확체감의 경향을 보이지만 인간은... 수확체증의 경향을 보인다. 지식은 우리가 가진 가장 강력한 생산의 동력이다. 지식으로 말미암아 인간은 자연을 정복하고 욕구를 충족할 수 있는 것이다.
> –알프레드 마샬

화하면 산출량 증가율에 어떤 영향이 있는지와 기술진보가 어떻게 국경 너머로 전파되는지를 분석할 것이다. 마지막으로 부유한 나라들로부터 가난한 나라들로의 기술이전을 막는 장애요인들에 대해 고찰해 볼 것이다.

우리는 제9장에서 기술진보의 결정요인들에 대해 다시 생각해 보면서 미래에는 기술이 얼마나 빠른 속도로 변화할 수 있을지를 알아볼 것이다. 제10장에서는 기술수준의 차이가 부유한 나라와 가난한 나라 간의 생산성 격차를 얼마나 설명할 수 있는지 볼 것이다.

8.1 기술진보의 성격

기술진보의 한 예로 소프트웨어와 같이 친숙한 것을 생각해 볼 수 있다. 컴퓨터에 소프트웨어를 설치하면 어떤 결과가 나오는지 생각해 보자. 생산에 참여하는 자본(컴퓨터)과 노동(사용자)의 투입은 전혀 변화가 없다. 하지만 갑자기 새로운 소프트웨어가 설치된 후 동일한 자본과 노동을 사용하여 생산할 수 있는 산출량이 증가하였다.

우리의 생산함수 모형으로 말하자면 이러한 종류의 기술진보는 콥-더글라스 생산함수 $y=Ak^\alpha h^{1-\alpha}$에서 계수 A의 값이 변화한 것으로 나타난다. 여기서 y는 근로자 1인당 산출량이며, A는 생산성, k는 근로자 1인당 물적 자본의 양, h는 근로자 1인당 인적 자본의 양이다. 기술수준의 향상은 똑같은 양의 물적 자본과 인적 자본을 결합하여 전보다 더 많은 산출량을 생산할 수 있게 한다는 것이다.

기술은 생산요소들이 결합되어 산출물을 생산하는 방식을 바꾸기 때문에 기술의 변화는 경제성장 과정에 영향을 미칠 수 있다. 기술변화의 중요한 한 측면은 경제가 수확체감의 한계를 뛰어넘을 수 있게 해 준다는 것이다. 이 장의 맨 처음에 있는 마샬의 인용구가 말하는 바가 바로 이것이다. 제6장에서 근로자 1인당 인적 자본의 양 h는 무한히 증가할 수 없다고 한 것을 기억하라. 또한 제3장에서는 수확체감 때문에 물적 자본의 축적만으로는 산출량의 증가가 영구히 계속될 수 없다는 것을 보았다. 따라서 사회가 가진 모든 자원이 생산요소를 만들어 내는 데 사용된다고 하더라도 경제는 정상상태에 이르러 성장이 멈추게 될 것이다. 하지만 수확체감이 보여 주는 우울한 산술적 결과는 기술의 진보가 허용되는 순간 더 이상 적용되지 않게 된다. 계수 A가 커지고 있는 한 소득은 끊임없이 증가할 수 있다. (이 장의 수학 부록은 제3장의 솔로우 모형에 기술진보를 어떻게 포함시킬 수 있는지를 보여 준다.)

기술창조

새로운 기술을 창조하기 위해서는 투자가 필요하다. 자본을 창출할 때와 마찬가지로 누군가 다른 목적으로 쓰일 수 있었던 자원을 생산적인 아이디어를 창조하고 다듬고 실용화하는 데 사용해야만 한다. 이러한 투자의 성격은 시간과 장소에 따라 매우 다르다. 현대 경제는 새로운 생산물이나 공정을 만들어 내기 위한 조직적 노력을 통해 엄청난 자원을 연구개발(R&D)에 쏟아 붓고 있다. 2009년을 기준으로 미국은 GDP의 2.8%를 연구개발비로 쓴다. 〈표 8.1〉은 상위 5개 국가에서 일하고 있는 연구자의 수와 경제활동인구 가운데 연구자의 비율 그리고 연구에 지출된 금액을 보여 준다. 여기서 연구자란 새로운 지식이나 제품, 공정, 방법, 시스템 등의 창안이나 창출에 종사하는 전문가들을 말한다. 표는 또한 부유한 나라들로 구성된 OECD 국가 전체에 대한 지표들도 보여 준다.

그러나 이와 같이 특별히 기술창조를 위해 계획적으로 많은 자원을 쓰는 것은 최근의 현상이다. 19세기 중반 이전만 하더라도 기술진보는 공식적으로 훈련을 받은 과학자보다는 주로 서투른 '수선공(tinkerer)'의 산물이었다. 오늘날에도 대기업의 공식적인 연구개발이 개인 발명가들이 차고에서 여가시간에 들인 노력에 의해 무색해지는 경우가 종종 있다.

대부분의 연구개발은 이윤극대화를 추구하는 민간기업에 의해 이루어진다. 하지만 기술의 고유한 특성 때문에 오래 전부터 정부가 연구에 일정한 역할을 하고 있다. 예를 들어, 1714년 영국 정부는 경도의 정확한 측정방법을 개발하는 사람에게 2만 파운

▶ 표 8.1

연구자 수와 연구비 지출, 2009년

국가	연구자 수	경제활동인구 중 연구자의 비율	연구비 지출 (10억 달러)	GDP 중 연구비의 비율
미국	1,412,639	0.89%	398.2	2.8%
일본	655,530	1.00%	137.9	3.4%
독일	311,519	0.74%	82.7	2.8%
프랑스	229,130	0.80%	48.0	2.2%
한국	236,137	0.96%	43.9	3.3%
OECD	4,199,512	0.70%	965.6	2.4%

자료 : OECD Main Science and Technology Indicators 자료.

드를 상금으로 내걸었다.[1] 2009년 미국에서는 많은 부분이 생산적인 용도가 아닌 군사적 용도에 초점을 맞춘 것이기는 했지만 연구개발의 27.1%는 정부가 출연한 것이었다. 한 두드러진 예를 들면 인터넷 역시 정부의 원조하에 만들어지고 성장한 것이다. 그러나 정부가 연구개발에 도움을 주는 가장 중요한 방식은 특허(patent)라는 형태로 발명가들을 복제로부터 법적인 보호를 하는 것이다. 특허에 대해서는 다음 절에서 상세히 다룰 것이다.

기술이전

우월한 기술의 축적이 더 높은 산출량으로 연결된다는 점이 바로 기술과 다른 생산요소들 간의 차이점을 밝혀 주는 것은 아니다. 물적 자본과 인적 자본의 축적 또한 산출량의 증가를 가져올 수 있다는 것은 우리가 이미 알고 있다. 물적 자본이나 인적 자본과 같은 통상적인 의미의 생산요소와 기술 간의 차이점은 통상적인 생산요소가 물질적인 객체인데 반해 기술은 요컨대 구체적인 물적 존재가 결여된 관념이라는 것이다. (인적 자본조차도 인간의 두뇌 속에 존재하는 신경망으로 존재한다!)

기술의 비물질적 성격은 곧 통상적인 생산요소가 그 사용에 있어 **경합적**(rival)인데 반해 기술은 **비경합적**(nonrival)이라는 결과로 이어진다. 망치와 같은 물적 자본 한 단위를 한 사람이 사용하면 다른 사람은 그 망치를 사용할 수 없다. 또한 공학도가 받은 기술훈련과 같은 인적 자본은 한 번에 한 가지의 생산적 업무에만 사용될 수 있지만 기술은 이와는 정반대이다. 한 사람이 어떤 기술을 사용하고 있더라도 다른 사람이 똑같이 그 기술을 사용할 수 있다. 토머스 제퍼슨(Thomas Jefferson)은 기술의 이와 같은 성질을 지적한 바 있다. "그것의 특이한 성질은 역시 아무도 그것을 더 적게 소유하거나 하지 않는다는 것이다. 왜냐하면 다른 모든 사람들도 그것을 온전히 소유하고 있기 때문이다. 나에게서 어떤 아이디어를 얻은 사람은 스스로 나에게서 교육을 받은 셈인데 이때 나의 교육수준이 줄어들거나 하지 않는다. 이는 마치 내 앞에서 초를 켠 사람이 나에게 오는 빛을 줄이지 않고도 빛을 받는 것과 같은 이치이다."[2]

우리는 기술에 관해 공부하면서 기술의 비경합성이라는 특징 때문에 전통적인 생산요소를 공부할 때보다 더욱더 기업 간, 국가 간 이전에 대해 초점을 둘 것이다. 많은 경우에 이와 같은 이전 가능성은 이로운 것이다. 어떤 나라가 자본이 부족하여 가난하다면 그 나라는 새로운 자본을 형성하기 위해 비용을 들여 투자를 해야만 소득을 증가

---

1) Sobel(1995).
2) Jefferson(1967), p. 433.

시킬 수 있다. 부유한 나라의 자본을 가난한 나라로 옮겨가는 것은 가난한 나라의 소득을 올릴 수는 있지만 부유한 나라의 소득은 낮추게 될 것이다. 이와는 대조적으로 어떤 나라가 기술이 부족하여 가난하다면 기술은 나른 나라로부터 이전될 수 있으며 이때 기술을 주는 나라의 소득은 낮아지지 않는다.

그러나 이와 같은 기술의 매혹적인 특징에도 어두운 구석이 있다. 아이디어의 비경합성은 흔히 낮은 배제성과 함께 나타난다. **배제성**(excludability)이란 재화나 생산요소와 같은 어떤 것의 소유자가 다른 사람이 그것을 허락없이 사용하는 것을 막을 수 있는 정도이다. 물적 자본은 매우 배제성이 높다. 물적 자본은 일종의 물질적 재산이므로 그 소유자는 다른 사람이 그것을 사용하는 것을 쉽게 막을 수 있다. 그리고 그것의 사용을 배제할 수 있으므로 물적 자본의 소유자는 사용자들에게 사용료를 부과하여 수익을 올릴 수 있다. 이와는 대조적으로 아이디어는 흔히 비배제적이다. 그 본래의 성질 때문에 아이디어를 다른 사람이 사용하는 것을 막기가 어렵다. 비배제성 때문에 새로운 기술을 만든 사람이 새로운 기술로부터의 이득을 다 거두지 못하는 일이 흔히 있다. 이러한 사실은 기술을 창조하려는 유인을 감소시킨다.[3]

연구개발비 지출의 결정요인

연구개발비의 대부분은 민간기업이 지출한다. 실험실에서 행해지는 공식적인 연구개발 이외의 다양한 기술개발을 고려한다면 기술창조가 민간부문에 집중해 있다는 점은 더욱 분명해진다. 기업들은 품질향상이나 비용절감을 목적으로 한 생산공정 개선을 위해서도 작업현장 연구개발(shop-floor R&D)이라고 알려진 여러 가지 연구노력을 기울인다. 따라서 기술변화의 속도는 민간기업들의 결정에 의존하며 우리가 연구개발비 지출의 결정요인에 대해 이해하고 싶다면 연구개발을 할 것인지 또한 한다면 얼마나 할 것인지를 결정하는 기업의 문제를 들여다 봐야 할 것이다.

이윤동기

연구개발을 행하는 기업은 새로운 제품이나 이미 있는 제품을 더 효율적인 새로운 방법으로 생산하는 방식을 발명하려고 하는 것이다. 성공하면 그 기업은 이윤을 더 올릴 수 있다. 기업의 관점에서 볼 때 최선의 결과는 새로운 발견으로 어떤 제품의 판매에서 독점적 지위를 확보하게 되고 정상 이상의 이윤을 벌 수 있게 된다. 그게 아니라면 새로운 발견을 한 기업이 다른 기업들보다 더 낮은 가격에 생산할 수 있게 될 수도 있

---

3) Romer(1990).

다. 양자 간 어떤 경우이든지 이와 같은 경쟁우위로부터 발생하는 초과이윤은 애초에 기업들이 연구개발을 행하는 유인이 된다. 무언가의 발명으로부터 얻는 초과이윤이 클수록 기업들은 그것을 발명하려는 노력을 더 열심히 할 것이다. 이러한 관찰로부터 기업들이 행하는 연구개발의 양에 영향을 미치는 몇 가지 사항을 생각해 볼 수 있다.

첫째, 기업이 연구개발에 투자할 금액의 크기는 새로운 발명이 얼마나 큰 이득을 가져올 것인지에 의존한다. 만약 다른 기업들이 개발된 신기술을 쉽게 복제하여 자신들의 생산에 사용할 수 있다면 연구개발을 수행한 기업은 투자로부터 수익을 거둘 수 없을 것이다. 여러 가지 발명에 있어서 경쟁우위를 유지하는 열쇠는 특허가 가능하고 복제로부터 보호받을 수 있는 발명품을 갖는 것이다.

둘째, 기업의 연구개발 결정은 제품을 판매할 시장의 규모에 의해서도 영향을 받는다. 시장규모가 클수록 새로운 발명이 가져올 이윤도 클 것이다. 따라서 국제 간 경제통합은 발명가들이 그들의 제품을 더 많은 나라에 판매할 수 있게 함으로써 연구개발을 수행할 유인을 크게 한다.

셋째, 기업은 새로운 발명으로 얻어진 이득이 얼마나 오래 지속될 것인지도 고려한다. 경쟁자들이 거의 똑같은 제품을 만들어 낼 것인가? 누군가가 몇 년 후 더 나은 제품을 개발해 내지는 않을까? 개발품이 특허를 얻는다면 얼마나 오랫동안 특허의 보호를 받을 수 있는가? 발명으로부터 기업이 더 오랫동안 경쟁우위를 가질수록 기업은 그러한 이득을 얻기 위해 더 많은 연구개발투자를 하려고 할 것이다.

마지막으로 연구과정을 둘러싼 불확실성이 기업의 연구개발 투자에 영향을 미친다. 기업이 새로운 공장을 짓는 데 10억 달러를 투자한다면 결국 유용한 자본이 될 것이라는 점은 거의 확실하다. 그러나 10억 달러를 시장을 지배할 새로운 제품을 개발하는 데 투자한다면 결국 아무것도 남지 않을 수도 있다. 이러한 관찰로부터 연구개발투자의 위험을 서로 더 잘 나누어 가질 수 있는 기업들이나 경제가 그러한 위험이 있는 투자를 할 가능성이 더 높다는 점을 알 수 있다. 근래에 들어 투자자와 새로운 기업들을 연결해 주는 창업투자기금이 확대되는 것과 투자자들이 소위 '기술주' 를 선호하는 현상은 연구개발로 흘러드는 돈을 대폭 증가시켰다.

창조적 파괴

기업의 연구개발 투자규모 결정에 있어 직면하는 유인들을 표현하는 말로서 한 기업이 새로운 기술을 창출한 결과로 얻어지는 이윤은 대개의 경우 다른 기업의 희생이 따른다는 의미이다. 경제학자 조지프 슘페터(Joseph Schumpeter)는 새로운 발명이 기업에 이윤을 창출하고, 이러한 이윤이 애초에 연구개발을 수행할 유인으로 작용하고 그렇게 창조된 신기술은 종종 그 기술을 창조한 기업과 함께 결국 더 새로운 기술에 자리를 내어주게 되는 일련의 과정을 **창조적 파괴**(creative destruction)라고 명명하였다.[4] 슘페터의 작명은 이 과정의 양면성을 잘 드러내고 있다. 우리는 흔히 신기술의 승리를 칭송하지만 우리가 열광하는 이면에는 신기술에 의해 퇴출당하는 기업과 근로자들의 고통이 뒤섞인 혼란이 숨어 있다. 역사에는 기술진보로 불운을 맞이하고 이에 맞서 싸우는 사람들의 예가 얼마든지 있다. 가장 유명한 예로 기계파괴자(Luddites)를 들 수 있는데, 이들은 19세기 초반 노동자들을 대신하여 들어선 직조기계를 파괴하였던 사람들이다. 좀 더 단조롭게는 시장지배적인 기술을 가진 기업들은 종종 새로운 세대의 기술을 억압하려 했다. 예를 들어, 2000년에 한 미국의 시방법원에서 마이크로소프트가 운영체계시장에서의 독점적 지위를 남용하여 컴퓨터 산업의 새로운 혁신을 방해하였다며 유죄판결이 내려졌다.

기술의 변화는 이처럼 파괴적일 수 있기 때문에 기술진보를 장려하는 경제체제를 세우는 것은 미묘한 일일 수 있다. 경제체제가 항상 올바른 유인체계를 갖는 것은 아니기 때문에 신기술의 채택이 종종 봉쇄되기도 한다.

8.2 특허와 기타 지적재산권 보호 장치

개인이나 기업 간의 이전이 용이하다는 기술의 고유한 성질에는 새로운 기술을 만든 이가 그로부터 경제적 이득을 거두어 들이기 어렵게 만든다는 부정적인 측면이 있다. 이러한 비배제성으로 인해 애초에 새로운 기술을 창출하려는 유인이 작아진다. 발명가가 노력의 결실을 더 많이 향유할 수 있도록 해 주면 신기술의 발명의 빈도가 더 높아진다는 것은 오래 전부터 알려져 있었다. 1474년에 만들어진 베니스의 특허법 전문(前文)은 바로 이 점을 지적하고 있다. "위대한 재능을 지닌 사람들의 작품과 고안물에 대한 규정이 만들어져 그것을 본 다른 사람이 똑같이 만들어 발명자의 명예를 훔쳐가는 일을 막을 수 있다면 더 많은 사람들이 그들의 재능을 써서 국가에 크게 쓸모가 있는 물건들을 만들게 될 것이다."[5] 미국의 헌법도 이와 같은 정신으로 의회가 '저작자와 발명자들에게 그들의 저술과 발견물에 대한 배타적인 권리를 일정기간 동안 보장해 주어 과학과 실용적인 기술의 진보를 장려하는' 법을 제정할 권한을 부여하고 있다.

특허(patent)는 정부가 발명품의 창조자에게 그 발명품의 제조, 사용, 판매에 대한 독

---

4) 창조적 파괴에 관한 현대적 분석은 Aghion and Howitt(1992, 2008)을 참조하라.
5) Mokyr(1990), p. 79.

점적 권리를 일정기간 (일반적으로 20년) 동안 인정해 주는 것이다. 특허가 가능한 것에는 새로운 제품과 공정, 화학합성물, 장식디자인, 그리고 심지어는 새로운 종류의 농작물도 포함된다. [특허와 유사한 지적재산권 보호 장치의 하나인 저작권(copyright)은 저술, 음악, 이미지, 소프트웨어 등에 적용되는 것이다.] 특허를 얻기 위해서는 발명자가 새로우면서도 (즉, 이미 알려져 있는 것이 아니면서도) 자명하지 않은 어떤 것을 만들어야만 한다. 그리고 자연의 법칙이나 물리적 현상, 혹은 추상적 아이디어에 대해서는 특허를 얻을 수 없다. 일반적으로, 발명가는 발명품에 대한 보호를 얻고자 하는 나라마다 개별적으로 특허를 신청해야만 한다.

무엇에 대해 특허를 허용할지의 문제가 이론적으로는 간단하지만, 실제 적용은 복잡할 수 있다. 한 예로, 어떤 발명이 새롭고도 자명하지 않은지 여부는 보는 사람마다 각각일 수 있다. 1860년대 미국의 대법원 판결에서는 연필의 뒷꼭지에 지우개를 다는 것이 새롭지 않다는 이유로 특허가 허용되지 않았다. 이와는 대조적으로 J. M. Smucker 회사는 2003년에 다음과 같은 특허를 받는 데 성공했다.

> 두 조각의 구운 빵으로 만들어진 빵껍질이 없는 샌드위치. 이 샌드위치는 짝을 이루는 두 개의 껍질 없는 빵조각을 포함한다. 두 개의 빵조각은 대체로 같은 모양이며 가장자리와 그것에 둘러싸인 가운데 부분으로 구성된다. 빵조각의 가장자리는 적어도 부분적으로 눌려져 있다. 중앙의 복합 음식층은 두 빵조각의 가운데 부분 사이에 있는데 가장자리 부분의 안쪽으로 들어가 있다. 복합 음식층은 첫 번째 음식 스프레드가 두 겹으로 있고 두 번째 음식 스프레드는 첫 번째 음식 스프레드의 두 겹 사이에 상당히 둘러싸여 있다는데,

이 샌드위치는 많은 사람들 눈에 그냥 피넛버터와 젤리를 바른 샌드위치에서 가장자리의 빵껍질을 떼어 낸 것에 불과하다. 최근에 허용된 특허 가운데 논란이 되었던 또 하나의 사례는 아마존(Amazon)이 주장한 '원클릭(one-click)' 구매이다. 이것은 비즈니스모형 특허로 불리우는 보다 넓은 범주의 특허 가능한 아이디어의 한 사례다. 이러한 유형의 특허는 정보기술이 새로운 유형의 상행위 가능성을 열어 주면서 더욱 중요하게 되었다.

특허신청과 관련한 두 번째 문제는 과학적 근거의 확인이다. 영국에서는 19세기 말까지 실현가능성에 대한 어떠한 공식적인 검증 없이도 특허 등록이 가능했다. 이때 영국의 증기기관 산업 분야에서 등록된 많은 특허들은 결코 작동할 수 없는 장치들에 대한 것이었다. 영구운동기계는 1860년에 이미 불가능한 것으로 증명되었지만, 그 이후

에도 많은 수의 관련 특허들이 등록되었다.[6] 현대의 특허제도에서는 과학에 대한 훈련을 받은 조사관들이 각각의 특허를 인증하도록 되어있지만, 가용한 인력에 비해 턱없이 많은 특허신청이 들어온다.

특허제도의 원칙을 적용하는 데 따르는 세 번째의 어려움은 어느 발명가가 특허를 받아야 하는지와 관련이 있다. 두 가지 기준이 사용된다. 신청 순서를 따르는 제도에서는 특허사무소에 '먼저 신청서를 내는' 발명가나 기업에게 특허를 준다. 발명 순서를 따르는 제도에서는 '먼저 아이디어를 냈다고' 증명할 수 있는 쪽에 특허를 준다. 후자의 경우에는 실제로 누가 먼저 아이디어를 냈는지를 가리기 위해 복잡한 조사와 소송이 뒤따를 수 있다는 단점이 있다. 또한, 먼저 발명한 사람이 나타나 특허를 가져갈 수 있기 때문에 특허를 받아도 완전히 안전한 것은 아니다. 이는 발명가가 자신의 특허를 판매하거나 특허 받은 기술에 기업이 투자하는 것을 어렵게 만드는 요인이 된다. 신청 순서를 따르는 제도는 이러한 불확실성을 제거해 주지만 다른 문제가 있다. 대규모 법률 담당 부서를 가진 기존 기업들은 소규모의 신규 기업보다 특허 신청에서 상당히 유리하다. 더욱이 신청 순서를 따르는 제도에서는 발명이 완전히 마무리되기 전에 서둘러 신청을 했다가 특허를 받지도 못하고 연구의 핵심을 그냥 줘버리는 결과가 나올 수도 있다. 미국은 2011년에 발명 순서를 따르는 제도에서 대부분의 국가들과 마찬가지로 신청 순서를 따르는 제도로 옮겨갔다.

특허 제도의 문제

특허가 부여하는 독점권이 발명가들에게 인센티브로 작용하고 기술진보를 앞당길 수 있다 하더라도 부정적인 측면도 존재한다. 그 첫째는, (제10장에서 논의될) 독점의 비효율이다. 어떤 기업이 특정 기술을 개발하고 독점기업으로서 높은 가격을 설정하여 수익을 올리는 동안 신기술의 혜택은 제한된다. 높은 독점가격을 감당하지 못하는 신기술의 잠재적 사용자들은 종종 특허의 보호 아래 기업이 벌어들이는 이윤에 대해 분개한다. 이는 제약산업에서 가장 뚜렷하게 나타나는데, 신약들은 생산의 한계비용보다 훨씬 높은 가격에 팔리는 경우가 많다.

특허의 두 번째 문제는 새로운 연구개발을 장려하면서 여러 기업이 동시에 비슷한 일을 하는 것은 억제한다는 것이 종종 빗나가기 쉽다는 데 있다. 1980년대에서 1990년내 초 사이에 미국의 특허법은 특허의 승인과 집행을 쉽게 하고 특허 침해에 대한 보

---

[6] Mcleod et al.(2003).

상을 크게 하는 방향으로 바뀌었다.[7] 연간 특허 승인 건수는 1982년 62,000에서 2010년 244,000으로 늘었다. 그러나 특허의 승인 여부를 판정할 특허 조사관의 수는 늘어나는 특허신청건수를 감당할 정도로 증가하지 않았다. 자연히 특허심사의 엄밀성이 떨어지고 부적절한 특허 승인이 늘어났다. 동시에, 특허심사가 아직 이루어지지 못한 밀린 특허신청건수가 늘어났다. 2011년에 와서는 특허신청을 받기까지 평균 대기기간이 3년에 이르렀다. 그 결과로 소송이 만연하게 되었다. 1982년과 2010년 사이에 특허관련 소송신청건수는 4배로 증가했다.

특허 관련 환경이 변하면서 '특허괴물(patent troll)'이라 불리는 새로운 기업들이 나타났다. 특허괴물은 직접 사용할 의도는 없으면서 주로 도산하는 기업으로부터 일괄적으로 구매하는 방식으로 특허를 사모은다. 또한 특허괴물은 아직 미개발된 기술과 관련된 특허들을 사장시킨다. 보통의 기업은 유용한 기술을 개발하여 기술사용료를 받기 위해 자신이 보유한 기술에 대해 알리고 잠재적인 사용자를 찾아 나선다. 이와는 달리 특허괴물의 목적은 자신이 특허를 보유한 기술과 유사한 기술을 다른 기업이 독자적으로 개발하여 제품에 반영하기를 기다리는 것이다. 목표 기업이 일단 그 기술을 제품에 반영하여 빠져나올 수 없게 되면 특허괴물은 그 기업을 상대로 특허침해소송을 제기하여 생산을 중단시키겠다고 협박하며 많은 금액을 뜯어내고자 한다. 특허괴물의 또 다른 전략은 다른 기업들이 너무 자명하기 때문에 특허를 얻지 않았지만 널리 사용되고 있는 기술에 대한 특허를 얻는 것이다.

가장 유명한 특허괴물의 공격 사례는 발명가 토마스 캄파나(Thomas Campana)와 변호사 도널드 스타우트(Donald Stout)가 1991년에 설립한 NTP라는 회사의 경우다. 이 회사는 제품생산을 시도해 본 적도 없고 자신이 특허를 보유한 기술의 구매자를 찾아 나선 적도 없다. 단지 일련의 기술 특허를 보유하고 누군가 그 기술의 함정에 빠지기를 기다렸을 뿐이다. 거기에 걸려든 기업이 블랙베리(Blackberry)라는 무선 이메일 기기를 만든 RIM(Research In Motion)이다. 2002년 소송에서 배심원단은 RIM이 몇 가지 NTP 보유 특허를 침해한 것으로 판단했다. 법정 분쟁은 몇 년간 지속되면서 2006년에 법정이 RIM의 전체 이메일 네트워크를 폐쇄하기 며칠 전에 최고조에 이르렀다. 연방정부는 블랙베리가 없어지면 국가안보에 상당한 위협이 될 거라며 소송에 개입하려고까지 했지만 실패했다. 그 시점에 RIM이 굴복하여 NTP에 6억 1,200만달러를 지급하기로 합의하였다. 2006년 11월에 NTP는 팜 파일럿(Palm Pilot)을 만든 Palm 주식회사를

---

7) Jaffe and Lerner(2004).

상대로 유사한 소송을 제기할 것이라고 공표했는데, 이로 인해 Palm 주식회사의 주가가 6.5% 하락했다. 이와 유사한 사례로 인터넷 경매회사인 이베이(eBay)는 '지금 사기(buy it now)' 라는 기능에 대한 특허를 보유하고 있던 작은 기업에게 수백만 달러를 배상할 수밖에 없었다.

특허괴물의 존재는 잠재적 발명가가 자신의 새로운 아이디어의 가치를 대부분 특허괴물이 뜯어갈 것이라는 두려움을 갖기 때문에 기술진보에 장애가 된다. 새로운 제품은 수천 가지의 특허 가능한 요소들을 포함할 수 있고, 따라서 신제품이 특허침해소송과는 무관할 것이라고 확신할 수 없을 것이다. 2005년에는 소프트웨어 산업 한 분야에서만 300건의 특허침해소송이 진행 중이었고, 소송비용만도 5억 달러로 추정되었다. 특허괴물의 위협으로 인해 기업들은 생산하고자 하는 제품과 관련될 수 있는 기술이라면 그 어떤 것이라도 일단 특허를 취득하고 보는 소위 '방어적 특허(defensive patenting)' 전략을 쓰기도 한다. 이로 인해 생산적인 기술 개발을 위해 사용될 수 있는 자원이 더더욱 낭비되는 것이다.

특허괴물의 위협이 아니더라도 컴퓨터와 통신 기업들은 서로 소송을 제기할 목적으로 또는 상대방의 소송을 방지하기 위한 목적으로 특허를 획득하고 있었다. 2011년에는 도산한 기업인 노텔(Nortel)이 보유한 특허가 45억 달러에 팔리기도 했다. 대부분은 애플(Apple)과 마이크로스프트(Microsoft)가 구매한 것이다. 이들 기업의 위협에 대응하기 위해 구글(Google)은 풍부한 특허 포트폴리오를 보유하고 있던 모토롤라(Motorola)를 125억 달러에 인수했던 것이다. 2011년 후반에 애플은 구글의 안드로이드(Android) 운영체제를 사용하는 스마트폰 제조회사의 하나인 HTC에 대한 소송을 제기했다. 그 소송 결과에 따라서는 HTC의 가장 인기 있는 스마트폰 몇 종류의 수입이 금지될 수도 있었다. 애플의 주장은 그 전화기들이 애플이 1999년에 획득한, 문서를 스캔하여 전화번호를 찾아 그 번호를 주소록에 저장하거나 전화를 거는 일을 한 번의 두드림으로 할 수 있는 기술 특허를 침해했다는 것이다.

특허의 대안

때로는 특허가 기업이 기술혁신을 보호하기 위한 최선의 방법이 아닐 수 있다. 발명품에 대한 특허를 얻기 위해서는 발명품에 대한 상세한 내용을 공개해야 하기 때문이다. 이렇게 발명품에 관한 세부사항이 공개되면 경쟁기업들이 밀접한 대체품을 만들어 낼 수 있고, 특허가 만료된 후에는 쉽게 복제할 수 있을 것이다. 이러한 이유로 코카콜라의 제조법은 특허를 얻은 적이 없으며 100년이 넘도록 비밀로 유지되고 있다. 1994년에 행해진 한 설문조사에 의하면 연구개발 실험실의 관리자들은 새로운 생산공정의 보호를 위해서라면 비밀유지가 특허취득보다 두 배로 중요하다고 생각한다.[8]

또한 특허는 발명품의 복제에 대한 법적인 제재가 집행될 때에만 쓸모가 있다. 감자와 같은 작물을 보면, 농부가 기업으로부터 감자 종자를 한번 사면 첫해의 수확으로부터 감자 종자를 얻어 다음해에 대시 심을 수 있고, 심지어 친구들에게 감자 종자를 나누어 줄 수도 있다. 이런 행위는 엄밀하게는 불법이지만, 실질적으로 종자회사가 할 수 있는 일은 아무것도 없다. 그래서 어떤 기업이 새로운 품종의 작물을 만들기 위해 많은 투자를 한다고 해도 종자의 판매 기회를 별로 얻지 못하게 되고, 그 결과로 애초에 그런 투자는 이루어지기 어렵다. 한 흥미로우면서 새로운 방식으로 몬산토주식회사(Monsanto Corporation)는 '종결유전자'를 개발하여 이 문제를 해결하고자 했다. 종결유전자(terminator gene)는 첫해의 수확은 정상적으로 자라지만 거기서 얻어지는 종자로는 번식이 불가능하다.[9]

특허제도가 지적재산권을 보호하고 기술개발에 대한 경제적 보상을 위해 독점권을 허용하지만 금전적인 보상이 기술개발의 유일한 이유는 아니다. 지난 수십년간 소프트웨어 산업의 중요한 한 세력으로 존재했던 '오픈소스(open source)운동'에서 프로그래머들이 저작권의 보호를 받지 않는 프로그램들을 공동으로 개발해 왔다. 오픈소스 소프트웨어의 한 사례인 리눅스(Linux) 운영체제는 웹서버 시장을 지배하고 있다. 일부 개방소스 프로그램 개발자는 개방소스 운동에 참여하여 먼저 자신의 명성을 쌓고 나중에 자신의 전문성을 사적으로 판매하려는 개인들이기도 하다. 그러나 대부분의 참여자들에게 개방소스 소프트웨어 개발은 일종의 창의적 표현인 것 같다. 공동의 벤처사업에 참여하고 자신이 한 일에 대해 동료들의 인정을 받는 것이 그들에게는 효용의 원천이다. 실제로 이 운동의 참여자들은 흔히 이윤동기보다는 명예를 위해 일하는 것으로 보인다. 경제학자들은 명예에 대해서는 잘 이해하고 있지 못하다.

8.3 기술창조와 경제성장 간 관계의 모형화

이 절에서는 기술과 성장 간의 관계에 대한 두 가지 모형을 공부한다. 먼저 1국가 모형으로부터 시작하고 다음으로 2국가 모형에서 기술이전의 문제를 다루기로 한다. 모형을 단순하게 유지하기 위해 한 나라 안에서 누가 신기술을 창조하고 어떤 종류의 유인

---

8) Cohen, Nelson, and Walsh(2000).

9) Pollan(1998).

이 존재하는지에 관한 세부사항은 무시하기로 한다. 대신 각국에서 기술창조를 위해 들이는 노력수준은 주어진 것으로 가정하고 기술창조의 수준에 따라 성장이 어떻게 영향을 받는지를 생각해 볼 것이다.

1국가 모형

기술창조라고 하면 떠오르는 문제들에 초점을 맞추기 위해 앞 장에서 본 생산함수를 단순화해 보자.[10] 구체적으로 말하면, 우리는 물적 자본과 인적 자본의 역할을 무시하고 노동이 생산의 유일한 투입요소라고 가정한다. L_Y를 산출물의 생산에 참여하는 근로사의 수, L_A를 새로운 기술의 창조에 참여하는 근로자의 수라고 하사. 경제활동인구의 전체 크기는 L이고, 근로자는 산출물의 생산과 신기술의 창조에만 쓰이므로 다음의 식이 성립한다.

$$L = L_Y + L_A$$

연구개발에 참여하는 경제활동인구의 비율을 γ_A라고 하면

$$\gamma_A = \frac{L_A}{L}$$

로 표시할 수 있다(자본축적에 대한 논의에서는 γ가 새로운 자본형성을 위해 투자되는 산출물의 비율을 나타내는 것이었음을 기억할 것이다. 여기서도 엄밀히는 다르지만 유사한 의미로 쓰인 것이다). 이제 우리는 산출물의 생산에 참여하는 근로자의 수를 다음과 같이 나타낼 수 있다.

$$L_Y = (1 - \gamma_A)L$$

물적 자본과 인적 자본의 역할은 무시하고 산출물의 생산에 투입되는 요소는 근로자밖에 없다고 가정하였으므로 생산함수는 단순하다. 총산출량은 산출물의 생산에 투입된 근로자의 수와 생산성의 곱과 같다.

$$Y = AL_Y$$

앞의 두 식을 결합하여 생산함수를 다음과 같이 쓸 수 있다.

---

10) 이 절의 내용은 Lucas(1998) 및 Mankiw(1995)와 유사하다.

$$Y = A(1 - \gamma_A)L$$

이를 근로자 1인당 산출량으로 표시하면

$$y = A(1 - \gamma_A) \tag{8.1}$$

이 된다. 이 식이 말하는 바는 생산성 A가 높거나 연구개발에 참여하는 경제활동인구의 비율이 낮을수록 근로자 1인당 산출량은 더 크다는 것이다. 처음에는 연구개발에 참여하는 사람이 적을수록 산출량이 더 많다는 것이 모순적으로 보인다. 그런데 연구개발에 참여하는 사람이 적다는 것은 그만큼 산출물의 생산에 참여하는 사람이 많다는 것이므로 이 모순은 해결된다. 그러나 현재 연구개발에 참여하는 사람이 적으면 미래의 생산성이 낮아지고 따라서 미래의 산출량도 낮아질 것이다.

이제 생산성이 높아지는 과정, 즉 신기술의 창조에 대해 살펴보자. 기술진보의 속도는 연구개발에 참여하는 사람 수의 함수라고 가정하자. 구체적으로 기술진보는 다음 식에 의해 결정된다고 하자.

$$\hat{A} = \frac{L_A}{\mu}$$

앞 장에서도 그랬듯이 이 식에서 변수 위에 씌운 hat(^)은 그 변수의 증가율을 나타내기 위한 것이다. 따라서 $\hat{A}$는 생산성의 증가율을 나타낸다. 식의 우변에서 L_A는 연구개발에 참여하는 근로자의 수이고 μ는 새로운 발명을 하는 데 몇 명의 근로자가 필요한지를 나타낸다. 따라서 μ는 근로자 수로 표시한 일종의 기술진보의 '가격'이라고 할 수 있다. μ의 값이 클수록 일정한 속도의 기술진보를 위해 필요한 연구개발 인력이 더 많아진다.[11]

이 식과 생산성 증가율에 대한 식 (8.2)를 결합하면 다음을 얻는다.

$$\hat{A} = \frac{\gamma_A}{\mu} L \tag{8.2}$$

이 모형의 성질을 분석하기 위해 먼저 연구개발에 참여하는 인구의 비율인 γ_A가 일정한 경우에 대해 생각해 보자. 근로자 1인당 산출량을 나타내는 식 (8.1)에서 γ_A가 일정하다면 근로자 1인당 산출량 y는 기술수준인 A에 비례한다. 따라서 두 값은 같은 속도로 증가해야만 한다.

---

11) 제9장에서는 이에 대해 더 자세히 논의하면서 '기술생산함수'의 다른 형태도 고려해 볼 것이다.

$$\hat{y} = \hat{A}$$

이 식과 생산성 증가율에 대한 식 (8.2)를 결합하면 다음을 얻는다.

$$\hat{y} = \hat{A} = \frac{\gamma_A}{\mu} L \qquad\qquad (8.3)$$

이 식에 의하면 연구개발에 참여하는 인구의 비율이 높아지면 산출량의 증가율도 높아진다. 또한 새로운 발명의 비용, 즉 μ가 작을수록 성장률은 높다.

이제 γ_A가 갑자기 커지면 어떤 일이 벌어지는지 알아보자. 식 (8.3)에서 γ_A값이 커지면 산출량 y와 기술수준 A 모두의 증가율이 높아진다는 것을 알 수 있다. 그런데 γ_A가 커짐에 따른 2차적인 효과도 있다. 연구개발에 참여하는 근로자들이 많아짐에 따라 산출물을 생산하는 근로자들의 수가 줄어들면 식 (8.1)의 생산함수로부터 분명히 알 수 있듯이 산출량이 낮아진다는 것이다. 〈그림 8.1〉은 이러한 두 가지 효과를 결합하여 보여 준다. 그림의 패널 (a)는 시간이 지남에 따라 A의 값, 패널 (b)는 y의 값이 각각 시간이 흐름에 따라 어떻게 변화할지를 보여 준다. [그림의 패널 (a)와 패널 (b)에서 모두 세로축은 비율척도로 표시되었는데, 제1장에서 보았듯이 증가율이 일정한 변수의 시간경로는 비율척도로 표시할 때 일직선으로 나타난다.]

그림의 패널 (a)에서 볼 수 있듯이 γ_A가 커지면 생산성의 증가율도 높아진다. A의 시간에 걸친 변화를 나타내는 직선의 기울기가 나중에 더 커진다는 것이 이러한 생산성 증가율의 상승을 보여 주는 셈이다. 그림의 패널 (b)에서 y를 나타내는 직선의 기울기도 나중에 더 커지는데, 이는 근로자 1인당 산출량의 증가율이 높아진다는 것을 보여 준다. 그런데 γ_A가 커지는 순간에 y는 아래로 뚝 떨어지는데, 이는 근로자들이 생산부문에서 연구개발부문으로 옮겨 가면서 산출량이 줄어드는 것을 보여 준다. 하지만 그림의 패널 (b)에서 분명히 드러나듯이 산출량은 결국 이전과 같은 수준으로 회복될 뿐 아니라 γ_A가 커지지 않았더라면 도달했을 수준을 지나서 더욱 증가하게 된다. 결국 연구개발에 더 많은 자원을 투입하는 나라는 단기적으로는 산출량의 감소를 경험하겠지만 장기적으로는 산출량이 더 많아질 것이다.

연구개발에 대한 투자를 늘리는 것이 단기적으로는 산출량을 줄이지만 장기적으로는 산출량을 더 높인다는 결론은 우리가 제3장에서 물적 자본에 대한 투자에 대해 본 것과 유사한 점이 있다. 솔로우 모형에 의하면 투자를 늘리는 것은 전에는 소비에 썼을 자원을 이제 새로운 자본의 형성에 쓰게 하므로 단기적으로는 소비를 줄인다. 하지만 장기적으로는 더 많은 투자가 더 많은 산출량의 증가로 이어져 결국 소비의 증가로

> **그림 8.1**

연구개발부문으로 노동이동의 효과

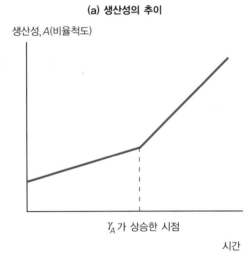

(a) 생산성의 추이

생산성, A(비율척도)

γ_A 가 상승한 시점

시간

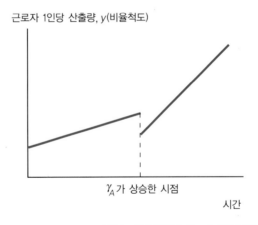

(b) 근로자 1인당 산출량의 추이

근로자 1인당 산출량, y(비율척도)

γ_A 가 상승한 시점

시간

이어지게 된다. 하지만 솔로우 모형에서 물적 자본 투자에 대한 결과와 이 장에서 연구개발투자에 대한 결과 사이에는 중요한 차이점이 있다. 이 장에서 본 모형에서 연구개발의 증가는 산출량 증가율을 영구히 높인다. 솔로우 모형에서 투자의 증가는 정상상태의 산출량 수준을 높이는 것이므로 투자 증가가 산출량 증가율에 미치는 영향은 일시적일 뿐이다.

마지막으로 이러한 1국가 모형을 통해 인구의 크기가 기술향상과 어떤 관계가 있는지 알아볼 수 있다. 식 (8.3)이 시사하는 바에 의하면 μ와 γ_A가 일정하다고 할 때 경제활동인구 L이 클수록 기술진보의 속도 $\hat{A}$도 높다. 이러한 결과의 배경이 되는 논리는 간단하다. 두 나라에서 연구개발에 참여하는 경제활동인구의 비율이 똑같다고 하자. 그러면 인구가 더 많은 나라에서 연구개발에 참여하는 사람의 수도 더 많을 것이다. 더 많은 사람들이 연구개발에 참여할수록 새로운 기술이 개발될 가능성이 더 크다고 보는 것이 이치에 맞을 것이며, 따라서 인구가 더 많은 나라에서 기술진보가 더 빠른 속도로 이루어질 것이다.

이러한 발견이 시사하는 바에 따르면 시간이 지남에 따라 인구가 많은 나라가 인구가 적은 나라보다 더 높은 기술수준을 보유하게 될 것이고 따라서 더 부유하게 될 것이다. 그러나 이러한 결과가 자료에서 나타나지는 않는다. 인구가 많은 나라가 인구가 적은 나라에 비해 더 빨리 성장한다거나 혹은 더 부유한 경향이 있다는 증거는 없다.

우리의 모형이 '실패'한 이유에 대한 설명은 한 나라의 기술수준이 국내에서 이루어진 연구개발뿐 아니라 해외에서 이루어진 연구개발에도 의존한다는 것이다. 기술은 국경을 넘는다. 이 장의 나머지에서는 이러한 기술이전의 문제를 다룰 것이다. 인구가 많으면 기술진보의 속도가 빠를 것이라는 점에 대해서는 제9장에서 기술의 미래에 대해 생각해 보면서 다시 다루게 될 것이다. 거기서는 한 나라 안에서가 아니라 전 지구의 인구가 많을수록 기술진보가 더 빠르게 일어난다는 아이디어에 대해 검토해 볼 것이다.

2국가 모형

기술창조에 관한 기업의 의사결정에 대한 8.1절의 논의로부터 기업 간 기술이전이 중요한 문제라는 것이 분명해졌다. 국가 간 기술이전은 어떠한가("국가 간 기술이전" 참조)?

기술이전에 관한 우리의 분석은 한 나라가 새로운 기술을 획득하는 두 가지 서로 다른 방법 간의 상호작용을 강조한다.[12] 그 한 가지는 **혁신**(innovation), 즉 새로운 기술의 발명이며, 다른 한 가지는 **모방**(imitation), 즉 다른 곳에서 기술을 복제해 오는 것이다.

우리가 분석할 두 나라를 국가 1과 국가 2라고 부르자. 두 나라에서 경제활동인구의 크기는 $L_1 = L_2 = L$로 같다고 가정한다. 그러나 두 나라의 기술수준은 A_1과 A_2로 서로 다르다. 앞 절의 모형에서와 마찬가지로 각 나라에서 경제활동인구는 산출물 생산과 연구개발의 두 부문으로 나누어져 쓰인다. 각국의 근로자 1인당 산출량은

$$y_1 = A_1(1 - \gamma_{A,1})$$

---

12) 이 절의 모형은 Barro & Sala-i-Martin(1997)과 유사하다.

국가 간 기술이전

제2차 세계대전 중 일본군을 위해 트럭을 생산하던 가족기업의 기술자였던 에이지 토요다(Eiji Toyoda)는 1950년에 미국 미시건 주에 위치한 포드자동차회사의 리버루지(River Rouge) 자동차 공장을 방문하였다. 당시 리버루지는 세계에서도 가장 기술적으로 앞선 자동차 공장 중 하나였는데, 토요다는 두 달 동안 머물며 그 공장의 작업을 세심하게 관찰하였다. 포드회사가 어떤 이유로 토요다의 포드 공장 연구를 허용할 의사가 있었는지에 대한 기록은 없지만 아마도 포드 회사는 전쟁으로 쑥대밭이 된 일본의 조그만 회사로부터 어떤 경쟁 위협도 없다고 느꼈을 것이다. 그것은 나중에 토요타(Toyota)로 이름을 바꾼 토요다의 회사가 세계의 자동차 제왕으로 등극하게 되었을 때 포드회사가 쓰라리게 후회하였을 결정이었다.*

국경을 넘는 이러한 기술이전은 긴 역사의 일부분이었다. 나중에는 앞선 기술을 수출하게 된 유럽도 중세에는 세계의 다른 지역들로부터 수입된 기술들, 예를 들어, 중국으로부터 들여온 종이와 화약, 인도로부터 들여온 10진법(아라비아 숫자) 등으로부터 이루 헤아릴 수 없을 정도의 혜택을 누렸다. 그리고 유럽인들이 처음 신세계에 도착하였을 때 그들이 다시 유럽으로 가져간 가장 중요한 것 중 하나는 감자, 옥수수, 토마토, 고추, 등 여러 종류의 새로운 작물의 DNA에 담겨 있는 '기술'이었다.

기술적 우위는 때로 국경 내에서 보호해야 할 소중한 상품으로 여겨진다. 예를 들어, 18세기와 19세기에 영국은 숙련된 장인들이 다른 나라로 이민가는 것과 일부 기계의 수출을 금지했다. 이는 영국의 기술이 외국으로 확산되는 것을 막기 위해서였다. 1789년에 새뮤얼 슬레이터(Samuel Slater)는 섬유생산의 최첨단 기술을 외우고는 변장을 하여 영국을 빠져나갔다. 그는 나중에 로드아일랜드(Rhode Island) 주의 포터킷(Pawtucket)에 미국 최초의 수력 섬유공장을 세우고 미국 산업혁명의 아버지로 알려지게 되었다.†

일부 정부들이 해외로 자국의 기술이 확산되는 것을 막으려고 애쓰는 가운데에서도 다른 나라들은 더

그리고

$$y_2 = A_2(1 - \gamma_{A,2})$$

로 주어지는데, 여기서 $\gamma_{A,1}$과 $\gamma_{A,2}$는 각각 국가 1과 국가 2에서 연구개발에 종사하는 경제활동인구의 비율을 나타낸다.

각 나라가 신기술을 획득하는 방법에는 무에서 시작하여 새로 만들어 내는 것(혁신)과 해외의 기술을 복제해 오는 것(모방)이 있다. 물론 해외로부터 복제해 오는 것은 이미 개발되어 있는 기술만 가능하다. 존재하지도 않는 것을 복제할 수는 없으니까 말이다. 그래서 모방은 '기술후발국(technology follower)'만 할 수 있는 것이다. '기술선도국(technology leader)'은 혁신을 통해서만 신기술을 얻을 수 있다. 어떤 기술이 선도국가에서 이미 존재한다면 후발 국가는 그 기술을 스스로 다시 개발해 내는 것보다 모

앞선 나라들로부터 기술을 수입하려고 최선을 다하였다. 1697년 러시아의 황제 피터대제는 변장을 하고는 앞선 기술을 러시아로 가져오기 위해 네덜란드의 한 조선소에 취직하였다. 산업혁명 중에 영국의 기술우위를 질시한 유럽의 다른 나라들은 영국 기술자의 이민을 장려하고 정부 연구과제를 세우고 심지어 산업 스파이를 보내는 등 여러 가지 수단을 동원해 영국의 기술을 복제하려고 시도하였다. 1860년대 메이지 전황이 복위된 후 일본은 해외의 최고 기술들을 일본으로 들여오려는 야심찬 계획에 착수하였다. 기술이전에 관한 가장 기묘한 일화 중 하나는 소련이 수소폭탄의 개발을 시도하고 있을 때 다름 아닌 미국의 수소폭탄 실험에서 발생하여 지구 전체로 퍼져 공기 중에 떠돌던 방사능 낙진의 분석으로부터 중요한 정보를 얻었다는 것이다.

오늘날 국가들이 국가안보상의 이유가 아닌 경제적인 이유로 기술의 해외 유출을 제한하려는 경우는 거의 없다. 이는 대체로 연구개발을 하는 기업들이 국내의 경쟁자들을 해외의 경쟁자들과 똑같은 정도의

위협으로 생각하기 때문이다. 대규모의 다국적기업은 국경의 의미를 한층 더 반감시킨다. 포드회사가 디트로이트에 있는 공장에서 새로운 혁신이 이루어지면 해외의 포드 자회사와는 공유할 수 있는 그 기술이 국내 경쟁자들의 손에 들어가지 않게 하기 위해 애쓸 것이고, 이런 노력은 외국회사들이 자신의 기술을 복제하지 못하도록 하는 데 들이는 노력에 비해 결코 덜하지 않을 것이다.

여러 개발도상국들이 기술이전을 장려하려는 목적으로 야심찬 전략에 착수하였다. 가장 성공적이었던 나라 중 하나는 대만이었는데, 그들은 부품조달을 국내에서만 한다는 등 국내 기술력 창출을 도와준다는 조건으로 관세 보호와 보조금을 통해 외국인 투자를 장려하였다.[†]

---

[*] Womack, Jones, and Roos(1991).

[†] Clark(1987), Landes(1998), ch. 18.

[‡] Pack and Westphal(1986), Romer(1992).

방하는 것이 더 비용이 적게 든다고 가정한다.

우리의 모형에서 변수 A는 기술수준을 나타낸다. 따라서 기술선도국은 기술후발국보다 더 높은 A 값을 갖는다. 연구개발에 참여하는 경제활동인구의 비율은 국가 2에서보다 국가 1에서 더 높다고 가정하자. 즉, $\gamma_{A,1} > \gamma_{A,2}$이다. 이 가정은 경제활동인구의 크기가 두 나라에서 같다고 할 때 모형의 정상상태에서는 국가 1이 기술선도국이고 국가 2가 기술후발국이라는 것을 의미한다.

기술선도국의 경우에 신기술 창조과정은 우리가 앞에서 본 것과 같다.

$$\hat{A}_1 = \frac{\gamma_{A,1}}{\mu_i} I_1$$

유일한 차이점은 앞에서는 발명의 비용을 μ라고 하였는데 이제는 μ_i라고 한다는 것이다. 여기서 아래첨자 i는 '발명(invention)'의 i를 딴 것이다.

이제 국가 2를 보자. 모방을 통해 신기술을 획득하는 비용을 μ_c라고 하자(아래첨자 c 는 '복제(copying)'를 의미한다). 중요한 가정은 후발국과 선도국 간의 기술격차가 커 지면서 복제비용이 작아진다는 것이다. 이러한 가정을 정당화하는 방법은 몇 가지가 있다. 그 중 하나는 모방하기 쉬운 정도가 기술마다 다르고 후발국이 선도국보다 뒤처 진 정도가 클수록 복제할 수 있는 기술이 더 많다는 것이다. 또 다른 하나는 복제비용 은 기술이 처음 발명된 때로부터 얼마나 오랜 시간이 흘렀는지에 의존한다고 할 수 있 으므로 후발국이 선도국에 뒤처진 정도가 클수록 후발국이 모방하고자 하는 기술은 오 래된 것이며 따라서 복제가 쉽다는 것이다.

이 가정을 수식으로 표현하기 위해 μ_c가 국가 1과 국가 2의 기술수준의 비에 의존하 는 함수라고 하고 그 함수를 $c(\ )$라고 한다.

$$\mu_c = c\left(\frac{A_1}{A_2}\right)$$

이와 같은 '복제비용' 함수에 대해 세 가지 가정을 도입한다. 첫째, 함수는 음(−)의 기 울기를 갖는다. 두 나라 간의 기술격차가 클수록, 즉 국가 1과 국가 2의 기술수준의 비 가 클수록 복제비용은 낮아진다. 둘째, 비율 A_1/A_2가 무한대로 커지면 복제비용은 0이 된다. 달리 말하면, 기술수준의 격차가 무한히 크다면 모방하는 데 비용이 들지 않는 다. 마지막으로 비율 A_1/A_2가 1에 가까워지면 복제비용은 발명비용에 가까워진다. 이 는 후발국이 기술선도국에 매우 가까이 있다면 기술을 직접 발명하는 대신 복제하는

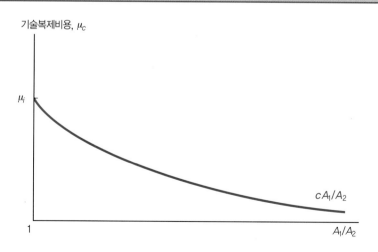

▶ 그림 8.2

기술 후발국의 기술복제비용

것의 이득이 별로 없다는 의미이다. (A_1/A_2의 값이 1보다 작은 영역에서는 복제비용함수가 정의되지 않는다. 이렇게 되면 국가 2가 복제할 기술을 국가 1이 가지고 있지 않기 때문이다.) 〈그림 8.2〉는 복제비용함수가 어떻게 생겼는지를 보여 준다.

주어진 μ_c값에서 국가 2의 기술진보율은 국가 1의 기술진보율과 같은 형태의 식으로 주어진다.

$$\hat{A}_2 = \frac{\gamma_{A,2}}{\mu_c} L_2$$

이제 우리는 모형의 정상상태에 대해 살펴볼 준비가 되었다. 중심 아이디어는 정상상태에서 양국의 성장률은 같다는 것이다. 〈그림 8.3〉은 왜 그와 같은 결과가 얻어지는지를 보여 준다. 그림은 각국의 기술수준의 성장률을 선도국의 기술수준과 후발국의 기술수준의 비인 A_1/A_2의 함수로 표현하고 있다. 만약 이 비율의 값이 1이라면, 즉 국가 2가 국가 1과 같은 기술수준을 갖고 있다면 기술수준은 국가 2보다 국가 1에서 더 빨리 성장할 것이다. 이 경우에 양국에서 신기술의 창조비용은 동일하지만 γ_A의 값은 국가 1이 국가 2보다 높기 때문이다. 이와는 대조적으로 이 비율의 값이 무한히 크다면 국가 2에서의 신기술 창조비용은 0이고 국가 2가 국가 1보다 더 빠른 기술진보를 경험할 것이다. 그러므로 A_1/A_2가 1과 무한대의 사이에 있는 어떤 값을 가질 때 두 나라의 기술진보율은 같아지고 두 나라의 기술수준의 비율은 일정한 값에 머물게 될 것

▶ 그림 8.3

2국가 모형의 정상상태

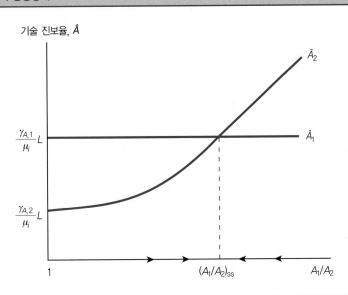

이다. 이것이 정상상태이다. 이 정상상태는 안정적이라는 점에도 유념하라. A_1/A_2의 값이 정상상태보다 높은 곳에서 시작하면 A_2가 A_1보다 더 빨리 증가할 것이고 A_1/A_2는 하락할 것이다. 만약 A_1/A_2의 값이 정상상태의 아래쪽에서 시작하면 그 반대가 될 것이다.

두 나라의 성장률이 같다는 전제하에 상대적인 기술수준의 값을 쉽게 구할 수 있다. 두 성장률을 같다고 하면 다음 식을 얻는다.

$$\frac{\gamma_{A,1}}{\mu_i} L = \hat{A}_1 = \hat{A}_2 = \frac{\gamma_{A,2}}{\mu_c} L$$

앞 식에서 고정되지 않은 변수는 복제비용을 나타내는 μ_c밖에 없다. 따라서 다음과 같은 결과를 얻는다.

$$\mu_c = \frac{\gamma_{A,2}}{\gamma_{A,1}} \mu_i$$

위와 같은 수학적 도출과정을 다음과 같이 요약할 수 있다. 첫째, 정상상태에서는 두 나라의 성장률이 동일하다. 만약 국가 2의 성장률이 국가 1의 성장률보다 높다고 하면 국가 2가 기술선도국이 되어야 하는데 국가 2는 국가 1보다 연구개발에 투자를 더 적게 하므로 이는 가능한 일이 아니다. 만약 국가 1의 성장률이 국가 2보다 높다고 하면 두 나라 간 기술격차가 무한히 커져 국가 2의 기술복제비용은 0이 될 것이고 따라서 국가 2는 국가 1보다 빠른 속도로 성장하여야 한다. 두 나라의 성장률이 같고 국가 2가 국가 1에 비해 연구개발에 더 적게 투자한다는 것을 전제로 할 때, 국가 2는 국가 1보다 더 낮은 비용으로 기술을 획득하여야만 하며 정확한 비용의 크기는 두 나라의 연구개발투자의 크기를 비교함으로써 알아낼 수 있다. 예를 들어, 국가 2의 연구개발투자가 국가 1의 절반 수준(즉, $\gamma_{A,2}/\gamma_{A,1} = 1/2$)이라고 하면 국가 2의 기술복제비용은 국가 1의 신기술개발비용의 절반 수준(즉, $\mu_c/\mu_i = 1/2$)이어야 한다.

일단 정상상태에서의 μ_c의 값을 알게 되면 μ_c를 결정하는 함수를 이용하여 정상상태에서 두 나라 기술수준의 비율(A_1/A_2)의 값을 구할 수 있다(한 예로 연습문제 7번 참조).

이 모형의 정상상태에 대해 조사하다 보면 흥미로운 물음이 하나 떠오른다. 기술선도국은 기술후발국보다 반드시 더 부유한가? 이 물음에 대한 답은 부정적이다. 기술선도국의 생산성이 더 높기는 하지만 경제활동인구의 더 많은 비율이 연구개발에 종사하므로 직접 생산에 종사하는 사람은 더 적다. 기술후발국이 기술선도국보다 더 높은 소득수준을 누릴 수 있는지의 여부는 복제비용과 혁신비용의 상대적인 값에 달려 있다.

복제비용이 매우 낮다면 기술후발국은 기술선도국에 비해 훨씬 낮은 비율의 경제활동인구만 연구개발에 종사하면서도 기술선도국에 가까운 수준의 생산성을 유지할 수 있다. 이 경우 기술후발국이 기술선도국보다 높은 소득수준을 누리는 것이 가능하다. 반대로 복제비용이 크다면 기술후발국은 기술선도국에 가까운 기술수준을 유지하기 위해 기술선도국과 거의 같은 비율의 경제활동인구가 연구개발에 종사하여야 한다. 만약 기술후발국에서 연구개발에 종사하는 경제활동인구의 비율이 기술선도국보다 훨씬 낮으면 기술후발국의 생산성수준은 기술선도국의 그것보다 훨씬 낮을 것이다.

이와 같은 모형을 이용하여 '정책'이 변할 때의 효과에 대하여 생각해 볼 수 있다. 여기서 '정책'의 변화는 γ_A의 변화를 의미한다. 이러한 효과는 1국가 모형과는 사뭇 다르다.

다음과 같은 시나리오를 생각해 보자. 두 나라는 정상상태에 있으며 $\gamma_{A,1} > \gamma_{A,2}$이다. 국가 2에서 γ_A의 값이 커진다고 하자. 하지만 여전히 $\gamma_{A,1} > \gamma_{A,2}$라고 가정하자. 〈그림 8.4〉는 이러한 변화로 인해 두 나라의 기술수준이 정상상태에서 어떻게 달라지는지를 보여준다. $\hat{A}_2$를 나타내는 곡선이 위로 이동하는데 이는 A_1/A_2가 전과 같은 값이고 기술복제비용이 전과 같다고 해도 국가 2의 성장률이 전보다 높아진다는 것을 의미한다. 그림이 보여 주듯이 새로운 정상상태에서는 A_1/A_2의 값이 원래의 정상상태에서보다

▶ 그림 8.4

기술후발국의 연구개발투자 확대가 정상상태에 미치는 영향

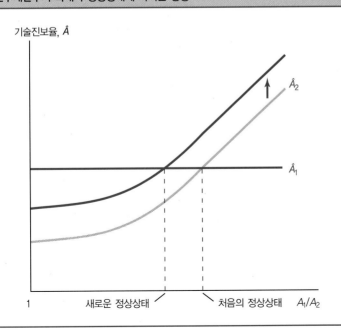

낮아졌고, 따라서 두 나라 간 기술수준의 격차가 좁혀졌다.

〈그림 8.5〉는 A_2와 y_2가 시간이 지남에 따라 어떻게 변하는지를 보여 준다. (〈그림 8.1〉에서와 마찬가지로 세로축이 비율척도로 되어 있으므로 일정한 비율로 증가하는 변수의 시간경로는 직선으로 나타난다.) 그림의 패널 (a)는 국가 2의 기술진보율이 $\gamma_{A,2}$의 상승 후 한동안 높아지는 것을 보여 준다. (이는 A_2를 나타내는 곡선의 기울기가 커지는 것으로 표시되어 있다.) 하지만 시간이 지남에 따라 A_2가 A_1에 가까워지고 국가 2의 기술진보율은 원래의 수준으로 돌아가게 된다. 이는 정상상태에서의 국가 2의 기술

▶ **그림 8.5**
기술후발국의 연구개발투자 확대가 생산성과 산출량에 미치는 영향

(a) 생산성의 추이

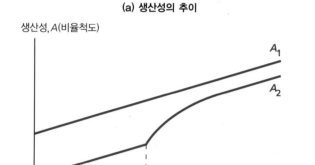

(b) 근로자 1인당 산출량의 추이

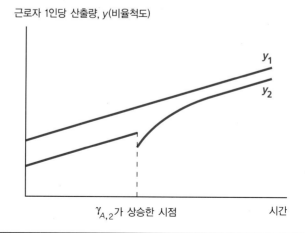

진보율은 기술선도국인 국가 1의 기술진보율에 의해 결정되기 때문이다.

〈그림 8.5〉의 패널 (b)에서 보면 $\gamma_{A,2}$가 상승한 직후 국가 2의 산출량 수준은 하락하는데, 이는 경제활동인구 중 직접 생산에 종사하는 비율이 감소하였기 때문이다. 하지만 연구개발 노력의 증가로 인해 A_2가 더 빠른 속도로 상승하고 따라서 y_2도 더 빠른 속도로 증가한다. 국가 2의 기술수준이 국가 1 수준에 가까워지면서 국가 2의 성장률이 일시적으로 높아지지만 A_1/A_2의 값이 새로운 정상상태에 도달하게 되면 국가 2의 성장률도 $\gamma_{A,2}$가 상승하기 전의 원래 수준으로 돌아오게 된다.

기술후발국에서 연구개발 노력이 증가할 때 소득의 증가율이 일시적으로 상승한다는 결론은 연구개발투자의 증가가 항구적으로 성장률을 높였던 1국가 모형에서와는 매우 대조적이다. 기술후발국에 관한 한 기술창조에 관한 모형은 우리가 제3장과 제4장 그리고 제6장에서 공부한 요소축적에 관한 모형과 흡사한 성질을 갖는다. 솔로우 모형에서의 투자율 γ, 현재의 모형에서의 연구개발투자 $\gamma_{A,2}$ 등과 같은 '정책'의 변화는 산출량의 증가율에 일시적인 변화를 초래한다. 결국에는 산출량 증가율이 정책의 변화가 있기 전의 원래 수준으로 돌아간다. 이에 반해 산출량의 수준은 정책의 변화에 의해 항구적인 변화를 겪는다.

R&D 지출의 변화가 산출량 증가율에 미치는 영향이 일시적으로만 나타난다는 결과는 2국가 모형의 기술선도국에 대해서는 적용되지 않는다. 기술선도국은 해외의 기술을 모방하는 옵션이 없기 때문에 실질적으로는 1국가 모형에서와 같은 상황이 된다. 즉, R&D 지출의 변화는 산출량 증가율의 항구적 변화를 가져 온다.

연구개발 노력의 증가가 기술선도국과 기술후발국의 성장률에 대해 미치는 효과가 크게 다르므로 모형을 현실에 적용할 때 다음과 같은 의문이 생긴다. 현실에서 어떤 나라가 기술선도국인지 정해야 할 것인가? 기술선도국이 어느 나라인지 정할 수 있다면, 기술선도국의 연구개발투자가 증가할 때는 전 세계의 기술진보율이 높아지지만 기술선도국이 아닌 나라의 연구개발투자가 증가할 때는 해당 국가의 상대적 기술수준만 높아질 뿐 전 세계의 기술진보율에는 거의 영향을 미치지 않는다고 확실하게 결론내릴 수 있는가? 이러한 물음에 대한 답은 부정적이다. 한 나라가 모든 기술에 있어 선도국이고 다른 모든 나라들은 후발국이라는 것은 19세기 초반의 영국이나 제2차 세계대전 직후의 미국과 같은 역사의 어떤 시점에서는 사실이었을 수 있다. 하지만 오늘의 세계에서는 기술적 우위는 훨씬 더 확산되어 많은 나라들이 '기술의 첨단(technological frontier)'에 몰려 있으며 서로 다른 나라들이 다른 산업에서 주도적인 위치를 점하고 있다.

오늘날 유일한 '기술선도국'이 존재하지 않는다고 해서 모형이 유용하지 않은 것은 아니다. 오히려 우리는 모형의 특정 결과보다는 일반적인 교훈에 초점을 맞추어야 한다. 모형의 일반적인 교훈은 한 나라에서 연구개발투자가 증가할 때 두 가지 효과가 있다는 것이다. 첫째는 세계의 기술서열에서 그 나라의 상대적인 위치가 바뀌고 따라서 그 나라의 기술수준과 소득수준이 일시적으로 성장하는 기간이 온다는 것이다. 둘째는 한 나라의 연구개발투자가 증가하면 전 세계의 기술수준이 더 빠른 속도로 성장한다는 것이다.

8.4 국가 간 기술이전의 장벽

앞에서 본 국가 간 기술이전의 모형은 기술적으로 낙후한 나라에게는 희망적인 결론을 주고 있다. 기술적으로 앞선 나라들이 연구개발을 계속하는 한 첨단기술은 진보할 것이다. 이러한 기술의 진보는 결국은 첨단에서 멀리 떨어진 나라들에게도 생산성의 향상을 가져다 줄 것이다. 기술적으로 낙후한 나라들이 연구개발을 거의 하지 않는다고 해도 언젠가 그 나라들도 기술을 복제할 능력이 생길 것이고 가장 앞선 나라들의 혁신으로부터 도움을 받을 날이 올 것이다.

그러나 현실은 이렇게 낙관적인 예측대로 움직이지 않는다. 특히 기술은 선진국 간에는 매우 자유롭게 이전되지만 부유한 나라에서의 기술진보는 가난한 나라에 대해 별 영향이 없어 보인다. 이 절에서는 선진국에서 개발도상국으로의 기술이전이 쉽지 않은 두 가지 이유에 대해 알아보기로 한다.

적정기술

앞에서 본 기술이전에 관한 2국가 모형은 한 나라에서 유용한 기술이 다른 나라에서도 유용할 것이라고 가정하였다. 기술은 계수 A로 요약되며 두 나라가 다른 기술수준을 갖는다면 A의 값이 높은 나라가 더 앞선 기술을 갖는다. 또한 기술후발국의 입장에서는 기술선도국의 앞선 기술을 이용하는 편이 더 나을 것이므로 기술후발국이 즉각적으로 기술선도국과 같은 A 값을 갖지 않는다는 것은 특허의 보호나 비전 등과 같이 기술이전을 가로막는 어떤 장애요인이 있다는 것을 의미한다.

선진국 간의 기술이전에 관해서는 이러한 설명이 적절한 편이다. 하지만 선진국과 개발도상국 간 기술이전의 경우에는 다른 문제들이 끼어든다.[13] 부유한 나라에서 개발

---

13) Atkinson and Stiglitz(1969), Basu and Weil(1998), Acemoglu(2002).

된 기술이 가난한 나라에게는 '적절(appropriate)하지' 않을 수 있다. 부유한 나라는 가난한 나라보다 더 많은 근로자 1인당 물적 자본이나 인적 자본을 가지고 있을 터이다. 부유한 나라에서 개발된 기술이 특정한 요소의 결합에 맞게 되어 있다면, 즉 기술이 많은 인적 자본과 물적 자본을 필요로 하는 것이라면 그런 기술은 가난한 나라에서는 쓸모가 없다. 한 예로 지극히 자본집약적인 형태의 운송수단인 자기부상열차에 관한 기술진보는 자전거나 찌그러진 버스를 주요 운송수단으로 하는 나라의 생산성을 높이는 데 별 도움이 되지 못할 것이다. 마찬가지로 부유한 나라는 대개 온난한 기후대에 분포해 있어서 이들 나라에서 농업기술의 진보로 얻어지는 새로운 작물의 개발은 열대지방에 있는 가난한 나라들에게는 도움이 되지 않는다. 특정한 신기술을 얻을 수 있다고 해도 그 기술이 가난한 나라에 적절하지 않다면 가난한 나라에서 그 신기술이 쓰일 가능성은 적다.

이와 같은 적정기술(appropriate technology)의 개념을 우리에게 친숙한 생산함수 그래프로 나타낼 수 있다. 가로축에는 근로자 1인당 물적 자본을 세로축에는 근로자 1인

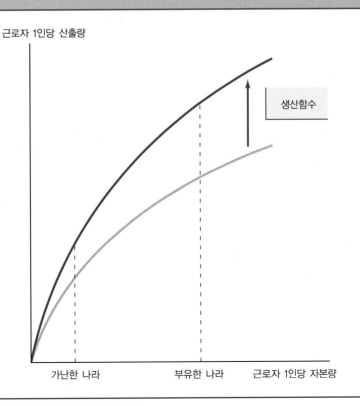

▶ **그림 8.6**

중립적 기술진보

당 산출량을 표시하기로 하자(인적 자본도 함께 표시하려면 3차원 그래프가 필요하므로 생략하기로 한다).

우선 기술진보가 '중립적'인 경우를 고려해 보자. 기술진보가 중립적이라는 의미는 생산요소의 결합이 달라져도 똑같이 적용되는 기술진보라는 의미이다. 예를 들어, 생산함수가 $y=Ak^\alpha$와 같이 콥–더글라스 형태라면 기술진보가 A 값의 상승이라는 형태로 나타난다는 것이다. 〈그림 8.6〉에서 보는 바와 같이 이러한 기술진보는 생산함수가 위쪽으로 비례이동하는 것으로 나타난다. 이로 인해 가난한 나라와 부유한 나라의 소득은 같은 비율로 증가한다. 따라서 기술진보가 이처럼 중립적이라면 기술진보가 부유한 나라에서 일어났다고 하더라도 가난한 나라도 부유한 나라와 똑같이 기술진보의 혜택을 본다.

또 다른 경우는 기술진보가 '자본편향적'인 경우, 즉 기술진보가 물적 자본이 풍부한 나라에만 유용한 경우이다. 〈그림 8.7〉은 이 경우를 보여 준다. 근로자 1인당 자본의 양이 많은 나라에서는 자본편향적인 기술진보는 근로자 1인당 산출량의 증가를 가

그림 8.7
자본편향적 기술진보

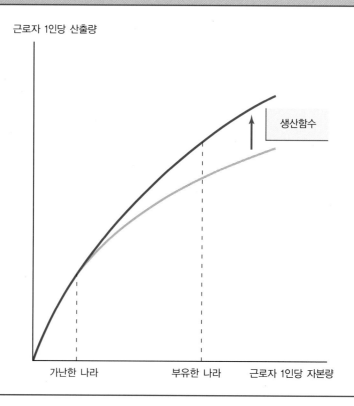

져올 것이다. 하지만 근로자 1인당 자본의 양이 적은 나라에서는 이러한 기술진보가 있어도 근로자 1인당 산출량이 거의 증가하지 않는다.

기술진보가 근로자 1인당 자본의 양이 많은 경우에만 유용한 것은 어떤 이유에서일까? 이는 연구개발의 대부분을 수행하는 나라들은 근로자 1인당 자본의 양이 많은 나라들이며 이 나라들의 기업들은 자신의 요소결합의 생산성을 높이기 위해 연구개발을 하기 때문이다. 2000년 한 해 동안의 1인당 연구개발투자는 미국이 932달러, 일본이 775달러인데 반해 남미에서는 42달러, 아프리카에서는 6달러에 지나지 않는다. 아프리카는 세계 인구의 13.3%를 차지하지만 전 세계 연구개발투자의 0.6%밖에 되지 않는다.[14]

이러한 분석은 왜 선진국의 연구개발이 개발도상국들이 사용할 수 있는 기술을 만들지 않는가라는 의문을 남긴다. 한 가지 이유는 개발도상국에서는 대개 신기술에 대한 재산권의 보호가 느슨하다는 것이다. 가난한 나라의 생산자들에게 도움이 되는 신기술을 만들어 내는 선진국의 발명가는 생산자들로부터 그의 발명을 사용한 대가를 받아서 투자에 대한 수익을 거두는 것이 거의 불가능하다는 것을 알게 될 것이다. 이러한 느슨한 법집행이 가난한 나라에서 사용할 수 있는 기술을 창조하려는 유인을 약하게 한다.

암묵적 지식

적정기술의 모형은 부유한 나라에서 사용되는 기술은 모두 가난한 나라에도 알려져 있지만 가난한 나라가 그 기술을 사용하지 않을 뿐이라고 가정한다. 부유한 나라로부터 가난한 나라로의 기술이전이 이루어지지 않는 이유에 대한 또 하나의 설명은 가난한 나라가 부유한 나라에서 개발된 기술을 사용할 수 없다는 것이다. 즉, 국가 간 기술이전에 장벽이 존재한다는 것이다.

처음에는 이러한 기술이전 장벽의 크기에 한계가 있다고 보일 것이다. 예를 들어, 특허가 20년 후에 만료된 후에는 특허신청서에 자세하게 설명되어 있는 그 기술을 원하는 사람 누구나 그 기술을 사용할 수 있다. 마찬가지로 특허가 아닌 기밀유지로 기술을 보호하는 기업들도 10년, 20년, 혹은 30년 후가 되면 일반적으로 경계를 늦추게 된다. 이러한 점을 고려하면 길어야 몇십 년 후면 기술이 부유한 나라에서 가난한 나라로 흘러들어가게 될 것이다. 이처럼 빠른 기술이전 속도로 보아 가난한 나라가 기술적으로 낙후된 정도에도 한계가 있을 것이다.

그러나 부유한 나라에서 가난한 나라로의 기술이전은 경험상 단순히 새로운 생산과

---

14) National Science Foundation(2006), Figure 4-33 and Appendix Table 4-57.

체화된 기술진보와 기술적 뛰어넘기

기술진보에 관한 8.1절의 논의에서 우리는 새로운 세대의 소프트웨어에 관한 예를 들었다. 새로운 소프트웨어는 새롭고도 더 나은 기술을 대변한다. 물적 자본과 인적 자본의 투입(컴퓨터와 근로자)은 변하지 않았지만 새로운 소프트웨어를 사용하면서 생산요소의 생산성은 높아졌다.

기술진보라고 해서 모두 소프트웨어의 경우처럼 단순하지는 않다. 신기술은 종종 자본재에 체화된다. 이와 같이 기술이 특정한 자본단위에 결합되는 것을 **체화된 기술진보**(embodied technological progress)라고 한다. (이와는 대조적으로 소프트웨어는 체화되지 않은 기술진보의 한 예다.) 기술진보가 자본에 체화되면 그 기술은 자본재를 바꿀 때까지는 개선되지 않는다.

이와 유사하게 기술진보가 학생들이 학교에서 배우는 동안 습득하는 인적 자본에 체화되는 경우도 생각해 볼 수 있다. 교육은 항상 적용 가능한 기능과 같이 일반적인 구성요소와 현재의 기술을 사용하는 데 필요한 기능과 같이 특정한 구성요소를 모두 가지고 있다. 소프트웨어의 경우와 마찬가지로 신기술을 다루기 위해 근로자의 머릿속에 있는 인간의 두뇌(wetware)'는 바꿀 수 있지만, 그러한 기능의 개선은 인적 자본에 대한 새로운 투자를 필요로 한다. 근로자가 나이를 먹을수록 그가 다룰 수 있는 기술수준을 높이는 것은 점점 어려워지고 그 가치 또한 떨어지는데, 이는 나이가 많은 근로자일수록 새로운 기능을 사용할 수 있는 기간이 짧아지기 때문이다.

기술이 물적 자본이나 인적 자본에 체화되어 있다면 우리는 생산요소의 축적과 기술진보를 쉽게 구분해낼 수 없다. 투자율이 높은 나라는 평균적으로 더 최근에 생산된 자본재를 보유하고 있을 것이다. 그 결과 이러한 자본재들에는 더 새로운 기술이 체화되어 있을 것이고, 투자율이 높은 나라는 투자율이 낮은 나라보다 기술적으로 앞서 있을 것이다. 같은 이치로, 인구가 노령화된 나라는 많은 근로자가 먼 과거에 교육을 받았을 것이므로 기술의 첨단에 있는 것이 어려울 것이다.

체화된 기술의 이러한 효과는 1950년대 초반에 발명되어 제철산업에서 가장 중요한 혁신 중 하나로 꼽히는 염기성산소로(basic oxygen furnace, 역자 주 : 산소를 불어넣어 활발한 화학반응을 생성시켜 금속을 정련하는 용광로)의 채택 과정에서도 볼

정의 청사진이 국경을 넘어간다는 것 이상의 무언가가 있다. 청사진에 들어 있는 암호화된 지식 이외에도 기술자들의 머릿속에 있는 **암묵적 지식**(tacit knowledge)이 문제다. 이러한 암묵적 지식은 다년간의 경험에 의해 습득된 문서화되지 않고 비공식적 훈련을 통해 사람에서 사람으로 전수되는 기술이 어떻게 작동하는지에 대한 수천 가지 세부사항에 관한 것이다. 종종 기술을 사용하는 사람들도 이러한 암묵적 지식의 정도에 대해 모르고 있으며 따라서 암묵적 지식 없이 청사진을 넘겨받는 것만으로는 값비싼 실패만 맛볼 수 있으며 그런 일이 자주 발생한다.

과학자이자 철학자이고 암묵적 지식의 개념을 보급한 장본인인 마이클 폴라니(Michael Polanyi)는 전구를 생산하는 기계에 관한 두 나라의 충격적으로 다른 경험을 다음과 같이 묘사하였다. 1950년대에 헝가리에 수입된 그 기계는 한 해 동안 불량 전

수 있다. 제2차 세계대전 후 성장속도가 둔화된 미국의 제철산업에서 이 신기술의 확산은 느리게 진행되고 있었다. 이와는 대조적으로, 같은 시기에 일본의 제철산업은 매우 빠르게 성장하고 있었으므로 제철소들은 신기술을 훨씬 빠른 속도로 채택하였다. 1968년에 이르러서는 일본에서 생산되는 강철의 75%가 염기성산소로를 사용하여 생산되고 있었는데, 미국의 경우는 40%에 불과하였다.*

자본재에 체화된 기술은 기술적으로 낙후된 나라가 기술적으로 앞선 나라들을 뛰어넘는 기술적 뛰어넘기(leapfrogging)를 가능하게 하였다. 기술적 뛰어넘기의 가장 좋은 예는 우리가 논의를 시작하는 소재가 된 소프트웨어에서 찾을 수 있다. 소프트웨어는 지속적으로 개선되고 있지만 보통의 컴퓨터 사용자는 새로운 버전의 소프트웨어가 나올 때마다 신버전으로 바꿀 필요를 느끼지 못한다. 대신, 사용자는 현재 버전을 계속 사용하다가 보유한 소프트웨어가 낡아서 바꿀 필요가 있을 때가 오면 최신버전으로 바꾸려 할 것이다. 따라서 지속적인 기술적 뛰어넘기의 과정이 있으며, 그 과정을 통해 가장 낡은 버전의 사용자들이 뛰어넘기하여 가장 최신 프로그램을 설치하게 된다.†

기술적 뛰어넘기는 국가 차원에서도 일어난다. 최근에 개발된 기술이 자본재에 통합되어 있는 나라에서는 기업들이 새로운 혁신을 채택하기 위해 현재 보유한 자본을 폐기처분하려고 하지 않을 것이다. 이와는 대조적으로, 기술적으로 낙후한 나라들은 그렇게 할 것이다. 전화의 예가 적절할 것이다. 전화가 수십 년 동안 일반화되어 있던 나라에서는 전화선(지상통신선, land lines)의 광범위한 기반시설이 모든 가정과 회사로 연결되어 있다. 1990년대에는 이들 지상통신선의 존재가 새로운 셀(cell)방식의 휴대전화기술에 대한 수요를 억제하였다. 그 결과 처음에는 기반시설이 취약했던 많은 나라들이 이미 갖춘 기반시설에 안주한 나라들보다 더 빠른 속도로 휴대전화를 채택하였다. 2001년 아프리카는 휴대전화가 유선전화보다 더 많은 지구상 최초의 지역이 되었다. 2001년과 2010년 사이에 휴대전화 가입자 수는 14배 증가했다. 아프리카는 사금융(informal banking), 송금과 소액거래에 휴대전화를 가장 많이 사용하는 지역이기도 하다.

* Ruttan(2001).

† Brezis, Krugman & Tsiddon(1993).

구만 생산했다. 그러나 똑같은 기계가 독일에서는 완벽하게 작동하고 있었다. 유사한 예로 1960년대에 커밍스 엔진(Cummins Engine)이라는 한 미국 회사는 일본과 인도에 똑같은 트럭 엔진을 생산하는 합작회사를 설립하였다. 일본의 공장은 품질이나 생산성 면에서 미국의 본사와 같은 수준에 재빨리 도달하였다. 이와는 대조적으로 인도의 공장은 미국 본사에 비해 비용은 3배나 많이 들면서 품질은 향상되지 않았다. 이들 경우에서 중요한 차이는 국가 간 물적 자본의 질이나 근로자들의 공식 교육수준의 차이가 아니라 주요 기술자들과 경영자들의 실질적인 경험의 차이였다.[15]

암묵적 지식의 존재는 기술이전을 복잡하게 한다. 암묵적 지식의 중요성에 대한 인

15) Polanyi(1962), Acemoglu and Zilibotti(2001).

식은 다른 현상을 이해하는 데도 도움이 된다. 첫째, 암묵적 지식은 기술이 선진국 간에 이전되는 것보다 선진국에서 개발도상국으로 이전되는 것을 더 어렵게 하는데 이는 암묵적 지식은 어떤 특정한 한 기술에만 국한된 것이라기보다 특정한 유형의 기술 모두에 대해 적용되는 것이기 때문이다. 둘째, 암묵적 지식이 중요하다면 어떤 한 기술이 개발도상국으로 성공적으로 이전되는 것의 외부효과는 매우 클 것이다. 이 과정에서 암묵적 지식이 축적되어 다른 기술의 이전도 쉬워질 것이기 때문이다. 이러한 외부효과는 한국이나 대만과 같은 나라들이 어떻게 몇십 년 만에 여러 기술 단계를 거쳐 진보하여 첨단기술을 따라잡을 수 있었는지를 설명해 줄 수 있다.

8.5 결론

이 장에서는 경제성장에서 기술진보의 역할에 대해 분석하였다. 기술의 발달은 똑같은 양의 요소투입으로 더 많은 양을 산출해 낼 수 있다는 것을 의미한다. 따라서 기술진보는 지속적인 경제성장의 열쇠를 쥐고 있다.

물적 자본과 인적 자본의 경우와 마찬가지로 신기술의 창조는 자원의 투자를 필요로 한다. 기술의 경우 이러한 투자를 연구개발(R&D)이라고 부른다.

기술의 두 가지 중요한 특징은 그것이 비경합적이라는 점과 또한 종종 배제성이 없다는 점이다. 비경합성은 어떤 기술을 한 사람이 사용하고 있어도 다른 사람이 그것을 동시에 사용하는 것이 가능하다는 의미이다. 비배제성은 기술을 만든 사람이 다른 사람들이 그 기술을 사용하지 못하게 하는 것이 어려운 경우가 매우 많다는 것이다. 이러한 두 가지 특징은 모두 기술이 어떤 물체이기보다 본질적으로 아이디어라는 점에 기인한다. 이런 점에서 기술은 물적 자본이나 인적 자본과 같은 생산요소와 근본적으로 다르다.

기술의 비경합성이 갖는 장점은 신기술을 사용하는 사람들이 모두 그 기술을 창조하는 노력을 들이지 않아도 된다는 것이다. 인적 자본도 이러한 성질이 있다면 친구에게 수학과목을 듣게 함으로써 수학을 배울 수도 있을 것이다. 기술의 비배제성이 갖는 단점은 신기술의 창조자가 그의 투자로부터 어떤 이득을 거두는 것이 어렵다는 것이다. 기술의 역사를 보면 발명가들이 자신의 투자에 대한 보상을 거두기 위해 그들이 창조한 지식이 다른 사람들에게 알려지는 것을 막기 위해 노력한 예를 얼마든지 찾을 수 있다.

우리는 왜 기술이 부유한 나라들 간에는 쉽게 이전되지만 부유한 나라에서 가난한 나라로는 쉽게 이전되지 않는지에 대해서도 알아보았다. 특정한 기술들이 부유한 나라에서 가난한 나라로 이전되지 않는 이유가 가난한 나라가 가지고 있는 생산요소로는 사용하기 적절한 기술이 아니거나 가난한 나라들은 그 기술이 제대로 작동하기 위해 필요한 암묵적 지식을 갖고 있지 않기 때문이라는 것을 알았다. 부유한 나라에서 가난한 나라로의 기술이전 문제는 대다수의 연구개발이 부유한 나라에서 일어나므로 매우 중요한 문제이다.

우리는 이 책에서 기술과 경제성장이 어떤 관계에 있는지에 대해 여러 번 다루게 될 것이다. 다음 장은 연구개발의 투입요소들이 어떻게 기술진보를 이루어 내는지를 말해 주는 기술생산함수에 대해 많은 부분을 할애할 것이다. 또한 기술진보의 속도에 관한 역사적인 자료를 보고 가용한 자료가 미래의 기술진보에 대해 무엇을 말해 주는지에 대해 알아볼 것이다. 제10장에서는 국가 간 생산성 격차의 어느 정도가 기술수준의 격차에 의해 설명되는지를 비롯해 기술과 생산성 간의 관계에 대해 보다 자세히 알아볼 것이다. 제4부에서는 성장의 '기본적(fundamental)'인 결정요인들에 대해 공부하고 몇 가지 특정한 요인들(문화, 지리, 정부)이 국경을 넘은 기술이전을 촉진하였는지 혹은 방해하였는지에 대해서도 살펴볼 것이다. 제16장에서는 천연자원의 제약이 어떻게 성장을 제한하는지를 보면서 기술진보가 그러한 문제를 해결하는 방법을 제시할 수 있는지 가늠해 볼 것이다.

핵심용어

경합적(rival) 생산요소

뛰어넘기(leapfrogging)

모방(imitation)

배제성(excludability)

비경합적(nonrival) 생산요소

암묵적 지식(tacit knowledge)

창조적 파괴(creative destruction)

체화된 기술진보(embodied technological progress)

특허(patent)

혁신(innovation)

복습문제

1. 경제성장의 원동력으로서 기술진보는 생산요소의 축적과 어떤 차이점이 있는가?

2. 기술진보의 비경합성은 무엇을 의미하는가? 기술의 비배제성이란 무엇인가?

3. 기업이 연구개발을 하기로 결정하는 데 영향을 미치는 요인에는 어떤 것들이 있

는가?

4. 특허란 무엇인가? 특허가 기업의 연구개발에 어떻게 유인으로 작용하는가?

5. 어떤 경제가 연구개발에 더 많은 자원을 사용하게 되면 단기적으로 어떤 효과가 있는가? 장기적 효과는 어떤 것들이 있는가?

6. 기술후발국에서 연구개발에 더 많은 자원을 사용하는 것의 효과는 기술선도국의 경우와 비교하여 어떻게 다른가? 왜 그러한 차이가 나타나는가?

7. 특유한 기술이나 암묵적 지식의 존재가 부유한 나라에서 가난한 나라로의 기술이전에 장애가 된다는 점을 어떻게 설명할 수 있는가?

연습문제

1. 다음의 각 재화에 대하여 그 재화가 경합적인지 비경합적인지 그리고 배제 가능한지 배제 가능하지 않은지를 말하라.
   a. 국방
   b. 과자
   c. 암호로 보호된 웹사이트(단, 암호를 알아낼 수는 없다고 한다.)
   d. 공공 광장의 한가운데 있는 나무에 열린 과일

2. 특허에 기인하는 독점가격은 종종 비판의 대상이 되는데, 특히 환자를 살릴 수 있는 처방약의 경우에 그러하다. 이 경우 특허법의 장점과 단점은 무엇인가? 어떤 대안을 생각해 볼 수 있는가? 그 대안의 장점과 단점은 무엇인가?

3. 8.3절의 1국가 모형에서 설명한 바와 같은 어떤 나라가 있다고 하자. 그 나라에서 γ_A가 일시적으로 상승한다고 할 때 근로자 1인당 산출량(y)과 생산성(A)의 시간경로를 그리고 이를 γ_A의 일시적 상승이 없었다고 할 때의 시간경로와 비교하라.

4. 8.3절의 기술과 성장에 관한 1국가 모형에서 $L=1$, $\mu=5$, $\gamma_A=0.5$라고 가정하자. (이 숫자들은 현실적이지는 않지만 계산이 간단하도록 정해진 것이다. 경제활동인구의 절반이 연구개발에 종사하는 나라가 있었던 적은 없다!) 근로자 1인당 산출량의 증가율을 계산하라. 이제 γ_A가 0.75로 상승한다고 하자. 근로자 1인당 산출량이 γ_A의 변화가 없었을 때의 수준에 이르기까지 몇 년의 시간이 필요한가? (주 : 이 문제를 풀기 위해 계산기나 컴퓨터를 사용하거나 제1장에서 본 성장률 계산법을 응용할 수 있다.)

5. 8.3절의 2국가 모형에서 $\gamma_{A,1} > \gamma_{A,2}$이고 두 나라는 모두 정상상태에 있다고 하자. 이제 국가 1에서 연구개발에 종사하는 경제활동인구의 비율이 높아진다고 할 때 국가

1과 국가 2의 성장률의 시간경로를 그려라.

6. 8.3절의 2국가 모형에서 $\gamma_{A,1} > \gamma_{A,2}$이고 두 나라는 모두 정상상태에 있다고 하자. 이제 국가 2에서 연구개발에 종사하는 경제활동인구의 비율이 높아져 $\gamma_{A,1} < \gamma_{A,2}$로 된다고 할 때 국가 1과 국가 2의 성장률의 시간경로를 그려라.

7. 8.3절의 2국가 모형에서 복제비용함수가 다음과 같이 주어진다고 하자.

$$\mu_c = \mu_i \left(\frac{A_1}{A_2} \right)^{-\beta}, \, 0 < \beta < 1$$

두 나라의 경제활동인구의 크기는 같다고 가정한다.

a. 정상상태에서 기술선도국과 기술후발국의 기술수준의 비율(즉, A_1/A_2)을 두 나라에서의 γ_A의 함수로 표시하라. 또한 이 값이 β에 어떻게 의존하는지를 보이고 무슨 일이 벌어지고 있는지 설명하라.

b. $\beta = 0.5$, $\mu_i = 10$, $\gamma_{A,1} = 0.2$, $\gamma_{A,2} = 0.1$이라고 가정하자. 정상상태에서 국가 1과 국가 2의 기술수준의 비의 값을 구하라.

온라인 데이터 플로터(Data Plotter)와 데이터를 이용해서 실습하려면
http://www.pearsonhighered.com/weil을 방문하라.

솔로우 모형에 기술진보를 도입하기

콥-더글라스 생산함수를 사용한 솔로우 모형으로부터 출발하자. 생산함수는

$$Y = AK^{\alpha}L^{1-\alpha}$$

이고, Y는 산출량, K는 물적 자본, L은 노동투입량, A는 생산성의 척도이다. 제3장에서는 A가 고정된 값을 갖는다고 가정하였다. 이제 우리는 A가 시간에 따라 증가하는 경우에 어떤 일이 벌어지는지를 알아보려고 한다. 어떤 변수의 성장률은 hat(^)을 사용하여 표시하므로 A의 성장률은 $\hat{A}$이다.

생산성의 척도(A)를 다음과 같이 변형하고 새로운 변수 e를 정의하여 사용하면 편리하다.

$$e = A^{1/(1-\alpha)}, \text{ 혹은 이를 변형하여 } e^{1-\alpha} = A$$

이제 생산함수는 다음과 같이 쓸 수 있다.

$$Y = e^{1-\alpha}K^{\alpha}L^{1-\alpha} = K^{\alpha}(eL)^{1-\alpha}$$

이와 같이 변형된 생산함수에서 기술수준과 관계있는 변수 e는 이제 근로자 1인당 **효율성**을 측정하는 것으로 볼 수 있다. 즉, e가 증가하는 것이나 L이 증가하는 것은 총산출량에 대해서 똑같은 효과를 갖는다. 두 변수의 곱 eL은 효율단위로 표시한 노동투입량이다.

　　제3장에서 우리는 생산함수의 양변을 L로 나누어 산출량과 자본을 근로자 1인당의
양으로 표시하였다. 이제는 생산함수의 양변을 eL로 나누어 산출량과 자본을 효율단
위 노동투입당의 양으로 표시하기로 한다. 다음과 같이 정의하자.

$$효율단위\ 노동투입당\ 산출량 = y = Y/eL$$
$$효율단위\ 노동투입당\ 자본량 = k = K/eL$$

이제 생산함수는 다음과 같이 된다.

$$y = k^{\alpha}$$

　　시간에 따른 자본량의 변화에 관한 식을 도출하기 위해 효율단위 노동투입당 자본량
의 정의를 시간에 대해 미분한다. (시간에 대한 미분값은 변수의 위에 점을 찍어 표시
하기로 한 것을 떠올리자.)

$$\dot{k} = \frac{d\left(\frac{K}{eL}\right)}{dt} = \frac{\dot{K}eL - \dot{L}Ke - \dot{e}KL}{(eL)^2} = \frac{\dot{K}}{eL} - \frac{\dot{L}}{L}\left(\frac{K}{eL}\right) - \frac{\dot{e}}{e}\left(\frac{K}{eL}\right) = \frac{\dot{K}}{eL} - (\hat{L} + \hat{e})k$$

이 식에 총자본량의 변화를 나타내는 미분방정식

$$\dot{K} = \gamma Y - \delta K$$

을 대입한다. 여기서 γ는 자본투자에 사용되는 총산출량의 비율이고 δ는 감가상각률
이다. 경제활동인구의 증가율($\hat{L}$)이 0이라고 가정하면

$$\dot{k} = \gamma y - (\hat{e} + \delta)k = \gamma k^{\alpha} - (\hat{e} + \delta)k \qquad (8A.1)$$

가 도출된다.

　　이 식을 직관적으로 해석해 보면 제4장의 솔로우 모형에서 인구증가율에 해당하는
것이 근로자 효율성의 증가율인 $\hat{e}$이다. $\hat{e}$이 큰 값이면 효율단위 노동투입당 자본량을
희석하는 역할을 한다.

정상상태

우리가 제3장과 제4장에서 한 것과 똑같은 방법으로 모형의 정상상태를 분석할 수 있
다. 특히 〈그림 3.4〉와 같은 그림을 그려서 정상상태에서 효율단위 노동투입당 자본량

을 보여 줄 수 있다. 또한 효율단위 노동투입당 자본량의 성장률을 0으로 놓고(즉, $\dot{k}=0$ 으로 놓고) 정상상태를 산술적으로 구할 수도 있다.

$$0 = \gamma k_{ss}^{\alpha} - (\hat{e} + \delta)k_{ss}$$

이 식을 k_{ss}에 대해 풀면

$$k_{ss} = \left(\frac{\gamma}{\hat{e} + \delta}\right)^{1/(1-\alpha)}$$

이다. 정상상태에서의 효율단위 노동투입당 산출량을 구하면 다음과 같다.

$$y_{ss} = k_{ss}^{\alpha} = \left(\frac{\gamma}{\hat{e} + \delta}\right)^{\alpha/(1-\alpha)} \tag{8A.2}$$

정상상태에서는 효율단위 노동투입당 산출량(y)이 변하지 않는다. 총산출량은 어떤 가? 이 물음에 답하기 위해 y의 정의를

$$y = Y/(eL)$$

로 쓰고 이 식의 양변에 로그를 취한 후 시간에 대해 미분하면

$$\hat{y} = \hat{Y} - \hat{e} - \hat{L}$$

이 된다. 경제활동인구는 변하지 않는다고 가정하였으므로 이 식은

$$\hat{Y} = \hat{y} + \hat{e}$$

를 의미한다. 마지막으로 정상상태에서는 $\hat{y}=0$이므로

$$\hat{Y} = \hat{e}$$

가 성립한다. 다시 말해, 총산출량은 e와 같은 속도로 증가한다는 것이다. 우리는 이 식을 원래의 생산성 척도인 A에 관한 식으로 바꾸어 쓸 수 있다. 먼저 e의 정의식에서 양변에 로그를 취한 후 시간에 대하여 미분하면

$$\hat{e} = \left(\frac{1}{1-\alpha}\right)\hat{A}$$

가 되고 따라서 총산출량의 증가율은 다음과 같다.

$$\hat{Y} = \left(\frac{1}{1-\alpha}\right)\hat{A}$$

기술수준 증가율 변화의 효과

식 (8A.2)는 정상상태에서의 효율단위 노동투입당 산출량을 보여 주는데 기술수준의 증가율에 해당하는 $\hat{e}$가 높아지면 정상상태에서의 효율단위 노동투입당 산출량 수준은 감소한다. 기술진보가 가속화되면 산출량이 증가할 것이라고 기대되므로 이 결과는 다소 의외이다. 그러나 기술진보의 속도가 빨라질 때 효율단위 노동투입당 산출량의 수준은 낮아지지만 근로자 1인당 산출량 수준은 높아진다는 점을 확인하면 의문이 해결된다. 이는 기술진보가 가속화되면서 근로자의 효율성, 즉 $\hat{e}$가 높아지기 때문이다.

앞에서 우리는

$$\hat{Y} = \hat{y} + \hat{e}$$

을 도출한 바 있는데 이 식은 총산출량의 증가율은 효율단위 노동투입당 산출량의 증가율과 근로자 효율성의 증가율을 더한 것과 같다는 의미이다. 정상상태에서 $\hat{y}$은 0이다. 이제 정상상태에 있는 어떤 경제에서 기술진보의 속도인 $\hat{e}$가 상승한다고 하자. 총산출량의 증가율에 대해 두 가지 힘이 작용할 것이다. 한 가지는 $\hat{e}$가 상승했다는 것이고 다른 한 가지는 효율단위 노동투입당 산출량의 정상상태수준이 감소하였으므로 $\hat{y}$가 0에서 음수로 바뀐다는 것이다. 이 두 가지 효과 중 어느 것이 더 클까?

이 물음에 답하기 위해 식 (8A.1)의 양변을 k로 나누면 다음과 같이 된다.

$$\hat{k} = \frac{\dot{k}}{k} = \gamma k^{\alpha-1} - (\hat{e} + \delta)$$

정상상태에서는 $\hat{k}$이 0이다. $\hat{e}$의 증가분을 $\Delta \hat{e}$이라고 하자. 위 식의 우변은 $\hat{e}$가 상승하기 전에는 0이었으므로 우리는 다음과 같은 관계를 얻는다.

$$\hat{k} = -\Delta \hat{e}$$

$\hat{y}$와 $\hat{k}$ 간의 관계는 효율단위 노동투입당으로 표시한 생산함수를 양변에 로그를 취한 후 시간에 미분함으로써 얻을 수 있다.

$$\hat{y} = \alpha \hat{k}$$

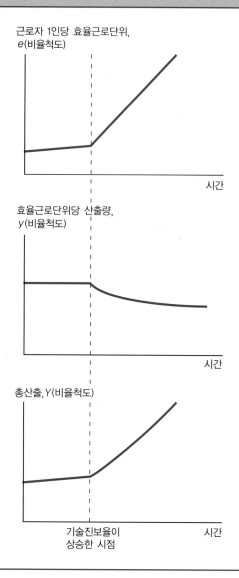

그림 8.8
기술진보율 상승의 효과

앞의 두 식을 결합하면

$$\hat{y} = -\alpha \Delta \hat{e}$$

이 된다. 따라서 총산출량의 증가율은 다음과 같다.

$$\hat{Y} = \hat{y} + \hat{e} + \Delta \hat{e} = \hat{e} + (1-\alpha)\Delta \hat{e}$$

기술진보율이 $\Delta\hat{e}$만큼 상승하면 총산출량의 증가율은 즉시 $(1-\alpha)\Delta\hat{e}$만큼 상승한다. 그러나 시간이 흐르면서 경제가 새로운 정상상태로 다가감에 따라 y는 감소하고 $\hat{y}$은 0에 가까워지게 된다. 새로운 정상상태에서는 총산출량의 증가율이 이전의 정상상태에 비해 $\Delta\hat{e}$만큼 높다.

〈그림 8.8〉은 이러한 결과들을 모두 보여 준다. 그림에는 정상상태에서 출발하여 $\hat{e}$이 상승을 경험하는 한 나라에 대하여 e, y, Y의 시간경로들이 표시되어 있다. (그림에서 각각의 세로축은 비율단위를 사용하므로 일정한 속도로 증가하는 변수의 시간경로는 직선으로 나타난다.)

제 9 장

기술의 최첨단

'기술의 최첨단'이라는 표현은 방금 개발되어 생산에 투입되는 새로운 기술을 말한다. 최첨단 기술은 효과가 보장되지는 않았지만 생산성을 제고할 수 있는 크나큰 가능성을 담고 있다. 오늘날 최첨단 기술의 예로는 퀀텀컴퓨팅, 유전자 치료, 슈퍼 커패시터 등이 있다.

> 나는 영화가 우리의 교육체계를 혁명적으로 바꾸어 놓게 될 운명이라고 믿는다. 그리고 수년 내에 전부는 아니라고 하더라도 대부분의 교과서를 대체할 것이라고 믿는다.
> —토마스 에디슨, 1922[1]

첨단기술의 한 특징은 첨단기술로 머물러 있는 시간이 그리 길지 않다는 것이다. 시간이 지나면 첨단기술이 보통의 기술로 되고 심지어는 시대에 뒤떨어진 기술이 되기도 한다. 자동차, 냉장고, 전등, 수세식 변기 등 우리가 지금은 당연하게 받아들이고 있는 문명의 이기들도 처음에 나왔을 때는 당시로서는 혁명적인 발명품들이었다. 한때 첨단기술이었던 것들이 이제는 낡아빠져 더 이상 쓰이지도 않는다. 몇 가지만 예를 들어본다면 활자가 그렇고 증기기관이나 전보, 자동 피아노 등이 그러하다.

기술진보는 오늘날 우리가 선진국에서 볼 수 있는 높은 생활수준을 누리는 것이 가능하게 하였다. 물론 부유한 나라가 부유하게 되는 데는 기술만 필요한 것은 아니다. 만약 그랬다면 오늘날 가난한 나라는 없을 것이다. 그럼에도 불구하고 기술은 필수적인 요소이다. 19세기의 기술을 사용하면서 21세기의 생활수준을 누리는 나라를 상상해 보기는 어렵다.

우리가 당연하게 여기는 것은 현재의 생활수준을 가능하게 한 기술진보만은 아니다.

---

1) Cuban(1986)에서 재인용.

기술이 변화하는 과정 그 자체, 즉 첨단기술이라는 것이 있고 또한 그것이 항상 변하고 있다는 사실도 당연하게 여겨진다. 하지만 기술이 이렇게 빠른 속도로 변한 것은 역사적으로 볼 때 유래가 없던 일이다. 고도의 기술진보는 불과 250년 전부터 가장 앞선 나라들에서만 시작되었을 뿐이다. 그 전에는 기술진보가 느리고 간헐적으로 일어났다. 고도의 기술진보가 일어나는 현대에도 진보의 파도는 때때로 기술변화의 속도가 늦춰지는 시기와 번갈아 밀려왔다.

이 장에서 우리는 기술변화의 과정에 대해 살펴본다. 국가 간 기술수준의 격차를 살펴보았던 제8장과는 대조적으로 이 장에서는 가장 진보한 나라들에서의 기술, 즉 첨단기술만을 살펴볼 것이다. 기술이 진보하는 속도와 함께 그러한 기술진보를 결정하는 요인들이 주요 관심사다. 성장회계를 통해 어떻게 기술진보의 시간에 따른 변화에 관한 정보를 얻을 수 있는지를 알아볼 것이다. 기술진보의 원천에 대해서는 새로운 기술에 투입되는 요소들(연구자의 수 등)과 기술수준의 증가율에 관한 자료를 검토하면서 양자를 연관시켜 주는 '기술생산함수'에 관해서 어떤 것을 배울 수 있는지 살펴볼 것이다.

이 장의 마지막 부분에서는 미래의 기술진보가 어떤 모습일지에 대해 생각해 볼 것이다. 우리는 대개 기술진보가 미래에도 현재와 같은 속도로 이루어질 것이라고 가정하지만 어떤 비관적인 경제학자들은 그런 확신을 가지고 있지 못하다. 새로운 아이디어가 고갈되어 가면서 새로운 발명을 해내는 것이 점점 더 어려워질 것인가에 대해 탐구해 볼 것이다. 또한 경제의 어떤 부문에서는 기술진보가 급속하게 일어나지만 다른 부문에서는 기술적으로 정체되어 있다는 사실이 미래에 어떤 문제를 초래하게 될 것인가라는 물음도 던져볼 것이다.

9.1 기술진보의 속도

기술진보의 속도에 대한 감을 얻기 위해 어떤 특정한 혁명적 발명을 떠올리고 그것이 만들어진 당시에 대해 생각해 볼 수 있다. 물론 이런 접근법은 여러 가지 문제를 야기할 수 있다. 예를 들어, 하나의 발명이 갖는 중요도를 어떻게 다른 발명과 비교하여 판단할 것인가? 그럼에도 불구하고, '기술진보의 이정표'에 나열된 중대한 발명들을 보더라도 이러한 발명들이 지난 몇 세기에 집중되어 있다는 것을 알 수 있다.

기술진보에 대한 또 하나의 접근법은 제7장에서 배운 기법을 응용하는 것이다. 거기서 우리는 요소축적에 관한 자료를 사용하여 성장회계 분석을 하였는데, 그 결과 시간이 지나면서 생산성이 변한다는 것을 알았다. 우리가 얻은 결론은 대부분의 생산성 변화가 기술의 진보와 관련되어 있다는 것이었다. 이 절에서는 성장회계기법을 세 번의 역사적 시기에 각각 적용해 보기로 한다.

18세기 이전의 기술진보

지난 수세기 동안의 경제성장에 대해 고찰해 보기 위해 우선 가장 먼 과거의 경험을 살펴보자. 우리는 유럽의 경험에 초점을 두고 볼 것인데 그것은 가장 좋은 자료가 남아 있기도 하고 또한 1700년경 세계의 기술적 선도자가 된 곳이 유럽이기 때문이다.

이처럼 오래 전의 시기에 대해 성장회계기법을 적용하려면 많은 문제에 봉착한다. 우선 남아 있는 자료가 그리 많지 않다. 물적 자본과 인적 자본의 축적에 관한 자료가 전무하고 인구와 1인당 소득에 관한 자료도 정확하지 않은 추계만 있을 뿐이다. 따라서 우리가 얻는 결과는 대략의 근사값이라고 봐야 한다.

이러한 역사적 자료에 대한 성장회계분석의 두 번째 문제는 우리가 제3장에서 논의했던 산업화되기 전의 경제에서 생산요소로서의 토지의 중요성에 관련된 것이다. 우리가 제7장에서 성장회계분석을 할 때처럼 토지의 역할을 무시하는 것은 대부분의 사람들이 농부였고 대부분의 부가 토지의 형태로 보유되었던 시대를 연구하는 데 적절한 방법이 못된다.

이러한 문제를 감안하여 우리는 노동(L)과 토지(X)가 생산요소인 생산함수를 고려한다.

$$Y = AX^{\beta}L^{1-\beta}$$

위 식은 우리가 앞에서 사용하였던 것과 같은 형태의 콥-더글라스 생산함수이다. 멱지수 β는 국민소득 중 토지의 소유자에게 돌아가는 소득의 비율과 같다. 앞에서와 마찬가지로 Y는 산출량을, A는 생산성을 나타낸다.

생산함수의 양변을 L로 나누면 다음과 같이 근로자 1인당 산출량(y)을 나타내는 식을 얻을 수 있다.

$$y = A\left(\frac{X}{L}\right)^{\beta} \tag{9.1}$$

식 (9.1)을 제7장과 같은 과정을 거쳐 다음과 같이 증가율로 나타낸 식을 얻을 수 있다.[2]

---

2) 수학 주 : 식 (9.1)에 로그를 취하면 다음과 같이 되고

기술진보의 몇 가지 이정표

- 식량 생산(기원전 8500) : 채집과 사냥으로부터 작물을 심고 가축을 기르는 것으로의 변화는 인구밀도를 높이고 더 복잡한 문명이 일어나는 것을 가능하게 하였다.
- 바퀴(기원전 3400) : 흑해 지역에서 발명된 바퀴는 몇 세기만에 유럽과 아시아로 전파되었다. 유럽인들이 오기 전의 멕시코에서도 바퀴는 존재하였으나 실용적으로 쓰이지는 않았다.
- 문자 : 기원전 3000년경 메소포타미아에서 발명되었는데, 중미지역에서도 문자가 기원전 600년 이전에 독립적으로 발명되었다.
- 패드를 댄 말 어깨줄 : 중국에서 기원전 250년경 발명되었고, 유럽에서도 9세기에 독립적으로 발명되었다. 말 어깨에 대는 줄에 패드를 더함으로써 말이 질식하지 않고 무거운 짐을 끌 수 있게 하여 동물의 힘을 훨씬 더 효율적으로 사용할 수 있게 되었다.
- 기계적인 시계(1275년경) : 시계의 광범위한 보급은 사람들의 행동에 서로 보조를 맞추는 것을 가능하게 하여 경제활동의 조직에 큰 변혁을 가져왔다.
- 활자(1435) : 요하네스 구텐베르크(Johannes Gutenberg)가 활자를 발명하기 이전에는 책을 인쇄기에서 찍어내는 것이 실용적이지 않았다. 활

자의 발명이 있은 직후 50년간 유럽에서 찍어낸 책은 그 이전의 1,000년 동안 찍어낸 책보다 많았으며, 그로 인해 광범위한 경제적·사회적 변화가 촉발되었다. 활자는 중국에서도 600년 가량 앞서 발명되었으나 그러한 영향력은 없었다.
- 증기기관(1768) : 화학에너지를 운동에너지로 전환시켜 주는 최초의 실용적 방법이었다.
- 섬유 산업(18세기 후반) : 일련의 발명을 통해 면사 면직물의 생산이 기계화되었고, 면직물 산업은 산업혁명의 으뜸 산업이었다. 면직물의 가격은 1780년과 1850년 사이에 85% 하락하였다.
- 전기의 보급(19세기 말) : 이는 하나의 발명이 아닌 발전기(1870), 전구(1879), 변압기(1885), 교류전기모터(1889) 등 일련의 발명에 의한 것이었는데, 이러한 기기들은 에너지의 전달과 사용에 대변혁을 가져왔다.
- 자동차의 대량생산(1908) : 헨리 포드는 자동차를 발명한 것은 아니지만 디자인을 표준화하고 생산의 합리화를 통해 자동차의 가격을 평균적인 가계가 부담할 수 있는 수준으로 끌어내렸다.
- 트랜지스터(1947) : 이 조그만 전자 스위치는 현대의 컴퓨터와 통신에 기초가 되었다.
- ARPANET(1969) : 인터넷의 전신인 이 네트워크는 미국의 국방성이 만든 것이다. 처음에는 4개의 대

$$\hat{y} = \hat{A} + \beta\hat{X} - \beta\hat{L} \tag{9.2}$$

식 (9.2)에서 hat(ˆ)은 변수의 연간 증가율을 나타낸다. 크기가 일정한 지역을 가정할 때 토지의 양은 변하지 않는다($\hat{X} = 0$). 이 가정을 반영하여 식 (9.2)에서 나머지 항들을

$$\ln(y) = \ln(A) + \beta\ln(X) - \beta\ln(L)$$

이를 다시 시간에 대해 미분하면 식 (9.2)를 얻는다.

용량 컴퓨터를 연결한 것이었다. 10년 후 이 네트워크에는 188개의 대용량 컴퓨터가 연결되어 있었고, 2011년에는 8억 4,900만 개의 인터넷 서버가 있었다.

● 폴리머라제 연쇄반응(1985) : 이는 DNA 조각을 급속하게 재생산하는 기술로서, 유전공학의 핵심기술이다.

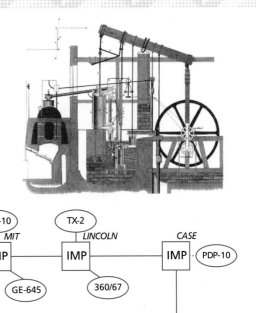

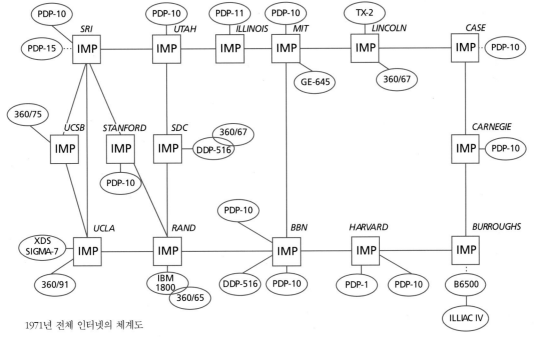

1971년 전체 인터넷의 체계도

다시 정리하면 다음과 같이 된다.

$$\hat{A}=\hat{y}+\beta\hat{L} \tag{9.3}$$

생산성의 증가율 $\hat{A}$을 계산하기 위해서는 1인당 소득과 인구의 성장률에 관한 자료가 필요하다.

계산과정의 마지막 조각은 생산함수에서 토지투입량의 멱지수인 β의 측정값이다. 산업화 이전의 경제에서는 지주에게 귀속되는 국민소득이 약 1/3이라는 자료에 근거하

> **표 9.1**

유럽의 성장회계분석, 서기 500~1700년			
기간	연평균 1인당 소득성장률, $\hat{y}$	연평균 인구성장률, $\hat{L}$	연평균 생산성 증가율, $\hat{A}$
500~1500년	0.0%	0.1%	0.033%
1500~1700년	0.1%	0.2%	0.166%

여 $\beta=1/3$을 사용하기로 하자.[3] 〈표 9.1〉은 두 기간에 대한 계산결과를 보여 주고 있다. 첫 번째 기간은 서기 500년부터 1500년 사이의 시기인데 유럽의 1인당 소득은 이 기간 동안 전혀 증가하지 않았다. 제4장에서 보았듯이 인구에 관한 맬서스 모형은 1인당 소득이 대략 일정하다는 결론을 제시하는데 이 기간 동안의 유럽에 대해 잘 적용된다. 이 기간 동안 인구는 매년 0.1% 성장하였다. 표에 의하면 생산성 증가율은 매년 0.033%였다. 이 계산 결과는 천년 동안 A의 값이 겨우 1.39배로 되었다는 것을 의미한다. 달리 말하면, 일정한 양의 토지와 노동을 투입한다고 할 때 1500년의 산출량은 500년의 산출량에 비해 39% 더 많을 것이라는 것이다.

두 번째 기간(1500~1700년)에서는 유럽의 경제성장이 빨라졌다. 천년 동안 정체되었던 소득이 연간 0.1%로 증가하였고 인구증가율도 연간 0.2%로 높아졌다. 생산성 증가율은 연간 0.166%로 이전의 천년 동안에 비해 5배가 되었다. 하지만 이 시기의 생산성 증가율도 오늘날에 비하면 매우 낮은 것이다. 예를 들어 제7장에서 본 바에 의하면 1975~2009년의 기간 중 미국의 생산성 증가율은 연간 0.54%였던 것이다.

산업혁명

기술진보의 역사에 있어서 가장 중요한 전환점은 영국에서는 1760년에서 1830년 사이에 유럽대륙과 북미대륙에서는 이보다 조금 늦게 일어난 **산업혁명**(Industrial Revolution)이었다. 산업혁명은 많은 산업분야에서 급속한 기술혁신이 일어난 시기였다. 가장 중요한 변화는 기업들이 생산을 기계화하여 숙련공들 대신에 기계가 더 빠른 속도로 피곤한 줄도 모르고 계속할 수 있게 된 것이었다. 변화가 일어난 가장 중요한 세 가지 영역은 다음과 같다.

● 섬유 : 섬유, 특히 면직물의 생산에서 일어난 혁신들이야말로 산업혁명의 가장 중요한 작품이었다. 일련의 새로운 발명들이 제사, 직조, 염색의 과정에 대변혁을

---

3) Kremer(1993).

가져왔다. 예를 들어 한 근로자가 1파운드의 솜을 자아 실을 만드는 데 필요한 시간이 500시간에서 불과 3시간으로 단축되었다. 영국의 면직물 생산량은 1770년과 1841년 사이에 125배로 늘어났고 가격은 폭락했다.[4] 그 결과 속옷을 입는 것이 처음으로 일반화되었다.

- 에너지 : 수천 년 동안 운동 에너지는 바람, 물, 동물이나 인간의 근력을 통해서만 얻을 수 있었다. 연료를 태워 얻은 수증기의 힘으로 피스톤을 추진하는 증기기관은 과거와의 혁명적 단절을 가져왔다. 증기기관을 이용함으로써 석탄매장량에 들어 있는 엄청난 양의 화학 에너지로부터 운동 에너지를 얻을 수 있게 되었다. (당시 이 석탄은 이미 난방연료로 사용되고 있었다.) 1750년에서 1850년 사이에 영국의 석탄생산량은 10배로 늘어났다.[5] 증기기관은 교통수단에도 커다란 변화를 가져왔는데 1807년 로버트 풀턴(Robert Fulton)의 증기선으로부터 시작하여 나중에는 철도로 확산되었다. (최초의 증기철도는 1825년에 개통되었다.)

- 야금술 : 철의 제련에 쓰이는 연료가 나무에서 석탄으로 광범위하게 대체되고 몇 가지 중요한 기술적 혁신이 일어나면서 철의 생산비용이 극적으로 감소하였다. 그에 따른 산출량의 증가는 〈그림 9.1〉에서 보는 바와 같다. 이전의 200년 동안 변화가 없던 철의 생산량이 1760년에는 34,000톤에서 1830년에는 680,000톤으로

▶ **그림 9.1**

영국의 철생산, 1600~1870년

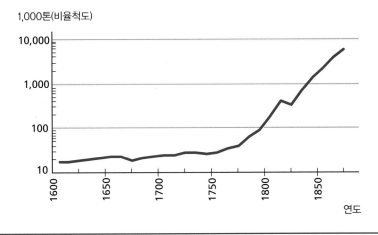

자료 : Riden(1977).

4) Harley(1993).
5) Pollard(1980).

1870년에는 5,960,000톤으로 증가하였다. 1825년에는 전 세계 인구의 2%에 불과한 영국에서 전 세계 철의 절반을 생산하기에 이른다.[6] 이렇게 생산된 철은 건물, 교량, 철도의 건설에 쓰였다.

이러한 생산기술의 변화와 함께 경제구조의 전반적인 변화도 함께 이루어졌다. 1760년에서 1831년 사이에 영국에서는 농업, 임업, 수산업에 종사하는 인구의 비율이 48%에서 25%로 약 절반가량 줄어들었고 제조업과 광업에 종사하는 인구의 비율은 22%에서 41%로 증가하였다.[7] 1700~1850년 기간 중에 영국의 도시인구의 비율은 1/6에서 1/2로 증가하였다. 전국적으로 더욱 통합된 영국 경제는 식량, 원료, 완제품의 운송을 필요로 하였고 이를 위해 1760~1835년 기간 중 약 4천 km의 운하가 건설되었다.

산업혁명은 영국의 경제성장에 어떤 영향을 끼쳤을까? 〈그림 9.2〉는 1760~1913년 기간 중 영국의 1인당 GDP 성장률과 생산성 증가율에 대한 자료를 보여 준다.[8] 그림에서 두드러진 점은 산업혁명이 기술적 대변혁에도 불구하고 경제성장의 속도는 현대의 기준에 비해 매우 느렸다는 것이다. 영국이 정치 경제적으로 세계의 지배적인 위치

▶ **그림 9.2**
영국의 산출량과 생산성 증가, 1760~1913년

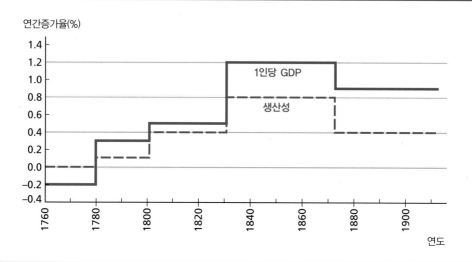

자료 : Crafts(1996).

---

6) Riden(1977); Bairoch(1988), p. 245.

7) Stokey(2001).

8) Crafts(1996).

에 오른 1801~1831년 기간 중 1인당 GDP 성장률은 연간 0.5%에 그쳤으며 생산성 증가율도 연간 0.4%에 불과하였는데 이러한 성장률은 오늘날의 기준으로 본다면 참담한 수준이다.

〈그림 9.2〉에서 또 한 가지 분명한 점은 생산성과 산출량의 증가가 1830년 산업혁명 막바지에 이르러서도 느려지거나 멈추지 않았다는 것이다. 19세기 후반에는 분산된 가내수공업을 밀어내고 공장의 대량생산이 자리를 잡았다. 경제사학자들은 1860~1900년 시기에 화학, 전기, 강철 등의 산업에서 일어난 혁신을 '제2차 산업혁명(Second Industrial Revolution)'이라 부른다.

위의 두 가지 관찰결과는 첫째로 산업혁명 기간 중 성장이 특별히 빠른 것은 아니었으며 둘째로 산업혁명 기간이 끝난 후 성장이 둔화되지 않았다는 것으로 요약된다. 그렇다면 이 시기의 무엇이 그렇게 혁명적인가? 두 가지로 답할 수 있다. 첫째, 산업혁명 기간 중 새로 도입된 기술은 실로 혁명적인 것이었으나 당시에는 몇몇 산업에 국한되어 있었기 때문에 경제성장에 미치는 즉각적인 영향력은 적었다. 더 중요한 것은 산업혁명이 하나의 시작이었다는 점이다. 급속한 기술변화, 낡은 생산 공정의 교체, 새로운 재화의 지속적인 도입 등 오늘날 우리가 당연한 것으로 여기는 이 모든 과정이 산업혁명 시기에 시작된 것이다. 당시의 실제 성장률은 되돌아보면 그리 혁명적인 것으로 보이지 않지만 그때 시작된 지속적 성장의 양태는 그 이전과 비교해 볼 때 실로 혁명적인 것이었다.[9]

산업혁명 이후의 기술진보

〈그림 9.3〉은 1870~2007년 기간 중 미국의 1인당 GDP와 생산성의 증가율을 보여 준다. 이 기간 중 미국은 영국을 제치고 세계에서 가장 부유하고 기술적으로 앞선 나라가 되었다(그림 1.5 참조).[10]

〈그림 9.3〉에서 두드러진 점은 1890~1971년 기간 동안 계속된 총요소생산성의 높은 증가율이다. 인간의 일생과 거의 맞먹는 길이의 기간 동안 일어난 이러한 괄목할 만한 성장으로 대부분의 선진국에서 일상생활은 이전의 어느 시기보다 더 극적인 변화를 맞이하였다. 가장 중요한 변화로 꼽히는 것들은 전등, 냉장고, 에어컨, 전화, 자동차, 항공여행, 라디오, 텔레비전, 실내 배관 등이다. 이러한 기술들 중 많은 것들은 19세기 말 이전에 발명되었지만 경제 전체로 널리 퍼지는 **확산**(diffusion)과정에 수십 년

---

9) Mokyr(1990), Chapter 5.
10) Gordon(1999, 2000).

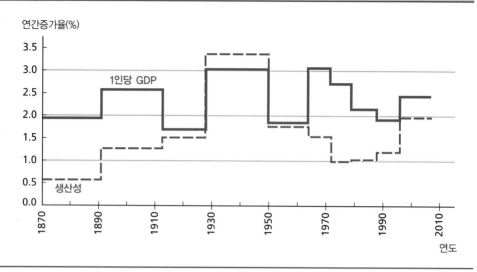

그림 9.3

미국의 산출량과 생산성 증가, 1870~2007년

자료 : Gordon(1999, 2000)

이 필요하였다. 한 예로 전구는 1879년에 발명되었지만, 1899년까지 미국에서 전등을 사용한 가구는 3%에 불과하였고 30년이 지난 1929년이 되어서야 이 기술의 혜택을 누리는 가구가 70%에 이르렀다.[11]

〈그림 9.3〉에서 보이는 두 번째 동향은 1970년대 초반부터 시작되는 생산성 증가의 급격한 둔화이다. 연평균 생산성 증가율이 1890~1971년 기간 중 1.99%이던 것이 1972~1995년 기간에는 1.06%로 떨어졌다. 이러한 **생산성 둔화**(productivity slowdown)는 미국을 비롯한 모든 선진국에서 나타났는데 제2차 세계대전 이후의 기간에서 가장 이해하기 어려운 현상 중 하나이다. 많은 사람들은 생활수준의 향상에 많은 기여를 한 급속한 기술진보가 갑자기 끝나는 것이 아닌가 하고 두려워했다. 생산성 증가율의 변화는 시간이 흐르면서 축적되어 생활수준에 엄청난 영향을 끼칠 수 있는 것이다.

생산성 둔화의 원인은 무엇일까? 이 현상을 설명하자면 제2장의 요점을 기억해 두는 것이 중요하다. 생산성은 기술과 똑같은 것은 아니다. 장기적으로는 생산성 향상의 대부분이 기술진보로부터 오는 것이지만 특정 시기의 생산성 변화는 기술의 변화보다도 경제구성의 변화, 즉 우리가 **효율성**이라고 부르는 것의 변화로부터 오는 것이 더 많다.

---

11) David(1991a), Gordon(2000).

따라서 1970년대와 1980년대의 생산성 둔화가 반드시 기술의 증가율이 변화했다는 것을 의미하는 것은 아니다. 실제로 생산성 둔화의 시기에 미국 경제의 효율성이 낮아졌다고 볼 수 있는 이유는 충분하다. 1973년과 1979년에 유가가 큰 폭으로 상승하여 모든 산업국가들의 경제는 일대 혼란에 빠져들었다. 생산성 둔화가 가장 큰 폭으로 일어난 산업은 자동차나 전력산업 등 에너지의 생산과 사용에 관련된 산업이었다.[12] 1974년과 1981~1983년 시기의 두 차례에 걸친 대규모 불황으로 자본의 큰 부분이 놀려지고 있었다. 이 시기에 인플레이션과 실업 모두 제2차 세계대전 이후 최고치에 이르렀다. 생산성에 관한 이러한 자료는 생산의 효율성이 저하하여 기술진보의 효과를 상쇄한 결과라고 해석될 수 있나.

〈그림 9.3〉에서 마지막으로 두드러진 점은 1990년대 중반부터는 또 다른 추세 변화가 나타난다는 것이다. 1995년과 2007년 사이의 생산성 증가율은 연평균 1.95%로 1890년과 1971년 사이의 생산성 증가율과 거의 같다. 이러한 표면적 변화가 불과 몇 해의 관찰에 근거하고 있는 것이지만 벌써 이에 관한 많은 논의가 촉발되었다. 어떤 경제학자들은 이 자료로부터 컴퓨터와 통신을 주축으로 한 정보기술에 기반을 둔 '제3차 산업혁명(Third Industrial Revolution)'의 시작을 보기도 한다. 그러나 회의론자들은 정보산업에서의 기술진보가 놀랄 만하기는 하지만 이 산업들 자체가 경제의 큰 부분을 차지하는 것은 아니라는 점을 지적한다. 정보기술이 정말로 경제의 다른 부분들을 변모시키고 이전의 기술진보에서처럼 생산성에 큰 영향을 끼칠 것인지는 더 두고 보아야 하겠다.

9.2 기술생산함수

전구, 축음기와 영화를 발명한 토머스 에디슨(Thomas Edison)은 "천재성은 1%의 영감과 99%의 땀으로 이루어진다."고 하였다. 에디슨과 같이 위대한 발명가가 그러할진대 대부분의 연구개발에 종사하는 남녀에게는 더 그러할 것이다. 즉, 기술진보는 저절로 일어나는 것이 아니라 계획적인 노력의 결과라는 것이다.

제2장에서 처음 투입(생산요소)을 산출량과 연관시키는 생산함수의 개념을 도입하였다. 이 절의 목표는 **기술생산함수**(technology production function)라는 유사한 개념에 대해 생각해 보는 것이다.[13] 기술생산함수에서 산출물은 새로운 기술이고 투입은

---

12) Nordhaus(2004).
13) 이 개념은 Jones(1995)에 따른 것이다.

범용기술

기술진보는 어떻게 진행되는가? 일정한 흐름을 갖는가 아니면 파도처럼 시차를 두고 밀려오는가? 최근에 기술의 변화에 대해 연구한 경제학자들은 후자의 시각에 무게를 두고 있다. **범용기술**(general-purpose technology)이라 불리는, 경제의 전반적 성격을 바꾸어 버릴 정도로 중대한 기술혁신들이 따로 있다는 것이다. 이러한 기술로 증기기관, 전기, 철도 등이 있는데, 이들은 두 가지 중요한 특성을 지닌다. 첫째로 이들은 경제의 많은 다양한 부문에서 생산양식을 변화시키며, 둘째로 이들은 새로운 기술적 패러다임을 이용하는 보완적 발명들의 연쇄반응을 촉발시킨다. 새로운 기술에 이어지는 일련의 보완적 발명들이 있기 때문에 하나의 범용기술로 촉발된 성장은 수십 년 동안 지속될 수 있다.

전기모터는 범용기술이 얼마나 폭넓은 영향을 끼쳤는지에 대한 좋은 연구사례이다. 전기모터는 1883년에 최초로 제조업에 사용되었지만 처음에는 매우 느리게 확산되었다. 20세기 초만 해도 미국의 공장에서 사용하는 기계의 원동력은 80%가 증기기관이었고, 나머지는 대부분이 물레바퀴와 수력터빈(역자주 : 흐르는 물의 힘으로 회전하는 원동기)이었다. 하지만 1929에는 전기모터가 기계적 원동력의 79%를 점하기에 이르렀다.

전력의 첫 번째 효과는 에너지 효율의 증대였지만 이는 시작에 불과했다. 더 중요한 것은 전기가 생산공정 자체에 변화를 가져왔다는 것이다. 증기를 동력으로 하는 공장에서는 커다란 증기기관이 공장의 중앙을 관통하는 축을 돌리고 각각의 기계는 중앙의 축에 벨트로 연결되어 동력을 얻는다. 이러한 설정에서는 기계들이 동력축을 따라 배치되어야 하고, 기계가 하나라도 사용되려면 중앙의 증기기관을 작동하여야 한다. 전기모터도 처음에는 같은 방식으로 사용되었다. 즉, 중앙의 증기기관이 같은 힘을 가진 전기모터로 대체된 것뿐이었다. 하지만 시간이 지나면서 기술자들은 전기모터를 사용함으로써 기계의 배치를 완전히 바꾸어 놓을 수 있다는 것을 알게 되었다. 기계의 개별 부품 각각 작은 모터로 움직인다면 공장의 배치를 중앙에서 동력을 얻어야 한다는 제약에서 벗어나, 자본과 노동, 그리고 원자재를 가장 효율적으로 사용할 수 있는 배치로 바꿀 수 있다는 것이다. 1899년과 1929년 사이에 제조업의 시간당 산출량은 연평균 2.6%로 증가하였다. 개별 모터의 사용으로 공장의 일부만 작업할 때에도 커다란 중앙의 모터를 움직여야 할 필요가 없어졌으므로 에너지도 많이 절약되었다.*

범용기술의 최근 예는 오늘날 컴퓨터의 기반을 이루는 반도체(즉, 트랜지스터와 집적회로)이다. 다른 범용기술과 마찬가지로 반도체의 확산은 처음에는 더디게 이루어졌다. (반도체를 사용한 최초의 제품은 1950년대의 보청기였다.) 하지만 시간이 지나면서 반도체를 사용한 컴퓨터가 경제의 거의 모든 부문으로 침투하였다. 그런데 1980년대에 컴퓨터가 경제 전반에 확산되는 과정에서도 생산성 증가율은 참담하게 낮은 수준이었다. 1987년에 경제학자 로버트 솔로우(Robert Solow)는 다음과 같은 절망적인 언급을 하였다. "어디를 보아도 컴퓨터시대라는 느낌을 주지만 생산성 통계는 전혀 그렇지 않다." 훨씬 더 강력한 컴퓨터가 더 빠른 생산성의 증가를 가져오지 못하였음을 일컬어 '컴퓨터 역설(computer paradox)'이라고 한다. 마침내, 1990년대 후반에는 생산성에 가속도가 붙었다(그림 9.3 참조). 많은 경제학자들의 눈에는 이러한 생산성의 가속화는 컴퓨터가 마침내 생산적인 도구로서 자리를 잡았기 때문이라고 보았다. 기업들이 전기모터를 어떻게 사용하고 생산공정을 어떻게 다시 설계해야 하는지를 배우는 데 수십 년이 걸렸다. 이와 마찬가지로 반도체의 잠재력을 어떻게 사용할 것인지를 배우는 데도 수십 년이 필요했던 것이다.

* Devine(1983), Atkeson and Kehoe(2001).

우리가 이러한 신기술을 창조하기 위해 사용하는 것들이다. 현대의 경제에서 기술생산 함수의 투입으로는 연구자들의 노동 및 인적 자본과 함께 그들이 사용하는 실험실, 컴퓨터 등의 자본을 생각해 볼 수 있다.

이러한 기술생산함수에 대해 우선 생각해 볼 것은 어떻게 투입과 산출을 측정할 것인가 하는 문제이다. 우리는 제2차 세계대전 이후의 시기에 대해 중점적으로 생각해 볼 것인데, 이때가 유일하게 좋은 자료를 구할 수 있는 시기이기 때문이다. 1950~2007년 기간 중 G-5 국가들(미국, 영국, 프랑스, 독일, 일본)에서 연구개발에 종사하는 연구자의 수는 25만 명에서 350만 명으로 14배 증가했다.[14] 기술생산함수의 산출량에 대해 우리가 가지고 있는 가장 좋은 증거는 〈그림 9.3〉에 나타난 생산성 증가율이다. 그림은 제2차 세계대전 이후의 시기에 생산성은 하락하고 있거나 기껏해야 변화가 없는 정도임을 보여 주고 있다. 생산성 증가가 기술 변화의 완벽한 척도는 아니지만 기술진보율이 상승한다는 증거를 자료에서 발견할 수 없다.

이와 같은 자료를 사용하여 기술생산함수의 투입과 산출을 비교해 보면 놀라운 사실이 드러난다. 시간이 지남에 따라 기술진보를 위한 투입은 상당이 증가하였지만 기술수준의 증가율은 그렇지 않다. 이 절에서는 이 사실이 기술생산함수의 특성에 대해 무슨 의미를 갖는지에 대해 논의해 본다.

우리는 제8장에서 매우 간단한 형태의 기술생산함수를 사용하여 기술수준의 변화율을 연구개발에 사용되는 노동투입량(L_A)과 노동의 단위로 측정한 새로운 발명의 '비용'(μ)과 연관시켜 보았다.

$$\hat{A} = \frac{L_A}{\mu} \tag{9.4}$$

위 식에서 hat(^)은 변수의 증가율을 나타내는 것이다. 즉 $\hat{A}$은 기술진보율을 의미한다.

단순해 보이는 식 (9.4)는 신기술이 어떻게 창조되는지에 관한 두 가지 중요한 가정을 내포하고 있다. 이 절에서 우리는 이 가정들에 대해 각각 살펴보고 더 적절한 대안이 있는지에 대해 생각해 볼 것이다. 또한 이 각 대안이 미래의 기술진보율에 대해 어떤 함의를 갖는지 알아볼 것이다.

기술수준과 기술진보율 간의 관계

수학자 아이작 뉴턴(Isaac Newton)은 "내가 만약 다른 사람들보다 더 멀리 보았다면

---

14) Jones(2002), OECD MSTI 자료.

그것은 내가 거인들의 어깨 위에 서 있었기 때문이다."라고 하였다. 뉴턴의 요지는 과학적 지식은 축적되는 것이라는 점이다. 오늘날 연구자들은 이전의 사람들이 떠난 곳으로부터 출발하여 연구를 시작한다. 경제학자의 관심을 끄는 생산기술에 대해서도 똑같은 점진적 성격이 적용된다.

기술진보가 축적을 통해 이루어진다는 것은 연구개발의 효과에 대해 긍정적인 측면과 부정적인 측면을 다 가지고 있다. 한편으로는 오늘날의 연구자들은 더 많은 지식기반 위에서 출발하여 이전보다 더 많은 도구를 갖고 있다고 할 수 있으며 이런 점에서 오늘날의 연구자들은 과거의 연구자들에 비해 더 생산적이라고 예상할 수 있다. 그러나 다른 한편으로는 손쉬운 발견들은 이미 다 이루어졌으므로 오늘날의 연구자들이 신기술을 발견하거나 생각해 내는 것은 이전보다 더 어려운 일일 것이라고 할 수 있다. 과거의 발견들이 오늘날의 새로운 발견과정에 미치는 이러한 부정적 영향은 **고갈효과**(fishing out effect, 어장에 더 잡을 물고기가 남지 않게 된 것을 'fished out'이라고 표현)라고 한다. 더욱이 과거보다 현재에 더 많은 지식이 축적되어 있으므로 연구자가 첨단에 뒤지지 않기 위해 알아야 할 모든 것을 배우는 데 더 많은 노력이 필요하다.

식 (9.4)는 이 문제에 관해 잘 드러나지는 않지만 매우 중요한 가정을 하고 있다. 구체적으로 그 가정은 기술진보율이 연구개발에 투입된 자원의 양에만 의존하고 기술수준 그 자체에는 의존하지 않는다. 달리 말하면, 더 좋은 도구를 가지고 일한다는 이점이 더 쉬운 발견들은 이미 다 이루어졌다는 부정적 효과를 정확히 상쇄한다는 해석이 가능하다.

이 가정은 정당화하기는 어려울 것이다. 그 이유를 가장 간단하게 보기 위해 제2차 세계대전 이후 시기의 기술진보 속도와 연구개발인력의 규모에 관해 앞서 언급했던 자료에 대해 생각해 보자. 연구개발에 대한 노동과 다른 자원의 투입량은 크게 늘었지만 기술진보의 속도는 변하지 않았거나 심지어 떨어지기도 했다. 이러한 관측은 쉬운 발견들은 이미 이루어졌다는 것의 부정적 효과가 지배적이라는 사실을 입증하는 것이라고 생각된다. 과거의 연구가 현재의 연구개발의 생산성에 미치는 부정적 효과가 없었더라면 연구개발에 대한 투입량의 증가로 기술진보의 속도가 올라갔을 것이다.

과거의 기술진보가 현재 연구의 생산성을 얼마나 제한하는지는 기술적 이정표를 이룩하기 위해 들여야 하는 노력의 양을 보더라도 알 수 있다. 18세기와 19세기의 주요한 진보들 중에는 혼자서 일하는 과학자나 발명가들이 여가시간에 일하면서 이룩한 것들이 많다. 이와는 대조적으로 20세기 말에 와서는 거의 모든 진보가 자금이 풍부한 대규모 연구팀의 성과였다.

과학과 기술

과학은 세계의 작동방식, 즉 물리적 생물학적 과정에 관한 우리의 이해를 말한다. 이에 비해 기술은 생산기법에 관한 지식을 말한다. 양자 간의 관계는 무엇인가?

인류 역사의 대부분에 걸쳐 기술발달은 크게 볼 때 우주의 운동법칙에 관한 과학적 이해와 무관하였다. 생산기술은 어떤 결과가 특정한 절차에 따라 나오는 이유의 이해를 통해서라기보다 시행착오를 통해서 발견되었다. 사실상 과학과 기술 간에 어떤 연관이 있었다면 그것은 기술발달이 과학적 이해의 폭을 넓히는 단초가 되었다는 것이다.

과학의 발달은 적어도 두 가지 방식으로 기술향상의 결과이다. 첫째, 기술이 여러 가지 문제를 내놓으면 과학자들이 그 해답을 구하기 위해 노력한다. 가장 유명한 사례의 하나를 보면, 프랑스의 과학자 사디 카르노(Sadi Carnot)가 1824년에 열역학의 법칙을 풀어낸 것은 고압증기기관이 저압기관보다 더 효율적인 이유를 알아내기 위해 노력한 결과다. 이와 유사하게 통조림에 저장된 음식이 상하지 않는 신비한 이유가 파스퇴르를 미생물학 연구로 이끈 문제였다.

둘째, 기술향상은 과학자들에게 더 나은 실험과 관찰을 할 수 있는 수단을 제공함으로써 과학발달로 이어졌다. 1590년에 발명된 현미경이나 1600년경에 발명된 망원경과 같은 도구는 말 그대로 과학탐구의 신세계를 열어 주었다. 이러한 현상의 최근 예를 들면, 고속 DNA 염기서열분석기(DNA-sequencing machines)를 사용함으로써 인간유전자의 해독이 크게 가속화되었다.

19세기 전반에 과학자들은 기술에 진 빚을 갚기 시작하였다. 면사제조나 증기기관과 같은 산업혁명(1760~1830)의 기술들은 과학적 발견에 의존하지 않았었다. 그러나 철강, 화학, 전기 분야의 혁신을 포함한 제2차 산업혁명(1860~1900)의 기술들은 새로운 과학적 이해가 없이는 개발될 수 없었을 것이다.

이처럼 과학에서 나온 기술로의 이동은 20세기에도 계속되었다. 예를 들어 반도체, 레이저, 원자력과 같은 과학적 약진은 우주가 어떻게 기능하는지에 관한 새로운 과학적 이해에 단단히 근거하고 있었다. 그렇다고 과학이 기술에 진 빚을 다 갚은 것은 아니다. 물리학의 발달은 더 나은 입자가속기와 같은 새로운 기술에 결정적으로 의존하고 있다. 또한 새로운 과학적 지식으로부터 나오지 않은 기술발달의 예도 많이 남아 있다. 예를 들어, 작은 잉크방울을 종이 위에 뿌리기 위해 소형 열원을 사용하는 잉크젯 프린터의 발명에 중요한 돌파구는 1977년에 한 연구자가 우연히 잉크가 들어 있는 주사기를 뜨거운 납땜기로 건드리면서 생겨났다. 과학에 의존하지 않는 기술발달의 다른 예는 윈드헥스(Windhexe)이다. 이 장치는 압축 공기를 밀폐된 공간에 초음속으로 불어 넣어 가금류의 배설물과 같이 젖은 상태의 폐기물을 순식간에 말리고 분쇄한다. 이 장치의 발명자는 고등학교 이상의 교육을 받은 적이 없는 미국 캔사스주의 농부인데, 과학자들은 아직도 이 장치가 작동하는 방식을 이해하지 못하고 있다.

기술생산에서의 규모에 대한 수확체감

식 (9.4)에서 기술진보율은 단순히 연구개발인력의 수에 비례한다. 그 식이 의미하는 바는 만약 다른 모든 연구개발의 투입요소와 함께 연구자의 수를 2배로 하면 기술진보율도 2배로 된다는 것이다. 이러한 가정은 타당한가? 많은 경제활동이 그러하다. 즉,

우리는 자주 규모에 대한 수확불변을 가정하는데 이는 모든 요소투입을 증가시킬 때 산출량도 비례하여 증가한다는 의미다.

그러나 기술생산함수에 대해서는 규모에 대한 수확불변의 가정이 적절하지 않다. 대신 이 함수는 규모에 대한 수확체감의 특성을 갖는다. 규모에 대한 수확체감이 일어나는 것은 우리가 제8장에서 논의한 지식 자체의 질적 측면 때문이다. 지식이 한 가지 창조되면 아무리 많은 사람들이라도 비용을 들이지 않고 그것을 공유할 수 있다. 이러한 비경합성의 성질이 의미하는 바는 여러 사람들이 모두 그 지식을 창조하려고 노력한다면 대부분의 노력이 궁극적으로 낭비되는 셈이라는 것이다. 첫 번째 사람이 지식을 창조하고 그것을 공유하거나 특허를 낸 후에는 그것을 만들어 내려고 애쓴 다른 모든 사람들이 들인 공은 허사가 된다.

과학과 기술의 역사는 이런 종류의 중복된 노력의 예로 가득 차 있다. 예를 들어 19세기 영국의 자연주의자 알프레드 월리스(Alfred Wallace)는 자연선택의 이론을 여러 해 동안 연구하였으나 결국 다윈에 의해 '추월당하고' 말았다. 이와 유사한 예로 철강 생산을 혁신하였던 베서머(Bessemer) 공정은 1856년에 영국의 기술자 헨리 베서머(Henry Bessemer)와 미국의 발명가 윌리엄 켈리(William Kelly)에 의해 동시에 발견되었다. 보다 최근의 예로 인간유전자의 염기서열분석은 서로 경쟁하던 두 연구그룹에 의해 거의 동시에 완성되었다. 특정한 기술적 문제를 해결하기 위한 비슷한 노력들은 종종 승자가 특허를 얻고 패자는 아무것도 얻지 못하는 '특허경쟁(patent race)'으로 귀결된다. 예를 들어, 알렉산더 그레이엄 벨(Alexander Graham Bell)은 경쟁관계에 있던 발명가 엘리샤 그레이(Elisha Gray)보다 겨우 두 시간 먼저 특허신청을 하였기 때문에 전화발명으로부터 부를 얻을 수 있었다.

연구개발이 동시에 진행되는 경우 연구자들은 종종 똑같은 문제에 대한 서로 다른 해결책을 찾아내고 서로 다른 표준이 동시에 개발되기도 한다. [광학 디스크의 고해상도 포맷으로 HD DVD와 블루레이(Blu-ray)가 동시에 개발된 것이 한 예이다.] 연구개발에 더 많은 노력을 기울일수록 노력이 중복될 가능성이 높다. 따라서 연구개발에 더 많은 노력을 기울인다고 해서 기술진보의 속도가 그만큼 비례해서 빨라지는 것은 아니다.

기술진보의 미래에 대한 시사점

위에서 설명한 기술생산함수에 대하여 몇 가지 수정이 필요하다고 설명하였는데 이는 다음과 같이 요약될 수 있다. 첫째, 기술수준이 높아지면서 새로운 발견은 점점 더 찾아보기 어려워진다. 둘째, 연구개발에 더 많은 인력을 투입할수록 새로 참여한 연구자의 효과는 낮아진다. 이 두 가지 수정으로 기술진보가 현재와 같은 속도로 유지되려면 연구개발에 대한 투입이 계속적으로 증가해야 한다는 결론에 이른다(이 장의 수학 부록은 이 문제에 관해 더 깊이 다루고 있다).

기술진보의 현재 속도를 유지하기 위해서 얼마나 더 많은 연구개발 노력이 필요한지 알아보기 위해 역사적 자료를 보자. 1950년과 2007년 사이에 G-5 국가에서 연구자의 수가 25만 1천 명에서 350만 명으로, 즉 57년 사이에 14배 증가하였다. 미래에도 이와 똑같은 비율이 적용된다면 다음의 57년 동안 기술진보의 속도를 유지하기 위해서는 연구자의 수가 2007년의 350만 명에서 2064년에는 4,900만 명으로 14배 증가해야 한다. 이러한 분석을 더 확장하면 2121년에는 6억 8,600만 명의 연구자가 필요할 것이다!

그렇게 연구자 수가 늘어나는 것이 가능할까? 아니면 기술진보가 불가피하게 둔화될까? 이에 대한 답을 구하려면 연구개발에 투입되는 노동력의 증가를 가능하게 하는 세 가지 요인에 대해 살펴보아야 한다.

● 전체 노동력이 증가할 수 있다.
지난 반세기 동안 연구자의 수가 증가할 수 있었던 요인 중 하나는 인구증가와 여성의 경제활동참가율 상승에 힘입은 경제활동인구의 증가였다. 예를 들어, 미국의 경제활동인구는 1950년에서 2011년 사이에 6,200만 명에서 1억 5,300만 명으로 증가하였다. 연구개발에 종사하는 경제활동인구의 비율이 변하지 않았다면 연구자의 수는 2배 이상으로 되었을 것이다.

제5장에서 보았듯이 가장 부유한 나라들은 기술의 첨단에 있는 나라들이고 이들 나라의 대부분은 향후 수십 년간 상당한 정도의 인구증가를 경험할 것 같지는 않다. 그리고 19세기와 20세기 같은 급속한 인구증가는 다시 오지 않을 것이다. 따라서 이들 나라의 인구증가는 연구개발에 종사하는 인력을 크게 늘리는 데 도움이 되지 않을 것이다. 이와 마찬가지로 미국에서의 여성참여 확대로 인한 경제활동인구의 증가도 둔화될 수밖에 없는데 기술선진국들 중 그렇지 않은 나라도 있지만 여성의 경제활동참가율은 이미 남성의 그것만큼 높아져 있기 때문이다.

● 연구에 종사하는 경제활동인구의 비율이 증가할 수 있다.
미국에서 연구개발에 종사하는 경제활동인구의 비율은 1950년의 0.25%에서 2007년에는 0.92%로 상승하였으며 다른 첨단 국가에서도 이와 유사한 변화가 있었다. 연구에 종사하는 경제활동인구 비율의 이와 같은 증가는 경제활동인구 자체의 증가보다 더 크

기술의 최첨단은 어디에 있는가?

우리는 제8장에서 기술의 최첨단에 있는 나라들('기술선도국')이 있는 반면 기술적으로 뒤에 처진 나라들('기술후발국')도 있다는 아이디어를 도입하였다. 오늘날 세계에서 기술선도국은 어느 나라들인가? 〈표 9.2〉는 특허에 관한 자료를 보면서 기술의 첨단에 있는 나라들을 찾아보았다. 특허는 발명가들이 그들의 지적 재산권으로부터 이윤을 얻기 위해 사용하는 수단이므로 그 나라의 인구 대비 특허권수는 발명활동의 좋은 척도가 될 것이다. 〈표 9.2〉에는 2010년 현재 미국에서 30개 이상의 특허를 보유한 나라들이 모두 열거되어 있다. (미국이 빠져 있는 것은 발명가들이 특허를 신청하는 것은 자신의 나라에서일 가능성이 제일 높으므로 미국에서 미국 시민에게 허가된 특허와 외국인에게 허가된 특허를 직접 비교하는 것은 무리가 있기 때문이다.)

특허는 기술활동의 불완전한 척도다. 발명이 특허로 보호받는 것과 다른 방법으로 보호받는 것의 비율은 산업마다 다르다. 예를 들어, 연구개발 실험실의 관리자들을 대상으로 한 설문조사가 발견한 바에 따르면 지적재산권을 보호하는 수단으로 특허가 가장 중요하게 여겨지는 산업은 의약산업인데, 이는 의약산업이 발달한 스위스가 왜 그렇게 많은 특허를 가지고 있는지를 잘 설명한다. 이와는 대조적으로, 식품과 섬유산업에서는 비밀유지와 리드타임(lead time, 시장에 상품을 맨 먼저 출시하는 것)이 특허보다 훨씬 더 중요하게 여겨진다.* 이런 산업에 특화한 나라들은 기술적으로 앞서 있다고 하더라도 특허를 얻는 비율이 낮을 것이다. 또한 어떤 나라가 기술적으로 선두에 있지 않더라도 그 나라의 많은 지역은 기술의 최첨단에 속해 있을 수 있다. 가장 좋은 예로 12만 명의 IT 근로자들이 모여 있는 인도의 방갈로어(Bangalore)시를 들 수 있다. 사실 세계화로 인해 기술의 최첨단에 해당하는 특정 지역을 꼽는 일이 점점 더 어려워지고 있다.

* Cohen, Nelson, and Walsh(2000).

게 연구자 수의 대폭 증가에 기여하였다.

연구개발에 종사하는 경제활동인구 비율의 증가가 미래에도 계속될 것인가? 아주 먼 미래를 본다면 그 답은 당연히 부정적이다. 연구개발에 종사하는 경제활동인구의 비율이 100%보다 높이 올라갈 수는 없다. 그러나 현재 연구개발에 종사하는 경제활동인구의 비율이 상대적으로 낮은 점을 감안하면 100%의 상한은 상당히 오랜 기간 동안 제약이 되지 않을 것이다. 하지만 보다 현실적으로 모든 사람들이 다 과학적 연구를 할 수 있는 능력이 없다고 받아들인다면 적절한 상한은 아마 100%보다 훨씬 낮을 것이다.

● 첨단연구를 하는 나라들이 늘어날 수 있다.

〈표 9.2〉에서 분명히 드러나듯이 연구의 첨단에 있는 많은 나라들은 신참들이다. 일본, 대만, 이스라엘, 한국, 그리고 싱가포르는 20세기 중반만 하더라도 기술의 최첨단에 있지 않았다. 1850년이나 1900년에 기술의 최첨단에 있던 나라들은 훨씬 더 적을

▶ **표 9.2**

미국에서의 특허수와 인구 100만 명당 특허수, 2010년

국가	특허 수	인구 100만 명당 특허 수
대만	9,635	418.5
일본	46,978	368.2
이스라엘	1,917	260.7
한국	12,508	257.2
스위스	1,889	247.8
핀란드	1,232	234.4
스웨덴	1,594	175.7
독일	13,633	167.0
캐나다	5,513	163.3
덴마크	766	138.9
싱가포르	633	123.2
네덜란드	1,919	115.8
오스트리아	905	110.2
홍콩	716	101.0
호주	2,079	96.6
노르웨이	448	95.8
룩셈부르크	44	88.4
벨기에	896	86.0
아이슬란드	25	80.9
영국	5,038	80.8
프랑스	5,038	77.8
아일랜드	275	59.5
뉴질랜드	232	54.6
이탈리아	2,254	37.1

출처 : 미국 특허상표국, http://www.uspto.gov/web/offices/ac/ido/oeip/taf/cst_all.htm

것이다. 첨단 국가 그룹에 속하는 나라들이 늘어나면서 연구자들을 배출하는 노동력 기반이 확대되었다. 현재에도 기술의 최첨단에 있는 나라들은 인구수로 볼 때 전 세계의 14%밖에 되지 않으므로 앞으로도 새로운 나라들이 기술의 최첨단에 합류하게 되리라고 기대할 만한 충분한 이유가 있다.

이러한 분석의 결론은 너무 먼 장래를 바라보지 않는 한 희망적인 것이다. 기술진보가 계속되려면 연구자의 수가 늘어나야 하지만 당장에는 그에 대한 제약이 될 요소가 없다. 선진국 노동력의 일부만이 현재 연구개발에 종사하고 있으며 전 세계 인구의 일부만이 기술선도국에 살고 있다는 점을 감안할 때 연구자의 수가 늘어날 여지가 충분히 있다는 것이다.

그러나 아주 긴 기간을 두고 생각해 보면 이러한 앞의 분석결과는 비관적인 것이다. 세계의 인구가 결국은 안정화될 것이라고 전제하면 연구개발에 종사하는 노동력이 더 이상 늘어나지 않는 때가 올 것이며 그때는 기술진보율이 낮아질 것이다.

9.3 불균등 기술진보

우리는 기술진보에 대해 분석하면서 기술을 경제 전체의 생산성을 높여 주는 한 가지의 척도로 취급하였다. 그러나 간단한 관찰을 통해서도 기술진보의 속도가 경제의 다양한 부문에서 매우 다르다는 것을 알 수 있다. 통신과 같은 산업은 지난 세기에 알아볼 수 없을 정도로 변하였다. 텔레비전이나 항공여행과 같이 전혀 새로운 산업들도 생겨났다. 반대로 오늘날의 생산이 100년 전과 거의 같은 부문도 있다. 예를 들어 이발사나 교사는 그들의 조부모와 같은 도구를 거의 그대로 사용하고 있다.

생산기술의 이와 같은 불균등한 변화는 재화의 상대가격 변화에 반영된다. 생산성의 증가가 많이 일어난 재화는 기술발달이 느리게 일어난 재화에 비해 상대적으로 가격이 낮아진다. 예를 들어, 1927년에 시간당 1MW의 전력 가격은 55달러로 고급 신사복 한 벌의 가격(43달러)보다 조금 비싼 수준이었다. 2010년에는 같은 양의 전력가격(98.8달러)은 비슷한 신사복 한 벌 가격(795달러)의 12.4% 수준이었다.[15]

기술진보율이 불균등하다는 것은 경제성장에 대해 어떤 의미를 갖는가? 한 가지 뚜렷한 것은 규모가 큰 부문에서 일어나는 기술진보가 더 중요하다는 점이다. 예를 들어 상당한 생산성의 향상이 칫솔 제조산업에서 일어난다고 해도 자동차산업에서 일어나는 약간의 생산성 향상보다 그 중요성이 작을 것이다. 더 일반적으로 말해 경제 전체의 평균적 기술진보율은 경제의 각 부문에서 일어나는 기술진보의 가중평균이라고 할 수 있는데 이때 각 부문에 대한 가중값은 전체 산출량에서 그 부문의 산출량이 차지하는 비중과 비례할 것이다.

---

15) Federal Reserve Bank of Dallas(1997), http://www.eia.gov/electricity/data.cfm#sales, http://www.hartschaffnermarx.com/mens-suits/.

불균등 기술진보 : 두 가지 이론적인 예

앞에서 제시한 분석은 더 중요한 문제를 제시한다. 경제의 한 부문에서 기술진보가 일어나면 그 부문의 경제 내 비중이 어떻게 변할 것인가? 이 문제에 대해 답하기는 꽤 복잡하다. 하지만 우리는 두 가지의 간단한 예를 통해 충분한 직관을 얻을 수 있다.

예 1 : 빵과 치즈

빵과 치즈라는 두 가지 재화만 생산하는 경제를 상상해 보자. 이 두 재화는 완전보완재라고 가정하여 반드시 빵 한 조각과 치즈 한 조각이라는 정해진 비율로만 소비된다고 하자. 곁들일 치즈가 없으면 아무도 빵을 사지 않을 것이고 또 그 역도 성립하므로 빵의 생산량은 항상 치즈의 생산량과 같을 것이다.

이제 두 산업에서의 기술진보율이 다르다고 하자. 빵 산업에서의 생산성은 매년 2% 성장하는데 치즈 산업의 생산성은 전혀 증가하지 않는다고 하자. 만약 두 산업에서 사용되는 자원의 양이 변하지 않는다면 빵의 생산은 매년 2%씩 증가할 것이고 치즈의 생산량은 고정되어 있을 것이다. 이런 일은 일어나지 않을 것이 분명한데 그 이유는 빵이 치즈보다 더 많이 생산된다는 결과가 될 것이기 때문이다. 대신 자본과 노동이라는 자원이 빵의 생산으로부터 치즈의 생산으로 옮아간다. 생산성이 높은 산업(빵)에서 생산성이 낮은 산업(치즈)으로 생산요소가 이동하면서 생산성의 증가가 둔화되고 빵 산업에서 일어나는 기술진보의 효과를 일부 상쇄한다.

이와 같이 불균등한 생산성 증가의 장기 효과를 보기 위해 빵 산업에서의 기술진보가 아주 오랫동안 계속된 후 먼 미래에 경제가 어떻게 되어 있을지를 생각해 보자. 그때가 되면 빵 생산이 기술적으로 매우 발달하여 경제 내에서 이 산업에 쓰이는 자원의 양은 매우 적을 것이다. 반대로 이 경제의 자본과 노동 대부분은 치즈의 생산에 사용될 것이다. 매년 빵을 생산하던 자본과 노동의 일부가 치즈 산업으로 이동해 갈 것이지만 빵 산업은 이미 아주 적은 양의 자원을 사용하고 있으므로 이러한 자원의 이동은 치즈 생산량에 별로 영향을 주지 않을 것이다. 따라서 경제 전체의 산출량 성장은 거의 전무할 것이다. 즉, 경제 전체의 산출량 증가는 치즈 산업의 생산성 증가와 거의 같아질 것이다.

예 2 : 버터와 마가린

우리의 두 번째 예도 역시 두 가지 재화만 생산하는 경제에 관한 것이다. 하지만 이번에는 두 재화가 완전대체재 관계인 버터와 마가린이다. 즉, 소비자들은 두 재화 가운데 더 값이 싼 한 재화만 소비하려고 할 것이다.

여기서도 기술진보율이 불균등하다고 가정하자. 마가린 산업에서는 기술수준이 매년 2% 향상되는 데 반해 버터 생산기술은 전혀 나아지지 않는다. 또한 우리의 분석이 시작되는 해에 버터가 마가린보다 더 값이 싸다고 하자.

처음에는 버터가 마가린보다 더 싸기 때문에 소비자들은 버터만 산다. 경제 전체의 기술진보율은 버터 산업의 기술진보율, 즉 0과 같다. 그러나 마가린의 기술이 향상되면서 마가린 가격은 버터에 비해 하락한다. 어느 순간에 마가린이 버터보다 값싸게 되고 경제는 버터만 생산하다가 마가린만 생산하게 된다. 이 순간에 경제 전체의 성장률이 높아지는데 이는 이제 유관한 기술진보율이 마가린 산업의 기술진보율로 되었기 때문이다.

이 예에서의 결과는 예 1에서 우리가 본 것과 정확히 반대이다. 앞에서는 기술진보가 결국 멈추었지만 여기서는 경제 전체의 기술진보율이 시간이 지나면서 높아진다.

두 가지 예에서 얻은 결론

두 가지 예에서 주요한 차이점은 급속한 기술진보가 일어나는 부문에 사용되는 자원의 비율이 어떻게 변하는가이다. 예 1에서는 이 비율이 시간이 지남에 따라 낮아지고 따라서 경제 전체의 기술진보율도 낮아졌다. 예 2에서는 이 비율이 시간이 지남에 따라 높아졌고 따라서 경제전체의 기술진보율도 높아졌다. 두 예 모두가 극단적인 예이지만 그로부터의 일반적인 교훈은 불균등한 기술진보의 경우에 항상 적용된다. 만약 기술진보가 빠르게 일어나는 부문에 지출되는 소득의 비율이 시간이 지남에 따라 높아진다면 전체 기술진보율도 상승할 것이다. 만약 이러한 부문에 지출되는 소득의 몫이 낮아진다면 전체 기술진보율도 하락할 것이다.

오늘날의 세계에는 어느 예가 더 맞을까?

현실 세계에서의 기술진보 : 재화와 서비스

이러한 종류의 불균등 기술진보의 현실 사례 중 가장 두드러진 것은 재화의 생산과 서비스의 생산 간에서 나타난다. 재화의 생산방식, 즉 제조업은 경제 내에서도 가장 기술적으로 변화가 많은 영역이었다. 이에 반해 우리가 소비하는 서비스의 생산공정은 많은 경우에 수세기 동안 거의 변하지 않았다. 이같이 불균등한 생산성 성장의 결과 재화와 서비스 간의 상대가격에 변화가 발생했다. 예를 들어, 1927년에는 리바이스 청바지 가격이 여성의 헤어컷 가격의 13배 정도였다. 2011년에는 리바이스 청바지 가격이 여성 헤어컷 가격의 1.5배밖에 되지 않았다. 좀더 극단적인 예를 보자. 2004년에는 4인 가족의 의료보험료가 37인치 LCD TV 가격의 2.5배였다. 2011년에는 그 배율이 35가

되었다.[16]

이처럼 불균등한 생산성 증가가 경제 전체의 성장에 긍정적인 영향을 미치는지 아니면 부정적인 영향을 미치는지 보기 위해서는 가격뿐 아니라 두 분야에 대한 지출의 총 규모를 볼 필요가 있다. 여기서는 나쁜 소식이 기다리고 있다. 미국의 총소비 가운데 서비스의 비율은 1950년에는 40%였던 것이 2010년에는 67%로 증가하였다. 따라서 경제활동이 생산성 증가율이 낮은 부문으로 옮겨가고 있다. 경제학자 윌리엄 보몰(William Baumol)은 이처럼 지출이 생산성 증가가 낮은 서비스로 이동하는 현상을 **고비용병**(cost disease)이라고 불렀는데 이는 생산성 성장이 낮은 부문에서의 비용이 상대적으로 증가하기 때문이다. 대학생들과 그 부모들이 너무도 잘 알고 있듯이 생산성 증가가 낮고 그 결과 비용이 증가하는 것으로 유명한 것이 바로 교육부문이다.

이러한 분석은 성장이 실제로 멈출 것이라는 것을 의미하는가? 미래가 꼭 그렇게 암울한 것은 아니다. 가장 중요한 것은 비록 기술진보가 과거에는 서비스를 생산하는 산업에서보다 재화를 생산하는 산업에서 더 빠르게 일어났다고 하지만 미래에도 반드시 그래야 한다는 법은 없다는 것이다. 수많은 기업가들이 교사들을 인터넷 기술로 대체하려고 노력하고 있고 그러한 노력이 성공한다면 이 서비스 부문에서 커다란 생산성의 향상이 따라올 것이다. 마찬가지로 기술적인 변화가 서비스 산업의 생산성을 끌어올린 역사적 사례도 찾아볼 수 있다. 19세기 말 이전에는 음악을 듣고 싶은 사람은 실제 음악가를 고용하여 연주하도록 해야 했다. 그래서 대부분의 사람들에게는 음악감상은 연주회장과 같은 특정한 장소에 국한된 것이었다. 집에 앉아서 음악을 듣는 것은 아무나 감당할 수 없는 사치스러운 일이었다. 1896년 자동 피아노로 시작된 기술진보는 그러한 것들을 모두 바꾸어 놓았고 오늘날에는 누구나 음악을 거의 무료로 들을 수 있다.

현실 세계에서의 기술진보 : 정보기술

불균등 기술진보에 관해 우리의 분석을 적용해 볼 두 번째 사례는 정보기술산업이다. 이 산업은 오늘날의 경제에서 가장 많은 변화가 일어나는 부문이다. 여기서 급속한 기술발달은 폭락하는 가격에 반영되었다. 〈그림 9.5〉는 28년의 기간 동안 컴퓨터의 가격이 어떻게 변화하였는지를 보여 준다. 1982년과 2010년 사이에 컴퓨터 가격지수(즉, 똑같은 계산능력을 가진 컴퓨터를 사기 위해 소비자가 지불해야 하는 가격)는 연평균 13.8%의 비율로 하락하였다. 그 기간 전체로 보면 가격이 65분의 1로 낮아진 것이다.

---

16) Federal Reserve Bank of Dallas(1997), Goldman and McGlynn(2005), Young(2011), Schuman(2004), Hellmich(2010).

기술진보의 예측

기술진보 예측의 큰 문제점은 다음과 같이 간단히 이해할 수 있다. 미래에 어떤 일이 가능할 것인지를 현재에 알기 위해서는 그것이 어떻게 이루어질지를 알아야 하는데, 만약 그것이 어떻게 이루어질지 안다면 그것은 이미 발명되어 있을 것이다.

1965년에 인텔사 창립자의 한 사람인 고든 무어(Gordon Moore)는 **무어의 법칙**(Moore's law)이라고 알려진 예측을 하였는데, 그에 의하면 컴퓨터의 '두뇌'에 해당하는 마이크로프로세서의 계산능력은 18개월마다 2배가 된다는 것이다. 무어는 이러한 변화가 어떻게 이루어지는지에 대해서는 말하지 않았고, 어떻게 그 예측이 들어맞게 될지를 당시 그가 알고 있었을 리도 없다. 하지만 그의 예언은 대체적으로 들어맞았다. 1971년에 출시된 '인텔 4004' 칩은 2,300개의 트랜지스터를 담고 있었다. 2008년에 출시된 '인텔 Xeon MP'는 19억 개의 트랜지스터를 담고 있다(그림 9.4를 참조). 37년만에 계산능력이 826,086배로 증가하였으므로 이는 22.6개월마다 2배로 된 셈이다.

무어의 예측이 그렇게 유명할 만도 한 것이, 당시만 해도 그의 예측은 기이한 것으로 여겨졌지만 그후로 그가 예측한 컴퓨터 능력의 증가가 세계경제에 지대한 영향을 미쳤던 것이다. 기술진보에 관한 많은 예측들은 아래에 나열한 것처럼 지금 보면 우스갯소리처럼 들린다.

지나친 낙관

지금으로부터 50년 후······ 닭의 가슴살이나 날개를 적당한 배양기에서 각각 따로 키움으로써 각 부분을 먹기 위해서 닭 한 마리를 다 키우는 멍청한 일은 하지 않아도 될 것이다.

—윈스턴 처칠, 영국의 정치가, 1932

우리의 자손들은 계량하기에도 너무 값싼 전기의 혜택을 가정에서 누리게 될 것이라고 기대한다고 해도 지나친 것은 아니다.

—루이스 스트라우스, 미국 핵에너지 위원회 의장, 1954

나는 망설임 없이 예언하건대, 1980년이 오기 훨씬 전에 핵전지를 흔하게 볼 수 있을 것이다.······ 1980년 이전에 선박, 항공기, 기관차, 심지어 자동차에서도 핵연료를 사용할 것이라는 점은 당연하게 받아들일 수 있다.

—데이비드 사노프, 텔레비전 선구자, 1955

10년 내지 20년 안에 우리는 일상적인 집안일을 로봇이 모두 도맡아 하고 인류의 삶에서 단조로운 일을 제거해 줄 로봇을 갖게 될 것이다.

—스링 교수, '가택로봇(A Robot in the House)', 1964

20세기의 마지막 3분의 1에 도래할 가능성이 매우 높은 기술혁신들

- 날씨와 기후의 일부 조절
- 뇌와의 직접적인 전자적 교신
- 일시에 수개월 또는 수년에 걸친 인간 동면
- 신체적으로 해롭지 않은 탐닉법
- 해저도시

—허만 칸과 앤서니 와이너,
『서기 2000년(The Year 2000)』, 1967

지나친 비관

만약 이것이 가능하기라도 한 것이라면 벌써 오래 전 옛날에 아르키메데스나 모세 같은 사람이 비슷한 것을 이루었을 것이다. 그러나 만약 이 현자들이 영구히 남는 거울 그림에 대해 아무것도 모르고 있었다면, 그따위 듣도 보도 못한 물건을 자랑하고 다니는 프랑스인 다게르는 바로 바보 중 바보라고 불러 마땅할 것이다.

—루이스 다게르(Louis Daguerre)가 사진을 발명하였다는
발표에 대한 1839년의 한 독일 출판물의 논평에서

식견이 있는 사람이라면 목소리를 전선을 통해 보내는 것이 불가능하며 그게 가능하다고 해도 실용적인 가치가 없으리라는 것을 알 것이다.

—「보스턴 포스트(Boston Post)」의 사설, 1865

파리 박람회가 끝나면 전등도 꺼지고 그 후로는 아무도 전등 얘기를 들어보지 못할 것이다.

　　　　　　—에라스무스 윌슨, 옥스퍼드대학교 교수, 1878

공기보다 무거운 비행기계는 불가능하다.

　　　　　　—켈빈 경, 왕립학회 의장, 1895

핵에너지를 얻을 수 있게 될 것이라는 약간의 조짐도 보이지 않는다.

　　　　　　—아인슈타인, 물리학자, 1932

컴퓨터 다섯 대 정도는 세계시장에서 팔 수 있을지 모른다.

　　　　　　—토마스 왓슨, IBM 사장, 1943

ENIAC의 계산기가 19,000개의 진공관으로 이루어져 무게가 30톤에 이르는 반면, 미래의 컴퓨터는 진공관 1,000개로만 구성되고 무게가 1.5톤밖에 나가지 않을지도 모른다.

　　　　　　—「Popular Mechanics」, 1949년 3월호

2005년 정도에는 인터넷이 경제에 미치는 영향이 팩스기보다 더 크지도 않다는 것이 밝혀질 것이다.

　　　　　　—폴 크루그먼, 경제학자, 2000

* 출처 : Wilson, Einstein, Kelvin, Churchill, Sarnoff, and Watson: Cerf and Navasky(1998); Thring: Kahn and Weiner (1967); Daguerre: Davidson(1988); Krugman: Krugman (2000).

▶ 그림 9.4
인텔 마이크로프로세서에 나타난 무어의 법칙

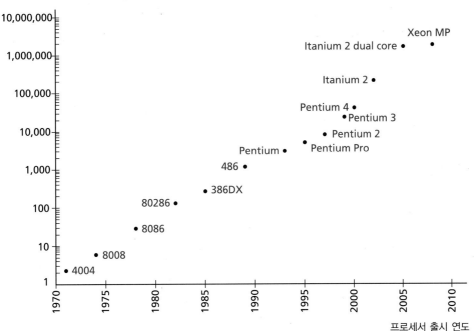

프로세서당 트랜지스터의 수(1,000개, 비율척도)

자료 : Intel Corporation.

◗ 그림 9.5
컴퓨터의 가격, 1982~2010년

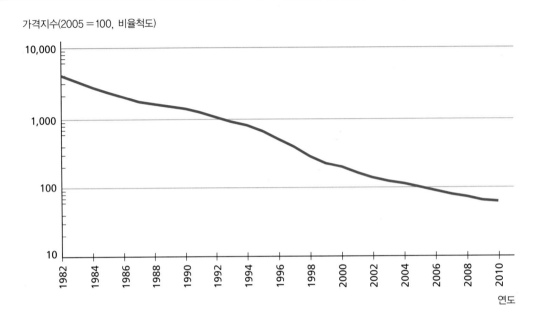

자료 : U.S. Department of Commerce, National Income and Product Accounts, Table 1.5.4. 컴퓨터와 주변기기 모두 포함.

◗ 그림 9.6
컴퓨터에 대한 투자의 GDP 비율, 1982~2009년

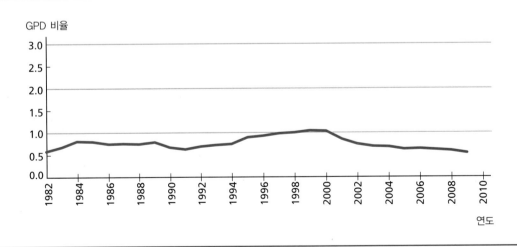

자료 : U.S Department of Commerce, National Income and Product Accounts, Table 5.5.5. 컴퓨터와 주변기기 모두 포함.

이러한 기술진보가 계속된다면 경제 전체의 기술진보율에 어떤 영향을 미칠까? 우리가 이미 보았듯이 그에 대한 답은 경제 전체의 산출량 중 정보산업이 차지하는 비중에

달려 있다. 사람들은 더 좋은 컴퓨터와 휴대폰을 더 많이 구매하고 있지만 이들 재화의 가격은 낮아지고 있으므로 컴퓨터에 대한 전체 지출규모가 증가할지 낮아질지 혹은 변하지 않을지는 분명하지 않다. 〈그림 9.6〉은 적어도 현재까지는 그 답이 "일정하다"는 것을 보여 준다. 2009년에 컴퓨터와 그 주변기기에 투자된 GDP의 비율은 1982년에 비하여 비슷한 정도이다. 이 기간 중 여러 대의 컴퓨터를 구매한 사람들(나는 15대를 샀다)에게 이러한 사실은 그리 놀라운 일이 아니다. 컴퓨터의 능력이 엄청나게 좋아졌고 비용도 또 그만큼 낮아졌지만 대부분의 사람들이 사고 싶어 하는 컴퓨터의 가격은 그리 변하지 않았다.

9.4 결론

장기적으로는 기술진보가 경제성장의 주요한 원천이다. 제8장에서 처음 기술진보라는 주제를 다루었을 때 우리는 주로 기술수준이 국가 간에 어떻게 다른지 구체적으로는 왜 어떤 나라는 기술의 최첨단에 있고 다른 나라들은 뒤처져 있는지에 대해 초점을 두었다. 이 장에서 우리는 기술진보의 속도와 기술창조의 과정, 즉 기술의 첨단 그 자체에 관심을 두었다.

기술의 변화는 산업혁명(1760~1830년)과 함께 극적으로 가속화되었고 그 이후로 역사적으로 유래가 없는 속도를 유지하고 있다. 이처럼 급속한 성장의 기간 중에 변화의 속도는 일정하지 않았다. 느슨한 시기(가장 최근으로는 대부분의 선진세계에 영향을 미쳤던 1970년대 중반에서 1990년대 중반에 걸친 생산성 둔화)와 새로운 범용기술(가장 최근으로는 컴퓨터와 정보기술)의 도래와 관련한 급속한 성장의 시기가 파도처럼 번갈아 밀려왔다.

이러한 250년간의 기술진보는 세계에서 가장 부유한 나라들에서 국민들의 삶을 알아보기 어려울 정도로 바꾸어 놓았다. 경제학자 리처드 이스터린(Richard Easterlin)의 표현에 따르면 "생활수준의 변화는 질적인 측면과 양적인 측면 모두에서 일어났다. 20세기 말의 선진경제에서 흔히 볼 수 있는 편리함과 안락함과 비교하면 200년 전의 일상생활은 우리가 '야영'을 하는 것과 비슷한 수준이다." 이와 유사하게 경제사학자 조엘 모키르(Joel Mokyr)는 기술진보로 인해 지난 200년간 일어난 일상생활의 변화는 그 전의 7,000년간의 변화보다 더 크다고 결론지었다.[17]

---

17) Easterlin(2000), Mokyr(1990).

이처럼 급속한 기술발달은 계속될 것인가? 기술진보의 원인에 관한 우리의 연구는 이 문제에 대해 몇 가지 제한적인 통찰을 제공한다. 가장 묘한 것은 지난 60년 동안 기술진보의 투입, 즉 연구개발에 종사하는 사람들의 수는 엄청나게 늘었으나 기술진보의 속도는 상대적으로 변화가 없었다는 것이다. 이러한 관찰결과는 과거의 연구개발이 현재의 기술진보에 부정적인 영향을 미쳤으며(좋은 아이디어가 '고갈'되었으며) 기술생산함수의 규모에 대한 수확체감의 성질이 있다는 것을 의미한다. 따라서 현재의 기술진보 속도를 유지하기 위해서는 더욱더 많은 연구개발 투입이 필요하다는 것이다. 다행스럽게도 우리가 내다볼 수 있는 미래에는 연구개발 투입이 지금과 같은 속도로 계속 증가하지 못할 이유가 별로 없다.

기술진보에 대한 우리의 연구에서 얻을 수 있는 두 번째 통찰은 그와 같은 진보가 어느 부문에서 일어나는지가 매우 중요하다는 것이다. 생활수준을 높이기 위해서는 기술진보가 총지출의 큰 비중을 차지하는 부문에서 일어나야 한다. 따라서 중요한 것은 진보가 가장 빠르게 일어나는 부문이 경제의 지출 가운데 차지하는 비중이 높아지는지 혹은 낮아지는지다. 이와 관련하여 문제는 역사적으로 볼 때 빠른 기술진보를 경험했던 재화생산부문에서 지금까지는 기술진보가 느리게 일어났던 서비스 생산부문으로 기술진보의 축이 옮겨갈 것인가다.

이러한 일반적 관찰 외에는 기술의 미래가 필연적으로 수수께끼로 남을 수밖에 없다. 미래에 어떤 특정 기술이 발명될 것이라는 확신이 있다면 그 기술은 이미 발명되어 있어야 한다. 과거의 예언자들이 실패했었다는 사실을 안다면 기술에 관해 연구하는 사람들은 조심스러울 수밖에 없을 것이다.

핵심용어

고갈효과(fishing out effect)

고비용병(cost disease)

기술생산함수(technology production function)

무어의 법칙(Moore's law)

범용기술(general-purpose technology)

산업혁명(Industrial Revolution)

생산성 둔화(productivity slowdown)

확산(diffusion)

복습문제

1. 산업혁명이 일어난 것은 언제인가? 그 영향을 받은 중요한 산업들은 어떤 것들이었

는가? 왜 그것은 혁명적이었는가?

2. 생산성 둔화란 무엇인가? 기술진보율의 하락에 의해 필연적으로 초래된 것이었는가?

3. 기술생산함수가 규모에 대한 수확체감의 성질을 갖는 것은 왜 그런가?

4. 현재의 기술수준은 연구자들이 기술진보를 만들어 내는 능력에 어떻게 영향을 미치는가?

5. 경제 내 각 부문의 기술진보율이 서로 다르다고 할 때 이러한 차이가 전체 산출량의 성장률에 대해 어떤 함의를 갖는가?

연습문제

1. 기원전 10,000년에서 기원후 1년에 이르는 기간에 걸쳐 세계의 인구는 4백만에서 1억 7천만 명으로 증가하였다고 추산된다. 근로자 1인당 소득수준이 일정하였고, 근로자 1인당 인적 자본과 물적 자본의 양도 일정하였으며 생산함수에서 토지의 몫지수값이 1/3이라고 가정하자. 이 기간 중 생산성은 얼마나 증가하였는지 계산하라. 생산성 A의 연평균 성장률은 얼마인가?

2. 이발 기술은 지난 100년간 거의 변하지 않았으나 밀 재배기술은 비약적으로 발전하였다. 이발과 밀의 상대가격은 어떻게 변하였을 것이라고 생각하는가? 이발사와 농부의 상대소득은 어떻게 변하였을 것이라고 생각하는가? 왜 그렇게 생각하는지 설명하라.

3. 어떤 재화에 대한 수요의 가격탄력성은 그 재화가격이 하락할 때 그 재화에 대한 수요량이 얼마나 변하는지를 측정한다. 구체적으로 수요의 가격탄력성은 수요량의 변화율과 가격의 변화율의 비율이다. 어떤 재화에 대한 수요의 가격탄력성은 그 재화를 생산하는 기술의 진보가 경제가 그 재화에 지출하는 총금액을 증가 혹은 감소시킬 것인지와 어떤 관련이 있는가?

4. 사람들이 치즈와 빵, 두 재화만 소비한다고 하자. 사람들은 이 두 재화를 일정한 비율로 소비한다. 한 조각의 빵은 항상 한 조각의 치즈와 함께 소비된다. 치즈와 빵은 모두 노동을 유일한 투입요소로 사용하여 생산된다. 각각의 생산함수는

$$Y_b = A_b L_b$$
$$Y_c = A_c L_c$$

이고 Y_b는 빵의 생산량, Y_c는 치즈의 생산량, L_b는 빵 생산에 투입된 노동의 양, L_c

는 치즈 생산에 투입된 노동의 양이다. 경제 내 총노동부존량은 L로 고정되어 있고 $L_b + L_c = L$이다.

2000년에는 $A_b = A_c = 1$이다. 하지만 두 나라에서 기술진보의 속도는 다르다. 구체적으로 $\hat{A}_b = 2\%$, $\hat{A}_c = 1\%$로 기술진보율은 고정되어 있다고 한다.

a. 2000년에 빵과 치즈의 생산에 투입되는 노동의 양은 각각 얼마인가?

b. 2000년의 총산출량의 증가율은 얼마인가? (힌트 : 빵 생산량은 항상 치즈 생산량과 같을 것이므로 총산출량의 증가율은 빵 생산량의 증가율과도 같고 치즈 생산량의 증가율과도 같다.)

c. 2000년과 그 이후의 산출량 증가율을 그래프로 그려라. 증가율이 올라가는지 떨어지는지 일정하게 유지되는지를 보이고 왜 그런지 설명하라. 장기적으로는 증가율이 어떻게 되겠는가?

5. 앞으로 당신의 일생동안 기술진보의 속도가 빨라질 것인지, 느려질 것인지, 혹은 변하지 않을 것인지 예상해 보고 왜 그렇게 생각하는지 설명하라.

온라인 데이터 플로터(Data Plotter)와 데이터를 이용해서 실습하려면 *http://www.pearsonhighered.com/weil*을 방문하라.

기술생산함수의 개선된 형태

제 8장에서 처음 도입된 기술생산함수는

$$\hat{A} = \frac{L_A}{\mu}$$

였는데, 여기서 L_A는 연구개발에 종사하는 경제활동인구이고 μ는 새로운 발명의 '가격'을 노동의 단위로 측정한 것이며 $\hat{A}$는 기술진보율이었다. 이 장의 9.2절에서는 기술생산함수를 이와 같이 쓰는 것이 갖는 두 가지 가능한 문제점에 대해 논의했다. 첫째는 기술수준이 기술진보율에 대해 미치는 부정적 효과(고갈효과)이고, 둘째는 규모에 대한 수확체감이었다. 이제 이들 각각에 대해 살펴보기로 한다.[18]

고갈효과를 모형에 도입하는 간단한 방법은 기술수준 A에 음(−)의 멱지수를 올리고 식의 우변에 있는 항을 곱해 주는 것이다.

$$\hat{A} = \frac{L_A}{\mu} A^{-\phi}, \, 0 < \phi < 1$$

이 식에 의하면 L_A와 μ이 고정되어 있다면 현재의 기술수준이 높을수록 기술진보율은 낮아진다. 이 효과의 크기는 ϕ의 값이 결정한다. 예를 들어, 만약 $\phi = 1/2$이면 기술 수준을 4배로 할 때 일정한 양의 연구개발로 얻을 수 있는 기술진보율은 절반으로 낮아진다. 만약 $\phi = 1$이면 기술 수준을 4배로 할 때 일정한 연구개발 투입으로 얻을 수 있는

---

18) 이 내용은 Jones(1998)에서 많이 따온 것이다.

기술진보율은 3/4만큼 감소한다.

　유사한 방법으로 규모에 대한 수확체감을 우리의 기술생산함수에 도입할 수 있다. 연구개발 투입(L_A)에 1보다 작은 어떤 멱지수를 올리는 것이다.

$$\hat{A} = \frac{L_A^{\lambda}}{\mu}, \ 0<\lambda<1$$

이 식에 의하면 연구개발투입(L_A)이 일정하다면 기술진보율도 일정해야 한다. 만약 연구개발 노력이 증가하면 기술진보율도 상승한다. 그러나 노력의 중복으로 인해 기술진보율이 상승하는 비율은 L_A가 증가하는 비율보다 낮을 것이다. 예를 들어, 만약 $\lambda = 1/2$ 이라면 L_A가 4배로 증가할 때 기술진보율은 2배로밖에 증가하지 않을 것이다.

　이 효과들을 모두 결합하면 다음과 같은 기술생산함수가 나온다.

$$\hat{A} = \left(\frac{1}{\mu}\right) L_A^{\lambda} A^{-\phi}$$

　위의 개선된 기술생산함수를 써서 연구개발 투입의 증가율과 기술진보율 간의 관계를 계산해 볼 수 있다. 만약 기술진보율($\hat{A}$)이 일정하다면 곱 $L_A^{\lambda} A^{-\phi}$도 일정해야 한다. 이를 식으로 나타내면

$$x = L_A^{\lambda} A^{-\phi}$$

이고, 여기서 x는 상수이다. 양변에 로그를 취한 후 시간에 대해 미분하면

$$0 = \lambda \hat{L}_A - \phi \hat{A}$$

를 얻는다. 마지막으로 이 식을 재정리하면

$$\hat{A} = \left(\frac{\lambda}{\phi}\right) \hat{L}_A$$

가 된다.

　만약 λ와 ϕ의 값을 안다면 이 식을 사용하여 주어진 연구개발 인력의 증가율과 일관된 기술진보율이 무엇인지 알아낼 수 있다. 혹은 이 식과 기술진보 및 연구개발 인력의 증가에 관한 자료를 사용하여 파라미터 λ와 ϕ의 값을 알아낼 수도 있다. 예를 들어 기술진보율이 매년 1%라고 하고 연구원 수의 증가율이 매년 5%라고 하자. 이 가정에 의하면

$$\frac{\lambda}{\phi} = \frac{\hat{A}}{\hat{L}_A} = \frac{0.01}{0.05} = 0.2$$

가 된다. 불행하게도 추가 자료 없이는 파라미터 λ와 ϕ의 값을 개별적으로 알아낼 수 없다. 앞의 예에서 $\lambda = 0.2$와 $\phi = 1$이거나 혹은 $\lambda = 0.1$과 $\phi = 0.5$일 수도 있고 혹은 다른 값일 수도 있다.

제 10장

효율성

生산성이라는 주제를 살펴본 제7장에서 국가 간 생산성의 격차가 상당히 클 뿐 아니라 한 나라의 생산성이 시간에 따라서도 변한다는 사실을 배웠다. 자연스레 우리는 생산성 증가의 많은 부분이 기술의 변화에 기인하는 것이라고 전제하였다. 이러한 전제는 대부분의 부유한 선진국에서는 특히 더 합당한 것으로 보인다. 종종 우리는 증기기관이나 전기와 같은 특정한 기술진보를 특정한 시기의 생산성 증가와 관련시킬 수도 있다. 하지만 국가 간 생산성의 차이를 볼 때에는 상황이 좀 복잡해진다. 부유한 나라에서보다 가난한 나라에서 생산성이 훨씬 낮은 것은 사실이지만 그것이 기술수준의 차이 때문인지는 결코 분명하지 않다. 생산성 격차가 기술적 낙후에 기인한다는 주장에 대한 가장 중요한 반증은 대부분의 선진기술들이 가난한 나라에서도 사용된다는 것이다. 좋은 예로 휴대전화를 들수 있다. 휴대전화가 선진국에서 일반화된 것은 1990년대의 일인데 이 시기에 이미 휴대전화는 아프리카의 가장 가난한 지역에도 퍼지고 있었다.

나는 꿈속에서 사람들이 수프가 들어있는 항아리 둘레에 원형으로 앉아 있는 방으로 갔다. 사람들마다 기다란 숟가락을 들고 수프를 먹으려 하고 있었다. 그러나 그 숟가락들은 사람들의 팔보다 길어서 수프를 떠서 입으로 가져올 수 없었다. 사람들은 배가 고파서 비참하게 울부짖었다. 나의 안내자는 "여기는 지옥입니다."라고 하였다. 그는 나를 또 하나의 방으로 안내하였는데, 이전의 방과 비슷하였다. 역시 사람들이 수프가 들어있는 항아리 주변에 원형으로 앉아있었고 숟가락이 너무 길어서 숟가락으로 수프를 떠서 입으로 가져오기는 불가능하였다. 그러나 이 방의 사람들은 배고프지 않았다. 왜냐하면 그들은 서로 떠먹여주고 있었기 때문이다. 안내자가 말했다.
"여기는 천국입니다."
– 다양한 출처

그런데 만약 생산성의 격차가 전적으로 기술수준의 격차에 의한 것이 아니라면 또 어떤 다른 이유가 있을까? 우리는 제2장에서 생산성 격차의 또 다른 이유에 대해 생각해 본 적이 있다. 바로 **효율성**(efficiency)이다. 우리는 효율성을 생산요소와 기술이 결합되어 산출물을 생산하는 과정이 얼마나 효과적인지를 나타내는 것으로 정의하였다. 달리 말해, 효율성은 생산성의 차이 가운데 기술 이외의 모든 것을 포괄하는 개념이다.

이 장에서 우리는 효율성이란 것에 대해 보다 자세하게 공부할 것이다. 우리는 국가 간 효율성 격차에 관한 직접적인 증거가 있는지 알아볼 것이다. 또한 우리는 국가 간 생산성 격차의 측정값 가운데 어느 정도가 효율성의 차이에 의한 것인지 그리고 기술 수준의 차이에 의한 것인지에 대해서도 알아볼 것이다.

우리가 효율성에 대해 연구하기 위해 사용하는 접근법은 부분적으로는 수학적이고 자료에 근거한 것이다. 하지만 우리는 효율성에 대해 보다 정성적인 방법으로 국가 간 효율성의 차이에 대한 '기술적(記述的)' 증거들도 살펴볼 것이다. 이러한 노력을 통해 분명해지겠지만 효율성을 연구할 때 가장 쉬운 방법은 효율성의 차이가 없는 경우를 보는 것이다. 의사들이 '건강'을 정의할 때 질병이 없는 상태라고 하는 것과 마찬가지로 경제가 효율적이라는 말을 가장 쉽게 이해하는 방법은 비효율의 예를 살펴보는 것이다.

10.1 기술과 효율성으로의 생산성 분해

우리가 이미 본 것처럼 생산성은 다시 기술과 효율성에 의해 결정된다. 기술은 생산요소들이 산출물을 생산하기 위해 어떻게 결합되는지에 관한 것이고 **효율성**은 주어진 기술과 생산요소들이 실제로 얼마나 효과적으로 사용되는지에 관한 것이다. 이러한 관계를 수학적으로 표현할 때 자연스러운 방법은 생산성을 기술과 효율성의 곱으로 나타내는 것이다.

$$A = T \times E \tag{10.1}$$

위 식에서 A는 생산성이고 T는 기술수준, E는 효율성을 각각 나타낸다.

다음의 예를 통해 위와 같이 공식화한 것을 정당화할 수 있다. 두 농부의 산출량을 비교한다고 하자. 두 농부가 같은 양의 토지, 노동, 자본을 사용한다고 하면 생산요소의 투입량은 차이가 없게 된다. 하지만 두 농부는 두 가지 점에서 다르다. 농부 갑은 농부 을보다 더 좋은 품종의 씨앗을 사용하여 2배의 산출량을 얻을 수 있다. 또 한 가지 차이점은 농부 갑이 고용한 근로자들은 특이하게도 수확량의 절반을 내다버린다고 한다. 그리하여 결국 두 농부의 산출량은 같게 된다.

두 농부가 사용한 씨앗의 차이는 기술의 차이를 대변한다. 농부 갑이 고용한 근로자들이 수확량의 절반을 내다버린다는 것은 효율성의 차이를 대변한다. 농부 갑의 기술수준은 농부 을보다 2배 높지만 농부 갑의 생산과정의 효율성은 농부 을의 절반 수준이다. 따라서 두 농부의 생산성 수준은 결국 동일하게 된다.

이러한 간단한 예에서 효율성의 차이는 엉뚱한 것으로 보일지도 모른다. 어떤 농부들이 다른 농부들이 아직 발견하지 못한 어떤 방법을 찾아낼 수 있다는 것, 즉 기술수준에 차이가 있을 수 있다는 것은 상상하기 어렵지 않지만 어떤 농부들이 분명히 비효율적인 방법을 사용한다는 것은 쉽게 믿지 않는다. 하지만 우리가 현실 경제를 살펴보면 비효율의 예는 얼마든지 있다. 위의 예에서처럼 그리 간단한 경우는 드물겠지만 말이다.

국가 간 횡단면 자료의 분석

우리는 제7장에서 발전회계 분석기법을 사용하여 국가 간 생산성의 격차를 측정하는 방법을 공부하였다. 예를 들어 〈표 7.2〉에서 2009년 미국의 생산성을 1이라 할 때 같은 해 인도의 생산성 수준은 0.31였다. 이는 같은 양의 자본과 노동을 사용한다고 할 때 인도의 산출량은 미국의 31% 수준일 것이라는 의미다. 이러한 생산성의 차이 가운데 어느 정도가 기술수준의 차이에 기인한 것이며 또 얼마만큼이 효율성의 차이에 기인하는 것일까?

이 물음에 답하기 위해 인도의 기술수준이 미국에 비해 얼마나 뒤처져 있는지 생각해 볼 수 있다. 제7장에서 우리는 1975~2009년 기간 중 미국의 연평균 생산성 증가율은 0.54%였다는 사실을 보았다. 미국의 생산성 향상이 전적으로 기술진보에 의한 것이라고 가정하자. 즉, 미국의 효율성은 변하지 않았다고 가정한다. 인도의 기술수준이 미국에 비해 몇 년이나 뒤떨어져 있는지를 안다면 우리는 두 나라의 기술수준의 척도인 T의 값을 비교할 수 있게 된다.

인도의 기술수준이 미국에 비해 해수로 G만큼 뒤처져 있다고 하자. 즉, 2009년에 인도의 기술수준은 $2009 - G$년에 미국이 가지고 있던 기술수준과 같다고 가정하자. 이를 수식으로 표현하면 다음과 같다.

$$T_{2009, \text{ India}} = T_{2009-G, \text{ US}}$$

미국의 기술진보율을 g라고 하자. 2009년과 $2009 - G$년의 미국의 기술수준을 비교하면 다음과 같은 식을 얻는다.

$$T_{2009, \text{ US}} = T_{2009-G, \text{ US}} \times (1+g)^G$$

첫 번째 식을 두 번째 식에 대입하면

$$T_{2009, \text{ US}} = T_{2009, \text{ India}} \times (1 + g)^G$$

이고, 이를 다시 정리하면 다음과 같다.

$$\frac{T_{2009, \text{ India}}}{T_{2009, \text{ US}}} = (1 + g)^{-G} \tag{10.2}$$

식 (10.2)는 인도의 기술수준과 미국의 기술수준의 비율을 미국과 인도 간 기술적 시차를 햇수로 표시한 G와 미국에서의 기술진보율인 g의 함수로 표현하고 있다. 예를 들어, 인도가 미국에 비해 기술적으로 10년 뒤져 있고 미국의 기술진보율이 제7장에서 계산한 대로 연평균 0.54%라고 하자. 두 나라 간 기술수준의 비율은

$$\frac{T_{2009, \text{ India}}}{T_{2009, \text{ US}}} = 1.0054^{-10} = 0.95$$

이다. 즉, 인도가 가진 기술수준은 미국의 95% 정도에 해당한다는 것이다.

식 (10.2)를 이용하여 두 나라 간 효율성의 차이를 유추하는 방법을 보기 위해 생산성, 효율성과 기술수준 간의 관계를 보여 주는 식 (10.1)로 돌아가자. 이 식을 인도와 미국에 대해 각각 써 보면 다음과 같다. 각 변수는 모두 2009년의 값이므로 연도를 나타내는 아래첨자는 생략하였다.

$$A_{\text{India}} = T_{\text{India}} \times E_{\text{India}}$$
$$A_{\text{US}} = T_{\text{US}} \times E_{\text{US}}$$

첫 번째 식을 두 번째 식으로 나누면

$$\frac{A_{\text{India}}}{A_{\text{US}}} = \frac{T_{\text{India}}}{T_{\text{US}}} \times \frac{E_{\text{India}}}{E_{\text{US}}} \tag{10.3}$$

로 된다. 이 식의 좌변은 두 나라의 생산성의 비율인데 그 값은 〈표 7.2〉에서 0.31이었다. 우변의 첫 번째 항은 두 나라의 기술수준의 비율인데 그 값은 두 나라의 기술적 시차가 몇 년인지와 기술진보율을 알면 식 (10.2)로부터 계산할 수 있다. 이 두 값을 알면 우변의 마지막 항인 두 나라 간 효율성의 비율을 구할 수 있다.

〈표 10.1〉에서 인도와 미국의 효율성의 비율은 식 (10.3)을 사용하여 계산한 것이다. 인도와 미국 간 기술적 시차의 크기(즉, 인도의 기술수준이 미국에 비해 몇 년이나 뒤져 있는지)를 실제로 모르기 때문에 우리는 가능한 값들을 다양하게 고려하였다. 이 값

표 10.1

인도와 미국 간 기술적 시차(G)	인도와 미국의 기술수준(T)의 비	인도와 미국의 효율성(E)의 비
10	0.95	0.33
20	0.90	0.35
30	0.85	0.36
40	0.81	0.38
50	0.76	0.41
75	0.67	0.46
100	0.58	0.53
125	0.51	0.61

들이 가장 왼쪽의 칸에 표시되었다. 각각의 기술수준 격차에 대해 표의 두 번째 칸은 인도의 기술수준이 미국에 비해 어느 정도인지를 계산하여 보여 주고 있다. 단 우리가 제7장에서 계산한 대로 미국의 연평균 기술진보율은 $g = 0.54\%$라고 가정하였다. 예를 들어 인도의 기술수준이 미국에 10년 뒤져 있다고 하면 식 (10.2)에 의해 T_{India}는 미국의 95% 수준일 것이다. 마지막 칸은 미국에 비해 인도의 효율성이 어느 정도인지를 보여 준다. 이 값들은 식 (10.3)에 따라 인도와 미국의 기술수준의 비율과 효율성의 비율을 곱하여 31%가 되도록 정해진 것이다. 예를 들어, 인도의 기술수준이 미국의 95%라면 인도의 효율성은 미국의 33%가 되어야 한다는 것인데 $0.95 \times 0.33 = 0.31$이기 때문이다.

이러한 계산을 통하여 얻을 수 있는 교훈은 인도와 미국 간 기술적 시차가 극단적으로 크지 않은 경우라면 두 나라 간 생산성 격차의 대부분이 효율성의 차이에 기인하는 것이라는 점이다. 예를 들어, 휴대전화나 컴퓨터 등 첨단기술 대부분이 인도에 전파되는 속도를 감안할 때 인도와 미국 간의 기술적 시차가 평균적으로 30년이나 된다고 믿기는 어렵다. 만약 기술격차가 정말 30년만큼 벌어져 있다고 하더라도 인도의 기술수준은 미국의 85%일 것이고 인도의 효율성은 미국의 36% 수준일 것이다. 즉, 두 나라 간 생산성 격차에서 효율성의 차이가 지배적인 원인이라는 것이다. 〈표 10.1〉에서 알 수 있듯이 기술과 효율성이 똑같은 비중으로 인도와 미국 간 생산성 격차의 원인이 되는 기술적 시차, 즉 '분기점(break-even point)'은 100년과 125년 사이의 어딘가가 될 것이다. (정확하게는 109년이다.)

〈표 7.2〉에 있는 다른 개발도상국들에 대해서도 똑같은 계산을 해 보면 이 점이 더

욱 분명히 드러난다. 한 예로 말라위와 미국을 비교해 보면 기술과 효율성이 생산성 격차의 원인으로 똑같은 비중을 갖는 것은 두 나라 간 기술적 시차가 227년일 때이다.[1]

10.2 효율성의 차이 : 사례연구

앞서 10.1절에서는 효율성의 차이가 국가 간 산출량의 차이를 결정하는 중요한 요인이라고 논하였다. 그런데 그 논의는 다소 정황적인 것이었다. 우리는 국가 간에 커다란 생산성의 차이가 있다는 것과 이러한 차이가 기술수준의 차이에 의한 것이라고만 하기에는 너무 크다는 것을 보았고 따라서 이러한 생산성의 큰 격차가 효율성의 차이에 기인한 것이라고 유추하였다.

　이러한 논증이 유용하기는 하지만 만약 효율성을 보다 직접적으로 관찰할 수 있다면 효율성이 산출량의 중요한 결정요인이라는 주장이 더욱 힘을 받을 것이다. 이것이 이제 우리가 하고자 하는 일이다. 불행하게도 우리가 산출량이나 요소축적을 측정하는 것과 같은 방법으로 많은 나라들에 대해 (혹은 한 나라에 대해 시간에 걸쳐) 효율성을 일관되게 측정할 수는 없다. 대신 우리는 여러 사례연구를 통해 효율성이라는 것을 따로 추출해 보려고 한다. 만약 우리가 이러한 사례들에서 효율성이 중요한 역할을 한다는 것을 발견한다면 보다 일반적인 경우에서도 효율성이 중요하다는 주장에 근거가 더해지는 것이다.

소련의 계획경제

비효율로 인한 낮은 산출량에 관한 가장 좋은 예 중 하나는 구 소비에트 연방에서 얻을 수 있다. 소련 경제는 생산요소의 축적에 있어서는 괜찮은 편이었다. 물적 자본에 대한 투자율은 미국보다 높았으며 근로자의 교육수준도 높은 편이었다. 기술에 관한 소련의 위치는 좀더 복잡하다. 국방 관련 분야에서는 소련의 기술력이 부유한 서방국

---

1) 수학 주 : 분기점을 계산하기 위해서 먼저 두 나라 간 기술수준의 비율과 효율성의 비율을 같다고 두고 식 (10.2)와 (10.3)을 결합하여 다음 식을 얻는다.

$$(1+g)^{-G} = \left(\frac{A_{\text{India}}}{A_{\text{US}}}\right)^{1/2}$$

위 식에 로그를 취하고 정리하면 다음과 같이 G를 구할 수 있다.

$$G = -\frac{\ln(A_{\text{India}}/A_{\text{US}})}{2 \times \ln(1+g)}$$

가들과 동등한 수준이었지만 소비재의 생산과 같이 국가적인 우선순위에서 떨어지는 분야에서는 소련의 기술력이 서방세계에 뒤떨어져 있었다. 그럼에도 불구하고 소련이 가지고 있던 도구들과 우선순위가 높은 기술들을 응용하는 데서 보여 준 능력을 감안할 때 소련이 부유한 나라들에 비해 기술적으로 그렇게 뒤떨어져 있었다는 것은 믿기 어렵다.

소련은 그 기술력에도 불구하고 산출물의 생산에 있어서는 하나의 실패작이었다. 고르바초프가 집권한 1985년 소련의 1인당 GDP는 미국의 3분의 1에도 미치지 못했고 그 이전 10년간 1인당 소득의 연평균 성장률은 1% 미만이었다.[2] 이와 같이 형편없는 실적이 기술수준이나 요소축적의 결함 때문이라고 할 수는 없으므로 다른 이유를 찾는다면 그것은 낮은 효율성일 수밖에 없다.

소련경제가 보여 준 비효율의 한 원인은 1928년 스탈린의 1차 '5개년 계획'과 함께 시작된 계획경제였다. 계획경제하에서는 노동, 자본, 원자재가 어떻게 배분될 것인지 무엇이 생산될 것인지 어느 기업이 어느 기업에 자재를 공급할 것인지 등을 정부관료들이 결정하였다. 이론적으로는 그러한 중앙집중식 계획경제가 시장경제보다 비효율적이라고 단정할 수 없고 오히려 시장경제보다 더 효율적일 수도 있다. 생산요소들을 가장 그것들의 가치를 높게 평가하는 기업으로 배분하여 기업들로 하여금 수요가 많은 제품을 생산하도록 하며 수요와 공급의 균형을 유도하는 기능을 하는데, 실제로 경제계획자들은 이처럼 경제활동을 조정하는 가격의 역할을 제대로 수행하지 못했다. 그 결과 공급부족이 만연하였다. 그나마 있는 소비재라도 사려고 줄을 서서 기다리는 것은 소련에서 생활의 일부로 받아들여졌고 기업이 필요한 생산요소를 얻지 못하는 일이 다반사였으므로 산출량은 감소하였다. 더욱이 생산할당량을 채우기 위해 기업들은 제대로 되지 않은 물건을 만들었다. 유명한 예를 하나 들면 한 못 공장에 못 생산량의 총 무게로 정해진 할당량이 주어졌는데 공장의 경영자는 커다란 못을 생산하여 손쉽게 할당량을 채울 수 있다는 점을 알아차렸다. 하지만 그런 못은 소비자에게는 아무런 쓸모가 없는 것이었다.

소련경제에서 비효율의 두 번째 원인은 경영자와 근로자들을 위한 유인의 부족이었다. 기업에는 이윤 극대화를 추구하는 주인이 없었으며 경영자들에게는 생산비용을 절감해야 하는 유인도 없었고 생산성을 높여 줄 신기술을 사용할 유인은 더더욱 없었다. 너무 많은 재화가 공급부족 상태였기 때문에 기업들 역시 산출물의 품질을 유지할 유인이 없었다. 소비자들은 기업이 생산한 물건이 있기만 하면 덥석 가져갈 판이었다. 공

---

2) Maddison(2001), Appendix C.

장의 경영자들에게는 비생산적인 근로자들을 해고하거나 좋은 성과를 낸 근로자들에게 보상을 할 수 있는 여지가 별로 없었다. 따라서 무단결근이나 작업장에서 만취한 근로자가 부지기수였다. 이렇게 형편없는 사정은 한 유명한 농담에서 잘 드러난다. 공장을 방문한 사람이 경영자에게 묻기를 "여기서 일하는 사람이 몇 사람이나 됩니까?" 하였더니, 경영자가 대답하기를 "절반 정도입니다."라고 하였다.

1990년대 초에 소련이 망하고 공산주의가 막을 내리자 계획경제는 새로운 체제로 바뀌었는데 아직까지는 이 새로운 체제도 특별히 낫다고 보이지 않는다. 자유로운 시장이 문을 열었지만 법치(rule of law)나 명확하게 정의된 재산권과 같이 시장경제의 기능을 뒷받침할 기본적인 틀의 대부분은 아직 갖추어져 있지 않다(이에 관해서는 제12장에서 살펴볼 것이다). 국가가 소유하였던 자원을 서로 차지하려고 싸우는 통에 엄청난 자원이 낭비되었다. 1999년의 한 연구에 의하면 러시아의 생산성은 평균적으로 미국의 19% 수준이었다.[3] 8년 후 2007년의 후속 연구에서는 생산성 수준이 미국의 26%로 밝혀졌다.[4] 이처럼 낮은 생산성은 분명히 기술적 낙후보다는 낮은 효율성에 기인하는 것이다.

1910년의 섬유산업

1910년 미국 뉴잉글랜드 지방의 섬유산업에 종사하는 근로자들은 유사한 직종의 영국 근로자들보다 50% 더 많은 임금을 받았으며 프랑스나 독일 근로자들의 2배, 이탈리아나 스페인 근로자의 3배, 일본, 인도, 중국의 근로자들에 비해 10배의 소득을 올렸다. 20세기 초에 미국정부는 이처럼 커다란 임금격차의 원인을 알아보려고 철저한 연구를 하였다. 조사자들이 세계의 주요국으로 파견되어 각국의 면직물 산업에 대해 조사하면서 사용되는 기계의 유형이나 원자재의 비용, 생산되는 면직물의 품질 등에 관한 자료를 기록하였다. 이 연구의 결과로 당시로서는 세계적으로 가장 중요했던 한 산업에 대해 매우 상세하게 살펴볼 기회가 생겼다.[5]

미국정부가 행한 이 연구에서 가장 중요한 발견은 어떤 나라가 다른 나라보다 더 앞선 생산방법을 사용한다는 의미에서의 기술적 차이는 임금격차를 설명하는 데 있어 거의 무용지물이었다는 것이다. 이유는 섬유산업에서 사용되었던 기술이 연구대상이 된 나라마다 거의 같은 것이었기 때문이다. 실제로 생산에 사용된 기계의 대부분은 영국

3) McKinsey Global Institute(1999).
4) McKinsey Global Institute(2009).
5) Clark(1987).

에서 만들어져 세계 각국에 수출된 동일한 것이었다. 원자재의 차이도 국가 간 임금격차를 설명하지 못하였다.

그렇다면 이렇게 큰 임금격차를 설명할 수 있는 요인은 무엇이었을까? 핵심적인 요인은 근로자들의 효율성이라고 보인다. 섬유산업에서는 직기와 같은 기계의 형태로 투입되는 자본과 이 기계들을 관리하는 근로자들의 노동력이 결합되어 산출물이 생산되었다. 〈그림 10.1〉은 18개국에 대하여 근로자 한 사람이 관리하는 기계의 대수와 평균주급에 관한 자료를 그래프로 보여 준다. 양자 간의 관계는 뚜렷하다. 근로자가 더 많은 기계를 관리하는 나라에서 임금은 더 높았다. 임금이 높은 나라의 근로자 한사람은 임금이 낮은 나라의 근로사들보다 6배나 더 많은 기계를 관리하기도 하였다. 마찬가지로 놀라운 것은 부유한 나라의 근로자들이 더 많은 기계를 관리하였다고 해서 이들 나라의 기계들이 덜 생산적인 것도 아니었다는 것이다. 만약 가난한 나라에서 자본 대신 노동을 많이 사용하는 것이었다면 가난한 나라에서보다 부유한 나라에서 자본의 생산성이 낮았을 것이다. 하지만 실상은 이와는 반대로 선진국의 직기는 기계를 관리하는 근로자의 수가 적음에도 불구하고 더 많은 산출량을 내고 있었다.

그러나 만약 근로자 한 사람이 관리하는 기계 대수에 차이가 있다는 것이 임금격차

▶ **그림 10.1**
섬유산업의 임금과 기계, 1910년

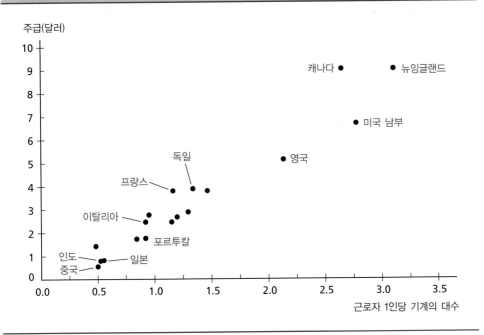

자료 : Clark(1987).

를 설명하는 것이라면 새로운 의문이 떠오른다. 왜 부유한 나라의 근로자들은 훨씬 더 많은 기계를 관리할 수 있었던 것일까? 근로자의 건강상태나 교육수준 등의 차이가 그 이유인 것은 아닌 것 같다. 그보다 공장의 조직과 노동관행의 차이가 주된 설명이라는 것이 분명하다. 가난한 나라의 근로자들도 더 많은 기계를 관리할 능력이 있었지만 경제가 편제되는 방식의 어떤 점이 그렇게 하지 못하게 만든 것이다. 이 '어떤' 점이 바로 우리가 이 장에서 살펴보는 효율성의 개념이다.

이처럼 효율성의 커다란 차이는 오늘날 자료를 분석해 본 경제학자들에게와 마찬가지로 당시의 섬유산업 분석가들에게도 이해하기 어려운 것이었다. 1920년 인도를 방문한 한 미국인이 근로자 한 사람이 관리하는 기계의 수를 보고는 다음과 같이 말하였다. "그들이 그리 어렵지 않게 더 많은 기계를 담당할 수 있다는 것은 분명하였다. …… 간곡한 부탁이나 야망, 소득을 올릴 수 있는 기회, 그 어떤 것으로도 그들을 설득할 수 없다." 1928년에 봄베이에서 경영자들이 근로자 1인당 기계의 수를 늘리려고 시도하였다가 일대 파업이 일어났다.

산업 내 생산성의 차이

컨설팅 회사 매킨지(McKinsey)의 최근 연구에서 세계에서 가장 큰 산업국가인 미국, 일본, 그리고 독일의 세 나라에서 개별 산업의 생산성에 대하여 분석한 적이 있다. 연구자들은 자본과 노동투입과 생산편제에 관한 상세한 정보를 수집하고 각 산업에 대하여 우리가 제7장에서 본 것과 유사한 방법으로 생산성의 측정값을 계산하였다. 〈표 10.2〉는 자동차, 철강, 식품, 통신의 네 산업에 대한 생산성 계산결과와 다른 산업들을 다 포함한 총생산성의 측정값을 보여 준다.[6]

표가 보여 주는 바와 같이 연구 결과 국가 간 상대적인 생산성에 있어 흥미로운 차이가 드러났다. 일본의 철강과 자동차산업은 미국이나 독일보다 생산성이 높았으나 일본의 식품산업 생산성은 다른 나라의 절반 수준이었다. 독일의 생산성은 미국에 가까운 수준이었지만 유독 통신산업의 생산성은 매우 낮았다. 개별산업에서의 생산성 격차는 총생산성보다 훨씬 크게 나타났다.

이처럼 생산성의 격차가 크게 나타난 것의 원인은 무엇일까? 이들 나라들은 세계기술의 첨단에 있는 나라들이고 이들 나라 간에 아이디어는 자유롭게 흘러 다니므로 기술의 차이가 원인이라고 생각하기는 어렵다. 더욱이 만약 기술격차가 이러한 생산성

---

6) Baily and Solow(2001).

▶ 표 10.2

1990년대 초 몇 산업의 생산성

구분	미국	일본	독일
자동차	100	127	84
철강	100	110	100
식품	100	42	84
통신	100	51	42
총생산성	100	67	89

격차의 뿌리에 있다면 연구결과로 나타난 생산성의 양태를 설명하기 어려워진다. 한 논평자가 말했듯이 "만약 이러한 생산성 격차를 기술격차 때문이라고 한다면 왜 일본의 사업가들이 자동차부품생산에 쓰이는 기술을 배우고 발전시키는 데 성공하였으면서도 생선을 냉동시키는 기술을 배우고 개발하는 일에는 무능하였는지 이해하기 어렵다."[7] 기술격차 이외의 어떤 것이 이러한 국가 간 생산성 격차를 설명한다는 또 하나의 증거는 이러한 생산성 격차는 부분적으로 한 나라 안에서도 볼 수 있다는 것이다. 예를 들어 유럽의 포드 자동차공장은 일본의 적시생산기법(just-in-time production techniques, 제조업자가 매우 적은 양의 부품재고를 갖고 생산하는 기법)을 들여오지 못했는데 미국의 포드 자동차공장은 들여 왔다. 마지막으로 어떤 경우에는 더 앞선 기술을 가진 나라에서 생산성이 더 낮기도 하다. 한 예로 세계에서 가장 기술적으로 앞선 맥주 양조기계가 독일에서 만들어져 세계로 수출됨에도 불구하고 독일의 맥주산업은 생산성이 낮다.

이러한 생산성 격차를 설명하는 더 나은 방법은 연구의 저자들도 포착한 바와 같이 국가 간 생산편제의 차이다. 예를 들어, 일본의 자동차 제조업자들은 공정 합리화와 생산성 향상을 위해 그들의 부품납품업자들과 매우 긴밀한 관계를 유지한다. 이와는 대조적으로 독일과 미국에서는 자동차 제조업자와 부품 납품업자 간의 관계가 보다 적대적이다. 납품업자들은 생산성이 향상되면 납품을 받는 회사들이 가격을 깎으려고 할까봐 염려하고 따라서 효율성을 높이려는 유인이 감소한다. 일본의 식품산업은 일본의 자동차산업과 철강산업을 합한 것보다 더 많은 근로자들을 고용하고 있는데 연구의 저자들에 의하면 식품산업의 낮은 생산성은 '농업과 유통을 둘러싸고 복잡하게 얽혀있는 규제와 관습의 거대한 그물' 때문이었다.

---

7) DeLong(1997).

산업 내 생산성 차이는 한 국가 안에서도 뚜렷이 나타난다. 광범위하게 연구가 이루어진 사례로 미국의 의료 산업을 들 수 있다. 의료 산업의 비중은 2011년 기준으로 미국 GDP의 18%다. 개인이 받는 의료 서비스의 양은 미국 내에서도 지역에 따라 엄청난 차이를 보이지만, 이러한 지출의 결과로 나타나는 건강 상태의 지역 간 차이는 거의 없다. 예를 들어, 인구의 연령 구조 차이를 감안하여 조정한 1인당 의료 서비스의 양은 마이애미가 호놀룰루의 약 3배에 달한다.[8] 의료비 지출이라는 투입의 엄청난 차이에도 불구하고 건강상태라는 산출의 양에는 차이가 없다는 것은 기술에 차이가 없다고 한다면 그만큼 효율성의 수준이 다르다는 증거다.

외과의사이자 기자인 아툴 가완데(Atul Gawande)는 인구 구조가 비슷한 텍사스의 두 카운티에 대해 상세히 조사했는데, 이 두 지역의 의료 서비스 사용율은 2배의 차이가 났다. 맥알렌(McAllen) 카운티의 환자들은 엘파소(El Paso) 카운티의 환자들보다 더 많은 검사와 치료 및 수술을 받았지만 두 지역 간 건강 상태의 차이는 없었다. 가완데는 두 지역 간 차이가 수입을 늘리기 위해 진료 행위를 더 많이 하는 것이 얼마나 허용될 수 있는지에 관한 의사들의 규범적인 차이에서 비롯되는 것이라고 보았다.[9]

미국의 지하 석탄채굴, 1949~1994년

앞에서 본 두 사례연구는 다른 나라들에서 동일한 산업을 비교하였다. 기술격차로부터 기인한 것이라고 보기에는 어려운 생산성 격차가 크게 존재한다는 것을 확인할 수 있었다. 우리의 결론은 생산성의 격차가 크게 나타나는 것은 그만큼 커다란 효율성의 차이가 있기 때문이라는 것이었다.

하지만 앞의 두 사례연구에서는 드러나지 않은 기술격차가 있을지도 모르고 이것이 생산성 격차의 원인이라고 생각할 수도 있다. 이제 우리가 살펴볼 사례연구에서는 한 나라의 한 산업에 대하여 살펴본다. 더욱이 우리는 생산성이 급격하게 하락한 경우에 대해 초점을 둘 것이다. 이 시기에 기술이 후퇴하고 있었다고 보기는 어려우므로 생산성의 하락이 효율성의 하락에 의한 것이라고 결론을 내리는 편이 더 안전하다.

우리가 살펴볼 산업은 미국의 지하 석탄채굴이다.[10] 〈그림 10.2〉는 1949~1994년 기간 중 근로시간당 석탄채굴량을 나타내고 있다. 이 기간 중 근로시간당 산출량은 기술향상과 자본축적을 반영하여 대체로 꾸준한 증가를 보여 준다. 그러나 1969년과

---

8) Gottleib et al.(2010).

9) Gawande(2009).

10) Parente and Prescott(2000).

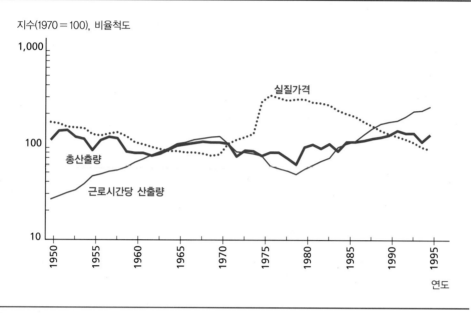

▶ 그림 10.2

미국 노천탄광의 산출량, 가격, 근로시간당 산출량 : 1949~1994년

지수(1970 = 100), 비율척도

자료 : Parente and Prescott(2000).

1978년 사이에는 어리둥절하게도 이러한 추세의 반전이 나타났다. 근로시간당 산출량이 절반으로 뚝 떨어진 것이다. 같은 시기에 석탄의 총채굴량은 거의 변화가 없었다. 즉, 똑같은 양의 석탄을 생산하기 위해 2배의 노동력을 사용한 것이다.

이러한 생산성 하락의 이유는 그림에서 찾을 수 있다. 그림에는 같은 기간 동안 석탄의 실질가격이 표시되어 있다. 1970년대에 석탄가격은 급격한 상승을 보이는데 대부분이 유가의 상승에 기인한 것이다. 석탄수요가 늘어나면서 석탄채굴회사의 이윤이 증가하였다. 석탄회사의 이윤증가로 광부노조는 협상에서 더 유리하게 되었는데, 이는 파업이 발생할 경우 회사가 감당해야 할 비용이 더 커졌기 때문이다. 노조는 이러한 점을 이용하여 작업수칙을 바꾸고 고용을 늘렸는데 이 때문에 생산성이 하락하였다. 고용주가 어쩔 수 없이 생산에 필요한 것보다 더 많은 근로자를 고용하게 되는 상황에 이르게 하는 것을 가리켜 과다고용요구(featherbedding)라고 한다.

석탄산업의 생산성 추세는 1978~1994년 기간 중 다시 반전을 보이는데 이때는 생산성이 3배로 증가하였다. 기술진보가 급속하게 일어난 것도 아니었다. 이러한 생산성 향상의 이면에는 노조가 없는 서부의 노천 탄광으로부터의 경쟁에 기인한 석탄가격의 하락과 유가의 하락이 함께 요인으로 작용하였다. 지하탄광은 생산성을 높일 것이냐

아니면 탄광을 폐쇄할 것이냐의 기로에 서 있었으며 광부노조의 협상력은 그만큼 약화
될 수밖에 없었다.

10.3 비효율의 유형

앞 절에서 비효율의 여러 가지 예를 보았다. 경제학자들이 알고 있는 수백 가지 비효
율의 예들과 함께 이러한 사례연구를 기초로 대부분의 경제에 실제로 커다란 비효율이
존재한다는 결론에 확신을 가질 수 있다. 더 나아가 왜 비효율이 생기는지 비효율이
가장 심각한 것은 어디서인지 등을 다루는 완결된 비효율이론이 있다면 좋을 것이다.
그러한 이론이 아직은 존재하지 않지만 우리는 비효율에 대해 보다 일반화하려는 시도
는 할 수 있을 것이다. 우선 다양한 유형의 비효율을 정리해 볼 수 있다.

　아래의 내용은 경제가 비효율적일 수 있는 다섯 가지 서로 다른 방식에 관한 것이
다. 어떤 경우에는 자본이나 노동과 같은 자원이 경제적 가치가 없는 곳에 쓰이거나
아예 사용되지 않는다. 자원이 생산에 사용되기는 하지만 경제의 엉뚱한 부문이나 기
업으로 배분되어 제대로 활용되지 않는 경우도 있다. 마지막으로 경제가 가진 생산의
투입요소들로 더 높은 산출을 낼 수 있는 기술이 다양한 힘에 의해 사용되지 못하는
경우도 있다.

비생산적 활동

비효율의 한 유형은 자원이 생산적인 활동에서 비생산적 활동(unproductive activity)으
로 유용되어 경제적 가치가 없는 곳에 쓰이게 될 때 발생한다. 사회 전체로 보아 생산
에 쓰이는 자원이 적을수록 산출량이 적을 것이고 소비할 수 있는 것도 적을 것이라는
점은 분명하다. 따라서 사회적 관점에서 비생산적 활동은 자원을 낭비하는 것이다. 하
지만 비생산적 활동에 종사하는 개인의 관점에서는 그러한 활동은 전적으로 합리적인
것이다. 비생산적인 활동에 종사함으로써 생산적 활동에 종사하는 것보다 더 많은 이
득이 개인에게 발생한다면 말이다. 어떻게 이런 결과가 가능한가? 그러한 비생산적인
활동은 필연적으로 어떤 재분배를 초래하기 때문이다. 즉, 누군가의 산출물을 빼앗아
오는 것이다.

　절도나 밀수와 같은 특정한 비생산적 활동은 불법이다. 이러한 불법적 활동은 예를
들어 도둑질의 경우 생산에 사용되는 대신 남의 집에 침입하기 위해 사용되는 노동력
과 같은 직접적인 자원의 낭비를 초래하는 것에 그치지 않고 자신의 재산을 빼앗기지

않으려는 사람이 경비원을 고용하거나 경보기를 설치하는 등의 비생산적인 지출을 하도록 만든다. 많은 나라에서 불법적인 전용(appropriation)에 대비한 방어비용은 매우 높다. 한 예로 1992년 러시아의 소매업자들은 '보호' 명목으로 매출의 20%를 갈취당하는 것이 예사였다. (이는 결국 갈취하는 자들로부터의 '보호'를 위한 것이다!)[11] 어떤 가난한 나라에서는 비생산적 활동에 몸값을 받기 위한 납치, 산적질, 심지어 천연자원 개발권을 두고 벌이는 내전 등 다양한 형태를 포함한다. 예를 들어 아프리카의 앙골라는 석유와 다이아몬드 그리고 기타 광물이 풍부한데 1974년부터 2002년까지 27년 동안 내전을 겪었다. 그 결과 1인당 소득은 내전이 시작하기 전보다 낮아졌다. 그러나 평화가 시작된 후 7년만에 1인당 소득은 거의 2배가 되었다.

법이나 정부법령을 이용하여 사적인 이득을 추구하는 비생산적 활동을 **지대추구**(rent seeking)라고 한다. (**경제적 지대**란 어떤 생산요소의 공급을 위해 필요한 수준을 초과하여 그 생산요소에 지불되는 보수를 말한다.) 지대추구는 주로 정부의 정책이 허가나 보호된 독점 등을 통해 인위적인 지대를 창출하는 경우에 발생한다.

지대추구의 가장 흔한 경우는 개발도상국이 어떤 재화의 수입을 제한하기 위해 수입쿼터제를 사용할 때 발생한다. 이 재화의 국내가격은 국제가격보다 훨씬 높기 때문에 수입허가를 얻은 기업은 큰 이윤을 남길 수 있다. 이러한 허가를 따기 위해 수입회사의 경영자들은 자신의 주장을 피력할 목적으로 수도로 자주 여행하고 수입허가권을 나누어 주는 관료의 친척을 고용하거나 정부의 관료가 퇴직할 때 수입이 좋은 자리에 그 관료를 채용하고 혹은 아예 직접적으로 뇌물을 바치는 등 엄청난 노력을 기울인다. 인구 2,100만 명의 멕시코시티, 인구가 1,900만 명인 인도네시아의 자카르타 등 많은 개발도상국들의 수도가 대도시인 것은 기업들이 정부에 의해 창출되는 지대를 획득할 수 있는 가능성을 극대화하려고 수도에 자리잡기 때문이다.[12] 지대추구에 지출되는 직접적 비용에 추가하여 두 번째 형태의 낭비는 가장 유능하고 명석한 인재들이 생산부문에서 일하기보다 뇌물이라는 보상을 받으려고 정부관료가 되려고 할 때 나타난다.

사람들이 자기 몫을 더 크게 하려고 애쓰는 대신 생산적인 곳에 노력을 기울이는 정도는 물론 이러한 두 활동에 대한 상대적인 보수의 크기에 달려 있다. 지대추구에 대한 보수가 크다면 유능한 사람들이 거기에 몰릴 것이다. 생산적인 활동에 대한 보수가 더 크다면 사람들의 재능이 생산적인 활동에 쓰일 것이다. 이 두 활동에 대한 상대적인 보수의 크기는 다시 경제의 제도적 구조에 따라 다르다. 예를 들어, 경제에 대한 정

---

11) Åslund & Dmitriev(1999).

12) Ades and Glaeser(1995).

부의 간섭이 심하다면 정부의 규제에 영향력을 행사함으로써 큰 이득을 볼 수 있다. 상대적으로 깨끗한 정부를 가진 나라에서도 많은 재능과 노력이 지대추구에 낭비되고 있다. 비싼 신발을 신고 그곳을 누비는 고소득 로비스트들이 많다고 해서 구찌 협곡이라고 별명이 붙은 미국의회 건물의 복도를 보면 알 수 있다.

유휴자원

비효율의 두 번째 유형은 노동과 자본이 전혀 사용되지 않고 있는 경우이다. 이와 같은 **유휴자원**(idle resources)은 여러 가지 형태를 가질 수 있다. 근로자의 경우 비효율은 근로자가 직장이 없는 실질적인 실업(unemployment)이나 근로자가 직장은 있지만 고용된 시간보다 생산에 쓰는 시간이 적은 불완전고용(underemployment)을 모두 포괄한다. 자본도 이와 마찬가지로 공장이 사용되지 않고 있는 경우처럼 실업상태에 있거나 공장이 그 생산력의 일부만 사용하는 경우처럼 불완전고용 상태에 있을 수 있다.

근로자와 자본의 실업은 종종 거시경제의 불안정성의 결과다. 1939년에 미국의 루즈벨트 대통령은 대공황의 문제를 '사용되지 않는 사람들과 자본'의 문제로 보았다. 사실 대공황은 미국경제가 극심한 비효율을 보여 준 시기이다. 1929년과 1933년 사이에 기술수준이 퇴보하거나 생산요소 투입량이 감소한 것도 아니었는데 GDP가 30%나 감소하였다. 달리 말하면, 1933년 미국경제는 1929년에 비해 70% 정도의 효율성을 보인 것이다. 제2차 세계대전 이후 선진국에서 그러한 경기의 하강은 매우 완만하고 짧아졌다. 하지만 많은 개발도상국에서는 고질적인 거시경제의 불안정성이 경제의 비효율성과 그에 따른 낮은 산출량의 주요한 요인으로 여전히 남아 있다.

불완전고용은 흔히 필요 이상의 근로자를 고용하도록 하는 제도적인 설정의 결과로 나타난다. 국유기업의 과다고용은 악명이 높다. 2002년에 정리되기 전까지 11개의 아프리카 국가들의 정부연합의 소유였던 아프리끄 항공사(Air Afrique)가 으뜸가는 사례다. 2001년 이 항공사는 8대의 항공기와 4,200명의 종업원을 고용하고 있었다. 이는 항공기 한 대당 종업원 수가 500명이 넘는다는 것이다. 이와 대조적으로 영국의 이지젯(EasyJet)과 같은 가장 효율적인 유럽의 항공사들은 항공기 한 대당 종업원 수가 66명이다. 엄청난 종업원 수에도 불구하고 아프리끄 항공사의 서비스는 형편없었다.[13] 많은 개발도상국에서는 이와 유사한 과다고용의 경우가 많은데, 예를 들어 학력이 높은 근로자들을 비대하고 비생산적인 정부관료로 채용하여 고용을 보장해 주기도 한다. 그

---

13) "새로운 아프리끄 항공사?" *The Economist*, 2001년 8월 25일자.

러나 정부가 야기하는 불완전고용의 문제는 개발도상국에만 있는 것은 아니다. 한 예를 들면 20세기 중반 미국과 캐나다의 철도는 석탄을 때는 증기기관차에서 디젤엔진으로 전환하였는데 이러한 기술적인 변화로 석탄을 퍼 넣는 화부(fireman)가 필요없게 되었다. 하지만 정부의 규제와 노동조합의 계약은 디젤 기관차에도 화부가 있어야 한다고 규정하였다.

비생산적 활동의 경우와 마찬가지로 근로자의 불완전고용도 산출량을 더 늘리는 것이 아니라 한 사람으로부터 다른 사람으로 자원을 옮기는 결과를 낳는다. 일하지 않고 보수를 받는 사람은 경제 내의 다른 사람으로부터 보조금을 받는 것이다. 그 보조금을 마련한 것은 그의 고용주나 동료 근로자, 정부 혹은 그의 회사가 생산하는 새화의 소비자들이다. 비록 그는 자신의 노동력을 비생산적으로 사용함으로써 생산적으로 사용할 때보다 더 경제적으로 이득을 보았을지라도 사회 전체적으로는 경제적 손실을 보고 있는 것이다.

생산요소의 부문 간 배분착오

방금 서술한 비효율의 두 유형인 비생산적 활동과 유휴자원의 문제는 가용한 자원이 생산적인 활동에 사용되고 있지 않을 때 발생한다. 비효율의 또 다른 유형은 자원이 생산적으로 사용되기도 하지만 엉뚱한 곳에서 사용될 때 발생한다. 이러한 **배분착오**(misallocation)의 경우에는 자원이 전혀 사용되고 있지 않는 경우에 비하여 비효율의 문제가 덜 뚜렷하게 나타난다. 하지만 배분착오의 문제도 효율성에 커다란 영향을 미친다.

경제성장과 관련하여 비효율의 중요한 유형은 **부문 간 배분착오**(misallocation among sectors), 즉 자원이 경제의 적절한 부문에 배분되지 못하는 경우다. 여기서 부문은 한 나라의 다양한 지역을 의미하는 것일 수도 있다. 또 달리 해석하면 대부분의 가난한 나라의 경제는 선진적인 생산양식과 편제를 사용하여 보다 산업화된 경제를 닮은 도시부문과 생산기술이 원시적인 상태로 남아 있는 농촌부문으로 구분될 수 있다.

부문 간 자원배분이 잘못되는 일은 왜 발생하는 것일까? 배분착오가 발생하는 과정을 보기 위해서는 한 걸음 물러서서 보다 기본적인 물음을 던져볼 필요가 있다. 애초부터 자원배분이 최적으로 이루어질 것이라고 기대할 이유가 있는가?

이 문제를 매우 간단한 설정을 통해 알아보자. 한 경제에 두 부문이 있고 각각을 1부문과 2부문이라고 부르자. 각 부문은 고유한 생산함수를 가지고 있고 이를 통해 자본과 노동이 산출물로 변환된다. 이 경제의 총산출량은 두 부문에서의 산출량의 합이다.

간단한 질문을 하나 해 보자. 각 부문의 자본투입량이 고정되어 있다고 할 때 경제의 총산출량을 극대화하기 위한 두 부문 간 최적의 노동투입 배분은 무엇일까? 경제학의 기초과목에서 배운 바대로 두 부문에서 노동의 한계생산물이 같아질 때 총산출량이 극대화된다.

〈그림 10.3〉은 노동의 최적배분을 보여 준다. 그림에서 가로축은 각 부문의 노동투입량을 나타낸다. 한 곡선은 1부문에서의 노동의 한계생산물을 1부문에서의 노동투입량의 함수로 다른 곡선은 2부문에서의 노동의 한계생산물을 2부문에서의 노동투입량의 함수로 각각 보여 준다. 2부문을 나타내는 곡선은 가로축을 반대로 돌려놓은 것처럼 그려져 있어 왼쪽에서 오른쪽으로 가면서 2부문의 노동투입이 감소한다. 두 곡선이 만나는 점은 두 부문 간 노동의 최적배분을 나타낸다.

〈그림 10.4〉는 두 부문에서의 노동의 한계생산물이 일치하지 않는 경우를 보여 준다. 이 경우 노동은 1부문에 너무 많이 배분되어 있다. 그래서 1부문의 노동의 한계생산물(MPL_1)은 2부문의 노동의 한계생산물보다 낮다. 근로자 한 사람이 1부문에서 2부문으로 이동한다면 1부문의 산출량은 MPL_1만큼 줄어들고 2부문의 산출량은 MPL_2만큼 늘어날 것이다. 그러면 총산출량은 $MPL_2 - MPL_1$만큼 변화한다. 비효율적인 배분으로부터 효율적인 배분으로 이동하면 그림에서 색칠된 삼각형의 크기만큼 총산출량이 증가할 것이다.

▶ 그림 10.3
노동의 부문 간 효율적 배분

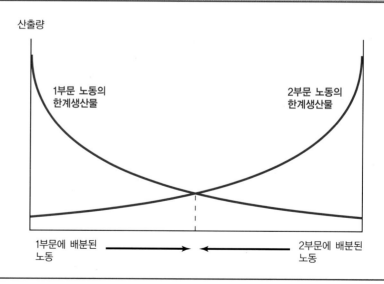

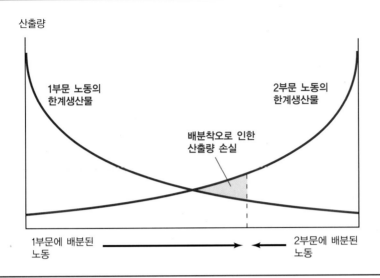

> **그림 10.4**
> 노동이 1부문에 과배분된 경우

산출량

1부문 노동의
한계생산물

2부문 노동의
한계생산물

배분착오로 인한
산출량 손실

1부문에 배분된
노동

2부문에 배분된
노동

잘 작동되는 시장경제에서는 두 가지 힘이 작용하여 노동의 부문 간 최적배분이 자동으로 달성된다. 첫째, 우리가 제3장에서 보았듯이 노동은 한계생산물만큼 임금을 받는다. 둘째, 똑같은 1단위의 노동에 대하여 한계생산물과 임금이 부문 간에 서로 다르다면 근로자들은 한계생산물이 낮은 부문에서 한계생산물이 높은 부문으로 이동하려는 강한 유인을 갖는다. 이러한 노동의 이동은 한계생산물이 높은 부문의 임금을 낮추고 한계생산물이 낮은 부문의 임금을 높인다. 노동의 이동은 두 한계생산물이 같아질 때까지 계속되어 결국 총산출량이 극대화된다. 임금소득을 극대화하려는 개인의 선택이 모여서 사회적 총산출량을 극대화하는 이러한 과정이 바로 애덤 스미스가 『국부론』에서 칭송한 '보이지 않는 손'이다.

이제 앞서 제기된 질문에 답할 수 있다. 최적이 달성되지 않는 이유는 무엇인가? 이는 생산요소가 그 한계생산물에 따라 배분되지 못할 수 있기 때문이다. 여기에는 두 가지 원인이 있을 수 있다. 요소에 지불되는 보수의 차이를 보고 생산요소가 부문 간에 이동할 수 없거나 요소에 지불되는 보수가 한계생산물을 반영하지 못하기 때문이다. 이들 두 가지를 차례로 살펴보자.

요소의 이동을 막는 요인들

부문 간 요소의 이동을 막는 장애요인들이 있으면 임금격차가 지속될 수 있다. 이러한 장애가 클수록 한계생산물의 차이가 더 크게 유지될 수 있고 비효율의 정도도 더 클 것이다.

부문 간 요소이동의 장애요인 중 한 형태는 지리적 고립이다. 한 지역에서 다른 지역으로 이동하는 것은 경제적, 심리적 비용이 들기 때문에 지역 간 임금격차는 오랫동안 사라지지 않을 수 있다. 그러나 통신과 운송의 비용이 낮아지면서 임금격차에 관한 정보를 얻기가 더 쉬워질 것이고 근로자들이 가장 높은 임금을 받는 곳으로 이동하기가 더 쉬워지면서 효율성이 증대된다.

요소의 이동을 막는 또 한 형태는 임금이 높은 부문에서 최저임금이 적용될 때 발생한다. 이 경우에 사람들이 임금이 낮은 부문에서 임금이 높은 부문으로 이동하는 과정이 방해받게 된다. 임금이 높은 부문의 기업들은 임금이 낮은 부문으로부터 근로자를 더 많이 고용하게 되면 한계생산물이 최저임금에 미치지 못하게 되므로 고용을 늘리지 못하게 된다.

한계생산물과 임금의 불일치

만약 근로자들에게 지불되는 임금이 한계생산물과 다르다면 노동의 한계생산물의 부문 간 차이가 그대로 임금의 차이에 반영되지 않을 것이므로 근로자들의 부문 간 이동을 위한 유인이 없게 될 것이다. 이러한 현상의 흔한 예는 개발도상국에서 가족농장에 노동이 지나치게 많이 투입되는 것이다. 한 농장에서 함께 일하는 가족구성원들은 공식적인 '임금'을 받지 않는다. 대신 농장의 산출물을 가족구성원 사이에 똑같이 나누어 가지는 것이 일반적이다. 경제용어로 말하면 근로자들에게 한계생산물을 지불하는 것이 아니라 **평균**생산물을 지불한다는 것이다. 토지의 투입량이 고정되어 있는 농장의 생산은 노동의 한계생산물이 감소한다는 특징이 있으므로 근로자가 받는 보수는 한계생산물보다 더 클 것이다. 이와는 대조적으로 농장을 떠나 산업부문에서 일하게 되는 근로자가 거기서 받을 보수는 한계생산물과 같을 것이다. 〈그림 10.5〉는 그 결과 농업의 한계생산물이 제조업의 한계생산물보다 낮을 것이라는 것을 보여 준다.

임금이 한계생산물과 일치하지 않는 또 한 가지 이유는 노동시장에 분리나 차별이 있어서 생산적으로 일할 수 있는 사람들이 특정 부문에서 일하지 못하기 때문이다. (이들이 만약 그 부문에서 일한다 해도 임금을 받지 못할 것이다.) 한 예를 들면, 1960년 미국에서 백인 남성 근로자의 18%는 기업의 중역이나 관리자, 기술자, 의사, 변호사 등의 고숙련 직업에 종사하고 있었다. 이에 반해 백인 여성, 흑인 남성, 흑인 여성의 같은 비율은 각각 3%, 3%, 1%에 불과했다. 이 네 그룹 간에 타고난 능력의 차이가 없다면 이처럼 첨예한 직업군 간 분류는 재능의 오배분을 의미한다. 고숙련 직종에서 생산적으로 일할 수 있는 사람이 성별이나 인종에 따른 차별로 인해 자신이 비교우위를 갖

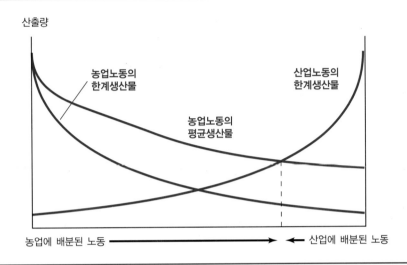

그림 10.5

농업근로자의 보수가 평균생산물과 같아서 노동이 농업으로 과배분된 경우

지 못한 다른 직업에 종사하고 있다는 것이다. 미국의 법적·사회적 환경이 변화하면서 노동의 배분에 변화가 생긴 것도 사실이다. 2007년에는 백인 남성 근로자의 24%가 고숙련 직종에 종사하고 있었고, 같은 비율이 백인 여성, 흑인 남성, 흑인 여성의 경우 각각 17%, 15%, 13%였다. 한 최근 연구에서는 1960년부터 2008년 사이에 미국에서 관찰된 평균 임금의 증가 가운데 약 20%가 여성과 흑인 근로자의 효율적 배분에 대한 장벽이 줄어든 것에 기인한다고 추정하였다. 이러한 장벽들을 낮추는 것은 미국 남부와 다른 지역 간의 소득이 수렴하는 현상의 상당 부분을 설명해 주기도 한다.[14]

부문 간 재배분으로부터 얻는 효율성 이득

위의 분석은 생산요소의 부문 간 배분착오가 경제적 비효율의 중요한 유형이라는 것을 보여 준다. 따라서 생산요소를 한계생산물이 낮은 부문으로부터 높은 부문으로 재배분하는 것은 경제성장의 주요한 원천이 될 수 있다. 사실 생산요소의 재배분을 통한 성장의 예가 있다면 이는 애초에 배분착오와 비효율이 있었다는 것의 반증이다(이 장의 부록은 부문 간 재배분이 생산성의 증가율에 미치는 영향을 분석하고 있다).

농업으로부터 제조업으로의 부문간 재배분은 '아시아의 호랑이' 중 두 나라인 대만과 한국의 급속한 성장에 있어 주요한 요인이었다. 대만의 근로자 1인당 산출량은 1966~1991년 기간 중 연평균 5.4%의 속도로 증가하였는데, 이 중 0.7%는 농업으로부

---

14) Hsieh, Hurst, Jones, and Klenow(2011).

터의 이탈에 기인하는 것이었다. 한국에서도 이와 유사하게 연평균 성장률 5.6% 중 0.6%가 부문 간 재배분에 의한 것이었다. 1960년과 1990년 사이에 한국의 경제활동인구 중 농업부문 종사자의 비중은 61%에서 18%로 하락하였다. 미국에서는 이와 유사한 변화가 훨씬 오랜 기간에 걸쳐 일어났다. 1880년 미국 경제활동인구의 농업부문 종사 비율은 50%였고 당시 농업부문의 평균임금은 제조업의 20% 수준이었다. 1980년에 이르러서는 농업에 종사하는 인구의 비율은 불과 3%로 감소하였고 농업부문의 임금수준은 제조업의 69%로 상승하였다.[15]

지역 간 이동이 쉽다는 것도 미국경제가 높은 효율성을 보이는 이유 중 하나다. 미국인들은 경제적 이득을 위해 쉽게 다른 지역으로 옮겨가는 것으로 유명하다. 여기에는 커다란 나라가 하나의 공통언어를 사용한다는 것도 한몫을 하였다. 이와는 대조적으로 유럽에서는 지역 간 이동이 전통적으로 적었다. 그 이유는 부분적으로는 유럽인들이 미국인에 비해 출생지에 따라 그들의 문화적 배경이 크게 다르다는 것이다. 예를 들어, 1980년대와 1990년대에는 매년 미국인의 3%가 다른 주로 이사를 했는데 반해, 같은 기간 동안 다른 지역으로 이사간 이탈리아인들은 1%에 불과하다.[16] 많은 나라에서 지역 간 이동이 적은 이유는 사람들이 경제적으로 더 기회가 많은 지역으로 옮겨가도록 장려하지 않고 오히려 경제적으로 낙후된 지역에 머물도록 정부가 정책적으로 보조하기 때문이다.

오늘날 노동의 재배분에 관한 가장 극적인 예는 중국에서 찾을 수 있는데 근로자들은 농업에서 제조업으로 그리고 가난한 내륙지방에서 번영하는 해안지방으로 옮겨가고 있다. 1980년과 2008년 사이에 농업에 종사하는 경제활동인구의 비율은 69%에서 40%로 낮아졌다.[17] 중국 해안지방의 평균소득은 이제 내륙지방의 2배 이상이다. 대부분의 이주가 불법이기 때문에 해안지방으로 이주한 사람들의 정확한 수는 알 수 없지만 수천만 명에 이를 것으로 생각된다. 현재 진행 중인 이러한 노동의 재배분은 중국경제가 급성장하는 이유 중 하나이기도 하지만 동시에 중국의 정치사회적 구조에 엄청난 부담으로 작용하는 것도 사실이다.

생산요소의 기업 간 배분착오

경제의 각 부문 간 생산요소의 배분착오가 있을 수 있듯이 **기업 간 배분착오**(misallo-

---

15) Young(1995); Caselli and Coleman(2001); Gollin, Parente, and Rogerson(2001).
16) Bertola(1999).
17) World Development Indicators Database.

cation among firms)도 존재할 수 있다. 기업 간 생산성 격차는 여러 가지 이유가 있을 수 있다. 열등한 기술 열악한 조직이나 좋지 못한 경영 등의 이유로 어떤 기업의 생산성이 낮을 수 있다. 경제가 제대로 작동하는 곳에서는 자원이 생산성이 낮은 기업에서 생산성이 높은 기업으로 이동하여 경제 전체의 생산성 수준을 높일 것이다. 이러한 이동은 기업들이 서로 경쟁하는 과정에서 자연스럽게 일어난다. 같은 가격 수준에서도 생산성이 낮은 기업은 손실을 보는 반면 생산성이 높은 기업은 이윤을 낼 수 있다. 그리하여 생산성이 낮은 기업은 망하고 그 자본과 노동은 생산성이 높은 기업으로 흡수된다.

이러한 자원의 재배분의 과정에서 장애가 될 수 있는 것들도 많다. 생산성이 낮은 기업과 높은 기업이 서로 경쟁하지 않고 높은 가격을 유지하기 위해 담합한다면 생산성이 낮은 기업도 이윤이 많지는 않더라도 살아남게 되어 그 생산요소가 생산성이 더 높은 기업으로 이동하지 않게 된다. 생산성이 낮은 기업은 보조금, 계약상 특혜, 혹은 (생산성이 높은 기업이 해외에 있는 경우에는) 보호무역 등의 형태로 정부의 도움을 받아 살아남기도 한다. 예를 들어 인도에서는 고용된 근로자가 10명 미만인 소규모 기업은 근로여건, 근로시간, 근로자의 고용과 해고 등에 대한 여러 가지 규제의 적용으로부터 면제된다. 당연히 인도에서는 근로자가 9명인 기업이 매우 많다.

이런 종류의 기업 간 배분착오는 시장경제가 아닌 곳과 국유기업이라서 이윤을 낼 필요가 없는 기업에서 만연하게 된다. 국유기업에서는 근로자의 임금이 그들이 생산하는 양과 무관하게 주어진다. 근로자들이나 다른 자원들은 가장 생산적으로 쓰일 곳에 배치되는 것이 아니라 경영자의 정치적 영향력과 같은 것에 따라 산업 간에 배분된다.

독점력은 기업 간 노동의 배분이 잘못될 수 있는 또 하나의 이유가 된다. 우리는 부문 간 배분착오를 논의하면서 자유시장경제가 노동의 최적배분을 이루기 위해서는 근로자들에게 지급되는 보수가 노동의 한계생산물과 같아야 한다는 것을 보았다. 그러나 독점기업은 가격을 높게 유지하기 위해 생산량을 억제할 것이고 따라서 노동의 한계생산물이 임금보다 더 높더라도 근로자를 더 고용하지 않을 것이다. 그 결과 독점화된 산업에서의 노동의 한계생산물은 시장이 경쟁적인 다른 산업에서보다 더 높을 것이다. 노동을 지나치게 많이 고용하는 국유기업과는 달리 독점기업은 경제적 효율성의 관점에서 볼 때 노동을 지나치게 적게 고용하는 경향이 있다.

최근의 한 연구는 생산요소의 기업 간 배분착오가 어떤 양상을 보이는지 상세히 서술하고 있다. 만약 자본과 노동이 기업 간에 효율적으로 배분되어 있다면 각 요소의 생산성은 모든 기업에서 같아야 할 것이다. 따라서 요소 생산성의 기업 간 차이는 정

금융과 경제성장

금융제도는 한 경제가 얼마나 효율적으로 작동하는지에 큰 영향을 미친다. 금융제도는 은행과 기타 금융기관들(보험회사나 연기금 등), 주식 및 채권 시장, 그리고 금융 감독 및 규제를 담당하는 정부 기관을 모두 아우르는 말이다. 금융제도는 생산의 효율성을 높일 수 있는 여러 가지 기능을 수행한다. 가장 중요한 것은 자본을 가장 생산성이 높은 곳으로 보내는 일인데, 이를 위해 금융제도는 다양한 투자계획의 잠재적 수익을 평가하고, 대규모 투자가 가능하도록 소규모 저축들을 모으며, 투자 결과를 감독하여 투자자들이 적절한 보상을 받도록 하며, 투자의 위험을 많은 수의 개인 투자자들에게 분산하기도 한다. 금융제도는 거래를 보다 용이하게 함으로써 생산의 특화가 더 많이 이루어질 수 있도록 돕는다. 또한, 여유자금을 가진 사람들로부터 좋은 투자계획(사업계획이나 교육투자)을 가진 사람들로 자금을 이동시킴으로써 제13장에서 살펴볼 소득의 불평등이나 세대 간 경제적 이동성에도 큰 영향을 미친다.*

금융발달의 정도는 여러 가지 척도로 측정된다. 은행 산업 전체의 규모는 종종 은행 예금 총액의 GDP에 대한 비율로 측정된다. 주식시장의 발달 정도는 종종 '회전율(turnover ratio)'이라는 것으로 측정되는데, 이는 상장주식의 총가치 대비 연간 거래액의 비율이다. 금융제도의 발달 정도는 당연히 1인당 GDP와 강한 상관관계가 있다. 게다가 소득수준이 같은 두 나라의 경우라면 금융제도가 앞선 나라가 더 빠른 속도로 성장한다. 제7장에서 공부한 발전회계(development accounting)의 틀을 사용하여 금융발달이 GDP의 직접적인 결정요인들과 어떤 연관이 있는지 살펴볼 수 있다. 실증분석 연구들에 의하면 금융발달과 요소축적 간의 관계보다는 금융발달과 생산성 간의 관계가 더욱 뚜렷하다. 이는 금융발달이 경제적 효율성을 높여 준다는 견해와 일치하는 결과이다.†

소득과 금융발달 간의 강한 상관관계는 어디서 비롯된 것일까? 금융제도의 차이가 국가 간 소득 격차의 원인일까? 아니면 금융제도는 소득에 영향을 미치는 더 궁극적인 요인을 반영할 뿐인 것일까? 이에 대한 확실한 결론은 내려져 있지 않지만, 몇 가지 유형의 근거로부터 얻을 수 있는 잠정적인 결론은 금융에서 소득으로의 인과관계라는 쪽이다.

첫 번째 유형의 근거는 시간적 선후관계이다. 금융제도도 발달되어 있고 성장속도도 빠른 나라들 중 많은 경우에 좋은 금융제도는 경제성장이 일어나기 전부터 정착되어 있었다. 1960년 당시 금융발달 정도로 보아 하위 20% 국가들의 1인당 소득이 1960~2000년 사이에 매년 1.2% 증가한 것이 비해, 상위 20% 국가들은 매년 3.2% 증가하였다.† 이와 유사하게, 금

부의 보조금이나 규제 때문에 발생하는 배분착오가 존재한다는 증거다. 창 타이 쉬(Chang-Tai Hsieh)와 피터 클리노우(Peter Klenow)라는 두 경제학자가 인도(1987~1994), 중국(1998~2005), 미국(1977, 1987, 1997)의 제조업분야 기업들을 조사해 본 결과 인도와 중국에서 기업 간 요소 생산성의 차이는 미국에서보다 훨씬 크다는 것을 발견했다. 예를 들어, 75분위 기업과 25분위 기업의 요소 생산성의 비율이 미국에서는 1.3이지만 중국과 인도에서는 각각 2.3과 2.5였다. 즉, 미국에서는 생산성이 높은 기업의 자본과 노동이 생산성이 낮은 기업에 비해 30% 더 생산적인 데 반해, 중국이나 인

융시장을 자유화한 국가들은 그 후로 대게 산출량 중 가율의 상승을 경험하였다.

두 번째 유형의 근거는 미국의 은행 규제 완화 경험에서 찾을 수 있다. 미국의 각 주는 20세기에 들어 은행 지점의 수를 법적으로 제한하고 있었다. 그 결과 미국의 은행제도는 비효율적인 지역 독점이 그 주축을 이루었다. 1970년대 초반부터는 지점에 대한 규세기 완회되기 시작하였다. 은행시장이 자유화된 주는 그렇지 않은 주보다 더 빠른 경제성장을 경험하였다. 흥미롭게도 은행시장이 자유화된 주의 은행 대출이 증가하지는 않았다는 것이다. 그보다는 성장 가속화의 이유가 은행의 대출 자금이 좋은 투자계획을 가진 사람들에게 효율적으로 배분된 때문인 것으로 여겨진다.[§]

인과관계가 금융에서 성장 쪽으로 흐른다는 것을 시사하는 세 번째 근거는 금융제도가 잘 갖추어진 국가에서 잘되는 산업은 금융제도에 대한 의존도가 높은 산업들이라는 것이다. 만약 고소득국가에서 금융제도가 발달하게 된 것이라면 이런 현상이 관찰될 것이라고 기대하지는 않을 것이다.[**]

금융이 소득수준을 결정하는 중요한 요인이라는 마지막 근거는 투자가 이루어지는 법률적 환경을 비교해 봄으로써 얻을 수 있다. 대부분의 국가에서 투자, 채권자의 권리, 계약 이행, 회계 기준 등에 적용되는 상법의 원형은 영국, 프랑스, 독일, 또는 스칸디나비아 네 국가 중 하나에서 나온 것이다. 그 중에서도 투자자 보호가 가장 강한 것은 영국의 법체계다. 반대로 프랑스의 법체계는 투자자 보호 측면에서 가장 약하다. 이러한 법률적 전통의 차이는 금융발달의 정도와 경제성장의 국가 간 차이에 대한 예측력을 가진다. 한 국가의 법체계의 기원이 경제성장에 미치는 영향을 금융발달이 아닌 다른 경로로 섭명허기는 어려우므로 이는 금융에서 경제성장으로 흐르는 인과관계의 강한 근거가 된다.[††]

한 국가가 금융제도의 기능을 개선하기 위한 방법은 무엇인가? 현재까지 밝혀진 바로는 정부 소유의 은행은 민간 소유 은행보다 못하며, 해외 은행이 국내 은행 제도 내에서 경쟁할 수 있게 허용한 국가들에서 금융이 보다 효율적으로 작동하고, 기업의 '내부자(insider)'에 비해 소액투자자들의 이해를 보호해 주는 강력한 법적 체계를 갖춘 나라들이 그렇지 못한 나라들보다 자본의 배분을 더 효율적으로 한다.

* Levine(2005).

† Beck, Levine, and Loayza(2000a).

‡ King and Levine(1993).

§ Jayaratne and Strahan(1996).

** Rajan and Zingales(1998).

†† Beck, Levine, and Loayza(2000b).

도에서는 2배 이상 더 생산적이다. 쉬와 클리노우는 다음과 같이 결론지었다. 만약 중국과 인도에서 생산요소의 기업 간 배분착오가 미국과 같은 수준으로 줄어든다면 제조업 생산성이 중국의 경우 25~40%, 인도의 경우 50~60% 상승할 것이다.[18]

기업 간 생산요소 배분의 효율성을 보여 주는 또 하나의 지표는 기업 규모와 생산성 수준의 상관관계이다. 생산성의 분포가 일정하다면 생산성이 높은 기업이 큰 규모일수

---

18) Hsieh and Klenow(2009).

록 경제 전체의 효율성은 높을 것이다. 미국에서는 그 상관관계가 큰 양(+)의 값을 가진다. 이 상관관계가 서유럽에서는 미국보다 작고, 동유럽에서는 더 작다. 중국의 경우 이 상관관계는 1998년에서 2005년 사이의 기간에 처음에는 음(−)의 값을 가졌다가 나중에는 거의 0이 되었는데, 이 시기에 중국의 생산성은 매우 빠르게 증가하였다.[19]

"금융과 경제성장"에서는 자본을 배분하는 역할을 담당하는 금융제도의 역할에 대해 논의한다.

기술차단

우리는 제8장에서 국가 간 기술이전의 장애요인에 대해 살펴보면서 대개 나라 밖에서 생기는 장애요인에 관심을 두었다. 그 예로는 특허의 보호나 발명가의 비밀유지, 신기술을 실행하는 데 필요한 암묵적 지식의 부족 등을 생각해 볼 수 있다. **기술차단** (technology blocking)은 이러한 장애요인이 없어 기술이 사용될 수도 있음에도 불구하고 누군가 고의적으로 그 사용을 방해하는 경우를 말한다. 이 기술은 해외에서 개발된 것일 수도 있고 국내에서 개발된 것일 수도 있다. 이 기술을 사용하는 데 어떠한 물적 혹은 기술적 장애요인도 없으므로 우리는 기술차단을 기술이 낙후된 것으로 보지 않고 비효율의 한 형태로 본다. 기술차단의 예를 살펴보면 다음과 같은 것들이 있다.

- 로마의 작가 페트로니우스(Petronius)와 플리니(Pliny the Elder)는 기술차단에 관한 작자 미상의 이야기를 전하고 있다. 티베리우스(Tiberius) 황제의 재임기간(서기 14~37년) 중 한 기술자가 새로운 형태의 깨지지 않는 유리를 황궁에서 시연하였다. 황제는 새로운 유리의 아름다움과 실용성에 큰 감명을 받고 그 기술자에게 그 비법을 다른 사람에게 알려 주었는지 물었다. 기술자가 그렇지 않다고 대답하자 황제는 그를 처형하고 그의 작품을 파괴하도록 하였다. 그 새로운 물질이 황제가 소장한 금의 가치를 떨어뜨릴까 봐 두려워한 것이었다.
- 활자를 사용하는 요하네스 구텐베르크(Johannes Gutenberg)의 인쇄기는 1453년에 발명되어 수세기 동안 손으로 책을 베껴왔던 필경자(筆耕者)의 생계를 위협하였다. 인쇄기에서 찍어낸 성경은 필경자가 부과하던 요금의 1/5 값에 팔렸고 필경자들은 그렇게 짧은 시간에 많은 책을 찍어낼 수 있는 것은 악마밖에 없을 것이라고 말하였다. 파리의 필경자 길드(guild)는 20년 동안 인쇄기가 파리로 들어

---

19) Haltiwanger(2011).

오는 것을 막았다. 인쇄기는 이슬람의 서예가들이나 인도의 승려계급인 브라만으로부터도 저항을 받았다.[20]

- 기술차단의 가장 유명한 에피소드는 **기계파괴자**(Luddites)에 관한 것이다. 기계파괴는 기술의 변화에 대한 저항과 같은 의미로 쓰인다. 기계파괴자들은 영국 섬유산업의 숙련된 장인들이었는데 기계화가 이루어지면서 그들의 생계가 막막해졌다. 그러한 기계화의 한 예로 고급 모직물의 완성을 위해 1793년에 도입된 기모기(起毛機, 역자 주 : 모직물의 보풀을 세우는 기계) 공장에서는 전에는 한 사람이 88~100시간에 걸쳐 해야 할 일을 성인 남자 한 사람과 두 어린아이가 12시간에 끝낼 수 있게 되었다. 1811년에는 기계파괴자들의 대규모 폭동이 일어나 800여 대의 직조기와 제사기가 파괴되었고 그 신기술을 도입하려는 공장 주인들은 협박에 시달렸다. 의회는 1812년에 기계파괴자를 사형에 처할 수 있는 법안을 통과시켰다. 영국은 사회적 불안을 진정시키기 위해 12,000명의 군대를 보냈으며 17명의 기계파괴자가 교수형에 처해졌다.

- 19세기 전반에 운하와 사설고속도로, 역마차 등의 소유주들과 말먹이 건초를 만드는 농부들은 경제적인 이유로 철도를 반대하였다. 게다가 철도는 성서에 나와 있지 않다는 이유로 신성하지 못한 것이라고 널리 비난받았다. 한 목사는 기관차가 끌어주는 것도 없이 혼자서 움직이는 것을 보는 순간 사람들이 미쳐버릴 것이라고 예언하기도 하였다. 물론 철도회사들은 이러한 방해를 물리친 후 경쟁 기술도 잠재우는 데 성공하였다. 그 경쟁 기술은 내연기관 자동차의 전신일 수도 있는 증기자동차였다. 영국에서는 철도의 이해관계가 말 사육자들의 이해관계와 어울려 증기자동차에 관한 법을 통과시켰는데 증기자동차의 최고속도는 시골에서는 시속 4마일(역자 주 : 시속 6.4km), 도시에서는 시속 2마일이었으며, 증기자동차에는 반드시 세 사람의 운전자가 있어야 하는데 그 중 한 사람은 반드시 자동차 앞에서 낮에는 붉은 깃발을 들고 밤에는 붉은 랜턴을 들고 다녀야 했다. 이 법은 1896년에 폐지되기 전까지 증기자동차를 파멸시키는 데 성공하였다.[21]

- 1880년대에 에디슨은 자신의 직류배전 시스템의 가치를 유지하려고 조지 웨스팅하우스(George Westinghouse)가 추진하는 교류전기의 도입을 저지하려 했다. 에디슨은 특허소송을 제기하고 주 의회에서 교류전력을 제한하는 법안이 채택되도록 애썼다. 교류전기가 안전하지 않다는 주장을 하기 위해 그는 뉴욕 주로 하여

---

20) Mokyr(1990); Stern(1937); Brooks(2003), Chapter 8.
21) Stern(1937).

금 교류 전기를 사용하는 전기의자를 공식적인 처형수단으로 채택하도록 하였다. 또한 에디슨은 '전기처형하다(electrocute)'라는 단어를 '웨스팅하우스하다 (Westinghouseed)'라는 단어로 쓸 것을 권고하였다. 이와 같은 교묘한 술책에도 불구하고 결국 웨스팅하우스의 교류 시스템이 승리하였다.[22]

● 1869년에 화학자 메게무와리(Hippolyte Mege-Mouiries)는 나폴레옹 3세가 버터를 대신할 값싼 것을 만들어 보라는 제안을 하자 마가린을 개발하였다. 북미대륙에서 마가린 제조업자들은 당연히 버터에 대한 수요를 유지하고자 하는 우유농장의 즉각적인 저항에 직면했다. 19세기 말 미국에서는 반마가린 법안들이 쏟아져 나왔다. 연방정부는 노란색의 마가린에 대해 엄청나게 비싼 세금을 부과하였다. 7개의 주에서는 마가린이 완전히 금지되었으며 2개의 주에서는 분홍색의 마가린만 허용되었다. 미국의 마가린 규제는 제2차 세계대전이 끝난 후에야 누그러들었다. 그 주된 배경으로 작용한 것은 마가린 제조업자들이 콩기름을 원료로 사용하기 시작한 것인데 콩 재배업자들은 우유농장에 대항할 만큼 강력한 정치적 로비를 할 수 있었기 때문이다. 마가린에 대한 연방조세는 1950년에 폐기되었고 마지막 남은 주정부 규제는 낙농위주의 주인 위스콘신 주에 있었는데 이도 1967년에 폐지되었다. 1930년의 미국 마가린 소비는 버터 소비의 15%에 불과하였으나 1970년에는 마가린이 버터보다 2대 1로 더 많이 판매되었다. 우유농장이 더 큰 위력을 떨쳤던 캐나다에서는 마가린이 1886년에서 1949년까지 전적으로 금지되었다. 마지막까지 버티던 캐나다의 퀘벡 주에서도 노란색 마가린의 판매 금지가 2008년 철폐되었다.[23]

● 최근의 기술차단의 한 예는 마이크로소프트가 자바 프로그램 언어나 넷스케이프 (Netscape) 브라우저 등 자사의 윈도우즈 독점을 위협하는 다양한 컴퓨터 관련 신기술을 저지하려 시도한 것이다. 미국의 법무성이 준비한 소송개요에 따르면 마이크로소프트는 인터넷 사업자들에게 대가를 주고 넷스케이프를 배포하지 못하도록 하는 등의 방법으로 혁신적인 제품들의 배포를 방해하였다. 마이크로소프트는 또한 신기술을 채택하고 배포하는 컴퓨터 제조업자나 응용소프트웨어 개발업자들에게 협력업체로서 가지는 윈도우즈에 대한 접근권을 차단하겠다고 위협하였다. 끝으로 마이크로소프트는 신기술에 대응할 자사의 기술을 개발하고 경쟁자의 제품과는 호환성이 없게 함으로써 기술을 차단하는 이른바 '받아들이고 확

---

22) David(1991b).
23) Durpe(1999).

대하고 소멸시키는' 전략을 사용하였다.[24]

이러한 기술차단의 예로부터 우리는 몇 가지 결론을 이끌어 낼 수 있다. 첫째, 대부분의 기술차단이 발생하는 이유는 신기술이 사회 전체적으로는 이득이 되지만 흔히 누군가 손실을 보게 된다는 것이다. 이런 결과가 놀라운 것은 아니다. 경제학자 조지프 슘페터(Joseph Schumpeter)는 신기술의 도입으로 벌어지는 경제적 변화를 묘사하기 위해 창조적 파괴(creative destruction)라는 용어를 만들었다. 신기술로 인해 생계가 없어질 위기에 놓인 사람들은 신기술의 도입을 막기 위해 최선을 다할 것이다. 기계파괴자라는 말은 종종 조롱하는 투로 쓰이는 말이지만 당사자들에게는 신기술에 반대하는 것이 전혀 비합리적인 일은 아니었다.

또한 신기술을 반대하는 쪽이 근로자들인 경우가 흔히 있지만 기술차단은 훨씬 더 광범위하게 일어난다. 기업들, 심지어 첨단기술산업의 기업들도 그들에게 이익이 된다면 기술차단을 위해 노력한다.

세 번째 결론은 기술차단을 위한 노력이 항상 성공하는 것은 아니라는 것이다. 기술차단의 성공여부는 신기술로 손해를 보는 쪽과 이득을 보는 쪽 간의 상대적인 역학관계에 달려 있다. 기계파괴자들의 경우에는 공장주들이 근로자들보다 더 큰 힘을 가지고 있는 것으로 드러났다. 깨지지 않는 유리의 경우에는 신기술 때문에 손실을 볼 사람이 황제였기 때문에 기술차단이 승리하였다. 마가린의 경우에는 마가린이 자유롭게 판매됨으로써 이득을 볼 수 있었던 콩재배 농장이라는 대항세력이 등장하여 대세를 기술차단의 반대편 쪽으로 돌려놓았다.

끝으로 이 장에서 살펴본 비효율의 다양한 유형들은 개발도상국에서 특히 더 심각한 문제인 것으로 여겨지지만 기술차단은 가난한 나라보다 부유한 나라에서 더 일어날 가능성이 많다. 왜냐하면, 신기술의 차단은 제대로 작동하는 정부의 도움을 필요로 하는데, 이는 개발도상국에서보다는 부유한 나라에서 더 가능한 일이기 때문이다.

10.4 결론

이 장의 분석은 생산성의 국가 간 차이를 기술의 차이와 기술과 생산요소가 사용되는 효율성의 차이로 나누어 볼 수 있다는 것을 전제로 하였다. 우리의 가장 중요한 결론은 국가 간 효율성의 차이가 기술의 차이보다 훨씬 더 크다는 것이었다. 따라서 효율

---

24) Bresnahan(2002).

성의 차이가 국가 간 생산성 차이의 대부분을 설명한다.

효율성의 중요성에 대한 가장 중요한 증거는 우리가 제7장에서 본 것처럼 국가 간 생산성 격차가 매우 크다는 것이다. 이러한 생산성 격차는 기술의 차이에 의한 것일 수도 있지만, 이는 기술이 쉽게 국경을 넘어 전파될 수 있으며 기술격차로 생산성 격차를 설명하려면 매우 큰 기술격차가 필요하다는 점을 감안한다면 믿기 어려운 설명이다. 오히려 대부분의 국가 간 생산성 격차는 효율성의 차이에 기인한 것일 가능성이 높다.

우리는 효율성의 구체적인 예들을 몇 가지 살펴보았고 또한 효율성의 다양한 유형에 관한 보다 일반적인 특성들을 살펴보았다. 10.2절의 사례연구에서 살펴본 비효율은 어떤 경우에는 10.3절에서 논의한 비효율의 유형에 딱 들어맞는다. 예를 들어 독일의 양조업자들이 앞선 독일산 양조기계를 사용하지 못한 것은 기술차단의 예처럼 보이기도 한다. 또한 미국 석탄산업에서의 과다고용요구는 사용되지 않는 자원의 좋은 예기도 하다. 그러나 다른 경우에는 우리가 10.2절에서 고려한 비효율이 10.3절에서 제시한 유형에 속하지 않는 것도 있다. 사실 우리가 10.3절에서 살펴본 다섯 가지 비효율의 유형은 경제가 사용가능한 기술이나 생산요소를 사용하지 못하는 매우 다양한 방식들을 연구하는 데 있어 시작에 불과한 것이다. 적어도 애덤 스미스의 시대 이후로 그에 관한 연구를 계속해 오기는 했지만 경제학자들은 경제적 비효율에 대한 완전한 이론을 갖고 있지는 못하다.

우리가 효율성에 대해 공부한 것으로부터 도출할 수 있는 1차적인 결론은 한 경제의 효율성 수준을 결정하는 중요한 요인이 그 경제의 제도적인 구조라는 것이다. 개인들이 신기술의 도입을 저지하거나 비생산적 활동에 종사함으로써 이득을 볼 수 있다면 그들은 그리 할 것이다. 생산요소가 가장 생산적인 곳에서 쓰이고 신기술이 사용되고 자원이 지대추구에 낭비되지 않는 사회와 이러한 바람직한 상태에 있지 못한 사회 간의 차이는 그 구성원들의 이해관계나 역량에 있는 것은 아니다. 오히려 그러한 차이의 근원은 지대추구나 기술차단과 같은 행위가 보상을 받거나 혹은 받지 못하게 되는 제도적 구조에 있는 것이다.

이 책의 제4부에서는 우리의 관심사가 주로 경제의 효율성에 영향을 미치는 요인들이 될 것이다. 이 장에서 본 비효율의 다양한 예들은 정부의 정책적 측면과 관련이 있다. 제12장에서 우리는 정부가 어떤 일을 왜 하는지에 대해 직접 살펴볼 것이다. 제13장에서 우리가 살펴볼 문제 중 하나는 불평등한 소득분배가 효율성을 저해하는 제도를 낳는지에 관한 것이다. 제14장에서는 근로자와 사용자의 태도 등 문화적인 차이를 국가 간 효율성 차이의 잠재적 원인 중 하나로 생각해 볼 것이다.

이렇게 효율성에 영향을 미치는 요인들에 대해 살펴보기에 앞서 제11장에서는 분석의 틀을 확장하여 세계의 다른 나라들과 교역하는 경제에 대해 다룰 것이다. 우리는 효율성이 폐쇄경제에서보다 개방경제에서는 더욱더 중요한 문제라는 것을 알게 될 것이다. 우리는 다른 나라와 교역할 수 있다는 가능성을 일종의 기술로 생각할 수 있으며 교역을 통하여 한 나라가 잘 생산하는 재화를 잘 생산하지 못하는 재화로 바꿀 수 있다. 이러한 국제무역이라는 '기술'을 사용하지 못하는 것이 기술차단의 가장 좋은 예가 아닐까?

핵심용어

경제적 지대(economic rent)	배분착오(misallocation)
과다고용요구(featherbedding)	부문 간 배분착오(misallocation among sectors)
기계파괴자(Luddites)	
기술차단(technology blocking)	비생산적 활동(unproductive activities)
기업간 배분착오(misallocation among firms)	유휴자원(idle resources)
	지대추구(rent seeking)

복습문제

1. 효율성이란 무엇인가? 효율성, 기술, 생산성 간의 관계는 어떤 것인가?
2. 두 나라 간의 기술적 '격차'를 안다면 두 나라의 효율성 수준에 관하여 어떤 추론이 가능한가?
3. 섬유산업에서의 증거는 국가 간 효율성의 차이가 매우 클 수 있다는 견해에 어떻게 도움이 되는가?
4. 본문에서 논의한 비효율의 다섯 가지 유형을 쓰고 간단히 정의하라.
5. 부문 간 근로자의 자유로운 이동이 노동의 효율적 배분을 달성할 수 있으려면 어떤 조건이 필요한가?

연습문제

1. 두 나라가 있고 이들을 각각 X와 Z라고 하자. 국가 X의 생산성은 국가 Z의 생산성

의 2배다. 국가 X의 기술수준은 국가 Z의 기술수준의 4배다. 두 나라의 효율성 수준을 비교하라.

2. 다음의 자료를 사용하여 〈표 10.1〉과 같은 계산을 해보라. 국가 X의 미국에 대한 상대적인 생산성은 0.5이다. 기술수준의 증가율은 매년 1%이다. 국가 X는 미국에 비해 기술적으로 20년 뒤져 있다. 국가 X의 미국에 대한 상대적 효율성 수준은 얼마인가?

3. 본문 10.1절의 계산결과에서 인도의 효율성 수준이 미국과 같다고 가정하자. 두 나라의 상대적인 생산성 수준에 관한 자료와 미국의 기술수준 증가율이 매년 0.54%라는 것을 기초로 하여 볼 때 두 나라 간의 기술격차는 햇수로 얼마나 되는가?

4. 본문에서 언급되지 않은 것으로 현실 경제에서 비효율의 예를 두 가지 들어 보고 각각에 대하여 다섯 가지 비효율의 유형 중 어느 것에 가장 가까운지 설명하라.

5. 독자가 잘 아는 경제에서 경제적으로 가장 중요한 것은 이 장에서 설명한 비효율의 다섯 가지 유형 중 어느 것인가? 그 이유를 설명하고 예를 들어 보라.

6. 본문 10.3절의 "생산요소의 부문 간 배분착오"에서 설명한 2국가 경제 모형에서 〈그림 10.3〉과 같은 그림을 사용하여 도시지역의 최저임금이 어떻게 노동의 비효율적인 배분을 낳는지 설명하라.

7. 한 나라에 1과 2의 두 부문이 있다고 하자. 이들 두 부문의 생산함수는 각각 다음과 $\int dy/dx$ 같다.

$$Y_1 = L_1^{1/2}$$

$$Y_2 = L_2^{1/2}$$

L_1은 1부문에 고용된 근로자의 수, L_2는 2부문에 고용된 근로자의 수다. 경제 내 총 근로자의 수는 L이다. 두 부문 간 유일한 차이점은 1부문의 근로자들은 한계생산물과 같은 임금을 받는 데 반해, 2부문의 근로자들은 **평균생산물**과 같은 임금을 받는다는 것이다. 근로자들 부문 간 이동은 자유로우므로 두 부문의 임금 수준은 동일하다. 각 부문에서 고용된 근로자의 수를 구하라.

온라인 데이터 플로터(Data Plotter)와 데이터를 이용해서 실습하려면
http://www.pearsonhighered.com/weil을 방문하라.

제 11 장

개방경제의 경제성장

나라들 간의 상호작용은 수많은 경로로 이루어진다. 가장 두드러진 상호작용은 교역이다. 나라들은 그 국경 내에서 생산된 재화와 용역만 소비하는 것이 아니다. 미국인이 프랑스산 와인을 구매하고 인도인이 미국산 밀을 소비한다. 이와 같은 국제간 재화의 이동에 더하여 생산요소도 이동한다. 예를 들어 일본의 투자자들이 인도네시아에서 생산에 사용되는 기계에 투자할 때 물적 자본이 두 나라 간에 이동한다. 이와 유사하게 사람들이 이민을 통하여 국경을 넘어 이동할 때 노동과 인적 자본이 한 나라에서 다른 나라로 이동한다. 기술의 이동, 민주주의나 공산주의와 같은 아이디어와 군사적 갈등, 외국의 지배나 국제 간 원조도 국제 간 상호작용에 포함된다.

> 경제적으로 볼 때, 철 수입을 제한하여 철 생산자에게 이득을 주는 것과 위생개선을 제한하여 장례업자에게 이득을 주는 것은 무엇이 다른가?
> −헨리 조지, 『보호무역과 자유무역』, 1886

지금까지 우리는 경제성장에 관해 고찰하면서 국가 간 경제적 상호작용을 대체로 무시하였다. 물적 자본과 인적 자본의 축적, 인구성장, 생산의 효율성 등을 공부하면서 우리는 경제가 세계의 다른 나라들과는 단절되어 있다고 가정하였다. 폐쇄경제 가정의 한 가지 예외는 기술에 대해 생각할 때 아이디어가 국경을 넘어 전파되는 것을 명시적으로 본 것이다.

이 장에서는 경제적 개방의 효과에 대해 직접적으로 살펴본다. 구체적으로 개방과 관련된 세 가지 질문에 대해 탐구해 볼 것이다. 첫째, 세계경제에 대해 개방되어 있다는 것이 그 나라의 경제성장에 어떤 영향을 미치는가? 둘째, 개방은 어떤 특정한 경로를 통해 성장에 영향을 미치는가? 셋째, 왜 어떤 사람들은 개방에 반대하는가? 먼저 우리는 경제의 개방정도를 어떻게 측정할 것인지에 대해 살펴보고 개방정도가 최근에 어떻게 그리고 왜 변해왔는지를 알아보기로 한다.

11.1 자급자족과 개방

우리가 늘 듣는 말 중 하나가 세계화(globalization)다. 세계화는 국경의 경제적 의미를 제거해 나가는 과정이다. 경제가 세계시장에 대해 '개방' 되어 있다는 것은 무슨 의미인가?

출발점으로서 개방의 반대, 즉 다른 나라들과 전혀 상호작용이 없는 경제가 어떤 것인지에 대해 생각해 볼 수 있다. 지금까지 이 책에서 사용된 대부분의 모형에서는 암묵적으로 완전하게 닫혀 있는 경제를 상정하고 있었다. 폐쇄경제가 현실적인 가정이어서가 아니라 쉬운 출발점이기 때문이었다. 폐쇄경제의 세계에서는 각국의 산출량이 그 나라가 가진 물적 자본, 인적 자본, 노동력 등 생산요소의 양과 그 나라의 생산성 수준의 함수다.

경제학자들은 한 나라가 경제적으로 세계의 다른 나라들과 교류하지 않는 상황을 **자급자족**(autarky)이라는 말로 표현한다. 최근의 역사에서는 북한, 알바니아, 미얀마 등 몇몇 나라만 그러한 상태에 가깝다고 할 수 있다. 그러나 이러한 경우에도 나라 바깥과의 교역이 약간은 있었고 아이디어나 군사적 충돌의 위협 등 교역 이외의 다른 교류도 있었다.

우리의 모형에서 한 경제가 다른 나라와 교류하는 것을 허용하면 그러한 교류의 형태에 대해 정확히 해 둘 필요가 있다. 경제학자들은 국가 간 경제적 상호작용을 두 가지 기본적인 형태로 구분한다. 첫째는 **교역**(trade), 즉 재화와 용역의 교환이다. 둘째는 국경을 넘는 **생산요소의 이동**(flow of factors of production)이다. 교역과 요소의 이동은 종종 함께 '개방' 이라는 범주에 포함되지만 그 둘은 중요한 차이점이 있다. 예를 들어 한 나라가 교역에 있어서는 상당히 개방되어 있지만 외국인의 자본소유는 금하고 있을 수 있다. 따라서 우리가 경제성장의 국제적 측면을 분석할 때 이러한 두 종류의 개방을 잘 구별할 필요가 있다.

교역과 요소이동을 살펴볼 때 한 경제가 얼마나 개방적인지를 측정할 필요가 있다. 한 가지 방법은 국가 간 재화와 요소의 이동량을 측정하는 것이다. 예를 들어 한 나라가 많은 양의 재화를 수입하고 수출한다면 우리는 확신을 가지고 그 나라가 교역에 대해 개방되어 있다고 말할 수 있다. 그러나 나라들이 개방적이라고 해서 반드시 재화와 요소의 국가 간 이동이 있다는 것은 아니다. 경제적 교류가 있기 위해서는 개방이 되어 있기도 해야 하지만 경제적 교류의 필요성이 있어야 하는 것이다. 만약 두 나라가 똑같은 재화를 생산하고 있거나 똑같은 생산요소를 가지고 있다면 교역이 가능하다고 하더라도 교역을 할 유인이 없을 것이다. 이런 경우라면 개방 정도를 측정할 다른 방법을 사용할 수 있다. 만약 두 경제가 서로 간의 교역에 개방되어 있다면 똑같은 재화가 두 시장에서 똑같은 가격에 판매된다는 **일물일가의 법칙**(law of one price)이 성립하여야 한다. 만약 일물일가의 법칙이 성립하지 않고 교역이 가능하다면 기업가들은 한 나라에서 재화나 요소를 구매하여 다른 나라에 팔면서 즉시 이윤을 남길 수 있을 것이다. 그러므로 재화의 교역에 개방되어 있는 나라들에서는 똑같은 재화가 똑같은 가격에 판매되어야 하는 것이다. 이와 마찬가지로 생산요소의 이동에 개방되어 있는 나라들에서는 똑같은 요소가 두 시장에서 얻을 수 있는 소득이 같아야 한다. 이 생각을 뒤집어 보면 두 경제 간 교류의 정도를 가격의 차이로 측정할 수 있다.

일물일가의 법칙이 완벽하게 성립하리라고 기대할 수는 없다. 재화나 요소를 한 곳에서 다른 곳으로 이동시키는 것은 항상 비용을 수반한다. 그러나 우리는 가격의 유사성을 경제적 통합의 척도로 사용할 수 있다. 똑같은 재화의 가격이 두 나라에서 비슷할수록 두 시장은 그 재화에 대하여 더 잘 통합되어 있다(여기서 잘 통합되어 있다는 것은 교역이 그만큼 가능하다는 의미다). 마찬가지로 생산요소의 가격이 서로 비슷할수록 두 나라의 생산요소시장은 더 잘 통합되어 있다.

개방에 대한 이와 같은 두 척도를 가지고 어떤 나라가 완전자급자족과 완전개방경제 사이의 어디쯤에 위치해 있는지 알아볼 수 있다. 실제로 그렇게 해본다면 우리는 개방 정도가 국가 간에 커다란 차이가 있으며 시간에 따라 변하였다는 사실을 발견할 것이다.

개방경제의 산출량 측정

국가 간 재화의 교역을 허용하더라도 우리가 국민소득을 연구하기 위해 사용한 개념적 틀에 근본적인 변화는 없다. 그러나 생산요소의 국제 간 이동을 허용하면 상황은 좀 더 복잡해진다. 그 이유를 이해하기 위해 미국인이 외국, 예를 들어 이탈리아에 자본을 투자한다고 하자. 제3장에서 생산에 사용되는 자본은 자본의 소유주에게 수익을 낳는다고 배웠던 것을 기억하라. 자본소득은 국민소득의 한 부분이라는 것을 보았다. 그러나 우리의 예에서 미국인 투자자의 경우에 그 자본소득은 생산이 일어난 이탈리아의 국민소득에 속하는 것인가 아니면 자본의 소유주가 있는 미국의 국민소득에 속하는 것인가?

그 답은 소득을 정의하는 방법에는 두 가지 다른 길이 있다는 것이다. **국내총생산** (Gross Domestic Product, GDP)은 한 나라 안에 위치해 있는 생산요소의 소득의 합이고, **국민총생산**(Gross National Product, GNP)은 한 나라의 거주자가 소유한 생산요소의 소득의 합이다. 우리의 예에서 이탈리아에 있지만 소유자는 미국인인 자본 한 단위의 소득은 미국 국민총생산과 이탈리아의 국내총생산에는 포함되지만 미국의 국내총생산이나 이탈리아의 국민총생산에는 포함되지 않는다. 마찬가지로 사우디아라비아에서 잠시 일하고 있는 이집트인 근로자의 임금은 이집트의 GNP와 사우디의 GDP에는 포함이 되지만 이집트의 GDP나 사우디의 GNP에는 포함되지 않는다.

GNP 혹은 GDP 어느 것이 더 나은 소득의 척도인지는 우리가 알고자 하는 바가 무엇인지에 달려 있다. 대부분의 사용 가능한 자료는 GDP를 측정한 것인데, 이는 한 나라 안에서 생산된 양을 측정하는 것이 누가 어느 생산요소를 소유한 것인지를 측정하는 것보다 쉽기 때문이다. 그러나 우리가 고려하는 국제 간 요소의 이동 중 어떤 것은 GDP와 GNP 간에 큰 차이를 생기게 할 수도 있다는 점을 이해하는 것이 중요하다.

세계화 : 사실들

지난 수십 년 동안을 국가경제들이 전에 없이 통합되어 온 기간이라고들 하지만 경제사학자들은 현재의 세계화 물결이 사실은 세계를 휩쓴 두 번째의 것이라고 지적한다. 세계화의 첫 번째 시기는 19세기 중엽에 시작하여 제1차 세계대전 직전에 최고조에 이르렀다. 양차 대전과 대공황을 포함한 1914~1950년의 시기는 전 세계적 통합의 쇠퇴기였다. 제2차 세계대전 이후에 일어난 통합의 진전은 대부분이 제1차 세계대전 이전에 있었던 통합의 수준을 회복하는 것이었을 뿐이다. 세계화의 두 물결이 보여 주는 이러한 양상은 〈그림 11.1〉에 나타나 있다. 그림은 1870~2010년 기간 중 세계교역(구체적으로는 세계 수출의 총가치)의 세계 GDP에 대한 비율을 보여 준다. 그림에서 뚜렷이 드러나는 점은 1950년 교역의 GDP에 대한 비율은 80년 전과 거의 같은 수준이었다는 것이다.[1]

물적 자본은 가장 이동이 많은 생산요소인데 그 국가 간 이동에 관해서도 두 번의 세계화 물결을 볼 수 있다. 국가 간 자본이동의 황금기는 제1차 세계대전 이전의 20년간이었다. 영국인들은 당시 '세계의 은행가'였다. 외국인 투자총액 중 절반이 영국으로부터 온 것이었다. 1911년 영국 저축의 절반 이상이 해외에 투자되었는데, 이는 영국 GDP의 8.7%에 해당하는 것이었다. 신대륙에서 이루어진 투자의 큰 부분은 유럽인들

---

1) Maddison(2001).

그림 11.1

세계교역의 증가, 1870~2010년

전세계 GDP 대비 전세계 수출의 비율

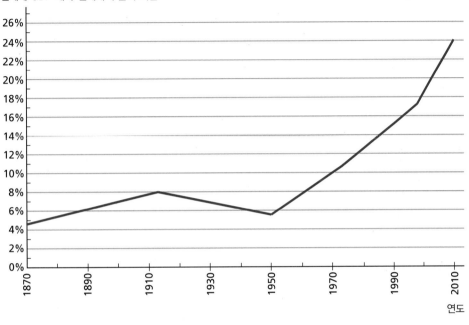

자료 : Maddison(2001), World Bank(2007a).

이 제공하였다. 예를 들어 1870년과 1910년 사이에 캐나다에서 이루어진 투자의 37%가 외국으로부터 조달된 것이었다. 1913년 아르헨티나의 물적 자본 중 거의 절반이 외국인 소유였고 오스트레일리아의 물적 자본의 20%가 외국인 소유였다.

국가 간 자본이동은 제1차 세계대전 이후 사라져 최근까지도 이전 수준으로 돌아오지 못했다. 2010년에 세계의 최대 자본수출국은 중국(3,050억 달러)과 일본(1,960억 달러), 그리고 독일(1,880억 달러)였다. 최대의 자본수입국은 미국(4,710억 달러)이었다.

1990년대를 기점으로 개발도상국의 '신흥시장(emerging market)'으로 흘러드는 투자가 급격히 증가하였다. 개발도상국으로 들어오는 민간자본의 연간 순유입은 1997년에서 2000년 사이에 평균 920억 달러였으며 2010년에는 6,590억 달러로 증가했다. 그러나 이 중 대부분은 개발도상국 정부의 외화준비자산 축적으로 이어졌고, 따라서 지난 10년 동안 개발도상국에서 실제로는 자본의 순유출이 일어난 셈이다.[2]

국가 간 사람들의 이동이라는 한 중요한 관점에서 볼 때 현재의 세계화 물결은 아직

---

2) http://www.un.org/esa/analysis/wess/wesp2011files/2011chap3.pdf.

1914년에 최고조에 달했던 통합의 정도에 이르지 못하였다. 1870년과 1925년 사이에 대략 1억 명의 이민이 있었는데 이는 1870년 세계 인구의 10% 정도에 해당하는 것이다. 약 5천만 명이 유럽(주로 동유럽과 남유럽)으로부터 아메리카 대륙과 오스트레일리아로의 이민이었다. 나머지는 주로 중국과 인도로부터 아시아 여타 지역과 아메리카 대륙, 아프리카로의 이민이었다. 제2차 세계대전이 끝나면서 제국주의의 종식과 민족주의의 도래 그리고 이민을 받아들이는 나라들에서의 정치적 변화로 이민의 중요성은 크게 감소하였다. 19세기 말에 많은 이민을 받아들이던 나라들 중 미국만이 비슷한 속도를 유지하며 이민을 계속 받아들였다. 1910년에 미국인구의 14.7%가 해외에서 태어난 사람들이었다. 2010년에는 외국 태생의 비율이 12.4%였다.[3]

세계화 : 원인들

세계화를 추진한 주요한 동력은 두 가지가 있었다. 기술진보가 재화와 정보의 이동을 용이하게 하였고 경제정책의 변화가 교역에 대한 장벽을 낮추었다. 이들을 차례로 살펴보자.

운송비용

두 번의 세계화의 물결 모두에 대해 주된 추진력은 운송비용의 하락이었다. 1800년 이전에는 운송양식의 변화가 매우 점진적이었다. 돛배, 운하용 배, 동물이 끄는 수레는 속도가 느리고 비용이 많이 드는 화물운송수단이었다. 따라서 국제무역은 수입국과 수출국 간에 가격차이가 클 때나 금이나 향료와 같이 운송되는 재화의 가치가 무게에 비해 높을 때에만 이윤을 남길 수 있었다.

19세기에 철도와 증기선이라는 두 가지의 핵심기술이 운송비용을 크게 낮추면서 경제통합을 촉진하였다. 철도는 개별 국가 내의 시장들을 통합하고 내륙지방도 세계시장에 접근할 수 있게 해 주었다. 1850년에 미국 철도의 길이는 총 14,434km이었는데, 1910년에는 그것이 399,843km로 늘어났다. 1780년에 파리에서 영국해협에 접한 깔래(Calais)까지는 283km로서 역마차로 3일 걸리는 여행이었다. 1905년에는 이 여행이 철도로 3시간 24분밖에 걸리지 않게 되었다.[4]

대서양을 건너는 증기선의 정기적 운항은 1838년에 시작되었는데 초기에는 운송요금이 너무 비싸서 가치가 높은 물건밖에 운송할 수 없었다. 일련의 기술적 개선이 19세기 전반에 걸쳐 이루어지면서 해양운송의 가격이 19세기 전반에는 매년 0.88%, 후반

---

3) DeLong(2001), *Current Population Survey.*
4) Braudel(1984), Dauzet(1948).

에는 매년 1.5%의 속도로 낮아졌다. 운송비용이 낮아지면서 운송속도도 빨라졌다. 1842년에 가장 빠른 해양 정기선의 최고속도는 10노트였는데 1912년에 이르러서는 최고속도가 18노트로 되었다. 1869년에 수에즈 운하가 개통되면서 유럽과 아시아 간의 여행시간이 크게 단축되었다. 예를 들어, 런던과 봄베이 간의 여행시간은 41% 단축되었다. 세계의 총운송능력은 1820년과 1913년 사이에 29배로 증가하였다.[5]

운송비용의 하락이 어떻게 경제통합을 촉진시켰는지 보기 위해 동일한 재화의 서로 다른 시장에서의 가격을 살펴보자. 일물일가의 법칙에 의하면 운송비용이나 다른 무역 장벽이 없다면 같은 재화는 다른 시장에서도 같은 가격에 판매될 것이다. 1870년에 런던의 밀 가격은 시카고에서보다 58% 높았고 런던의 쌀 가격은 랭군에서보다 93% 더 높았다. 1913년이 되면서 이러한 가격 차이는 각각 16%와 26%로 좁혀진다. 가격차이가 이처럼 줄어든 것은 경제적 통합이 진일보하였다는 증거다.[6]

20세기에 들어서도 운송비용은 계속 낮아졌다. 1920년과 1990년 사이에 1톤의 화물을 배로 보내는 비용은 1990년 가격으로 95달러에서 29달러로 하락하였다.[7] 또한 컨테이너 수송방식이 1953년에 도입되면서 선적시간이 20배 빨라졌고 제2차 세계대전 이전에는 거의 전무하였던 항공화물운송이 늘어나면서 새로운 상품들의 교역이 가능하게 되었다. 예를 들어 케냐에서 유럽으로의 생화 수출은 1960년대 초만 하더라도 전무하였는데 2008년에는 연간 4억 4,600만 달러에 이르렀다.

끝으로 특정한 화물의 운송비용이 낮아졌을 뿐 아니라 한 나라에서 생산되는 재화의 구성도 운송이 용이한 재화 쪽으로 변하였다. 미국의 연방준비위원회 의장인 앨런 그린스펀(Alan Greenspan)이 1996년에 지적한 바에 의하면 미국의 실질 생산가치는 지난 50년간 3배로 증가하였는데 생산물의 총무게는 별로 증가하지 않았다. 이와 같은 GDP의 가치 대 무게의 비율 변화는 생산에서 트랜지스터가 진공관을 대체하고 구리선이 광섬유 케이블과 위성으로 대체되는 등 더 가벼운 재료가 사용되는 것도 반영하지만 또한 물질적 재화에서 연예, 통신, 전문지식 등 '무게가 없는' 재화로 그 중심이 옮겨가는 현상을 반영한다.

정보의 전달

경제적 통합의 두 번째 추진력은 정보의 이동이 더 빨라졌다는 것이다. 적시에 정보를 얻을 수 있다는 것은 교역과 자본투자에 모두 도움이 된다. 19세기 초만 하더라도 런

---

5) Harley(1988); Maddison(2001), Table 2-25a.

6) O'Rourke and Williamson(2002).

7) International Monetary Fund(1997).

던에서 뉴욕으로 정보를 전달하기 위해서는 범선을 이용해야 했고 이는 3주씩이나 걸리는 일이었다. 이런 이유로 인해 1815년 정전협정이 이루어진 2주 후에도 영국과 미국 간에 뉴올리언스 전투가 일어나기도 했다. 1860년대에 이르러서는 증기선을 이용하여 정보가 대서양을 건너 열흘 만에 전달될 수 있었다. 1866년 대서양횡단 전신 케이블이 설치되면서 통신에 걸리는 시간이 2시간으로 단축되었고 1914년에는 1분도 걸리지 않게 되었다. 1927년에는 미국과 영국 간에 라디오로 전파되는 전화 서비스가 처음으로 도입되었다.

정보전달의 비용도 역시 낮아졌다. 20세기의 마지막 70년간 통신비용은 매년 8%씩 낮아졌다. 한 예로 런던과 뉴욕 간 3분짜리 전화통화의 비용은 1996년 가격으로 1930년에 300달러이던 것이 1960년에는 50달러, 1996년에는 1달러로 낮아졌다.[8] 오늘날 전화통화는 인터넷을 통해 무료로 할 수 있다. 통신비용의 이와 같은 급격한 하락은 원거리의 경제활동 간의 조정이 간단하게 이루어질 수 있게 하여 재화와 생산요소의 이동을 더욱 자유롭게 하였다.

정보전달 비용의 하락은 또한 새로운 형태의 교역도 가능하게 하였다. 전통적으로 교역은 배에 싣고 한 곳에서 다른 곳으로 옮길 수 있는 재화에만 한정되어 있었다. 이와는 대조적으로 서비스의 교역은 더욱 어려웠다. 한 예로 이발 서비스 요금은 미국에 비해 인도에서 훨씬 낮은데 기업가가 이러한 가격 차이를 이용할 방법이 없었다. 하지만 점점 다양한 정보기반의 서비스가 교역의 대상으로 되고 있다. 예를 들어 인터넷 서비스 업체인 아메리카온라인(AOL)은 필리핀의 근로자를 고용하여 기술적인 문제나 요금에 관련된 이메일의 80%에 응답하게 함으로써 고객지원 서비스를 수입하고 있다.

무역정책

재화의 운송비용은 교역과 생산요소의 이동에 대한 하나의 장벽일 뿐이다. 국제무역에 대한 제약은 가장 오래된 형태의 정부 경제정책 중 하나다("관세, 수입쿼터, 기타 무역제한조치" 참조). 사실 운송비용이 낮아지면서 정부가 부과하는 법적인 무역장벽이 훨씬 더 중요해지고 있다.

현재의 세계화 물결을 추진하는 한 가지 힘은 관세와 무역에 관한 일반협정(GATT)과 그 후속인 세계무역기구(WTO)하에서 협의된 일련의 무역제한 완화조치다. 산업국가의 평균관세율은 제2차 세계대전 직후의 40%에서 2000년에 6%로 낮아졌다. 2010년의 평균관세율은 경제협력개발기구(OECD)의 부유한 나라에서는 2.8%, 중간 소득국에

---

8) "One World?" *The Economist*, 1997년 10월 18일자; Quah(1998).

관세, 수입쿼터, 기타 무역제한조치

무역제한조치의 가장 중요한 두 형태는 **관세**(tariff, 수입재에 대한 조세)와 **수입쿼터**(quota, 한 재화가 수입될 수 있는 총량에 대한 제한)이다. 무역제한조치를 줄이기 위한 국제 간 협약은 대개 관세율의 인하와 수입쿼터의 폐지에 초점을 둔다. 그러나 무역제한조치에 있어서 관세와 수입쿼터는 시작일 뿐이다. 다른 유형들을 보면 아래와 같다.

● 수출자율규제(VER) : 한 나라가 다른 나라로의 수출량에 상한을 두기로 하는 협정이다. 예를 들어, 1981년에 미국의 관세보복위협에 직면한 일본은 미국으로의 자동차 수출을 연간 168만 대로 제한하는 것에 동의하였다. 1994년에 폐지된 이 정책으로 미국에서의 일본 자동차 가격이 평균 1,200달러 상승한 것으로 추산된다. 일본으로부터의 경쟁이 약화되자 미국산 자동차의 가격도 올라갔다.* VER은 수입국으로부터 더 심한 조치를 취할 수 있다는 위협에 대응하여 제정되는 것이 보통이므로 자율적이라는 표현을 글자 그대로 받아들여서는 안 된다.

● 반덤핑관세 : 덤핑(dumping)은 어떤 기업이 수출시장에서 자국시장에서보다 더 낮은 가격에 판매할 때 발생한다. WTO의 규약하에서는 자국시장에서 덤핑이 발생하면 수입관세를 부과하여 가격 차이를 상쇄하는 것이 허용되어 있다. 그런데 이러한 반덤핑관세가 남용되는 경우가 흔히 있다. 정부에 줄이 닿는 산업이 해외로부터의 경쟁으로 손해를 입고 있는 경우라면 동정적인 정부 관료가 항상 덤핑의 증거를 찾아낸다. 예를 들어, 2002년 미국이 철강수입에 대해 반덤핑관세를 부과한 것에는 해외의 철강 생산자들의 어떤 행동이 원인이었다기보다 미국의 철강산업이 2004년 대통령 선거에서 중요하게 될 주에 집중되어 있다는 사실이 더 큰 작용을 했을 것이다. 더 이상한 경우는 미국이

1976년에서 1980년 사이에 폴란드산 골프카트에 대해 반덤핑관세를 부과한 것인데, 이 기간 중 폴란드에서는 골프카트가 판매된 적이 없었다. 전 세계 반덤핑 조치 가운데 중국의 수출에 대한 것의 비율은 1995년 13%에서 2008년에는 35%로 증가했다.[†]

● 과잉 표준 : 순수 식품 기준 등 공공의 건강을 보호하기 위한 규제로부터 장비의 다양한 부품들이 서로 맞게 하기 위한 필수요건에 이르기까지 정부는 자국 내에서 판매되는 온갖 종류의 상품에 표준을 부과한다. 하지만 표준은 종종 외국 제품을 국내시장에 들어오지 못하게 하는 수단으로 사용되기도 한다. 예를 들어, 인구가 6백만밖에 되지 않는 이스라엘은 세계에서 단 하나뿐인 모양의 전기플러그를 사용하도록 요구하여 전기제품의 국내 생산자들에게 유리하도록 하였다.

● 관료적 창작(bureaucratic creativity) : 프랑스는 일본과의 무역분쟁이 있던 1982년에 자국으로 수입되는 비디오카세트 재생장치(VCR)는 모두 하나의 항구를 통해 들어오도록 하는 정책을 만들고 그 항구에는 단 1명의 세관원을 배치하여 모든 서류를 처리하도록 하였다. 그 결과로 생긴 병목현상으로 일본산 VCR 수입이 90% 감소하였다.[‡]

이러한 종류의 무역장벽을 통칭하여 **비관세장벽**(nontariff barrier)이라고 한다. 1990년대 말에 행해진 한 연구의 계산에 따르면 나라마다 다소 차이는 있지만 비관세장벽이 평균적으로 관세장벽과 거의 같은 크기였다. 예를 들어, 일본의 경우 비관세장벽은 관세보다 2배나 중요하였다.[§]

* Berry, Levinsohn, and Pakes(1999).
[†] http://www.antidumpingpublishing.com/
[‡] www.japanlaw.com/lawletter/nov82/vu.htm.
[§] Anderson and Neary(1999).

서는 8.2%, 가난한 나라에서는 11.0%였다. 산업국가들에서 가장 높은 관세는 농업부문에 적용된다. 일본의 밀 수입관세는 250%며, 쌀에 대한 관세도 국내가격을 국제가격의 4배 수준으로 유지할 수 있을만큼 높다.[9]

11.2 개방이 경제성장에 미치는 효과

해외교역에 대해 열려 있다는 것이 그 나라 경제에 좋은지는 경제학의 가장 오래된 관심사 중 하나다. 이 질문에 대한 답을 구하는 첫걸음으로 국가 간 개방 정도의 차이를 어떻게 측정할 것인지 생각해 볼 필요가 있다. 한 나라가 교역과 요소이동을 제한할 수 있는 방법은 다양하므로 한 나라의 개방 정도를 측정하는 데는 일정한 견해가 개입될 수밖에 없다.

여기서 사용되는 자료는 관세나 환율조작, 수출의 정부독점의 정도 등 개방의 다양한 측면들을 살펴본 두 연구에서 온 것이다.[10] 1965년에서 2000년 사이의 각 연도에 대하여 이들은 각국에 1(개방) 혹은 0(폐쇄)의 값을 주었다. 〈그림 11.2〉는 개방의 정도와 2000년 1인당 GDP 간의 관계를 보여 준다. 나라들은 1965~2000년 기간 중 한 번도 개방된 적이 없던 나라들, 개방된 적은 있지만 개방되었던 적이 전체 기간의 절반에 미치지 못하는 나라들, 개방된 해가 더 많은 나라들, 그리고 항상 개방되어 있던 나라들의 4개 그룹으로 나누어져 있다. 그림에서 분명히 볼 수 있듯이 세계경제는 더 개방되어 있는 나라일수록 더 부유한 나라들이다. 항상 개방되어 있던 나라들의 1인당 GDP는 평균적으로 한 번도 개방된 적이 없던 나라들의 7배 수준이었다. 개방된 해가 더 많은 나라들의 1인당 GDP는 개방된 해가 절반에 미치지 못하는 나라들의 1.5배 수준이었다.

〈그림 11.2〉에서 보여 주는 결과가 뚜렷하기는 하지만 세계경제에 개방되어 있다는 것이 한 나라를 부유하게 만드는 것이라는 증거는 아니다. 어쩌면 개방은 부유한 나라들만 누릴 수 있는 사치재 같은 것일지도 모른다. 혹은 어떤 제3의 특성이 한 나라를 부유하고 또 개방적으로 만들 수도 있다. 세계경제에 대한 개방이 한 나라를 부유하게 만드는 원인이 되는지 세 가지 방법으로 알아보기로 하자. 첫째, 소득의 수준 대신 소득의 증가율이 개방적인 나라들과 그렇지 않은 나라 간에 어떻게 다른지 비교해 본다.

---

9) World Bank(2011b), Dollar and Collier(2001), Department for Environment, Food, and Rural Affairs(UK), http://archive.defra.gov.uk/foodfarm/food/pdf/ag-price-annex%204.pdf

10) Sachs and Warner(1995), Wacziarg and Welch(2008).

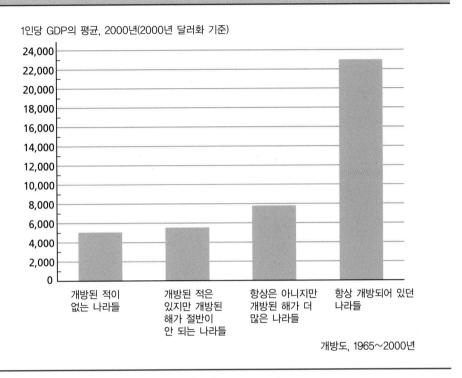

그림 11.2

경제개방도와 1인당 GDP

1인당 GDP의 평균, 2000년(2000년 달러화 기준)

자료 : Sachs and Warner(1995), Wacziarg and Welch(2008).

둘째, 나라들이 더 혹은 덜 개방적으로 될 때 소득의 성장률이 어떻게 변하는지 본다. 마지막으로, 한 나라의 개방 정도에 영향을 미치지만 무역정책과는 달리 그 나라의 다른 특성으로부터 영향을 받지는 않는 지리적 요인의 영향에 대해 고려해 본다.

개방적인 국가와 폐쇄적인 국가의 성장률 비교

우리의 첫 번째 접근법은 경제성장률이 개방적인 나라와 폐쇄적인 나라 간에 어떤 차이가 있는지 보는 것이다. 〈그림 11.3〉과 〈그림 11.4〉는 모두 각국의 자료를 하나의 점으로 나타낸 산포도다. 두 그림에서 모두 가로축은 1965년 각국의 1인당 GDP 수준을 비율척도로 표시하고 있으며 세로축은 1965~2000년 기간 중 평균성장률을 나타낸다. 두 그림은 서로 다른 나라들을 표본으로 하고 있다. 〈그림 11.3〉은 삭스와 워너의 척도에 따라 폐쇄적이었던 적이 있는 나라들을 보여 준다. 〈그림 11.4〉는 항상 개방적이었던 나라들을 보여 준다.

이 그림들은 두 가지 점에서 뚜렷한 결과를 보여 준다. 첫째, 폐쇄적인 나라들에서

그림 11.3

폐쇄경제의 성장

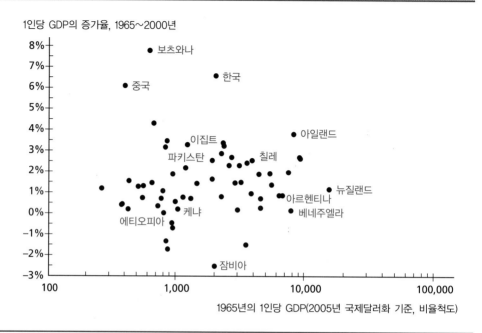

자료 : Sachs and Warner(1995), Wacziarg and Welch(2008), Heston et al.(2011).

그림 11.4

개방경제의 성장

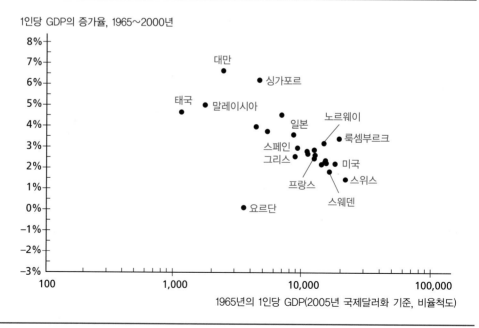

자료 : Sachs and Warner(1995), Wacziarg and Welch(2008), Heston et al.(2011).

소득의 연평균 성장률은 1.5%인데 이는 개방적인 나라들의 3.1%보다 현저하게 낮은 수준이다. 둘째, 폐쇄적이었던 적이 있는 나라들에서는 초기의 GDP 수준과 이후의 성장률 간에 어떤 관계가 보이지 않는다. 반면에 항상 개방적이었던 나라들에서는 수렴현상의 증거가 강하게 보인다. 가난하지만 개방적인 나라들은 부유한 나라들보다 더 빠른 속도로 성장한다. 두 그림의 결과를 결합하면 가난하지만 개방적인 나라들은 부유한 나라들보다 더 빠른 속도로 성장하고, 가난하면서 폐쇄적인 나라들은 부유한 나라들보다 더 느린 속도로 성장한다는 것을 알 수 있다.

개방 정도의 변화가 성장에 미치는 영향

개방이 성장에 미치는 영향을 살펴보는 우리의 두 번째 접근법은 한 나라의 개방 정도가 변할 때 성장률에 어떤 영향을 미치는지 보는 것이다. 만약 한 나라 안에서 무역자유화나 새로운 무역제한조치의 도입 등 무역정책에 변화가 있을 때 산출량의 증가율이 변한다면 이러한 관계의 형태로부터 무역이 소득에 미치는 영향에 대한 증거를 얻을 수 있다.

가장 전면적인 무역자유화의 예는 19세기 일본에서 찾아볼 수 있다. 일본이 1858년에 경제적 고립정책을 포기한 지 12년 후 일본의 무역 총액은 70배로 증가하였다. 무역 개방은 20년에 걸쳐 일본의 실질소득을 65% 증가시키고 결국에는 일본을 유럽의 소득수준을 따라잡을 수 있는 성장경로에 올려 놓은 것으로 추정된다(그림 1.5 참조). 이와 똑같은 무역자유화의 효과를 20세기에서도 볼 수 있다. 한국은 1964~1965년 기간 중 전면적인 무역자유화를 실시하고 소득이 급속히 증가하여 이후 11년 만에 2배로 되는 경험을 하였다. 이와 유사하게 우간다와 베트남도 세계경제에 통합된 후 1990년대에 급속한 성장을 경험하였다.

이상의 예에서 모두 개방 정도가 높아지면 성장률도 높아진다는 것을 보았다. 반대로 개방 정도가 낮아지면 성장률도 낮아진다는 것도 확인할 수 있었다. 한 예로 미국의 토머스 제퍼슨(Thomas Jefferson) 대통령이 제정한 1807~1809년 기간의 무역제한조치는 미국 경제에 광범위한 실업과 파산을 불러왔다. 마찬가지로 1930년에 미국의 스무트-홀리(Smoot-Hawley) 관세를 비롯하여 전 세계적으로 퍼졌던 관세율 인상은 1930년대 대공황의 심각성에 일조하였다.[11]

---

11) Huber(1971), Irwin(2002), Dollar and Collier(2001).

지리적 장벽이 무역에 미치는 영향

개방 정도가 성장에 도움이 되는지를 알아보기 위한 우리의 세 번째 접근법은 한 나라가 교역과 요소이동에 대한 개방 정도에 영향을 미치는 요인으로서 경제정책 이외의 요인, 즉 지리적 요인에 대하여 살펴보는 것이다. 19세기의 경제학자 헨리 조지(Henry George)는 자유무역을 옹호하면서 교역에 대한 자연적 장벽이 정부가 만든 무역장벽과 똑같은 역할을 할 수 있다는 점에 주목하였다.

> 교역을 방해하여 산업을 일으키고 번영을 촉진할 수 있다면 인류의 진보는 가장 외딴 곳에서 먼저 일어날 것이다. 험준한 산맥과 불타는 사막 그리고 옛날의 항해가들의 약한 범선이 건너기에는 너무도 넓고 광포한 바다가 제공하는 국내산업에 대한 자연적 보호 속에 문명이 최초로 명멸하고 급속한 성장을 이루어 냈을 것이다. 그러나 사실은 부가 처음으로 축적되고 문명이 싹튼 것은 교역이 가장 잘 이루어질 수 있는 곳에서였다. 도시가 세워지고 예술과 과학이 발달한 것은 접근이 용이한 항구나 배가 다닐 수 있는 강 또는 교통량이 많은 큰 길을 끼고 있는 곳에서였다.[12]

경제학자 제프리 프랑켈(Jeffrey Frankel)과 데이비드 로머(David Romer)가 많은 나라들을 대상으로 행한 최근 연구는 조지의 관찰에 착안하여 교역에의 개방 정도가 어떻게 1인당 소득에 영향을 미치는지를 보았다. 그들은 두 단계로 연구를 진행하였다. 우선 교역의 결정요인으로서 지리적 요인의 역할을 살펴보았다. 그들이 발견한 것은 두 나라 간의 교역규모가 부분적으로는 두 나라 간의 거리와 두 나라 중 한 나라가 내륙국가인지 그리고 두 나라가 얼마나 큰지에 따라 결정된다는 것이었다. 따라서 지리적 특성에 관한 자료를 이용하면 어떤 나라가 얼마나 교역을 많이 할지 계산해 볼 수 있다는 것이다. 예를 들어 지리적 특성만을 고려한다면 주요 시장과 멀리 떨어진 남부 아프리카의 내륙국가인 레소토(Lesotho)의 교역량은 유럽의 해안에 위치한 비슷한 크기의 국가인 벨기에의 40% 수준에 불과할 것이다. 그들의 분석의 두 번째 단계는 이렇게 지리적 요인에 의해 결정된 교역량이 그 나라의 소득에 어떤 영향을 미치는가를 보는 것이다. 무역정책과 달리 지리적 요인은 소득이나 다른 어떤 요인에 영향을 받는 것이 아니므로 지리적 요인에 의해 결정된 교역량과 1인당 소득 간의 관계는 곧 교역이 소득에 미치는 영향이라고 볼 수 있다. 그들이 발견한 바에 따르면 교역량의 GDP에 대한 비율을 1% 올리면 소득은 0.5%에서 2% 증가한다.[13]

---

12) George(1886).

국가 간 지리적 장벽을 사용하여 교역의 어려움을 측정하는 방법은 지리적 장벽이 소득과 같은 다른 국가별 특성에 의존하지 않고 외생적으로 주어진 것이라는 점이 분명하다는 것이다. 그러나 이 방법에는 국가 간 거리라는 것이 절대로 변하지 않는다는 점에서 또 그만한 어려움이 있다. 경제학자 제임스 페이러(James Feyrer)의 최근 두 연구는 이 어려움을 회피하기 위해 두 나라 간 지리적 거리는 변하지 않았지만 교역의 비용은 낮아진 사례에서의 자연 실험(natural experiment)에 주목했다. 첫 번째 자연 실험은 이집트와 이스라엘 간의 분쟁으로 인해 1967년에서 1975년 사이에 수에즈 운하가 폐쇄된 사건이었다. 운하가 폐쇄되기 전 세계 교역량의 상당 부분이 수에즈 운하를 통과하고 있었는데, 운하가 폐쇄된 후의 새로운 경로에서 어떤 교역국들에게는 운송 거리가 상당히 늘어났다. 예를 들어, 뭄바이와 런던 간의 항해 거리는 운하 폐쇄로 6,200 해양 마일에서 10,800 해양 마일로 늘어났다. 동시에 많은 다른 교역국들 간의 운송 거리는 운하 폐쇄의 영향을 받지 않았다. 페이러는 유효한 교역 거리가 늘어난 국가들의 교역량이 상당히 감소했다는 사실을 발견했다.

페이러가 살펴본 두 번째 자연 실험은 교역 가치의 더 많은 부분이 해상 운송에서 항공 운송으로 옮겨가면서 유효한 교역 거리가 짧아졌다는 변화였다. 톤당 항공운임은 1955년에서 2004년 사이에 10분의 1로 낮아졌다. 항공 운송을 이용하는 미국 수출의 비율은 금액 기준으로 1960년에는 전무하다시피 했지만 2004년에는 절반이 넘었다(멕시코와 캐나다로의 수출은 제외). 비슷한 변화가 전 세계적으로 일어났다. 항공 운송과 해상 운송 간의 핵심적인 차이는 항공 운송 경로는 직선(사실은 지구를 둘러싸는 커다란 원)이지만 해양 운송 경로는 바다위 위치에 따른 제약을 받는다는 점이다. 항공 운송이 늘어남에 따라 교역국 간의 유효 거리는 항공 운송 경로와 해양 운송 경로 간의 차이가 없는 교역국들(예를 들어, 브라질과 스페인)보다는 항공 운송 경로가 해양 운송 경로보다 더 짧은 교역국들(예를 들어, 독일과 일본) 사이에서 유효거리가 더 짧아졌다. 이 경우 페이러는 항공운임의 하락으로 유효거리가 짧아진 교역국 간의 무역량 증가를 발견했다. 두 연구에서 모두 페이러는 유효거리의 변화에 의해 교역량이 영향을 받으며 그에 따라 소득도 영향을 받는다는 사실을 발견했다. 교역량이 늘면 소득도 올라가고, 교역량이 줄면, 소득도 내려갔다.[14]

우리가 살펴본 세 가지 증거는 개방적인 나라와 폐쇄적인 나라의 성장률 비교, 무역자유화 혹은 무역제한조치를 취한 나라들의 성장과 관련한 경험에 대한 연구 그리

---

13) Frankel and Romer(1999).

14) Feyrer(2009a, 2009b).

고 개방을 어렵게 하는 지리적 요인의 효과에 대한 분석이다. 이들 모두가 세계경제에 대해 개방적인 것은 경제성장에 도움이 된다는 같은 결론으로 향하고 있다. 이러한 발견은 두 가지 질문으로 이어진다. 첫째, 개방의 어떤 구체적인 점이 경제성장에 좋은가? 둘째, 만약 개방이 그렇게 좋은 정책이라면 왜 더 많은 나라들이 채택하고 있지 않은가?

11.3 개방과 요소축적

앞 절에서 행한 자료분석은 개방적인 나라가 부유하게 된다는 결론으로 이어졌다. 그러나 개방이 어떻게 성장에 영향을 미치는지는 설명되지 않았다. 즉, 외부세계에 대해 개방적인 것은 어떤 구체적인 경로를 통해 한 나라의 1인당 소득에 영향을 미치는가? 제7장의 분석을 기초로 하면 이 물음에 답하기 위한 자연스러운 출발점은 개방이 성장에 영향을 미치는 것은 요소의 축적이라는 과정을 통해서인지 아니면 생산성이라는 경로를 통해서인지 생각해 보는 것이다. 달리 말하면, 개방적인 나라들이 더 부유한 것은 근로자들이 더 많은 물적 자본과 인적 자본을 가지고 일하기 때문인가 아니면 생산요소가 더 효율적으로 쓰이기 때문인가?

먼저 요소의 축적에 관해 살펴보자. 구체적으로 말하면 우리가 고려할 것은 물적 자본의 국가 간 이동은 성장에 어떻게 영향을 미치는가다. 우리가 물적 자본에 초점을 두는 것은 그것이 가장 이동이 많은 생산요소기 때문이다.

국가 간 물적 자본의 이동은 여러 경로로 이루어진다. 가장 많은 것은 **외국인 직접투자**(foreign direct investment)인데, 이는 한 나라의 생산시설을 외국의 기업이 구매하거나 새로 짓는 것이다. 다음으로 많은 것은 **포트폴리오 투자**(portfolio investment)인데 이는 어떤 나라의 주식이나 채권을 해외의 투자자가 구매하는 것이다. 자본이동의 나머지는 외국정부로부터 오는 보조금이나 해외의 은행이나 세계은행(World Bank)과 같은 다국적 원조기관으로부터의 차관 등이다. 2010년에 개발도상국으로 이동한 민간 자본은 모두 6,590억 달러였는데 이 중 2,480억 달러가 해외직접투자였다.[15]

성장과 자본이동성

자본이동성(capital mobility)이 경제성장에 미치는 효과는 솔로우 모형을 이용하여 쉽

---

15) http://www.un.org/esa/analysis/wess/wesp2011files/2011chap3.pdf.

게 알아볼 수 있다. 우리가 처음 솔로우 모형을 사용할 때는 자본이동이 없는 폐쇄경제를 가정하여 투자와 저축의 크기가 반드시 서로 같아야 했다. 똑같은 모형이지만 지금은 해외로부터의 자본이동에 완전히 개방된 경제를 가정하므로 국내투자에 필요한 재원을 해외의 저축으로 조달할 수도 있고 마찬가지로 해외에 투자하기 위해 국내의 저축을 사용할 수도 있다.

경제가 자본이동에 대해 개방되어 있으므로 일물일가의 법칙을 적용하여 이동이 가능한 생산요소의 가격이 국내에서나 해외에서나 같아야 한다는 결론을 얻을 수 있다. 기억하다시피 우리는 제3장에서 자본의 '가격'을 그 임대료를 이용하여 측정하였는데 자본의 임대료란 자본을 넌위 시간 동인 빌리는 비용이다. 사본이동에 대해 개방되이 있는 나라에서는 자본의 임대료가 해외의 수준과 같다고 가정한다. 분석을 단순화하기 위한 또 하나의 가정은 분석대상이 되는 나라의 규모가 세계경제에 비하면 작다는 것이다. 그러면 이 나라에서 일어나는 일은 세계경제의 요소가격에 아무런 영향을 미치지 못한다. 마지막으로 추가할 단순화 가정은 우리의 분석에서 인적 자본의 효과는 없다는 것이다.

앞에서의 분석과 마찬가지로 우리의 출발점은 근로자 1인당으로 표시한 생산함수다.

$$y = Ak^{\alpha}$$

여기서 y는 근로자 1인당 산출량, k는 근로자 1인당 자본투입량, A는 생산성의 수준을 측정하는 상수, 그리고 α는 0과 1 사이의 값을 갖는 계수다. 우리는 제3장에서 자본의 한계생산물(MPK)이

$$\text{MPK} = \alpha Ak^{\alpha-1}$$

과 같이 계산된다는 것을 보았다. 이 식에 의하면 자본의 한계생산물은 근로자 1인당 자본투입량에 반비례한다. 어떤 나라의 근로자 1인당 자본투입량이 상대적으로 높으면 그 나라에서 자본의 한계생산물은 낮을 것이다. 또한 제3장에서 보았듯이 기업의 이윤극대화 결과로 자본의 한계생산물이 자본의 임대료와 같다. 자본의 임대료를 r이라고 하면 다음과 같은 식을 얻는다.

$$r = \text{MPK} = \alpha Ak^{\alpha-1}$$

요소의 이동에 대해 완전히 개방되어 있다고 가정하면 일물일가의 법칙이 성립한다. 즉, 그 나라의 요소가격은 국제요소가격과 같아야 한다. 자본임대료의 '국제' 수준이

γ_{w}로 주어졌다고 하자. 자본이동에 대해 완전개방을 가정하였으므로

$$r = r_{\mathrm{w}}$$

이다. 위의 두 식을 결합하면

$$r_{\mathrm{w}} = \alpha A k^{\alpha-1}$$

이 된다. 이 식을 정리하여 근로자 1인당 자본투입량을 구하면 다음과 같다.

$$k = \left(\frac{\alpha A}{r_{\mathrm{w}}}\right)^{1/(1-\alpha)} \tag{11.1}$$

이상의 분석으로부터 중요한 결론이 도출된다. 자본이동성이 완전하다면 자본/노동의 비율은 자본 임대료의 국제수준에 의해 결정된다. 이 결과가 중요한 것은 우리가 앞서 제3장과 제4장에서 성장과 자본축적에 관한 분석을 할 때에는 한 나라의 자본/노동 비율이 저축률이나 인구증가율과 같은 국내적 요인에만 의존하였기 때문이다.

자본이동성이 근로자 1인당 GDP의 수준에 대해 갖는 의미를 살펴보기 위해 식 (11.1)에서 구한 근로자 1인당 자본투입량을 생산함수에 대입해 본다.

$$y = Ak^\alpha = A\left(\left(\frac{\alpha A}{r_{\mathrm{w}}}\right)^{1/(1-\alpha)}\right)^\alpha = A^{1/(1-\alpha)}\left(\frac{\alpha}{r_{\mathrm{w}}}\right)^{\alpha/(1-\alpha)} \tag{11.2}$$

이 식의 의미는 이 식에 포함되어 있지 않은 것과 관련이 있다. 제3장에서 폐쇄경제에 대한 솔로우 모형에서 근로자 1인당 GDP의 수준은 저축률에 의존했던 것을 떠올려 보자. 정상상태에서의 소득수준은 저축을 많이 하는 나라에서 더 높다. (폐쇄경제에서는 투자율 r이 저축률과 동일하다는 점을 염두에 두고 식 (3.3)을 보라.) 하지만 식 (11.2)에서는 저축률이 어디에도 없다. 따라서 식 (11.2)에서는 저축률이 높다고 해서 근로자 1인당 GDP가 높아지지 않는다.

그렇다면 요소이동이 자유롭다고 할 때 저축률이 높은 나라가 저축률이 낮은 나라에 비해 더 부유하다고 할 수 없다는 것일까? 그런 것은 아니다. 하지만 저축률이 높은 나라가 저축률이 낮은 나라에 비해 더 부유할 것이라는 점을 이해하기 위해서는 GDP가 아닌 GNP를 보아야 한다. 어떤 나라의 저축률이 높아진다고 하자. 제3장에서 본 폐쇄경제 모형에서는 저축률의 상승이 국내 투자수준을 올리고 따라서 자본량을 증가시켰다. 그런데 개방경제에서 저축률이 올라가면 자본의 한계생산물이 낮아진다. 이때 자

본의 소유주들은 해외에서 더 높은 수익을 얻을 수 있음을 깨닫고 자본을 해외로 내보낼 것이다. 이렇게 자본이 해외로 이동하는 것은 자본의 한계생산물이 다시 국제수준으로 될 때까지 계속될 것이다. 이리하여 자본량은 이전의 수준으로 회복되고 저축률의 상승은 다른 나라에 있는 자본에 대한 소유가 늘어나는 것으로 귀결된다.

기억하겠지만 GNP는 한 나라의 국민이 소유한 모든 생산요소에 귀속되는 소득의 합이다. 따라서 저축률의 변화가 GDP에는 아무런 영향을 주지 않더라도 GNP에는 영향을 미친다. 이는 해외에 있는 자본의 양에 영향을 미치기 때문이다. 저축을 많이 하는 나라는 자본을 더 많이 소유하게 되고 결과적으로 더 많은 자본소득을 얻게 되므로 GNP가 증가한다.

자유로운 자본이동 모형의 중요한 시사점 한 가지는 저축률이 낮은 나라가 자본이동에 대해 개방하게 되면 GDP가 증가한다는 것이다. 국내에서 공급되지 않는 자본은 해외로부터 공급될 수 있다. 이는 자본량이 낮은 나라라면 어떤 나라에도(예를 들어 전쟁이나 자연재해로 자본의 일부가 파괴된 나라에도) 똑같이 적용될 수 있다. 그 나라가 자본이동에 대해 개방되어 있으면 해외로부터 투자가 유입되어 근로자 1인당 GDP가 국내저축에만 의존할 때보다 훨씬 빠른 속도로 성장할 수 있다.

자유로운 자본이동 모형이 갖는 또 하나의 시사점은 저축률이 높은 나라가 자본이동에 대해 개방하게 되면 자본의 한계생산물이 더 높은 해외로 자본이 이동하여 근로자 1인당 GDP의 수준이 낮아진다는 것이다. 처음에는 이러한 결과가 저축률이 높은 나라에서의 자본이동에 대한 개방이 나쁜 것이라는 의미로 보일 수 있지만 이렇게 결론내리는 것은 잘못된 것이다. 저축률이 높은 나라에서나 낮은 나라에서나 자본이동에 대한 개방은 근로자 1인당 GNP를 증가시킨다는 것을 산술적으로 보일 수 있다.

자유로운 자본이동 모형의 평가

자본이동이 완전히 자유로운 세계에서의 성장모형을 분석하였으므로 이제 그 모형이 현실세계를 이해하는 데 적절한 것인지에 대해 평가해 볼 차례다. 우리는 앞에서 자본이동의 규모에 관한 자료를 살펴보았다. 이제 이러한 자본의 이동 규모가 충분히 커서 자본이동이 완전히 자유로운 것이라고 가정해도 좋을 정도인지에 대해 생각해 보자.

우리가 방금 개발한 모형에서 한 나라의 투자는 그 나라의 저축수준과 무관하지만 생산성 계수인 A에 의존한다. 식 (11.1)에서 볼 수 있듯이 A의 값이 큰 나라는 자본량이 많을 것이고 따라서 투자수준도 높다. 이에 반해 저축은 그 나라의 사람들이 얼마나 현재 또는 미래를 중시하는지와 같은 요인들에 의존할 것이다. 저축률이 높다고 해서 반드시 그 나라가 좋은 투자처가 된다는 법은 없다. 이렇게 볼 때 자유로운 자본이동 모형에서는 저축률과 투자율 간에 어떤 관계가 있을 것이라고 기대할 이유가 없다. 통계학 용어를 빌어 말하자면 저축률과 투자율은 서로 상관관계가 없다는 것이다. 하지만 제3장의 폐쇄경제 모형에서는 한 나라의 저축과 투자가 일치하였으므로 여러 나라의 자료에서 투자와 저축은 완벽한 상관관계를 가질 것이다. 즉 국가 간에 저축성향이나 투자환경의 차이로 인해 각국의 저축수준은 다를 수 있지만 한 나라의 저축 크기는 반드시 그 나라 투자 크기와 똑같을 것이다.

폐쇄경제 모형과 개방경제 모형이 저축과 투자 간의 상관관계에 대해 서로 다른 결론을 내리고 있으므로 이를 이용하여 어느 모형이 더 현실세계와 맞는 것인지 시험해 볼 수 있다. 여러 나라의 자료를 살펴보아 저축률과 투자율 간의 상관관계가 높게 나올수록 자본이 국경을 넘어 자유로이 이루어진다고 생각하기 어려울 것이다. 바로 이런 시험이 경제학자 마틴 펠드스타인(Martin Feldstein)과 찰스 호리오카(Charles Horioka)의 유명한 연구에 들어 있다. 그들은 1960~1974년 기간 중 산업국가들의 자료를 이용하여 보았는데 그 결과가 〈그림 11.5〉에 나타나 있다. 그림이 보여 주는 바는 매우 명확하다. 저축과 투자 간의 상관관계는 매우 높고, 따라서 자유로운 자본이동이라는 전제는 적절하지 않다.[16]

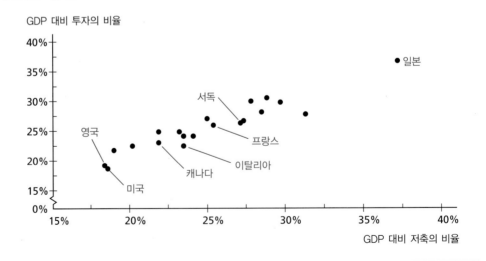

▶ 그림 11.5
산업국가들의 저축률과 투자율, 1960~1974년

자료 : Feldstein and Horioka(1980).

---

16) Feldstein and Horioka(1980).

〈그림 11.5〉의 자료를 이용하여 자본시장 개방 정도의 척도인 **저축보존계수**(savings retention coefficient)를 계산해 볼 수 있다. 이 계수는 그림에서 자료를 나타내는 점들에 맞춘 직선의 기울기와 같은데 그 크기는 저축이 한 단위 늘 때마다 국내투자가 얼마나 증가하는지를 보여 준다. 자본이동이 없는 나라에서는 저축보존계수가 1일 것이다. 이는 저축의 한 단위 증가가 고스란히 국내투자로 이어진다는 의미다. 앞에서 분석 대상으로 삼았던 것과 같이 완전히 개방된 나라에서는 저축보존계수는 0일 것이다. 펠드스타인과 호리오카의 자료에서 저축보존계수는 0.89인데, 이는 연구대상이 되었던 나라들이 자본이동에 대해 거의 폐쇄적이라는 의미다. 1990~1997년 기간의 자료에 대한 유사한 분식에서는 저축보존계수가 0.60으로 낮아져 자본시장이 더 개방적으로 되었다고 볼 수 있다. 흥미로운 점은 제1차 세계대전이 일어나기 수십 년 전의 저축보존계수가 1990년대와 비슷한 수준이라는 것이다. 즉, 세계 자본이동이 지금 증가하고 있는 것은 세계화의 수준이 제1차 세계대전 이전의 수준으로 회복되고 있다는 의미라고 하겠다.[17]

이러한 결과로 볼 때, 최근 세계경제가 자본시장개방의 방향으로 나아가고는 있지만 아직도 각국 경제는 자본이동에 대해 완전히 열려 있다기보다는 닫혀 있는 쪽에 가깝다고 하겠다. 대규모의 투자유입이 주는 이득이 가장 크다고 할 수 있는 가난한 나라들이 오히려 부유한 나라들보다 자본이동에 대해 더 닫혀 있다는 증거도 있다. 예를 들어 2010년 현재 인도에 들어와 있는 해외직접투자의 전체 크기는 1인당 168달러였다. 오스트레일리아의 경우 그 크기는 1인당 23,633달러였다.[18]

11.4 개방과 생산성

11.2절에서 우리는 세계경제에 개방되면 그 나라의 1인당 소득수준이 높아지는 경향이 있다는 것을 보았다. 앞 절에서는 자본이동에 대한 개방이 이론적으로는 소득수준을 올리는 경로가 될 수 있다는 것을 알았다. 그러나 실제 데이터에서는 자본이동이 그리 많지 않아서 이러한 이론적 가능성을 입증할 수 없었다. 따라서 개방이 소득수준을 높여 주는 주된 경로는 따로 있다고밖에 할 수 없다. 구체적으로 말하면, 개방이 생산성을 높인다는 것이다.

우리가 제10장에서 본 것처럼 생산성 자체가 기술과 효율성이라는 두 가지 요소로

17) Obstfeld and Rogoff(2000), Taylor(2002).
18) http://unctadstat.unctad.org

콘솔리데이티드 앨크미의 흥망성쇠

때는 2015년, 신비에 둘러싸인 과학자이자 기업가인 메를린이라는 사람이 마침내 물질의 변성에 관한 고래(古來)의 문제를 해결하였다고 세상에 공표하였다.* 린은 그의 비법을 사용하여 한 종류의 물질을 다른 종류의 물질로 변환시킬 수 있다고 주장하였다. 하지만 그는 철을 금으로 바꾸기 위해 노력했던 중세의 연금술사들과는 달리 그의 비법이 보다 평범한 물질에 적용된다고 했다. 예를 들어 밀은 텔레비전으로 바꿀 수 있고, 트랙터를 토마토로 바꿀 수 있다는 것이다.

다른 사람들이 자신의 신기술을 모방할 것을 두려워한 린은 비밀유지에 강박관념을 가진 것 같았다. 기자들과의 인터뷰에서도 그는 그의 비법이 나노기술, 인공지능, 양자터널링(quantum tunneling, 역자주 : 입자나 파장이 어떤 장벽을 통과하는 현상에 관한 물리학적 설명으로 고속 트랜지스터의 제조과정 등에 응용됨)과 관련이 있다는 암시만 주었을 뿐이다. 하지만 그가 준 얼마 되지 않는 정보만으로도 투자자들의 입맛을 돋우기에는 충분했다. 그가 차린 콘솔리데이티드 앨크미의 주식공모에 투자자들은 50억 달러를 쏟아 부었다. 린은 그 돈으로 외딴 반도에 시설을 지어 최신의 첨단 보안장비로 외부로부터의 염탐을 차단하고 기밀유지서약을 한 근로자들을 고용했다.

6개월이 채 안 되어 콘솔리데이티드 앨크미가 가동되었다. 화물차들이 엄청난 양의 원자재들을 싣고 린의 공장에 들어오고 변성과정의 산물을 가득 싣고 나갔다. 린의 비밀공정으로 변형될 물건들은 미국뿐 아니라 외국에서도 들어왔다.

신기술이 나오면 흔히 그러하듯이, 린의 변형과정도 반대에 부딪혔다. 콘솔리데이티드 앨크미의 제품과 경쟁하는 물건을 만드는 기업들은 파괴적인 경쟁에 대해 불평하면서 정부가 10년 동안 과도적으로 린의 새 회사에 대해 산출량의 상한을 부과하도록 요청했다. 농민조합은 신문광고를 통해 변성과정을 통해 생산된 토마토를 먹으면 장기적으로 건강에 문제가 생길 가능성이 있다고 경고했다. 그러나 이러한 불평은 콘솔리데이티드 앨크미 제품의 낮은 가격이 주는 이득을 갈망하는 소비자들에게는 별로 영향력이 없었다. 게다가 한쪽에 콘솔리데이티드 앨크미로부터 경쟁압박을 느끼는 생산자들이 있다면 또 다른 쪽에는 린의 회사에 원자재를 공급하면서 이윤을 얻는 회사들이 있었다. 또한 주식옵션으로부터 상당한 이득을 보는 콘솔리데이티드 앨크미의 직원들도 만족하고 있었다. 경쟁회사들로부터 때로는 합법적인 때로는 불법적인 유인책이 있었음에도 불구하고

구성된다. 이 절에서는 이 두 가지 구성요소에 대해 차례로 살펴본다.

기술의 한 형태로서의 교역

교역이 생산성에 대해 갖는 가장 중요한 효과는 너무도 명백하기 때문에 간과하기 쉽다. 교역은 한 나라가 생산에 능숙한 재화를 생산하여 다른 나라에 수출하고 생산에 서투른 재화를 수입하게 함으로써 그 나라의 생산성을 높인다. 이렇게 보면 교역은 일종의 기술과도 같다. 교역이 말 그대로 베틀과 같은 기술이 실을 천으로 바꿔놓듯이 어떤 재화를 다른 재화로 바꿔놓는 것은 아니지만 그 효과는 본질적으로 동일하다("콘

콘솔리데이티드 앨크미의 직원들은 누구 하나 변성과정의 성격에 대해 귀뜸도 하지 않았다.

대중매체는 린을 제임스 왓트(James Watt)나 에디슨에 비유하며 기술진보의 위대한 영웅으로 묘사하였다. 의회에서는 콘솔리데이티드 앨크미의 공장이 위치한 주의 상원의원이 신기술의 반대세력을 기계파괴자들(Luddites)과 다를 바 없다고 말하였다. 린의 정치적 행동대인 자유로운 변성을 위한 미국인들의 모임(Americans for Unencumbered Transmutation)은 자유경쟁의 이점을 잊고 있는 정치인이라면 누구라도 즉각 돈으로 일깨워 줄 태세를 갖추고 있었다.

콘솔리데이티드 앨크미는 스타기업으로 부상하자마자 바로 바닥으로 추락했다. 뉴욕타임스가 위성사진과 그 회사의 해외지사들의 자료를 자세히 조사하여 린의 비밀변성과정이 사기극이었다는 것을 밝혀내었다. 앞선 신기술이라는 것은 없었다. 콘솔리데이티드 앨크미는 거대한 무역회사일 뿐이었다. 린이 미국인들로부터 사들여 변성과정에 투입한 원자재라는 것은 실제로는 외국으로 수출되었고 그 대가로 린이 생산한 것이라고 주장한 물건들을 외국으로부터 수입해 온 것이었다. 그리고 린은 양쪽 모두에게 그의 작업을 철저히 비밀로 한 것이었다! 미국인들이 그들의 밀이 텔레비전으로 변성된다고 생각하는 동안 중국인들은 그들의 텔레비전이 밀로 변성된다는 말을 들었다.

정치인들의 반응은 사나웠다. 의회는 조사위원회를 구성하였다. 법무성으로부터 온 100명의 변호사들로 구성된 조사단이 콘솔리데이티드 앨크미의 모든 회사 장부를 철저히 조사한 결과 별로 중요하지 않은 분기별 보고서에서 쉼표가 몇 군데 잘못되어 있는 것을 발견하고는 회사를 폐쇄하였다.

콘솔리데이티드 앨크미의 폐쇄로 수천 명의 근로자들이 고임금 직장을 잃게 되었고 그 회사가 공급하던 값싼 제품들도 사라졌다. 그러나 정치인들은 모두 그것이 미국식 생활을 보호하기 위해 지불해야 하는 작은 비용이라는 데 의견을 같이 하였다. 린의 회사에 대해 마찬가지로 잘못 알고 있던 외국의 정치인들도 린의 배신에 대해 목청 높여 비난하였다. 전 세계적으로 정치인들은 교역의 위험으로부터 나라를 구할 수 있었다는 사실을 찬양하였다.

* 이 이야기는 『국제경제문제(Intenational Economic Problems)』(Wiley, 1966)에 실린 제임스 잉그램(James C. Ingram)의 "교역과 기술에 관한 우화(A Fable of Trade and Technology)"에서 따온 것이다.

솔리데이티드 앨크미 회사의 흥망성쇠" 참조).

교역으로부터의 잠재적 이익은 한 나라가 어떤 재화의 생산에 다른 나라에 비해 비교우위가 있는 경우에 항상 존재한다. 그러한 비교우위의 원천은 여러 가지가 있을 수 있다. 과테말라의 열대과일이나 아이슬란드의 소금에 절인 대구의 경우처럼 어떤 나라가 특정한 재화의 생산을 용이하게 하는 천연자원을 가지고 있을 수 있다. 또는 한 나라에서 어떤 재화의 생산에 특화하는 것이 그 재화가 그 나라가 풍부하게 가지고 있는 생산요소와 잘 맞기 때문일 수도 있다. 예를 들어 작은 다이아몬드의 마무리 작업은 매우 노동집약적인데 이 산업은 인도에 집중되어 있다. 끝으로 한 나라가 어떤 재화의

▶ 표 11.1		
일본의 교역 개방 이전과 이후의 가격(단위 : 파운드당 미국 센트)		
구분	개방 이전 가격	개방 이후 가격
차	19.7	28.2
설탕	22.7	11.2

자료 : Huber(1971).

생산에 특별히 뛰어난 이유가 단지 먼저 특화하여 전문적 기술을 개발하였기 때문일 수도 있다. (미국의 영화산업과 프랑스의 패션산업이 그러하다.)

교역으로부터의 이득이 소득성장을 가능하게 하는 구체적인 예로서 1858년 일본의 경제적 개방을 다시 살펴보자. 〈표 11.1〉은 차와 설탕 두 재화의 일본의 경제적 개방 이전과 이후 가격을 보여 준다. 개방 이전에 차 1파운드 가격은 일본에서 설탕 1파운드 가격과 거의 같았으며 이는 이들 두 재화를 생산하기 위해 필요한 자원의 가치가 같다는 것을 의미한다. 그러나 일본이 교역을 시작하면서부터 차의 가격이 상승하였고 설탕의 가격은 하락하였다. 개방 이후 일본은 1파운드의 차를 재배하여 수출함으로써 2.5파운드의 설탕을 '생산' 할 수 있었다. 이렇게 설탕을 얻는 방법은 설탕을 국내에서 직접 만드는 대안에 비해 훨씬 생산적이었다. 일본은 차의 생산에 비교우위가 있었고 20년 후에는 차의 연간 수출량이 2,400만 파운드에 이르렀다.

일본이 거의 완전한 자급자족에서 자유무역으로 옮겨간 것은 무역자유화의 한 극단적인 예이지만 이러한 후생이득의 가능성은 물리적인 혹은 법적인 무역장벽이 낮아질 때마다 생겨난다. 예를 들어 한 연구에 의하면 우루과이 라운드(1986년에 시작하여 1994년에 종결된 무역협상)에서 관세인하에 관한 협정은 전 세계 구매력을 매년 730억 달러씩 증가시켰는데 이는 전 세계 GDP의 0.2%에 해당하는 것이다. 같은 연구에서 우루과이라운드가 끝난 후 남아 있는 농산물과 공산품 및 서비스 교역의 모든 장벽을 33% 더 낮추면 전 세계의 구매력이 5,740억 달러 혹은 세계 GDP의 1.7%만큼 증가할 것이라고 추산되었다.[19] 또 한 연구에서는 부유한 나라들의 보호무역정책으로 가난한 나라들에 돌아가는 피해규모가 연간 1천억 달러(이는 부유한 나라에서 가난한 나라로 가는 해외원조규모의 2배에 해당한다)에 이른다고 추정되었다.[20]

---

19) Brown, Deardorff, and Stern(2002). 이 연구에서 사용된 세계 GDP의 값은 이 책에서 우리가 본 다른 값들과 일치하지 않는다.

20) Dollar and Collier(2001), Chapter 2.

개방과 기술진보

콘솔리데이티드 앨크미의 예로부터 교역이 기술의 한 형태라는 점은 분명하다. 하지만 개방은 보다 통상적인 의미에서도 기술수준에 영향을 준다. 즉, 교역의 이득을 차치하고서라도 개방된 나라는 그 생산요소를 사용하여 산출물을 생산하는 데 더 나은 기술을 가질 것이다.

경제적 개방이 기술수준을 높이는 데는 두 가지 길이 있다. 첫째, 교역에 개방된 나라는 해외로부터 현존하는 기술을 더 잘 수입할 수 있다. 이러한 기술이전은 다양한 경로로 이루어지는데 모두 다 개방에 의해 촉진되는 것들이다. 외국인 직접투자의 경우에는 해외에 공장을 짓는 기업이 자본과 함께 기술을 이전해 준다. 또 하나의 경로는 기술적으로 낙후된 나라가 신기술이 담겨 있는 주요 투입물이나 자본재를 해외로부터 구매하는 것이다. 끝으로 국가 간 교류는 혁신적인 조직기법과 같은 '소프트' 기술의 이전을 가능하게 한다.

한 나라의 기술수준을 올리는 데 있어서 기술이전의 중요성을 측정하기 위해 한 연구에서 각 OECD 국가에서의 기술진보 가운데 해외에서 만들어진 아이디어에 기인한 부분이 국내에서 만들어진 아이디어에 기인한 부분에 비해 얼마나 되는지 조사해 보았다. 그 결과 한 나라만 예외로 하면 해외에서 만들어진 아이디어가 기술진보의 지배적인 원천이라는 결론을 얻었다. 예를 들어 일본에서는 기술진보의 27%만이 국산 아이디어로부터 나온 것이었고 캐나다에서는 기술진보의 3%만이 국산 아이디어로부터 나온 것이었다. 그러나 미국은 유일하게 기술진보의 82%가 국산 아이디어에서 나온 경우였다.[21]

기술이전을 촉진하는 것 외에 개방이 기술수준의 향상에 기여하는 두 번째 경로는 신기술의 창조에 더 큰 유인을 제공하는 것이다. 기업과 기업가들이 연구와 개발에 투자하는 주된 이유는 발명이 성공할 경우 그것을 이용하여 벌어들일 수 있는 이윤이 있기 때문이다. 당연히 새로운 발명이 사용되거나 새로운 제품이 판매될 시장의 규모가 클수록 발명가가 얻을 수 있는 이윤이 더 클 것이다. 이처럼 더 큰 이윤의 매력이 있을 때 그 제품을 수출할 수 있는 경제에서 연구개발지출의 유인이 더 클 것이다. 증기기관을 발명한 왓트의 동업자였던 매튜 볼턴(Matthew Bolton)이 말한 대로 "당신의 엔진을 세 나라만을 상대로 생산한다면 내가 뛰어들 가치가 없지만 전 세계를 시장으로 생산을 한다면 내가 할 만한 일이라고 생각하오."[22]

---

21) Eaton and Kortum(1996).
22) Mokyr(1990), 245쪽에서 재인용.

개방과 효율성

제10장에서 우리는 국가 간 생산성의 차이는 대부분이 기술이 아니라 이용 가능한 기술과 생산요소를 사용하는 효율성의 차이에서 비롯된 것이라고 보았다. 한 나라의 개방 정도가 생산에서의 효율성 수준에 중요한 영향을 미치는 것이라고 믿을 만한 충분한 이유가 있다.

우리가 제10장에서 보았듯이 독점의 존재는 비효율의 한 원인이다. 구체적으로 독점은 생산요소의 배분착오를 낳는다. 교역의 중요한 효과는 국내기업의 독점력을 약화시키고 효율성을 높인다는 것이다. 이와 유사한 교역의 효과는 기업들이 그들의 제품을 더 큰 시장에서 판매할 기회를 제공하여 규모의 경제를 누릴 수 있게 한다는 것이다.

효율성에 대한 이러한 효과에 더하여 해외로부터의 경쟁이 국내의 기업을 긴장시키는 효과가 있다는 충분한 증거가 있다. 기업들이 해외로부터의 경쟁에 노출되면서 생산의 효율성이 높아지는 경우를 많이 볼 수 있다. 미국 자동차산업이 일본으로부터의 경쟁에 대응한 것은 고전적인 사례다. 제2차 세계대전이 끝난 후 20년간 미국에서 자동차 판매를 주도한 것은 4개의 국내 자동차회사들이었다. 하지만 1970년대에는 판도가 바뀌게 되었다. 유가상승은 구매자들을 디트로이트에서 만든 자동차들보다 더 작고 연비가 우수한 차들로 몰아갔으며 미국의 소비자들은 일본에서 수입된 자동차의 품질이 높다는 것을 알게 되었다. 미국시장에서 수입자동차의 비중은 1965년에는 6%에 불과했지만 1980년에는 27%로 높아졌고 이 중 75%가 일본산이었다. 해외로부터의 경쟁에 자극을 받은 미국 자동차산업은 기술변화에 박차를 가하고 새로운 생산방법을 채택함으로써 제품의 품질과 소비자 매력도에 있어서 큰 진전을 보았다. 〈그림 11.6〉은 1980년에서 2000년 사이의 기간 동안 미국과 일본의 자동차 품질을 보여 주고 있는데 여기서 볼 수 있듯이 미국의 자동차산업은 품질의 차이를 크게 줄일 수 있었다.

미국 자동차산업의 경우에는 특별히 해외로부터의 경쟁을 촉진하는 무역정책의 변화가 있었던 것도 아니었다. 그러나 정부가 국내기업에 대한 보호를 거두어들이면 효율성이 높아지는 것을 자주 볼 수 있다. 예를 들어 캐나다와 미국 간의 자유무역협정이 1989년 완성된 후에는 과거 높은 관세로 보호받고 있던 캐나다 제조업자들의 생산성이 관세보호를 받고 있지 않았던 제조업자들의 생산성보다 3배나 빠르게 높아졌다. 1991년 이전까지 100%의 높은 관세로 보호받고 있었던 인도의 공구산업에서도 비슷한 현상을 볼 수 있다. 인도정부가 관세율을 낮추자 대만의 기업들이 재빠르게 인도시장의 1/3을 장악했다. 그러나 인도의 기업들은 그 후 10년간 생산성 향상을 이루어 내고 국내시장의 대부분을 회복하였을 뿐 아니라 수출을 하기 시작하였다. 인도의 최고 기

그림 11.6

미국과 일본 자동차의 품질

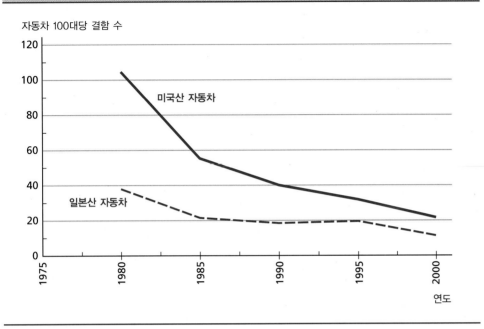

자료 : "Are Today's Cars More Reliable?" *Consumer Reports*, 66(4)(April 2001), p. 12.

업들은 이제 대만기업들과 비교하여 1/6 수준의 임금으로 거의 맞먹는 수준의 생산성을 보이고 있으므로 경쟁력이 매우 높다.[23)]

무역개방이 생산의 효율성에 대해 갖는 이러한 효과는 우리가 제10장에서 살펴본 산업 간 생산성비교에 관한 학자들의 한 연구에서 강조되었다. 그 연구는 다음과 같이 결론짓고 있다.

> 예를 들어, 제조기술의 차이나 규모의 경제, 원자재가격, 혹은 근로자의 교육수준 등의 통상적인 요인들은 생산성의 이와 같은 차이를 체계적으로 설명하지 못한다. 대신 그 차이를 설명하는 것은 그 산업이 전 세계적인 경쟁에 대해 열려 있는 정도다. 경험법칙은 간단하다. 전 세계적인 경쟁에 노출된다는 것은 고통스러운 일이지만 높은 생산성을 기른다. 보호는 그 동기나 형태에 상관없이 정체를 낳는다.[24)]

23) Trefler(2001), Dollar and Collier(2001).

24) Lewis et al.(1993).

11.5 개방에 대한 반대

세계경제에 대하여 개방되어 있다는 것은 그 나라를 더 부유하게 하는 경향이 있고 이러한 일이 일어나는 것은 개방이 생산성을 높이는 것을 통해서라는 것을 알았다. 이러한 발견은 자연스레 다음의 질문으로 이어진다. 개방이 그리 좋은 것이라면 사람들이 거기에 반대하는 일이 왜 그리도 흔한가?

개방 특히 자유무역 반대에 대한 설명은 우리가 앞에서 본대로 교역이 한 나라가 생산에 유능한 물건을 그렇지 않은 물건으로 변환시켜 주는 일종의 기술과도 같다는 관찰에서 찾을 수 있다. 우리가 제10장에서 본 것처럼 신기술이 한나라에 평균적으로는 이득이 되지만 그 나라의 각 사람이나 산업에 다 이득이 되는 것은 아닌 경우가 많다. 신기술로 손해를 보는 사람들은 그것이 도입되는 것을 막기 위해 최선을 다할 것이다. 이와 똑같은 기술차단의 논리가 교역에도 적용된다. 한 나라가 비교열위에 있는 산업의 근로자들과 기업들은 당연히 보호무역을 지지한다. 마찬가지로 무역개방으로 독점적 지위를 잃게 될 국내기업들은 개방에 반대한다. 두 경우 모두에서 한 나라에 평균적으로는 좋은 것이 특정 그룹에게는 나쁜 것이다.

무역정책의 역사를 보면 무역제한조치를 가장 지지하는 세력들은 국익을 위한 것이라고 주장하지만 사실은 일반적으로 그들 자신의 이익을 위해 움직인다는 것이 분명히 드러난다. 예를 들어 영국에서 19세기에 곡식의 수입에 관세를 부과한 곡물법(Corn Laws)은 대지주들이 지지하였으며 제조업자들과 산업근로자들은 반대하였다.

어떤 산업이 무역제한조치를 유지할 수 있는 것은 무역정책의 비용과 편익이 분배되는 방식 덕택이다. 무역자유화는 경제 전체에는 커다란 이득이 되지만 개별 소비자에게 돌아가는 이득은 작다. 이에 반해 개방적인 교역의 비용은 종종 적은 수의 기업과 근로자들에게 집중되어 있다. 따라서 무역자유화로 손해를 보는 사람들은 그로부터 이득을 보는 사람들보다 더 체감하는 정도가 크다. 한 예로 미국에서 국내 설탕가격은 수입제한으로 인해 국제가격의 2배로 유지된다. 이로 인해 소비자들에게 지워지는 비용은 매년 1인당 7달러 정도로 소비자들이 거의 감지하지 못한다. 생산자들에게 돌아가는 총이득은 총비용보다 작지만 몇몇 농민과 처리업자들에게 집중되어 있으며, 이들은 정치인들이 수입제한을 유지하도록 로비하는 데 성공하였다. 이와 유사하게 여행용 수하물에 대한 관세는 1990년 기준으로 미국에서 일자리 226개를 보호한 반면 연간 2억 1,100만 달러의 비용이 소비자들에게 돌아간 것으로 추계되었는데 이는 일자리 하나를 보호하는 데 93만 4천 달러의 비용을 소비자들이 지불한 셈이다. 1990년대 말 EU의 보호무역으로 인한 비용은 일자리 하나를 보호하는 데 220,000유로가 소요된 것으

로 추산되었다.[25]

특정 산업의 기업이나 근로자의 이기심 이외에도 관세보호가 없어지면 상대적으로 희소성이 떨어질 생산요소를 가진 사람들도 개방에 반대한다. 예를 들어 자본이 상대적으로 희소한 나라에서 국제자본이동에 대해 개방한다고 하자. 해외로부터 자본이 들어와 국내의 자본 임대료가 낮아지고 임금이 상승할 것이다. 이 경우 1인당 소득은 평균적으로 상승하겠지만 근로소득보다는 자본소득에 의존하는 자본가들의 소득은 낮아질 것이다.

교역이 여러 가지 생산요소의 소득에 다르게 영향을 미치는 예는 인적 자본에서도 찾아볼 수 있다. 제6장에서 보았듯이 미국의 노동력은 다른 나라들에 비해 평균적으로 높은 학력수준을 갖고 있다. 달리 말해 미국에서는 고학력 근로자가 상대적으로 풍부하며 저학력 근로자가 상대적으로 희소하다. 이처럼 저학력 근로자가 상대적으로 희소하기 때문에 교역이 없었다면 저학력 근로자가 상대적으로 높은 임금을 받았을 것이다. 그러나 미국이 교역을 개방하면서 저학력 근로자의 상대적 희소성은 전 세계적으로는 저학력 근로자가 풍부하고 고학력 근로자가 희소하다는 점에 의해 상쇄되었다. 미국은 고학력 근로자들이 생산하는 재화와 용역에 비교우위가 있었으므로 이들을 수출하고 해외의 저학력 근로자들의 노동이 담긴 재화들을 수입하였다. 이리하여 교역은 미국의 기능 격차(skill differential, 고학력 근로자와 저학력 근로자 간의 임금 차이)가 커지는 데 일조하였다.

11.6 결론

세계화는 새로운 현상이 아니다. 수세기 동안 나라들은 교역과 자본이동, 이민 그리고 기술이전을 통하여 경제적으로 연결되어 있었다. 그러나 지난 200년간 특히 2차 세계대전 이후의 기간 동안 상품과 정보의 운송비용이 낮아지고 교역에 대해 각국 정부가 부과한 장벽들이 공동의 노력으로 완화되면서 경제적 통합은 더욱 가속화되었다. 다른 나라들과 교류할 수 있다는 것은 경제성장의 과정을 뿌리깊이 바꾸어 놓는다. 외국의 존재는 한 나라에서 희소한 생산요소의 잠재적인 공급처로서 뿐만 아니라 풍부한 요소의 판로로도 작용한다. 또한 외국은 기술이전의 원천이기도 하고 한 나라가 가장 잘하는 영역에 특화할 수 있는 기회를 제공하기도 한다.

이 장에서 가장 중요한 발견은 세계경제에 대해 개방되어 있다는 것이 한 나라의 경

---

25) Hufbaur and Eliott(1994), Messerlin(2001).

반세계화

$\bigcirc$ 방반대에 대한 우리의 분석은 이기심에 관한 것이었다. 즉, 우리는 특정 산업의 근로자나 기업 혹은 특정 생산요소를 가진 사람들이 자유무역이 경제 전체적으로는 이득이 됨에도 불구하고 그들의 이기심에서 자유무역을 반대하는 경우에 초점을 두었다.

최근에는 세계화가 개발도상국에 해가 된다고 보는 사람들 사이에서 새로운 유형의 개방반대 목소리가 나오고 있다. 비정부기구(NGO)와 학생운동가들이 이 운동의 전면에 나서 있다. 반세계화 운동의 어떤 이슈들은 매우 합리적이지만 다른 것들은 엄밀한 경제학적 분석의 근거가 없는 것도 있다. 이러한 이슈들 가운데 다음과 같은 것들이 있다.

근로자 착취

세계화에 대한 비판은 종종 개발도상국의 외국인기업이나 수출위주로 상품을 생산하는 내국인기업들에서의 낮은 임금, 열악한 근로조건, 아동고용 등의 문제를 지적한다. 통칭하여 노동착취공장이라고 불리는 이들 공장은 선진국으로 수출되는 상품들을 생산하며, 만약 세계화가 없었더라면 존재하지 않았을 것이다.

세계화에 대한 반론 가운데 가장 근거가 미약한 것이 노동착취에 대한 비난이다. 근로자들이 수출생산공장에서 기꺼이 일하기로 했다는 것은 그것이 노동착취공장이라고 할지라도 다른 대안에 비해 그것이 더 낫다고 생각했기 때문일 것이다. 달리 말하자면, 만약 세계화가 없었더라면 그 근로자들은 더 낮은 임금과 더 열악한 근로조건에서 일해야 했을 것이다. 수출기업들은 그 나라의 다른 기업들보다 더 나은 일자리를 제공할 뿐 아니라 그 나라에서 노동에 대한 수요를 증가시켜 임금수준을 전반적으로 상승시킨다.

더욱이 개발도상국에서 고용되어 있는 아동 중 수출부문에서 일하는 비율은 5%밖에 되지 않으며 그들의 일자리는 다른 대안들보다는 분명히 더 나아 보인다. 1995년 영국의 자선기관인 옥스팸(Oxfam)의 한 연구자가 아동노동으로 만들어진 상품을 미국 소매업자들이 구매하지 못하게 하기 위해 인권운동단체들이 방글라데쉬에서 벌인 한 캠페인의 효과에 대해 보고하였다. 방글라데쉬에서 약 3만 내지 5만 명의 아동이 섬유산업에서 일자리를 잃었다. 이 아동들의 대다수는 용접이나 심지어 매춘과 같이 더 위험한 직업에서 일자리를 구해야만 했다.*

가난한 나라의 낮은 경쟁력

세계화에 대한 두 번째 비판은 WTO의 규정에 의해 강요되어지는 개방은 개발도상국의 소규모 농민들과 기업들이 대규모의 다국적기업들과 '공평한 경쟁의 장(level playing field)'에서 경쟁하도록 강요하고 있지만 그들은 어쩔 수 없이 한 수 아래라는 것이다. 이 반론은 누군가 이기거나 지게 되는 경쟁(competition)과 교역의 핵심인 교환(exchange)을 혼동하고 있다. 국가 간 경쟁에서는 스포츠나 전쟁에서와 마찬가지로 약한 나라가 지게 되어있다. 국가 간의 교역에서는 약한(생산성이 낮거나 생산요소가 적은) 나라가 강한 나라와 똑같은 이득을 보게 된다.

그렇다고 하더라도, 가난하거나 부유하거나를 막론하고 한 나라가 세계경제에 개방하게 되면 그 나라의 어떤 부문은 실제로 수입품과 경쟁할 수 없게 될 것이다. 다른 부문은 수입품과 경쟁할 수 있을 뿐 아니라 수출도 할 수 있게 될 것이다. 경제 내에서 비교우위가 없는 곳에서 비교우위가 있는 곳으로 생산요소가 이동하는 것이 바로 교역으로부터 얻는 이득의 본질이다. 교역에 대한 개방으로 부유한 나라와 가난한 나라에서 공통적으로 일어나는 생산요소의 해고에 대한 적절한 정책은 조정에 대한 보조(adjustment assistance), 즉 근로자들이 비교우위가 있는 부문으로 이동하는 것을 돕고 그동안 발생하는 일시적인 소득감소를 완화해 주는 것이지 무역을 제한하는 것이 아니다.

환경파괴

세계화는 몇 가지 경로를 통해 환경을 나쁘게 할 수 있다. 첫째, 부유한 나라들은 공해를 수출할 수 있는데, 이는 말 그대로 쓰레기를 해외로 내보내거나 혹은 더 흔하게는 공해산업을 해외로 이전하여 그 산업의 제품들을 수입하는 것이다. 부유한 나라에서 가난한 나라로 공해산업이 이선하는 것은 가난한 나라의 입장에서 반드시 나쁜 것은 아니다. 환경 면에서의 비용만큼이나 소득의 증가가 가치 있는 것일 수도 있다. 그러나 흔히 그렇듯이, 가난한 나라의 정부가 오염산업을 적절히 규제하지 않거나 공해로 인해 손해를 보는 사람들의 이해관계를 고려하지 않는다면 오염생성산업의 교역은 해로울 수 있다.

세계화가 환경을 해치는 또 다른 경로는 부유한 나라의 시장이 가난한 나라에서 환경을 해치는 방식으로 생산된 제품에 개방되는 것을 통해서다. 예를 들어, 몇몇 열대국가에서는 선진국에의 수출을 위한 새우양식으로 해안의 습지나 홍수림(mangrove forests, 열대 강어구나 해변에 생기는 교목·관목의 특수한 숲으로 해양 생태계에서 중요한 역할을 한다)이 파괴되었다. 하지만 세계화가 끼치는 해악의 이러한 측면은 과장된 것일 수 있다. 세계화로 인해 사라진 경제활동들 중에도 환경에 해로운 것들도 많이 있다. 예를 들어 아마존의 열대우림이 파괴된 것은 주로 낮은 농촌소득과 인구 압박으로 밀려난 소규모 농가에 의한 것이다. 이와 유사하게 아시아의 삼림벌채의 77%와 아프리카 삼림벌채의 89%는 국내 연료용으로 사용하기 위한 것이다.[†] 세계화는 새로운 생계와 새로운 대체 상품을 제공함으로써 환경파괴를 일정부분 줄여줄 수도 있다.

국가주권의 상실

세계경제에 대해 개방한다는 것은 정부가 할 수 있는 일에 제약을 준다. 소위 자유입지산업(footloose industry, 생산입지를 한 곳에서 다른 곳으로 쉽게 옮길 수 있는 산업)에서는 기업들이 가장 많은 이윤을 내면서 영업할 수 있는 나라를 찾아다닌다. 이들 기업을 끌어들이거나 잡아 두기 위한 각국 정부의 노력은 환경오염에 관해 가장 적은 규제와 근로자의 권리에 관해 가장 약한 법을 제공하는 등의 '바닥을 향한 경쟁(race to the bottom)'을 초래한다.

개방, 특히 자본개방과 관련한 두 번째 주권 상실은 조세부과와 관련한 것이다. 자본가는 그들이 내야 하는 조세가 마음에 들지 않을 때 근로자들보다 더 손쉽게 그들이 소유한 생산요소를 그 나라 밖으로 옮길 수 있으므로 각국 정부는 자본에 대한 조세를 낮게 유지할 수밖에 없다. 따라서 정부지출을 위한 재원을 조달하는 부담은 노동이나 소비재로 옮아간다. 부유한 사람들이 주로 자본을 소유하고 자본소득을 버는 사람들이므로 세계화로 인해 자본에 대한 조세가 경감되면 소득불평등이 악화된다.

외국자본의 숨겨진 비용

대부분의 경제학자들이 국제 간 재화의 자유로운 교역을 옹호하는 논거는 받아들이는 데 비해 자본이동과 관련한 개방의 장점들은 논란의 여지가 더 많다. 개발도상국에서는 외국인투자가 자본량의 급속한 팽창을 가능하게 함으로써 성장을 더욱 가속화할 수 있다. (미국의 경우에도 19세기 산업발달의 많은 부분이 외국자본이 대거 들어오면서 가능하였다) 또한 자본이동, 특히 외국인 직접투자는 종종 부유한 나라로부터의 기술전수와 함께 이루어진다. 그러나 자본의 유입은 몇 가지 문제를 초래하기도 한다.

첫째, 해외로부터 자본을 수입하는 나라는 국제투자자들의 변덕에 휘둘리게 된다. 주식시장에서 변동

(계속)

반세계화(계속)

성을 초래하는 투기의 물결과 군집행동(herd behavior)은 자본이동과 환율에 커다란 동요로 이어지면서 거시경제의 불안정을 낳을 수 있다. 이러한 문제가 특히 심하게 나타나는 것은 자본수입이 재빠르게 빠져나갈 수 있는 단기투자로 이루어질 때다. 1994년과 1995년에 걸친 라틴아메리카의 금융위기와 1997년에 아시아가 겪었던 금융위기도 이 경우에 해당한다. 2008년 금융위기에서는 많은 개발도상국들이 많은 자본준비금을 축적하여 이러한 시장변동으로부터 스스로를 보호할 수 있었고, 이는 효과적인 방어 수단이 되었다.

자본이동과 관련한 두 번째 문제는 개발도상국 정부들이 무책임하게 채무를 늘리는 것이 가능하다는 점이다. 사회간접자본의 건설 등을 위한 정부의 채무는 개발을 위해 유용한 수단일 수 있지만 가난한 나라의 지배자들은 그들의 권력을 유지하거나 호화스러운 생활을 위해 돈을 빌리는 일이 너무 많다. 그들이 권좌를 떠날 때 그들의 피지배민들은 채무부담 아래 짓눌리게 된다. 개발도상국에서는 수출로 벌어들인 금액의 25% 이상이 채무상환에 쓰이는 경우가 허다하다. 최근 몇 년간에는 교황 바오로 2세에서 록스타인 보노(Bono)에 이르기까지 폭넓은 연대가 형성되어 부유한 나라들이 가난한 나라들의 채무를 탕감해주어야 한다고 선동하였다. 2005년에는 G-8 국가들이 가장 가난한 18개국의 부채 약 400억 달러를 탕감해 주기로 합의했다.

부유한 나라들의 위선

마지막으로, 많은 반세계화론자들은 개발도상국들이

시장개방을 하도록 압박하는 부유한 나라의 정부들이 정작 자신들은 보호무역정책을 취하고 있는 경우가 많다고 지적한다. 이러한 보호무역의 가장 악명 높은 사례는 수입제한조치, 가격지지, 수출보조금 등을 체계적으로 사용하고 있는 유럽연합의 공동농업정책(Common Agricultural Policy)이다.

부유한 나라의 보호무역은 잠재적으로 이윤을 낼 수 있는 수출시장을 폐쇄함으로써 개발도상국들에게 분명히 해가 된다. 그러나 보호무역은 부유한 나라들 자신에게도 해가 된다. 예를 들어, 공동농업정책은 노동력의 5%를 고용하고 있는 산업을 보호하기 위해 유럽연합 예산의 거의 절반을 사용하며, 소비자들의 식품가격을 올리고, 지나치게 많이 경작하게 함으로써 환경에 해를 끼친다.

위선적이라는 비난은 정당한 것이지만 개발도상국도 마찬가지로 보호무역정책을 취해야 한다는 반세계화적인 결론은 옳지 않다. 오히려 그 반대로 부유한 나라의 보호무역정책은 그들 나라에서의 평균적 후생수준을 낮추면서 잘 조직된 소규모의 그룹에게만 이득이 된다. 부유한 나라나 가난한 나라나 모두 부유한 나라의 보호무역정책이 완화됨으로써 이득을 볼 수 있는 것과 똑같이 가난한 나라의 보호무역정책이 완화됨으로써 이득을 볼 수 있다.

*Irwin(2002), p. 217, "Ethical Shopping: Human Rights," *The Economist*, June 3, 1995, pp. 58-59.

†Irwin(2002), pp. 48, 51.

제성장을 위해 좋은 일이라는 점이다. 세 가지 증거가 이 결론을 뒷받침한다. 첫째, 개방은 경제적 수렴을 낳는다. 개방적인 가난한 나라들은 평균적으로 부유한 나라들보다 더 빨리 성장하는 반면 폐쇄적인 가난한 나라들은 부유한 나라들보다 느리게 성장한다. 둘째, 세계경제에 시장을 개방하는 나라들은 성장이 가속화되는 것을 경험하지만 시장을 닫는 나라들은 성장이 둔화되는 것을 경험한다. 마지막으로, 지리적인 위치로 인해 세계무역에 덜 참여하게 되는 나라들은 고립되어 있기 때문에 더 낮은 소득수준에 만족해야 한다.

개방이 국익에 도움이 된다는 결론을 내린 후 우리는 개방이 소득수준을 올리는 다양한 경로에 대해 살펴보았다. 이론적으로는 개방이 성장을 촉진하는 가장 중요한 경로가 국가 간의 자본이동을 통해서일 수 있지만 경험적인 증거는 이 이론을 뒷받침하지 못한다. 오히려 우리는 개방의 가장 중요한 효과가 생산성에 대한 것이라는 점을 확인했다. 개방이 한 나라에 이득이 되는 것은 기술이전을 용이하게 하고 기업들이 추가적인 경쟁압박을 받게 하여 효율성을 증대하고 기술혁신의 유인을 크게 하기 때문이다. 그러나 더 중요한 것은 국제무역 그 자체가 하나의 기술로서의 기능을 하기 때문이다. 천연자원이나 요소의 축적, 혹은 단순히 특화하였다는 사실 등의 이유로 비교우위를 누리고 있는 재화를 교역을 통하여 비교우위가 없는 재화로 변환하는 것이 가능하다.

이 장의 주제 중 하나는 개방이 그 나라의 국민들에게 평균적으로는 이득이 된다 하더라도 모두가 다 이득을 얻는 경우는 별로 없다는 것이다. 이 점에서 개방은 기술과 유사하다. 기술진보의 경우에 특정한 신발명에 의해 손해를 보는 기업이나 근로자들이 있는 것이 보통이다. 개방의 경우에도 세계시장에서 경쟁력이 없는 산업의 근로자와 기업들은 당연히 교역에 반대한다. 세계 전체에 비해 그 나라에서 상대적으로 더 희소한 생산요소를 가진 사람들도 역시 개방에 반대한다. 자유무역에 반대하는 사람들은 대부분 기계파괴자들이 새로운 직조기의 도입에 반대할 때 그랬던 것처럼 그들 스스로 합리적인 이유를 가지고 있다.

핵심용어

관세(tariff)	수입쿼터(quota)
교역(trade)	일물일가의 법칙(law of one price)
국내총생산(gross domestic product, GDP)	저축보존계수(savings retention coefficient)
국민총생산(gross national product, GNP)	폐쇄경제(autarky)
비관세장벽(nontariff barriers)	포트폴리오 투자(portfolio investment)
생산요소의 이동(flow of factors of production)	해외직접투자(foreign direct investment)

복습문제

1. 일물일가의 법칙을 이용하여 어떻게 두 나라의 경제적 통합 정도를 판정할 수 있는가?

2. 어떤 요인들이 지난 200년간의 세계화 추세로 이어졌는가?

3. 한 경제가 세계 여타지역으로부터의 자본유입에 완전히 개방되어 있다면 GDP의 수준은 저축률과 어떤 관계가 있는가?

4. 한 나라가 수입하고 수출하는 재화의 종류는 무엇이 결정하는가?

5. 한 나라가 국제무역에 대해 개방하면 국내생산은 어떻게 변화하는가?

6. 한 나라가 특정 재화를 수출한다면 어떤 비교우위의 원천이 있다고 할 수 있는가?

7. 교역에 대해 개방되어 있다는 것은 어떤 점에서 기술의 한 형태와 비슷한가?

연습문제

1. 한 미국시민이 프랑스에서 임시로 일을 한다고 하자. 그 사람의 임금은 미국의 GNP와 GDP에 포함되는가?

2. 자본이동성이 완전한 경제에서는 높은 저축률이 높은 GDP 수준과 연관되어 있으면서 폐쇄경제에서는 그렇지 않은 이유에 대해 직관적인 설명을 제시하라. 그리고 이러한 사실이 폐쇄경제에서는 저축을 많이 할수록 더 부유해진다는 것을 의미하는가? 왜 그런가?

3. 11.3절에서 제시되었던 자본이동에 대해 개방된 경제의 모형을 고려하자. 저축률이 고정되어 있을 때 인구증가율의 상승은 1인당 GDP에 어떤 영향을 미치는가? 1인당 GNP에는 어떤 영향이 있는가? 이러한 결과는 제3장의 솔로우 모형과 어떻게 비교될 수 있는가?

4. 11.3절에서 살펴본 것과 같이 세계자본시장에 대해 완전히 개방되어 있는 경제를 상정하자. 자본임대료의 국제수준 r_w가 2배로 된다고 하자. 근로자 1인당 GDP의 수준은 몇 배로 변하는가? 생산함수에서 자본소득분배율을 나타내는 α의 값은 0.5라고 가정하라.

5. 교역에 대해 닫혀 있는 어떤 나라의 사람들이 치즈와 빵만 소비한다고 하자. 그 사람들은 항상 치즈 한 조각을 빵 한 조각과 함께 소비한다. 치즈 한 조각을 생산하기 위해서는 1시간의 노동이 필요하고 빵 한 조각을 생산하기 위해서는 2시간의 노동이 필요하다. 그 나라는 하루에 60시간의 노동시간을 가지고 있다. 하루에 몇 조각

의 치즈와 빵이 생산되겠는가? 이제 그 경제가 교역에 대해 개방한다고 하자. 세계 시장에서 빵 한 조각의 가격은 치즈 한 조각의 가격과 같다. 그 나라에서의 생산은 어떻게 변하겠는가? 빵과 치즈의 새로운 소비량은 얼마인가?

6. 지구상에 10개의 나라만 있다고 가정하자. 이 나라들은 기술과 효율성의 수준, 생산 요소의 양, 소비자의 선호 등에 있어 모두 동일하다. 산업은 피자가게와 자동차 공장 두 가지만 존재한다. 따라서 소비재도 피자와 자동차 두 가지만 존재한다. 피자 가게와 자동차 공장의 차이는 그 규모에 있다. 자동차 공장은 커야 하고 피자가게는 작아도 된다.

먼저 각국이 폐쇄경제라고 가정하자. 각 나라의 시장 규모는 자동차 공장 하나와 다수의 피자가게가 존재할 정도라고 하자. 이제 모든 나라가 동시에 개방된다고 하자. 피자와 자동차 모두 교역될 수 있다. (치즈의 응고와 같은 현실적 문제는 무시하기로 한다.) 교역이 각국의 생산기술을 변화시키지는 않는다.

피자와 자동차의 상대가격이 교역으로 인해 어떻게 변할 것이라고 예상하는가? (상대가격은 자동차 한 대와 교환되는 피자의 수로 표현한다.) 한 산업에서 다른 산업으로 생산요소가 이동하겠는가? 개방이 효율성에 미치는 영향은 무엇이며 왜 그런지 설명하라.

7. 최근의 한 연구가 내린 결론에 따르면 어떤 제품에 대한 수입관세가 부과되자 그 제품을 생산하는 국내 산업에서 실질임금이 상승하였다. 이러한 발견을 기초로 하여 모든 산업에 대한 관세를 올려야 한다는 주장이 나왔다. 이러한 주장이 현명한 것인지에 대해 논평하라.

온라인 데이터 플로터(Data Plotter)와 데이터를 이용해서 실습하려면 http://www.pearsonhighered.com/weil을 방문하라.

경제의 기본요인

우 리는 지금까지 국가 간 소득의 격차가 생산에 사용되는 요소축적의 차이와 생산성의 차이로 어떻게 분리될 수 있는지를 살펴보았다. 다음으로 생산성이 기술을 나타내는 부분과 효율성을 나타내는 부분으로 나누어 본 바 있다. 요소축적, 기술 및 효율성 모두 국가별 소득수준의 차이를 설명하는 주요한 요인들이다. 이제 이러한 주요요인들에 영향을 미침으로써 소득수준에 영향을 미치는 보다 기본적인 국가별 특성에 대하여 살펴보도록 하자.

제 12장

정부

정부가 경제성장에 미치는 영향은 정부를 제외한 다른 특성에서는 유사한 국가들에 대한 분석을 통해 가장 잘 파악될 수 있다. 냉전(The Cold War)은 정부를 제외하고는 다른 측면이 매우 유사한 남한과 북한 및 동독과 서독이라는 두 쌍의 국가들을 출현하게 하였다.

> 가장 원시적인 상태에서 가장 높은 수준의 풍요로 한 국가를 이끌기 위해서는 평화, 낮은 세율, 그리고 정의의 집행 이외에는 별로 필요한 것이 없다. 나머지는 자연스럽게 이루어진다.
> —애덤 스미스, 1755

1953년 한국전쟁의 종전 시점에서 남한과 북한은 여러 측면에서 매우 유사한 상황이었다. 양국은 모두 전쟁으로 인해 폐허가 되어 있었고 자원의 부존량, 교육의 정도 및 1인당 소득수준이 비슷한 수준이었다. 양국은 동일 문화 및 1300여 년간 단일 국가로 존재하였던 경험을 공유하였다. 그러나 정부정책 등 여러 측면에서 양국 정부 간에는 큰 차이가 존재하였다. 김일성에 이어 1994년에는 그의 아들 김정일, 그리고 다시 2011년에는 그의 손자인 김정은이 이어 받은 1인 독재하에 처해 있던 공산주의 북한은 중앙집중 경제계획과 세계와의 경제적 고립을 선택하였다. 반면 남한은 상대적으로 자유로운 시장경제와 강한 대외교역 지향 정책을 펼쳐 왔다. 1961년과 1980년의 쿠데타 성공 등에서 나타나듯이 남한의 민주화는 점진적으로 진행되었으며 정치체제는 민주주의를 기반으로 하고 있었다.

양국의 경제성과는 놀라운 정도의 차이를 보여 왔다. 1960년대 이후 남한은 세계에서 가장 빠른 성장률을 기록한 반면 북한의 성과는 비참한 수준에 그쳤다. 최근까지도 북한은 심각한 식량부족으로 고통 받고 있으며 수년간의 투자부족과 잘못된 경제정책으로 인해 북한의 산업기반은 회생 불가능한 수준에 처해 있다. 2009년을 기준으로 남한의 소득수준은 북한의 약 16배에 달하고 있다.

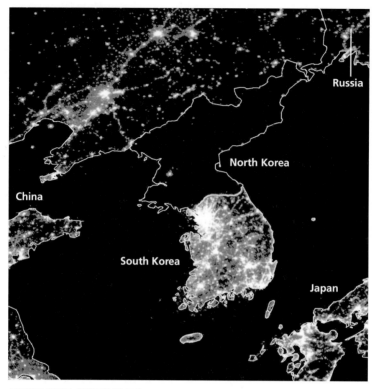

우주에서 바라본 한반도의 밤 모습

　동독과 서독의 사례도 여러 측면에서 매우 유사하다. 두 독일은 동일한 문화와 역사를 공유하고 있었으며 비슷한 수준의 천연자원을 보유한 가운데 제2차 세계대전으로 인해 큰 피해를 입은 상황이었다. 전쟁이 끝난 후 동독은 바르샤바 조약기구의 회원이 되었으며 소련이 주도한 경제상호원조회의(Council for Mutual Economic Cooperation, COMECON)에 가입하였다. 서독은 북대서양조약기구(North Atlantic Treaty Organization, NATO)에 가입하고 현재 EU의 전신인 유럽경제공동체(European Economic Community, EEC)의 창립회원으로 참여하였으며 시장 지향적인 경제정책을 추구하였다. 한국과는 달리 독일은 제2차 세계대전 이전에 이미 세계에서 가장 부유한 나라였던 경험을 가지고 있었으며 서독은 빠른 속도로 이러한 경제적 위상을 회복하였다. 동독은 공산국가들 중에서는 경제적으로 성공한 국가였으나 여타 이웃 국가들과 비교할 때에는 매우 처지는 수준이었다. 메르세데스-벤츠와 BMW 등 양질의 자동차가 서독경제를 상징한다면 동독경제를 상징하는 것은 비좁고 소음이 많이 나며 매연을 토해낼 뿐 아니라 최고시속이 겨우 97km이며 1957년 이후 디자인이 변경된 적이 거의 없고 구매를 위해서는 대기자 명단에서 수년간 기다려야만 했던 트라반트(Trabant)라는 자동차다. 이와 같은 서독과 동독의 경제적 성과 차이가 1990년의 동독 붕괴를 낳게 한 원인이 되었다.

한 국가에서 정부정책의 변화가 경제성장에 미치는 영향을 통해 정부정책의 중요성을 다시 확인할 수 있다. 중국의 최근 경험은 정부정책이 가져오는 긍정적인 측면과 부정적인 측면을 잘 보여 준다.

1958년 마오쩌둥 주석은 수년 안에 선진국을 따라잡는 것을 목표로 한 대약진운동(Great Leap Forward)을 제시하였다. 농업생산은 한 집단당 5000가구로 구성된 집단농장(commune)으로 재조직되었다. 공업부문도 공동체를 기반으로 한 '뒤뜰 용광로(backyard blast furnace)'가 전통적인 산업형태를 대체하였다. 그러나 내약진정책은 참혹한 실패로 판명되었다. 공동체를 책임졌던 관리자들은 무능력했고 공동체에서 일하던 농부들에게는 효율적으로 일할 유인이 없었다. 뒤뜰 용광로에서 생산된 철제품의 질은 너무 낮아 사용이 불가능했다. 식량생산이 증가하였다고 왜곡된 지방관료의 장밋빛 보고를 들은 정부정책담당자들은 식량경작지를 축소하고 1억 명에 달하는 농장 근로자들을 산업 프로젝트와 댐과 도로건설 등의 공공사업에 투입하였다. 1958년에서 1960년 사이에 곡물수확량은 약 25% 감소하였으나 베이징의 상급자들의 눈치를 보던 지방관료들은 곡물수확량이 2배로 증가하였다고 보고하였다. 이러한 날조된 사실들로 인해 곡물생산량이 부족하였음에도 불구하고 중국은 곡물수출을 지속하였다. 이후 흉작이 거듭되어 발생함에 따라 3천만 명으로 추정되는 인구가 아사(餓死)하고 말았다.[1]

1978년 이후 덩샤오핑에 의해 주도된 일련의 자유화 정책은 중국경제에 다시금 극적인 효과를 가져왔다. 집단농장에 의해 보유되었던 농지들은 농부들에게 임대되었으며 초과 생산분을 시장에 판매하는 것이 허용되었다. 중국정부는 정부 소유가 아닌 기업들에 대한 규제를 축소함으로써 중앙집중적인 계획 경제체제를 완화하였으며 특별경제구역을 설정하여 외국인 직접투자를 장려하였다. 이에 따라 국영기업에 의한 산출물의 비중은 1978년 78%에서 2009년에는 30%로 하락하였다. 같은 기간 중 국제교역이 GDP에서 차지하는 비중은 4배로 증가하였다.[2] 이와 같은 정부정책의 변화는 빠른 속도의 경제성장기를 가져왔다. 직전 20여 년간 매우 천천히 증가하던 1인당 국민소득은 1978~2009년 사이에 13배 증가하였다. 전 세계 인구의 6분의 1에 해당되는 인구에 이와 같은 변화가 일어났다는 점을 감안하면 이 시기에 발생한 중국의 경제성장은 아마 인류 역사상 가장 눈부신 사례임에 틀림없을 것이다.

---

1) Ashton et al.(1984), Chen and Galenson(1969).

2) Desvaux, Wang, and Xu(2004), OECD(2009), World Development Indicators 자료.

앞에 제시된 사례들은 경제성장에 있어서 정부가 미칠 수 있는 영향을 잘 보여 주고 있다. 이 장에서 우리는 정부와 성장 간의 관계를 보다 면밀하게 살펴보기로 한다.

정부의 활동은 지금까지 우리가 살펴본 경제성장의 결정요인들과 연관지을 수 있다. 정부가 경제성장에 영향을 미치게 되는 경로는 우리가 제2부에서 살펴본 요소축적을 통해 가장 간단하게 보일 수 있다. 정부는 물적 자본의 축적에 직·간접적인 영향을 미친다. 직접적으로는 도로 등 사회간접자본의 형성과 같은 정부자본에 대한 투자를 통하여, 간접적으로는 구축효과를 동반할 수 있는 정부재정을 통해서다. 또한 대부분의 국가에서 정부가 교육에 대한 가장 큰 자금공급원이 되므로 인적 자본의 축적에 대한 정부의 영향력은 매우 크다. 이에 더하여 정부는 출산촉진 및 억제정책을 통해 인구증가에 영향을 미친다.

요소축적 이외에도 정부정책은 연구자들이 연구성과에 따른 이익을 향유할 수 있게 보장하여 연구활동에 대한 유인을 제공하여 주는 특허제도의 운용 및 연구 프로젝트에 대한 정부자금지원 등을 통해 기술진보의 속도에 영향을 미칠 수 있다. 그러나 정부는 효율성 측면에서 가장 두드러진 역할을 담당한다. 정부는 과세, 규제, 법의 집행 등을 통해 기업과 근로자의 활동 환경을 정립한다. 경제에 있어서 '경기규칙(rules of the game)'을 제공함으로써 정부는 근본적으로 경제성장에 영향을 미치게 된다.

정부정책을 분석하는 경제학자들은 두 가지 분석방법론 중 하나를 선택하게 된다. 때때로 경제학자들은 어떤 이슈에 대해서 "정부가 무엇을 해야 하나?"라는 질문을 던진다. 이들은 경제학적 분석도구를 통해 어떠한 정책이 빠른 경제성장과 같은 정책 목표를 달성하는 데 가장 적절한지를 판단한다. 정부가 어떻게 행동해야 하는지에 대한 조언을 목적으로 하는 이와 같은 분석방법론을 규범적 접근(normative approach)이라고 한다. 이와는 달리 어떤 경제학들은 "정부가 왜 어떤 정책을 펼치는가?"에 대한 질문을 던진다. 이러한 질문에 대한 해답은 대부분 정부정책에 대한 조언을 제시하기보다는 정부정책을 설명하는 데 초점이 맞춰진다. 이 경우 정부정책을 결정하는 사람들은 기업이나 근로자와 마찬가지로 자신의 이익에 기초해서 행동한다고 가정된다. 이와 같이 정부정책에 대한 처방보다는 정부정책을 설명하려는 분석방법론을 **실증적 접근**(positive approach)이라고 한다.

이 장에서 우리는 정부정책을 규범적 접근과 실증적 접근을 모두 활용하여 분석한다. 먼저 정부가 어떻게 행동하여야 하는지를 다루는 규범적 접근을 다루는 과정에서 이 이슈에 대하여 경제학자들 간에 의견이 매우 다르게 나타나고 있음을 알게 된다. 정부개입에 대하여 찬성과 반대입장을 취하는 이유를 살펴보는 것 이외에도 우리는 자료를 통해서 개별 정부정책이 경제성장에 어떠한 영향을 미치게 되는지를 분석한다. 이어서 정부가 왜 경제성장에 해가 되는 정책을 펼치는지를 실증적 접근방법론을 통해 살펴본다. 마지막으로 왜 가난한 국가들이 경제성장에 좋지 않은 영향을 미치는 정부를 갖게 되는 경향이 있는지 고려한다.

12.1 경제에 대한 정부의 적절한 역할의 정의

경제성장을 촉진하기 위한 정부의 적절한 역할은 오랫동안 경제학의 중요한 연구주제였다. 실제 이는 애덤 스미스의 『국부론(The Wealth of Nations)』에서 가장 중요한 주제였다. 이에 대하여 의견은 최소한의 정부개입을 옹호하는 주장(방임주의, laissezfaire)에서 생산수단에 대한 완전한 국유화까지 다양하게 나타난다.

경제에 대한 정부 개입이 정당한 경우

경제에 대한 정부개입과 관련된 분석의 대부분은 어떠한 환경에서는 시장이 작동하지 않기 때문에 효율적인 결과를 기대할 수 없다는 **시장실패**(market failure)로부터 시작된다. 시장실패는 여러 가지 형태로 나타날 수 있으나 여기서는 공공재, 외부효과, 독점 및 조정의 실패 네 가지에 중점을 두기로 한다.

가장 간단한 형태의 시장실패는 재화사용을 통해 효용을 누리는 사람들에게 이에 대한 대가 지불을 강제하기 어렵기 때문에 사적 시장에서 공급될 수 없는 재화인 **공공재**(public goods)의 사례에서 찾아볼 수 있다. 국방은 공공재의 대표적 예다. 여타 공공재 중에서 경제성장과 연관을 가지는 것으로는 12.2절에서 살펴볼 법치(rule of law), 고속도로나 공항과 같은 사회간접자본시설, 도량형의 통일 및 안정적인 통화(通貨) 등을 들 수 있다.

정부가 시장에 개입하는 두 번째 이유는 **외부효과**(externality)의 존재다. 외부효과란 어떠한 경제행위의 주체나 그 행위로부터 도움을 받고자 한 사람들이 아닌 다른 이들에게 그 경제행위로 인한 영향이 우연히 작용하는 것을 의미한다. 이미 제8장에서 우리는 외부효과를 근거로 하는 정부정책의 사례를 살펴본 바 있다. 새로운 기술은 개발자 이외의 많은 사람들에게 긍정적인 외부효과를 창출하게 된다. 개발자는 자신에게 돌아올 혜택을 고려하여 연구개발을 실시할 뿐 이와 같은 긍정적인 외부효과를 고려하지 않기 때문에 혁신의 수준은 사회적 최적에 미치지 못하게 된다. 이와 같은 긍정적인 외부성의 존재가 정부가 직접적인 자금지원과 개발자에게 돌아가는 혜택을 늘려 주는 특허제도 등을 통해 기술개발에 개입하는 이유다. 교육은 외부효과를 근거로 한 정부정책의 두 번째 예가 된다. 일반적으로 한 사람이 받게 되는 교육수준은 이를 통해 발생하는 혜택과 비용을 감안하여 결정되게 된다. 그러나 교육이 사회 전체적으로 가져오는 이득은 일반적으로 개인에게 직접적으로 돌아가는 이득보다 크다고 여겨진다. 즉, 교육수준이 높은 사람들은 그들 주위 사람들의 삶의 질을 개선하곤 한다. 사람들이 이와 같은 외부효과를 고려하지 않기 때문에 개인적으로 결정되는 교육수준은 사회적으로 볼 때 최적 교육수준에 미치지 못하게 되며 이에 따라 정부는 교육수준을 높이기 위해 개입하게 된다. 공해와 같은 부정적인 외부효과의 경우에는 사기업들이 사회적으로 최적 수준보다 많은 양의 공해를 배출하는 경향을 가지게 되며 이에 따라 이러한 부정적인 외부효과를 제한하기 위하여 정부규제가 필요하게 된다.

정부의 개입은 **독점**(monopoly)이 존재할 경우에도 정당화된다. 독점이란 한 기업만이 특정상품을 공급하는 경우를 의미한다. 전기송전은 여러 회사들이 모든 가구에 대하여 전송망을 연결하는 것이 실질적으로 불가능하므로 **자연독점**(natural monopoly)의 대표적인 예로 자주 거론된다. 이와 같은 경우 정부규제를 통해 독점기업이 비효율적으로 높은 가격을 부과하는 것을 막게 된다.

많은 기업이나 개인의 행위에 조정이 요구되어 사적 시장에서 실패가 발생할 수도 있다. 이와 같은 **조정실패**(coordination failure) 및 이를 교정하기 위한 정부의 개입 필요성과 관련된 예는 쉽게 찾아볼 수 있다. 모든 사람을 도로에서 한쪽 방향으로 운전하게 하는 것은 매우 효율적이며 이에 대하여 아무리 극단적인 자유시장주의자라도 그 방향을 설정하는 데 반대하지는 않을 것이다. 다만 때때로 조정실패는 보다 미묘하게 발생할 수 있다. 예를 들어 자전거산업에서 모든 기업들이 자전거를 생산할 원자재가 충분히 공급되지 않을 것을 우려해 자전거공장에 대한 투자를 망설이고 있다고 가정해 보자. 이에 더하여 철강산업에서 모든 기업들이 생산물에 대한 구매자가 충분하지 않을 것을 우려해서 투자를 망설이고 있다고 가정해 보자. 이와 같은 상황하에서 정부의 계획은 정체 상황을 해소하고 경제발전을 촉진할 수 있다고 여겨진다.

이상의 명료한 논의에도 불구하고 시장실패가 정부가 경제에 개입하는 유일한 근거는 아니다. 경제에 대한 정부개입은 총산출의 크기가 아니라 총산출이 분배되는 방식에 영향을 미치기 위해서도 나타난다. 때때로 정부는 **소득재분배**(income redistribution), 즉 부자로부터 가난한 사람들에게 경제활동 인구로부터 노인들에게 또는 일반 국민으로부터 특혜집단에게 소득이 이전되도록 하는 것을 중요한 역할 중 하나로 여길 수 있다.

경제에 대한 정부 개입이 부당한 경우

경제에 대한 정부개입이 전혀 존재하지 않아야 한다고 믿는 경제학자들은 거의 없다. 결국 논쟁의 대상이 되어 온 것은 개입의 수준이다. 많은 경제학자들은 경제에 대한 정부개입의 논거들이 우리가 실생활에서 관찰하게 되는 정부의 개입수준을 정당화하기에는 불충분하다고 믿고 있다. 따라서 정부의 추가적인 개입은 경제적인 효용을 감소시킨다고 주장한다.

정부개입에 반대하는 주장은 적절한 정부정책이 대부분의 시장실패를 이론적으로는 교정할 수 있지만 실제로는 이러한 정책목표가 달성되지 않는다는 데서 출발한다. 정부가 사적 기업을 대체하려고 할 경우 이로 인해 설립된 기업은 사적 기업의 행동을 규율하는 이윤동기 등이 부족하기 때문에 비효율적으로 운용된다. 산업이 자연독점으로 간주되어 규제의 대상이 되는 경우에도 오히려 이러한 규제가 경쟁을 제한하는 효과만을 가져올 수도 있다. 일반적으로 모든 정부개입의 성공 여부는 정책을 수립하고 집행하는 공무원들의 능력과 청렴도에 달려 있다. 이러한 질적 조건이 충분하지 않을 경우 **정부의 실패**(government failure)는 정부정책을 통해 교정하고자 하였던 시장실패보다 더 나쁜 결과를 낳을 수 있다. 이와 같이 경제에 대한 정부개입이 성공하기 어렵다는 점을 지적하면서 정부의 역할은 가능한 한 좁게 정의되는 것이 바람직하다고 주장한다.

정부개입에 대한 반대론자들은 정부개입을 지지하는 이들이 믿는 것보다 시장실패가 훨씬 드물게 일어난다고 주장한다. 공공재의 경우 논쟁의 초점은 현재 정부가 공급하고 있는 재화들이 사기업을 통해서도 공급될 수 있었느냐에 모아진다. 과거 정부에 의해 공급되던 많은 기능들이 **민영화**(privatized)되는 추세가 세계적으로 나타나고 있다. 많은 국가에서 도로건설, 전화망 및 교도소 운영 등이 민영화되고 있다. 이와 동시에 과거 정부규제가 엄격하게 적용되던 산업들의 경우 **규제완화**(deregulation)가 진행되고 있다. 예를 들어 미국의 경우 통신, 항공 및 화물수송과 관련된 규제완화는 소비자들에게 부과되던 비용의 급격한 하락을 가져왔다.

소득재분배를 둘러싼 이슈는 정부의 적절한 역할과 관련하여 가장 어려운 질문이 된다. 여타 이슈의 경우에는 정부개입으로 인한 편익과 비용이 동일한 기준으로 측정될 수 있다. 예를 들어 독점으로 인한 비효율성과 정부규제로 인한 비효율성과 같이 편익과 비용 모두에서 비효율성으로 측정된다. 그러나 소득재분배의 경우에는 정책의 편익(보다 높은 수준의 형평성)과 정책의 비용(보다 낮은 수준의 효율성)의 성격이 다르다. 이를 **형평과 효율성의 상충**(equity-efficiency trade-off)이라고 부르며 제13장에서 상세하게 다루게 된다. 다만 거대 정부를 비판하는 학자들은 정부가 재분배하려는 대부분의 소득이 부유한 사람에게서 가난한 사람으로 이전되지 않는다고 주장한다. 오히려 소득재분배가 생애 주기에서 다른 시점에 위치한 동일 소득수준 집단 간의 이전으로 나타난다고 주장한다. 즉 경제활동인구에게 과세한 자금을 노인층에게 배분하는 데 그치고 있다고 주장한다. 정부개입을 비판하는 학자들은 이와 같은 소득재분배가 형평성을 거의 개선하지 못하면서 경제의 효율성만을 떨어뜨린다고 꼬집는다.

역사의 시계추(Swings of the Pendulum)

경제에 대한 정부의 적절한 역할에 대하여 경제학자들 및 정부관료 간에 합의된 의견이 존재하지 않는 가운데 20세기에 지적 분석과 정부개입의 관행에 두 가지 큰 변화가 발생하였다. 제1차 세계대전을 전후하여 세계적으로 정부가 경제개발과 관련하여 매우 결정적이면서도 적극적인 역할을 담당할 수 있을 것이라는 이론이 지지를 얻기 시작하였다. 가장 극단적인 사례는 구소련에서 실시된 공장의 국유화, 농업의 공동작업화 등을 포함하는 일련의 5개년 계획이 촉발한 1920~1930년대의 주목할 만한 경제성장이다. 반면 엄청난 규모의 조정실패로 여겨지던 대공황은 경제운용에서 정부의 역할이 필요하다는 공감대를 가져왔다. 독일과 이탈리아의 파시즘 정부는 시장에 대한 정부 통제강화를 통해 여타 이웃 국가들에 비해 불황의 여파를 일찍 떨쳐버릴 수 있었다. 정치인들이 경제에 대한 정부개입에 적대적인 자세를 보여 온 미국에서조차 경제 회복을 촉진하겠다는 목표로 프랭클린 루즈벨트(Franklin Roosevelt)에 의해 추진된 뉴딜 정책으로 전례없는 가격통제, 농산품의 정부구매 및 공공사업을 통한 일자리 창출 등 다양한 부문에서 정부의 경제개입이 이루어졌다. 대공황은 완전고용을 유지하기 위한 적극적인 통화 및 재정정책의 이론적 기초를 확립한 케인스에게 연구 동기를 제공하기도 하였다.

　제2차 세계대전 이후 서유럽 정부들은 국유화된 보건 시스템, 공공주거 및 실업수당의 확대와 노인연금 등이 포함된 복지국가 건설을 추진하였다. 개발도상국가에서는 식민지시대에서 벗어나 새롭게 수립된 독립정부들이 정부주도의 공업화와 경제계획을 추구하였다.

　20세기의 마지막 20년 동안 경제에 대한 정부개입은 빠르게 사라져갔다. 이러한 변화는 공산주의 국가와 과거에 공산주의였던 국가에서 가장 두드러졌는데, 이들 국가의 대부분은 확실히 시장경제체제로 이행하였다. 산업국가들에서는 복지국가 혜택의 축소와 함께 규제완화 및 일부 국가 기능의 민영화 물결이 밀려왔다. 개발도상국에서는 다음에 논의될 경제계획의 문제점들에 대한 대응으로 정부 주도 산업화에서 벗어나 자유 무역을 강조하며 보다 시장기반적 접근으로의 선회가 나타났다.

2007~2008년의 금융위기와 뒤이은 세계적 불황기 이후 또 하나의 방향 전환이 일어나고 있는지도 모른다. 가장 큰 경제적 충격을 겪은 나라들이 바로 가장 자유로운 시장을 가진 나라들이라는 점은 간과하기 어렵다. 대조적으로, 정부의 통제가 심하고 민주주의도 없는 중국은 충격의 여파가 거의 없었다. 경제성장의 '중국 모델'이 다른 나라에도 적용될 수 있는지는 두고 봐야 할 것이다.

12.2 정부는 어떻게 경제성장에 영향을 주나?

경제에서 정부가 어떠한 역할을 담당해야 하는지에 대한 이론적인 논의를 기초로 실제 정부가 경제성장에 어떻게 영향을 미치는지 살펴보도록 한다. 우리는 정부의 정책집행에서 법치의 유지, 정부의 규모 및 계획의 수립 관행이란 세 가지 측면에 주목한다.

법치

법치(rule of law)는 정부가 제공하는 공공재 중 가장 중요한 것 중 하나이다. 선진국에서 적절한 기능수행을 위해 법에 의존하는 수많은 방식들을 잠시 살펴보자. 예를 들어 서로 간에 상품의 전달, 채무의 상환 등과 관련된 계약을 체결하는 기업들은 이러한 계약 이행을 강제하는 법원의 존재에 의존한다. 보다 근본적으로 사적 재산의 소유주는 그들의 소유권을 보장받기 위해 법원과 경찰에 의존한다. 만일 법률적 하부구조가 제공되지 않는다면 투자자들이 투자자금에 대한 적절한 수익을 기대할 수 없기 때문에 현대 경제에서 이루어지는 많은 투자들이 이루어지지 않았을 것이다.

세계 전체적으로 볼 때 법치를 당연하게 받아들일 수는 없다. 많은 국가에서 사법제도는 취약하고 법률분쟁은 법률적으로 누가 더 타당한지에 의해 결정되기보다는 누가 정치적으로 더 영향력 있는 사람과 관계를 가지고 있느냐에 의해 결정된다. 1993년에 노벨 경제학상을 수상한 더글라스 노스(Douglas North)는 "제3세계가 역사적으로 정체되고 현재에도 낮은 수준의 발전만을 이루고 있는 것은 주로 효과적이면서도 낮은 비용으로 계약을 강제할 수 있는 방법을 개발하지 못한 데 기인한다."라고 결론짓고 있다.[3]

구소련은 법치의 중요성을 잘 보여 주는 사례가 된다. 공산주의가 붕괴하면서 기초

---

3) North(1990), p. 54.

적인 경제활동과 관련된 법치에 대한 불확실성이 매우 높아졌다. 시민들의 신뢰를 기초로 과거 정부에 의해 소유되었던 자산들이 체계적으로 조직을 갖춘 몇몇 사람들에게 넘겨지면서 합법적인 사업과 조직범죄 간의 경계가 모호해졌다(러시아의 속어로 *biznesman*은 불법에 가까운 행위를 하는 사람들을 지칭한다). 이와 같이 법적으로 불안한 환경에서 러시아의 1인당 소득은 구소련이 붕괴된 1991년 이후 10년 동안 12% 하락하였다.

　법치가 취약한 환경에서는 생산요소의 축적이 이루어지기 어려울 뿐 아니라 비효율적인 경제활동이 만연할 것이라는 추측이 가능하며 이로 인해 생산은 위축될 것이다. 실제 자료는 이와 같은 예측과 일치한다. 법치의 발전정도를 측정하기 위해 사용되는 지수에는 계약의 강제정도, 사법기관의 효과성과 예측 가능성 및 범죄의 발생 빈도 등이 포함되어 있다. 이 자료를 구축하는 과정에 비정부기구(NGO), 연구기관과 위험평가 기관의 의견뿐 아니라 기업가들과 일반시민의 의견도 반영되어 있다. 이 지수는 평균 0을 가지도록 조정되었으며 −1.91(짐바브웨)∼1.94(스위스)의 범위에 걸쳐 있다. 〈그림 12.1〉은 법치와 제7장에서 구축한 물적 및 인적 자본의 축적에 관한 통합측정값 간의 관계를 보여 주고 있다. 〈그림 12.2〉는 법치와 제7장에서 구축한 생산성과의 관계를 보여 주고 있다. 두 가지 경우에서 모두 강한 양의 상관관계를 발견할 수 있으며 법치가

▶ **그림 12.1**
법치와 요소축적, 2009년

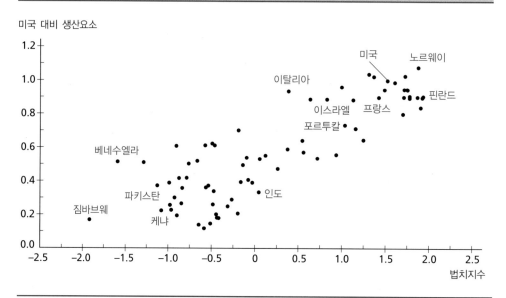

자료 : Kaufmann, Kray, and Mastruzzi(2010). 표준편차가 1이 되도록 조정된 자료.

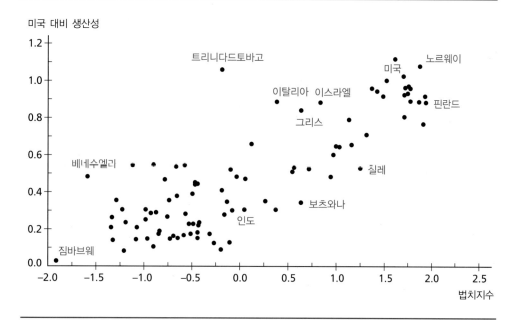

> **그림 12.2**
> **법치와 생산성**

자료 : Kaufmann, Kray, and Mastruzzi(2010). 표준편차가 1이 되도록 조정된 자료.

요소축적과 생산성을 통해 1인당 소득에 미치는 영향이 거의 비슷한 수준임을 알 수 있다. 일반적인 결과와 다른 패턴을 보이는 예외적인 국가들은 흥미로운 사례가 된다. 예를 들어 인도는 법치의 수준에 비추어 볼 때 요소축적이나 생산성 수준이 상대적으로 낮게 나타나며 이탈리아는 요소축적이나 생산성 수준이 모두 높게 나타난다.

과세, 효율성 및 정부의 규모

정부의 규모 자체도 정부가 경제에 영향을 미치게 되는 매우 중요한 경로이다. 많은 돈을 지출하는 정부는 이에 상응하는 수입이 필요하게 된다. 천연자원(원유) 등이 주 수입원이 되는 사우디아라비아 등 몇몇 예외적인 국가들을 제외하면 일반적으로 국민과 기업에 대한 과세가 정부의 주요 수입원이 된다. 이와 같은 세금은 경제의 효율성에 영향을 미치게 된다.

1883년 독일의 사회과학자 아돌프 와그너(Adolph Wagner)는 경제가 발전함에 따라 보다 복잡한 규제가 필요하고 정부가 제공하는 공공재가 소득증가보다 더 빠른 속도로 비용이 요구되는 성격을 지니고 있기 때문에 정부의 규모는 국가가 부유해질수록 커지게 된다는 이론을 제시하였다. 〈그림 12.3〉은 세계에서 가장 부유한 5개국의 GDP 대

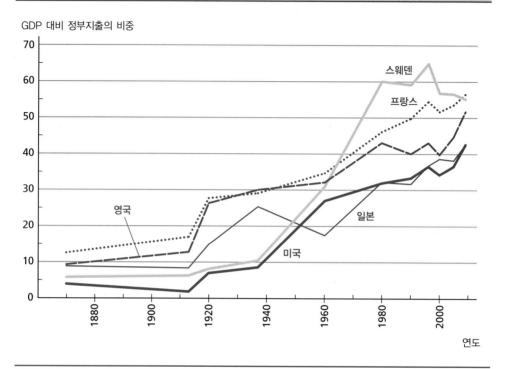

▶ 그림 12.3
정부지출의 증가, 1870~2009년

GDP 대비 정부지출의 비중

자료 : "The Future of the State," *The Economist*, September 20, 1997, OECD.

비 정부지출을 보여주는데, 여기서 볼 수 있듯이 **와그너의 법칙**(Wagner's law)은 과거 1세기에 걸쳐 실제로 실현되었다. 예를 들어 미국의 경우 1870년의 GDP 대비 정부지출은 3.9%에 불과하였으나 2009년에는 43%로 증가하였다. OECD이 산업국가들의 경우 GDP 대비 정부지출의 평균 비율은 2009년에 47%였다. (물론 2009년의 수치는 2000년대 말의 대규모 불황의 여파로 정부지출이 늘어나고 산출량이 줄어들었기 때문에 다소 부풀려진 것이라고 볼 수 있다.) 스웨덴에서는 정부지출의 규모가 1996년에 GDP의 2/3에 달하며 최고치에 도달하였다가 그 후로 감소하였다.

가난한 국가들의 정부규모를 살펴보면 두 번째 놀라운 사실이 발견된다. 가난한 국가의 정부규모는 부유한 국가에 비해 작은 편이지만 부유한 국가들이 가난한 국가들의 현재 정도의 발전단계에 있을 때 가졌던 정부규모에 비해서는 훨씬 크다. 예를 들어 세계은행(World Bank)의 분류상 중동과 북부 아프리카 그룹에 속하는 국가들의 경우 1996~2000년 사이에 전체 고용에서 차지하는 공무원의 비율은 25%에 달한다. 이 국가들의 1997년 1인당 GDP는 4,580달러였다. 미국의 경우 동 수준의 GDP를 1910년대

▶ **그림 12.4**
조세의 효과

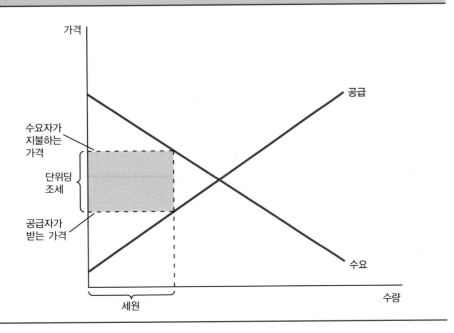

에 달성하였으나 1929년(공무원 수에 대한 자료가 가용한 최초의 연도)에도 공무원의 고용비율은 전체 고용의 6.5%에 불과하였다.

정부지출의 증가는 과세 확대를 통해 뒷받침되어 왔다. 세금은 산출물이 생산되는 과정의 효율성에 직접적으로 영향을 미치므로 경제성장과 밀접한 연관을 가진다. 효율성과 과세 간의 관계는 〈그림 12.4〉와 같은 그래프를 통해 살펴볼 수 있다. 우상향하는 공급곡선과 우하향하는 수요곡선을 가진 한 재화를 가정해 보자. 이 재화는 과세대상이 되는 어떠한 것이라도 관계없다. 예를 들어 우리가 노동공급을 고려한다면 소득세가 될 것이고 가솔린 등 일반적으로 과세가 이루어지는 상품이 될 수도 있다. 과세가 이루어질 경우 공급자가 받는 가격과 수요자가 지불하는 가격 사이에 격차를 발생시킨다. 또한 그림에서 보인 바와 같이 과세는 구매되는 상품의 양을 감소시킨다. 여기서 구매되는 상품의 양을 **세원**(tax base)이라 한다. 과세로 얻어지는 총수입은 세원과 단위당 세금을 곱함으로써 얻어질 수 있다. 〈그림 12.4〉에서 음영이 칠해진 직사각형의 면적은 총수입을 의미한다.

공급자가 받는 가격과 수요자가 지불하는 가격의 차이가 커질수록, 즉 한 상품시장에서 세금이 증가할수록 실제 발생하는 거래량은 줄어들게 된다. 다시 말해, 세율을 높일 경우 세원은 줄어들게 된다. 이러한 현상이 세금으로부터 발생하는 비효율성의 원인이 된다. 세금이 높을 경우 생산자와 소비자 간에 존재하던 잠재적인 거래수요 중 일부는 이루어지지 못하게 되며 만일 거래가 이루어졌다면 두 집단 모두 혜택을 입을 수 있었을 것이다. 이와 같이 세금으로 인해 이루어지지 못한 거래에 대해서는 세금을 걷을 수 없으며 거래위축으로 인해 생산자와 소비자 모두 손해를 보게 된다.[4] 이러한 비효율성의 크기는 세금이 증가함에 따라 더욱 커지게 된다. 세금이 커질수록 세원이 줄어들기 때문에 세금부과로 인한 총수입은 세금증가에 비례하여 늘어나지 않는다. 만일 세율이 이미 너무 높은 수준이라면 추가적인 세율인상에도 불구하고 세원감소가 이를 상쇄할 수 있기 때문에 총수입이 전혀 증가하지 않을 수 있다.

〈그림 12.4〉에서 살펴본 분석은 현실에 대하여 다음과 같은 질문을 낳는다. 현재 부과되고 있는 세금은 효율적인가? 세금으로 발생하는 왜곡의 정도에 대하여 경제학자들 간에 합의된 의견은 존재하지 않지만 왜곡 정도가 상당한 수준이라는 점은 분명하다. 미국에 대한 최근 추정값에 따르면 정부가 추가적으로 1달러의 세금을 걷게 될 경우 생산 감소도 약 1달러 발생하는 것으로 나타났다. 이는 정부의 추가적인 1달러 지출과 관련된 '비용'이 1달러의 세금과 1달러의 생산감소를 모두 고려할 경우 2달러에 달한다는 것을 의미한다.[5]

세금이 경제에 비효율성을 야기한다는 것이 세금이 전혀 존재하지 않아야만 한다는 것을 의미하는 것은 아니다. 이미 살펴본 바와 같이 정부는 경제가 적절하게 기능하기 위해 필수적으로 요구되는 공공재를 공급한다. 이러한 공공재의 공급에 필요한 비용은 과세를 통해 지불된다. 따라서 정부의 유일한 목적이 1인당 GDP를 최대화하는 것이라고 가정하더라도 공공재와 과세 간의 최적 선택을 위해서는 비용과 편익 간의 상충관계를 고려하여야 할 것이다.

다만, 과세를 통해 발생하는 정부수입이 모두 공공재를 공급하는 데 쓰이는 것은 아니다. 국민들에 대한 소득이전은 정부의 중요한 역할이 되고 있다. 소득이전 중 규모가 가장 큰 것은 노인연금이며 이외에도 실업수당 및 빈곤층에 대한 복지지출 등도 있다. 미국의 소득이전은 2010년에 GDP의 16% 수준까지 늘어났으며 이는 1960년대 이후로 2배 이상 증가한 것이다.

---

4) 미시경제학을 공부한 독자라면 여기서 논의되는 비효율이 '자중손실(自重損失, deadweight loss)'이라는 것을 알 것이다.

5) Feldstein(1997).

계획과 여타 산업정책

경제계획은 정부가 경제에서 요구되는 의사결정의 일부 또는 전부를 담당하게 되는 것을 의미한다. 경제계획이 활발하게 이루어진 시기는 개발도상국의 신생 독립정부들이 상대적으로 뒤처진 경제여건을 개선하기 위해 여러 가지 실험을 펼치던 제2차 세계대전 이후 수십 년간으로 볼 수 있다. 많은 경제학자들은 12.1절에서 살펴본 정부의 경제개입 동기들이 이러한 개발도상국에서 더욱 두드러지게 표출된 것으로 보고 있다. 동시기에 많이 활용되던 정책들은 다음과 같다.

- 공기업 : 이 기업들은 정부에 의해 소유되었으나 사기업과 유사하게 기능하던 특징을 지닌다. 정책결정자들은 경제의 '핵심영역'으로 여겨지는 운수산업이나 중공업이 정부에 의해 통제되는 것이 매우 중요한 것으로 인식하였다. 많은 국가에서 공기업이 제조업 생산의 반 이상을 담당하였다.

- 국유은행 : 은행업보다 더 정부의 통제가 중요하다고 여겨진 산업은 없었다. 투자흐름의 조절을 통해 국유은행은 이론적으로는 시장 실패를 극복할 수 있는 엄청난 영향력을 갖는다. 예를 들어, 대규모의 외부효과가 있는 산업에 자금을 대거나 조정실패의 문제를 해결하는 것이 가능하다. 은행 산업의 통제를 통해 정부는 취약 계층이나 지역에 대한 재분배와 같은 사회적 목적을 달성할 수도 있다. 전세계적으로 각국의 10대 은행에 대한 정부 지분의 평균은 1995년 기준으로 42%인데, 이는 1970년의 59%에서 하락한 수치이다. 은행산업에 대한 정부 지분은 선진국보다는 개발도상국에서 더 높은 편이다. 2006년에 중국의 국유은행은 자산규모로 볼 때 전체 은행의 98%를 차지했다. 인도와 이집트에서는 그 수치가 각각 75%와 65%였다. 선진국에서는 국유은행의 자산규모 비율이 가장 높은 두 나라가 이스라엘(46%)과 독일(42%)이었다.[6]

- 판매대행조직 : 많은 국가들은 농가의 수확물을 정부소유의 판매대행조직에게 판매할 것을 강요하였다. 정부관료들은 모든 농가의 수확물을 한데 모음으로써 국제시장에서 보다 나은 가격을 얻어낼 수 있을 것이라고 생각하였다.

- 무역제한 : 정부는 유치산업보호론을 논거로 수입에 대하여 관세와 쿼터를 부과하였다. 유치산업보호론이란 국내 기업들이 경쟁력을 가질 수 있을 때까지 세계시장의 경쟁으로부터 임시로 보호하여야 한다는 이론이다.

---

6) La Porta, Lepez De Silanes, and Shleifer(2002), Barth, Caprio, and Levine(2006).

다른 길

독자 여러분이 페루 리마에 있는 창업 준비자라고 가정해 보자. 별로 특별한 것 없는 봉제공장을 하나 창업하려고 할 때 당신은 우선 장소를 임대해야 할 것이고 재봉틀을 구입하고 종업원을 고용하게 될 것이다. 이런 일련의 과정을 마쳤다고 해서 존경받는 리마의 상공인이 될 수 있을까?

어림없는 이야기다. 만일 당신이 합법적으로 사업을 영위하고 싶다면 먼저 관료들에 의한 몇 가지 규제를 넘어서야 한다. 7개의 정부부처를 상대해야 할 뿐 아니라 그 중에 많은 부처는 한 번 이상 거쳐야 한다. 당신은 11개의 서로 다른 면허, 허가, 인증서들을 받아야 한다. 관료들로부터 사무처리를 빨리 해 주겠다는 명목으로 10번은 뇌물을 요구받을 것이며 모든 요구에 대해서 뇌물을 제공하는 것을 피하더라도 최소한 두 번은 뇌물요구에 굴복해야지 만일 이를 거부한 경우 허가절차가 중지될 것이다. 모든 규제를 다 만족시키는 데에는 약 289일 정도가 소요된다. 당신이 지불하는 모든 수수료와 정부부처들을 방문하느라 포기하게 되는 임금을 다 감안하면 이러한 험로에 수반되는 총비용은 페루의 평균임금의 32배에 달하는 1,231달러에 달하게 된다. 이와 같은 사실은 페루의 자유민주원(Liberty and Democracy Institute)이라는 연구소에서 합법적인 창업과정의 어려움을 알리기 위해 한 봉제공장을 창업하려는 과정에서 밝혀졌다.

당신의 창업정신이 이와 같이 억제된다면 당신은 어떻게 하겠는가? 대부분의 경우 당신은 제도권을 벗어나 비공식적으로 창업하려고 할 것이다. 당신은 아마도 뒷골목의 작은 방을 빌리고 가게 앞에는 당신의 사업을 알릴 수 있는 간판도 달지 않을 것이다. 당신은 10명도 안 되는 종업원만 고용할 것이고 종업원들에게 집에 가서 작업하라고 꾸러미를 만들어 줄 것이다. 이와 같은 회피수단을 이용하면서 당신은 정부감독관이나 과세당국의 눈을 피할 수 있게 되기를 소망할 것이다. 페루의 자유민주원의 추정에 따르면 페루 주택의 약 42.6%가 비공식적으로 건축되었고 공공운송에 이용되는 95%의 차량도 비공식적으로 등록되어 있다고 한다. 페루 전체를 보면 전체 근로시간의 61.2%는 비공식적 활동에 투입되고 있으며 이와 같은 비공식 부문은 페루 GDP의 38.9%에 달한다고 한다.[*]

페루의 상황이 예외에 속하는 것은 아니다. 전 세계적으로 볼 때 지하경제의 규모는 연간 약 9조 달러에 달하는 것으로 추정되고 있다. 부유한 국가에서는 지하경제의 비중이 GDP의 약 15% 수준이며 개발도상국에서는 지하경제의 비중이 GDP의 1/3에 달하는 것으로 알려져 있다. 지하경제에서 일어나는 행위 중 일부는 마약판매 등 범죄행위지만 대부분은 '장부에 기록되지 않고' 정부 관리의 눈에 띄지 않을 뿐 합법적인 행위들이다.[†]

많은 사업주들에게 비공식적으로 사업을 영위하는 것이 최선의 선택일지 모르지만 이는 여러 가지 비효율성을 낳게 된다. 비공식적인 기업은 법적으로 강제 가능한 계약의 당사자가 될 수 없으며 은행 등에서 자금을 조달하는 것도 불가능하다. 비공식적인 기업은 발견되지 않기 위해 작은 규모를 유지해야 하므로 규모의 경제를 통한 효율성 증진을 추구할 수도 없다.

[*] De Soto(1989). 인용된 모든 수치는 1984년의 것이다.

[†] "The Shadow Economy: Black Hole," *The Economist*, 1999년 8월 28일자.

이와 같은 정책들은 대부분 실패하고 말았다. 예를 들어 공기업들은 너무도 비효율적이었다. 이 기업들의 경영진은 다른 기업으로부터의 경쟁위협이나 이익을 창출하라

경제계획이 언제나 실패하는 것은 아니다

자유로운 시장경제를 신봉하는 경제학자들은 경제계획에 대하여 우호적인 견해를 가지고 있지 않기 때문에 경제계획의 실패를 목격할 경우 지적으로 안도감을 느낀다. 이러한 경제학자들에게는 불행한 일이지만 경제계획이 엄청난 성공을 이룬 사례들이 존재한다.

제2차 세계대전 이후 경제계획이 가장 화려하게 성공한 사례들은 주로 동아시아의 '호랑이' 들에서 찾아볼 수 있으며 그 중에서도 한국과 대만의 사례를 주목할 만하다. 두 국가 모두에서 정부는 전례를 찾아보기 힘들 정도의 빠른 성장을 이끌어 낸 것으로 보이는 산업정책을 고압적으로 추진했다.

한국과 대만의 실제 정책들은 앞서 385~389쪽에서 살펴본 정책들과 크게 다르지 않다. 예를 들어 한국정부는 민간에서 참여하기를 주저하던 새로운 산업영역인 철강과 석유화학산업 등을 일으키기 위해 공기업을 설립했다. 또한 한국은 정부관료들이 적절하다고 판단하는 산업을 주로 육성하였다. 한편 대만정부는 해외기업들이 기술이전을 약속한 경우에 한해서 해외기업상품의 국내판매를 허용하였다. 양국은 모두 유치산업(幼稚産業)을 보호하기 위해 관세를 적극적으로 활용하였다.

한국 및 대만과 세계 여타 국가의 차이는 정책 자체에 있기보다 정책의 수행과정에 기인한다고 할 수 있다. 한국정부가 설립한 공기업들은 자율적이며 이익을 추구하는 형태로 운영되었으며 많은 경우에 빠르게 민영화되었다. 또한 다른 국가들과는 달리 양국 정부들은 효율적으로 유치산업이 정부의 보호를 포기하게 하였다. 한국정부는 보호산업이 국내시장을 유지하기 위해서는 수출비중을 꾸준히 늘리도록 강제하였다. 이러한 정부의 요구에 따라 정부의 보호를 받던 산업은 짧은 시간 안에 세계수준에 비견할 만한 생산성에 접근해야 했다. 대만정부는 생산성 증가가 목표수준에 미치지 못할 경우 관세를 통한 보호를 제거하였다. 한 대만 관료가 국내 전구생산업체에게 제품의 질을 높이지 못하면 관세를 통한 보호를 철폐할 것이라고 협박하였을 뿐 아니라 20,000여 개의 불량 전구를 폐기하도록 명령한 것은 눈여겨 볼 만한 사례다.[*]

다른 많은 사례에서 경제계획이 실패하였음에도 불구하고 어떻게 한국과 대만에서는 성공을 이룰 수 있었을까? 한국과 대만의 사례는 경제계획이 효율적이고 정직한 관료조직에 의해 주도될 때 가장 잘 집행될 수 있다는 당연한 진리를 보여 준다. 다만 한국과 대만이 산업정책 이외에도 높은 저축률, 높은 인적 자본 및 상대적으로 평등했던 소득분배를 공유하고 있었다는 사실을 감안할 때 경제계획이 실제로 한국과 대만의 경제성장에 얼마나 기여했는지 정확하게 파악하기 힘들다는 사실은 경제계획의 효과에 의문을 가지는 사람들에게는 위안이 될 것이다.[†]

[*] Romer(1992).

[†] Westphal(1990).

는 주주의 압력을 받지 않았으므로 생산에 있어서 효율성을 높이려는 유인이 거의 없었다. 공기업의 채용정책은 연줄을 가진 사람들에게 자리를 제공하려는 의도에 의해 영향을 받았다. 정부에 의해 소유되지 않을 때만이 이러한 기업들이 효율성을 추구할 것이라는 점이 민영화가 추진된 동기이다. 1980~1990년대에 멕시코에서 민영화된 170개 기업에 대한 연구에 따르면 민영화 이후 단위당 생산비용이 평균 23% 하락하였다. 손실을 내던 기업들은 민영화 이후 이익을 창출하기 시작하였다. 가장 놀라운 사실은 전체 생산량이 증가하는 가운데 민영화된 기업의 고용은 반으로 하락하였다는 점이다. 이는 과거 엄청난 잉여노동력이 기업 내에 존재하고 있었음을 의미한다.[7]

국유은행의 대출 정책은 그것을 정당화하는 이론과 부합하는 경우가 드물었다. 대규모 외부효과가 존재하는 부문으로 가야할 대출은 종종 주요 선거권자들의 마음을 돌리거나 정치적 지지자들에 대한 보상 목적으로 사용되었다. 파키스탄에서의 한 연구는 1996년과 2002년 사이에 일어난 정부 은행의 대출에 대해 조사했다. 이 기간에 정부은행의 대출은 전체 대출의 64%를 차지했다. 저자들이 발견한 것은 정치적 연줄이 닿는 기업은 그렇지 못한 기업에 비해 45% 더 많은 자금을 정부은행으로부터 받을 수 있었고 50% 이상 더 자주 체납하였다.[8] 더욱이, 국유은행은 부패 정치인이 정부의 돈을 뜯어낼 손쉬운 방법을 제공한다. 은행이 정치인에게 대출을 해주고 정치인은 채무를 이행하지 않고 대출금을 그냥 삼켜버리는 것이다.

농가의 소득을 높이기 위하여 설립되었던 판매대행조직은 공무원들이 발생하는 수입을 빼돌리려는 유혹을 이기지 못하였기 때문에 정반대의 결과를 낳았다. 예를 들어 가나에서 코코아 판매대행사로부터 농가가 받는 소득이 1948년에는 판매액의 77%였으나 1979년에는 20%로 하락하였다. 2007년 짐바브웨에서는 경찰이 곡물은 모두 판매대행조직곡물을 통해 거래되어야 한다는 법을 강제하기 위해 도로를 막고 농가를 침탈하고 있다. 곡물판매대행조직의 매수가격은 암시장에서 거래되는 가격보다 낮을 뿐 아니라, 엄청난 인플레가 존재하는 가운데 대체로 수개월 늦게 지불되기 때문에 실질적으로 지불되는 가격은 더욱 낮은 수준에 불과한 상황이다. 이에 더하여 곡물판매대행조직의 공무원들이 자신들의 이익을 위해 공식적으로 수매한 곡물을 암시장으로 빼돌리고 있다는 인식이 팽배해 있다.

무역제한 역시 대체로 비생산적이었다. 이론적으로 유치산업에 대한 보호는 그 산업이 장래에 세계적으로 경쟁력을 가질 수 있을 경우에만 허용되어야 한다. 실제로는 정치적으로 영향력을 가진 산업이 보호를 받거나 어떤 경우에는 모든 산업이 무차별적으로 보호받았다. 이에 더하여 보호받던 대부분의 '유치' 산업들은 결국 성장하는 데 실패하였다. 해외경쟁에 대한 위협을 느끼지 못하던 대부분의 산업들은 비효율적인 상태로 남아 있다.

산업정책과 관련된 마지막 문제는 정부에 의해서 통제되는 경제환경하에서 기업가

---

7) La Porta and Lopez-De Silanes(1999).

8) Khwaja and Mian(2005).

들이 가장 쉽게 돈을 버는 방법이 투자와 수입을 결정하는 정부 관료로부터 특혜를 얻어내는 데 있다.[9] 이와 같은 지대추구는 생산의 효율성을 낮추게 된다.

내란(內亂, Civil Conflict)

앞의 논의와 사실상 이 장의 대부분은 경제에 영향을 미칠 목적으로 집행되는 정부정책의 효과에 대한 것이었다. 그러나 때로는 정부의 경제적 영향이 특정 정책에서 오는 것이 아니라 누가 정부를 장악할 것인지를 놓고 벌이는 투쟁이나 정부의 부재에서 오기도 한다.

2011년 현재 15억 명의 사람들이 무력한 정부, 분쟁, 대규모 범죄조직의 폭력의 영향이 있는 지역에 살고 있었다. 이러한 고통으로 4,200만 명이 살던 곳을 떠났다. 가장 주된 폭력의 형태는 내전인데, 이로 인한 사망자 수는 제2차 세계대전 이후 발생한 국가 간 전쟁에서의 사망자 수의 3배에 이른다. 세계에서 '가장 가난한 10억 명' 중 73% 가량은 내전 중이거나 내전이 끝난 지 얼마 되지 않은 사회에 살고 있다.[10]

내전과 같은 분쟁은 여러 경로를 통해 경제성장을 저해한다. 전쟁에는 필연적으로 약탈과 난민, 자본의 파괴, 교역의 제한, 사회적 자본(제14장에서 논의될 개념)의 약화, 정부의 공공재 공급 기능 약화가 수반된다. (이러한 경제적 손실 외에도 인도주의적 비용이 있음은 말할 필요도 없다.) 무역이나 투자, 특히 외국인 투자가 현격히 감소한다. 심각한 폭력사태가 있는 해마다 빈곤율이 평균 1% 올라간다. 폭력의 경제적 효과는 분쟁이 끝난 후에도 확인된다. 예를 들어, 1977년에서 1994년 사이에 모잠비크 내전이 17년 동안 계속되면서 산출량은 매년 1.3% 감소했다. 내전이 끝나고 평화가 지속된 15년 동안 산출량은 매년 4.9% 증가했다.

폭력은 한 국가의 소득을 감소시키지만 빈곤도 역시 폭력의 위험을 다양한 경로로 높인다. 우선 심각한 경제적 곤궁에 처한 사람들은 혁명이나 강도질에 손쉽게 빠져든다. 기회비용이 낮기 때문이다. 이 가설은 수단의 반군 지도자이자 경제학 박사인 존 가랑(John Garang)이 잘 표현해 주었다. "이런 상황이라면 남수단에서 반란의 한계비용은 매우 작거나, 0이거나 혹은 음(−)이다. 다시 말해, 남수단에서는 반란을 하는 것이 득이 된다." 낮은 소득이 내란의 확률을 높이는 또 다른 경로는 당연히 가난한 나라의 부실한 도로와 약한 군대 때문에 반란의 진압이 어렵다는 것이다. 중앙에서 멀리 떨어진 주변 지방에서 일어나는 반란에 대해서는 더욱 그렇다. 아프리카의 분쟁에 대

---

9) Krueger(1990).
10) World Bank(2011), Collier(2007).

한 한 연구에서는 경제성장률이 5% 포인트 낮아지면 이듬해 내란이 발생할 확률이 50% 높아진다는 것을 발견했다.[11]

우리는 제3장에서 복수의 정상상태가 있는 경제에서 한번 경제가 낮은 정상상태에 빠지면 헤어나오기 힘든 함정에 대해 논의한 바 있다. 경제학자 폴 콜리어(Paul Collier)의 주장에 의하면 폭력과 경제적 실패가 서로 상승작용을 일으키며 반복적으로 순환되는 것은 그와 같은 함정이 될 수 있다. **충돌 함정**(conflict trap)에 빠진 경제는 평화와 번영을 누리는 경제와 근본적으로는 차이가 없을 수 있다. 결과적으로 차이를 가져온 것은 단지 상황이 그러했거나 운이 나빠서일 수 있다. 예를 들어, 특별히 좋은 혹은 나쁜 지도자를 두었다거나, 또는 일시적인 경제적 후퇴 혹은 호황 때문에 경제가 충돌 함정으로 들어갈 수도 있고 확실히 벗어날 수도 있다.

빈곤이 폭력적 충돌의 유일한 요인이 아니라는 것은 당연하다. 제15장에서 논의될 것이지만, 개발도상국에서 충돌을 야기하는 또 하나의 강력한 요인은 가치가 큰 천연자원의 존재이다. 그로부터 얻을 수 있는 지대가 있기 때문에 정부를 장악하는 것이 상당히 매력적인 비즈니스가 된다. 앞에서 논의된 법치나 부패 지표에서 낮은 점수를 받는 나라들도 역시 내전의 가능성이 상대적으로 높다. 이와는 대조적으로 내전에 대한 웅변에서 종종 초점을 받는 불만들, 예를 들어 소수민족에 대한 탄압 등은 내전의 발생에 대한 통계적 예측력이 거의 없다.

다행히도 싸움은 지난 20년 간 상당한 감소 추세를 보였다. 2000년대에 시작된 폭력적인 충돌은 39건이었는데, 이는 1990년대의 81건에 비하여 많이 줄어든 것이다. 진행 중인 내전의 수는 1992년에 52건으로 최고에 달했다가 2008년에는 35건으로 줄었다. 내전에서 전투 중에 사망하는 사람은 전 세계적으로 1980년대에는 연평균 164,000명이었는데, 1990년대와 2000년대에는 각각 92,000명과 42,000명으로 줄었다.[12] 이러한 감소추세가 특별히 고무적인 이유는 한 나라가 내전을 겪을 것인지에 대한 가장 유력한 예측 인자 중 하나는 그 나라가 최근에 내전의 경험 유무이기 때문이다. 전쟁이 발생하면 무기가 축적되고 잘 훈련된 전투원이 생길 뿐 아니라 적개심과 경제적 손실을 남긴다. 시간이 지나면서 상처는 아물고, 무기는 녹슬고, 군인은 늙고, 사회의 구조도 고쳐진다. 그리하여 다시 충돌로 빠져 들어갈 확률이 낮아진다.

---

11) Miguel, Satyanath, and Sergenti(2004).
12) World Bank(2011).

12.3 왜 정부는 성장을 저해하는 행동을 할까?

앞서 이 장에 대한 개관에서 논의된 바와 같이 정부행태에 대한 분석은 규범적 접근방식(정부가 무엇을 해야 하는지에 대한 질문)과 실증적 접근방식(정부가 왜 그러한 행태를 보이는지에 대한 질문)을 통해 이루어질 수 있다. 앞 절의 분석은 주로 규범적 접근방식을 통해 이루어졌다. 우리는 정부가 경제성장률에 영향을 미치기 위하여 어떠한 정책들을 펼 수 있는지 살펴보았으며 때로는 정부가 성장을 최대화할 수 있는 방식으로 행동하지 않는다는 것도 살펴보았다.

본 절에서는 정부행태에 대한 분석을 위해 실증적 접근방식을 사용하기로 한다. 보다 구체적으로 왜 정부가 성장에 해가 되는 정책을 펴거나 왜 성장에 좋은 정책들을 펴는 데 실패하는지를 살펴보기로 한다.

정부 정책의 다른 목적들

정부가 성장에 해가 되는 행태를 보이는 것은 정부가 여타 다른 목적을 추구하기 때문일 수 있다. 예를 들어 세금을 국방, 예술, 해외원조 등에 사용하는 것은 과세로 인해 발생하는 왜곡으로 인해 성장을 낮출 수도 있으나 국익에 이로운 것으로 여겨진다.

공해의 감소는 경제성장을 저하시키는 정부의 다른 정책목표가 된다. 지난 수십 년간 세계적으로 각국의 정부들은 대기와 수질오염을 막기 위해 공장과 차량 등에서 배출되는 공해물질을 제한하는 규제를 도입하여 왔다. 이러한 규제로 차량에 수천억 달러에 달하는 촉매 컨버터[13]가 의무적으로 장착되었다. 공해물질에 대한 규제는 산출물을 증가시키지 않으면서 투입량을 증가시키기 때문에 경제적 효율성을 저하시킨다. 그러나 정부는 이러한 효율성의 저하가 깨끗한 환경을 누리기 위해 당연히 지불해야 하는 비용으로 인식한다. 제16장에서 살펴보겠지만 사실 이 이슈는 우리가 산출물을 부적절하게 측정하기 때문에 비효율적이라고 여기게 되는 측면이 존재한다. 만일 우리가 공해로 인해 발생하는 비용을 적절하게 감안한다면 산출물을 줄이는 동시에 공해의 배출을 줄이는 정부의 정책은 더 이상 비효율적이라는 평가를 받지 않을 수 있다.

마지막으로 경제성장을 저하시킬 수 있는 정책목표의 중요한 예는 다음 장에서 보다 상세하게 살펴볼 소득 형평도다. 부유한 사람으로부터 가난한 사람에게 소득을 재분배하려는 정부의 시도는 형평과 효율성의 상충이라는 문제에 직면하게 된다. 소득 불평등도를 낮추게 되면 경제의 효율성이 저하되고 이로 인해 경제성장이 위축될 수 있지

---

13) 역자 주 : 매연을 줄이기 위해 차량에 부착되는 장치

만 이 역시 많은 정부가 기꺼이 감당하고자 하는 비용이다.

부패와 도둑정치

정부가 경제에 해가 되는 행위를 하는 두 번째 이유는 정부의 관료들이 국가를 위해서 일하기보다는 자신의 이익을 위해 행동하기 때문이다. 정부의 부패는 세무직원이 과세되어야 할 소득을 눈감아 주는 대가로 받는 뇌물, 시장이 관급공사를 제공하고 받는 리베이트, 대통령이 자신의 아들에게 이익이 많이 나는 독점기업을 설립해 주는 방식 등 여러 가지 형태를 가진다. 부패가 정부 최고위층까지 퍼진 상태를 정부가 '도둑들에 의해 운용' 된다는 의미에서 **도둑정치**(kleptocracy)라고 부른다.

정부가 존재한 이래 부패 역시 존재하여 왔으나 경제학자들은 최근에 들어서야 부패가 경제성장에 중요한 요인임을 주목하게 되었다. 이러한 초점의 변화는 다음의 근거에서 명백히 드러난다. 1980년대에는 경제학 학술지에 부패라는 단어가 제목이나 초록에 나타난 횟수는 경제학 논문 1만 편당 3.2회였다. 2009년에 이르면 이 횟수가 72편에 이른다. 게다가 1990년 이전에는 몇몇 경제학자들은 일정 수준의 부패는 경제성장에 도움이 될 수 있다고 주장하였다. 이들은 많은 정부정책 자체가 경제성장에 장애가 되므로 이러한 정책을 수행하여야 하는 정부 관료들의 부패는 긍정적인 효과를 가질 수 있다고 주장한다. 이에 더하여 도둑정치 하에서 지배자는 약탈대상이 되는 자신의 국가가 더 약탈할 것이 많아지도록 번영하기를 바라기 때문에 도둑정치가 경제성장에 긍정적이라고 주장하기도 한다. 이러한 지배자는 자신에게 돌아오는 몫이 충분하기를 바라기 때문에 하위관료들의 부패를 가능한 한 억제하려는 유인을 가지게 될 수도 있다. 또한 국가경제가 건실할수록 시민들이 도둑정치가의 지배를 용인할 것이며 지배자는 권력을 유지하면서 부정행위를 더욱 오래 향유할 수 있게 된다.

최근 10여 년간 경제발전을 연구하는 경제학자들은 부패가 경제성장에 가장 주요한 저해요인이라는 시각을 점점 더 공유하게 되었다. 2002년에 세계은행은 부패가 경제성장의 기반이 되는 체제기반을 약화시키기 때문에 '경제와 사회발전에 있어서 가장 큰 장애물' 이라고 보고한 바 있다. 2004년 연구에서 세계은행은 매년 1조 달러가 뇌물로 지불된다고 추정한 바 있다.

부패와 경제성장 간의 관계는 어떤 측면에서는 매우 명료하다. 첫째 부패는 납세자의 돈을 낭비한다. 예를 들어 부패한 정부는 가장 낮은 입찰금액을 제시하는 회사가 아닌 가장 많은 뇌물을 제공하는 회사와 납품계약을 하기 때문에 불필요하게 세금을 낭비하게 된다. 이에 더하여 세금의 일부의 정부관료의 주머니로 직접적으로 흘러들어간다. 실제 앙골라의 재무성에 2001년 GDP의 10%에 해당하는 9억 달러가 사라졌다.[14] 조세의 증가는 생산의 효율성을 훼손하기 때문에 조세의 낭비는 경제성장을 위축시키게 된다.

정부수입의 낭비는 부패로 인해 발생하는 비효율성의 시작에 불과하다. 부패가 가져오는 두 번째 효과는 정부가 뇌물을 챙길 기회를 보다 많이 만들기 위해 정책을 펴는 것이다. 예를 들어 정부는 관료들이 수입허가에 대하여 뇌물을 챙길 수 있도록 수입쿼터를 설정하기도 하며 모종의 관계를 가진 회사에게 정부와의 계약을 안겨 주기 위해 불필요한 도로건설을 계획하기도 한다. 또한 부패는 정부가 제공하는 가장 중요한 공공재인 법치를 훼손한다. 부패한 정부관료는 자신을 방해할 수 있는 강력한 사법제도가 도입되지 않도록 할 유인을 가진다. 따라서 판사들이 사실관계나 법률에 기초하여 판결을 내리기보다는 뇌물에 의해 판결을 내릴 것을 우려하는 기업들은 투자에 나서기를 꺼리게 된다.

부패 정도에 대한 자료를 구하는 것은 매우 어려운 일이다. 정부 자체적으로 이러한 주제에 대한 자료를 구축하지 않는다는 것은 그리 놀라운 일이 아니다. 〈그림 12.5〉의

> **그림 12.5**

정부의 부패와 1인당 GDP, 2009년

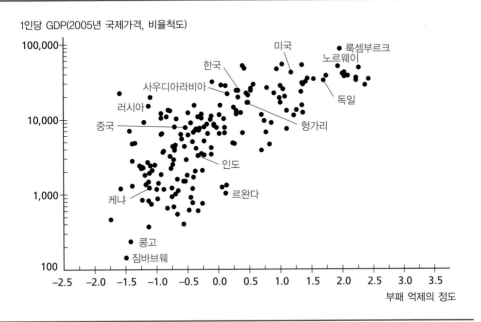

자료 : Kaufmann, Kray, and Mastruzzi(2010).

---

14) "Angola: Measuring Corruption," *The Economist*, October 26, 2002.

자료는 〈그림 12.1〉과 〈그림 12.2〉의 법치 자료와 마찬가지로 시민과 국제전문가에 대한 설문을 통해 구축된 자료다. 그림에서 2005년 기준으로 부패는 평균 0의 값을 가지며 측정된 값의 범위는 최소값인 소말리아의 −1.73과 최대값인 덴마크의 2.42 사이에 있다(2009년 자료). 1인당 소득수준과 부패 간에 밀접한 관계가 존재함을 알 수 있다. 부유한 나라 중에서 높은 부패 정도를 나타내는 사례는 없으며 가난한 국가들은 대부분 상당히 높은 수준의 부패를 보여 주고 있다. 물론 이 자료가 부패가 국가를 빈곤하게 만든다는 것을 입증하는 것은 아니다. 이 자료는 12.4절에서 보다 상세하게 살펴보도록 한다.

자기보호본능

정부가 경제성장에 해가 될 수 있는 행동을 하는 마지막 이유는 이러한 전략이 정부관료 및 권력층이 자신들의 권력을 유지할 수 있는 가장 좋은 전략이 되기 때문이다. 경제성장은 필연적으로 사회구조의 변화를 야기하고 이러한 변화는 권력을 쥐고 있는 계층에게 위협이 된다. 새로운 기술은 현재 권력층을 지지하고 있는 계층의 경제력을 약화시킬 수 있으며, 교육수준의 향상은 현재 상태를 변혁시킬 수 있는 아이디어를 이끌어낼 수 있고 농촌으로부터 도시로의 인구이동은 잠재적으로 혁명적인 계층을 창출할 수 있고 외국과의 교역과정에서 외국의 위험한 아이디어들이 같이 소개될 수 있다.

경제성장이 사회를 뒤흔들 수 있다고 해서 정부가 언제나 경제성장에 적대적인 것은 아니다. 성장에 실패할 경우 국민들의 불만이 고조될 수 있으며 한 국가가 성장하지 못할 경우 이웃의 보다 발전한 국가들에 의해 침략받을 수 있으므로 부진한 경제성장도 정부의 생존을 위협할 수 있다. 1868~1912년의 메이지 시대에 일본정부는 위에서 언급된 두 번째 아이디어를 '부국강병(Rich Country, Strong Army)'이라는 슬로건에 직접적으로 활용하였다. 이처럼 경제성장에 영향을 미치는 정부의 정책 선별과정에 상충관계가 존재할 경우 최종 결정은 주변상황에 의해 영향을 받게 된다. 권력기반이 약한 정부는 경제성장을 희생하고라도 현 상태를 유지함으로써 현재의 권력을 유지하려고 할 것이다. 반면 권력기반이 확고한 정부는 급격한 경제성장으로 발생하는 사회적 불안을 감내할 수 있다. 이와 유사하게 해외로부터의 위협에 처한 정부는 성장과 관련된 정치적 위험도 불사하고 성장을 추구하려 할 것이다. 해외로부터의 압박을 느끼지 않는 정부라면 그러한 위험을 감수하지 않을 것이다.

러시아의 역사에는 성장으로부터 발생할 수 있는 위협과 성장의 실패와의 상충관계가 잘 나타나 있다. 19세기 초 러시아는 급격하게 산업화되고 있던 이웃 유럽국가나

정부규제 : 도움의 손일까? 아니면 착취의 손일까?

정부는 왜 특정 행동들을 할까? 이러한 정책들은 공공의 이익을 위한 것일까? 아니면 권력을 쥐고 있는 자신을 위한 것일까? 현실에서 이 두 가지 동기 중 어느 쪽이 더 중요한지를 구분해 내는 것이 언제나 쉬운 일은 아니다.

기업의 창업과 관련된 정부규제에 대한 분석을 통해 위의 두 가지 동기 중 어느 쪽이 더 중요한지를 살펴본 연구가 있다.* 저자들은 새로운 기업을 설립하기 위해 요구되는 법적 조건들을 75개국에 걸쳐 수집하였다. 또한 저자들은 밟아야 하는 행정절차의 수, 이러한 절차에 소요되는 시간 및 비용을 조사하였다. 신규창업의 난이도는 국가별로 큰 차이를 나타내고 있다. 예를 들어 볼리비아에서 새로운 기업을 세우려는 사람은 20개의 행정절차, 82일의 기간 그리고 2,696달러의 비용 등을 감당하여야 하는 반면 캐나다에서 신규창업을 하려는 사람은 2개의 행정절차, 2일의 기간 그리고 280달러의 비용만으로도 목적을 달성할 수 있다.

이 자료를 활용하여 저자들은 신규창업과 관련하여 왜 이와 같은 차이가 발생하는지에 대하여 두 가지 가설을 제시하였다. '도움의 손(helping hand)'이라고 명명된 첫 번째 이론에 따르면 정부는 저품질의 생산자로부터 발생할 수 있는 피해나 공해 등의 외부효과로부터 소비자를 보호하기 위해 신규진입에 대하여 규제를 행사한다고 볼 수 있다. '착취의 손(grabbing hand)'이라 명명된 두 번째 이론에 따르면 정부는 정부관료의 이익이나 정부관료에게 정치경제적 지원을 하는 기존 사기업의 이익을 위해 규제를 펼친다.

실제 자료를 분석한 결과는 '착취의 손' 이론을 강하게 뒷받침하는 것으로 나타났다. 많은 규제를 가진 국가라고 해서 규제수준이 낮은 국가에 비해 공해수준이 낮거나 제품의 품질이 우수하지 않았으며 국민의 건강상태가 양호하지도 않은 것으로 분석되었다. 이 분석결과는 진입규제가 '도움의 손' 이론에서 제시된 것과 같이 소비자를 보호하기 위해 존재하는 것이 아니라는 것을 의미한다. 오히려 규제의 숫자와 정부가 국민의 이해를 대표하는 정도 간에는 음의 상관관계가 존재하는 것으로 나타났다. 즉 보다 민주적인 국가일수록 규제의 숫자가 작았으며 이는 규제가 국민의 효용을 증진하기 위해 존재하지 않는다는 점을 보여주고 있다. 이와 유사하게 상대적으로 부패하다고 평가되는 정부는 더욱 많은 규제를 보유하고 있었으며 이는 정부관료가 뇌물을 받을 수 있는 기회를 보다 많이 갖기 위해 이러한 규제들을 만들어 내고 있음을 시사하고 있다.

* Djankov et al.(2002).

미국에 비해서 훨씬 뒤처진 상황이었다. 1850년 러시아는 미국의 14,518km와 영국의 9,979km의 철로에 비해 훨씬 짧은 501km의 철로만이 깔려 있었다. 그러나 산업화는 러시아 왕조에 두 가지 위협으로 다가오게 되었다. 첫째 러시아의 권력층은 도시에 집중되어 있던 공장의 근로자들이 1848년 유럽을 휩쓸던 혁명의 분위기에 영향을 받는 것에 대하여 우려하였다. 둘째 차르 체제를 지지하던 엘리트 그룹은 산업화가 부의 원천이던 토지 중심의 경제체제를 흔드는 것에 대하여 위험을 느꼈다.

크림 전쟁(1854~1856)에서의 패배는 러시아가 산업화에서 얼마나 뒤처져 있는지를 인식하게 되는 계기가 되었다. 영국과 프랑스의 장총은 러시아 군대가 사용하던 장총보다 사정거리가 3배나 되었다. 전쟁이 끝난 후 차르 황제는 외국에 의한 러시아 침략에 대한 우려로 산업화를 촉진하고 철도건설을 확대하는 정책을 펼쳐 나갔다. 그러나 차르 황제가 산업화로 인해 발생할 수 있는 사회적 변혁에 대하여 느끼던 공포는 현실로 나타나게 된다. 1905년과 1917년의 혁명으로 러시아 왕조는 권력을 완전히 잃게 되었다.[15)]

19세기에 차르 황제들에게 고민거리였던 경제성장과 정치적 안정 간의 상충관계는 20세기 말 구소련의 지도자였던 미하일 고르바초프(Mikhail Gorbachev)에게도 동일한 딜레마였다. 서방 경쟁국에게 점점 뒤처지던 구소련 경제를 되살리기 위해 1986년에 고르바초프는 페레스트로이카(구조개혁)와 글라스노스트(정치적 개방)를 제시하였다. 그러나 경제 근대화의 비용이 크다는 것은 재차 입증되었다. 5년이 지난 후 고르바초프는 권좌에서 물러나야 했으며 구소련은 해체되었다.

지금까지 살펴본 바와 같이 몇몇 경제학자들은 자신의 지위를 이용하여 축재하려는 부패한 권력자들이 더 많은 재화를 약탈하기 위해 경제성장을 최대화하려 한다고 주장한다. 그러나 실제로는 대부분의 부패한 권력자들은 더 많은 부를 축재하기 위해 경제적 '파이'를 더 키우는 것보다는 단지 권력을 보전하려는 데 더 관심이 있다. 경제성장에 필수적인 핵심적인 사항들(낮은 문맹률, 법치 등)은 부패한 권력자에게 위협으로 느껴질 수 있으며 경제성장 자체도 이미 형성된 권력체계를 위협할 수 있는 새로운 엘리트를 창조할 수 있다. 국가가 빈곤에 빠져 있었음에도 불구하고 제2차 세계대전 이후 50~100억 달러의 부를 축재한 것으로 악명 높은 자이레(현재 콩고공화국)의 대통령 모부투 세세 세코(Mobutu Sese Seko)는 이러한 시각에 대한 좋은 사례가 된다. 이웃국가였던 르완다의 대통령이 무장반군으로부터의 공격에 대하여 도움을 요청하였을 때 모부투는 "내가 도로를 건설하지 말라고 충고했지? …… 도로건설은 전혀 도움이 안돼. 나는 자이레에서 30년간 권력을 유지했고 그동안 한 번도 도로를 건설한 적이 없다. 도로를 건설해 주니까 반군들이 당신을 공격하러 가고 있는 거야."[16)] 자이레는 1960년 벨기에로부터 독립하였던 시점에 비해 1991년에는 1/10 수준에 불과한 도로만을 보유하고 있었다. 이와 같이 모부투는 사회기반시설에 대한 투자를 억제하였지만 결국 1997년에 권좌에서 축출되었다.

---

15) Acemoglu and Robinson(2002), Landes(1998)
16) Robinson(2001).

12.4 왜 가난한 국가들에는 나쁜 정부가 있을까?

정부가 경제에 해가 되는 정책을 펴는 이유에 대한 지금까지의 분석은 부유한 국가와 가난한 나라에 모두 적용될 수 있다. 그러나 실제 자료를 통한 분석에 따르면 어떠한 정부도 완벽하지는 않지만 가난한 국가들이 상대적으로 나쁜 정부를 가지게 되는 경향이 있음을 알 수 있다. 예를 들어 법치나 부패와 관련된 지수를 사용한 분석에서 가난한 국가들이 보다 열악한 지수를 가지게 되는 것을 살펴본 바 있다.

가난한 국가들이 나쁜 정부를 가지게 되는 경향이 있다면 이는 나쁜 정부 때문에 이 국가들이 가난하게 된 것일까? 아니면 나쁜 정부가 가난의 원인이 아니라 가난한 국가에서 나타나는 현상에 불과한 것일까?

이에 대한 간단한 대답은 '양쪽' 모두 일리 있는 주장이라는 것이다. 부유해질수록 한 국가가 보다 나은 정부를 가지게 된다거나 좋은 정부가 그 국가를 보다 부유하게 만든다는 데 대하여 반론을 제기하는 경제학자는 거의 없다. 그러나 이 두 가지 경로 중에서 어느 쪽 경로가 더욱 중요한 것인지, 즉 정부로부터 소득으로의 경로와 소득으로부터 정부로의 경로 중 어떤 쪽이 우리가 실제 자료에서 관찰한 정부의 질과 소득과의 관계를 잘 설명하는지에 대하여서는 활발한 논쟁이 이루어지고 있다. 다음에서 이 두 가지 경로에 대하여 살펴보기로 한다.

소득이 정부의 질에 미치는 영향

소득이 정부에 영향을 미치는 것이지 이러한 인과관계가 반대방향으로 작용하는 것이 아니라는 주장은 다음의 두 가지 관찰에 기초하고 있다. 첫째 나쁜 정부가 언제나 경제성장의 장애물은 아니다. 둘째 정부의 질은 대체로 소득이 증가함에 따라 개선된다.

현재 선진국의 발전과정을 살펴보면 나쁜 정부가 언제나 성장을 억제하는 것은 아니라는 사실을 알 수 있다. 세계은행(World Bank)과 같은 국제기구에 의해 강하게 비난받는 정부행태들은 과거에는 부적절하다고 여겨지지도 않았다. 예를 들어 1871년까지는 영국에서 군대의 주요 보직을 맡거나 승진하기 위해서는 주로 원하는 지위를 구입하여야 했다. 군대장교들은 사병들에게 보급될 물자를 구매하기 위해 지급되는 자금을 일부 빼돌리는 방법으로 그 직위를 얻기 위해 들어간 비용을 보전하였다.[17]

뉴욕시의 역사는 나쁜 정부에도 불구하고 발전을 이룰 수 있다는 좋은 사례가 된다.

---

17) Bruce(1980).

뉴욕시와 오대호를 연결하는 이리 운하가 개통되던 1825년에서 1900년 사이에 뉴욕의 인구는 17배 증가하여 3,700만 명에 달하였다. 1900년대에 뉴욕은 런던을 제외하고는 세계경제에서 가장 중요한 도시였다. 한편 뉴욕시는 대부분의 측면에서 부패의 온상이었다. 1880년에 완공된 뉴욕카운티 법원 건설에는 1,500만 달러(2010년 가격으로는 3억 3,500만 달러)가 소요되었으며 이는 미국이 당시 러시아로부터 알래스카 주를 사들이기 위해 지불한 금액의 2배에 달하였다. 이 비용 중 2/3는 악명 높던 윌리엄 마시 '보스' 트위드(William Marcy 'Boss' Tweed)가 이끌던 정치 패거리에 의해 빼돌려졌다. 트위드의 권력은 너무 강력해서 트위드 일당에 대한 추문을 조사하기 위해 만들어진 조사 위원회는 트위드와 관련된 어떠한 문제도 없다고 보고하였을 뿐 아니라 보고서를 트위드가 소유하고 있던 회사를 통해 출판하고 예산의 절반을 지불하였다. '보스' 트위드는 그의 치부를 담고 있던 회계장부가 뉴욕 타임즈에 유출됨에 따라 법적인 처벌에 직면하게 되었다. 감옥에서 벗어나기 위한 노력으로 사망하기 직전 자백서를 작성하였으며 이에 따르면 시 정부의 반 이상이 부정행위와 관련되어 있었다.[18] 비리를 추적하던 언론인인 링컨 스테펜(Lincoln Steffen)의 책 『도시들의 추문(The Shame of the Cities)』(1904)은 당시 지방정부의 부패를 상세하게 묘사하고 있으며 '부당이득 추구와 법률위반이 횡행하는 것이 미국의 정신'이라고 결론짓고 있다.

부패의 만연에도 불구하고 성장에 성공한 뉴욕 시의 사례 이외에도 여타 사례들이 존재한다. 제2차 세계대전 이후의 시기에 나쁜 정부가 경제성장을 억제하지 않았던 사례들을 많이 찾아볼 수 있다. 예를 들어 1950~1990년대에 일본은 '연줄 자본주의(crony capitalism)'라는 공무원과 규제대상이었던 기업가 간의 인맥을 통해 사업이 이루어지는 현상을 보였으나 성장세는 이로 인해 위축되지 않았다. 또한 가족을 통해 150억 달러를 축재한 수하르토 대통령이 지배하던 인도네시아의 경우에도 성장세는 위축되지 않았다. 위의 두 가지 경우 모두에서 성장이 다른 이유들로 둔화된 후에야 나쁜 정부가 성장에 어떠한 영향을 미쳤는지에 대한 논의대상이 되었다. 오늘날 이런 면에서 가장 흥미로운 사례는 중국이다. 중국은 〈그림 12.5〉에서 사용한 부패 억제의 수준 척도에서 186개국 중 117위에 불과하지만 놀라운 속도로 성장하고 있다.

나쁜 정부가 언제나 경제성장의 걸림돌이 되는 것은 아니라는 것과 마찬가지로 국가의 소득수준이 높아짐에 따라 정부의 질이 향상될 수 있는 많은 경로가 존재한다는 증거가 존재한다. 가장 간단한 경로는 부유한 국가들이 공무원들에게 적절한 임금을 지

---

18) Kolbert(2002).

불할 수 있기 때문에 공무원들이 부패에 빠질 유혹을 차단한다는 것이다. 경제적 번영이 정부의 질을 개선하는 두 번째 경로는 나누어 가질 파이의 크기가 커지게 되면 일반적으로 행정의 효율성을 저해하는 것으로 알려진 이해집단 간에 보다 많은 몫을 가지려는 투쟁이 줄어 든다는 것이다. 마지막으로 정부를 정직하게 유도할 수 있는 대중의 활기와 용기는 상대적으로 부유한 국가에게만 향유 가능한 '사치재'의 성격을 지닌다는 것이다. '민주주의와 경제성장'에서 나타나듯이 민주주의의 경우도 마찬가지의 특성을 지닌다.

정부의 질이 소득에 미치는 영향

나쁜 정부가 저개발 국가에서 나타나는 현상이라고 인식하기보다는 나쁜 정부가 저조한 경제발전의 원인이라고 믿는 경제학자들은 정부가 경제에 영향을 미칠 수 있다는 다양한 증거를 기반으로 주장을 편다. 우리는 남한과 북한의 경우와 같이 정부가 경제성장을 촉진시킬 수도 있으며 방해할 수도 있음을 살펴본 바 있다. 정부정책이 경제성장에 미치는 영향이 지대하다는 점과 이러한 정책들이 국가 간에 큰 차이를 나타낸다는 점을 감안할 때 국가별 정부정책의 차이가 국가 간 소득 격차를 설명할 수 있다고 믿는 것은 당연할 수 있다.

정부의 질이 소득에 영향을 주는 경로가 중요하다는 주장의 두 번째 근거는 어떤 국

만화가 토마스 내스트(Thomas Nast)가 1871년에 그린 뉴욕시 정부.

민주주의와 경제성장

경제학자들이 정부에 대해 연구하면서 가장 흥미로운 주제 중 하나는 민주주의와 경제성장 간의 관계이다. 〈그림 12.6〉은 1인당 소득과 정치적 권리 지수 간의 관계를 보여준다. 이 지수는 선거제도의 경쟁 정도와 선출된 지도자의 책임 정도를 중심으로 자유기구(Freedom House)가 작성한 것이다.* 이 자료는 7단계의 값을 가지는데 1이면 가장 비민주적임을 7이면 가장 민주적임을 의미한다. 그림은 부유한 국가에서 상대적으로 정치권리가 높다는 점을 보여 준다. 그러나 지금까지 우리가 살펴본 정부의 여타 척도와 마찬가지로 이 자료 역시 이러한 관계가 나타나는 이유가 무엇인지는 말해주지 않는다. 민주주의가 한 국가를 부유하게 하는 것일까? 아니면 민주주의는 한 국가의 부가 가져오는 결과물일까?

법치나 부패의 존재 여부 등 '좋은 정부'에 대한 여타 다른 기준과는 달리 민주주의가 언제나 경제성장에 이로운 것은 아닐 가능성이 존재한다. 경제학자들은 민주주의가 경제성장에 긍정적일 수 있는 측면과 부정적일 수 있는 측면 모두를 지적하고 있다. 먼저 민주주의는 지도자의 권력을 제한함으로써 도둑정치의 과도한 폐해를 방지할 수 있게 한다. 실제 민주적인 국가일수록 부패관료의 숫자가 적다는 연구결과도 존재한다.† 반면 민주주의는 정치적 불안정에 노출될 가능성이 높기 때문에 민주주의 국가의 정치인들은 자신의 자리를 보전하기 위해 장기성장을 추구하기보다는 단기적인 이익만을 목표로 하는 정책을 펴는 경향이 있다. 또한 몇몇 경제학자들은 민주주의 정부의 경우 경제성장을 저해할 수 있는 소득재분배를 강조하는 경향이 있다고 주장한다.

세계에서 가장 인구가 많은 중국과 인도의 경제성과에 대한 비교는 민주주의가 경제성장에 미치는 영향을 살펴보기에 아주 유용한 사례연구가 될 수 있다. 인도는 1947년 영국으로부터 독립한 이후 민주주의를 유지해 왔다. 반면 중국은 1949년 승전 이후 비민주주의를 유지하였다. 1980년대에 인도의 1인당 소득수준은 2005년 달러화 기준으로 1,018달러로 중국의 714달러에 비해 높은 수준이었다. 양국은 20세기에 들어와서 부진한 경제성장으로 곤경을 겪어 왔다. 20세기의 마지막 20년 동안 양국은 정부 통제하에서 저조하게 성장하던 경제 및 국제무역을 자유화하였다.

두 국가 중 중국이 자유화와 성장에서 모두 우월한 성과를 이루었다는 데에는 이론의 여지가 없다. 1975년과 2009년 사이의 인도 경제성장률은 평균 7.9%에 달한 반면 인도의 경제성장률은 3.7%에 그쳤다. 이 차이의 일부는 민주주의의 정도에서 직접적인 원인을 찾을 수 있다. 신규 투자 프로젝트의 허가, 규제의 현대화, 또는 사회간접자본의 확충에 있어 인도 정부는 종종 민주주의의 제약에 막히기도 한다. 중앙정부와 지방정부가 서로 싸우고, 정권에 따라 정책 방향이 바뀌고, 소수 유권자들이 자신의 이익 관철을 위해 사업을 지연시키기도 한다. 이와는 대조적으로 중국 정부는 놀라운 속도와 효율성으로 결정된 사항을 집행할 수 있다. 공공건설공사에서 두 나라의 차이가 가장 확연히 나타난다. 중국의 고속도로 길이는 1993년에는 1,000km도 못 되던 것이 2011년에는 미국과 비슷한 74,000km로 늘어났다. 같은 해 인도는 600km의 고속도로를 가지고 있었다. (물론 비민주적인 정부가 빠르고 효율적으로 나쁜 정책을 집행하는 것도 가능하다. 중국의 대약진운동과 같은 정책적 재앙은 인도에서는 일어나지 않을 것이다.) 외국인 투자자들은 분명히 비민주적 정부가 주는 안정성을 민주주의가 주는 불확실성보다 더 선호한다. 2010년 중국에 대한 외국인 직접투자는 GDP 비율로 볼 때 인도의 2배 수준이었다.

세계 각국의 횡단면 데이터에 대한 분석을 통해 로버트 배로(Robert Barro)는 민주주의가 경제성장에 도움을 주지만 일정 수준을 넘어서는 민주주의는 성장에 악영향을 미친다고 결론짓고 있다. 그의 분석에 따르면 〈그림 12.6〉에 사용된 7단계로 구분된 민주주의 수준을 기준으로 할 때 중간 정도의 민주주의가 성장에 최적 수준이 된다.[§] 이와 같은 최적 수준의 민주화 수준을 나타내는 국가로는 파키스탄, 온두라스, 케냐 등이 있다. 만일 배로의 분석이 정확하다면 세계에서 가장 부유한 국가들이 가장 민주적이라는 사실은 소득이 민주주의에 영향을 미치는 인과관계에 기인한 것이라고 보아야 할 것이다. 즉, 부유한 국가의 국민들에게 일정한 수준 이상의 민주주의는 소득을 감소시키더라도 향유하고 싶은 사치재적 성격을 가지고 있을 것이다.

[*] Freedom House(2011),
[†] Treisman(2000).
[§] Barro(1997).

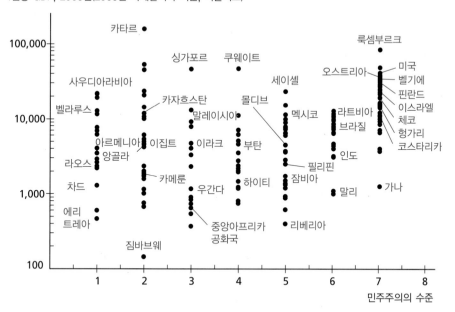

> **그림 12.6**
> 민주주의와 1인당 GDP

1인당 GDP, 2009년(2005년 국제달러화 기준, 비율척도)

자료 : Freedom House(2011).

가들의 경우 국가별 소득과 전혀 연관관계가 없는 정부를 가지는 것에 대한 타당한 설명이 존재한다는 것이다. 즉 식민지시대가 이러한 현상을 설명할 수 있다고 주장한다. 정부의 질이 떨어지는 국가들은 대부분 과거 유럽의 식민지였다. 예를 들어 앞서 살펴본 자료에 따르면 부패 정도가 가장 심한 30개 국가들 중 22개 국가들은 과거 유럽의 식민지였다(나머지 중에서 5개 국가는 구 소련에 속한 국가들이다).

식민주의는 두 가지 경로를 통해 정부의 질을 하락시키게 된다. 첫째 과거에 식민지였던 많은 국가들의 경우 경제 및 사회발전을 촉진하는 것을 목적으로 하기보다는 대중으로부터 가능한 한 많은 수입을 올릴 수 있도록 의도된 식민지시대의 시스템이 정부의 시스템에 녹아들어 있다. 예를 들어 17~18세기의 라틴 아메리카에서 식민 권력층(스페인과 포르투갈)은 전체 인구로부터 보다 많은 자원을 약탈하기 위해 독점 공기업을 설립하고 교역에 제한을 가하였다. 19세기 후반에 식민화 과정에서 설립된 아프리카의 식민정부들은 잔인하다고 느껴질 정도로 효율적으로 식민지로부터 자원을 수탈하였다. 예를 들어 20세기 초반에 프랑스는 다호메이(현재의 베닌)의 전체 GDP의 50%를 약탈하였다. 식민지의 지배자들이 유럽인들이 사용할 자전거 타이어 생산을 위해 고무생산 강제노역 등을 실시한 벨기에의 식민지 콩고는 아프리카에 대한 유럽의 침탈의 극치를 보여 주는 사례이다. 1880~1920년 기간에 약 500~1000만 콩고인이 식민지 지배층의 잔인한 약탈로 목숨을 잃었다.[19]

유럽의 식민지배자들이 떠나가거나 쫓겨난 후에도 이러한 형태의 약탈 시스템은 식민지에 남아 있었으며 유럽의 식민지배자 대신 지역토호들이나 권력을 쥔 엘리트 원주민들이 이러한 시스템을 활용하였다. 물론 유럽인들이 모든 식민지에서 나쁜 정부만을 남겨두고 떠난 것은 아니다. 미국, 캐나다 및 오스트레일리아는 모두 과거 식민지였다. 두 사례의 차이는 미국, 캐나다 및 오스트레일리아에는 많은 숫자의 유럽인들이 정착하였고 이들이 유럽의 정부 시스템과 유사한 형태의 정부 시스템을 도입하였다는 데 있다. 그러나 나쁜 날씨와 여러 질병으로 인해 많은 수의 유럽인들이 정착하지 않은 식민지의 경우 향후 나쁜 정부로 이어질 제도와 지배 시스템만이 도입되었다.

과거 식민지였던 국가들이 나쁜 정부를 가지게 된 두 번째 이유는 식민지 체제가 좋은 정부가 출현하기 어려운 인종구성을 형성하게 하였기 때문이다. 유럽의 식민주의자들은 후에 국경이 될 식민지 간의 경계를 인종구성을 고려하지 않고 확정하였다. 이에 더하여 식민지의 통치자들은 소수의 유럽인들이 지배권을 유지하기 위해 '분열시키고

---

19) Hochschild(1998).

지배한다(divide and rule)' 라는 원칙에 따라 대부분의 경우 인종 간에 불신을 발생시켰다. 독립 후 대부분의 식민지는 정부의 제도를 통해 특정 인종에게 부를 몰아주거나 인종 간의 권력 투쟁으로 점철된 시기를 보냈다.

많은 국가들에 대한 자료를 검토한 경제학자들은 이와 같은 식민지시대의 유산이 정부의 질이 국가별로 어떻게 차이를 나타내는지를 결정짓는 가장 중요한 요인이라고 주장한다. 이들의 주장이 맞는다면 정부의 질과 소득 간의 상관관계는 정부의 질로부터 소득으로 영향을 주는 경로가 반대 방향에 비해 더욱 중요할 것이다.

12.5 결론

정부의 정책이 경제성장을 극대화할 수 있느냐의 이슈는 경제학에서 가장 오래된 질문 중 하나다. 경제에 대한 정부개입은 시장이 적절하게 작동하지 못하여 가능한 최상의 결과가 얻어지지 못하는 시장실패로 정당화될 수 있다. 시장실패에는 공해와 같은 외부성이나 사기업이 도로와 같은 공공재를 공급하지 못하는 것 등이 포함된다. 그러나 능력의 부족, 부정행위 그리고 정치적인 이유 등으로 발생하는 비효율성인 정부의 실패는 정부개입의 효과를 저해한다. 정부의 실패와 시장의 실패라는 두 가지 위험요인에 대한 균형을 어떻게 추구할 것인지에 관한 논쟁은 근시일 내에 끝나기 어려울 것이다.

본 장에서 우리는 정부가 경제에 영향력을 행사하기 위해 사용하는 도구들을 살펴보았다. 이러한 도구로는 법치, 기업행태에 대한 규제, 경제계획(특정산업에 자원을 집중하는 것 등)과 관세 및 쿼터 등 무역정책 그리고 생산수단의 국유화 등이 포함된다. 정부는 또한 정부가 걷어들이는 세수와 지출의 양으로 대표되는 정부규모를 통해 경제의 효율성에 영향을 미치게 된다. 이러한 도구들이 어떻게 사용되는지는 국가별로 시기별로 큰 차이를 나타낸다. 몇몇 사례에 대해서는 어떠한 정부정책이 바람직한 것인지에 대한 확증이 존재한다. 예를 들어 법치는 이론의 여지가 없이 경제성장에 중요하며 정부 독단적으로 경제의 운용방향을 결정하는 것은 바람직한 결과를 가져올 수 없다. 그러나 여타 문제에서는 어떠한 정책이 최적인지에 대한 불확실성이 존재한다. 정부의 경제계획이나 관세를 활용한 유치산업보호는 언제나 실패하는 것은 아니지만 대부분의 경우 실패로 돌아갔다. 이에 더하여 정부의 적정규모와 소득재분배의 적정수준에 대해서는 합의도 존재하지 않는다.

정부가 무엇을 해야 되느냐에 대한 질문에 더해서 경제학자들은 정부가 왜 정책들을 펴는지에 대하여서도 질문을 던져 왔다. 정부는 때때로 경제성장에 해가 되는 정책을 퍼거나 경제성장에 도움이 되는 정책을 펼치는 데 실패한다. 이러한 현상은 정부가 경제성장과 상충되지만 소득재분배나 공해의 감소 등 여타 타당한 정책목표를 추구하기 때문에 발생하는 경우도 있다. 그러나 경제성장을 억제하려는 여타 동기들은 대부분 선의에서 비롯된 것이 아니다. 공직에서 얻어지는 권력의 남용은 하위직 공무원이 저지르든지 고위층 공무원에 의해 저질러지든지에 관계없이 모두 법치를 훼손함으로써 경제성장에 악영향을 미치게 된다. 또한 권력을 유지하려는 욕구는 경제성장을 촉진하는 정책과 상충되기도 한다.

평균적으로 가난한 나라의 정부는 부유한 나라의 정부에 비해 보다 경제성장에 해가 되는 행동을 하는 경우가 많다. 보다 구체적으로 가난한 나라의 정부는 법치의 유지 및 부패의 방치라는 측면에서 부유한 나라의 정부에 비해 보다 나은 성과를 내지 못하는 경향이 있다. 또한 가난한 나라의 정부는 부유한 나라의 정부가 가난한 나라의 발전단계에 있었을 때보다 상대적으로 많은 세금을 부과하고 많은 지출을 행한다. 한편 나쁜 정부가 성장을 낮추는 것인지 아니면 이러한 인과관계가 반대인지에 대한 확답을 내리는 것은 경제학자들이 다루는 많은 주제 중에서 가장 흥미로우면서도 가장 어려운 질문이다.

핵심용어

공공재(public goods)

규범적 접근(normative)

규제완화(deregulation)

도둑정치(kleptocracy)

독점(monopoly)

민영화(privatized)

세원(tax base)

소득재분배(income redistribution)

시장실패(market failure)

실증적 접근(positive)

와그너의 법칙(Wagner's law)

외부효과(externality)

정부실패(government failure)

조정실패(coordination failure)

충돌 함정(conflict trap)

형평성과 효율성의 상충(equityefficiency trade-off)

복습문제

1. 정부의 경제정책에 대한 분석 방법론인 규범적 접근방식과 실증적 접근방식의 차이는 무엇인가?

2. 경제에 대한 정부의 개입을 정당화하기 위해 자주 인용되는 시장실패는 어떤 사례가 있는가? 각 사례에 대하여 경제정책이 어떻게 대처할 수 있는지 서술하라.

3. 형평성과 효율성의 상충이란 무엇인가?

4. 충돌 함정(conflict trap)이란 무엇이며 왜 그것이 경제발전과 관련이 있는가?

5. 정부가 경제에 해가 될 수 있는 정책을 펴는 이유는 무엇인가?

6. 정부의 질과 1인당 GDP 간에 양의 상관관계가 나타나는 이유로는 어떤 것들이 있는가?

연습문제

1. 각각의 정부정책이 이 장 12.1절에서 논의된 정부정책에 대한 근거와 어떻게 연관을 지니는지 설명하라. 정부정책은 어떠한 시장실패에 대응한 것인가? 이러한 정부정책이 경제성장을 촉진할까? 정부정책이 정부실패의 사례가 될 수 있는가? 각각의 정부정책으로 혜택을 받는 사람들은 누구인가?

   a. 기원전 238년 중국 진시황제는 과거의 바퀴자국을 수레가 잘 따라가도록 하기 위해 수레의 바퀴 간 축의 길이를 표준화하는 법을 제정하였다.

   b. 대부분의 국가들은 미국의 연방준비은행과 같은 중앙은행을 보유하며, 중앙은행은 통화량과 물가수준을 통제하는 책무를 지닌다.

   c. 1996년 인도네시아 정부는 티모르(Timor)라 불린 '국민차'의 개발을 선포하였다. 이 자동차는 대통령의 아들이었으며 자동차 산업에 대한 경험이라고는 카레이서 경력밖에 없던 토미 수하트로(Tommy Suhatro)가 운영하는 회사에 의해 생산되었다. 실제로 자동차는 한국에서 생산되었으나 이 자동차에 대하여서는 여타 수입차에 부과되던 사치세나 부담금이 면제되었다. 토미 수하르토의 회사는 3년이내에 자동차에 들어가는 부품의 60%를 국산화하겠다고 공언하였다(그의 아버지는 1998년 권좌에서 쫓겨났으며, 토미 수하르토는 판사에 대한 살인 청부혐의로 기소되었다).

   d. 많은 정부는 전염병에 대한 예방백신에 대하여 보조금을 지급하고 있으며 어린이들이 학교에 취학하기 전에 예방백신을 맞는 것을 의무화하고 있다.

   e. 많은 국가에서 정부의 우편 서비스와 경쟁하는 사적 우편 서비스 회사를 운영하는 것은 불법이다.

   f. 많은 정부들은 최저임금제도를 도입하고 있다.

   g. 1994년 세계은행은 아프리카 정부들이 과거 10년 동안 도로 관리에 120억 달러를

잘못 사용하였기 때문에 도로를 다시 건설하기 위해 450억 달러가 필요하다고 결론 내렸다.

h. 많은 정부들은 국민들의 대학 교육에 들어가는 학비 중 일부 또는 전체를 보조한다.

2. 〈그림 6.4〉와 같은 그래프를 사용하여 12.4절에서 논의되었던 1인당 소득과 정부의 질 간의 인과관계를 분석하라.

3. 커피는 주로 아라비카(Arabica)와 로부스타(Robusta)라는 두 가지 원두로부터 만들어진다. 이 원두들은 서로 다른 나라에서 재배된다. 다음과 같은 상황이 벌어진다고 가정해 보자. 2008년에 한 중요한 과학적 연구가 발표되는데, 아라비카 원두로 만든 커피를 마시면 심장질환의 위험이 높아지지만 로부스타 원두로 만든 커피를 마시면 건강에 도움이 된다는 것이다. 그 결과 아라비카 원두의 가격은 하락하고 로부스타 원두의 가격은 상승한다. 한 경제학자가 이에 관한 기사를 읽고는 이렇게 말한다. "딱이네. 이 일이 소득수준과 정부의 질이 서로 어떤 관계에 있는지를 이해하는데 도움이 될 거야." 경제학자가 이렇게 생각하는 이유는 무엇인지, 그 관계를 밝히기 위해 어떤 자료를 찾아볼 것인지, 그 결과를 어떻게 해석할 것인지 설명하라. 또한 그 자료를 살펴보는 것이 단순히 소득수준과 정부의 질 간의 상관관계를 계산해 보는 것보다 더 나은 방법이 되는 이유를 설명하라.

4. 한 재화에 대한 공급곡선과 수요곡선이 다음의 방정식으로 주어졌다고 가정하자. 여기서 P는 재화의 가격을 의미하며 Q는 재화에 대한 수요와 공급량을 의미한다.

$$수요 : Q = 100 - P$$
$$공급 : Q = P$$

a. 세금이 존재하지 않을 때 시장이 청산되는 가격을 구하라.

b. 정부가 τ라는 세율로 이 재화에 대하여 과세를 실시한다고 가정하자. 즉, 수요자가 지불하는 가격이 P라면 정부는 τP를 세금으로 걷고 공급자는 $(1-\tau)P$만큼을 받게 된다. 균형에서 P와 Q를 구하라.

c. 정부수입이 최대화되는 세율을 구하라.

5. 어떤 나라가 현명하고 이기적이지 않은 절대적 독재자의 통치하에 있다고 하자. 정부는 임금에 대해 조세를 부과하고 조세수입으로 공공재를 공급한다. 부정부패도 없고 공공재를 얼마나 공급할지에 대한 다른 어떠한 정치적 고려도 없다. 노동공급이 완전비탄력적일 경우와 노동공급곡선이 우상향하는 경우에 공공재의 공급량을

서로 비교하고 왜 그런지 설명하라.

6. 제3장에서 논의했던 솔로우 모형을 공공자금으로 지어진 도로나 항만 등의 사회간접자본으로 구성된 정부자본이 포함된 형태로 확장하여 고려해 보자. x는 노동자 1인당 정부 자본을, k는 노동자 1인당 물적 자본을, 그리고 y는 노동자 1인당 산출물을 의미한다. 경제의 생산함수는 다음과 같이 주어질 수 있다.

$$y = Ak^{1/3}x^{1/3}$$

우리는 정부가 GDP에서 τ의 비율로 과세한다고 가정하고 얻어진 수입을 모두 정부자본의 생산에 사용한다고 가정한다. 또한 세후 소득 중 γ의 비율이 물적 자본의 생산에 투자된다고 가정한다. 정부 자본과 물적 자본은 모두 δ의 비율로 감가상각된다. 따라서 정부 자본과 물적 자본의 변화는 다음의 식으로 나타내어진다.

$$\Delta x = \tau Ak^{1/3}x^{1/3} - \delta x$$
$$\Delta k = \gamma(1-\tau)Ak^{1/3}x^{1/3} - \delta k$$

a. 근로자 1인당 산출물의 정상상태(steady state) 값을 구하라.

b. 정상상태에서 근로자 1인당 산출물을 최대화하는 τ값은 얼마인가?

온라인 데이터 플로터(Data Plotter)와 데이터를 이용해서 실습하려면
http://www.pearsonhighered.com/weil을 방문하라.

제 13 장

소득불평등도

지금까지 우리는 한 국가의 평균소득수준을 결정짓는 요인에 대하여 살펴보는 데 집중해 왔다. 그러나 경제학자들은 평균소득수준에 대한 논의 이외에도 소득이 국가구성원들에게 어떻게 분배되는지, 즉 **소득의 분배**에 대한 문제에 대해서도 관심을 가져왔다.

소득분배가 빈곤과 밀접한 관계를 지니고 있다는 점이 소득분배에 관심을 갖게 되는 이유 중 하나이다. 주어진 평균소득수준하에서 만일 소득이 불평등하게 분배된다면 더 많은 사람들이 빈곤층에 속하게 될 것이다. 한 사례가 이 점을 명백히 보여준다. 인도의 평균 소득은 2005년에 2,557달러로 파키스탄의 2,112달러보다 21% 높았다. 그러나 하루에 1달러 25센트도 못되는 소득으로 사는 인구의 비율은 인도에서 41.6%였지만 파키스탄에서는 22.5%밖에 되지 않았다.[1] 이와 같은 차이는 소득분배의 차이에서 기인한다. 파키스탄이 인도보다 더 평등한 소득분포를 가지고 있다.

소득분배는 빈곤과의 관계 이외에 경제성장 과정과도 밀접한 연관을 가진다. 본 장에서 우리는 소득불평등도가 경제성장에 영향을 미치는 여러 가지 경로를 살펴보게 될 것이다. 실증연구결과가 안정적인 것은 아니지만 높은 소득불평등도가 경제성장의 어떤 단계에서는 성장에 이롭고 어떤 단계에서는 성장에 해가 될 가능성이 있다. 마찬가지로 경제성장은 소득불평등도에 대해서 영향을 주게 된다.

소득불평등도를 연구하는 또 하나의 이유는 제12장에서 살펴본 바와 같이 소득불평

> 부자와 빈자 간의 불균형은 모든 공화국에서 가장 오래되면서도 가장 치명적인 질병이다.
> ─플루타크

---

1) *World Development Indicators* 자료, Heston, Summers, and Aten(2011).

등도를 완화하는 것이 정부의 정책목표 중 가장 중요한 것이 되곤 하기 때문이다. 어떤 정책들은 소득불평등도의 완화와 경제성장의 촉진이라는 두 가지 목표를 달성하게 해 준다. 공교육의 제공은 이와 같은 정책의 좋은 예가 될 수 있다. 반면 경제성장의 극대화와 소득불평등도의 완화라는 두 가지 정책목표가 상충되는 경우도 존재한다. 우리는 이러한 사례 중 하나인 과세를 통한 소득재분배에 대하여 자세하게 논의할 것이다.

끝으로, 한 국가 내의 소득불평등도는 그 나라 국민에게 국가 간 소득격차보다 두드러진 문제이다. 미국의 가난한 사람은 자신의 처지를 가난한 다른 나라의 사람과 비교하기보다는 미국의 부유한 사람과 비교하여 생각하게 될 것이다. 사람들의 행복이 절대적인 소득수준보다는 주변사람들과 비교한 상대적인 수준에 의존한다고 하면 국가 간 소득격차보다 한 나라 안에서의 소득불평등이 더 중요할지도 모른다. 우리는 제17장에서 이 문제에 대해 다시 논의할 것이다.

본 장에서 우리는 소득불평등도를 어떻게 측정하는지와 소득불평등도가 역사적으로 어떠한 연관관계를 가지고 변화하여 왔는지 살펴보는 것을 논의의 출발점으로 삼는다. 다음으로 소득불평등도의 결정요인들에 대하여 분석한다. 즉 소득불평등도가 어떤 요인에 의하여 영향받는지 시간이 지남에 따라 소득불평등도의 정도에 영향을 주는 메커니즘은 어떤 것인지 살펴본다. 또한 실증적·이론적으로 소득불평등도가 경제성장에 어떻게 영향을 주는지 분석하고 마지막으로 소득불평등도와 밀접한 연관을 가지는 개념인 경제적 이동성(economic mobility)에 대하여 살펴본다.

13.1 소득불평등도 : 개요

지금까지 우리가 관심을 가져왔던 것은 국가의 평균적인 1인당 국민소득, 평균적인 여성의 출산율, 평균적인 자본장비율 등 국가의 평균적인 관측값들이었다. 그러나 소득불평등도에 대하여 연구함에 있어서는 어떻게 한 국가의 특정한 집단이 그 국가 전체의 평균과 다른 것인가 그리고 각 집단의 차이가 어떻게 달리 나타나는가에 대하여 초점을 맞추게 된다.

우리는 두 가지 보완적인 방식으로 소득불평등도를 분석할 수 있다. 첫 번째 접근방법은 한 국가의 전체 인구를 몇 개의 동일한 규모의 집단으로 나누고 각 집단의 소득이 어느 정도 다른가를 측정하는 것이다. 두 번째 접근방법은 소득수준을 동일한 간격으로 나누고 인구의 어느 만큼이 각 소득수준 간격에 속하는가를 측정하는 것이다.

〈표 13.1〉은 첫 번째 방식에 의해 소득의 분포를 파악하는 예를 보여 주고 있다. 여

▶ 표 13.1

5분위별 미국의 가구 소득(2009년)

분위	평균 가구소득	분위 가구소득의 비중(%)
1분위(최저)	11,552달러	3.4
2분위	29,257달러	8.6
3분위	49,534달러	14.6
4분위	78,694달러	23.2
5분위(최고)	170,844달러	50.3

자료: DeNavas-Walt, Proctor, and Smith(2010).

기에서 사용된 자료는 2009년 미국의 가구소득에 대한 것이다.[2] 표에서 가구들은 총인구의 20%씩을 포함하는 5개의 소득분위에 의해 나누어져 있다. 즉, 첫 번째 분위는 가장 낮은 소득을 가지는 20%의 가구들, 두 번째 분위는 차상위 20%의 가구들과 같은 방식이다. 표의 두 번째 칸은 각 분위에 속한 가구들의 평균소득을 그리고 마지막 칸은 전체 가구소득 대비 각 분위의 소득비중을 표시한다.

두 번째 방식에 의해 소득분포를 파악하는 방법은 총인구를 다른 수준의 소득에 의해 분류하고 각 소득수준에 속하는 인구의 비중을 계산하는 것이다. 〈그림 13.1〉은 이러한 분석방법을 〈표 13.1〉에서 사용한 동일한 미국자료를 활용하여 그린 것이다. 소득수준의 구간은 가로축에 그려져 있으며 각 막대의 높이는 이러한 소득수준 구간에 속하는 가구의 비중을 표시하고 있다. 예를 들어 가장 많은 가구가 속해 있는 소득수준 구간[이를 분포의 최빈수 소득수준 구간(mode of distribution)이라 한다]은 20,000달러에서 24,999달러이며 이 구간에 속한 가구의 비중은 총가구의 6.0%이다.

통계적 분포를 요약하여 보여 줄 수 있는 두 가지 유용한 통계량은 **평균**(mean)과 **중위값**(median)이다. 2009년 미국의 경우 평균 가구소득은 67,976달러이며 가구소득의 중간값은 49,777달러다. 소득의 평균값이 중위값에 비해 높은 것은 흔히 발생하는 현상이며 현재까지 관측된 모든 소득관련 데이터는 이러한 현상을 보이고 있다. 그 이유는 소득이 오른쪽 꼬리가 긴(long right tail) **비대칭 분포**(skewed distribution)를 따르기 때문이다. 즉 소득분포를 위에서와 같은 방법으로 그려보면 평균을 중심으로 대칭적인 모양이 아니라 오른쪽이 길고 낮은 모양을 하고 있다는 것이다(표 13.1에서 200,000달

---

2) DeNavas-Walt, Proctor, and Smith(2010). 사용된 수치는 세전 화폐소득이며, 정부의 현금보조를 포함하고 자본이득은 제외된다.

러 이상의 소득수준을 기록하고 있는 전체 인구의 3.8%는 표시되어 있지 않다). 이와 같이 편향된 소득분포에서는 매우 높은 임금수준을 갖는 몇몇 가구들이 가구소득의 중위값에는 별 영향을 미치지 않으면서 가구소득의 평균을 증가시키게 되어 소득의 평균값이 중위값에 비해 높은 값을 가지게 되는 것이다.

소득불평등도의 측정을 위한 지니 계수의 활용

〈표 13.1〉과 〈그림 13.1〉에서 보고된 방식으로 분류된 자료는 한 국가의 한 시점에 대한 소득불평등도를 효과적으로 보여 준다. 그러나 만일 국가별 소득불평등도나 한 국가내의 시기별 소득불평등도를 살펴보고자 한다면 한 국가의 소득불평등도를 한 숫자로 표현하는 것이 매우 유용하게 된다. 소득불평등도를 측정하는 데 가장 많이 사용되는 지표는 **지니 계수**(Gini coefficient)라고 불린다.

소득불평등도에 대한 지니 계수를 구축하기 위해서 우리는 한 국가의 모든 가구의 소득이나 대표성을 가질 수 있는 표본 가구의 소득을 사용한다. 분석에 사용된 가구를 소득이 가장 낮은 가구로부터 소득이 가장 높은 가구 순서로 정렬할 수 있으며 이렇게 정렬된 자료로부터 우리는 여러 가지 지표를 계산해 낼 수 있다. 먼저 우리는 전체 가구소득의 합계에서 소득을 기준으로 하위 1%의 가구소득 합계가 차지하는 비중을 계산할 수 있으며 다음으로 소득을 기준으로 하위 2%의 가구소득 합계에 대해서 비중을 계산하고 이를 100%까지 반복할 수 있다(물론 소득을 기준으로 하위 100%의 가구소득의 합계가 차지하는 비중은 100%이다). 이 자료를 그래프로 옮긴 것을 **로렌츠 곡선** (Lorenz curve)이라고 부른다.

〈그림 13.2〉는 〈표 13.1〉과 〈그림 13.1〉에서 살펴본 미국의 가구소득 자료를 로렌츠 곡선화한 것이다. 그림에는 하위 20%, 40%, 60%, 80%에 대응되는 점들이 표시되어 있다. 이러한 점들은 〈표 13.1〉에서 직접 구해질 수 있다. 예를 들어 〈표 13.1〉의 첫 번째 줄은 하위 20% 가구들이 전체 가구소득의 3.4%를 차지하는 것을 보여 주고 있다. 표의 첫 번째 줄과 두 번째 줄을 합하면 하위 40% 가구들이 전체 가구소득의 12.0%를 차지하는 것을 알 수 있다.

소득불평등도로 인해 로렌츠 곡선은 45도선을 기준으로 아래쪽으로 휘어진 형태를 가지게 된다. 만일 소득이 완전히 평등하게 분포되어 있다면 하위 20% 가구의 소득은 전체 가구소득의 20%가 될 것이고 하위 40% 가구의 소득은 전체 가구소득의 40%가 될 것이다. 이 경우에 로렌츠 곡선은 기울기가 1인 직선이 될 것이며 〈그림 13.2〉의 '완전평등선'과 일치하게 된다.

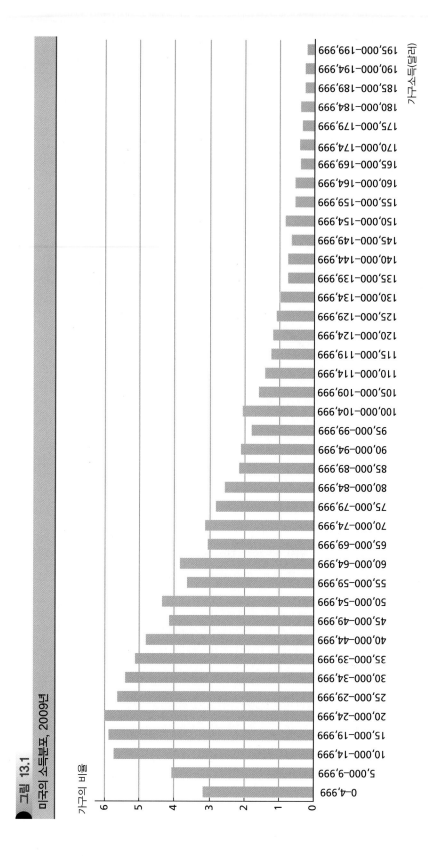

그림 13.1

미국의 소득분포, 2009년

자료: DeNavas-Walt, Proctor, and Smith(2010).

▶ **그림 13.2**
미국의 로렌츠 곡선, 2009년

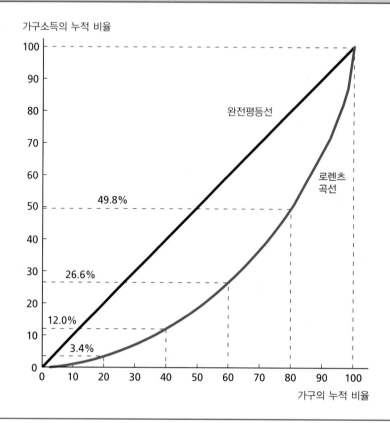

자료 : De Navas-Walt, Proctor, and Smith(2010).

　　로렌츠 곡선이 아래쪽으로 더 휘어진다는 것은 소득불평등도가 커지는 것을 의미한다. 우리는 로렌츠 곡선의 이러한 특성을 활용하여 소득불평등도를 하나의 숫자로 나타낼 수 있는 지수를 구축할 수 있다. 이 지수가 지니 계수이다. 지니 계수는 완전평등선과 로렌츠 곡선으로 싸여져 있는 영역의 넓이를 완전평등선 아래의 넓이로 나누어서 구해진다. 따라서 로렌츠 곡선이 아래로 더 휘어질수록 소득불평등도가 증가하고 동시에 지니 계수의 값도 증가하게 된다. 만일 소득이 완전히 균등하게 분포되어 있다면 지니 계수는 0이 된다. 만일 소득불평등도가 극단으로 치닫는다면, 즉 한 가구가 그 나라의 모든 가구소득을 독점적으로 받게 된다면 지니 계수는 1이 된다. 〈그림 13.2〉에 그려져 있는 미국의 경우 지니 계수의 값은 0.468이다. 이 장의 뒷부분에서 우리는 지니 계수가 가구의 금융자산과 같은 여타 경제변수들의 불평등도를 측정하는 데에도 이용될 수 있다는 점을 살펴보게 될 것이다.

쿠즈네츠 가설

1955년 사이먼 쿠즈네츠(Simon Kuznets)라는 경제학자는 한 국가가 발전함에 따라 소득불평등도는 처음에 상승하다가 이후 하락한다는 가설을 제시하였다(쿠즈네츠의 논리에 대하여서는 이후에 논의될 것이다). 쿠즈네츠의 이론에 따르면 만일 우리가 소득불평등도를 1인당 GDP의 함수로 하여 그래프를 그린다면 그래프는 위아래가 뒤집힌 U자 형태를 지니게 된다.[3] 〈그림 13.3〉에 제시된 이와 같은 그림을 **쿠즈네츠 곡선**(Kuznets curve)이라고 한다. 쿠즈네츠가 이러한 가설을 제시한 이후 보다 많은 자료가 축적되었으며 그의 가설은 다양한 연구에서 증명되고 반증 그리고 설명의 대상으로 사용되었다.

　쿠즈네츠 곡선에 대한 증거는 한 국가의 소득불평등도를 시계열로 분석하거나 한 시점에서 다양한 소득수준을 가지는 여러 국가들을 비교함으로써 찾아볼 수 있다. 〈그림 13.4〉는 첫 번째 분석방법을 원용한 것으로써 1823~1915년의 영국과 웨일즈의 지니계수 추이를 보여 주고 있다. 동 시기는 급격한 산업화가 이루어지던 기간으로 1인당 소득이 3배 증가하였다. 자료에 따르면 전체 기간 중 처음 절반의 기간 동안에 소득불평등도가 크게 증가하였으나 나중 절반의 기간 동안에는 소득불평등도가 상승폭보다

▶ **그림 13.3**
쿠즈네츠 곡선

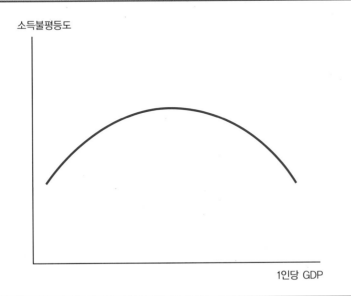

3) Kuznets(1955).

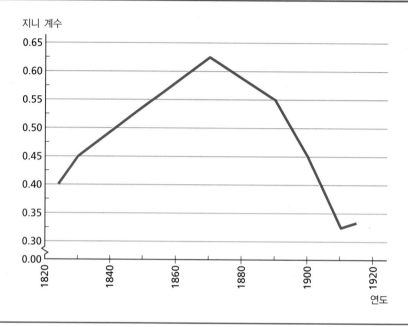

> 그림 13.4
영국과 웨일즈의 쿠즈네츠 곡선, 1823~1915년

자료 : Williamson(1985).

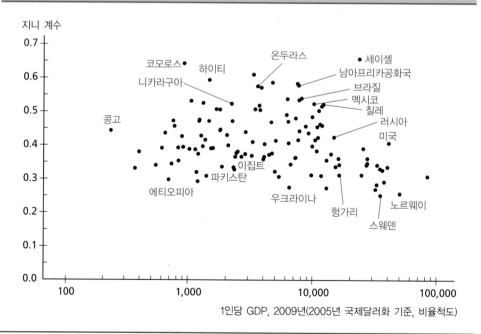

> 그림 13.5
1인당 소득과 소득불평등도

자료 : *World Development Indicators* 자료, Heston et al.(2011).

경제성장은 가난한 사람들에게 이로운가?

경제학자들이 소득불평등도에 관심을 두는 이유 중 하나는 소득불평등도와 빈곤과의 관계에서도 찾아볼 수 있다. 한 국가의 1인당 평균소득을 일정하게 유지할 때 소득불평등도가 증가한다면 가난한 사람들은 더욱 가난해진다. 이러한 사실은 만일 쿠즈네츠 곡선이 실제로 존재한다면 가난한 국가들의 경우 1인당 소득이 증가함에 따라 소득불평등도도 증가하게 되므로 이론적으로 볼 때 경제성장이 그 국가의 가장 가난한 사람들을 더욱 가난하게 만들 수 있다는 것을 의미한다. 즉 성장을 통해 평균소득이 증가하는 효과보다 소득불평등도가 상승하면서 가난한 사람들이 평균에 비해 소득이 하락하는 효과가 더 크게 나타날 수 있다는 것이다.

이와 같은 경제성장이 가난한 사람에게 오히려 해가 될 수 있다는 이론적 가능성이 현실로 나타날 수 있느냐라는 질문은 실제 자료를 통해 검증될 수 있다. 이에 답하기 위해서는 먼저 가난한 사람들의 소득을 살펴보는 방법을 택할 수 있다. 〈그림 13.6〉은 가장 가난한 소득 5분위(가장 가난한 20% 가구)의 평균소득과 전체 인구의 평균소득을 비교한 것으로 데이비드 달러(David Dollar)와 알트 크라이(Aart Kraay)라는 경제학자에 의해 수집된 것이다.* 자료의 기간은 1956~1999년이며 137개국에 대하여 평균 3개년씩의 관측값이 포함되어 있다.

〈그림 13.6〉은 평균 GDP와 소득불평등도가 어떻게 가난한 사람들의 소득을 결정짓게 되는지를 보여준다. 예를 들어 1989년의 멕시코와 1988년의 한국은 거의 동일한 수준의 1인당 GDP(각각 8,883달러 및 8,948달러)를 나타내고 있으나 한국의 소득분배가 멕시코에 비해 훨씬 균등하기 때문에 가장 가난한 5분위 계층의 소득은 한국이 멕시코에 비해 2배나 크게 나타난다(각각 3,812달러 및 1,923달러). 마찬가지로 1975년에 상대적으로 소득이 균등하게 분배된 대만의 가장 가난한 5분위 계층의 소득(1,925달러)은 1989년 멕시코의 가장 가난한 5분위 계층 소득과 유사한 수준이지만 대만의 GDP(4,854달러)는 멕시코에 비해 훨씬 낮게 나타난다. 그래프의 점들 중 위쪽 끝에 있는 국가들은 상대적으로 소득이 균등하게 분배된 국가들을 의미하며 이는 전체적인 평균소득에 비해 가난한 사람들의 소득이 상대적으로 높다는 것을 뜻한다. 반면 그래프의 점들 중 아래 쪽에 치우친 국가들은 소득분배가 상대적으로 불평등하게 이루어지고 있음을 의미한다.

이와 같이 가난한 사람들의 소득에 소득불평등도가 미치는 영향이 〈그림 13.6〉에 잘 나타나 있음에도 불구하고 그림이 주는 더 중요한 시사점은 가난한 사람들의 소득을 결정짓는 가장 중요한 요인은 그 국가의 평균 GDP라는 점이다. 부유하지만 소득분배가 불평등한 국가의 가난한 사람들이 가난하지만 소득분배가 균등한 국가의 가난한 사람들보다 훨씬 부유하다.

이 자료를 활용하여 달러와 크라이는 특정 정책이 가난한 사람의 소득과 전체 평균소득에 대하여 차별적인 효과를 가져오는지 분석하였다. 그 결과 경제성장에 이득이 되거나 해가 되는 정책들이 소득분배에 유의할 만한 영향을 미치지 않는다고 분석되었다. 예를 들어 법체계와 교역에 대한 개방정도는 가장 가난한 5분위에게 돌아가는 소득에 긍정적인 영향을 미치지만 영향의 정도는 미미한 것으로 추정되었다. 또한 높은 물가 상승률과 높은 정부 소비지출은 전체 평균소득에 부정적인 영향을 미치고 가장 가난한 5분위에 돌아가는 소득의 비중을 소폭 하락시키는 것으로 분석되었다.

경제성장이 가난한 사람들의 소득에 어떠한 영향을 미치는지는 경제성장의 개별 사례들을 점검하는 방식으로도 살펴볼 수 있다. 최근 한 연구는 10년간 1인당 평균 GDP가 증가한 88건의 사례를 분석하였다. 각 사례에 대하여 저자들은 시작 시점과 마지막

(계속)

경제성장은 가난한 사람들에게 이로운가?(계속)

시점의 소득분포 자료를 살펴보았다. 저자들은 77건에서 가장 가난한 5분위의 소득이 증가한 것을 발견하였다. 나머지 사례 중 한 건을 제외하고는 가난한 사람들의 소득감소가 일시적이거나 이후 증가세로 반전하였다. 오직 1970~1980년의 콜럼비아의 한 사례에서만 연간 2%의 증가율로 소득이 증가하였음에도 불구하고 가장 가난한 5분위 가구의 소득은 감소하였다.[†]

지금까지 소개한 연구결과는 경제성장은 거의 언제나 가난한 사람들에게 도움이 되며 경제성장을 촉진하는 정책도 가난한 사람들에게 이득이 된다는 것으로 요약될 수 있다.

*Dollar and Kraay(2002).

[†]Deininger and Squire(1996).

그림 13.6
1인당 소득과 최하위 20%의 소득

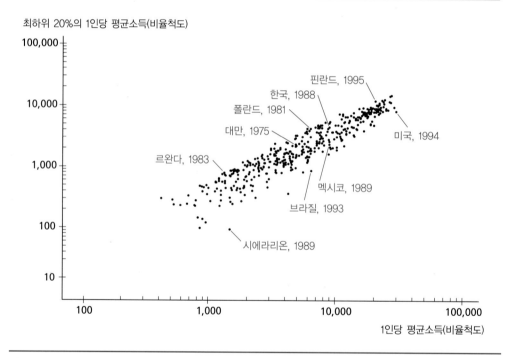

자료 : Dollar and Kraay(2002).

더욱 크게 하락하였다. 이에 따라 1915년의 소득불평등도는 1823년에 비해 개선되었다. 이와 같은 시계열자료를 통해 쿠즈네츠 곡선이 존재함을 알 수 있다.

〈그림 13.5〉는 두 번째 횡단면 분석방법을 활용한 것으로 1인당 소득을 가로축에,

지니 계수를 세로축에 놓고 그린 것이다.[4] 그림은 여러 흥미로운 사실들을 보여 준다. 소득불평등도가 높은 나라들의 대부분은 라틴아메리카 국가들이다. 소득불평등도가 매우 낮은 나라들은 스웨덴과 노르웨이 같은 부유한 선진복지국가들이거나 헝가리와 우크라이나 같이 최근 공산권에서 벗어난 국가들이다. 미국은 부유한 국가치고는 소득불평등도가 비정상적으로 높은 것으로 나타난다.

〈그림 13.5〉의 자료는 쿠즈네츠 가설(Kuznets Hypothesis)에서 주장된 경제발전과 소득불평등도 간의 위아래가 뒤집어진 U자 형태를 나타내지 않는다. 그러나 몇몇 연구자들은 보다 정교한 통계방법론을 사용할 경우 쿠즈네츠 곡선에 대한 증거를 찾을 수 있다고 믿는다. 그들은 경제발전단계 이외에도 소득불평등도에 영향을 미치는 여타 요인이 존재하기 때문에 뒤집어진 U자를 발견하기 어렵다고 설명하고 만일 분석과정에서 여타 요인들을 적절히 통제할 경우 숨어 있던 쿠즈네츠 곡선이 나타나게 된다고 주장한다. 경제학자 로버트 배로(Robert Barro)의 연구에 따르면 쿠즈네츠 곡선의 최고점은 1인당 소득으로 4,815달러(2000년 달러 기준)며 이는 루마니아의 소득수준과 유사한 수준이다. 배로의 추정에 따르면 1인당 소득을 쿠즈네츠 곡선의 최고점에서 4배로 증가(이는 루마니아의 1인당 소득이 영국수준으로 증가하는 정도를 의미한다.)시키면 지니 계수가 0.05 감소한다.[5]

13.2 소득불평등도의 원인들

이전 절에서는 소득불평등도를 측정하는 방법과 자료분석을 통해 경제성장과 소득불평등도가 역사적으로 어떠한 연관관계를 가져왔는지 살펴보았다. 이제 소득불평등도의 원인에 대하여 보다 상세하게 분석해 보자. 소득불평등도가 국가별, 시기별로 변하게 하는 경제적 요인들은 무엇인가? 이러한 질문에 답하기 전에 보다 본질적인 이슈를 고려해 보자. 소득불평등도는 왜 존재하는 것일까?

소득불평등도는 경제 내의 사람들이 소득과 관련된 여러 측면에서 서로 다르기 때문에 발생한다. 이러한 차이는 인적 자본(교육수준과 건강상태), 거주지역(도시와 농촌 및 국가 내 여러 지역적 차이), 물적 자본의 소유 여부, 개개인의 기술수준뿐 아니라 운의 차이로 인해 발생된다. 이러한 차이는 경제적 환경을 통해 소득의 차이로 나타나게

---

4) 지니 계수 자료는 World Development Indicators 자료에서 2000년 이후에 존재하는 값 중 가장 최근 연도를 사용한 것이다.

5) Barro(2000), Table 6, column 2; Higgins and Williamson(1999).

된다. 어떤 사람이 부자가 된 것은 그가 현재 수요가 많은 기술을 가졌기 때문이거나 그의 부모가 그가 태어날 때 이미 그에게 많은 돈을 주었기 때문이거나 때맞춰 좋은 직장에 취업할 수 있었기 때문일 수도 있다. 어떤 사람이 가난한 것은 경제적으로 침체된 지역에 거주하기 때문이거나 신체적 결함으로 돈을 벌기 어렵거나 교육을 받을 기회가 없었기 때문일 수도 있다.

따라서 소득불평등도가 국가별로 차이를 나타내는 원인을 살펴보기 위해서 우리는 국민들의 경제적 특성의 차이가 어떠한 분포를 가지는지와 이러한 특성들의 차이가 어떻게 소득의 차이로 이어지는지를 모두 고려하여야 한다. 한 국가의 소득불평등도가 높게 나타나는 것은 이러한 경제적 특성의 차이 자체가 매우 불균등하게 분포(예를 들어 일부 국민의 교육수준은 매우 높지만 여타 국민은 전혀 교육을 받지 못한 상황을 고려할 수 있다)되어 있기 때문일 수도 있으나 반면 이러한 특성의 차이가 사람들의 소득에 미치는 영향 간 격차가 매우 크게 나타나기 때문일 수도 있다(예를 들어 교육연수가 8년인 사람에 비해 교육연수가 9년인 사람의 임금이 훨씬 높게 나타나는 것과 같은 상황을 상정해 볼 수 있다). 마찬가지로 한 국가의 소득불평등도는 경제적 특성에 대한 보상방식이 변화함에 따라 시기별로 달라질 수 있다.

하나의 경제적 특성에 초점을 맞추게 되면 보다 구체적인 분석이 가능하다. 교육연수가 소득을 결정짓는 유일한 요인이라고 가정해 보자. 논의를 간단하게 하기 위해 교육연수는 4년으로 제한된다고 하자. 〈그림 13.7〉의 패널 (a)는 교육수준의 분포를 보여 주고 있다. 그림은 전체 인구에서 각 교육수준별 인구가 차지하는 비중을 나타낸다. 예를 들어 교육을 전혀 받지 않은 인구의 비중은 15%며, 1년간 교육을 받은 인구의 비중은 20%다.

교육에 대한 분포로부터 소득분포를 만들기 위해서는 교육이 소득에 어떻게 영향을 미치는지에 대한 정보가 필요하다. 제6장에서 소개되었던 유용한 개념인 1년의 추가적인 교육을 통해 추가적으로 증가하는 소득을 비율로 나타낸 교육 정도에 대한 수익을 활용해 보자. 분석을 위해 교육 정도에 대한 수익을 10%라고 가정하자. 따라서 교육을 전혀 받지 못한 근로자의 임금이 100이라면 교육을 1년 받은 근로자의 임금은 110이 되고 교육을 2년 받은 근로자의 임금은 121이 된다. 〈그림 13.7〉의 패널 (b)에는 교육 정도와 임금 간의 관계가 보고되어 있다.

교육수준의 분포와 교육 정도에 대한 수익자료를 합하면 소득의 분포를 구축할 수 있다. 즉 각 소득수준별 인구의 비중을 계산할 수 있다. 예를 들어 교육을 전혀 받지 않은 15%의 인구는 100의 임금을 받게 될 것이고 교육을 1년 받은 20%의 인구는 110

그림 13.7

소득불평등도의 결정

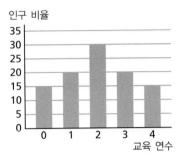

(a) 교육수준의 분포

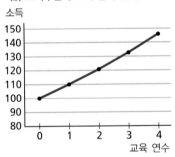

(b) 교육수준과 소득 간의 관계

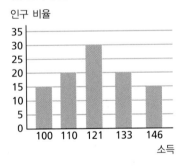

(c) 소득의 분포

의 임금을 받게 된다. 그림의 패널 (c)는 임금의 분포를 보여 준다.

　이러한 분석과정을 통해 우리는 국가별 소득의 분포를 결정짓는 요인과 한 국가에서 시점별로 소득의 분포에 영향을 주는 원인들을 살펴볼 수 있다. 즉 국가별 소득격차나 시기별 소득격차의 변화가 존재한다면 교육수준에 대한 수익이나 교육수준의 분포의 변화나 격차가 발생했음을 의미한다.

　〈그림 13.8〉은 교육 정도에 대한 수익의 변화가 가져오는 효과를 분석한 것이다. 오른쪽 그림들과 왼쪽 그림들은 각각 가상의 두 국가에 대한 자료이다. 그림의 패널 (a)

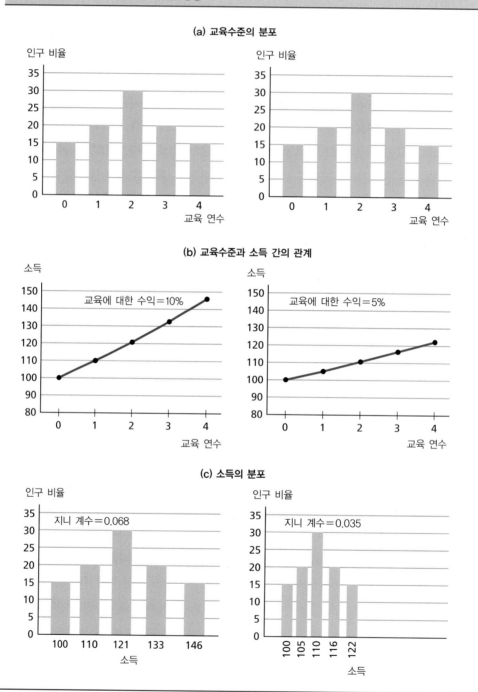

그림 13.8

교육에 대한 수익이 소득분포에 미치는 영향

에 나타난 바와 같이 두 국가는 동일한 교육수준의 분포를 가진다. 그러나 패널 (b)에 따르면 두 국가의 교육 정도에 대한 수익은 왼쪽 국가의 경우 10%인 반면 오른쪽 국가

그림 13.9

교육수준의 분포가 소득분포에 미치는 영향

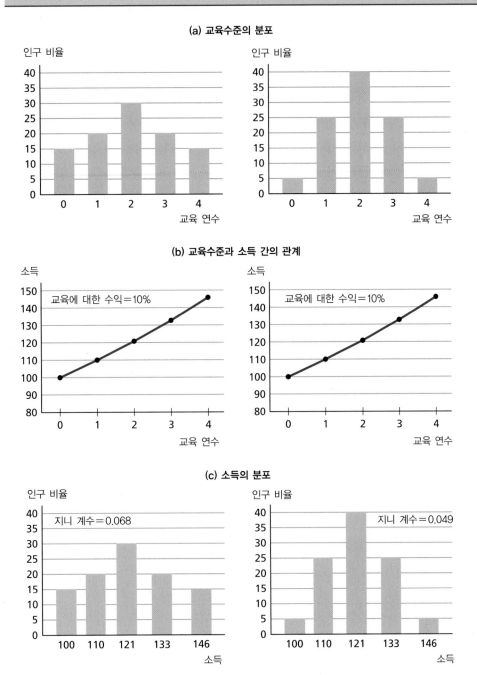

(a) 교육수준의 분포

인구 비율

인구 비율

교육 연수

교육 연수

(b) 교육수준과 소득 간의 관계

소득

소득

교육에 대한 수익＝10%

교육에 대한 수익＝10%

교육 연수

교육 연수

(c) 소득의 분포

인구 비율

인구 비율

지니 계수＝0.068

지니 계수＝0.049

소득

소득

의 경우 5%이다. 따라서 교육수준과 소득 간의 관계를 나타내는 선의 기울기가 왼쪽
국가의 경우 오른쪽 국가에 비해 더 가파르게 된다. 그림의 패널 (c)에 따르면 교육 정

도에 대한 수익이 낮은 국가의 소득분포가 훨씬 밀집되어 있으며 이는 소득불평등도가 낮다는 것을 의미한다. 교육 정도에 대한 수익이 10%에서 5%로 하락할 경우 지니 계수는 0.068에서 0.035로 하락하게 된다(이러한 지니 계수는 현실의 지니 계수에 비해 낮은 수준이다. 실제 자료에는 이러한 가상의 예보다 소득불평등도에 영향을 미치는 요인들이 훨씬 많이 존재한다).

〈그림 13.9〉에서는 위의 분석과 유사한 방법으로 교육수준 분포의 변화가 가져오는 효과를 분석하고 있다. 이 경우 두 국가의 교육 정도에 대한 수익은 동일하다. 반면 패널 (a)에 따르면 교육수준의 분포가 국가별로 다르게 가정되어 있다. 오른쪽 국가의 경우 상대적으로 교육수준의 분포가 밀집되어 있다. 즉, 교육수준이 중간 정도인 인구의 비중이 높은 반면 교육수준이 낮거나 높은 인구의 비중은 낮다. 그림의 패널 (c)에 따르면 이와 같이 교육수준의 분포가 밀집된 국가의 소득분포가 보다 균등하게 나타나는 것을 알 수 있다. 왼쪽 국가의 지니 계수는 0.068이며 오른쪽 국가의 지니 계수는 0.049다.

〈그림 13.8〉과 〈그림 13.9〉에서 우리는 소득불평등도에 영향을 주는 요인들 중 단지 하나의 요인만을 변화시켜 보았다. 그러나 현실에서는 두 가지 변화들이 서로 효과를 증폭시키거나 효과를 완충시키는 등 동시에 일어날 가능성이 더 높다. 예를 들어 한 국가에서 교육 정도에 대한 수익이 상승하는 동안 소득수준의 분포가 보다 균등하게 될 수 있다. 이러한 경우 전체적인 효과는 두 가지 변화가 가져오는 효과의 상대적인 강도에 달려 있게 된다. 또한 지금까지 고려한 간단한 모형을 넘어설 경우 보다 다양한 요인들이 소득에 영향을 미칠 수 있다는 점을 감안해야 할 것이다. 소득불평등도의 결정요인에 대한 보다 완전한 이해를 위해서는 소득에 영향을 미치는 특성들의 분포뿐 아니라 이러한 특성들이 노동시장에서 어떻게 반영되는지를 이해하여야 한다. 소득에 영향을 미치는 특성들 중 일부는 경제학자들에 의해 관측될 수 없기 때문에 이를 완벽하게 고려하여 이해하는 것은 불가능하다. 예를 들어 경제학자들은 사람들의 교육수준이나 건강상태에 대한 자료를 수집할 수 있지만 끈기, 활기, 야망 등과 같은 자료는 소득에 영향을 미침에도 불구하고 이를 계량적으로 측정하지는 못한다. 이러한 한계에도 불구하고 지금까지 논의한 분석틀은 소득불평등도의 결정요인을 이해하는 데 유용하게 사용될 수 있다.

이 분석틀은 경제발전 초기에 소득불평등도가 상승하다가 이후 발전이 지속되면서 소득불평등도가 하락한다는 사이먼 쿠즈네츠의 가설을 이해하는 데 사용될 수 있다. 쿠즈네츠는 새로운 기술의 도래나 경제구조의 변화 등으로 야기된 경제성장이 교육수준이나 경영능력 등으로 대표되는 숙련도에 대한 수익률을 상승시킨다고 판단하였다. 이러한 현상은 숙련 노동자들이 비숙련 노동자들에 비해 새로운 생산방식에 대한 이해 도가 빠르기 때문에 발생한다. 또한 새로운 기술은 대부분의 경우 새로운 기계에 체화 된 형태로 나타나기 때문에 새로운 기술은 물적 자본에 대한 수익률을 높이게 된다. 그러나 숙련도와 물적 자본은 주로 고소득층에 치우쳐 있기 때문에 이와 같은 수익률 의 상승은 소득불평등도를 확대하게 되며 시간이 지나면서 새로운 힘이 작동하게 된 다. 첫째 소득분포를 결정짓는 질적 요인들의 분포가 소득불평등도를 하락시키는 방향 으로 변화하게 된다. 숙련도에 대한 수익률이 상승함에 따라 비숙련 노동자(또는 그들 의 아이들)는 교육을 더 받으려고 하게 되며 경쟁력이 뒤처진 지역이나 산업부문의 근 로자들은 보다 빠르게 성장하는 영역으로 옮겨가게 된다. 둘째, 기술발전과 구조변화 의 속도가 떨어짐에 따라 숙련도에 대한 수익률도 점차 하락하게 되고 이에 따라 소득 불평등도도 완화된다.

최근의 소득불평등도 상승에 대한 해석

〈그림 13.10〉은 1947~2009년의 기간에 대한 미국의 지니 계수 추이를 보여 준다.[6] 그 림에 따르면 제2차 세계대전 이후 약 25년간 소득불평등도가 하락하다가 1970년대 이 후 소득불평등도가 급격하게 증가하고 있다. 이와 같은 소득불평등도의 상승은 대부분 의 선진국에서도 관찰된다. 이러한 현상에 대하여 경제학자들은 여러 가지 가설을 제 시하였다.

기술진보

제9장에서 우리는 범용기술(general purpose technology)을 중심으로 기술진보가 불연 속적으로 이루어진다는 점에 대하여 논의한 바 있다. 가장 최근에 개발된 범용기술은 IT 혁명의 기반이 된 반도체의 개발이다. 많은 경제학자들은 이 기술의 도래가 1990년 대 후반의 미국 경제성장을 촉진한 동력이라고 믿고 있다.

여타 기술진보와 마찬가지로 IT 기술은 근로자의 특성에 대한 수익률을 증가시켰으 며 특히 교육에 대한 수익률이 두드러지게 증가하였다. 컴퓨터는 교육수준이 높은 근 로자들이 이미 보유하고 있던 숙련성을 보완하여 이러한 근로자의 생산성 향상에 큰 기여를 했지만, 교육을 덜 받은 근로자들의 생산성 향상에는 그러지 못했다. 2003년에

---

6) Weinberg(1996), Jones and Weinberg(2000), DeNavas-Walt, Proctor, and Smith(2010). 1992년과 그 이전의 자료는 1993년에 있었던 자료수집방법의 변화를 반영하여 조정되었다.

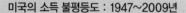

그림 13.10

미국의 소득 불평등도 : 1947~2009년

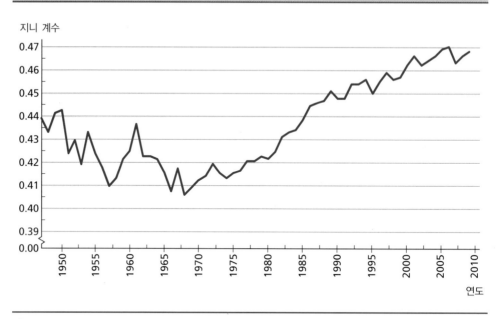

자료 : Weinberg(1996), Jones and Weinberg(2000), DeNavas-Walt, Proctor, and Smith(2010).

고졸 이하의 학력을 가진 근로자들 가운데 35.7%가 업무에서 컴퓨터를 사용했고 21.8%가 인터넷을 사용했다. 대졸 이상의 학력을 가진 근로자들 중에서는 같은 비율이 83.8%와 72.9%였다.[7] 또한 이 신기술은 (새로운 기술과 함께 일할 수 있는) 유연성 및 기업가 정신에 대한 수익률이 높아지는 유동적인 상황을 만들기도 하였다.

만일 소득불평등도 상승에 대한 이 설명이 맞다면 향후 어느 시점에 현재의 기술혁명으로 인한 소득불평등도 확대라는 현상은 점차 완화될 것이고 소득불평등도는 신기술이 도래하기 이전 수준으로 돌아갈 것이다.[8]

국제교역의 증가

제11장에서 살펴본 바와 같이 국제교역은 생산에 필요한 다양한 요소들의 실질 희소성을 변화시킨다. 교역이 이루어질 경우 한 국가에 희소하지만 세계적으로 볼 때에는 풍부한 자원에 대한 수익률은 하락한다. 마찬가지로 교역은 세계적으로 희소하지만 한 국가에는 풍부한 자원의 수익률을 상승시킨다. 한 국가의 소득불평등도에 교역이 미치

---

7) US Bureau of Labor Statistics, http://www.bls.gov/news.release/ciuaw.nr0.htm. Autor, Katz, and Krueger (1998).

8) Galor and Tsiddon(1997), Caselli(1999).

는 영향은 수익률에 영향을 받게 될 숙련도가 어떻게 분포되어 있느냐에 달려 있다. 예를 들어 교육수준이 높은 근로자는 여타 국가들에 비해 선진국에 보다 풍부하게 존재하므로 교역을 증가시키게 되면 교육 정도에 대한 수익률이 상승하면서 소득불평등도가 증가하게 된다. 교역으로 발생하는 두 번째 효과는 한 국가 내에서 거주지역에 따라 발생하는 혜택이 다르게 나타난다는 것이다. 예를 들어 중국이 20년 전 국제교역을 개방한 이후 해안지방이 내륙에 비해 상대적으로 큰 혜택을 입었다. 해안지방은 이미 내륙에 비해 훨씬 부유하였으므로 국제교역은 소득불평등도를 더욱 증가시켰다.

슈퍼스타 역학

노동시장에 대하여 연구하는 사람들은 여러 직업에서 질적으로 가장 뛰어난 사람들이 이들보다 약간 떨어지는 사람에 비해 훨씬 많은 소득을 누리게 된다는 '슈퍼스타' 역학(Superstar dynamics)을 지적해 왔다. 슈퍼스타 현상은 가장 뛰어난 선수가 양호한 선수들에 비해 엄청난 프리미엄을 제공받는 스포츠에서 가장 현격하게 나타난다. 커뮤니케이션 기술의 발전으로 한 개인이 넓은 범위의 사람들과 교감할 수 있게 되면서 예능, 법, 기업경영 및 금융에서도 비슷한 현상이 나타나고 있다. 슈퍼스타 현상은 특정 측면의 인적 자본에 대한 수익률 증가를 의미하므로 소득불평등도를 증가시킨다.[9]

13.3 소득불평등도가 경제성장에 미치는 영향

지금까지 우리는 소득불평등도가 어떻게 측정되고 어떠한 요인들이 소득불평등도에 영향을 미치는지 살펴보았다. 다음으로 우리는 소득불평등도가 어떻게 경제성장에 영향을 미치게 되는지 분석하기로 한다. 먼저 소득불평등도가 경제성장에 좋은 영향 및 나쁜 영향을 미치게 되는 네 가지 경로에 대한 이론적인 논의를 소개한다. 네 가지 경로들은 물적 자본의 축적, 인적 자본의 축적, 정부의 재분배 정책 및 정치사회적 불안 등이다. 이후 실제 자료분석을 통해 이러한 네 가지 이론 경로들의 유효성 여부와 소득불평등도가 경제성장에 미치는 영향에 대하여 살펴보도록 한다.

물적 자본의 축적에 미치는 영향

소득불평등도가 경제성장에 긍정적인 역할을 할 수 있다는 경로 중 하나는 저축률을 통한 것이다. 우리는 제3장에서 물적 자본의 축적으로 이어지는 저축이 경제성장에 큰

---

9) Rosen(1981).

영향을 미칠 수 있음을 살펴본 바 있다. 높은 저축률을 가진 국가는 정상상태에서 보다 높은 1인당 소득을 가지게 되고 국가의 저축률을 높이게 되면 새로운 정상상태로 옮겨가는 이행과정에서 높은 성장률을 기록하게 된다.

소득불평등도와 저축률 간의 관계는 저축률은 소득이 증가함에 따라 상승한다는 사실에 기인한다. 즉, 사람들의 소득이 높아질수록 저축률도 상승할 가능성이 높다는 것이다. 한 국가의 총저축은 모든 소득계층별에 있는 사람들의 저축을 합한 것이다. 따라서 소득불평등도가 커질수록, 즉 부유한 사람들이 버는 소득이 총소득에서 차지하는 비중이 커질수록 총저축이 증가할 수 있다.

이러한 논리는 미국의 자료를 사용하여 확인될 수 있다. 〈표 13.2〉는 다른 소득분위에 속하는 가구들의 중위 저축률을 보고하고 있다. 소득이 높아질수록 저축률은 증가한다. 가장 소득이 높은 분위 가구의 저축률은 가장 소득이 낮은 분위 가구의 저축률보다 3배가량 높다. 〈표 13.2〉의 숫자를 이용해서 우리는 소득불평등도가 저축률에 미치는 영향을 가늠해 볼 수 있다. 예를 들어 가장 소득이 높은 분위 가구에게서 1달러를 걷어서 가장 소득이 낮은 분위의 가구에게 이전한다고 가정하자. 이와 같은 소득재분배는 국가 전체적으로 볼 때 소득불평등도를 낮추게 된다. 그러나 가난한 사람들의 저축성향(1달러당 9.0센트)이 부유한 사람들의 저축성향(1달러당 24.4센트)보다 낮기 때문에 1달러가 이전될 때마다 전체 저축을 15.4센트씩(24.4 − 9.0) 하락시키게 된다.

이와 같이 소득불평등도가 증가할수록 자본축적수준이 높아진다는 시각은 칼 마르크스로부터 로널드 레이건까지 다양한 부류의 정치성향을 지닌 사람들에 의해서 공유되어 왔다(경제학은 때로 이질적인 사람들을 동료로 만든다). 케인스는 19세기 말에서 20세기 초의 저술에서 돈을 소비에 가장 덜 쓸 것 같은 사람들에게 돈을 맡기는 것과 같은 소득불평등도의 증가가 불쾌하긴 해도 경제성장에는 필수조건이라고 주장하였다.

▶ 표 13.2

5분위별 평균 가구 저축률, 2003년

소득 분위	평균 저축률(%)
1(최저)	9.0%
2	13.5%
3	17.2%
4	19.2%
5(최고)	24.4%

자료 : Dynan, Skinner, and Zeldes(2004), Table 3. 가구주의 연령이 30~59세인 가구에 대한 자료.

"다른 시기와 달리 동시기에 엄청난 규모로 고정적인 부와 자본의 개량이 축적될 수
있었던 것은 분배가 매우 불평등했기 때문에 가능한 일이었다. 인류 전체에게 크나큰
혜택을 가져온 전쟁 전 50여 년 동안 축적된 엄청난 규모의 고정자본 축적은 부가 균
등하게 배분된 사회에서는 절대 불가능한 일이었을 것이다."[10]

인적 자본의 축적에 미치는 영향

높은 소득불평등도는 물적 자본의 축적에는 도움이 되지만 인적 자본의 경우에는 반대
로 작용한다. 즉 소득불평등도가 커질수록 인적 자본의 축적은 낮아지게 된다. 이 두
가지 사례의 차이는 두 생산요소의 근본적인 차이점 중 한 가시에 의해 나타난다. 인
적 자본은 개별 사람들 내에 체화되는 특성을 가지며 인적 자본을 소유하고 있는 개인
이 일할 때에만 효과를 발휘하고 한 사람으로부터 다른 사람에게 이전될 수 없다. 반
면 물적 자본은 여러 사람들에 의해 다른 시점에 이용될 수 있으며 한 사람에게서 다
른 사람에게 판매될 수도 있다. 따라서 한 사람이 다른 사람에 의해 생산에 사용되는
물적 자본을 소유하는 것도 가능하다. 예를 들어 부자 여성은 수백 명의 노동력을 사
용하는 공장을 소유할 수 있다. 그러나 한 사람이 다른 사람에게 체화되어 있는 인적
자본을 소유하는 것은 거의 불가능하다. 따라서 물적 자본의 사례와는 달리 한 사람이
인적 자본에 투자하는 기회는 자기 자신에 체화된 인적 자본으로 한정된다.

인적 자본에 대한 투자에 이러한 제약이 존재한다는 것을 감안하면 소득불평등도가
인적 자본에 미치는 영향은 다음의 간단한 예를 통해 확인할 수 있다.[11] 1명의 부유한
사람과 1명의 가난한 사람을 가정하자. 두 사람은 모두 두 가지 형태의 투자를 할 수
있다. 인적 자본에 투자할 수도 있고 물적 자본에 투자할 수도 있다. 이에 더하여 낮은
수준에서는 인적 자본의 한계생산량이 매우 높다고 가정한다. 한 사람에게 투자된 인
적 자본이 증가함에 따라 인적 자본의 한계생산량은 감소하게 된다. 반면 한 개인의
투자는 국가 전체의 자본량에 비하면 너무나 미미하기 때문에 한 투자자가 물적 자본
에 투자할 때 이 사람이 투자하는 양은 물적 자본의 한계생산량에 영향을 주지 않는다
고 가정한다.

이와 같은 개인의 인적 자본과 물적 자본에 대한 투자량과 이러한 투자로 발생하는
한계생산량의 관계는 〈그림 13.11〉에 나타나 있다. 가로축은 각 형태의 자본투자량을
의미한다. 인적 자본의 한계생산량은 개인의 투자가 증가함에 따라 감소하므로 인적 자

---

10) Keynes(1920).
11) Galor and Zeira(1993).

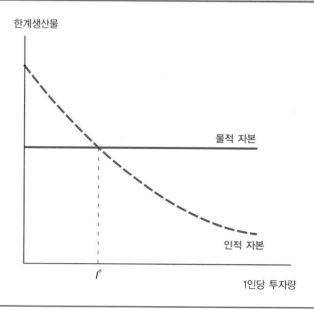

▶ 그림 13.11

물적 자본과 인적 자본의 한계생산물

본의 한계생산량을 나타내는 곡선은 우하향하는 모습을 보이게 된다. 반면 물적 자본의 한계생산량은 수평선으로 나타난다. 두 곡선이 만나는 지점은 I^*로 표시되어 있다. 만일 어떤 사람이 인적 자본에 I^*보다 작은 양을 투자한다면 인적 자본의 한계생산량은 물적 자본의 한계생산량에 비해 크게 된다. 만일 한 사람이 인적 자본에 I^*보다 많은 양을 투자한다면 인적 자본의 한계생산량은 물적 자본의 한계생산량에 비해 작게 된다.

〈그림 13.11〉은 만일 어떤 사람이 투자할 자금이 조금밖에 없다면 인적 자본에 대한 투자수익이 언제나 물적 자본에 대한 투자보다 더 이익이 되기 때문에 물적 자본보다는 인적 자본에 투자할 것이라는 점을 명료하게 보여 준다. 그러나 충분한 자금을 보유한 사람들은 물적 자본에 추가적인 자금을 투자하게 될 것이다. 보다 구체적으로 살펴보면 만일 어떤 사람이 I^*보다 작은 자금을 보유하고 있다면 자금의 전부를 인적 자본에 투자하게 된다. 그러나 어떤 사람이 I^*보다 많은 자금을 보유하고 있다면 일단 인적 자본에 I^*를 투자하고 나머지를 물적 자본에 투자하게 된다.

다음 내용으로 넘어가기 전에 과연 이러한 논의가 실제 자료와 일치하는지 살펴보기로 한다. 지금까지의 논의는 인적 자본이 물적 자본에 비해 훨씬 더 균등하게 분포되어 있을 것이라는 점을 시사하고 있다. 이는 많은 사람들이 대부분 인적 자본에 자신의 모든 자금을 투자하게 되고 물적 자본을 전혀 소유하지 못하는 반면 부유한 사람들은 대부분의 부를 물적 자본의 형태로 보유하게 되기 때문이다. 이러한 예측은 실제 데이터에서 증명된다. 한 국가의 소득불평등도가 완전 균등일 경우 0으로, 가능한 한 최대값의 불균등도가 커질 경우 1로 나타나는 지니 계수의 정의를 떠올려 보자. 지니 계수는 물적 자본이나 인적 자본과 같은 특정 자산의 소유와 관련하여서도 불평등 정도를 측정하는 데 사용될 수 있다. 미국의 경우 물적 자본에 대한 지니 계수는 0.78이며 교육연수에 대한 지니 계수는 0.14이다.[12] 즉, 물적 자본의 소유가 인적 자본에 대한 소유보다 훨씬 불균등하다는 것을 의미한다.

소득불평등도는 인적 자본의 축적에 어떻게 영향을 미치게 될까? 다음의 두 사람을 고려해 보자. 한 사람은 투자할 자금이 I^*보다 큰 반면 다른 한 사람은 투자할 자금이 I^*에 미치지 못한다고 가정한다. 투자자금이 I^*보다 작은 사람은 자신의 모든 자금을 인적 자본에 투자할 것이며 투자자금이 I^*보다 큰 사람은 인적 자본에 I^*를 투자하고 나머지를 물적 자본에 투자할 것이다. 가난한 사람이 마지막으로 투자한 달러당 한계생산량이 부유한 사람이 마지막으로 투자한 달러당 한계생산량에 비해 크다는 데 주목할 필요가 있다. 만일 부유한 사람으로부터 가난한 사람에게 소득이전이 일어난다면 두 가지 일이 발생하게 된다. 첫째, 가난한 사람은 추가적으로 생긴 자금을 인적 자본에 투자하게 되며 부유한 사람은 물적 자본에 대한 투자를 줄이게 되므로 인적 자본의 축적이 증가하게 된다. 둘째, 가난한 사람에 의하여 투자된 자금에 의한 인적 자본의 한계생산량이 부유한 사람에 의해 투자된 자금에 의한 물적 자본의 한계생산량에 비해 크기 때문에 총생산량은 증가하게 된다.

소득불평등이 물적 자본의 축적에는 긍정적이지만 인적 자본의 축적에는 해가 될 수 있다는 사실은 소득불평등도가 경제발전단계에 따라 경제성장에 다른 영향을 미칠 수 있다는 것을 시사한다. 케인스의 서술에 대한 인용에서 나타났듯이 19세기의 경제성장을 견인하였던 힘은 물적 자본의 축적에 기인하였다. 예를 들어 당시 많은 신기술들은 성능이 향상된 기계의 개발 등 물적 자본을 보다 효율적으로 사용하는 것을 목적으로 하였다. 그러나 제6장에서 논의된 바와 같이 최근 수십 년간의 경제성장은 특히 선진국의 경제성장은 물적 자본의 축적보다는 인적 자본의 축적에 의해 주도되었다. 이러한 상황하에서는 소득불평등이 경제성장에 해가 될 수 있다.[13]

개발도상국가들에게 제11장에서 논의된 자본시장의 개방은 소득불평등도가 요소축

---

12) Thomas, Wang, and Fan(2000); Diaz-Giménez, Quadrini, and Ríos-Rull(1997). 교육 연수에 대한 자료는 1990년도 수치이며, 물적 자본에 대한 자료는 1992년 자료다.

13) Galor and Moav(2004).

적에 영향을 미치는 방식을 변화시킬 수 있다. 한 국가가 물적 자본의 흐름을 개방할 경우 투자에 필요한 자금이 더 이상 국내 저축으로만 공급될 필요가 없기 때문에 소득 불평등이 저축을 촉진하는 효과는 더 이상 중요하지 않게 된다. 반면 소득불평등이 인 적 자본에 대한 투자에 미치는 악영향은 그대로 남게 된다. 따라서 요소축적을 최대화 하는 소득불평등도 수준은 자본흐름이 폐쇄된 국가보다 자본흐름이 개방된 국가에서 낮게 나타날 것이다.

소득불평등도, 소득재분배 및 효율성

앞서 살펴본 내용에 따르면 소득불평등도는 물적 자본과 인적 자본 등 생산요소의 축 적에 영향을 주는 경로를 통해 경제성장에 영향을 미치는 것으로 나타났다. 앞 장에서 살펴본 바와 같이 요소축적만이 국가 간 소득의 차이를 설명하는 요인은 아니다. 생산 요소들이 생산에 어떻게 이용되는지와 관련된 생산성의 차이는 국가 간 소득격차를 설 명하는 데 중요한 역할을 담당한다. 지금부터 우리는 소득불평등도가 국가의 생산성에 어떠한 영향을 미치게 되는지 살펴보도록 하자. 제10장에서 우리는 생산성을 요소를 결합하는데 사용되는 기술수준을 대표하는 부분과 현재 가용기술과 생산요소들이 어 떻게 효율적으로 이용되는지를 대표하는 부분으로 나눈 바 있다. 다음에서 우리는 소 득불평등이 어떻게 경제의 효율성을 저해하는지 분석한다.

소득불평등이 생산의 효율성에 영향을 주는 첫 번째 방식은 정부가 고소득자로부터 세금을 걷어서 저소득자들에게 소득을 이전하여 주는 소득재분배를 통한 경로다. 만일 소득이 불균등하다면 정부는 소득을 재분배하라는 압력에 처하게 된다. 정부는 이러한 정책목표를 과세를 통하여 달성한다. 그러나 제12장에서 살펴본 바와 같이 과세는 비 효율성을 야기한다. 따라서 소득불평등도는 정부가 세금을 활용하여 소득을 재분배할 확률을 증가시킴으로써 간접적으로 효율성 및 생산을 낮추게 된다.

소득불평등도와 효율성에 대하여 보다 상세하게 분석하기 위해 소득재분배 과정에 대한 간단한 모형을 사용하기로 한다.[14] 논의의 간결성을 위해 소득재분배가 정부의 유일한 정책이라고 가정한다. 즉, 공공재의 공급 등 여타 정부의 활동은 생략하기로 한 다. 또한 소득재분배가 다음의 형태로 나타난다고 가정한다. 첫째, 정부는 모든 근로자 를 동일한 세율로 과세한다. 즉 모든 근로자는 자신의 소득 중 동일한 비율만큼을 세금 으로 납부하며 따라서 고소득자들은 저소득자에 비해 더 많은 세금을 납부하게 된다.

---

14) 이 분석방식은 Alesina and Rodrik(1994)과 Persson and Tabellini(1994)에 기초한 것이다.

둘째, 정부는 이렇게 징수된 세금을 수입원으로 삼고 이를 근로자에게 동일한 액수씩 나누어 준다. 이러한 종류의 이전지출을 **정액이전**(lump-sum transfer)이라 한다. 현실에서 정부는 이와 같은 이전지출 이외에 각종 공공 서비스를 제공하기도 한다. 그러나 교육이나 보건 등 많은 서비스들의 경우 정부에서 이러한 서비스를 제공하지 않았다면 가계가 직접 지불하였을 것이므로 정부에 의한 서비스 제공은 현금을 지급하는 것과 유사한 효과를 가진다.

세금과 이전지출은 근로자의 소득에 직접적인 영향을 미친다는 측면에서 중요하다. 근로자의 **세전소득**(pretax income)은 세금이 부과되기 전의 전체 소득을 의미한다. 근로자의 **가처분소득**(disposable income)은 세전소득에서 납부되는 세금을 차감하고 징부로부터 받는 이전소득을 합한 것이다. 근로자의 세전소득과 가처분소득의 차이는 근로자가 소득분포에서 어디에 위치하는지에 따라 결정된다. 정부가 총액이전에 모든 수입을 사용한다고 가정하였으므로 근로자가 받는 총액이전의 규모는 근로자별로 과세된 세금의 평균, 즉 세율과 평균 세전소득의 곱과 일치하게 된다. 따라서 세전소득이 세전소득의 평균값과 동일한 근로자의 경우에는 세금으로 지불한 것과 동일한 액수의 총액이전을 받게 될 것이다. 세전소득이 평균에 미치지 못하는 근로자는 세금으로 납부한 것보다 많은 액수의 총액이전을 받을 것이며 세전소득이 평균을 넘어서는 근로자는 세금으로 납부한 것보다 적은 액수의 총액이전을 받게 된다.

세금을 통해 고소득층으로부터 저소득층으로 소득이 재분배되므로 가처분소득의 분포는 세전소득의 분포에 비해 균등해질 것이다. 또한 우리는 세율(즉 세전소득에서 정부에 의해 징수된 금액의 비율)을 소득재분배의 정도를 측정하는 지표로 사용할 수 있다. 만일 정부가 세전소득에서 아주 낮은 비율만을 징수하고 이를 재분배할 경우 가처분소득은 세전소득과 거의 유사한 정도의 분포를 가지게 될 것이다. 만일 정부가 세전소득에서 높은 비율을 징수하고 이를 재분배할 경우 가처분소득은 세전소득에 비해 훨씬 균등하게 분포될 것이다.

다음으로 세금과 생산성 간의 관계를 살펴보도록 하자. 세율이 높을 경우 납세자들은 합법적 또는 불법적으로 세금을 회피하려는 유인을 가지게 된다. 이와 같은 과세회피는 기업의 이중장부(불법적 세금회피)에서부터 근로의욕상실(합법적 세금회피)까지 다양한 종류의 비효율적인 행위를 유도하게 된다. 따라서 세금은 효율성을 하락시키고 모든 근로자의 세전소득을 하락시키게 된다. 이에 더하여 제12장에서 살펴본 것과 같이 세금이 생산성에 미치는 영향은 세율이 상승하면서 더욱 커진다. 세율이 낮을 때에는 세율 상승으로 인한 효율성의 감소가 상대적으로 작지만 세율이 높을 경우에는 세율 상승으로 인한 효율성의 감소가 크게 된다.

이제 근로자별로 어느 정도의 소득재분배를 원하게 되는지를 살펴보자. 먼저 국가 평균소득보다 세전소득이 높은 근로자를 가정하자. 이 근로자는 소득재분배로 인해 두 가지 측면에서 손해를 보게 된다. 첫째, 이 근로자는 세금으로 지불한 것보다 적은 액수의 총액이전을 받게 된다. 둘째, 소득재분배로 인해 경제적 효율성이 감소하고 근로자들의 세전소득이 하락하게 된다. 따라서 세전소득이 평균소득에 비해 높은 근로자는 세율이 0이 되는 것을 선호한다.

세전소득이 정확하게 평균소득과 일치하는 근로자는 위에서 언급한 두 가지 효과 중 하나에만 영향을 받는다. 이 근로자는 세금으로 납부된 금액과 동일한 액수의 총액이전을 받게 되므로 소득재분배에 의한 악영향을 받지는 않는다. 그러나 소득재분배로 인해 발생하는 경제적 효율성의 하락은 모든 근로자의 세전소득을 감소시키게 되므로 이 근로자도 소득재분배로 결국 손해를 입게 된다. 따라서 이러한 근로자도 소득재분배에 반대하게 된다.

소득이 평균소득에 비해 낮은 근로자의 경우에는 앞서 논의된 두 가지 효과가 반대 방향으로 영향을 미친다. 정부로부터 받는 총액이전이 납세금액에 비해 크기 때문에 이 근로자의 가처분소득은 증가하게 된다. 그러나 소득재분배로 인해 발생하는 경제적 효율성의 하락은 모든 근로자의 세전소득을 감소시키게 되므로 이 근로자도 악영향을 입게 된다. 이러한 근로자의 가처분소득을 최대화하는 세금수준은 이 근로자의 세전소득이 얼마나 평균소득에 비해 낮은지에 달려 있다. 이 근로자의 세전소득이 평균소득에 비해 낮을수록 소득재분배가 가져다주는 이익이 더욱 중요해지고 세전소득을 감소시키는 효과는 덜 중요해지므로 보다 높은 세금수준을 선호하게 된다. 세전소득이 0인 근로자의 경우에는 가처분소득이 결국 총액이전의 규모에 의존하게 되므로 정부 수입과 1인당 총액이전을 최대화할 수 있는 세율을 선호하게 된다.

이상의 논의를 요약한 〈그림 13.12〉는 근로자별 선호 세율과 세전소득 간의 관계를 보여 주고 있다. 세전소득이 평균소득과 같거나 큰 근로자들은 모두 0인 세율을 선호한다. 세전소득이 평균소득에 미달하는 근로자들은 양의 세율을 원할 것이다. 세전소득이 낮을수록 높은 세율을 선호하게 된다.

이상의 선호세율에 대한 논의를 활용하여 우리는 실제 세율이 어떻게 결정되는가라는 질문을 다루어 볼 수 있다. 실제 세율은 정치적인 과정을 거쳐 결정된다. 이러한 정치적인 과정을 분석하기 위해 간단한 가상의 정치상황을 가정해 보자. 각 사람들이 한 표씩의 투표권을 가지며 투표대상이 된 안건은 세율을 높일 것인지 내릴 것인지 결정

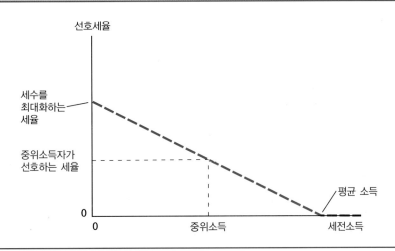

> 그림 13.12
> 소득불평등도와 선호세율 간의 관계

하는 것이라고 가정하자. 이러한 상황에서 세율은 세전소득의 **중위값**(median)을 가진 투표권자가 가장 선호하는 값으로 결정될 것이다. 이러한 결과가 도출되는 것은 아주 간단한 논리에 따른 것이다. 우리는 이미 세전소득이 높은 사람들이 낮은 세율을 선호하며 세전소득이 평균 세전소득을 넘어서는 사람들은 모두 0인 세율을 선호한다는 것을 살펴본 바 있다. 만일 세율이 세전소득 기준으로 중위값을 가진 투표자가 선호하는 수준을 넘어섰다면 이 투표자는 세전소득이 평균값보다 높은 사람들과 마찬가지로 세율 인하를 선호하게 될 것이다. 중위값의 정의에 따르면 인구의 절반은 세전소득 기준으로 중위값보다 높은 세전소득을 가지게 된다. 중위투표자와 세전소득이 중위값을 넘는 사람들이 모두 세율인하에 찬성한다는 것은 전체 인구의 과반수가 세율인하를 선호한다는 것을 의미한다. 이와 마찬가지로 만일 세율이 세전소득기준으로 중위값을 가진 투표자가 선호하는 세율에 비해 낮다면 과반수 이상이 세율인상을 지지할 것이다. 따라서 세율은 **중위투표자**(median voter)라 불리는 세전소득기준으로 중위값을 가지는 투표자의 선호에 의해 결정된다.

　〈그림 13.12〉는 세전소득의 중위값과 이러한 세전소득을 가지는 투표자가 선호하는 세율을 보여 준다. 13.1절에서 살펴본 중위소득이 언제나 평균소득에 비해 낮다는 사실(최소한 우리가 자료를 보유한 모든 국가에서는 동일한 현상이 나타난다)과 마찬가지로 중위 세전소득이 평균 세전소득에 비해 낮은 수준이라는 것에 주목할 필요가 있다. 따라서 중위투표자에 의해 결정된 세율은 0보다 크게 된다.

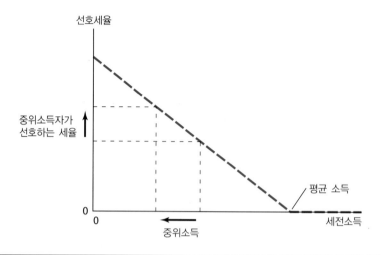

▶ **그림 13.13**
소득불평등도의 상승이 선호세율에 미치는 영향

　마지막으로 우리는 소득의 분포가 세금수준과 경제적 효율성에 미치는 영향에 대하여 분석하기로 한다. 평균소득을 고정시킨 상태에서 세전소득의 분포를 변화시킬 경우 어떤 일이 발생할지 생각해 보자. 예를 들어 소득분포가 더욱 불균등해지는 상황을 가정하자. 소득분포가 넓게 퍼질수록 세전소득의 중위값은 평균에 비해 훨씬 낮은 수준으로 떨어지게 된다. 즉, 만일 두 국가의 평균 세전소득이 동일할 경우 세전소득의 중위값이 소득불평등도가 높은 국가에서 낮게 나타난다는 것을 의미한다. 〈그림 13.13〉에서 나타난 것과 같이 세전소득의 중위값이 하락할 경우 중위투표자에 의해 선호되는 세율은 상승하게 된다. 높은 소득불평등도는 소득재분배와 과세의 확대를 이끌어 내게 되며 제12장에서 논의된 이유들로 인해 효율성이 하락하게 된다. 이러한 경로를 통해 소득불평등도는 평균소득을 하락시키게 된다.

소득불평등으로 인해 발생하는 정치사회적 불안

지금까지 살펴본 과세를 통한 소득재분배 모형은 정치적인 조율과정을 매우 간단하게 고려하였다. 즉, 소득불평등도가 증가하면 소득재분배에 대한 요구도 증가하게 되고 자연스럽게 보다 많은 소득재분배가 이루어진다고 서술하였다. 현실을 고려할 경우에는 형식적인 민주주의 국가(1인 1표 원칙에도 불구하고 부유층이 인구에 비해 훨씬 큰 정치적 영향력을 발휘하는 경우)나 비민주주의 국가에서 모든 의사결정이 언제나 다수결에 의하여 이루어지지 않는다는 점을 인식할 필요가 있다. 이러한 사실을 고려할 경우 우리가 앞에서 내렸던 결론과는 달리 소득불평등도가 높은 국가들에서 소득재분배에 대한 요구 및 압력이 높다고 해서 반드시 실제 소득재분배가 더 잘 이루어진다는 것을 의미하지는 않는다고 말할 수 있다.

소득재분배에 대한 요구는 여러 가지 형태로 표출될 수 있으나 대부분의 경우 경제성장을 저해한다. 다양한 이해집단이 권력을 잡기 위해 경쟁하면서 발생되는 정치적 불안정도 한 형태가 된다. 예를 들어 향후 발생할 수 있는 혁명이나 여타 정부의 변화로 인해 공장에 투자하는 기업가들이 자신의 재산권이 침해될 수 있다는 우려를 가지게 될 경우 정치적인 불안은 투자를 위축시킬 수 있다.

소득재분배에 대한 압력은 범죄의 형태로 나타날 수도 있다. 재산에 대한 범죄는 때때로 가난한 사람들이 정치적 시스템이 아닌 경로를 통해 자원을 재분배하려는 시도로 해석될 수 있다. 폭동과 같이 극심한 소득불평등으로 인해 발생하는 다른 형태의 사회적 불안은 소득재분배로는 이어지지 않더라도 재산의 파괴로 이어지게 된다. 범죄는 범죄를 저지르는 사람들의 에너지와 시간을 낭비할 뿐만 아니라 범죄를 막기 위해 사용되는 사람들의 자원도 낭비하게 된다. 애덤 스미스는 『국부론』(1776)에서 소득불평등도가 높은 사회에 대하여 다음과 같이 서술하였다. "재산의 보호를 목적으로 만들어진 시민정부는 사실 가난한 사람으로부터 부자를 보호하거나 재산을 전혀 가지지 못한 사람들로부터 재산을 어느 정도 가진 사람을 보호하기 위해 성립된 것이다." 이 논리를 따른다면 소득불평등도가 커질 경우 단지 부자들의 권리를 보호하기 위해서 결국 경제적 효율성을 악화시킬 크고 강력한 정부가 필요해진다.

20세기 라틴아메리카의 역사는 경제적 불평등으로 인해 발생한 정치적 불안정이 경제성장을 위축시킨 수많은 사례들로 가득하다. 최근 베네수엘라에서는 좌익 대통령인 우고 차베스(Hugo Chavez)와 기업가들의 연합 간의 충돌로 인해 2002년 말과 2003년 초에 총파업이 발발하였으며 상당부분의 경제활동이 멈춰졌다.

실증 증거

이 장에서 우리는 소득불평등도가 경제성장을 촉진할 수 있는 한 가지 경로와 경제성장을 저해할 수 있는 세 가지 경로를 살펴보았다. 그렇다면 어떤 효과가 가장 중요할까? 소득불평등도는 경제성장을 촉진할까 아니면 저해할까?

아쉽지만 가용 통계자료들로는 이러한 질문에 답변할 수 없다. 일부 경제학자들이 소득불평등도가 평균적으로 경제성장에 해가 된다고 주장하는 한편 다른 경제학자들은 반대의 주장을 펴고 있다. 이에 대한 명확한 답변을 내리기 어려운 것은 소득불평등도 자체가 측정하기 어렵다는 데 기인한다. 즉, 소득불평등도가 경제성장에 어떠한 영향을 주지 않는다고 결론지을 수 없으며 다만 데이터가 경제성장의 효과에 대한 답을 내리기에 아직 충분하지 않다는 것만이 확실한 상황이다.[15]

소득불평등도가 경제성장에 미치는 효과를 정확하게 파악하기 어려운 또 다른 이유는 이러한 효과가 한 국가의 경제성장단계 및 해외 자본시장에 대한 개방 여부 등 여타 다른 요인들에 달려 있을 수 있기 때문이다. 경제성장이 물적 자본에 의해 주도되는 국가에서는 인적 자본에 의해 경제성장이 주도되는 국가에 비해 소득불평등도가 경제성장에 보다 긍정적으로 작용할 수 있다. 또한 해외로부터 유입되는 자본에 대하여 개방된 국가의 경우 자본시장이 폐쇄된 국가에 비해 소득불평등도가 경제성장에 미치는 영향이 작게 나타날 수 있다.

경제학자들은 경제성장에 영향을 미치는 개별 경로에 대하여 검증하는 데에 상대적으로 성공하였다. 이러한 분석과정이 비록 소득불평등도가 경제성장에 미치는 전반적인 영향을 파악하는 데에는 실패하였으나 개별 경로의 중요성에 대한 정보는 제공하고 있다. 분석결과들을 일부 소개하면 다음과 같다.

- 소득불평등도가 높은 국가에서는 교육을 통한 인적 자본의 축적수준이 낮게 나타난다. 이러한 결과는 본 장에서 논의한 이론의 예측과 일치한다. 이와 연관된 다른 결과는 소득불평등도가 높을 경우 합계출산율이 높아진다는 것이다. 이는 소득불평등도가 높아질 때 경제성장에 악영향을 미치는 또 다른 경로가 될 수 있다 (이미 제4장에서 높은 출산율이 경제성장을 저해한다는 것을 살펴본 바 있다).

- 소득불평등도가 정치ㆍ사회적 불안정을 야기한다는 이론을 검증하기 위해 경제학자들은 정치ㆍ사회적 불안정을 측정하는 지수를 구축하였다. 이 지수는 테러와 같이 위헌적이거나 폭력적인 방법으로 정부가 전복될 가능성에 대한 주관적인 체감도와 폭동 및 폭력적인 시위와 같은 객관적 지표를 반영한다. 이 지수의 값이 작을수록 그 나라의 불안정도는 낮다. 〈그림 13.14〉는 정치ㆍ사회적 불안정지수 (세로축)와 지니 계수(가로축) 간의 관계를 보여 준다. 본 절에서 논의된 이론적 경로와는 달리 그림에서는 소득불평등도가 높을수록 불안정지수가 증가하는 통계적 경향을 찾아볼 수 없다.

- 본 절에서 살펴본 과세와 소득재분배에 대한 논의와는 달리 높은 소득불평등도가 재분배를 목적으로 한 높은 과세로 이어진다는 증거는 찾아볼 수 없다. 오히려

---

15) Barro(2000), Forbes(2000).

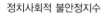

그림 13.14
소득불평등도와 정치사회적 불안정성 간의 관계

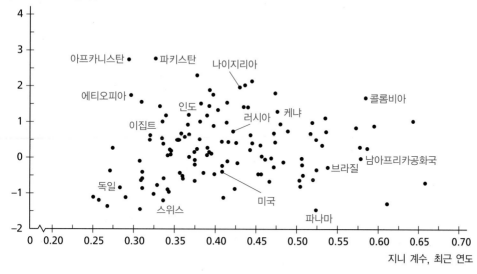

자료 : Kaufmann, Kraay, and Mastruzzi(2010), Heston et al.(2011).

　　소득불평등도가 높은 국가들은 소득불평등도가 낮은 국가들에 비해 낮은 세율을 가진다.[16] 이에 대하여 소득불평등도가 높을 경우 부유층이 권력을 확고하게 쥐고 있어서 소득재분배를 막는다는 설명도 있다.

　　이와 같은 통계학적 분석에 대한 대안으로 몇몇 경제학자들은 소득불평등도가 경제성장에 미치는 영향을 이해하기 위해 역사적인 사실들을 살펴보았다. 라틴아메리카와 미국 및 캐나다의 역사적 경험을 비교하면 경제성장에 소득불평등도가 미치는 영향을 가장 명료하게 파악할 수 있다.

　　두 지역의 소득불평등도의 기원은 두 지역 모두 유럽인들에 의해 식민지배를 받던 16세기까지 거슬러 올라가게 된다. 많은 라틴아메리카의 식민지는 설탕, 커피 등 수출 가능한 곡물 생산지로 특화되었으며 이로 인해 소득불평등도는 매우 심해졌고 노예제도의 활용은 이를 더욱 악화시켰다. 페루와 멕시코 등 여타 라틴아메리카에서는 풍부한 광물자원과 인구밀도가 높은 원주민을 유럽인들이 활용하면서 유럽인들이 거대한 지역을 지배하게 되었다.

16) Perotti(1996).

반면 현재의 미국과 캐나다가 된 지역에서는 설탕 등 높은 가격을 책정할 만한 농작물을 기르는 것이 불가능하였으며 부존자원도 상대적으로 충분하지 않았을 뿐 아니라 효과적으로 착취할 만한 원주민도 충분하지 않았다. 이로 인해 북아메리카의 식민지들은 남아메리카의 식민지에 비해 경제적으로 훨씬 중요도가 떨어졌다. 7년 전쟁(1756~1763)에서 승리한 영국인들이 패배한 프랑스로부터 보상금으로 카리브 해의 과들르푸 섬과 캐나다 중에서 어디를 빼앗아 올지를 고민하였다는 사실은 동 지역을 얼마나 과소평가하였는지 잘 보여 준다.

현재의 미국과 캐나다가 된 식민지의 노동력은 노예제도를 통해 노동력이 공급되던 라틴아메리카와 달리 대부분 자발적으로 이민해 온 유럽인들과 그들의 자손에 의해 공급되었다. 동 지역이 상대적으로 동질적인 인구구성, 수출을 위한 플랜테이션 유형의 농장형태가 거의 없었다는 점 등으로 인해 가족 중심으로 한 소규모 농업이 발전하였고 이는 소득을 상대적으로 균등하게 분포되도록 하였다. 북아메리카에서도 남부지역은 쌀, 담배, 면화 등을 노예제도에 의해 생산하는 등 라틴아메리카의 모형과 유사한 경제를 운영하였다. 그러나 북아메리카의 남부지역에서조차도 노예제도의 활용도와 소득불평등도는 사탕수수를 재배하던 지역과 비교할 때는 훨씬 약한 수준이었다.

이와 같이 다른 남아메리카와 북아메리카의 소득불평등도는 애초 소득불평등도 차이를 낳게 한 초기의 경제적 요인(노예제도, 수출 곡물로서 설탕과 커피의 중요성 등)들이 더 이상 지속되지 않게 된 후에도 유지되었다. 사실 이러한 소득불평등도의 격차는 오늘날에도 유지되고 있다. 세계적으로 가장 소득불평등도가 높은 국가들은 대부분 라틴아메리카 국가들이다. 소득불평등도가 이처럼 끈질기게 남아 있게 한 근본적인 원인은 라틴아메리카 국가들의 정치 시스템에서 찾아볼 수 있다. 이 지역들은 미국이나 캐나다에 비해 투표권을 가진 인구의 비율이나 비밀투표와 같은 혁신적인 민주제도 등의 측면에서 훨씬 뒤떨어져 있다. 라틴아메리카의 제도는 대부분의 인구로부터 자원을 착취할 수 있는 소수의 엘리트 집단에 권력이 집중되도록 설계되었다. 미국과 캐나다에서는 정치 시스템을 통해 정부의 힘을 제한하였으며 사적 재산을 보호하였고 법치의 준수를 지원하였다.

소득불평등도는 인적 자본에 대한 투자라는 측면에서 큰 영향을 미쳤다. 미국과 캐나다는 교육의 공적 제공이라는 측면에서 세계적으로 앞서 나갔다. 반면 소득불평등도가 높은 라틴아메리카 국가들을 지배하던 엘리트들은 교육에 대한 지원을 실시할 유인이 전혀 없었다. 이 엘리트들은 교육을 제공함으로써 얻어지는 것이 거의 없다고 판단하였을 뿐 아니라 인구의 교육수준이 높아질 경우 정치권력에 대하여 보다 많은 몫을 요구하는 것에 대한 두려움을 가지고 있었다. 1870년에 미국과 캐나다 인구의 80%가 문맹에서 벗어났으나 나머지 아메리카 국가들은 75년이 지난 후에도 이 수준에 다다르지 못했다.

소득분배를 둘러싼 분쟁으로 인한 불안정 및 인적 자본에 대한 투자 및 경제성장에 도움이 되는 제도수립의 실패 등은 라틴아메리카가 미국이나 캐나다를 따라잡는 데 실패하게 된 주요 원인이 되었다. 수 세기에 걸쳐 소득불평등은 경제성장에 부정적인 영향을 주어 왔다. 불행히도 역사에서 명확하게 배울 수 있는 것은 이러한 소득불평등이 매우 끈질기게 지속되는 현상이라는 점뿐이다.[17]

13.4 소득 분포를 넘어서 : 경제적 이동성

소득분포에 대한 분석(예를 들어 〈그림 13.1〉과 같은 분석)은 한 국가의 일정 시점에서 국민들을 비교한 결과이다. 그러나 이러한 자료 이외에도 소득불평등도와 관련하여 중요한 자료들이 존재한다. 소득불평등도와 관련하여 두 번째로 분석대상이 되는 측면은 **경제적 이동성**(economic mobility)이다. 경제적 이동성이란 사람들이 소득분포의 한 계층에서 다른 계층으로 이동하는 것을 의미한다.

경제적 이동성의 중요성을 이해하기 위하여 소득분포는 동일하지만 경제적 이동성의 수준이 다른 두 국가를 가정해 보자. 한 국가에서는 사람들이 끊임없이 소득분포의 한 계층에서 다른 계층으로 이동하며 다른 국가에서는 사람들이 언제나 소득분포의 한 계층에 머무른다. 두 나라의 지니 계수만을 관찰하게 되는 경제학자의 경우에는 이를 눈치 채지 못하겠지만 높은 이동성을 가진 국가가 보다 평등하다는 것은 너무도 명확하다.

경제적 이동성은 다양한 기간별로 측정될 수 있다. 예를 들어 우리는 1년 단위 또는 10년 단위로 개개인이 소득분포 내에서 어떻게 움직이는지에 대하여 관심을 가질 수 있다. 경제학자들은 때로로 **세대 간 이동성**(intergenerational mobility)에 관심을 둔다. 세대 간 이동이란 한 가계의 경제적 위치가 한 세대에서 다음 세대로 넘어갈 때 변화하는 것을 의미한다. 세대 간 이동성은 때로 '기회의 평등' 이라는 말로 표현되기도 한다. 즉 세대 간 이동성이 높다면 가난한 부모를 가진 아이들이 부유한 부모를 가진 아이들과 비교할 때 성장한 후 부자가 되거나 가난하게 될 가능성이 매우 비슷하게 될 수 있다는 것을 의미한다. 만일 세대 간 이동성이 낮다면 아이들은 부모가 속했던 소

---

17) Engerman and Sokoloff(2002).

표 13.3

미국의 세대 간 소득 이동성

부모의 5분위별 소득	자녀의 5분위별 소득				
	1분위(최저)	2분위	3분위	4분위	5분위(최고)
1분위(최저)	0.42	0.23	0.19	0.11	0.06
2분위	0.25	0.23	0.24	0.18	0.10
3분위	0.17	0.24	0.23	0.17	0.19
4분위	0.08	0.15	0.19	0.32	0.26
5분위(최고)	0.09	0.15	0.14	0.23	0.39

자료: Isaacs(2011a).

득계층에 머물게 될 확률이 높다는 것을 의미한다.

이동성에 대한 분석의 한 방법은 어떤 가구가 한 소득계층에서 다른 소득계층으로 옮겨갈 확률을 보여 주는 표인 **이행행렬**(transition matrix)을 사용하는 것이다. 〈표 13.3〉은 미국의 가족에 대한 자료로 만들어진 이행행렬의 한 예다. 표에서 각 줄은 부모의 소득계층을 의미한다. 첫 번째 줄은 소득분포에서 소득수준이 가장 낮은 20%를 의미하며, 두 번째 줄은 그 다음으로 소득수준이 낮은 20%를 의미하는 식이다. 각 줄별로 칸은 그 줄에 해당하는 부모의 자녀가 성인이 된 후 그 칸의 소득분위에 속하게 될 확률을 보여 준다. 예를 들어 부모가 가장 낮은 소득분위에 속했던 사람이 가장 높은 소득분위에 속할 확률은 6%다.

이행행렬에서 대각선상의 숫자들은 자녀가 부모와 같은 소득계층에 다시 속하게 될 확률이다. 이 확률들은 큰 경향이 있다. 그러나 자료에는 또한 상당한 수준의 이동성도 나타나 있다. 예를 들어 부모가 중간 소득계층에 속했던 사람이 최하위 소득계층에 속할 확률은 17%고 최상위 소득계층에 속할 확률도 19%다.

이동성의 측정은 불평등의 측정보다 훨씬 더 어렵다. 긴 시간에 걸쳐 가족들을 추적해야만 가능한 일이기 때문이다. 따라서 소득불평등의 국가 간 비교에 대해서보다 이동성의 국가 간 비교에 대해서 훨씬 더 적게 알려져 있다. 아홉 개 나라에 대해 비교 가능한 자료를 모은 한 연구에서 발견한 바에 의하면 미국과 영국이 이동성이 낮은 나라이고, 프랑스, 독일, 스웨덴이 중간 정도의 이동성을, 캐나다, 핀란드, 노르웨이, 덴마크가 가장 높은 이동성을 보인다.[18]

---

18) Corak(2006).

아쉽지만 이동성과 한 국가의 1인당 소득이나 경제성장률 간의 관계에 대한 통계적 분석이 가능할 정도로 충분히 많은 나라에 대해 상세한 자료가 존재하지는 않는다. 그러나 경제학자들은 이동성이 경제성장률에 어떻게 영향을 미치는지와 경제적 이동성 자체가 어떻게 결정되는지에 대하여 이론들을 개발하여 왔다.

소득불평등도와 마찬가지로 경제적 이동성은 다양한 경로를 통해 경제성장에 영향을 미칠 수 있다. 첫째, 보다 높은 이동성을 가진 사회는 사회구성원의 재능을 보다 효율적으로 활용할 수 있다. 경제성장에 기여할 수 있는 재능은 소득분포의 어느 계층에서 태어났는지에 관계없이 부여될 수 있다. 어느 누구나 대통령, 과학자, 기업의 최고경영자가 될 수 있는 사회는 이러한 기회가 소수의 계층에게만 주어진 사회에 비해 훨씬 뛰어난 대통령, 과학자, 기업의 최고경영자를 가지게 될 것이다.

둘째, 경제적 이동성은 정치를 통해 경제성장에 영향을 미칠 수 있다. 우리는 소득불평등도가 높아질 경우 소득재분배에 대한 압력이 증가하게 된다는 점을 살펴본 바 있다. 따라서 소득이 불균등한 사회에서는 높은 세율로 인해 비효율성을 동반하는 소득재분배가 보다 많이 발생하거나 소득재분배를 둘러싼 사회불안으로 경제성장을 저해하는 사회적 갈등이 심화되기 쉽다. 경제적 이동성은 소득재분배에 대한 욕구를 완화할 수 있다. 자신의 아이들이 상위 소득계층으로 이동할 수 있을 것이라고 믿는 낮은 소득계층에 속하는 사람들은 자신의 아이들이 자신과 마찬가지로 낮은 소득계층에 머물 것이라고 믿은 낮은 소득계층 사람들에 비해 소득재분배에 대한 욕구가 작아질 수 있다. 이러한 과정을 통해 소득의 이동성은 계층 간 갈등을 완화하는 데 기여할 수 있다. 유럽에 비해 미국의 정치가 덜 계층지향적인 것은 미국인들이 사실과는 달리 유럽인들보다 더 계층 간 이동 가능성이 높다고 느끼기 때문이라는 이론이 있다.[19] 이동성과 불평등의 체감도에 관한 27개국 설문에서 "사람들은 자신의 지식과 기술에 대한 보상을 받는다"는데 동의한 인구의 비율이 가장 높은 나라는 미국이었다. 또한 미국은 "사람들은 자신의 노력에 대한 보상을 받는다"는데 동의한 인구의 비율에서도 두 번째로 높았다. 여기서 유추할 수 있는 것은 미국인들이 집안 배경이 개인의 성공에 그리 중요한 결정 요인이 아니라고 믿는다는 점이다. 미국은 또한 "소득 격차를 줄이는 거은 정부의 책임이다"에 동의한 사람의 비율이 가장 낮은 나라이기도 했다.[20]

이동성의 결정요인 측면에서 가장 중요한 것은 교육에 대한 접근도다. 교육은 가난한 계층의 아이들이 상위 소득계층으로 옮겨갈 수 있는 중요한 통로가 된다. 공적 교

---

19) Benabou and Ok(2001).
20) Isaacs(2011b).

육이 잘 갖춰진 국가에서 이러한 계층이동이 일어날 확률이 높다. 마찬가지로 공적 보건행정이나 의료 서비스에 대한 접근이 잘 보장되어 있을 경우 가난한 계층의 아이들이 질병으로 인해 정신적·육체적으로 발육이 저해될 가능성을 낮추는 한편 경제적 이동성을 증가시킬 수 있다.

경제적 이동성을 결정짓는 두 번째 요인은 정부 및 제도의 특성이다. 기술과 교역에 대한 분석과정에서 살펴본 바와 같이 성장하는 국가들은 급격한 변화를 경험하게 된다. 신기술은 전반적인 지역경제나 경제의 주요부문에 큰 해가 될 수 있다. 영향력을 가진 이해집단들은 이러한 변화를 막으려고 할 것이며 때로는 이러한 방해가 성공하기도 한다. 만일 신기술이나 교역개방이 차단될 경우 특정집단은 이를 통해 혜택을 받게 될 수 있으나 경제성장은 지체될 것이다. 신기술이나 교역을 차단할 능력을 가진 이해집단은 경제적 이동성도 제한할 수 있다. 경제적 이동성의 정의에서 나타나듯이 경제적 이동성은 소득분포의 최상위에 있는 사람들이 이전에 분포의 하위에 속하던 사람들로 교체되어질 수 있음을 의미한다. 따라서 사회적으로 가장 영향력이 있는 사람들은 때때로 이동성을 높이게 되는 정책에 반대한다. 부유층의 경제정책에 대한 영향력이 커질수록 이동성을 향상시키는 정책이 실행될 가능성은 낮아진다.

경제적 이동성을 결정짓는 세 번째 요인은 그 국가에서 결혼이 가지는 특성이다. **계층별 혼인**(assortative mating)이라 불리는 동일 경제·사회 계층 간의 결혼은 경제적 이동성을 저해한다. 경제적 유인만을 목적으로 삼지 않고 사랑 등을 이유로 결혼이 이루어질수록 자연스럽게 계층 간 결합이 증가하게 된다. 다른 두 계층 간 결혼은 이로 인해 태어날 후손이 적어도 한 부모가 속했던 계층에 속하지 않게 되기 때문에 세대 간 이동성도 일정부분 증가시킨다. 최근 연구에 따르면 계층별 혼인의 정도는 국가별로 큰 차이를 나타내고 있다. 연구자들은 완벽한 기준은 아니지만 가용한 기준으로는 최선의 선택인 남편과 부인의 학력을 기준으로 사회적 계층을 판단하였다. 이 연구결과에 따르면 남편과 부인 간의 학력 상관관계가 콜롬비아와 에콰도르(계층별 혼인이 가장 심하게 나타나는 국가들)에서 오스트레일리아나 이스라엘(계층별 혼인이 가장 흔하지 않은 국가들)에 비해 3배나 큰 것으로 조사되었다. 불평등도 수준의 높고 낮음은 다른 계층과 결혼하는 경향을 결정짓는 중요한 요인이 된다. 부유한 사람이 상대적으로 낮은 계층의 사람과 결혼하기란 계층 간 격차가 크지 않을 경우에 보다 용이할 것이기 때문이다.[21]

---

21) Fernandez, Guner, and Knowles(2005).

　　마지막으로 인종이나 종족에 대한 차별도 경제적 이동성을 저해한다. 차별받은 그룹의 아이들은 다시 차별받게 될 가능성이 높다.

13.5 결론

『미국의 민주주의』(1835)의 서문에서 프랑스의 정치학자인 알렉시스 드 토크빌(Alexis de Tocqueville)은 다음과 같이 서술한 바 있다. "미국에서 나의 체류기간 동안 내가 주목하였던 미국의 미덕들 중에서 사람들의 일반적인 조건이 평등하였다는 점이 나에게 가장 충격적으로 다가왔다. …… 내가 미국 사회에 대하여 보다 깊이 연구할수록 나는 이러한 조건의 평등이 모든 근본적인 사실들을 이끌어 내고 있으며 나의 모든 관찰들을 지속적으로 마무리지어 주는 역할을 담당하고 있다고 더욱 확신하게 된다." 토크빌이 평등으로부터 얻어지는 혜택이라고 인식한 사실들에는 사망률의 개선, 부부간의 신뢰, 전체 인구가 아닌 개개인의 발전가능성에 대한 신뢰 및 민주주의에 대한 장려 등이 포함되었다.

　　이 장에서 우리는 토크빌이 적절하다고 느끼는 것보다는 훨씬 좁은 관점하에서 소득불평등의 효과를 살펴보았다. 우리는 어떠한 경제적 요인들이 소득불평등도의 수준에 영향을 미치는지와 소득불평등도가 1인당 소득의 결정과정에서 어떻게 영향을 주는지 분석하였다. 이러한 분석방식은 토크빌이 지적하였던 점들이 중요하지 않다는 것을 의미하지는 않는다. 오히려 현대 경제학이 아직 토크빌이 지적하였던 점들을 수용할 준비가 되어 있지 않다는 것을 의미한다.

　　우리는 소득불평등과 관련된 여타 중요한 이슈들을 다루지 않았다. 즉, 소득의 평등 그 자체가 바람직한 것인지? 그리고 이를 달성하기 위해 어떤 비용을 지불해야 할 것인지 등에 대해서는 언급하지 않았다. 예를 들어 어떤 나라의 지니 계수를 브라질과 같은 수준인 0.54에서 스웨덴의 수준인 0.25로 낮추는 것이 1인당 GDP를 20% 하락시키는 비용을 통해 가능하다는 결론을 내렸다고 가정하자. 이를 실시하는 것이 가치 있는 일일까? 이런 종류의 질문이 정치가들과 정책결정자들이 매번 고민하게 되는 것들이다. 그럼에도 불구하고 경제학자들은 이러한 질문에 대하여 답하는 데 사용될 수 있는 분석틀을 만들어 내지 못하고 있다.

핵심용어

가처분소득(disposable income)

경제적 이동성(economic mobility)

계층별 혼인(assortative mating)

로렌츠 곡선(Lorenz curve)

비대칭 분포(skewed distribution)

세대 간 이동성(intergenerational mobility)

세전소득(pretax income)

소득분포(distribution of income)

이행행렬(transition matrix)

중위값(median)

중위투표자(median voter)

지니 계수(Gini coefficient)

총액이전(lump-sum transfer)

최빈값(mode)

쿠즈네츠 곡선(Kuznets curve)

평균(mean)

복습문제

1. 빈곤과 소득불평등도는 어떻게 연관되어 있는가?

2. 지니 계수를 구하는 방법은? 완전 평등과 완전 불평등한 상태의 지니 계수값은?

3. 경제적 특성의 분포와 경제적 특성에 대한 수익률은 한 국가의 소득불평등도를 결정하는 과정에서 어떤 상호작용을 가지는가?

4. 최근 30년간 미국의 소득불평등도가 증가한 원인으로 제기되는 가설들로는 어떤 것들이 있는가?

5. 소득불평등도가 물적 자본 및 인적 자본의 축적에 어떠한 영향을 미치는가?

6. 소득불평등도가 생산의 효율성에 어떠한 영향을 미치게 되는가?

7. 미국 역사를 통해 소득불평등도의 원인과 소득불평등도가 경제성장에 미치는 영향에 대하여 무엇을 배울 수 있었는가?

8. 경제적 이동성이란 무엇인가? 경제적 이동성과 소득불평등도의 관계는 무엇인가?

연습문제

1. 어떤 국가에 파란사람이 5명 초록사람이 5명 있다고 가정하자. 초록사람은 1년에 1달러를 벌고 파란사람은 1년에 3달러를 번다고 한다.

   a. 이 나라의 로렌츠 곡선을 그려라.

   b. 앞 문제에서 그린 그림에 지니 계수를 구하기 위해 필요한 영역들을 분류하고 표시하라.

  c. [난이도 높음.] 지니 계수를 계산하라. (힌트 : 삼각형의 면적은 높이와 바닥의 길이를 곱한 것을 반으로 나누면 된다.)

2. 많은 국가들은 한 교수가 한 번에 수십에서 수백개의 대학교에 있는 학생들을 동시에 가르칠 수 있는 "원격교육" 기술을 완성하기 위해 노력하고 있다. 13.2절에서 논의된 분석틀을 사용해서 이러한 기술진보가 교수들의 소득분포에 어떠한 영향을 미치게 되는지 설명해 보자.

3. 학자금대출제도가 소득불평등도와 생산요소의 축적간의 관계에 어떠한 영향을 미치게 될까? 특히, 학자금대출제도는 요소축적을 최대화하는 소득불평등도의 수준에 어떠한 영향을 미치게 되는지 논하라.

4. 가난한 사람이 경제적 이동성에 대하여 느끼는 시각과 보다 높은 수준의 소득재분배가 이루어지는 것에 대한 욕구간에는 어떠한 관계가 존재할까? 소득의 분포는 동일하지만 경제적 이동성의 수준이 다른 두 국가의 경우 소득재분배와 관련된 조세가 어떻게 다르게 나타나게 될까?

5. 아래의 표는 일정 수준의 소득 분포에 속한 어머니가 일정 수준의 소득 분포에 속한 딸을 가질 확률을 보여주고 있다. 예를 들어 하위 1/3 소득 수준에 속하는 어머니를 둔 딸이 하위 1/3에 속할 확률은 60%며, 중위 1/3에 속할 확률은 25%, 상위 1/3에 속할 확률은 15%다.

어머니의 소득 집단	딸의 소득 집단		
	하위 1/3	중위 1/3	상위 1/3
하위 1/3	0.6	0.25	0.15
중위 1/3	0.25	0.5	0.25
상위 1/3	0.15	0.25	0.6

  중위 1/3에 속한 여성의 손녀(모계 기준)가 중위 1/3에 속할 확률은 얼마인가? 답을 어떻게 도출했는지 설명하라.

온라인 데이터 플로터(Data Plotter)와 데이터를 이용해서 실습하려면
http://www.pearsonhighered.com/weil을 방문하라.

제 14 장

문화

우 리는 일상생활에서의 경험을 통해 사람의 자세가 경제적 성공을 결정짓는 중요
한 요인이라는 데 대부분 동의할 것이다. 열심히 일하면서 미래에 대한
계획을 세우는 사람들은 게으르거나 수동적인 자세만을 견지하는 사람들에
비해 성공할 확률이 높다. 이는 물론 자세가 경제적 성공을 결정짓는 유일
한 요인이라는 것은 아니다. 태어날 때부터 부유하였거나 특별한 재능을 부
여받았다면 게으른 사람도 열심히 일하지 않고 성공할 수 있을 것이다. 그럼에
도 불구하고 여전히 자세는 성공 여부에 큰 영향을 미치게 된다.

> 경제발전의 역사를 살펴
> 보면 모든 차이가 문화에서
> 비롯된다는 것을 알 수 있다.
> ─데이빗 렌즈,
> 『국가의 부와 빈곤』

만일 자세의 차이가 개인의 성공 여부에 중요한 영향을 미친다는 것을 인정한다면
다음 질문은 과연 이러한 자세의 차이가 국가 전체의 성공 여부에도 영향을 줄 것인가
가 될 것이다. 국가별로 퍼져 있는 다른 가치관, 자세 및 신뢰도 등 **문화**(culture)가 경
제성장의 차이를 부분적으로 설명할 수 있을까?

문화가 국부의 결정요인이라는 아이디어는 매우 오래 전에 제시되었다. 사회학자 막
스 베버(1864~1920)는 근면과 부의 축적을 축복한 '프로테스탄트 윤리(Protestant
ethics)'가 16세기 북유럽의 엄청난 경제성장을 이끌어 내었다고 주장하였다. 최근에도
학자들은 1980년에 「이코노미스트」 경제지에 의해 '아시아적 가치관'으로 명명된 끈
기가 대만, 싱가포르, 한국의 급속한 경제성장을 설명할 수 있는지에 대하여 논란을 벌
여 왔다.

이러한 사례들에도 불구하고 경제학자들은 인류학자, 사회학자 및 역사학자 등에게
더욱 친숙한 개념인 문화를 자신들의 분석에 차용하는 것을 꺼려 왔다. 문화는 계량화

하기 힘들기 때문에 경제학자들이 가장 친숙하게 여기는 수학적인 분석틀을 통해 분석하기 어렵고 이로 인해 경제학자들은 문화에 대하여 분석을 실시하는 것을 불편하게 생각하는 경향이 있다. 지금까지 다른 장에서 살펴본 많은 '경제학적' 변수들(물적 자본, 인적 자본 등)에 대하여서는 일반적으로 받아들여지는 측정기준과 자료가 존재한다. 반면 국가 간 문화적 차이를 전반적으로 요약할 수 있는 자료는 존재하지 않으며 문화의 몇몇 측면에 대해서는 공식적인 자료 자체가 없다. 이에 더하여 문화에 대한 논의는 어떠한 문화는 좋고 어떠한 문화는 나쁘다는 것을 시사할 수 있기 때문에 문화에 대한 모욕이 될 위험마저 존재한다(이 이슈에 대해서는 결론에서 다시 다룬다). 이러한 어려움에도 불구하고 본 장에서 우리는 문화가 경제성장에 영향을 미치고 있으며 무시해서는 안 될 요인이라는 점을 살펴보게 될 것이다.

먼저 문화의 여러 측면과 이들의 경제적 효과에 대하여 살펴본 후 문화의 결정요인을 분석한다. 이를 통해 우리는 문화에 영향을 미치는 비경제적 요인을 파악함과 동시에 경제성장이 어떻게 문화에 영향을 미치는지를 살펴보게 된다. 경제성장이 문화에 영향을 미친다는 점은 특히 중요하다. 이는 문화의 특성과 1인당 소득수준과의 관계가 나타나는 것이 소득이 문화에 영향을 미쳤기 때문이지 문화가 경제성장에 영향을 미칠 가능성이 높아서라고 볼 수 없기 때문이다. 이에 더하여 어떠한 상황하에서는 경제성장에 도움이 되는 문화적 특성이 다른 상황에서는 경제성장에 해가 될 수 있는지 여부에 대해서도 다루기로 한다.

14.1 문화가 경제성장에 미치는 효과

문화가 경제성장에 있어서 중요한 역할을 담당한다는 점을 보이기 위해서는 첫째 문화의 중요한 측면들이 국가별로 다르게 나타난다는 점과 둘째 이러한 문화의 측면들이 경제성과에 영향을 미친다는 점을 입증하여야 한다. 문화를 계측하는 것이 어려운 작업이므로 위의 두 가지 과제는 모두 쉽게 해결되기 어렵다. 문화에는 여러 다른 측면들이 존재할 뿐 아니라 우리가 문화의 한 측면에 집중하더라도 객관적인 측정기준을 찾기 어렵기 때문에 결국은 관찰자의 주관적인 평가에 기댈 수밖에 없다. 마찬가지로 어떠한 경우에는 문화의 경제적 효과에 대한 직접적인 증거를 찾을 수 있을지 모르지만 여타 사례에서는 경제적 효과가 오직 추론을 통해서만 얻어질 수 있다. 관찰자가 문화를 평가하는 방식이 관찰자가 분석대상이 되는 국가의 경제성장에 대한 기존 정보에 의해 영향을 받을 수 있으므로 측정기준이 매우 주관적이 될 수 있으며 이러한 어려움들이 더욱 복합적으로 나타날 수 있다.

이 절은 6개의 소절로 구성되어 있다. 처음 4개 소절에서는 새로운 아이디어에 대한 수용도, 근면의 가치에 대한 믿음, 미래를 위한 저축 및 사람들 간의 신뢰도 등 문화의 개별 특성에 대하여 분석한다. 나머지 2개의 소절에서는 문화의 보다 넓은 특성들인 사회적 자본(social capital)과 사회적 역량(social capability)에 대하여 논의한다.

새로운 아이디어에 대한 수용도

경제성장의 역사적 과정을 분석하는 학자들은 때때로 해외로부터 들어온 새로운 아이디어를 수용하는 태도의 중요성을 강조한다. 기술에 대한 논의에서 한 국가에서 사용되는 기술 중 상당수가 해외에서 개발된 것이며 따라서 해외에서 개발된 기술을 적극적으로 활용할수록 그 국가가 기술적인 측면에서 보다 발전할 수 있다는 점을 살펴본 바 있다. 역사를 살펴보면 신교개혁이 발생하기 전 유럽의 가톨릭 교회, 구 소련 등에서 새로운 아이디어가 자신들을 위협할지 모른다는 우려로 새로운 아이디어들을 억압하던 다양한 제도와 기관들을 발견할 수 있다.

학자들은 새로운 해외기술을 얼마나 기꺼이 받아들였는지가 경제성장 역사의 미스터리로 여겨지는 유럽과 중국의 상이한 발전과정에 대한 부분적인 해답을 제공할 수 있다고 생각한다. 보다 넓은 세계에 대한 대처과정에서 유럽인들은 다른 국가가 제공하는 최고의 것들을 기꺼이 모방하였다. 여타 세계 또는 중국에서 이루어진 혁신들인 종이나 화약 등을 유럽인들은 적극적으로 받아들였으며 이는 유럽의 경제성장에 크게 기여하였다. 반면 중국은 여타 세계에 대하여 오만한 자세를 취해 왔다. 외국인들과의 접촉은 중국문화의 우월성을 과시하기 위한 기회로 여겨졌다. 유럽인들이 취했던 자세는 독일의 수학자였던 코트프리트 라이프니츠(Gottfried Leibniz)가 중국으로 떠나는 여행자에게 준 "중국에 어떤 유럽 특산품을 가져갈 것인지에 대하여 고민할 필요는 없고, 차라리 중국의 놀라운 발명품들을 어떻게 가져올 것인지에 대하여 고민해라."라는 안내에 잘 나타나 있다. 유럽의 시각과는 대조적으로 중국의 황제였던 건륭제(Qian Long)는 조지 3세(King George III)에게 보낸 무례한 편지를 통해 중국과의 교역을 허가하여 달라는 영국의 요청(1793)을 거절하고 있다. "우리 왕조의 엄청난 음덕은 하늘 아래 모든 국가에 미치고 있으며, 모든 국가의 왕들은 바다와 땅에서 나는 값비싼 공물을 바치고 있다. 당신의 대사가 직접 눈으로 보았겠지만 우리는 모든 것을 가지고 있다. 나는 해괴하거나 교묘한 물건들에 대하여 전혀 관심이 없고 당신의 나라에서 생산되는 물건은 전혀 필요 없다."[1] 이와 같은 새로운 아이디어를 받아들이는 자세의 차이는 1500~1900년에 중국과 유럽 간의 기술격차가 입이 쩍 벌어질 수준으로 커지는 데 부분적으로 영향을 주었을 것으로 평가된다.

또한 학자들은 해외로부터 새로운 아이디어를 받아들이는 능력이 일본과 이슬람 세계의 발전에 영향을 미친 것으로 평가한다. 유럽문화를 모체로 하지 않은 국가들 중 가장 경제적으로 성공한 일본은 유럽으로부터 기술과 아이디어를 적극적으로 흡수하였다. 일본은 19세기 중반 다른 선진국에 비해 기술적으로 뒤처졌다는 판단을 내린 후 유럽과 미국으로 대표단을 파견하였으며 생산적인 기술 이외에도 제도, 법전 그리고 군대조직 등을 같이 가져왔다. 일본이 이와 같은 모방전략을 취할 수 있었던 이유에 대하여 학자들은 일본이 전통적으로 중국문화를 받아들여 왔다는 것을 지적하면서 일본은 단지 모방의 대상을 중국에서 다른 국가로 바꾼 것이었다고 평가한다.

이슬람 세계의 경우는 이와는 정반대의 사례를 제공한다. 이슬람 세계에서는 외부의 아이디어를 배척하는 경향을 보였으며 이는 경제성장에 있어서 크나큰 저해요인으로 작용하였다. 이와 같은 외부의 아이디어에 대한 배척은 신성모독에 이용될 것이라는 이유로 인쇄기술을 받아들이지 않은 것에서 잘 나타난다. 첫 번째 인쇄기가 도입된 것은 구텐베르크의 발명 이후 275년이나 지난 1728년 오스만 제국(Ottoman Empire)에서였다. 이와 같은 외국의 아이디어에 대한 배척은 현재도 지속되고 있다. 세계적으로 아랍어를 쓰는 사람은 2억 8,000만 명에 달하지만 매년 아랍어로 번역되는 책은 약 330권에 불과하다. 단지 1,300만 명만 사용하는 그리스어로는 이보다 5배나 많은 숫자의 책이 매년 번역되고 있다.[2]

근면

인류역사상 어떠한 문화권에서든 모든 성인은 생존을 위해서 일해야 했다. 그러나 문화권별로 근로에 대한 시각에는 차이가 있다. 어떤 문화권에서는 근로를 필요악이라고 여긴 반면 다른 문화권에서는 내재적 가치를 지닌 행동으로 여겼다. 당연히 근로를 바람직한 것으로 여긴 문화권의 사람들이 보다 열심히 일하고 보다 많은 산출물을 생산할 것이다.

유럽에서 근로에 대한 혐오가 발생한 것은 고전 그리스 문화에 그 뿌리를 두고 있다. 그리스인들은 일을 노예가 담당해야 보다 중요한 철학, 예술 및 정치에 전념하는 데 방해가 되지 않는다고 보았다. 이와 유사하게 성경에서는 근로가 신이 인간의 죄에

---

1) Mokyr (1990), p.188; Backhouse and Bland (1914), pp. 322-331.

2) United Nations Development Program (2002b).

그림 14.1

근로의 가치와 1인당 GDP

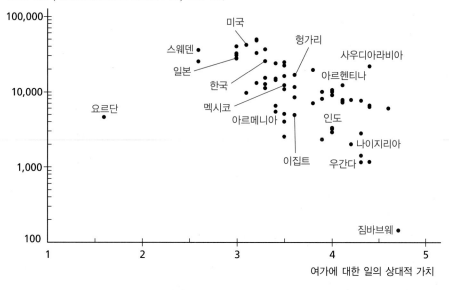

자료 : World Values Survey.

* 5점 척도. 1쪽으로 갈수록 여가에 더 높은 가치를 두고, 5쪽으로 갈수록 일에 더 높은 가치를 둔다.

대한 처벌로 인간에게 부여한 저주라고 여겼다. 16세기 프로테스탄트 개혁시기에 존 칼뱅(John Calvin)이 "모든 인간은 노동을 통해 자신을 바쁘게 만들기 위해 창조되었다."라는 서술을 남기고 물질적 성공이 신의 은총을 의미한다고 강조한 후에야 유럽인들이 일에 대한 태도를 바꾸게 되었다. 이와 같은 근로에 대한 태도는 "열심히 일하지 않는 사람은 누구도 영예로울 수 없다."라고 주장한 미국의 우국지사였던 벤자민 프랭클린(Benjamin Franklin)에 의해 서구의 문화로 보다 세속화되고 보편화되었다. 1985년의 설문조사에 따르면 일과 여가 중 어느 것이 더 중요한가라는 질문에 대하여 46%의 미국인들이 일을 선택하였으며 여가를 선택한 사람들은 33%에 불과하였다. 개신교를 믿는 사람 중에서 일이 여가보다 더 중요하다고 대답한 사람의 비중은 가톨릭교를 믿는 사람보다 10% 높게 나타났다.[3] 사회학자 막스 베버는 이와 같은 일에 대한 헌신이 유럽 내 프로테스탄트 지역의 초기 성장을 일부 설명할 수 있다고 주장하였다.

우리는 베버가 서술대상으로 삼았던 시기의 사람들이 일에 대한 태도가 어떠했는지

---

3) Lipset(1990), Hill(1992).

를 알려 주는 자료를 가지고 있지는 않지만 현재 세계 전반에 대한 자료를 이용하여 그의 이론을 검증해 볼 수 있다. 일에 대한 태도가 경제성장에 미치는 영향을 검증하기 위해 우리는 2000년에서 2011년 사이에 세계 여러 국가에 걸친 큰 샘플을 통해 조사된 세계 가치관에 대한 설문(the World Value Survey) 자료를 활용하기로 하자.[4] 설문대상이 된 사람들은 5점을 기준으로 일과 여가에 대한 상대적인 평가를 내리도록 요청받았으며 1은 "삶을 가치 있게 만드는 것은 일이 아니고 여가다."를 의미하며 5는 "삶을 가치 있게 만드는 것은 여가가 아니고 일이다."를 의미한다. 〈그림 14.1〉에서 가로축은 이 질문에 대한 답변의 국가별 평균 수치이며 세로축은 1인당 소득을 나타낸다.

　〈그림 14.1〉은 근로에 대한 태도가 경제적 성공을 결정짓는 요인이라는 이론을 전혀 지지하지 않고 있다. 오히려 가난한 국가의 사람들이 부유한 국가의 사람들에 비해 일이 더욱 중요하다고 생각하는 것으로 나타난다. 이에 더하여 이 자료는 사람들이 전형적으로 인식하고 있는 문화적 특성도 전혀 반영하지 못하고 있다. 예를 들어 태평한 것으로 알려진 브라질 사람들이 열심히 일하는 데에 큰 가치를 두고 있는 반면 근면한 것으로 알려진 일본 사람들은 여가를 선호하는 것으로 나타난다.

　부유한 국가의 사람들이 더 많은 여가를 누릴 수 있으며 따라서 여가에 더욱 중요성을 부여할 가능성이 있기 때문에 자료를 적절하게 해석하는 것은 매우 어려운 일이다. 사실 우리가 진짜 알고 싶은 것은 브라질인들과 일본인들이 동일한 수준의 1인당 소득을 가지고 있을 때 여가와 일에 대하여 어떤 가치를 부여하는지일 것이다.

장래를 위한 저축

우리는 제3장에서 경제성장이 저축률에 의해 큰 영향을 받게 된다는 점을 살펴본바 있다. 또한 국가별 저축률에 큰 차이가 존재한다는 점도 살펴보았다. 만일 국가별 문화적 차이가 저축률에 영향을 미친다면 이러한 차이는 결국 경제성장의 수준에 영향을 주게 될 것이다.

　제2차 세계대전 이후 높은 저축률의 가장 극적인 사례는 동아시아, 일본, 한국, 대만, 싱가포르와 가장 최근에는 중국에서 찾아볼 수 있다. 이 나라들은 모두 중국의 영향을 강하게 받은 문화를 가지고 있어서 공통분모인 '유교문화'가 이들의 공통적인 행태를 설명할 수 있을 것이라는 시사점이 제기되었다. 이러한 시각은 유교주의자들에 의해 2,500년 전부터 높은 가치를 부여받던 근면과 절약이라는 덕목이 동아시아 국가들의

---

4) www.worldvaluessurvey.org, waves III, IV, and V.

문화에 깊숙이 파고들었다고 보는 것이다.

동아시아 국가들은 문화 이외에도 여타 다른 특성들을 공유하기 때문에 이 이론을 검증하는 것은 매우 어려운 일이다. 아마도 이들 국가들의 경제적 환경에서의 다른 측면들이 사람들로 하여금 높은 저축률을 나타내게 하였을 수도 있다. 따라서 문화가 저축 결정에 중요한 역할을 담당한다는 이론을 검증하기 위해서는 다른 문화적 배경을 가진 사람들이 동일한 경제적 환경을 경험하였을 경우 어떤 행태를 보이는지를 검토하는 것이 필수적이다. 이러한 어려움은 동일 국가로 이주해 온 사람들에 대한 분석을 통해 해결될 수 있다. 이민자들은 이민자들의 과거 국적에 따라 다른 문화적 배경을 가지게 되지만 새로운 거주지에서는 동일한 경제적 환경에 처하게 된다.

이민자들의 저축행태를 분석한 연구는 캐나다의 자료를 이용한 것과 미국의 자료를 이용한 것이 있으며 둘 모두 앞서 제기한 아이디어를 차용하였다. 저자들은 이민자별로 저축률을 계산하고 각 이민자들이 저축률이 낮은 국가 출신인지 저축률이 높은 국가 출신인지를 살펴보았다. 두 연구 모두에서 이민 전 고국의 저축률과 이민자의 저축 간에 어떠한 상관관계도 발견되지 않았다. 즉 문화가 저축에 미치는 증거는 찾아 볼수 없었다.

이 연구들이 흥미로운 결과를 도출하였지만 이러한 결과가 문화를 중시하는 시각을 부정하는 것은 아니다. 첫째, 연구는 오직 저축률만을 비교하였으며 문화의 여타 측면이 중요할 수도 있다. 더욱 중요한 것은 이민자들이 임의로 추출된 샘플이 아니라는 점이다. 따라서 이민자들은 그들이 남겨두고 온 문화를 완벽하게 반영하지 않을 수도 있다. 오히려 이민자들이 고국을 떠나왔다는 사실(대부분의 경우 경제적 기회를 찾기 위해)과 다른 사람들은 고국을 떠나지 않았다는 사실을 통해 우리는 두 집단이 보다 나은 미래를 위해 희생을 감내하는 태도에 차이가 있다는 점을 알 수 있다. 마지막으로 이민자들에 대한 분석을 통해서 문화의 고유한 형태를 볼 수는 없다는 점에 주의할 필요가 있다. 고국의 고유한 문화가 새롭게 정착된 나라의 문화와 섞이게 되었을 것이므로 문화가 경제적 행동에 미치는 영향을 정확하게 파악하기란 어려운 측면이 있다.[5] '주차위반을 통해 살펴본 문화' 는 이와 같은 접근법을 성공적으로 적용한 사례다.

신뢰

경제적 상호관계는 대부분의 경우 상대방이 약속을 지킬 것이라는 데 의지하게 된다.

---

5) Carroll, Rhee, and Rhee(1994, 1999).

주차위반을 통해 살펴본 문화

제12장에서 국가별로 정치적 부패의 정도에 큰 차이가 있다는 점을 살펴보았으며, 이러한 부패 수준과 1인당 GDP 간에 밀접한 관계가 있다는 점도 확인하였다. 부패가 경제 성장을 저해하는 경로를 생각해내기란 그리 어렵지 않다. 그렇다면 국가별 부패 정도의 차이는 왜 발생하는 것일까? 앞서 발견한 사실들은 부패가 낮은 소득 수준의 원인이라는 점을 시사하고 있다.

국가 간 부패 정도의 차이는 부패 행위를 저질렀을 때 공무원이 처하게 되는 경제적 비용과 편익의 차이가 반영된 것이라는 가설이 있다. 가난한 나라에서는 공무원의 급여수준이 낮고 법의 집행 강도가 약하기 때문에 부패 행위를 저지르는 것이 최적의 행동이 된다. 이외에도 국가 간 부패 정도의 차이가 문화의 한 면인 사회적 규범의 차이를 반영하고 있다는 이론도 있다.

경제적 환경이 바뀔 때 부패 행위에 어떠한 변화가 발생하는지를 살펴보거나 개인이 한 경제적 환경에서 다른 환경으로 이동할 때 어떠한 행동의 변화를 발생하는 지를 살펴보는 것은 두 번째 가설을 검증하는데 좋은 방법이 될 수 있다. 경제학자인 레이 피스맨과 에드워드 미구엘은 뉴욕 UN에 모인 세계 각국의 외교관들의 행동 분석을 통해 이러한 연구를 수행하였다.* 피스맨과 미구엘이 전통적인 의미에서의 부패에 대하여 연구한 것은 아니지만, 권력의 남용이라는 상당히 유사한 개념을 살펴보았다. 2002년 11월 전 까지 UN에 근무하는 외교관들과 외교관의 가족들은 외교관에 대한 면책특권으로 인해 주차 위반에 대한 벌금을 낼 필요가 없었다.

1997년에서 2002년 사이에 외교관들은 15만건에 달하는 주차 위반을 저질렀으며, 미 납부된 벌금액은 1800만 달러에 달하였다. '주정차 금지지역'에 주차하는 위반이 전체 위반 건수의 43%에 달하는 가장 빈번한 사례였다.

피스맨과 미구엘은 2002년 11월까지 5년간 국가별 외교관 당 평균 주차 위반건수를 측정하였다. 분석 결과는 국가별로 엄청난 차이를 나타내었다. 노르웨이, 일본, 네덜란드 등의 국가의 경우에는 위반건수가 없었던 반면 나이지리아는 58.6건, 파키스탄은 69.4건 그리고 쿠웨이트는 246.2건에 달하였다. 또한 국가별 외교관 당 위반건수와 제12장에서 살펴본 부패 정도를 측정한 지수 간에는 매우 강한 상관관계가 발견되었다. 분석결과에 따르면 부패 정도가 높은 나이지리아에서 투명한 노르웨이 사이에는 약 80% 정도의 주차 위반 차이가 있는 것으로 추정되었다. 법률적인 구속력이 없는 상황에서도 부패 정도가 낮은 국가 출신의 외교관은 법규를 잘 지킨다는 사실은 문화가 사람들의 행태에 큰 영향을 미치고 있다는 것을 잘 보여 주고 있다.

한편 문화가 사람들의 행동을 전적으로 결정짓지 않는다는 증거도 있다. 2002년 11월 뉴욕 경찰은 주차 위반 벌금을 3회 이상 납부하지 않은 차량의 번호판을 압수하기 시작했다. 이후 주차 위반 건수는 약 98% 감소하였다. 이는 부패가 문화에 상당한 영향을 받고 있지만 적절한 법치를 통해 문화의 영향을 넘어설 수 있음을 입증하고 있다.

* Fisman and Miguel(2007).

피고용인은 주말이 되면 고용주가 주급을 제공할 것이라고 믿는다. 상인은 고객이 대금을 지불할 것이라는 것을 믿는다. 기업에 대한 투자자는 발생한 이익에 대하여 자신의 몫을 받을 수 있을 것이라고 믿는다. 신뢰가 없다면 아주 초보적인 단계의 경제활

동만이 가능할 것이며 엄청난 자원이 서로가 약속을 지키게 하도록 하는데 쓰여져야 할 것이다. 또한 사회 전체적으로 볼 때 번거롭게 조직을 만들어서 사람들이 특정 업무에 특화할 수 있게 하거나 교역을 통해 발생하는 혜택을 향유하려고 했던 시도들은 모두 무력화될 것이다.

1848년 존 스튜어트 밀(John Stuart Mill)은 "사람들이 서로를 믿을 수 있다는 이점은 사람들의 삶의 모든 틈새들에 영향을 미치고 있다. 신뢰가 가져오는 경제적인 측면은 가장 작은 측면임에도 불구하고 엄청난 혜택을 주고 있다."라는 저술을 남겼다. 또한 그는 "유럽에는 많은 국가들이 있다. …… 대규모로 사업을 진행함에 있어서 가장 심각한 서해 요인이 되는 것은 큰 규모의 지출과 영수증 처리를 믿고 맡길 만한 사람이 없다는 점이다."[6] 비슷한 취지로 경제학자 케네스 애로우(Kenneth Arrow)는 "거의 모든 상업적 교환에는 신뢰가 자리잡고 있으며 일정 기간을 두고 거래가 성사되는 경우에는 더욱 그러하다. 세계적으로 볼 때 경제적 후진성의 상당부분은 상호신뢰의 부족으로 설명될 수 있다."[7]라는 내용의 저술을 남겼다.

모든 사람들이 서로를 정직하게 대하는 사회가 그렇지 못한 사회에 비해서 보다 낳은 결과를 가져올 것이라는 것은 분명하지만 사람들이 정직하게 행동하고자 하는 유인이 어디에서 기인하는지는 명확하지 않다. 사람들을 정직하게 만드는 한 유인은 정부의 힘에서 올 수 있다. 만일 나와 계약을 맺은 어떤 사람이 자신의 의무를 다하지 않는다면 나는 그를 법정에 세울 수 있다. 그러나 신뢰의 근원은 정부의 힘보다 더 깊은 것에 있는 것으로 보인다. 세상에는 어떤 당사자들도 경찰이나 변호사를 부를 수 없는 상황이 많이 있지만 그럼에도 불구하고 양 당사자들은 자신들의 약속을 이행한다. 예를 들어 계약과 관련된 돈이 너무 작아서 국가권력을 개입시키는 것이 정당화되기 어려울 수 있으며 계약내용이 너무 약식으로 기술되어 계약을 지키지 않았다고 해서 소송을 제기하기 어려울 수도 있다. 극단적인 경우에는 거래의 한쪽 당사자가 다른 한쪽이 계약내용을 지키는지 여부를 감시하는 것이 불가능한 경우도 있다. 예를 들어 시골의 야채 판매대에 고객이 알아서 지불할 돈을 계산해서 돈 통에 넣고 가라는 설명만이 제공되어 있고 아무도 지키고 서 있지 않을 수 있다. 이러한 사례가 정직하게 행동하는 것이 자신의 이익에 반함에도 불구하고 사람들이 왜 정직하게 행동하는지를 설명할 수 있는 요인으로 문화를 고려하게 되는 경우이다.

만일 신뢰도의 수준 측면에서 사회별로 격차가 존재한다면 이러한 격차가 경제적 결

---

6) Mill(1909), Book 1, Chapter 7.
7) Arrow(1972).

문화를 통해 경제성장을 설명하려는 시도가 가지는 맹점

"일본인들은 매사가 즐겁고 작은 것에 만족하는 종족이라서 많은 것을 성취할 것 같지 않다."

—1881년 한 서구출신 관찰자

"일본인들이 일하고 있는 것을 보면 마치 매우 태평한, 시간은 아무래도 좋다고 여기는 것 같다. 이런 사실에 대해 몇몇 관리자들과 얘기해 보면 그들은 국민성이 변하는 게 아니라고 말한다."

—1915년 또 다른 서구출신 관찰자*

위의 두 서구출신 관찰자들의 인용은 경제성장에 대한 과거의 문화적 해석들이 위의 두 서구출신 관찰자들의 인용은 경제성장에 대한 과거의 문화적 해석들이 얼마나 어리석게 보이는가를 말해준다. 반면 20세기 말의 해석들은 정반대의 양상을 띤다. 일본의 경제적 성공을 설명할 때 사람들은 그들의 문화적 특성을 떠올릴 뿐만 아니라 그들이 일본인들에게 부여하는 문화적 속성들은 1세기 이전의 것들과 정반대다. 1992년 실시되었던 한 여론조사에 따르면 미국인들의 94%가 일본인을 근면하다고 여기는 반면, 일본인들은 15%만이 미국인들에 대해 근면하다고 생각한다.[†]

이유가 무엇일까?

일본의 문화가 같은 기간 동안 급격하게 변화했을 수도 있겠지만 이런 설명은 그리 매력적이지 않다. 왜냐하면 20세기 후반 일본문화의 우수성을 옹호하는 자들은 일본 문화의 고전적 가치가 중요하다고 믿었기 때문이다. 일본 문화는 변하지 않았지만 일본인들이 처한 환경이 변했다고 설명할 수도 있다.

20세기 후반에 유용했던 문화적 속성들이 19세기에는 그리 유용하지 않았다는 것이다. 한편, 관찰자들이 생각했던 만큼 문화가 일본노동자들의 생산성에 그리 큰 영향을 못 미친다는 설명도 가능하겠다.

문화를 경제성장의 결정요인으로 해석하기 어려운 이유들을 찾기란 그리 어렵지 않다. 연구자들은 문화의 여러 면을 객관적으로 측정할 수 없기 때문에 주관적 척도에 의지할 수밖에 없다. 그렇지만 한 나라의 경제상황이 그 나라의 문화에 대한 평가를 자연스럽게 왜곡하는 경향이 있다. 경제적으로 번영하고 있는 나라들은 자연스럽게 성장에 바람직한 문화를 갖고 있는 것처럼 보이는 한편 경제적으로 뒤처진 나라들은 성장에 좋지 않은 문화를 갖고 있다고 여겨지는 것이다.

위와 같이 특정한 속성변수와 여타 변수들의 관련성에 대한 관찰자의 지식에 의해 해당 변수에 대한 판단이 흐려지는 **관찰자 편견**(observer bias) 문제는 경제성장에 대한 문화의 영향을 평가하는 데에만 나타나는 것이 아니고 과학 전반에 걸쳐 광범위하게 존재하는 일반적인 것이다. 신약의 효능을 검사할 때 환자상태의 호전도를 검사하는 의사가 (물론 환자도 마찬가지) 환자가 실제 약을 복용했는지 위약을 복용했는지를 모르게 하는 이중맹검법(double-blind methodology)을 사용하는 이유도 여기에 있다.

* 두 인용문들의 출처 : Landes(1998) p. 350.
[†] Reported in *Time* magazine, February 10, 1992.

과에 반영될 것이라고 기대할 수 있다.[8] 그러나 어떻게 신뢰를 측정할 것인가? 연구자들은 다양한 방법을 동원하였다. 한 간단한 방법은 사람들에게 직접 물어보는 것이다.

---

8) Knack and Zak(2001).

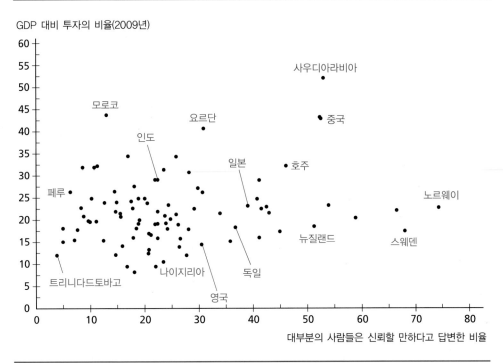

그림 14.2
신뢰와 투자 간의 관계

GDP 대비 투자의 비율(2009년)

자료 : World Values Survey, Waves III, IV, and V; Heston et al.(2011)

92개국에 대한 설문에서 "일반적으로 볼 때 당신은 대부분의 사람을 신뢰할 수 있다고 여기십니까? 아니면 사람들과의 관계에서 불필요한 주의란 없을 것이라는 정도로 조심하십니까?"라는 질문을 던졌다. 모든 설문대상 국가들의 평균적인 답변 결과에 따르면 25.1%의 사람들이 대부분의 사람들을 믿을 수 있다고 답변하였다. 그러나 국가별로는 큰 차이를 보였다. 노르웨이에서는 74.2%의 사람들이 대부분의 사람들을 신뢰한다고 답변하였으나 터키에서는 단지 4.9%의 사람들만이 이렇게 생각하고 있었다.

신뢰에 대한 인식은 아마도 설문에 답한 사람들의 경험에 바탕을 둔 결과일 것이므로 이 결과는 그들이 살고 있는 국가에 대하여 일정한 정보를 담고 있다고 볼 수 있다. 그러나 설문결과가 완벽한 측정은 아니다. 예를 들어 어떤 국가들의 사람들은 그들의 경험이나 행동을 반영하지 않는 기회주의적 답변을 하였을 가능성이 있다. 신뢰에 대한 두 번째 측정방법은 직접적인 실험을 활용하는 것이다. 15개 국가에서 50달러의 현금이 들어 있는 지갑에 주인의 성명과 주소를 담은 후 공공장소에서 의도적으로 버려두었다. 연구자들은 안에 있는 내용물이 그대로 담겨 있는 상태로 돌아오는 지갑의 개수를 기록하였다. 이 실험을 통해 얻어진 신뢰도 측정값과 설문을 통해 얻어진 신뢰도 측정값 간의 상관관계는 0.67로 나타났다. 이는 사람들이 그들이 살고 있는 환경에 대한 평가가 상당히 정확하다는 것을 의미한다.[9]

신뢰도 차이의 경제적 중요성을 살펴보기 위해 신뢰가 투자와 어떠한 관계를 가지는지 분석해 보기로 한다. 투자는 경제활동 중에서 가장 크게 신뢰에 의존한다. 이는 투자를 위해 자금을 양도한 시점부터 이를 돌려받게 되는 시점 간에 긴 시차가 존재하기 때문이다. 〈그림 14.2〉는 국가별로 신뢰에 대한 측정값과 투자율 간에 강한 양의 상관관계가 있음을 보여 주고 있다.

사회적 자본

앞서 우리는 경제성장에 대한 신뢰의 중요성을 살펴보았다. 한 국가의 신뢰를 결정하는 요인은 무엇인가? 경제학자들과 사회학자들은 **사회적 자본**(social capital)이 신뢰의 결정요인 중 하나가 될 수 있다고 인지하였다. 사회적 자본이란 사회 구성원이 보유하고 있는 네트워크 및 그 네트워크를 통해 사회 구성원 간에 기여하려는 성향을 통해 발현되는 가치를 의미한다. 사람들이 넓은 인적 관계를 가지고 있거나 사람들이 서로를 잘 알고 있는 사회에서는 사람들은 서로 도움을 주려고 할 것이므로 사회적 자본은 높게 나타나게 된다. 사람들이 사회적으로 고립되어 있거나 사람들을 도와주는 것에 대한 규범이 존재하지 않는 사회에서는 사회적 자본이 낮게 나타난다. 사회적 자본은 결국 사회를 서로 유지하는 접착제와 같은 역할을 담당한다.

사회적 자본은 사람들이 공식적인 조직의 구성원으로부터 친구들과의 저녁식사까지 다양한 범주의 환경에서 상호작용할 경우 증가한다. 어떤 경우에는 사업가가 유용한 인맥을 형성하기 위해 클럽에 가입하는 경우와 같이 사회적 자본의 창출이 의도적으로 이루어진다. 여타 경우에도 사회적 자본은 종교의식에 대한 참석 등과 같은 다른 행동을 통해 부가적으로 얻어진다.

사람들이 자신의 사회적 네트워크에 속한 사람을 속일 가능성을 낮추기 때문에 사회적 자본은 사람들을 보다 신뢰할 수 있게 만든다. 당신의 친구나 친인척 또는 그들을 통해 당신이 연락할 수 있는 사람들로 구성된 당신의 네트워크가 커질수록 당신이 신뢰할 수 있는 사람은 늘어나게 된다. 사회적 자본을 통해 생성되는 신뢰가 가져오는 혜택은 사회학자인 제임스 콜먼(James Coleman)의 뉴욕 다이아몬드 도매시장에 대한

---

9) Knack and Keefer(1997), Felten(2001).

묘사에서 잘 나타난다.

> 거래를 흥정하는 과정에서 한 상인은 다른 상인에게 시간이 날 때 원석 주머니를 살펴
> 봐 달라며 다른 상인이 원석을 바꿔치기 하지 않는다는 보장도 없이 원석 주머니를 넘
> 겨준다. 원석 주머니에 담겨 있는 원석의 가치는 수백만 또는 수십만 달러에 달할 수
> 도 있다. 이와 같이 원석을 평가하기 위해 자유롭게 교환하는 것은 이 시장이 작동하
> 는 데 매우 중요하다. 이러한 교환이 불가능하다면 이 시장은 훨씬 부담스럽고 비효율
> 적인 방식으로 운용될 것이다.

이 시장이 이렇게 효율적으로 기능할 수 있는 것은 모든 시장 참여자가 가족, 지역사
회 및 종교라는 네트워크를 통해 촘촘하게 연결되어 있는 하시디즘(Hasidism)[10] 유대
인들이기 때문이다. 동료상인을 속인 상인은 이러한 연결고리에서 고통스럽게 떨어져
나가게 될 것이다.[11]

사회적 자본은 신뢰를 촉진하는 것 이외에도 여타 많은 경제적 편익을 발생시킨다.
구직기회, 투자기회 및 잠재적 고객에 대한 정보가 사회적 네트워크를 통해 퍼져나가
게 되므로 네트워크가 잘 갖춰진 사회에서는 보다 효율적으로 사람들에게 적당한 경제
적 기회가 부여될 수 있을 것이다. 사회적 네트워크 내에서 사람들은 서로 도움을 줄
수 있다. 이웃들은 다른 사람의 집에 관심을 두게 되고 이는 범죄를 예방할 수 있다.
또한 지역사회는 공동으로 예기치 못한 어려움으로 고통받는 가족을 일종의 보험과 같
은 형태로 도울 수 있다. 또한 이미 서로 간에 관계를 가지고 있는 사람들은 공동작업
에 참여하는 과정에서 서로를 신뢰할 수 있으므로 사회적 자본은 결집된 행동을 촉진
한다. 예를 들어 사회적 자본이 양호한 지역에서는 학부모들이 힘을 모아 교육의 질적
개선이라는 공동의 목표를 보다 쉽게 달성할 수 있다.

정부기능의 개선은 사회적 자본이 가져다 주는 가장 중요한 효과 중 하나이다. 지역
사회의 동료에 대하여 관심을 기울이는 사람들은 투표에 참여할 가능성이 높다. 또한
사회적 자본이 높은 지역의 정치인들은 사적 이익을 위해 선거권자를 기만할 가능성이
낮다. 이탈리아의 여러 지역을 조사한 연구에서 사회적 자본은 축구동호회나 합창단에
얼마나 많은 사람들이 참여하는지를 기준으로 측정되었다. 저자들은 사회적 자본이 높
은 지역에서 정부가 보다 효율적으로 기능하고 있다는 결론을 내렸다.[12]

---

10) 역자 주 : 18세기 폴란드에서 일어난 유대교의 한 종파
11) Coleman(1988).
12) Putman, Leonardi, and Nanetti(1993).

마을단위에서의 사회적 자본의 중요성

본문에서는 국가들 간의 경제사정 차이에 대한 문화의 영향력에 주로 관심을 두었지만, 지역 단위로 보아도 문화의 역할에 대한 유용한 증거를 찾을 수 있다. 한 연구는 최빈국인 탄자니아의 84개의 마을들을 살펴봄으로써 경제성장에 대한 사회적 자본 역할의 증거들을 찾아보았다.* 저자들은 주민들의 교회, 이슬람 사원, 상조회, 부녀회, 정당단체 등의 자원단체 가입상황에 대한 정보를 바탕으로 사회적 자본 지수를 고안했다. 자원단체에 가입한 주민이 많을수록 그리고 단체들이 덜 배타적일수록 사회적 자본 지수는 큰 값을 갖는다.

저자들이 검정하고자 했던 이론은 사회적 자본의 존재가 주민들 사이의 신뢰와 협동을 유발하고 따라서 높은 사회적 자본을 갖는 마을들은 소득수준도 높다는 것이다. 보다 명확히 말해 저자들은 사회적 자본이 높은 마을에서는 주민들이 공동의 문제를 해결하고자 보다 열심히 함께 일하고 경제적 기회와 신기술에 대한 정보를 보다 활발히 교환하며 서로에 대해 비공식 보험을 더 많이 제공한다는 가설을 세웠다.

이 연구는 그 가설을 지지하는 증거를 찾아내었다. 사회적 자본은 부모들의 학교활동 참여도, 학교의 질 및 마을도로 보수사업 참여도와 양의 상관관계가 있음을 밝혀낸 것이다. 또한 사회적 자본이 높은 마을에서는 가구들의 화학비료 사용 등의 개량농법 채택도가 높게 나타났다.

끝으로, 이 연구는 높은 사회적 자본을 보유한 마을이 높은 소득을 얻는다는 사실도 밝혔는데, 특히 한 가구당 가입한 자원단체의 수가 평균 1.5인 어느 특정한 마을에 대해서 평균 가입단체수가 추가적으로 0.5 증가하는 경우 소득수준이 20% 늘어날 것이라는 계산결과를 제시하였다.

* Narayan and Pritchett(1999).

이러한 증거를 기반으로 볼 때 사회적 자본이 국가별 신뢰도의 차이뿐 아니라 정부의 질적 차이의 원천이라고 생각할 수 있다. 유감스럽게도 국가별 사회적 자본에 대한 체계적인 자료가 없기 때문에 이 가설에 대한 검증은 불가능하다.

최근 정치과학자 로버트 푸트넘(Robert Putnam)은 지난 반세기에 걸쳐 미국의 사회적 자본이 감소하여 왔다고 주장하였다. 2000년에 미국인들이 교회, 이슬람 및 유대교와 관련 있는 사회집단에 속할 확률 및 노동조합에 속할 확률은 40년 전과 비교할 때 절반으로 떨어졌다. 미국인들은 과거에 비해 보다 적은 수의 동호회에 가입하고 있으며, 과거에 비해 수입에서 작은 액수만을 기부금으로 내고 있다. 미국에서 가장 인기 있는 운동경기인 볼링에도 변화가 발생하였다. 1960년대 중반에 미국 남성의 8%와 미국 여성의 5%는 정규 리그에서 경쟁하는 팀의 일원이었다. 그러나 2000년에는 이 비율이 모두 2%로 하락하였다. 볼링은 그 자체로 여전히 인기를 누리는 종목이지만 과거에 많은 사람들이 모여서 볼링을 하던 것과는 달리 최근에는 대부분의 사람들이 몇몇 친구들과 볼링을 한다. 미국에서 사회적 자본의 이런 추세의 한 징후는 1인당 변호사의 숫자가 1900년에서 1970년 사이에는 변하지 않다가 1970년과 2000년 사이에 2배가 되었다는 점이다. 추측컨대 변호사의 필요성이 커졌다는 것은 사람들이 서로 신뢰하기 어려워졌거나 비공식적인 방식으로 분쟁을 풀기 어려워졌다는 의미이다.[13]

푸트넘은 미국에서의 사회적 자본의 감소에 대해 몇 가지 가능한 이유들을 제시하는데, 미국 도시들의 무질서한 확대나 제2차 세계대전에 공유한 희생에 대한 기억의 감퇴 등도 그 이유에 포함된다. 가장 주된 요인으로 꼽히는 것은 미국에서 사회적 자본이 감소하는 시기에 미국인들의 여가시간을 점령해버린 텔레비전의 등장이다. 그러나, 이 책에서 논의되는 여러 상관관계와 마찬가지로 여기서도 인과관계를 유추하기에는 심각한 문제가 있다. 어쩌면 사회적 자본은 다른 이유로 감소했고, 텔레비전은 그 공백을 매우기 위해 퍼져나갔을 수 있다. 아니면 그 두 가지는 전혀 무관하지만 우연히 동시에 일어난 것일 수도 있다. 이 문제를 풀기 위해 경제학자 벤 올켄(Ben Olken)은 인도네시아 자바 섬의 농촌 마을들을 연구했다. 자바의 산악지형 때문에 시청 가능한 라디오나 텔레비전 채널 수는 마을마다 크게 다르다. 이러한 전파수신의 차이는 매체의 인과적 효과를 검증할 수 있는 자연 실험의 역할을 한다. 올켄은 수신율이 좋은 마을에서 다른 사람들을 신뢰할 수 있다는 응답의 비율도 낮다는 사실을 발견했다. 따라서 텔레비전이 사회적 자본에 대해 부정적인 인과적 효과를 갖는다는 것은 사실인 것 같다.[14]

사회적 역량

문화와 관련하여 마지막으로 살펴볼 측면은 경제학자 모세스 아브라모비츠(Moses Abramovitz)에 의해 제시된 **사회적 역량**(social capability)이라는 개념이다. 사회적 역량이란 한 국가가 경제적 기회를 활용할 수 있게 해 주는 사회·문화적 질적 능력을 의미한다.[15] 경제발전 과정에 대한 아브라모비츠의 묘사에 따르면 경제적으로 발전이 뒤처져 있으나 충분한 사회적 역량을 보유한 국가들은 선진국과의 교류, 기술이전, 교역 및 자본 이동과정에서 발생하는 기회를 활용할 수 있다. 이러한 국가들은 선도국가들이 누리는 삶의 질에 급격하게 도달할 수 있다. 반면 사회적 역량이 부족한 가난한 국가들은 경제적으로 정체상태에 빠지게 된다. 사회적 역량은 다음과 같은 요소들을 포함한다.

---

13) Putnam(2000, 2001).

14) Olken(2009).

15) Abramovitz(1986).

- 대규모 사업체의 조직화와 운용에 대한 국민들의 경험
- 특화와 교역 등 시장경제를 활용할 수 있는 거주자들의 능력
- 실증과학에 견줄 수 있는 사고방식―즉, 미신이나 마법이 아닌 원인과 이로 인해 발생하는 효과에 대한 믿음
- 생명을 영적인 존재에 비해 경시하지 않고 지상의 생명에 중점을 두는 사회적 시각

사회적 역량과 관련된 요소들이 경제발전 과정에서 큰 영향을 미칠 것이라고 믿을 만한 이유가 충분히 존재하지만 사회적 역량을 측정하는 것은 쉽지 않은 일이다. 사회적 역량을 측정하고 사회적 역량이 경제성장과 어떤 연관을 가지는지에 대한 연구를 시도한 모든 연구자들에 의해 분석된 사회적 역량에 대한 평가결과는 그가 그동안 관찰해 온 경제성장에 대한 선입견에 의해 편견이 나타날 위험이 크다. 이 위험은 "문화를 통해 경제성장을 설명하려는 시도가 가지는 맹점"에서 논의된 것이다.

그러나 이러한 관찰자의 편견을 해결할 수 있는 방법이 존재한다. 이는 우리가 연구대상으로 삼는 경제성장 시기 이전에 구축된 사회적 역량지수를 이용하는 것이다. 이 지수는 추후 경제성장의 성과에 의해 사회적 역량지수가 영향받을 수 있다는 비판에서 자유로울 수 있다.[16]

우리가 분석과정에서 사용할 지수는 1961년에 경제학자 이르마 아델만(Irma Adelman)과 신시아 태프트 모리스(Cynthia Taft Morris)에 의해 구축된 것이다. 이 자료는 당시 '개발도상'에 있다고 여겨지던 74개 국가에 대하여 구축되었다. 이 자료구축에는 계량화될 수 있는 지표들에 더하여 보통 형식을 따지는 경제분석에서 제외되던 문화와 관련 있는 '근대화된 사고방식', '기초적인 사회조직의 특성' 등이 전문가들의 평가를 통해 포함되었다.

〈그림 14.3〉에 보고된 바와 같이 아델만―모리스의 사회적 역량지수와 1960년의 1인당 GDP 간에는 강한 양의 상관관계가 존재한다. 그러나 강한 양의 상관관계가 사회적 역량의 중요성을 입증하는 것은 아니다. 첫째, 아델만과 모리스 및 이들이 의견을 물었던 전문가들은 1960년의 국가별 1인당 GDP를 이미 알고 있었다. 따라서 이들의 평가과정에서 당시 부유한 국가들이 보다 높은 사회적 역량을 가지고 있다는 선입견이 반영되었을 가능성이 존재한다. 둘째, 연구자들이 중요하다고 판단한 문화적 요인들이 문화가 가지는 고유의 특성을 반영한 것이 아니라 단지 당시 이들 국가들이 부유했기

---

16) Temple and Johnson(1998).

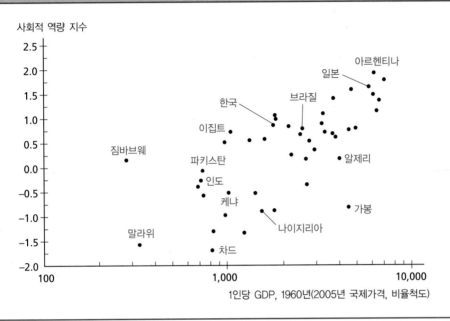

그림 14.3

사회적 역량과 1960년의 1인당 GDP

자료 : Temple and Johnson(1998); Heston, Summers, and Aten(2011).

때문에 나타난 결과일 가능성도 있다.

아델만-모리스의 지수가 구축된 이후 국가별 경제성과를 분석할 경우 이러한 문제점들을 해결할 수 있다. 즉 만일 두 국가가 동일한 소득수준을 가지고 있는 반면 내재된 특성에 차이가 있다면 정상상태 소득수준이 높은 국가가 더욱 빨리 성장한다는 아이디어를 활용할 수 있다.

〈그림 14.3〉에서 당시 소득수준에 비해서 놀라울 정도로 높은 사회적 역량을 보유한 국가들이 발견되는 반면 소득수준에 비해서 매우 낮은 사회적 역량을 가진 국가들도 발견된다. 예를 들어 파키스탄의 지수는 동일 소득수준 국가들에 비해서 높은 수준인 반면 차드의 지수는 동일 소득수준 국가들에 비해 낮은 수준을 보인다. (사실 차드는 1960년에 파키스탄보다 1인당 소득이 더 높았지만 사회적 역량 지수는 더 낮았다.)

이러한 사실을 활용할 경우 사회적 역량의 중요성을 검증할 수 있다. 사회적 역량이 한 국가의 정상상태 소득수준을 결정하는 유일한 요인이라고 가정하자. 이 경우 두 국가가 동일한 소득수준에 놓여 있지만 사회적 역량지수에는 차이를 보인다면 사회적 역량지수가 높은 국가가 상대적으로 빠르게 성장하게 될 것이다. 이 개념은 우리가 제3장에서 논의한 투자율에 대하여 분석하였을 때 논의되었던 '수렴(convergence)' 논리

적절한 문화적 속성 개념의 변화

이 장에서 우리는 어떤 문화속성들이 경제성장에 좋고 어떤 것들이 나쁜지에 대한 설명에 중점을 두었다. 또 다른 설명은 특정한 경제발전단계에서 경제성장에 도움을 주는 문화속성이 다른 단계에서는 그렇지 않을 수 있다는 것이다. 이는 놀랄 만한 사실이 아닌데, 경제성장에 영향을 미치는 다른 요소들도 비슷한 양상을 띠기 때문이다. 우리는 노동시장에서 수익을 얻게 하는 개인적 특성, 달리 말하면 노동생산성이 경제발전의 단계와 함께 변한다는 사실을 알고 있다. 예를 들어 산업화 이전에는 육체적인 힘이 노동자 가치의 주요 결정요소였지만 시간이 흐름에 따라 그 중요성은 현저하게 줄어들었다. 마찬가지로 대우가 높았던 지적 능력도 시간이 흐름에 따라 변화한다. 일례로 산수 혹은 발음능력이 전산화가 많이 된 작업장에서는 그 중요도가 작다는 사실을 들 수 있다. 따라서 특정한 단계에서 성장에 도움을 주었던 문화가치들이 다른 단계에서는 방해가 될 수 있다는 사실에 놀랄 필요가 없는 것이다.

경제발전 단계에 따라 경제성장에 도움을 줄 수도 있고 방해가 될 수도 있는 문화특성의 한 예로 구성원 간의 공유도(degree of sharing)를 들 수 있다. 부족사회 혹은 수렵사회처럼 경제발전이 낮은 단계에서는 구성원들 간의 광범위한 공유가 생존을 위해 필수적이었다. 하지만 보다 발전된 경제에서는 이러한 공유가 지나칠 수 있다. 자신의 소유물을 친척들과 주민들 나아가 전체 구성원들과 공유해야 한다면 물적·인적 자본에 대한 투자동기가 현저하게 감소할 것이기 때문이다.

일본의 예가 경제성장에 바람직한 문화속성에 대한 견해 변화의 생생한 증거를 제공한다. 1980년대 일본의 제조업이 전 세계를 장악했을 때 논평자들은 일본의 성공요인으로 일본 노동자들의 사고방식에 표를 던졌다. 이 견해에 따르면 일본인들의 순응성과 집단주의가 공장들로 하여금 다른 데에서는 불가능한 고효율 운영을 달성할 수 있도록 했다는 것이다. 한 비평가는 "일본식 자본주의는 미국식 자본주의보다 조직원들로부터 열정적인 충성심을 끌어낼 수 있는 대규모 조직을 건설하는 데 훨씬 성공적이었다. 이것이 일본회사들로 하여금 경쟁적 우위를 누리게 하는 문화적 원인을 제공했다는 것은 거의 틀림이 없다."라고 진술했다.*

하지만 10년 후에는 이러한 일본의 문화속성이 경제성장에 방해요인으로 인식된다. 일본정부가 구성한 한 위원회는 순응성과 규정에 대한 집착이 "일본의 역동성을 희석한다"라고 결론 내렸다. 위원회는 경제성공의 열쇠는 집단합의에 대한 전통적 선호를 탈피하는 대신 포용력, 독립심, 개인능력을 배양하는 것에 있다고 말했다.†

따라서 10년이라는 시간 동안 일본문화가 현 경제환경에 얼마나 적합한지에 대한 인식이 급격한 변화를 겪은 것이다. 하지만 이러한 변화가 경제환경의 실제 변화를 나타내는 것인지 아니면 경제진단가들 사고방식의 변화를 보여 주는 것인지는 전혀 알 수 없다. 일본문화에 대한 재평가는 문화적 요소와는 전혀 상관없을 수도 있는 지난 10년간의 비참한 경제성과 이후에 이루어졌기 때문이다. 실로 이 에피소드야말로 문화에 대한 인식은 경제적 성과에 영향을 받는다는 '관찰자 편견' 문제의 좋은 예다.

* Berger(1994).

† Struck(2000).

와 동일하다. 물론 사회적 역량지수가 한 경제의 정상상태를 결정짓는 유일한 요인은 아니겠지만 방금 논의된 논리는 평균적으로 볼 때 여전히 적용 가능하다. 즉 주어진 소득수준하에서 사회적 역량이 높은 국가들의 평균성장률은 사회적 역량이 낮은 국가들의 평균성장률에 비해 높게 나타날 것이다.

이 검증을 실시하기 위해서는 두 단계를 거쳐야 한다. 첫째, 개별 국가의 소득수준하에서 예측되는 사회적 역량지수를 실제 사회적 역량지수와 비교한다. 그림을 통해 설명하자면 먼저 〈그림 14.3〉에 자료를 가장 잘 반영하는 직선을 그리고 각 국가에 대하여 실제 사회적 역량지수와 이 직선에 의해 예측되는 사회적 역량지수 간의 거리를 비교한다. 둘째, 경제학에서 잔차(residual)로 명명된 앞선 단계에서 계측된 거리와 추후 발생한 경제성장 간의 관계를 비교한다. 만일 우리의 가설이 맞다면 큰 잔차를 가진 국가들, 즉 소득수준에 비해 높은 사회적 역량을 가진 국가들의 성장률이 높게 나타났을 것이다.

〈그림 14.4〉에 보고된 검증결과에 따르면 사회적 역량의 '잔차'와 이어지는 경제성장 두 변수 사이에는 매우 강한 양의 관계가 존재한다. 소득수준에 비해 높은 사회적 역량을 보유하였던 한국, 일본 및 태국 등의 국가들은 급격한 성장세를 보였다. 반면 소득수준에 비해 사회적 역량이 낮았던 카메룬, 마다가스카르 및 차드 등은 낮은 성장률을 기록하였다.[17]

▶ 그림 14.4

사회적 역량과 경제성장

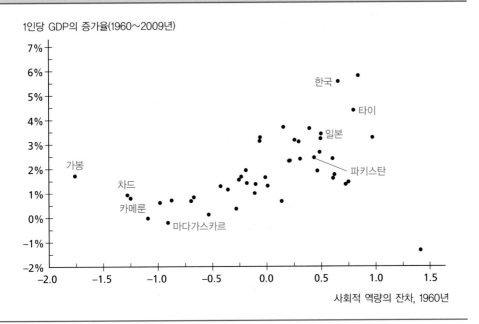

17) 수학 주 : 계량경제학을 이해하는 학생이라면 이러한 2단계 절차가 성장률을 사회적 역량과 초기 GDP에 대해

14.2 문화를 결정짓는 요인

문화가 경제성장에 영향을 미치는 이론은 두 부분으로 구성되어 있다. 첫째 부분은 1 절에서 살펴본 문화가 경제적 성과에 어떠한 영향을 미치는지에 대한 논의이며 둘째 부분은 아래에서 다루게 될 문화 자체에 대한 분석이다.

지금까지의 분석에서 드러난 바와 같이 종교는 문화에 지대한 영향을 미친다. 한 국가의 사람들이 추종하게 될 종교가 선택되는 과정은 그 자체로서도 매우 복잡하다. 이 측면에 가장 큰 영향을 미치게 되는 요인들로는 정복과 정착을 들 수 있다. 예를 들어 라틴아메리카는 스페인과 포르투갈의 식민지였기 때문에 대부분 가톨릭을 믿는다. 마찬가지로 현재 이슬람교를 믿는 많은 국가들은 수 세기에 걸친 이슬람 세력의 정복전쟁과정에서 결정되었다. 그러나 종교를 형성하는 영감과 신념은 다수의 보통사람들로부터 오기도 하고(기원전 551~479년), 불교의 창시자인 고타마 붓다(기원전 563~483년), 로마제국을 그리스도교 국가로 바꾸어 놓은 로마 황제 콘스탄틴(기원후 570~632년), 예지자 무하마드(기원후 288~337년) 및 신교도 혁명을 이끌었던 마틴 루터(1483~1546년) 등과 같은 위인들로부터 오기도 한다. 역사적 사건과 국가별 종교 분포 사이의 상호작용을 따라가는 것은 본 교과서의 범위를 훨씬 넘어서는 내용이다. 대신 본 절에서는 경제적 분석 방법론이 보다 쉽게 적용될 수 있는 문화의 결정요인에 대하여 살펴보기로 한다.

기후와 천연자원

다음 장에서 우리는 기후와 천연자원이 국가별 소득의 차이를 설명할 수 있게 해 주는 경로들에 대하여 살펴볼 것이다. 여기서는 기후와 천연자원이 문화에 대한 영향을 통해 경제성장에 영향을 미칠 수 있는지를 분석하기로 한다.

기후와 문화 간의 연결고리는 사람이 앞날을 내다보고 행동을 할 필요가 있는지의 여부에 의해 발생할 수 있다. 유럽과 같은 온대기후에서는 작물은 계절별로만 자라나고 사람들은 쉴 곳을 준비해야 하며 겨울을 위해 난방을 준비해야 한다. 따라서 온대

회귀분석한 것과 마찬가지라는 점을 발견할 수 있을 것이다. 이 회귀분석의 결과는 다음과 같다(괄호 안의 숫자는 표준편차다).

$$\text{성장률} = 0.057 + 0.0100 \text{ 사회적 역량} - 0.0054 \ln(\text{1960년 1인당 GDP})$$
$$\qquad\qquad (0.0028) \qquad\qquad\quad (0.0032)$$
$$R^2 = 0.48$$

기후에서는 저축이나 미래에 대한 계획 등이 가치있는 행동이 된다. 이러한 가치관이 문화를 근대 경제성장에 도움이 되는 형태로 이끌 수 있다.

천연자원과 문화 간의 연결고리에 대한 설명도 기후에 대한 설명과 유사하다. 한 국가에 자원이 풍부하여 사람들이 열심히 일하지 않고도 생존할 수 있다면 열심히 일해야만 한다는 문화가 형성되기 어려울 것이다. 1576년 프랑스의 정치 철학자였던 장 보당(Jean Bodin)은 "비옥한 지역의 사람들은 대부분 유약하고 겁이 많다. 반대로 황량한 땅을 가진 국가의 사람들은 필요에 의해 온순하기도 하지만 결과에 대하여 조심스럽고 부단히 경계를 늦추지 않으며 근면하다."라는 저술을 남겼다.[18] 천연자원이 문화에 미치는 영향 중 우리의 관심을 끄는 것은 천연자원의 존재가 국가가 근대화되는 것을 피하게 만들고 따라서 성장을 저해할 수 있다는 것이다. 원유가 페르시아만 국가들에 미친 영향은 이에 대한 좋은 사례가 된다.

만일 기후나 자원이 문화에 영향을 미친다고 한다면 이러한 효과가 오래 지속되느냐가 중요한 질문이 된다. 즉 만일 사람들을 둘러싼 환경이 변화한다면 환경변화에 대응하는 과정에서 문화적 특성이 변화할까? 예를 들어 산업화 이전의 스웨덴 사람들은 타히티 사람들에 비해 훨씬 미래를 잘 내다보는 태도를 지녀야 했다. 이는 스웨덴의 경우 겨울에 대한 대비를 적절하게 하지 못할 경우 매서운 추위로 굶어 죽거나 얼어 죽을 수 있었으나 타히티의 경우 기후 여건이 양호하고 작물이 1년 내내 자라기 때문에 이에 대하여 걱정할 필요가 없었기 때문이다. 그러나 이제 스웨덴 사람들이 미래를 대비하는 특성을 가지게 하였던 여건은 더 이상 존재하지 않는다. 평균적인 스웨덴 사람들은 음식을 더 이상 쌓아둘 필요가 없으며 언제나 가게에서 음식을 살 수 있다. 만일 기후로 인해 야기되었던 문화적 특성이 지속된다면 현대 스웨덴 사람들은 미래에 대하여 대비할 필요가 감소하였음에도 불구하고 이러한 태도를 견지할 것이다. 그러나 문화적 특성의 지속성이 낮다면 부유한 국가들의 생활이 훨씬 편리하기 때문에 온대지방에 위치한 국가의 사람들보다 현재 열대지방의 가난한 거주민들이 근면과 저축에 대하여 보다 높은 가치를 부여해야 할 것이나 실제로는 이러한 현상을 찾아볼 수 없다.

문화적 동질성과 사회적 자본

여호와께서 말씀하시길 "보라. 그들은 한 민족이며 그들은 모두 하나의 언어를 가질 것이다. 이것이 그들이 할 행동의 시초이다. 그들이 하려는 것은 모두 가능할 것이다.

---

18) Bodin(1967).

자, 우리가 내려가서 그들의 언어를 혼잡하게 하면 그들은 다른 사람의 말을 전혀 이
해할 수 없을 것이다."

－창세기 제11장[19]

경제성장에 있어서 문화의 역할을 분석하는 연구자들은 한 국가 내의 동질성이 경제
성장에 중요한 영향을 미친다고 지적하곤 한다. 이 주장을 뒷받침하는 아이디어는 어
떤 문화는 좋고 어떤 문화는 나쁘다는 것이 아니라 한 국가 내의 사람들이 동일문화를
공유하는 것이 바람직하다는 것이다. 위에서 인용된 구절은 바벨탑과 관련이 있으며
문화와 유사한 성격을 지니는 언어에 대하여 동일한 논리를 담고 있다. 만일 한 국가
의 사람들이 다양한 언어를 사용한다면 의사소통은 어려워질 것이며 경제적 협동을 통
해 얻어질 수 있는 혜택은 줄어들게 된다.

사람들이 동일한 언어를 사용하더라도 한 경제가 보다 효율적으로 기능하는 데 문화
나 민족의 동질성은 영향을 미칠 수 있다. 앞서 살펴본 사회적 자본은 한 국가의 사람들
이 동일민족에 속해 있을 때 크게 나타날 가능성이 높다. 마찬가지로 사람들은 자신의
민족이 아닌 사람을 대할 때에는 자신의 민족인 사람을 대할 때에 비해 정직하지 않게
행동할 가능성이 높으므로 한 민족으로 이루어진 국가에서 신뢰도는 높게 나타날 것이
다. 남동 아시아의 화상(華商)이나 동아프리카의 인도인들로 형성된 네트워크 등 국제
상거래 네트워크들이 때때로 이러한 민족을 따라 형성된다는 것은 민족 내의 신뢰에 대
한 좋은 사례가 된다. 이에 더하여 코트디브아르에 대한 연구에 따르면 토지의 환경오
염이 민족동질성이 높은 지역에 비해 민족동질성이 낮은 지역에서 높게 나타났으며 이
는 동일 민족사람들이 공동의 목적을 위해 보다 잘 협력할 수 있음을 보여 준다.[20]

민족적 동질성이 국가수준에서도 중요한지를 검증하기 위해 연구자들은 **민족분할성
지표**(index of ethnic fractionalizaiton)를 구축하였다. 민족분할성 지표란 한 나라에서
임의로 선택된 두 사람이 동일한 민족에 속하지 않을 확률을 의미한다. 한 국가가 한
민족으로만 구성되어 있을 경우 임의로 선택된 두 사람이 다른 민족일 수 없으므로 민
족분할성 지표는 0의 값을 가지게 된다. 한 국가가 동일한 규모의 두 민족으로 구성되
어 있을 경우 이 지수는 0.5의 값을 가지게 되며 한 국가가 동일한 규모의 10개 민족으
로 구성되어 있을 경우 이 지수는 0.9의 값을 가지게 된다. 이 지수가 1이 되는 나라는

---

19) Revised Standard Version of the Bible, copyright 1952 [2nd edition, 1971] by the Division of Christian
    Education of the National Council of the Churches of Christ in the United States of America. Used by
    permission. All rights reserved. (역자 주 : 영문을 번역한 것으로 한글 성경과 차이가 있을 수 있다.)
20) Ahuja(1998).

▶ **그림 14.5**

민족 분할도와 1인당 GDP

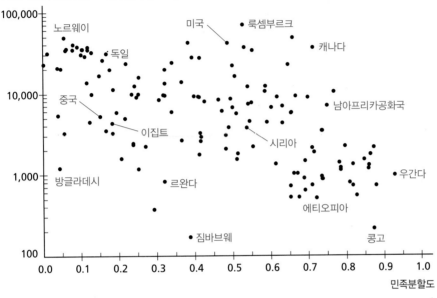

자료 : Alesina et al.(2003).

모든 사람들이 각기 다른 민족에 속하게 되어 임의로 선택된 두 사람이 언제나 다른 민족에 속할 확률이 100%가 된다.[21]

〈그림 14.5〉는 민족분할성과 1인당 GDP 간의 관계를 보여 주고 있다. 민족분할성지수는 완전한 동일성을 의미하는 0에 가까운 수치부터 매우 높은 분할도를 보여 주는 0.93(우간다)까지 다양하게 나타난다. 또한 그림은 민족분할도와 그 국가의 소득 간에 음의 상관관계를 보여 주고 있다. 왼쪽 위편에 자리잡은 관측값들(높은 소득 및 낮은 분할도)은 분할도가 0.050~0.012 수준인 영국, 프랑스, 이탈리아, 스웨덴 및 포르투갈이 포함된 유럽국가들이다. 일본(0.012)과 한국(0.002)에서는 더욱 낮은 분할도로 발견된다. 반면 세계에서 가장 분할도가 높은 15개 국가는 모두 가난하며 아프리카에 위치하고 있다. 그러나 민족분할도와 1인당 소득 간의 일반적인 관계와는 다른 모습을 나

---

21) 수학 주 : 민족분할성 지표는 다음과 같이 정의된다.

$$1 - \sum_{i=1}^{I} n_i^2$$

여기서 I는 국가 내의 민족의 숫자를 의미하며, n_i는 i민족에 속하는 인구의 비율을 의미한다.

타내는 흥미로운 예외도 존재한다. 미국, 캐나다, 벨기에 및 스위스는 모두 부유한 것에 비해서는 상대적으로 높은 민족분할도를 나타내고 있는 반면 방글라데시, 아이티 및 이집트는 민족 동질성이 높지만 가난하다.

민족분할도와 1인당 소득 간에 존재하는 음의 상관관계는 민족분할도가 높아질 경우 성장을 저해할 수 있다는 점을 시사한다. 이 가설을 뒷받침하는 다른 증거들도 있다. 민족분할도가 높은 국가들은 심한 부패, 도로나 전화망 등의 공공재를 적절하게 공급하지 못하는 질이 떨어지는 정부가 들어서는 경향을 보인다. 그러나 여타 상관관계와 마찬가지로 높은 민족분할도가 나라를 가난하게 만든 것이 아니라 제3의 요인이 민족분할도의 상승과 빈곤을 가져왔을 가능성이 있다. 제3의 요인으로 고려해 볼 수 있는 것은 국가별 식민지 경험이다. 제12장에서 살펴본 바와 같이 아프리카 국가들이 높은 민족분할도를 가지게 된 것은 유럽의 식민지배자들이 추후 국경이 되는 식민지 간의 경계를 민족구성을 고려하지 않고 확정한 데에 상당부분 기인한다. 또한 이 지역의 식민지시대는 나쁜 정부라는 좋지 못한 선례를 남겼다. 따라서 높은 민족분할도가 질이 떨어지는 정부의 출현을 야기한 것이 아니고 식민지로서 겪었던 상황들이 높은 민족분할도와 질이 떨어지는 정부의 출현을 가져왔을 가능성이 있다.

민족분할도를 분석한 연구자들은 한 국가 내의 이질성을 측정하는 지표로 언어분할도(사용되는 언어의 수를 기준으로 한 지표) 및 종교분할도(국민들이 믿는 종교의 수를 기준으로 한 지표)도 살펴보았다. 언어분할도는 민족분할도와 매우 유사한 양상을 보인다. 두 지표 모두 동일한 국가들에서 높게 나타나며 가난한 국가일수록 부유한 국가에 비하여 높은 언어분할도를 보인다. 그러나 종교분할도는 소득과 강도는 약하지만 양의 상관관계를 보인다. 부유한 국가들이 가난한 국가보다 종교분할도가 높은 것으로 나타난다. 이러한 현상에 대하여 높은 종교분할도가 보다 관용을 베푸는 정부를 의미하기 때문이라는 설명이 있다. 소수의 권리를 보호하는 정부는 보다 민주적이고 정직하며 효율적일 가능성이 높기 때문에 경제성장을 촉진한다는 논리이다.

인구밀도와 사회적 역량

본 장에서 우리는 이미 **사회적 역량**이 높은 국가들이 선진국을 빠르게 따라잡을 수 있다는 것을 살펴보았다. 그렇다면 사회적 역량을 결정짓는 요인은 무엇일까? 연구자들은 일정면적에 거주하는 인구의 수를 의미하는 **인구밀도**(population density)가 사회적 역량에 영향을 미칠 수 있는 요인이 될 수 있다고 본다. 가난하지만 인구밀도가 높은 국가들은 우리가 살펴본 사회적 역량의 많은 특성들을 보유하게 된다. 높은 인구밀도

> **그림 14.6**
> **인구밀도와 경제성장**

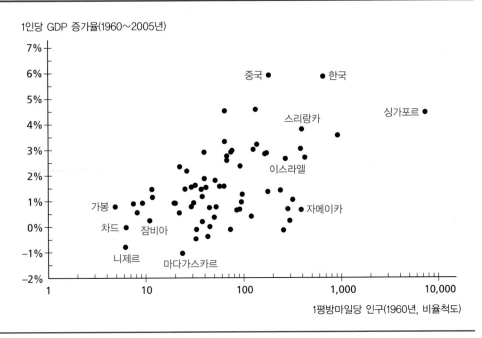

자료 : Burkett, Humblet, and Putterman(1999).

하에서 각 생산자의 이웃은 직접적인 고객이 될 수 있으므로 분업을 촉진한다. 이와는 대조적으로 인구밀도가 낮은 지역에서는 자급자족 형태가 주로 나타나며 사람들은 자신들의 가족이나 마을 사람과의 경제활동 이외의 경험을 가지기 어렵다. 또한 인구밀도가 높은 지역에서는 정부의 역할이 보다 넓어지고 정부와 교감할 경험이 인구밀도가 낮은 지역에 비해 더 많아지게 된다. 중앙집권적인 정부와 교감한 경험이 많은 사람들은 해외로부터 들어오는 경제적 기회를 활용하는 데 도움이 되는 공식적인 조직, 법률, 문서화된 계약 등에 대한 경험을 축적할 수 있다. 중앙집권정부(왕국, 제국 또는 수천 가구 이상을 지배하던 주 등)의 역사가 긴 국가들은 대부분 유럽, 아시아 및 중동에서 찾아볼 수 있다. 반면 대부분의 아프리카 및 남미의 국가들은 중앙집권적 정부가 들어선지 상대적으로 오래되지 않았다.[22]

 만일 높은 인구밀도가 사회적 역량을 향상시킨다면 적절한 경제환경이 주어질 경우 인구밀도가 높은 국가들은 급격하게 성장할 수 있을 것이다. 예를 들어 한 국가가 인구밀도는 높았으나 경작에 적합한 땅이 부족하여 빈곤을 면하지 못하였다면 교역을 개

---

22) Bockstette, Chanda, and Putterman(2002).

방함으로써 자원부족을 극복하고 **빠른** 성장을 이루어낼 수 있을 것이다.

〈그림 14.6〉은 인구밀도와 1960~2005년 사이의 경제성장 간의 관계를 보여 준다. 제11장에서 살펴본 바와 같이 동 시기는 개발도상국가들이 해외로부터의 경제적 기회를 활용할 수 있게 만들어 준 세계화가 급진전된 기간이다. 그림에서 우리는 국가별 인구밀도와 1인당 소득 증가율 간에 매우 강한 상관관계가 존재함을 알 수 있다(인구밀도와 경제 성장률이 매우 높은 도시국가들인 싱가포르와 홍콩을 제외하더라도 상관관계는 여전히 통계적으로 유의하다). 빠르게 성장한 국가들에는 중국과 한국 등 동아시아 국가들이 다수 포함되어 있다. 이 국가들은 높은 인구밀도, 오랜 상업문화, 경제적 특화 및 중앙집권적인 정부체제를 가지고 있다. 아프리카와 남미의 저성장 국가들은 낮은 인구밀도, 생존을 위한 농업 및 짧은 중앙집권적 정부형태 역사로 특징지어진다.[23]

인구밀도가 사회적 역량을 결정짓는 중요한 요인이라는 점을 인식하고 나면 인구밀도가 어떻게 결정되는지에 대하여 의문이 생기게 될 것이다. 다음 장에서 살펴볼 지리적 여건은 인구밀도 결정에 중요한 역할을 한다. 토양의 비옥도, 강수량 및 농작물의 성장 가능기간 등 지리적 특성은 한 지역에 얼마나 많은 인구가 거주할 수 있는지에 지대한 영향을 미친다. 따라서 건조하고 강한 바람이 부는 고지대인 몽고의 스텝지역은 비옥한 토지와 온화한 기후로 대표되는 양쯔 강 유역보다 적은 인구를 지탱할 수밖에 없다. 인구밀도에 영향을 미치는 다른 요소들로는 주어진 대지에서 보다 많은 양을 생산할 수 있게 해 주는 기술수준, 식량수입을 가능하게 해 주는 교역개방도 및 정부의 질을 들 수 있다.

14.3 문화의 변화

지금까지 우리는 문화적 요인들이 경제성장에 어떻게 영향을 미치는지와 문화의 결정 요인들을 살펴보았다. 다음으로는 문화의 변화에 대하여 분석하기로 한다. 보다 구체적으로 우리는 경제적 의미를 지니는 문화의 측면들이 정부정책 등 의도된 행동, 경제성장 및 여타 사건들에 의해 어떻게 변하는지를 살펴보기로 한다.

일본과 이슬람 세계의 역사는 문화의 변화가 가지는 중요성을 잘 보여 주는 사례들이 된다. 1절에서 살펴본 바와 같이 19세기에서 20세기에 걸친 일본의 급격한 성장은 일본이 해외의 아이디어를 기꺼이 받아들이려고 하였던 데 힘입은 반면 이슬람 세계가

---

23) Burkett, Humblet, and Putterman(1999); Chanda and Putterman(1999).

실험적 접근방법을 통해 살펴본 협동의 결정요인

한 사회에서 공동선을 위한 구성원들의 협동심은 경제적 성공의 주요 결정요인이다. 많은 연구자들이 이러한 협동심이 문화에 의해 영향 받는다고 추측해 오고 있지만 이 추측을 확인하는 작업은 협동성향이 아닌 실제 협동 여부만이 관찰된다는 사실로 인해 쉽지 않다. 아마도 협동심의 차이는 문화의 차이보다는 사람들이 처한 환경의 차이에 의해 결정될 것이다. 문화가 실제 협동성향에 어느 정도 영향을 미치는지 알아보기 위해서는 다양한 문화권 출신의 사람들이 같은 환경에 처했을 때 어떤 식으로 협동 하는가를 관찰하면 될 것이다.

몇몇 경제학자들은 최근 경제적 환경을 고정시켜 놓은 상태에서 행동의 문화적 차이를 탐구하기 위한 실험을 시행하였다. 이들은 약탈민, 화전민, 원예민, 유목민, 소규모 정착농민 등 낮은 경제적 발전단계에 있는 15개의 소규모 공동체 소속원들로 하여금 최후통첩(ultimatum) 게임에 참여하게 했다. 이 게임에서 피실험자들은 익명의 상태에서 임의로 2명씩 짝 지워졌고 한 쌍 중 제안자(proposer)로 불려지는 1명은 일정한 돈을 지급받고(화폐를 사용하지 않는 공동체 소속에게는 담배 같은 현물을 지급) 다른 1명인 응답자(responder)로 불려지는 자신의 짝에게 지급된 돈을 어떻게 나눌지를 제안한다. 응답자가 이 제안을 받아들이는 경우 두 사람은 제안대로 돈을 나누어 갖지만 거절하는 경우에는 두 사람 모두 아무것도 갖지 못한다.

실험자들은 피실험자들의 행동에서 공동체 간의 중대한 차이점을 발견했고 이러한 사회적 차이가 개인의 연령, 성별 혹은 경제적 지위상의 차이보다 더 중요하게 작용한다고 결론내렸다. 보다 자세히 말하면 경제생산에 상당 수준의 협동이 개입되거나(예를 들어 개인적으로 식량을 찾기보다는 공동의 고래잡이를 주로 하는 공동체), 자급자족보다 시장교환에 더 의존하는 공동체 출신일수록 균등분할(equal division)에 가까운 제안을 한 것으로 나타났다. 이러한 결과는 평소 공동체 내에서의 호혜관계 경험이 사람들로 하여금 다른 상황에서도 보다 협력적으로 행동하게 함을 시사한다.

또 다른 흥미로운 발견은 실험결과가 경제적으로 발전한 사회의 구성원들이 부족한 공동의식을 갖는다는 일반적인 통념을 깬다는 것이다. 산업화된 나라에서 최후통첩 게임이 벌어지는 경우 개발이 덜 된 사회보다 균등분할에 가까운 제안이 더 많이 관찰된다. 산업화된 나라에서 가장 빈번한 제안이 균등분할인 반면 산업화가 덜 된 나라에서는 가장 빈번한 제안이 제안자가 75%를 가져가는 것으로 나타난다.*

* Henrich et al.(2001).

해외로부터의 새로운 아이디어에 반감을 보인 것이 이슬람 세계가 수 세기 동안 뒤처지도록 한 요인 중 하나이다. 해외로부터 아이디어를 받아들이는 자세는 문화적 특성이지만 이러한 특성이 영원히 지속되는 특성은 아니다. 오히려 두 사례에서 나타난 태도는 과거경험과 비교할 때 정반대였다. 일본의 경우 해외로부터 적극적으로 아이디어를 받아들이기 전에는 230여 년간 새로운 아이디어의 유입을 막기 위해 의도적으로 서양세계의 접근을 불허하였다. 이슬람 세계도 해외로부터의 아이디어를 막기 이전 5세기 동안은 해외로부터의 아이디어를 자연스럽게 받아들였다. 아랍의 학자들은 유럽의 중세 암흑시대에 고전 과학, 수학 및 철학을 발전시키고 보존하였으며 십진법을 인도로부터 받아들이고 실험이라는 개념을 창조하였다. 또한 유럽이 중국으로부터 종이제조 기술을 받아들이기 전에 아랍 세계는 이미 기술을 수입하였다. 이슬람 세계가 왜 해외로부터 아이디어를 받아들이는 태도를 바꾸었는지는 아직 잘 설명되지 못하고 있다. 몇몇 학자들은 전쟁의 패배로 인한 충격이 이슬람 세계 고립성의 원인이라고 지적한다. 1258년 당시 아랍 세계의 상업과 문화의 중심지였던 바그다드는 몽고의 침략을 받았으며 80만 명의 시민이 학살당하였다.

경제성장과 문화의 변화

먼저 한 국가의 문화와 1인당 소득 간에 체계적인 관계가 존재한다는 점을 살펴보도록 하자. 이러한 통계적 관계에서 문화적 차이가 경제적 성과의 차이를 일으킨다는 것을 반드시 의미하는 것은 아니다. 두 번째 측면은 국가 간의 소득차이는 문화적 차이 이외의 이유로 발생하는 것이며 오히려 소득차이가 문화의 차이를 결정짓는다는 것이다.

경제성장이 한 국가의 문화적 가치를 변화시킨다고 믿을 만한 이유가 존재한다. 가장 중요한 변화는 생산 및 교환방식이 시장중심으로 바뀌는 것이다. 도시화, 해외 아이디어에 대한 노출 및 교육수준의 향상 등은 성장하는 국가의 국민의 시각에 큰 영향을 미친다.

〈그림 14.7〉을 이용하여 우리는 간단하게 문화와 경제성장이 동시에 결정된다는 것의 의미를 살펴볼 수 있다. 문화를 측정하는 기준이 근대화 정도 하나뿐이라고 가정하자. 근대화 정도는 1인당 소득수준에 의해 결정되며 동시에 소득수준에 영향을 미친다. 1인당 소득을 가로축을 기준으로 Y라 하고 문화의 근대화 정도를 세로축을 기준으로 M이라고 하자. $Y(M)$ 곡선은 근대화가 소득에 어떻게 영향을 미치는지를 나타내며, $M(Y)$는 소득이 근대화에 미치는 영향을 나타낸다. 두 곡선은 모두 우상향하는 형태를 가진다. 문화의 근대화가 진전될수록 소득수준은 상승하며 높은 소득은 보다 근대화된 문화를 가져오게 된다. A점은 초기 균형상태를 의미한다.

어떤 외생적인 충격이 $Y(M)$에 영향을 준 상황을 고려해 보자. 즉 경제환경의 어떠한 변화가 주어진 문화 수준하에서 소득수준을 상승시켰다고 가정하자. 이러한 외생적인 변화의 예로는 새로운 기술의 개발이나 국제교역에 대한 개방을 고려할 수 있다. 문화가 변화하는 데에는 시간이 걸리기 때문에 이러한 외생적 충격에 대한 초기 효과는 경제를 A점에서 B점으로 이동시킬 것이다. 그러나 시간이 지남에 따라 문화가 새

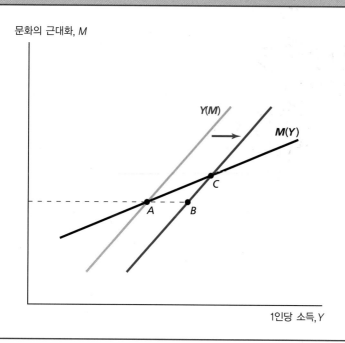

그림 14.7

소득과 근대화의 동시결정

문화의 근대화, *M*

Y(M)

M(Y)

C

A   *B*

1인당 소득, *Y*

로운 소득수준에 의해 변화하게 될 것이고 *C*점으로 이동하는 과정에서 경제는 추가적으로 성장하게 된다. 그림의 두 곡선이 가지는 기울기에 따라 문화와 경제성장이 상호 작용을 하면서 두 번째 단계에서 발생하는 경제성장이 초기에 외부충격으로 인해 발생한 경제성장보다 더욱 크게 나타날 수도 있다. 즉 문화의 변화 메커니즘은 소득에 영향을 미치는 여타 요인들의 효과를 확대시키는 승수효과를 가져올 수 있다.

정부정책과 문화의 변화

문화를 바꿀 수 있는 또 다른 힘으로 정부를 고려할 수 있다. 어떤 경우 정부정책의 목표가 문화의 변화에 맞춰질 수도 있다. 이때 정부의 최종목표는 국가적 통일성의 고취 등 비경제적인 것이 될 수도 있으며 경제성장에 도움이 되는 문화를 창출하기 위한 것일 수도 있다. 어떤 경우에는 정부정책으로 인해 발생된 문화의 변화가 다른 목적으로 설계된 정책 실행과정에서 부차적으로 우연히 이루어진 것일 수도 있다.

비경제적 목표를 가진 정책으로는 언어의 통일을 들 수 있다. 우리는 이미 가난한 국가들이 부유한 국가에 비해 언어분할도가 높다는 점을 살펴본 바 있다. 이러한 언어의 분할은 부분적으로 향후 국경이 될 식민지 간 경계가 유럽의 권력자들에 의해 아무

소련의 선전포스터

렇게나 획정된 데에 기인한다. 그러나 부유한 국가들과 가난한 국가들 간에 발생하는 언어분할도의 차이는 부유한 국가들에서 오랜 기간 동안 언어를 통일하기 위해 펼쳐진 정책의 결과이기도 하다. 예를 들어 프랑스는 오늘날 한 언어만을 사용하고 있으나 이는 19세기에 브리타니아 어와 프로방스 어 등 수많은 프랑스의 지방언어 사용을 억압하였던 정책의 결과이다.[24] 오늘날 많은 개발도상국가의 정부들이 탄자니아의 스와힐리 어나 인도네시아의 바하사 어 등을 공용어로 만들기 위한 정책을 펴고 있다. 이와 같이 단일언어를 추구하는 정책의 목표는 경제적인 데에 있다기보다는 국가적 동질성을 강화하고 분리독립운동을 막으려는 정치적인 목적이 더욱 크다. 그럼에도 불구하고 언어통일은 시장통합을 촉진하는 등 중요한 경제적 효과를 지닌다.

경제적 및 비경제적 목적을 가진 정책의 사례는 터키의 국부로 여겨지는 무스타파 케말 아타튀르크(Mustafa Kemal Atatürk, 1881~1938)가 터키의 문화를 근대화하고 정교를 분리하기 위해 추진하였던 캠페인에서 찾아볼 수 있다. 1920년대부터 아타튀르크는 아랍어 대신 라틴 알파벳을, 이슬람 달력 대신 서양 달력을 사용하고 정치와 관련된 권리를 보장하고 여성에 대한 교육을 확대함으로써 터키 문화를 보다 유럽에 가깝게 만들려고 노력하였다. 그는 유럽식 복장을 들여왔으며 심지어는 터키 모자를 쓸 경우 사형으로 처벌하며 불법화하였다. 이러한 변화는 터키 문화에 큰 영향을 미쳤으며 이어서 터키의 경제와 정치에도 변화를 일으켰다. 터키는 대부분 세습지배층과 군사정부에 의해 지배되는 지역에서 민주주의를 실시하고 있으며 여타 아랍과 비교할 때 법체계 및 부패측면에서 훨씬 양호하다.

제3장에서 살펴본 일본정부의 저축장려정책 및 제4장에서 살펴본 가족계획정책들은 모두 경제적인 목적을 달성하기 위해 문화특성을 바꾸려고 하였던 시도들로 볼 수 있다. 대체적으로 실패로 돌아갔으나 소련에서 근로자들의 근로윤리를 바꾸기 위해 10여 년간 펼쳤던 캠페인은 또 다른 예가 될 수 있다. 포스터, 영화 및 시 등 캠페인에 사용되었던 구호들은 자신의 생산할당량을 넘게 생산량을 달성한 근로자의 성과를 칭송하

24) Jardin(1983).

고 있었다. 1932년의 소설 『시간이 되었다, 전진하자(Time, Forward!)』에서 묘사된 바와 같이 거대한 철강공장을 기록적으로 빠르게 건설하려는 시도를 둘러싼 긴장감 등에서 나타난 극적인 묘사가 전형적인 형태이다.

　세계적으로 가장 부유한 국가들에서 발전된 사회복지국가에 대하여 비판적인 보수주의자들은 정부정책이 의도하지 않았던 문화에 대한 효과를 강조한다. 이들의 시각에 따르면 도움을 필요로 하는 사람들에게 초점이 맞춰진 정부정책은 이들 국가를 처음에 부유하게 만드는 데 기여하였던 문화를 훼손하는 부정적인 부수효과를 낳는다. 근로능력을 상실한 사람에 대한 조기은퇴 및 연금제도를 고려해 보자. 강한 근로윤리가 자리잡은 경제에서 이 제도의 혜택을 입게 되는 대부분의 사람들은 실제로 노동능력을 상실하여 어쩔 수 없이 노동시장을 떠나야 하는 사람들이 될 것이다. 오직 아주 소수의 수혜자만이 이 시스템을 악용해서 일할 능력이 있음에도 불구하고 퇴직을 선택하게 된다. 그러나 시간이 지남에 따라 이와 같이 시스템을 악용하는 사람들의 존재는 이러한 시스템을 사용할 자격이 없는 사람들이 수혜를 받는 것이 올바르지 않다는 근로윤리를 점차 훼손하게 된다. 점점 더 많은 사람들이 시스템을 악용하기 시작하고 실제 효용에 비해 시스템에 투여되는 비용은 증가하게 된다. 스웨덴 경제학자인 아사르 린드벡(Assar Lindbeck)은 지나친 복지로 인해 발생하는 이러한 가치관의 변화를 '학습을 통해 발생하는 무기력증(learned helplessness)'이라고 명명한 바 있다. 그는 이런 문화의 변화로 인해 발생되는 사회정책의 장기적 비용이 문화가 아직 영향받기 전인 단기에 발생하는 비용에 비해 훨씬 크다고 주장하였다.[25]

매체와 문화의 변화

문화의 변화를 가져오는 마지막 영향력은 매체, 그 중에서도 특히 텔레비전이다. 2010년에 개발도상국 가구의 72%가 텔레비전을 보유하고 있었는데, 수십 년 전만 해도 이 비율은 0에 가까웠다.[26] 이 장 앞부분에서 논의되었지만 텔레비전이 문화에 영향을 미치는 한 가지 방식은 사람들 간의 상호작용을 줄이고 사회적 자본을 약화시키는 것이다. 그러나 텔레비전은 사람들의 세계관이나 열망에 영향을 미침으로써 문화에 보다 직접적인 효과를 가지기도 한다. 광고주들은 이 사실을 오래 전부터 알고 있었다.

　텔레비전이 문화적 태도에 미치는 영향에 대한 연구가 브라질에서 진행되었다. 브라질에서는 현지어로 텔레노벨라(telenovela)라고 불리우는 연속극이 텔레비전에서도 가

25) Lindbeck(1995).
26) ITU(2010).

장 인기 있는 프로그램이다. 브라질의 연속극은 여러 측면에서 사실주의를 추구한다. 구어체 언어를 쓰는 것도 그렇고 이야기 전개에서 현재의 사건들이나 계절, 명절들을 반영하는 것도 그렇다. 그러나 어떤 측면에서는 연속극 속의 사람들은 전형적인 브라질 사람들과는 거리가 있다. 특히 출산율이 매우 낮다. 연속극 여주인공의 72%는 자녀가 없고 21%는 한 자녀만 있다. 이 연구에서는 지역별로 텔레비전의 연속극 방영이 시작된 시기에 따라 출산율을 비교했다. 저자들은 텔레비전 연속극이 방영되는 지역의 출산율은 그렇지 않은 지역보다 더 많이 낮아졌다는 사실을 발견했다. 이는 아마도 연속극이 이상적인 가족 규모에 대한 사람들의 생각을 바꾸었기 때문일 것이다. 저자들은 연속극의 영향이 브라질 출산율의 급속한 하락에 중요한 역할을 했다고 결론지었다. 브라질의 출산율은 1970년 여성 1인당 자녀 5.8명에서 1991년 2.9명으로 낮아졌다. 같은 기간 동안 텔레비전을 보유한 가구의 비율은 8%에서 81%로 높아졌다.[27]

한 유사한 연구에서 하나의 위성 안테나에 여러 가구가 케이블로 연결되는 형태의 위성/케이블TV가 급속히 증가하던 시기에 인도 농촌의 문화적 태도에 대해 조사했다. 위성TV는 소규모 가정, 늦은 결혼 시기, 더 높은 학력, 더 높은 여성의 지위 등 매우 전통적인 마을에서는 생소한 도시 생활을 보여주었다. 위성TV의 도래는 지난 주에 TV를 시청했다고 응답하는 가구의 비율을 40% 가량 높였다. 저자들은 위성TV의 도래를 전후하여 마을 사람들의 태도에 관한 설문 응답을 비교했다. 비교 대상으로는 연구 기간 중 위성TV가 내내 존재했던 마을과 전혀 위성TV가 존재하지 않았던 마을을 사용했다. 위성TV의 도래로 여성에 대한 폭력이 용인될 수 있다는 응답과 아들을 선호한다는 응답의 비율을 낮아졌고, 여성의 자율도가 높아졌다. 여기서 여성의 자율이란, 예를 들어 여성이 시장에 갈 때 남편의 승낙을 받을 필요가 없다는 것과 같은 것이다. 이 모든 변화는 농촌의 태도를 도시의 응답자들과 비슷한 것으로 바꾸었다. 저자들은 또한 위성 TV의 시청이 출산율을 낮추고 학교 등록률을 높였다는 증거를 발견했다.[28]

14.4 결론

사람들의 가치관, 자세 및 신뢰 등을 포괄하는 문화는 경제학 수업시간에 자주 다루어지는 주제는 아니다. 그러나 점점 많은 경제학자들이 문화가 경제성장에 중요한 역할을 담당한다고 주장하고 있다. 문화는 얼마나 열심히 일할 것인가, 얼마나 저축할 것인가,

---

27) La Ferrara, Chong, and Duryea(2008).

28) Jensen and Oster(2009).

자녀들을 얼마나 교육시킬 것인가 및 동료들과 어떻게 협조할 것인가 등의 경제적으로 중요한 결정이 내려질 때 영향을 미친다. 만일 문화의 차이로 인해 이러한 결정이 국가별로 다르게 내려진다면 결국 문화의 차이는 경제적 성과에 영향을 미치게 된다.

이 장의 첫 부분은 문화의 여섯 가지 측면들을 다루었다. 우리는 이러한 특성들이 국가별로 어떠한 차이를 보이는지와 이러한 차이가 경제성장에 영향을 미친다는 증거들도 살펴보았다. 문화에 대하여 이렇게 여러 측면을 살펴본 것은 문화가 원래 다양한 측면을 보유하고 있으며 우리가 이와 같은 다양한 측면들을 쉽게 측정하기 어렵기 때문이다. 문화의 고유한 특성으로 인해 문화를 계량화하는 것은 어려운 일이며 문화의 일부 측면과 경제적 성과 간에 연결고리를 만드는 것은 성장의 전형적인 요인인 물적·인적 자본을 다루는 것과 비교할 때 훨씬 어려운 작업이다. 이와 같은 어려움에도 불구하고 적어도 현재로서는 문화적 차이가 국가별 1인당 소득의 차이를 설명하는 데 있어서 일정한 역할을 담당할 수 있다는 증거들이 존재한다. 문화의 특성 중 소득에 영향을 미치는 요인으로는 해외기술을 모방할 수 있는 능력과 관련된 새로운 아이디어에 대한 수용자세, 물적 자본과 인적 자본의 축적으로 이어지는 근면과 미래에 대한 저축 성향, 사람들이 서로를 얼마나 믿을 수 있는지 또한 이러한 신뢰가 결국 물적 자본의 축적과 경제 전체의 효율성에 영향을 미치게 하는데 기여하는 사회적 자본 등이 있다.

문화가 경제성장에 중요하다는 결론은 사실 이 분야에 대한 연구의 시작에 불과하다. 우리가 물적·인적 자본이 경제성장에 미치는 영향을 측정한 것처럼 문화가 경제성장에 얼마나 중요한지를 파악할 수 있다면 이상적일 것이다. 이 질문에 답하기 위해서는 현재 문화를 측정하는 데 쓰이는 측정기법보다 훨씬 정확한 방법이 개발될 때까지 기다려야 할 것이다.

또한 우리는 문화의 결정요인들에 대하여 살펴보았다. 우리는 기후, 인구밀도, 국가의 민족구성 등이 문화를 결정짓는 요인이라는 증거들을 찾아내었다. 우리는 문화가 경제발전과 정부정책, 매체의 보급 등의 영향으로 변화하는 것을 살펴보았다. 그러나 우리가 문화에 영향을 미치는 요인들을 찾아냈다는 점이 우리가 왜 국가별로 다른 문화가 존재하는지를 모두 이해하였다는 것을 의미하는 것은 아니다. 종교와 역사적 사건들 등 여타 문화를 결정짓는 중요한 요인들은 경제학자들의 이해수준으로는 다룰 수 없는 영역이다.

마지막으로 경제성장을 이끌어 내는 문화적 특성이 도덕적 측면에서 볼 때에는 언제나 바람직하지 않을 수 있으며 경제성장으로 인해 발생되는 문화의 변화 역시 언제나 바람직한 것은 아니라는 점을 지적할 필요가 있다. 오히려 경제성장에 도움이 되는 문화적인 특성들이 나쁜 것일 수 있다는 아이디어는 위대한 경제학자 케인스에 의해 강하게 주장된 바 있다. 그는 돈에 대한 집착, 고된 노동에 대한 찬양, 현재를 즐기기보다는 미래의 상황을 개선하기 위한 노력 등 경제성장을 촉진하는 많은 문화적 특성들이 사실 혐오스러운 것이라고 주장하였다. 케인스는 인류가 만족할 정도로 경제가 충분히 성장하게 될 경우 이러한 가치를 숭배할 필요성은 사라질 것이라고 조심스럽게 예측하였다.

> 부의 축적이 더 이상 사회적으로 중요해지지 않을 때 도덕률에 큰 변화가 일어날 것이다. 우리는 200년 동안 우리를 괴롭히고, 사실 가장 혐오스러울 수 있는 인간의 특성을 가장 높은 가치로 칭송하도록 만든 가식적인 도덕률에서 벗어날 수 있을 것이다. …… 자본 축적을 촉진하는데 너무도 유용하기 때문에 아무리 혐오스럽고 불공정하더라도 모든 비용을 감내하면서 그동안 지켜왔으며 부와 경제적 성과 및 처벌이 분배되는 데에 영향을 미쳐온 모든 종류의 사회적 관습과 경제적 실행방식으로부터 마침내 자유로울 수 있을 것이다.[29]

그러나 케인스는 우리가 목표로 하는 경제성장이 달성될 때까지는 경제성장을 이루어낼 문화를 포기하는 것이 적절하지 않다고 강조하였다. "향후 최소한 100여 년 동안 우리는 공정한 것이 나쁜 것이고 나쁜 것이 공정하며 나쁜 것은 유용하고 공정한 것은 유용하지 않다고 우리 자신을 포함한 모든 사람들에게 믿는 척해야 한다. 탐욕, 폭리 및 조심성은 조금 더 우리가 신처럼 여겨야 하는 진리가 되어야 한다. 이들만이 우리를 경제적 궁핍의 터널을 벗어나 광명으로 인도할 것이기 때문이다."

핵심용어

관찰자의 편견(observer bias)

문화(culture)

민족분할도 지수(index of ethnic fractionalization)

사회적 역량(social capability)

사회적 자본(social capital)

인구밀도(population density)

---

29) Keynes(1930).

복습문제

1. 문화의 어떤 측면들이 경제적 행동에 영향을 미치는가?
2. 국가별로 문화가 연관을 가지는 측면들이 다르다는 증거들로는 어떤 것들이 있는가?
3. 왜 관찰자의 편견이 문화가 경제성장에 미치는 영향을 분석할 때 더 심하게 나타날까?
4. 사회적 자본이란 무엇인가? 사회적 자본은 왜 신뢰와 연관을 가지게 되는가?
5. 사회적 자본이 민족분할도와 어떻게 연계되는가?
6. 정부정책이 한 국가의 문화에 영향을 미칠 수 있는 방법들은 무엇인가?

연습문제

1. 각각의 특성에 대하여 여러분이 잘 아는 특정문화의 예를 들어 보자. 사례를 들 때 국가, 종교, 민족, 조직 등 어떤 것이라도 가능하다. 개별 문화의 특성을 가능한 한 구체적으로 서술하고 이 특성이 어떻게 기능하는지 서술하라.
    a. 목적을 달성하는 데 유용한 문화적 특성
    b. 바람직한 것을 달성하려는 집단을 방해하는 문화적 특성
    c. 집단의 소속자들에게 고의적으로 주입된 문화적 특성
2. 알제리와 짐바브웨 두 나라 중 1960년 이후로 어느 나라의 성장률이 높을 것이라고 예상할 수 있는가? 자신이 이 두 나라에 대해 알고 있는 지식에 근거하지 말고 오직 〈그림 14.3〉의 자료에만 근거해서 생각해보자. 왜 그렇게 생각하는가?
3. 한 국가에 세 민족이 존재한다고 가정하자. 50%의 인구는 A민족에 속해있으며, 25%는 B민족에 나머지 25%는 C민족에 속해있다. 이 국가의 민족분할도 지수는?
4. 〈그림 14.7〉은 문화적 근대화와 1인당 소득간의 관계를 보여주고 있다. 다음의 어떤 경우에 근대화로 발생하는 승수효과가 크게 나타날까? $M(Y)$ 곡선의 기울기가 가파를 때일까? 아니면 $M(Y)$ 곡선의 기울기가 평평할 때일까? (두 경우 모두에서 $Y(M)$의 기울기는 $M(Y)$의 기울기보다 덜 가파르다.) $M(Y)$ 곡선의 기울기의 경제적 해석은 무엇인가?
5. 〈그림 14.7〉을 사용하여 해외 문화에 대한 노출 등 외부적 충격에 의한 근대화의 증진이 경제성장에 어떻게 영향을 미치는지 설명하라. 근대화는 소득 변화에 점진적으로 반응한다는 가정하에 외부 충격으로 발생하는 초기 효과와 장기 효과가 어떻

게 다르게 나타나는지 설명하라.

6. 당신이 실험적 접근방법을 통해 살펴본 '협동의 결정요인들'에 소개되었던 '최후통첩게임'을 하고 있다고 상상해 보자. 당신이 볼 수 없는 상대방은 동일한 경제?사회적 집단에 속한다. 게임을 통해 나누어질 돈의 총 액수는 1,000달러다.

   a. 만일 당신이 응답자라면 얼마면 제안에 응하겠는가? 이유를 설명하라.

   b. 만일 당신이 제안자라면 얼마를 제시하겠는가? 이유를 설명하라.

   c. 만일 게임의 총 액수가 10달러라면 당신이 a와 b에서 대답한 답변이 바뀌게 되는가? 이유를 설명하라.

7. 당신의 친구나 가족 중 6명에 대하여 다음의 간단한 설문을 실시해보자. 먼저 실험적 접근방법을 통해 살펴본 '협동의 결정요인들'에 제시된 최후통첩게임의 규칙을 설명하고 설문 대상자가 제안자라고 상상하도록 한다. 또한 위의 문제에서와 마찬가지로 설문 대상자는 게임 상대방을 볼 수 없지만 설문 대상자와 동일한 경제?사회적 집단에 속한다고 설명한 뒤 게임에서 나누어질 돈의 총 액수가 1,000달러라는 점을 설명한다. 설문 당사자에게 얼마를 제안할 것인지와 그 이유를 조사하라. 설문 결과를 제출하고 각 설문자별로 다른 제안이 나온 경우 이를 어떻게 설명할 수 있는지 서술하라.

온라인 데이터 플로터(Data Plotter)와 데이터를 이용해서 실습하려면
http://www.pearsonhighered.com/weil을 방문하라.

제 15 장

지리적 특성, 기후 및 천연자원

우 리는 지금까지 국가 간 소득격차의 기본요인들에 대해 분석하면서 우리가 다루
고 있는 변수들이 진정으로 기본적인 것인가에 대하여 계속 고민해 왔다. 예를
들어 한 국가의 소득수준이 그 국가 정부의 특성에 영향을 줄 수 있다는 점
을 감안하면 정부가 가지는 특성이 그 국가의 소득수준에 영향을 준다고
확신을 가질 수 있을까? 이러한 문제는 소득 불평등도와 문화에도 동일하게
적용될 수 있을 것이다.

> 지리적 특성은 운명이다.
> – 나폴레옹 보나파르트

이 장에서 우리는 이와 같은 문제에서 영향 받지 않으면서 소득에 영향을 미칠 수
있는 지리적 특성, 기후 및 천연자원 등에 대해 분석하기로 한다. 그러나 이와 같은 요
인들을 분석한 경우에도 여전히 주의할 점이 존재한다. 〈그림 15.1〉은 국가별 1인당
소득과 적도에서 얼마나 떨어져 있는지를 나타내는 위도에 대한 산포도다. 두 가지 변
수들은 아주 강한 상관관계를 보여 주고 있다. 즉, 평균적으로 볼 때 적도에서 멀리 떨
어진 국가일수록 상대적으로 더 부유한 것으로 나타난다. 이에 더해 두 변수 간에는
'역인과관계'가 존재하지 않는다. 다시 말해, 이와 같은 관계가 부유한 사람들이 적도
에서 멀리 떨어진 곳으로 이주했기 때문에 나타나지는 않았을 것이다. 그러나 이와 같
은 소득과 위도 간의 관계에서 우리가 배울 수 있는 것은 무엇일까? 이와 같은 상관관
계가 어떠한 과정을 통해 나타나게 된 것일까?

이 장에서는 국가별 지리적 특성, 기후 및 천연자원에 대한 자료를 분석하기로 한다.
분석과정에서 이러한 특성들이 소득에 어떻게 영향을 주는지에 대한 이론적인 근거 및
지리적 특성과 기후는 통계학적으로도 유의하게 소득에 영향을 준다는 점을 파악하게

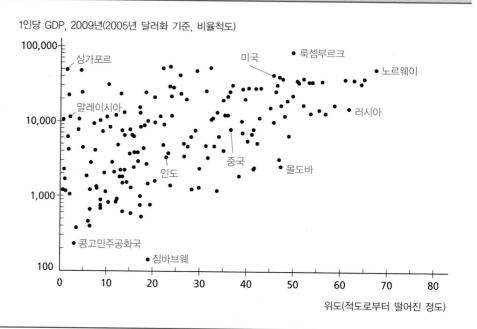

▶ 그림 15.1
위도와 1인당 소득 간의 관계

자료 : Heston, Summers, and Aten(2011), Gallup, Mellinger, and Sachs(2001).

될 것이다. 또한 왜 유라시아(Eurasian) 대륙이 세계의 여타 지역에 비해 먼저 발전할 수 있었는지와 왜 유럽이 중국에 비해 먼저 발전하게 되었는지에 대한 답을 내는 데 이와 같은 변수들이 어떻게 이용되는지 살펴본다.

본 장에서는 현대 국가들이 천연자원을 여타 국가로부터 수입할 수 있으므로 천연자원의 부존여부가 경제성장에 제약요소가 아니라는 결론을 도출한다. 그러나 여전히 세계수준에서 부존자원의 양이 세계경제의 발전에 제약요소가 될 수 있느냐는 질문은 남게 된다. 이에 대해서는 제16장에서 다루기로 한다.

15.1 지리적 특성

2011년 10월 31일을 기준으로 할 때 약 70억 명의 인구가 지구의 전체 면적 중 1억5천만km²(5,800만mi²)에 살고 있다. 이는 1km²당 47명(1mi²당 121명)의 인구 밀도를 의미한다. 그러나 이 책의 뒤표지 안쪽에 있는 그림에서 볼 수 있듯이 인구가 지역적으로 균일하게 분포되어 있는 것은 아니다. 산악지역, 사막 및 극지는 매우 낮은 인구밀도를 나타낸다. 전체적으로 볼 때 세계 인구의 약 90%가 전체 지구 육지의 10%에 불과한 지역에 거주하고 있다. 국가별 1mi²당 인구밀도는 낮게는 몽골의 5.2명, 호주의 7.8명에서 높게는 방글라데시의 3,271명까지 다양하게 나타난다. 미국에는 1mi²당 88.1명이 거주하고 있다.

세계의 일부 지역에서 매우 낮은 인구밀도를 나타내는 것은 놀라운 일이 아니다. 일부 생활여건이 열악한 지역에서는 생산활동은 고사하고라도 생활 자체가 매우 어렵기 때문이다. 따라서 대부분의 인구는 기온이 온화하고 지형이 평지이며 토지가 비옥할 뿐 아니라 강수량이 지나치게 많거나 적지 않아서 생산 및 생활이 편리한 지역에 거주하고 있다.

다음에서 먼저 삶의 질(인구밀도에 대비하여)이 지리적 특성과 어떠한 연관을 가지는지를 살펴보고 지리적 특성이 국제무역, 이웃 국가 간 영향 및 정부 등을 통해 경제성장에 어떠한 영향을 미치는지를 분석한다. 이에 더하여 대륙들이 해양교통수단을 통해 연결되기 이전에 지리적 특성이 경제성장에 어떤 영향을 미쳤는지 살펴보기로 한다. 이후 15.2절에서는 지리적 요인 중 가장 중요한 요인 중 하나인 기후가 경제성장에 미치는 영향을 분석한다.

위치, 국제무역 및 성장

제11장에서 우리는 국제무역이 경제성장에 어떻게 영향을 주는지 분석하였다. 개방이 이루어질수록 생산성에 긍정적인 영향을 미치게 되고 이를 통해 1인당 소득을 증가시킨다는 점을 알 수 있었다. 개방이 확대될 경우 기술이전이 보다 용이해지고 경제 시스템의 효율성을 증진시킬 뿐 아니라 비교우위가 있는 부분에 집중할 수 있도록 하므로 소득을 증가시키게 된다.

지리적 특성이 국제무역 정도를 결정하는 요인 중 하나라는 점을 되새겨 볼 필요가 있다. 관세나 쿼터와 달리 한 국가의 지리적 특성은 인위적으로 변경할 수 없다. 만약 지리적 특성이 국제무역에 크게 영향을 주고 국제무역이 경제성장에 영향을 준다면 어떤 국가들(또는 한 국가의 일부지역들)은 근본적으로 경제성장에 유리한 조건을 지니게 된다.

한 국가가 국제무역에 참여하는 데 가장 크게 영향을 주는 지리적 특성은 해양에 대한 접근성이다. 『국부론(The Wealth of Nation)』(1776)에서 애덤 스미스(Adam Smith)는 다음과 같은 저술을 남겼다.

총, 병균 및 지리적 요인

약500년 전 인류역사에 있어서 가장 극적인 사건 중 하나가 일어났다. 3세기에 걸쳐 1492년 크리스토퍼 콜럼버스(Christopher Columbus)의 미국으로의 항해를 시작으로 제임스 쿡(James Cook)이 1770년 호주 대륙을 발견할 때까지 오랜 기간 동안 서로에게서 지리적으로 격리되어 살아오던 사람들이 활발한 교류를 가지게 된 것이다. 이와 같은 문명의 충돌은 탐험가, 무역상, 식민주의자 및 정복자 등의 유럽인들이 전 세계에 걸쳐 퍼져 나가면서 촉발되었다.

문명의 충돌은 원주민의 문화, 언어 및 원주민 자체가 거의 소멸해 버리고 유럽의 문명으로 채워진 아메리카 대륙과 호주 대륙에서 가장 격렬하게 발생하였다. 반면 대부분의 아시아 지역은 유럽국가들에 의해 식민화되지 않거나 식민화되더라도 식민화되기 전의 문명, 인구 및 언어를 유지하는 데 성공하였다. 사하라 사막 이남 아프리카 국가들이 위의 두 가지 극단적인 사례의 중간 정도의 상황을 경험하였다. 즉 유럽국가들은 아시아에 비해서 이 지역에 대하여 보다 강한 통제력을 가졌으나 아메리카 대륙과 같이 원주민이나 문화가 완전히 소멸되지는 않았다.

이와 같이 유럽이 강한 지배력을 행사할 수 있었던 원인은 다음과 같다. 먼저 16세기 유럽인들은 아메리카, 호주 및 아프리카의 원주민에 비해 높은 파괴력을 가진 무기를 보유하고 있었으며 사회제도 측면에서도 보다 발전된 상황이었다. 아시아 지역과 유럽의 경우에는 이와 같은 기술차이가 훨씬 작았기 때문에 아시아 교역이 고유의 문명을 보전할 수 있었을 것이다. 그렇다면 당시 대륙별로 이와 같은 차

이가 발생한 원인은 무엇이었을까? 아메리카, 호주 및 아프리카 지역은 문명의 충돌이 이루어진 시기에 왜 유럽이나 아시아 정도의 문명을 이룩하지 못했던 것일까?

생리학자인 제레드 다이아몬드(Jared Diamond)는 그의 저서인 『총, 균, 쇠(Guns, Germs, and Steel: The Fates of Human Societies)』를 통해 이와 같은 차이가 지리적 요인에 의해 발생하였다고 주장한다.* 다이아몬드에 따르면 여타 지역에 비해 유럽과 아시아 지역을 우월하게 한 중요한 요인들이 존재한다는 것이다.

가축으로 기를 수 있는 다양한 동물과 재배하기 용이한 식물이 존재하였다는 점이 여타 지역에 비해 유라시아 지역이 가진 가장 유리한 조건이었다. 농경사회에 기초가 된 소, 말, 돼지, 양 및 염소 등 큰 포유류는 모두 유라시아 지역의 토착 동물이었다. 반면 아메리카 대륙의 경우 가축화할 수 있는 포유류가 거주지역이 매우 제한적이며 경제적 유용성도 낮은 라마나 알파카 등으로 제한되어 있었다. 또한 식량용으로 재배가 가능한 것으로 여겨지는 씨가 굵은 56종의 식물 중 유라시아에는 39종이 토종으로 존재한 반면 아메리카에는 11종, 사하라 사막 이남 아프리카에는 4종 그리고 호주에는 2종만이 토종으로 존재하였다.

이와 같이 가축화하거나 재배할 수 있는 동·식물의 종류에 차이가 나는 것은 부분적으로는 운이 좋았기 때문일 수도 있다. 그러나 이는 유라시아 대륙이 지니고 있었던 여타 대륙에 비해 규모가 컸다는 데에도 기인한 현상이다. 유라시아 대륙과 경제, 문

해상운송은 육상운송 혼자서 담당할 수 있는 것보다 모든 산업에 대하여 훨씬 넓은 시장을 열어 주기 때문에 모든 종류의 산업은 해안가와 운송이 가능한 강변을 중심으로 분화하고 발전해 나간다. 이러한 발전이 한 국가의 내륙까지 확산되는 데에는 상당한

화적으로 연결되어 있던 북부 아프리카 대륙을 포함할 경우 유라시아 대륙은 아메리카 대륙에 비해 50%, 사하라 사막 이남 아프리카에 비해 2.5배, 호주 대륙에 비해서는 8배나 큰 규모이다. 한 지역의 규모가 클수록 보다 유용한 동·식물이 다수 존재할 가능성이 높다. 또한 이와 같은 동·식물 종자의 활용과 확산이 더 넓은 지역에 퍼져 나갈 수 있다면, 더 넓은 지역에 거주하는 사람들에게 궁극적으로 보다 많은 유용한 동·식물 종자에 따른 혜택이 돌아가게 된다.

유라시아가 동서 방향으로 퍼져 있었던 것도 유리하게 작용하였다. 이러한 위치는 농경기술과 유용한 동·식물 종자가 유사한 기후환경을 지닌 지역으로 이전되는 것을 용이하게 하였기 때문이다. 이에 따라 중국에서 가축화된 닭은 유럽으로 전파되었으며 남서 아시아의 메소포타미아 문명(비옥한 반월지대)에서 처음으로 재배되었던 곡물류는 일본에까지 전파될 수 있었다. 반면 남북으로 퍼져 있던 아메리카 대륙의 경우에는 유사한 기후에서 유용하게 공유될 수 있던 농경기술의 전파가 지역의 분리로 인해 용이하게 이루어지지 못했다. 마찬가지로 남아프리카와 지중해 지역의 기후가 유사하므로 유럽지역의 곡물이 남아프리카에서도 재배될 수 있었으나 지역이 너무 멀리 분리되어 있었으므로 곡물의 전파가 이루어지지 못하였다. 결과적으로 볼 때 남아프리카에 바다를 통한 접근이 이루어진 후에야 곡물의 전파가 이루어지게 되었다.

식용으로 재배 가능한 곡물과 가축화가 용이했던 동물이 존재하였던 유럽과 아시아에서는 음식의 효율적인 생산이 가능하였고 이에 따라 높은 인구밀도와 선진문명의 발흥이 가능하였다. 음식의 잉여생산은 지배집단, 종교관계자들 및 전사집단을 유지할 수 있게 하였고 이에 따라 쓰기, 야금학, 유럽의 식민활동을 가능하게 했던 항해술 등의 신기술이 발전할 수 있었다. 또한 동서로 뻗어 있던 유라시아 대륙은 대륙을 횡단하는 데 용이하게 사용된 바퀴의 발명(기원전 약 3000년에 흑해지역에서 발명되었다)을 촉진했다. 유라시아 지역의 넓은 규모는 이와 같은 신기술들이 보다 많은 사람에 의해 공유되도록 하였다. 결과적으로 유라시아는 여타 어느 지역보다도 경제적으로 발전하였으며 보다 높은 인구밀도를 가지게 되었다.

마지막으로 가축들의 존재와 높은 인구밀도는 유럽인들에게 또 하나의 중요한 혜택을 주었다. 사람들이 동물들과 밀접한 관계를 가지게 됨에 따라 홍역, 천연두 등 동물들의 질병이 인간에게 전이되었다. 또한 높은 인구밀도는 유럽의 인구밀도가 낮은 지역에서 자연적으로 소멸될 풍토병을 지속적으로 존재하게 하였다. 시간이 지남에 따라 유럽인들은 이러한 질병의 부분적인 면역력을 보유하게 되었으나 질병 전달의 매개체로서의 역할을 수행할 수는 있었다. 따라서 과거 이러한 질병에 노출된 경험이 없었던 아메리카 원주민들과 유럽인들의 접촉은 치명적인 결과를 가져왔다. 이러한 병들은 유럽인들의 여타 어떠한 의도적인 행위보다도 많은 아메리카 원주민들을 희생시켰으며 이와 같은 원주민들의 인구감소는 유럽인들에 의한 아메리카 대륙의 식민지화를 보다 용이하게 하였다(호주 대륙에서도 유사한 상황이 발생하였다).

* Diamond(1997).

시간이 걸린다.

애덤 스미스가 활동하던 시기와 마찬가지로 현재에도 해상운송은 가장 저렴한 운송

▶ 그림 15.2
지역별 소득격차와 해양에 대한 접근도 간의 관계

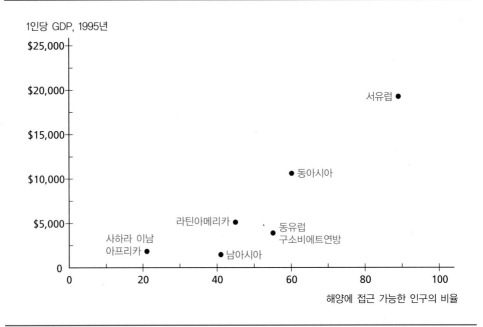

1인당 GDP, 1995년

자료 : Gallup, Sachs, and Mellinger(1999).

수단이며 지리적 특성을 살펴보면 해상운송이 사람들이 거주하는 지역 및 삶의 질을 결정하는 중요한 요인으로 작용하는 것을 알 수 있다. 단지 전체 지구의 육지에서 17.4%만이 바다 및 바다로 이어지는 강에서 100km(60mi) 반경에 위치하고 있다. 그러나 이와 같은 지역에 세계 전체인구의 49.9%가 거주하고 있으며, 세계 총생산(World GDP)의 67.6%가 생산되고 있다. 또한 바다에서 100km 반경 내에 위치한 지역의 평균 국내총생산(GDP)은 상대적으로 내륙에 위치한 지역의 평균 국민총소득의 약 2배에 달하고 있다.[1]

바다에 대한 접근성은 세계 지역별 경제의 발전 정도를 설명하는 데에도 유용하다. 〈그림 15.2〉는 바다에서 100km 반경 내에 위치한 지역에 거주하는 인구의 비중과 1인당 국내총생산 간에 강한 양의 상관관계가 있음을 보여 주고 있다. 사하라 이남 아프리카(sub-Saharan Africa)의 경우 단지 21%의 인구만이 해양에 대한 접근성을 가지고 있다는 점은 주목할 만하다. 이러한 현상에는 다양한 인과관계가 존재한다. 예를 들어 사하라 사막 이남 아프리카에는 천연항구 및 운항이 가능한 하천이 거의 존재하지 않

---

1) Mellinger, Sachs, and Gallup(2000).

는다(거대한 콩고 강이 존재하기는 하나 불과 83마일만 내륙으로 들어가도 여기저기에 존재하는 폭포로 인해 운송에 이용되기 어렵다). 이에 더해 사하라 사막 이남 지역은 전체 육지면적 대비 해안선의 비율이 매우 낮다(서유럽의 경우 육지면적은 아프리카의 1/8에 불과하나 해안선의 길이는 50% 더 길다). 이에 더해서 아프리카의 인구는 열대지방의 폭염에서 다소 벗어날 수 있는 내부 고지대에 밀집되어 있다.

수상운송에 대한 접근도 이외에도 한 국가의 국제무역 정도는 세계적인 주요 경제활동지역에 대한 접근도에 의해 영향 받게 된다. 평균적으로 볼 때 세계적으로 가장 발달한 지역(미국, 서유럽, 일본 등)에서 1,000km 멀리 위치할수록 운송비용은 약 1% 증가하게 된다. 이와 유사하게 교역상대국 간의 거리가 1% 증가할 경우 GDP 대비 교역량은 0.85% 감소하게 된다.

종합하면 해양에 대한 접근도와 주요 경제활동지역과 얼마나 떨어져 있느냐는 운송비용의 차이를 설명하는 데 매우 유용하게 사용될 수 있다. 수입금액 중에서 차지하는 운송비용은 미국 3.6%, 서유럽 4.9%, 동아시아 9.8%, 라틴아메리카 10.6%인데 반해, 사하라 사막 이남 아프리카의 경우 19.5%에 달한다. 이와 같은 운송비용의 차이는 교역량과 1인당 소득과 매우 밀접하게 연관되어 있다.[2]

무역접근도는 국가 간뿐 아니라 단일국가 내의 지역 간 소득격차를 설명해 준다. 중국의 경우에 재미있는 예가 있다. 1978년 이전에는 정부정책에 의해 중국경제가 대부분의 국가와 교역을 하지 못했다. 그러나 무역정책이 자유화된 후 25년이 지나서는 교역이 GDP에서 차지하는 비중이 무려 4배나 증가했다. 교역증가율이 가장 빠르게 증가한 지역은 중국의 해안 지방인데, 이 지역에서는 내륙보다 훨씬 빠르게 소득이 증가했다. 따라서 일단 교역을 가로막는 인위적 장벽이 걷히면, 전 세계와 교역을 할 수 있는 지리적 용이성에 따라 중국의 지역 간 소득불평등도가 커졌다고 결론 내릴 수 있다.

지리적 집중과 파급효과

이 책 앞표지의 안쪽에 있는 그림을 살펴보면 부유한 국가들이 서로 근접하여 위치하는 경향을 나타내고 있음을 알 수 있다. 유럽은 이러한 특성을 잘 보여 주는 사례다. 비유럽 국가 중 부유한 국가들의 경우에도 캐나다와 미국, 일본과 한국 및 호주와 뉴질랜드가 유럽과 유사한 지리적 군집현상을 보여 주고 있다.

먼저, 이와 같은 군집현상은 인접국가가 한 국가에 영향을 주기 때문으로 해석할 수 있다. 경제학자들은 이와 같은 국경을 넘어서는 영향을 설명하기 위해 **파급효과**

---

2) Bloom and Sachs(1998), Gallup, Sachs, and Mellinger(1999), Frankel and Romer(1999).

(spillovers)라는 용어를 사용한다. 우리는 이미 인접한 국가 간에 교역이 이루어지는 경향이 있음을 살펴본 바 있다. 또한 부유한 국가들은 일부 업무를 이관함으로써 인접한 후진국의 낮은 노동비용을 활용하기도 한다. 예를 들어, 멕시코 **마킬라도라**(Maquiladora)에 있는 조립공장은 미국에서 수입한 부품을 조립한 후 완성품을 미국으로 다시 수출한다. 부유한 국가들은 인접국가에 모범사례, 모방대상 및 직업훈련의 기회를 제공한다. 반면, 정치적으로 불안정한 국가들은 난민을 발생시키거나 군사적 긴장도를 높이는 악영향을 일으킬 수도 있다. 일반적으로 후진국의 경우 이와 같은 불안 요소에 취약한 경향을 보이기 때문에 부유한 인접국가가 존재하는 것은 한 국가의 경제성장에 긍정적인 영향을 미치게 된다.

두 번째로 소득별로 국가들이 군집현상을 보이는 것은 근접한 국가들이 경제성장에 중요한 요인들을 유사하게 보유하기 때문으로 해석할 수 있다. 예를 들어 인접국가들은 유사한 기후조건을 가지게 된다. 또한 어떤 경우에는 경제학자들이 측정하기 어려운 특징들을 공유하기도 한다. 제14장에서 동아시아 국가들이 빠른 경제성장을 이룬 것이 유교문화에 기인한 것인지 살펴본 것은 이에 대한 좋은 예다.

한 국가와 인접국가들의 소득 간의 관계가 앞서 제기한 두 가지 설명 중 어떤 측면에 의해 보다 잘 설명되느냐에 따라 부유한 국가들이 군집현상을 보이고 있다는 사실은 후진국의 경제성장에 부정적인 요인으로 작용할 가능성도 존재한다. 보다 구체적으로 살펴볼 때 만일 군집국가들의 동반성장이 실제로 파급효과에 의한 것이라면 이는 선진국에 인접해 있는 개발도상국가들(멕시코, 모로코, 중국 등)에게는 긍정적으로 작용할 것이지만 대부분의 후진국 특히 사하라 사막 이남에 위치한 아프리카 국가들에게는 부정적인 소식이 될 것이다. 그러나 만일 군집국가들의 동반성장이 단순히 공유하고 있는 요인들에 의한 것이라면 군집현상은 향후 후진국들의 성장에 부정적인 의미를 가지지는 않는다. 두 번째 설명을 받아들인다면 인접국가들이 후진국이라도 한 국가가 경제성장에 필요한 요인들(좋은 정부, 물적·인적 자본의 축적 등)을 잘 구축할 경우 경제성장을 이룩할 수 있을 것이다.

지리적 요인이 정부에 미치는 영향

지리적 요인이 국가의 규모 및 정부의 행태에 반영되어 경제성장에 영향을 줄 수 있다는 이론적 설명도 존재한다.[3] 이 이론은 산업혁명 이전 기간에 중국을 비롯한 세계 여

---

3) Jones(1987).

타 국가들의 형성과정과 유럽국가들의 국가 형성과정의 차이점을 배경으로 하고 있다. 즉 유럽은 중앙집권적인 체제가 거의 존재하지 않았다는 점을 특징으로 한다. 로마제국의 붕괴 이후 유럽대륙에는 독립적인 국가들이 분화되어 존재해 왔다. 1600년대에는 정치적으로 독립성을 지닌 약 500여 개의 '국가'들이 존재하였으며 수세기에 걸쳐 통합과정을 거친 1900년대에도 25개의 국가가 존재하였다.

유럽과는 정반대로 중국은 기원전 221년 첫 번째 통일국가를 형성한 이후 오랜 기간 동안 중앙집권체제를 유지하여 왔다. 마지막으로 중국이 여러 국가로 분리된 것은 13세기의 일이다. 13세기에 몽고, 1644년에 만주족에 의해 정복되었던 시기에도 중국은 단일국기 체제를 유지하였다.

유럽의 분화된 지배구조가 경제성장에 긍정적인 영향을 미쳤을까? 사전적으로 볼 때 대부분의 사람들은 그 반대의 결론을 내릴 가능성이 높다. 규모가 크고 단일화된 국가는 보다 넓은 시장을 가지게 되고 이에 따라 특화에 따른 잠재적인 이득도 클 것이다. 또한 창조적인 아이디어는 단일국가에서 보다 쉽게 전파될 수 있다. 분화된 국가는 인접국가 간의 자원의 낭비를 초래하는 전쟁을 유발할 수도 있으며 실제로 산업화 전 유럽에서는 인접국가 간에 수많은 전쟁이 있어 왔다.

이와 같은 단일국가의 이론적 장점들에도 불구하고 역사적 경험에 따르면 중앙집권이 이루어지지 않았던 유럽이 경제성장에 유리하였던 이유들을 알 수 있다. 첫째, 외부와의 경쟁은 정부의 권력에 대한 견제장치로 작동하였다. 재임 중인 지배자(국왕 등)는 현 상태를 유지함으로써 자신의 기득권을 보호하기 위해 경제적인 혁신을 억누르는 정책을 수립하려는 성향을 가질 수 있음에도 불구하고 인접국가에서 경제적인 혁신을 통해 세력을 확장할 수 있다는 위협이 있어 왔으므로 이러한 성향이 억제될 수 있었다. 정부의 과세 및 여타 규제가 지나칠 경우 자본가는 자본을, 노동자는 노동자 자신들이 한 사법관할 구역에서 여타 사법관할 구역으로 손쉽게 이동할 수 있었으므로 정부의 규모는 제한되었다. 이러한 제약조건들은 유럽의 왕조들이 중국의 왕조에 비해 사치하는 것을 억제하였다. 둘째, 정부들이 정권의 안정성을 위협할 수 있는 경제적 혁신을 억누르려고 할 경우 혁신을 주도한 사람들은 여타 국가로 이동할 수 있었다. 이와 대조적으로 중국에서는 외부견제가 거의 존재하지 않았으므로 중국정부가 이러한 점들을 우려할 필요가 없을 뿐만 아니라 혁신을 주도했던 사람들이 이주할 만한 곳도 없었다.

중국 단일정부의 부정적인 효과는 15세기 황실법정이 해양탐사를 가혹하게 다루었을 때 잘 나타난다. 중국 거대함대는 아프리카의 동쪽 해안까지 항해하였으나 파손되고 만다. 1500년까지 2개 이상의 돛대를 단 선박을 제조하는 것은 사형으로 처벌될 수 있는 범죄행위로 취급되었다. 유럽이 여러 국가로 분화되었던 점은 해양탐사와 관련된 사례에서도 긍정적으로 작용하였다. 크리스토퍼 콜럼버스는 포르투갈에서 해양탐사와 관련된 재정지원을 얻는 데 실패하자 당시 경쟁국이었던 스페인을 통해 재정지원을 얻어낼 수 있었다. 유럽인들이라고 해서 중국인들에 비해 유용한 아이디어를 억압하지 않았던 것은 아니다. 1633년 위대한 천문학자 갈릴레오는 지구가 태양을 돌고 있다는 자신의 신념을 재판정에서 취소해야 했다(그의 저작물들은 1835년에서야 가톨릭 교단의 금서목록에서 삭제되었다). 그러나 갈릴레오의 연구성과는 가톨릭 국가들에서는 억압받았음에도 불구하고 개신교 국가들에서는 지속적으로 발전해 나갈 수 있었다.

역사적 사실들을 종합하면 우리가 제10장과 제11장에서 살펴본 바와 같이 기업 간의 경우에 적용되던 경쟁에 따른 긍정적인 효과가 국가 간에도 나타남을 알 수 있다. 그렇다면 왜 유럽대륙에서만 이와 같은 분화가 가능하였을까? 다시 말해 여타 지역에서는 단일 제국이 일반적이었음에도 불구하고 유럽에서는 어떻게 정치적으로 분화되어 있을 수 있었을까?

유럽의 정치적 분화를 유럽의 지리적 특성으로 설명하는 것이 유력한 학설이다. 〈그림 15.3〉은 런던 분지, 일드프랑스주, 포 강의 평원 등 근대 국가의 핵심지역이 된 유럽의 가장 비옥한 토지들이 상대적으로 덜 비옥한 땅들 사이사이에 위치하고 있음을 보여 주고 있다.[4] 역사학자인 에릭 존스(Eric Jones)는 "현대 지도상에서는 장애가 될 수 있는 공간들은 개간되고 배수로가 정비되어 사람들이 거주하게 되었으나 산업화 이전의 유럽에서는 숲과 황무지의 바다에 사람이 거주할 수 있는 지역이 섬처럼 분포되어 있었다."라고 서술하고 있다.[5] 유럽은 알프스, 피레네 산맥 및 영국해협 등 자연 요인에 의해서도 분화되어 있다. 대륙의 지역별로 의사소통이나 교역이 이루어지는 것은 가능하였으나 하나의 국가로 통치되기는 어려운 정도로 분리되어 있었다. 이와는 대조적으로 〈그림 15.4〉에서 볼 수 있듯이 중국의 경우에는 4개의 핵심지역만이 존재하였으며 양쯔 강과 황하 강을 따라 위치한 두 지역이 가장 주요한 영역이었다.[6] 이에 더하여 기원전 4세기에 중국의 주요 지역들은 대운하를 통해 연결되어 있었다. 따라서 지리적 특성은 중국이 하나의 정부에 의해 통치될 수 있도록 하였으며 이는 경제성장을 둔화시키는 요인으로 작용하였다.

다만 유럽과 중국의 여타 역사적 사실들을 설명하려는 많은 학설들과 마찬가지로 앞

---

4) Pounds and Ball(1964).

5) Jones(1987), p. 106.

6) Chi(1963).

▶ **그림 15.3**

산업화 이전 유럽의 핵심지역

자료 : Pounds and Ball(1964).

서 제시된 가설에 조심스럽게 접근할 필요가 있다. 유럽과 유사하게 비옥한 토지가 여러 지역에 흩어져 있고 사막, 언덕 및 정글로 분리되어 있는 인도의 경험은 흥미로운 반증 사례를 제공한다. 인도는 5세기의 굽타 왕조와 16세기의 무굴제국 사이에 정치적인 통합을 이루지 못하였다. 그럼에도 불구하고 인도의 정치적 분화는 유럽에서와는 달리 경제성장을 촉진하는 효과를 나타내지 못하였다. 본 사례는 지리적 특성이 운명이 아님을 시사하고 있다. 즉 지리적 특성은 왜 유럽이 여타 유라시아 대륙에 비해 보다 빠르게 성장하였는지를 일부 설명하고 있으나 지리적 특성에 의해 모든 것이 설명되는 것은 아니라는 점을 시사하고 있다.

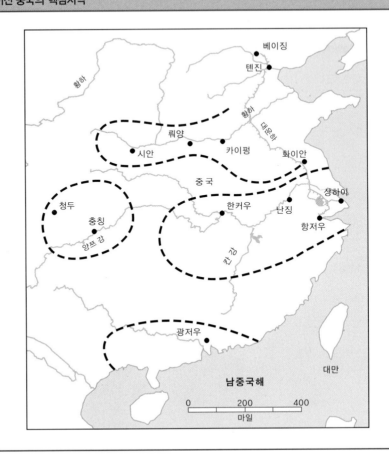

> **그림 15.4**
> 산업화 이전 중국의 핵심지역

자료 : Stover(1974).

15.2 기후

계절별 기온의 패턴, 강수량, 바람 및 구름의 정도 등을 포함하는 기후는 한 국가의 가장 중요한 지리적 특성 중 하나이다. 먼저 소득과 인구가 세계 기후지역별로 어떠한 차이를 보이고 있는지를 살펴본 후 이와 같은 차이가 유발되는 원인에 대해 분석하기로 한다.

앞서 우리는 국가별 위도와 1인당 소득 간에 강한 상관관계가 존재함을 살펴보았다. 위도와 기후는 밀접한 관계를 지니고 있으므로 앞서 발견한 상관관계는 기후가 1인당 소득에 영향을 미치고 있을 가능성을 시사한다. 다만 기후는 위도 이외에도 주변의 기류, 해양으로부터의 거리 및 고도에 의해서도 영향을 받는다. 예를 들어 서구 국가들은 따뜻한 걸프 기류의 영향으로 동일 위도에 위치한 여타 국가들보다 온난한 기후를 나타낸다. 케냐의 고원지역이 적도에 근접한 위치에 있으면서도 서늘한 기후를 나타내는 것도 고도로 설명될 수 있다. 기후가 1인당 소득에 미치는 영향을 정확하게 파악하기 위해서는 기후의 종류에 대해서 보다 상세한 자료를 살펴볼 필요가 있다.

지리학자들은 〈표 15.1〉과 같이 세계의 기후를 12가지 지역으로 분류한다. 표에서 제일 왼쪽 칸은 코펜-가이거(Koppen-Geiger)에 의한 기후분류에 따른 기후의 종류이다.[7] 왼쪽에서 두 번째 칸은 기후에 대한 간략한 설명이며 세 번째 칸은 각 기후에 속

▶ 표 15.1
세계 기후 분류

기후 지역	이름	대표적인 도시	면적 비중	인구 비중	세계 평균 대비 1인당 GDP
Af	열대우림기후	인도네시아 자카르타, 브라질 마나우스	4.0	4.4	0.64
Am	열대몬순기후	필리핀 마닐라, 인도 코친, 브라질 벨렘	0.8	2.4	0.41
Aw	사바나기후	방글라데시 다카, 콩고 킨샤사, 쿠바 하바나	10.8	17.5	0.38
Cw	온대 동계건조기후	베트남 하노이, 인도 칸푸르, 말라위 릴롱궤	4.3	16.0	0.44
Cf	온대습윤기후	미국 뉴욕, 프랑스 파리, 중국 상하이, 호주 시드니	7.7	19.5	2.24
Cs	지중해성기후	미국 샌프란시스코, 이탈리아 로마, 칠레 산티아고	2.2	4.3	2.10
Df	냉대 습윤기후	미국 시카고, 러시아 모스크바	23.0	5.8	1.90
Dw	냉대 건조기후	대한민국 서울, 러시아 블라디보스토크	6.2	5.3	0.64
BS	스텝기후	미국 샌디에이고, 우크라이나 오데사	12.3	11.8	0.55
BW	사막기후 : 연간 강수량 38cm 이하	이집트 카이로, 파키스탄 카라치	17.3	6.2	0.58
H	고산기후	멕시코 멕시코시티	7.3	6.8	0.78
E	한대기후 : 최난월 기온이 10℃ 미만	그린랜드 누크	4.0	<0.1	—

자료 : 면적, 인구, 1인당 GDP 자료는 Mellinger, Sachs, and Gallup(1999) 인용.

---

[7] 더 깊은 논의를 위해서는 Strahler and Strahler(1992) 참조.

하는 대표적인 도시이다. 네 번째와 다섯 번째 칸은 각각 당해 기후에 속하는 지역의 면적과 인구를 백분율로 나타내고 있다. 마지막으로 여섯 번째 칸은 세계 평균 대비 동 지역의 1인당 GDP이다.

〈표 15.1〉의 위에서 세 번째까지의 기후지역(Af, Am 및 Aw)은 열대지역으로 분류된다. 이들 지역은 1년 중 가장 추운달의 기온이 18°C 밑으로 떨어지지 않는다. 표에서 볼 수 있듯이 세계 인구의 24.3%가 거주하는 이 지역은 상대적으로 가난하다. 세 지역을 합한 평균 GDP는 세계 평균의 43% 수준에 그치고 있다. Cw로 구분된 네 번째 기후지역은 아열대지역으로 빈곤 등 열대지역의 특성들을 공유하고 있다.

다음의 4개 기후지역(Cf, Cs, Df 및 Dw)은 온대지역으로 구분된다. 〈표 15.1〉에 나타난 바와 같이 이 지역들은 동북아시아를 포함한 Dw 지역을 제외하면 상대적으로 부유한 지역들이다. 이들 지역에 거주하는 인구는 세계 인구의 약 34.9%이며 소득수준은 세계평균 GDP의 1.94배에 달한다. 서부유럽의 경우 전체 인구의 96%가 온대지역에 거주하며 북아메리카 지역의 경우에는 88%가 온대지역에 거주한다. 반면 라틴아메리카 및 사하라 이남 아프리카의 경우 전체 인구의 각각 12%와 4%만이 온대지역에 거주하며 남아시아 지역에는 온대지역 자체가 존재하지 않는다.

이 절에서 우리는 기후와 경제성장과의 관계를 분석하고 있다. 기후는 생산성에 큰 영향을 미치게 되며 특히 이러한 영향은 농업부문에서 크게 나타난다. 또한 기후는 질병의 전파정도와 연계되어 있을 뿐 아니라 사람들의 근로생산성에 영향을 미치므로 생산 활동을 위한 노동력 투입을 좌우하게 된다. 마지막으로 기후는 사람들의 거주의 질적 환경을 조성함으로써 경제성장에 영향을 미친다.

기후와 농업 생산성

2009년을 기준으로 세계 노동자의 35%가 농업에 종사하고 있으며, 과거에는 훨씬 많은 인구가 농업에 종사해 왔으며, 현재에도 개발도상국에서는 여전히 농업 인구가 많다. 예를 들면, 농업 종사자 비율이 사하라 이남 아프리카에서는 59%, 남아시아에서는 54%에 이른다.[8] 따라서 농업의 생산성 격차는 국가별 1인당 소득에 큰 영향을 미치게 된다.

근로자 1인당 농업부문의 생산물은 열대와 온대지역 사이에 큰 차이를 나타낸다. 〈그림 15.5〉는 한 국가의 위도와 근로자 1인당 농업 생산물 간의 관계를 보여 주고 있다.

---

8) International Labour Organization(2011).

> **그림 15.5**
> **위도와 농민 1인당 GDP 간의 관계**

농부 1인당 농업 GDP, 2009년(비율척도)

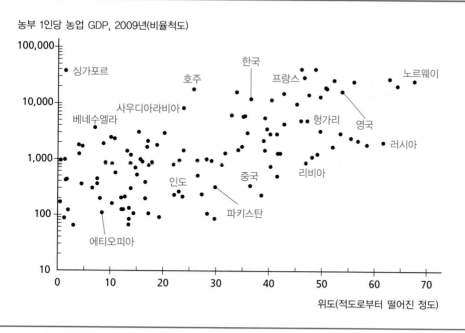

자료 : United Nations Food and Agriculture Organization(2010).

농부 1인당 농업생산물은 국가별로 엄청난 차이를 보여 주고 있다. 부유하고 온대지역에 위치한 국가의 근로자들은 가난하고 열대지방에 위치한 근로자들보다 농업 생산물을 많게는 300배까지 산출해 낸다.

열대지역의 농부 1인당 농업생산물이 낮다는 사실이 열대지방이 농업에 적합하지 않은 지역임을 의미하지는 않는다. 즉 위와 같은 관계가 열대지역이 다른 이유가 아닌 농업에 적합하지 않은 열대기후 고유의 특성을 가지고 있기 때문에만 나타난 것은 아니다. 농기계, 비료, 농업 종사자의 인적 자본 및 농부 1인당 경작면적 등 열대지역과 온대지역의 다른 요인들이 두 지역 간의 1인당 농업생산물 차이를 설명할 수도 있다. 마찬가지로 농업생산성의 차이는 정부의 질 등 공공기관 환경의 차이에 기인할 수도 있다. 이와 같은 여타 요인들을 모두 고려한 후에야 우리는 열대지역의 낮은 농업생산성이 과연 기후에 연유한 것인지를 평가할 수 있을 것이다.

경제 전체의 생산함수를 분석하기 위해 제7장에서 이용된 기법과 유사한 방식을 통해 농업 생산함수를 분석한 연구들에 따르면 농기계, 비료, 농업 종사자의 인적 자본을 고려한 후에도 열대지역의 농업생산성이 온대지역에 비해 낮은 것으로 나타난다. 한 추정값에 따르면 동일 자본, 노동 및 비료를 사용할 경우에도 습한 온대지역에 비해 습한 열대지역 및 건조한 열대지역은 각각 27% 및 31% 적은 산출물을 생산하게 되며, 건조한 온대지역은 습한 온대지역에 비해 15% 적은 산출물을 생산하게 된다고 한다.[9]

우선 열대지역하면 무성한 수풀을 상상하기 마련이므로 일견 위의 결과는 놀라울 수 있을 것이다. 또한 열대지역은 온대지역에 비해 식물이 성장할 수 있는 기간도 길다. 그러나 좀더 상세히 살펴보면 열대지역은 유용한 작물을 경작하기 어려운 단점들을 가지고 있다. 열대지역에 강우량이 많은 것은 사실이나 폭우는 일반적으로 농업에 부정적인 영향을 미친다. 또한 대부분의 열대지역에서 호우와 긴 건기가 교차로 나타난다. 이와 같은 계절적 패턴이 나타나지 않는 열대지역에서도 열대 강우는 양질의 토양을 쓸어내리는 범람을 동반하는 경향이 있다. 예를 들어 인도네시아 인구가 대부분 거주하는 자바섬의 경우 1년 강우의 25%는 시간당 60mm의 폭풍에 기인한다. 또한 일 년 내내 유사한 일조량을 나타내는 열대지방과 달리 온대지방은 여름에는 긴 일조량을 겨울에는 짧은 일조량을 나타내며 이러한 기후가 주요 작물인 밀과 옥수수의 재배에는 더욱 적합하다.

서리가 없다는 점도 열대지방의 농업 생산성에 영향을 주는 중요한 요인이다. 토양의 온도가 빙점으로 떨어질 때 생성되는 서리는 '자연의 위대한 처형자'라 불릴 정도로 유해한 생물들을 효과적으로 제거한다. 열대지역에는 인간의 경쟁자로서 농작물을 소비하는 다양한 곤충들이 존재한다. 서리는 또한 토양에 포함되어 있는 유기물들을 소비하는 미생물들을 제거함으로써 유기물의 감소 속도를 저하시킨다. 반면 열대지방에서는 유기물질이 급격하게 미네랄로 분해되어 비료의 지속적인 공급이 없는 한 토양의 비옥도를 유지할 수 없다. 이에 더해 서리는 열대지방에서 큰 부담이 되는 동물질병을 억제하는 데도 유용하다.[10]

기후와 질병

제6장에서 우리는 한 국가의 국민건강이 1인당 소득수준에 미치는 영향을 살펴보았다. 건강한 사람들은 건강하지 못한 사람들에 비해 더 오래 열심히 일할 수 있으며 명료하게 생각할 수도 있다. 또한 보다 건강한 학생들은 교육을 통해 인적 자본을 더 효율적으로 축적할 수 있다. 우리는 이미 수명으로 측정된 건강과 1인당 소득과의 강한 상관관계를 목격한 바 있다.

---

9) Gallup(1998), Table 2.
10) Masters and McMillan(2001), Sachs(2000).

건강과 1인당 소득 간의 강한 상관관계는 상당부분 부유한 국가의 사람들이 더 좋은 것들을 섭취할 수 있다는 데 기인한 것이다. 그러나 제6장에서 살펴본 바와 같이 건강 상태의 차이가 소득 이외의 '보건환경(health environment)'에 영향 받았을 가능성도 존재한다. 소득과 건강이 동시에 결정되는 과정에 대한 분석에서 국가 간 '보건환경'에 차이가 존재한다면 이와 같은 차이가 소득과 건강에 모두 영향을 미칠 수 있다는 점을 알 수 있었다. 열악한 보건환경에 놓인 국가들은 양호한 보건환경에 놓은 국가들에 비해 더욱 가난하고 건강하지 못한 상황에 처하게 된다. 이에 더하여 국가 간 보건환경의 차이는 승수효과(multiplier effect)를 낳을 수 있다. 즉, 양호한 보건환경에 처한 국가들은 보다 나은 영양분의 공급을 통해 근로자의 건강상태를 개선하여 보나 많은 생산물을 만들 수 있는 더욱 건강한 노동력을 보유할 수 있을 것이다.

열대지역이 건강에 해로울 수 있다는 증거는 다음과 같다. 열대지역에는 예를 들면 말라리아, 황열병, 수면병 및 주혈 흡충증 등 인간에게 해로운 다양한 질병들이 있다. 열대지역에 질병이 집중된 이유는 다음 두 가지로 요약할 수 있다. 첫째, 결빙온도 이하로 기온이 내려가지 않는 지역은 기생충이나 여타 질병을 전염시키는 벌레가 살아가는 데 온대지역에 비해 좋은 환경을 제공하게 된다. 둘째, 원인(原人)들이 아프리카의 열대지역을 중심으로 진화해 왔고 그 지역에서 수백 년을 지냈기 때문에 지역에 있던 기생충들은 원인들을 이용해 같이 진화할 충분한 시간을 보낼 수 있었다. 15세기를 기점으로 유럽인들은 아프리카의 기생충(균)들을 간헐적으로 여타 열대지역으로 전파시켰다. 열대지역과는 달리 인류가 온대지역에 거주한 것은 불과 수만 년에 불과하기 때문에 온대지역에서는 훨씬 적은 숫자의 기생충(균)들이 인간을 공격할 수 있을 정도로 진화하였다.[11]

모든 열대 질병 중에서 말라리아가 경제 성장에 가장 큰 영향을 미친다. 2010년에 2억 1,600만 명이 말라리아에 걸린 것으로 추정되었는데 이 중에서 655,000명이 사망하였다. 말라리아 발병 중 80%와 말라리아로 인한 사망 중 약 90%가 아프리카에 집중되어 있다.[12] 일반적으로 말라리아에 감염되면 4~6일간 무능력에 빠지고 이후 4~8일간 피로를 느끼게 된다. 아이들에 대한 장기 후유증으로는 두뇌 손상, 학습능력 저하 등이 있으며 어른들의 경우에는 기력을 약화시키는 빈혈 등이 있다.

말라리아는 말라리아 병원충으로 불리는 단세포 균에 의해 발병하게 되며 아노펠레스(Anopheles) 종의 하나인 모기에 의해 전염된다. 말라리아에 감염된 사람의 피를 빨

---

11) McNeill(1976).
12) World Health Organization(2011).

암모기는 혈액에 포함된 말라리아 병원충을 보유하게 되고 다른 사람을 물었을 때 그 사람의 혈관으로 병원충을 옮기게 된다. 모기와 사람을 제외하고는 말라리아 병원충의 숙주가 될 수 없으며 사람의 경우 병원충에 감염된 후 2개월이 지나면 전염성이 사라지게 된다. 따라서 말라리아는 모기가 1년 내내 활동할 수 있는 기후에서만 생존할 수 있다.

최근 말라리아는 과거의 넓은 출몰지역에서 축소되어 열대지역만을 중심으로 나타나고 있다. 1945년 이전에는 그리스, 스페인, 이탈리아 및 미국의 남부가 위험지역에 속해 있었다. 예를 들어 1935년에는 미국에 135,000건의 말라리아 발병이 있었으며 이로 인해 4,000여 명이 사망하였다. 중부 이탈리아의 폰티네 마르쉐(Pontine Marshes)와 그리스의 마라톤 평원 등 유럽의 일부지역은 과거 말라리아의 확산으로 인해 거주가 불가능한 지역으로 여겨지기도 하였다.

여타 열대질병들과 마찬가지로 말라리아가 열대지방에 집중된 것이 말라리아의 특성보다는 열대지방의 빈곤에 기인한 결과일 수도 있다. 즉 열대지방은 말라리아 이외의 이유로 인해 가난한 것일 수 있으며(예를 들어 이전 절에서 살펴본 낮은 농업 생산성의 결과일 수도 있다) 그러한 국가들이 빈곤으로 인해 예방조치를 하지 못해 말라리아로 고생하는 것일 수도 있다. 이와 같은 문제를 해결하기 위해 연구자들은 '말라리아 생태(malaria ecology)' 지수를 개발하고 국가별로 이를 측정하였다. 말라리아 생태지수는 한 국가의 기후가 모기의 번성에 얼마나 적합한지(적당한 강우량과 온난한 날씨에 달려 있음)와 사람만을 무는 모기의 번식도(말라리아는 사람과 사람을 무는 모기에 의해 전염되므로 이와 같은 전염은 모기가 사람만을 물 때 보다 많이 나타나기 때문임)를 측정하는 지수다.

〈그림 15.6〉은 1994년에 말라리아 위험에 노출된 인구의 비중으로 측정된 말라리아 생태지수가 실제 말라리아 발생과 강한 상관관계를 가지고 있음을 보여 준다. 말라리아 생태지수가 낮은 국가들은 말라리아의 위험에 노출된 인구가 거의 없는 반면, 말라리아 생태지수가 높은 국가들은 거의 100%의 인구가 모두 말라리아의 위험에 노출되어 있다. 말라리아 생태지수가 중간 정도에 위치한 국가들을 살펴보면 흥미로운 현상을 관찰할 수 있다. 예를 들어 스페인과 인도는 거의 동일한 말라리아 생태지수를 보유하고 있으나 인도 국민의 66%가 말라리아의 위험에 노출된 반면 스페인 국민들은 말라리아에 노출된 국민들이 존재하지 않는다. 다른 나라들도 극단값으로 주목할 만하다. 각국의 기후를 감안할 때 파키스탄은 상대적으로 매우 높은 위험에 노출된 것으로 나타나는 반면 브라질은 매우 낮은 위험에 노출된 것으로 나타난다.

> **그림 15.6**
> **말라리아 생태지수와 말라리아 발생률**

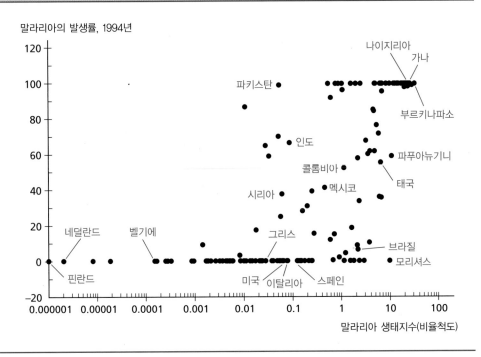

자료 : Kiszewski et al.(2004).

전반적으로 볼 때 〈그림 15.6〉은 말라리아 생태지수가 실제 말라리아 발생을 설명할 수 있는 중요한 요인임을 보여 주고 있다. 이는 열대지역 국가들의 경제발전 측면에서 볼 때 매우 부정적인 소식이다. 파키스탄이나 인도 등의 경우에는 유사한 기후조건하에서 말라리아를 퇴치한 희망적인 사례들이 존재한다. 그러나 말라리아 생태지수가 높은 국가들의 경우에는 이 질병을 퇴치한 사례가 존재하지 않는다. 말라리아가 창궐하기 좋은 조건에도 불구하고 말라리아를 퇴치한 유일한 예외는 모리셔스이다. 모리셔스의 기후는 말라리아 확산에 매우 적합하였기 때문에 1867년 말라리아가 발병하였을 때 전 인구의 10%가 말라리아로 사망하였다. 그러나 모리셔스는 단지 2,040km^{2}에 불과한 작은 섬이라는 장점을 지니고 있어서 웅덩이의 물을 빼내고 DDT를 살포함으로써 효과적으로 말라리아를 퇴치할 수 있었다. 말라리아가 일단 퇴치된 후에는 바다로 둘러싸여 있다는 장점으로 여타 국가에서와는 달리 말라리아의 재발이 방지될 수 있었다.[13]

---

13) World Health Organization(2003), Gallup and Sachs(2001).

기후와 사람의 활동성

마지막으로 기후가 경제성장에 미치는 영향은 사람들의 노동투입 강도와 연관되어 있다. 프랑스의 철학자 몽테스키외는 "사람들은 추운 기후에서 훨씬 활동적이다."라고 서술하였다.[14] 사람들이 따뜻한 기후에서 기쁨이나 고통을 더 민감하게 느낀다는 몽테스키외의 주장이나 신경체액, 근육 및 여타 체액(건강과 기질에 영향을 준다고 여겨졌던 액체들) 등 18세기 의학 이론을 기반으로 위의 관찰을 설명하려고 하였던 몽테스키외의 이론들은 이후 부정되었다. 그러나 온도와 활동성의 관계는 생리학을 기초로 명료하게 설명할 수 있다. 간단히 말해 사람들은 따뜻한 기후에서는 몸이 너무 뜨거워지기 때문에 열심히 일할 수 없다. 근육이 움직일 때 발산되는 에너지의 3/4은 몸이 정상적으로 작동하기 위해서는 반드시 방출되어야 하는 열로 구성되어 있다. 땀의 증발을 통해 몸을 시원하게 유지하기 어려운 온난한 기후(습도가 높을 경우 상황은 더욱 악화된다)에서 사람들은 생존을 위해 천천히 일해야만 한다.

기후와 사람의 활동 강도 간의 관계는 기술의 적용을 통해 조정될 수 있다. 궁극적으로 사람은 열대성 생물이다. 자연상태라면 사람은 열대지역의 폭염보다는 온대지역의 추운 겨울에 훨씬 취약하다. 인류가 인류역사의 대부분을 열대지방에서 보낸 것은 이와 같은 추위에 대한 취약성에 기인한다. 의복, 은신처 및 불의 사용 등의 형태로 나타난 기술발전을 통해 인류는 아프리카를 떠나 지구의 여타 지역에 거주할 수 있게 되었다. 실제 산업화 이전의 기술은 인간의 거주가능 지역을 북쪽으로는 북극권까지 확대할 수 있게 난방을 제공하였다. 그러나 기온을 조절하는 기술의 발전은 비대칭적으로 진행되었다. 즉, 수천 년 전부터 인류는 몸을 따뜻하게 유지할 수 있었으나 냉방은 1902년의 냉방기의 발명이 있고서야 몸을 시원하게 유지할 수 있게 되었다. 현재에도 옷으로 대표되는 난방기술과 비교할 때 냉방기술은 훨씬 성가시고 휴대성도 떨어진다.

높은 비용으로 인해 현재까지는 열대지역에 있는 후진국보다 선진국들이 냉방기술의 혜택을 향유해 왔다. 예를 들어 1950년대 이후 냉방기술이 보편적으로 이용되면서 냉방기술은 미국의 'Sun Belt'의 발전에 크게 기여하였다. 남부에 거주하는 미국인구의 비중은 20세기 전반부에 감소하였다가 이후 증가세로 반전되어 1950년에 31%에서 2010년에는 37%를 기록하였다. 휴스턴, 애틀랜타, 피닉스 및 라스베이거스의 성장은 1년 내내 쾌적한 거주환경을 제공해 준 냉방기술에 힘입은 바 크다. 많은 학자들은 제2차 세계대전 이후 미국의 거대 정부가 형성될 수 있었던 것 역시 냉방기술의 영향을

---

14) Montesquieu(1914), Book XIV.

받았다고 주장한다. 냉방기술이 발전되기 전에 워싱턴 DC는 여름에 너무 끔찍하게 덥고 습해서 연방정부가 매년 수개월간 업무를 볼 수 없었다고 한다.

싱가포르를 제외한 대부분의 열대국가에서 냉방기술은 노동 생산성에 매우 미약한 영향만을 미쳐왔다. 열대국가들이 부유해지더라도 냉방기술의 혜택을 가장 누리기 어려운 직업이 열대지방에 가장 많은 직업인 농업이라는 점은 매우 얄궂은 사실이다. 경작지에서 일하는 농부를 시원하게 하는 것보다는 공장이나 사무실에 냉방을 제공하는 것이 훨씬 쉽기 때문이다.

15.3 천연자원

천연자원(natural resources)의 부존 여부는 소득을 결정짓는 아주 자연스러운 요인이 될 수 있다. 생산을 위해서는 자본, 노동, 인적 자본 및 기술 이외에도 생산과정에서 이러한 요소들과 결합되는 농지, 숲, 광물 등이 필요하게 된다. 따라서 천연자원을 보유한 국가들이 천연자원을 많이 보유하지 못한 국가에 비해 부유하게 되는 것은 당연해 보인다. 그러나 일견 당연해 보이는 자원의 부존량과 소득 간의 관계는 생각보다 훨씬 복잡하다.

천연자원과 성장 간의 상관관계

19세기 이전 비옥한 토지는 경제성장을 위한 가장 중요한 천연자원이었다. 유럽의 식민주의자들은 초기에 금과 은을 얻기 위해 신대륙을 탐험하였으나 아메리카 대륙의 성장을 가능하게 한 것은 풍부한 토지의 존재였다. 제3장에서 살펴본 바와 같이 산업화 이전에 토지가 자본보다도 더 중요한 생산요소(생산에서 차지하는 토지의 몫이 자본의 몫보다 컸다)였다는 점을 감안하면 이는 별로 놀라운 일이 아니다. 토지가 풍부했던 신생국가들이 19세기에 세계에서 가장 부유한 국가들이 되었다. 1870년대 호주, 미국 및 캐나다의 실질임금은 유럽의 어떤 국가보다 높은 수준이었으며 아르헨티나의 실질 임금도 영국을 제외하고는 유럽의 어떤 국가보다도 높은 수준이었다. 이에 따라 1820년대 이후 100여 년간 유럽에서 약 6,000만 명이 신대륙으로 향하게 되었다.[15] 이와 같은 노동력의 이동과 더불어 자본도 이동하게 된다. 제11장에서 살펴본 바와 같이 19세기에 금융시장은 이미 국제화되어 있었으며 아메리카 대륙에 대한 투자를 위한 자금은

---

15) O'Rourke and Williamson(1999).

유럽을 통해 조달되곤 하였다. 당시 서반구의 많은 국가들의 성장은 '자원을 통해 (resource driven)' 이루어진 측면이 존재한다. 따라서 동 시대를 살았던 사람들은 천연자원의 부존량이 경제적 성과의 중요 결정요인이라는 점을 당연하게 여기게 되었다.

그러나 천연자원을 통해 경제성장을 이룩한 나라들이 존재함에도 불구하고 풍부한 천연자원이 경제성장을 담보하는 것은 아니다. 대영제국의 일부였던 설탕 생산지인 서인도 제도는 미국 독립전쟁이 발발하였던 시기에 가장 부유한 지역이었으나 1800년대 이후 경제성장이 정체되었다. 멕시코와 페루도 금과 은의 풍부한 매장량으로 인해 스페인의 신대륙 식민지 중 가장 중요한 지역이었음에도 불구하고 자원의 채굴을 넘어선 지속 가능한 성장을 이룩하는 데 실패하였다. 19세기에는 면화(이집트), 구리(칠레), 설탕(쿠바), 커피(브라질, 콜롬비아 및 코스타리카), 구아노(페루), 질산염(칠레) 등의 생산 붐이 있었으나 어떤 사례도 장기적인 성장을 위한 기반 확충에 성공하지 못하였다.

제2차 세계대전 이후에도 경제성장과 천연자원의 부존량과의 관계는 불규칙적으로 나타났다. 페르시아 만의 석유생산국을 포함한 많은 국가들이 천연자원을 통해 부를 이룩하였다. 그러나 일본을 포함한 많은 국가들이 빈약한 천연자원에도 불구하고 경제성장을 이룩한 사례도 존재한다. 반면, 나이지리아와 러시아 등 많은 국가들은 풍부한 천연자원에도 불구하고 여전히 빈국으로 남아 있다.

국가별 소득을 결정하는 데 있어서 천연자원의 역할을 보다 체계적으로 살펴보기 위해 각국의 천연자본을 측정한 세계은행의 자료를 사용하기로 한다. **천연자본**(natural capital)이란 한 국가의 농지, 목초지, 숲과 금속, 광물, 석탄, 원유 및 천연가스를 포함한 지하매장자원의 가치를 의미한다.[16] 물적 자본이나 인적 자본과는 달리 한 국가의 천연자본은 의도적인 투자에 의해 생성되기보다는 인간의 노력과 별개로 존재하는 자원을 의미한다.

〈그림 15.7〉에서 볼 수 있듯이 천연자본과 1인당 GDP 간에는 양의 상관관계가 존재한다. 즉 천연자원이 많은 국가들이 상대적으로 높은 소득수준을 나타내는 경향이 있지만 예외도 존재한다. 벨기에, 일본 및 스위스는 세계에서 자원이 가장 빈약한 나라에 속하면서도 소득수준은 최상위권에 분포되어 있는 반면 니제르, 기니비사우 공화국, 베네수엘라 및 에콰도르는 자원은 풍족하지만 소득수준은 낮다. 따라서 그림을 통해 천연자원이 경제성장에 도움이 되기는 하지만 경제성장을 이루기 위한 필요조건도 충분조건도 아니라는 점을 알 수 있다.

이와 같은 해석마저도 자원의 중요성을 과대평가할 가능성이 있다. 〈그림 15.7〉에는

---

16) World Bank(2006).

그림 15.7

천연자본과 1인당 GDP

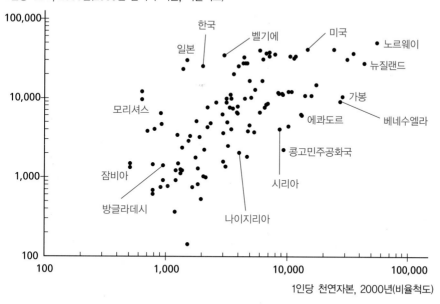

자료 : World Bank(2006), Heston, Summers, and Aten(2011).

몇몇 중요한 국가들에 대한 자료가 빠져 있다는 문제점이 존재한다. 보다 구체적으로
는 신뢰도 있는 자료를 사용할 수 없는 국가들에 대부분 자원은 풍부하지만 소득이 낮
은 앙골라, 콩고, 나이지리아, 러시아 및 알제리 등이 포함되어 있다. 만일 이들 국가
에 대한 자료를 사용할 수 있었다면 이들 국가는 대부분 그림의 오른쪽 아래에 위치하
였을 것이며 앞서 제시한 소득과 천연자원 간의 양의 관계가 반전될 가능성을 배제할
수 없다.

〈그림 15.7〉과 유사한 방식으로 소득수준이 아닌 소득의 증가율과 천연자원의 관계
를 분석할 경우 천연자원의 역할에 대하여 더욱 부정적인 결과가 도출되었다. 예를 들
어 한 연구는 천연자원의 역할을 전체 국부(total national wealth, 천연, 물적 및 인적
자본의 합으로 정의됨)에서 천연자본이 차지하는 비중을 통해 살펴보았다. 전체 국부
에서 천연자본이 차지하는 비중이 높은 국가들은 1965~1998년 기간 동안 전체 국부
에서 천연자본이 차지하는 비중이 낮은 국가들에 비해 매우 느린 속도로 성장하였던
것으로 나타났다. 이와 유사하게 다른 연구는 천연자원 수출에 의존한 국가들이 1970
년과 1990년 사이에 천연자원 수출에 의존하지 않은 국가에 비해 훨씬 성장속도가 느

렸던 것을 보였다.[17]

이와 같은 연구결과들은 수수께끼를 던져 준다. 다른 조건이 일정하다면 풍부한 천연자원은 그 나라를 보다 부유하게 만들어야 할 것이나 실제로 그 효과는 기껏해야 매우 미약하게 나타난다. 다음에서는 이러한 의문에 대한 해답을 모색해 보도록 한다.

자원의 저주에 대한 설명

지금까지 우리가 살펴본 바와 같이 풍부한 천연자원은 경제성장에 촉매로 작용하곤 한다. 반면 천연자원을 풍부하게 보유한 많은 국가들의 경험은 매우 실망스러운 수준에 불과하다. 이와 같은 부정적인 경험은 많은 연구자들로 하여금 장기적으로 볼 때 천연자원의 존재가 경제성장을 저해할 수도 있다고 결론 내리게 하였으며 이를 '자원의 저주(resource curse)'라고 명명하게 하였다.

자원의 저주는 왜 발생하는 것일까? 제14장에서 우리는 이미 이를 설명할 수 있는 한 경로를 살펴본 바 있다. 즉 천연자원이 풍부한 국가들은 경제성장에 필요한 문화적 특성을 개발하지 않는 경향이 있다. 이와 같이 문화적 특성에 기반을 둔 설명 이외에도 저축수준, 산업화 경로 및 정치적 환경을 통해 자원의 저주를 설명하는 세 가지 유력한 이론들이 존재한다.

과잉소비

자원의 저주에 대한 원인을 설명하기 위해 본 이론은 천연자원을 통해 발생한 소득증가는 일시적인 경향이 있다는 점에 초점을 맞추고 있다. 새로운 자원의 발견이나 자원가격의 급작스러운 상승은 자원수출을 통한 소득증대를 발생시킨다. 그러나 결과적으로 보면 자원이 고갈되거나 대체자원의 개발이나 새로운 공급자의 등장으로 인해 그 재화의 가격이 하락하게 된다.

자원개발 붐(boom)으로 인한 예기치 못한 소득의 증가는 이와 같은 활황기가 지난 후에는 지속가능하지 않을 정도의 수준으로 소비를 증가시키게 된다. 결과적으로 소득의 일시적 증가가 소멸된 국가는 활황기의 소비수준을 유지하려는 경향을 보이게 되므로 낮은 저축률을 나타내게 된다(이에 따라 투자도 감소한다). 따라서 투자는 경제성장에 필수적인 요소이므로 결과적으로 자원과 관련된 붐이 형성되지 않았을 때보다도 낮은 수준의 소득을 창출하게 된다.

일부 사례에서는 상황이 더욱 악화되기도 한다. 자원과 관련된 붐이 진행 중인 국가

---

17) Gylfason(2001), Sachs and Warner(2001).

의 정부는 때때로 자원으로부터 창출되는 수익이 높은 수준을 유지할 뿐 아니라 지속적으로 더욱 상승할 것이라고 가정한다. 미래의 높은 수익에 대한 기대로 이 정부들은 세계 금융시장에서 차입을 늘리고 적절하게 계획되지 않은 공공 프로젝트에 투자하는 경향을 보인다. 자원과 관련된 붐이 끝나고 나면 감당하기 어려운 외채만이 남게 된다.

성장에 부정적인 것은 자원 자체가 아니라 풍부한 자원과 여타 요인들과의 상호작용에 있다고 할 수 있다. 자원과 관련된 일시적인 붐이 발생한 경우 예기치 않게 발생한 수익 중 일부를 미래에 대한 전향적인 사고를 지닌 정부나 국민은 향후 경제성장에 필수적인 부분에 효율적으로 투자할 수 있을 것이며, 이를 기반으로 장기적으로 부유한 국가를 이룩할 수도 있을 것이다.[18]

산업화의 동학

자원의 저주에 대한 두 번째 이론은 천연자원이 단기적으로는 이익을 가져오지만 장기적으로는 악영향을 미칠 수 있는 방향으로 산업구조를 왜곡시킨다는 것이다. 수출할 천연자원이 풍부한 국가들은 자국 내 소비를 위해 제조업 제품 등을 비롯한 다양한 품목들을 수입한다. 제조업 제품을 수입에 의존함에 따라 자국 내 제조업은 위축되기 쉽다. 단기적으로 볼 때 이와 같은 제조업 축소는 효율적인 조정으로 볼 수 있다. 그러나 제조업은 가장 빠른 기술진보를 보이는 산업 중 하나라는 점을 감안하면 제조업 제품을 수입에 의존하는 국가는 이와 같은 기술혜택을 누리지 못하게 될 것이며 장기적으로 볼 때 천연자원이 부족했던 국가보다도 가난해질 가능성이 존재한다. 1960년대 네덜란드 해안의 천연가스 개발이 네덜란드 제조업의 위축으로 이어졌다는 연구 이후 천연자원의 존재가 제조업에 해가 될 수 있게 된다는 현상을 **네덜란드 병**(Dutch disease)이라고 부르고 있다.

역사적으로 볼 때 가장 주목할 만한 네덜란드 병은 유럽이 신대륙을 발견한 이후 스페인의 경험에서 찾아볼 수 있다. 스페인은 아메리카 대륙에서 유입된 금과 은을 통해 엄청난 부를 누렸다. 금과 은의 유입은 금과 은이 마치 스페인 내에서 생산되는 것과 같은 효과를 가져왔다. 스페인은 유럽의 금과 은을 이용해서 여타 유럽국가로부터 제조업 제품들을 수입했다. 이후 금과 은의 유입이 끊어진 후 여타 유럽국가들은 제조업 생산과정을 통해 경험과 지식을 축적하였으나 스페인에 남은 것은 경제 침체뿐이었다.

이 이론은 천연자원이 한 국가의 경제성장에 미치는 영향은 천연자원의 개발이 경제의 여타 부문의 발전을 촉진하거나 억제하는 정도에 달려 있음을 시사하고 있다. 자원

---

18) Rodriguez and Sachs(1999).

의 채굴은 자원개발산업이 지역 내에서 생산된 제품을 사용함에 따라 발생하는 **후방연관**(backward linkage)과 천연자원이 다른 제품을 생산하거나 처리하는 과정에 사용됨에 따라 발생하는 **전방연관**(forward linkage)을 통해 경제의 여타 부문의 발전을 촉진할 수 있다. 전·후방효과가 시현될 경우에는 천연자원의 개발이 전체 경제의 성장에 기여할 수 있다. 후방연관은 후방연관이 존재하지 않았을 때 극소량의 수요로 인해 존립이 불가능했던 산업에서 만들어지는 제품에 대한 수요를 제공함으로써 산업의 발전을 지원할 수 있다. 마찬가지로 국가들은 자신들이 채굴한 천연자원을 처리하면서 산업발전의 관계를 밟아 나갈 수 있다. 마지막으로 전·후방연관을 통해 산업발전이 이루어질 경우 경제의 여타 부문의 발전을 촉진할 수 있다. 예를 들어 한 국가의 내부에서 해안에 있는 항구로 철광석을 수출하기 위해 철로를 건설할 경우 그 국가의 농부들 역시 세계시장에 대한 접근이 가능해질 것이다.

천연자원의 개발이 경제성장을 지원할 수 있는 전·후방연관으로 이어질 수 있는지 여부는 자원의 특성, 운송비용, 자원이 발견된 국가의 경제상황 등에 달려 있다. 19세기의 미국과 같이 국토가 넓은 국가의 경우에는 곡물의 수출이나 자원집약적인 제품의 생산이 풍부한 전·후방연관을 가져왔다. 곡물을 추수하기 위해 농기계 산업이 필요했고 곡물을 항구로 운송하기 위해 철로가 요구되었으며 이 전체 과정에 필요한 자금을 조달하기 위해서는 은행 시스템이 필수적이었다. 이와 같은 연관관계를 통해 천연자원은 미국의 산업화에 기여하였다.

한편 지난 200여 년간 수송비용이 감소함에 따라 천연자원의 가공이 천연자원 산지가 아닌 지역에서 주로 이루어지게 되었다. 19세기 말 미국, 영국 독일은 모두 국내강철과 석탄매장량을 활용하여 철강산업의 급성장을 경험하였다. 이와는 대조적으로 제2차 세계대전이 끝난 후 일본과 한국은 수입원자재를 활용하여 주요 철강생산국이 되었다. 자원 생산국가들에게 수송비용이 감소한다는 것은 천연자원의 생산이 상당한 정도의 전·후방효과를 동반하지 않을 수 있다는 것을 의미한다. 최근 개발도상국의 자원수출은 **고립지대**(enclave)의 형태를 지닌다. 고립지대란 한 국가의 경제발전이 다른 부분과 거의 접촉이 없이 이루어지는 상황을 의미한다. 고립지대의 가장 극단적인 예는 자본과 노동력이 모두 수입되어 원유가 채굴되고 지역경제와 어떠한 접촉도 없이 수출되어 버리는 역외(offshore)의 원유 생산을 들 수 있다.

정치

천연자원이 왜 경제발전을 이루는 데 도움이 되지 못하였는지를 설명한 과잉소비, 네덜란드 병, 연관효과의 부족 등 지금까지 살펴본 이론들은 정부가 자원의 저주를 축복으로 돌려놓을 수도 있음을 시사하고 있다. 예를 들어 정부정책을 통해 자원 관련 붐으로 갑자기 증가한 소득을 모두 소비에 이용하기보다는 경제상황 악화에 대비하여 저축하거나 효율적으로 투자에 이용할 수 있다. 또한 천연자원 개발회사들은 정부의 소유인 경우가 대부분이므로 자원개발과 여타 경제부문 간의 전·후방 연관관계가 구축되도록 정부정책을 이용할 수 있을 것이다. 이에 더하여 정부는 자원수출에 대하여 세금을 부과하고 이를 활용하여 사회기반시설이나 교육시설 등 공공재에 투자할 수도 있을 것이다. 따라서 적절한 정부정책을 제공한다면 천연자원의 존재는 경제성장에 큰 혜택이 될 것이다.

여러 사례에서 풍부한 천연지원이 지속적인 경제성장에 기어하지 못했다는 사실은 정부가 효과적인 정책을 펴지 못했음을 시사하고 있다. 몇몇 연구자들은 이보다 한걸음 더 나아가 천연자원의 존재는 정부가 천연자원이 없었을 때보다 더 나쁜 정책을 펼치게 한다고 주장한다. 즉, 천연자원의 존재가 정치체제에 유해한 영향을 미칠 수 있다는 것이다.

천연자원은 두 가지 경로를 통해 정부정책에 부정적인 영향을 미칠 수 있다. 첫째, 천연자원은 경제에서 차지하는 정부의 비중을 비대하게 만드는 경향이 있다. 정부의 규모가 확대되는 것은 천연자원이 정부의 수입원 역할을 담당해 줄 뿐 아니라 정부가 천연자원에서 발생하는 수입을 합법적으로 또는 비합법적으로 그 국가 내의 지배 그룹에 분배하는 역할을 담당하기 때문이다. 둘째, 천연자원의 존재는 정부가 우호 그룹에 대해 배분할 수 있는 재원을 확대시킬 수 있으므로 정부권력을 잡거나 유지하기 위한 사람들의 욕구를 크게 증가시키고 이 부분에 사람들의 노력이 집중되게 한다.

1970년대 석유 붐 시기에 베네수엘라에서 일어난 일들은 자원으로 창출된 재원이 어떻게 우호 그룹에 배분되는지를 잘 보여 주는 사례다.

> 이러한 분위기하에서 엄청난 규모의 정부 관련 계약이 정상적인 조달과정을 거치지 않고 이루어졌다. 어떠한 제어도 없이 정부기관을 거쳐 대규모 자금이 이동했고 어떠한 규제도 받지 않고 수백만 달러의 대출이 이루어졌다. 과거에 존재하던 불법적인 행위들은 더욱 악화되었다. 은행계좌의 조작, 공개입찰을 거치지 않은 계약의 성사, 공공자금을 이용한 사적 목적의 물품구입, 본래 목적과 관계없는 예산전용, 대출과 계약성사에 대한 커미션의 지급 및 보완 장치 없는 대규모 대출의 승인 등이 이루어졌다.

1970년에서 1978년 사이에 베네수엘라의 경제에서 정부 공공부문의 규모는 2배로

커졌고 외채 규모는 9배로 증가하였다.[19]

천연자원에서 발생되는 수입의 일부를 차지하기 위해 권력을 잡으려는 노력은 부패 정치, 내전 및 외국의 침략 등 다양한 형태로 나타났다. 다이아몬드 수출에 의해 자금이 지원되어 1990년대에 시에라리온의 인구 중 3분의 1의 목숨을 잃게 한 10년간의 전쟁은 이와 같은 권력추구 시도 중 최악의 사례다. 민족별로 천연자원이 고르지 않게 분포된 국가들에서는 상황이 더욱 심각하다. 예를 들어, 수단에서 발생한 정치권력을 쥐고 있던 북부의 이슬람 그룹과 석유 부존량이 많았던 남부의 비이슬람 그룹 간의 20년간의 내전은 190만 명의 사망자를 낳았다(2005년 1월에야 평화협정이 체결되었으며 2011년에 남수단이 수립되었다).

정치 시스템에 대하여 천연자원이 미치는 악영향은 큰 규모의 경제적 지대(rent)가 존재할 경우에 가장 심각하게 나타난다. 제10장에서 논의한 바와 같이 경제적 지대는 요소공급을 유도하기 위해 필요한 수준 이상으로 요소에 지불되는 대가를 의미한다. 경제적 지대가 클 경우 지대 추구에 따른 편익이 증가할 것이고 이 과정에서 낭비되는 자원의 규모도 커지게 된다. 자원의 가격에 비해 개발비용이 적을 경우 자원은 큰 규모의 지대를 창출하게 된다. 예를 들어 사우디아라비아에서 원유채굴에 필요한 비용은 자본지출을 포함해서 1배럴당 약 4~6달러이다.[20] 2012년 초에 원유는 배럴당 100달러 이상의 가격에 팔렸다. 이와 유사하게 자원의 개발이 외국인에 의해 이루어질 경우에도 자원은 지대를 발생시킨다. 예를 들어, 앙골라의 해안에서 원유가 채굴될 경우 외국회사들은 앙골라 국민이 원유채굴에 전혀 참여하지 않았더라도 정부에 원유채굴과 관련된 로열티를 지급한다. 이와는 대조적으로 비옥한 토지에서 산출물을 얻기 위해서는 자본과 노동이 투입되어야 하므로 비옥한 토지는 상대적으로 작은 지대를 발생시킨다.

물론 지대를 발생시키는 천연자원의 존재가 언제나 정치적 문제를 일으키는 것은 아니다. 예를 들어 노르웨이의 대규모 원유수출은 국고를 풍족하게 하였으나 노르웨이에는 여타 원유수출국에서 만연하고 있는 지대 추구, 부패 및 부적절한 정책 등이 발생하지 않고 있다. 이에 더하여 노르웨이는 원유가격 하락에 대비하여 추가적인 수입의 상당부분을 보유하는 데 성공하였다. 남아프리카의 보츠와나의 경우도 정부가 천연자원의 부정적 영향에서 벗어날 수 있음을 보여 준 사례다. GDP의 33%를 차지하는 높은 다이아몬드 의존도에도 불구하고 보츠와나는 안정적, 민주적, 효율적이면서도 정직한 정부를 유지해 왔다. 1966년에 독립한 이래 43년간 1인당 GDP는 연평균 6.0%의 성장

---

19) Karl(1997), p. 146, Table 8과 Table A.9.
20) Reuters(2009).

세를 보였다. 많은 아프리카 국가들이 실패를 경험하는 동안 어떻게 보츠와나는 천연자원으로부터의 혜택을 향유할 수 있었을까? 이에 대한 설명으로는 보츠와나의 민족구성이 상당히 동질적인 점, 정치적 엘리트 그룹을 제어하고 반대의견에 대한 표출이 보장된 식민지화 이전 부족시대의 제도유지, 보츠와나의 첫 번째 지도자였던 세레체 카마(Seretse Khama)가 탐욕이 없는 능력 있는 지도자였다는 점 등이 있다.[21] 노르웨이와 보츠와나의 사례들은 천연자원의 존재와 정부의 질에 영향을 미치는 문화와 인적 자본 등의 여타 요인들 간에 중요한 연관관계가 있음을 시사하고 있다. 아마도 일단 한 국가가 충분히 부유해지거나 정직한 정부의 전통이 길게 유지된다면 그 국가는 천연자원이 정치체제에 미치는 부정적인 영향에서 상대직으로 자유로울 수 있을 것이다.

천연자원이 경제개발에 미치는 유해한 효과를 줄이기 위해 채굴산업투명성기구(Extractive Industries Transparency Initiative, EITI)가 2002년에 발족되었다. 이 기구는 석유, 가스 및 탄광업의 기업들과 자원생산국가의 정부를 공동으로 참여시킨다. 참여하는 기업들은 자원생산국가의 정부에게 지불하는 모든 세금, 특허료와 상여금 등을 보고하는 데 동의하고, 외부 회계감사기관에 제출한다. 반면에 정부는 기업들로부터 받은 모든 수입을 공개하는 데 동의한다. 각국의 독립적 그룹이 이 두 개의 보고서를 대조할 임무를 부여받는다. 2011년 현재 세계에서 가장 규모가 큰 원유, 가스 및 탄광 회사 60개와 대부분 아프리카 국가이기는 하지만 35개국의 정부가 이 기구에 서명하였다. 자원채굴과 관련하여 투명성이 최악의 남용을 막아 줄 것이라고 희망한다. 기업들은 회계장부에 있는 다른 항목처럼 뇌물공여도 숨기지 못할 것이다. 또한 국민들은 자원판매 수입이 얼마나 정부로 유입되었는지도 알게 될 것이고, 결과적으로 정부수입이 유용하게 사용되도록 요구할 것이다. 그럼에도 불구하고 EITI의 성패는 앞으로 밝혀질 것이다. 비관주의자들은 채굴자원의 가격이 또 다시 오르면 자원 확보를 위해서 원칙을 무시하려는 기업들의 유인이 거부하기 어려울 정도로 커질 것이라고 본다. 더욱이 거대한 중국 수요자들이 존재하는 시장으로의 진입은 과거 서방 정부가 자기네 기업들에게 강요했던 그런 원칙에 의해서 제한 받지 않을 것이며, 이는 곧 EITI의 혜택을 퇴색시켜 버릴지도 모른다.

15.4 결론

지리적 특성이나 기후 및 천연자원은 운명인가? 지리적 특성, 기후 및 천연자원이 인간

---

21) Acemoglu, Johnson, and Robinson(2003), Beaulier(2003).

의 노력에 의해 결정되지 않기 때문에 이러한 특성들은 국가별 경제성과의 차이를 설명하는 근본적인 요인으로 고려하기에 매우 매력적인 대상이 된다. "국가 X가 국가 Y에 비해 먼저 발전한 것은 이들 국가의 고유특성 때문이다."라는 설명은 역사적 사례들을 인용하는 것보다 더욱 지적으로 보일 수도 있다. 이 장에서 우리는 지리적 특성과 기후가 국가별 경제성과와 연관을 가진다는 강한 증거를 알 수 있었다. 천연자원의 경우에는 훨씬 미약한 상관관계를 나타내었다.

그러나 지리적 특성과 기후가 운명이라는 결론을 내리기에는 아직 해결해야 할 문제점들이 남아 있다. 이러한 문제점들을 살펴보기 위해 이 장의 앞부분에서 소개한 위도와 1인당 소득수준 간의 관계로 돌아가 보도록 하자. 질병에 더욱 노출되어 있을 뿐 아니라 사람을 무기력하게 만드는 기후를 가진 적도에 가깝게 위치한 국가들은 고위도에 위치한 국가들에 비해 일반적으로 경제활동의 중심지에서 멀리 떨어져 있으며 농업 생산성이 낮다. 이러한 특성들이 1인당 소득수준과 적도와의 거리 사이의 강한 상관관계를 설명하는 근본적인 경로일 가능성이 있다. 이와 같은 설명들에 따르면 적도에 위치한 국가들이 결코 선진국들을 따라잡을 수 없다는 암울한 결론으로 이어지기 쉽다. 그러나 이와 같은 위도와 소득 간의 관계에 대한 설명들에도 불구하고 우리는 여전히 적도로부터의 거리가 왜 이들 국가들이 가난한지를 언제나 설명할 수 있다고 확신하기 어렵다. 지질학적 특성이 소득에 영향을 미치는 경로들에 대한 논의별로 우리는 예외적인 사례들을 발견할 수 있다. 한 가지 예는 대부분의 경제활동이 해안에 위치한 온대기후에서 이루어지고 있지만 미국에서 가장 성장속도가 빠른 도시는 사막이며 내륙에 위치한 라스베이거스다. 마찬가지로 질병의 만연이 언제나 경제성장에 장애요소가 되는 것은 아니다. 예를 들어 1880년대 프랑스의 파나마 운하건설 시도는 2만여 명의 목숨을 앗아간 황열병과 말라리아로 인해 실패로 돌아갔으나 미국인들에 의해 건설이 새롭게 시도되었을 때에는 질병들이 모두 퇴치되었다. 사실 열대지방의 보건위생이 상대적으로 열악한 것이 외생적으로 결정되었다고 확신하기는 어렵다. 열대지방이 인간의 건강에 이토록 부적합한 이유 중 하나는 그동안 열대지방의 질병을 연구하기 위해 투입된 자금이 온대지방의 질병을 연구하기 위해 투입된 자금에 비해 훨씬 적었기 때문이다. 이와 같은 불균형은 온대지방에 위치한 부유한 국가의 국민들의 신약에 대한 구매와 이들 정부의 연구에 대한 지원으로 쉽게 설명될 수 있다. 마찬가지로 열대지방의 농업생산성이 낮은 이유 중 하나는 농업과 관련된 R&D가 대부분 온대지방에 집중되어 있어 이 지역에서 개발된 신기술이 열대지방에 적합하지 않기 때문이다.

이러한 의혹들을 감안한 때 열대지방의 빈곤을 설명하려고 했던 우리의 시도들이 사

자원과 초기 산업화 : 석탄 사례를 중심으로

이 장에서 제시된 많은 증거들은 현대에 천연자원의 존재가 경제성장에 필수적인 요소가 아님을 입증하고 있다. 간단히 말해 국가들은 해외에서 자신들에게 부족한 자원을 수입함으로써 부족분을 보충할 수 있다. 약간 다른 주제는 과연 천연자원의 존재 여부가 경제성장의 역사를 설명하는 데 도움이 되느냐 하는 것이다. 이 영역에서 많은 학자들은 천연자원이 경제사에 있어서 가장 해결하기 어려운 문제(즉, 중국의 수백 년에 걸친 경제통합과 발전된 기술수준에도 불구하고 왜 유럽에서 산업혁명이 중국에 비해 먼저 일어났는지)에 대한 해답을 약간이나마 제시하고 있다고 주장한다.

천연자원을 통해 위의 문제를 해결하려는 이론의 핵심은 석탄이다. 제9장에서 우리는 유럽의 산업혁명에서 석탄이 중요한 역할을 담당하였음을 알 수 있었다. 석탄은 18세기에 철강생산을 획기적으로 증가시킬 수 있게 한 연료였다. 보다 중요한 것은 석탄을 원료로 한 증기기관이 공장을 돌리고 철도를 가능하게 하였으며 19세기에 교역을 엄청나게 증가시키는 데 기여한 증기로 움직이는 선박의 운항을 가능하게 하였다.

중국은 엄청난 석탄 매장량을 보유하고 있으며 현재 세계에서 가장 큰 석탄 생산국이다. 그러나 초기 산업화의 관점에서 볼 때 중국은 석탄과 관련하여 두 가지 약점을 보유하고 있었다. 중국의 석탄 매장량은 인구와 경제활동의 중심지에서 멀리 떨어진 산시성을 중심으로 한 서북부 지역에 집중되어 있으며 수상운송의 접근이 불가능하였다. 산업혁명이 진행되고 상당 기간이 지난 후에도 기술과 철도의 발전은 중국의 석탄매장량을 활용할 수 있을 정도로 충분치 못했다. 반면 유럽의 경우 최대 석탄 매장국은 산업혁명이 시작된 영국이었다. 영국의 석탄은 산업혁명 이전에도 경제의 중심지 부근에 매장되어 있었으며 운하와 해운을 통해 쉽게 운송될 수 있었다.

중국의 두 번째 불운은 중국과 영국의 석탄광산 간의 지질학적 차이에서 비롯되었다. 영국의 석탄광산은 홍수에 취약하였으므로 지속적으로 물을 빼내는 노력이 요구되었다. 물을 뽑아낼 수 있는 기계에 대한 필요와 값싼 원료 원천이 동일 지역에 존재하였던 점이 석탄 증기 엔진에 대한 수요를 확보할 수 있게 하였다. 실제로 초기의 증기 엔진은 연료 사용에 비해 너무도 효율성이 낮았을 뿐 아니라 너무 부피가 커서 석탄 광산에서 물을 빼내는 용도 이외에는 거의 쓸모가 없었다. 수십 년이 지나서야 증기력에 대한 경험이 축적되면서 연료 효율성과 소형화에 대한 기술발전이 이루어졌으며 증기 엔진은 석탄광산을 넘어서 산업혁명의 원동력이 될 수 있었다.

영국의 광산과는 대조적으로 중국의 광산은 건조했으며 가장 위험한 요소는 홍수가 아닌 자발적인 발화였다. 자연발화를 막기 위해 중국은 정교한 환풍기술을 개발하였다. 그러나 증기 엔진과는 달리 환풍기술이 경제의 여타부분에서 활용될 여지가 많지 않았다.*

* Pomeranz(2000).

후적인 합리화에 불과할 가능성은 상존한다. 만일 스웨덴이 현재와 같이 부유하지 않고 가난한 국가였다면 경제학자들은 추운 기후와 눈으로 생산에 애로가 있으며 침울한 겨울이 길게 지속되기 때문에 빈곤이 발생했다고 했을지도 모른다.

현재의 위도와 1인당 소득수준 간의 관계가 향후 소득증가에 대하여 어떤 의미를 가지는지를 답하는 것은 더욱 어려운 문제다. 냉방기구의 등장이 미국 남부의 발전에 미친 영향을 감안하면 기술의 발전은 미래에도 지리적 요인과 성장과의 관계를 크게 변화시킬 수 있을 것이다. 또한 기후와 소득 간의 관계는 기후가 건강이나 생산성에 미치는 현재 효과보다는 역사적 상황을 반영한 것일 가능성도 존재한다. 제12장에서 우리는 기후가 유럽인들이 식민지에 어떤 형태의 정부를 선택할지에 관해 영향을 미쳤음을 살펴본 바 있다. 질병이 유럽의 정착민들의 목숨을 많이 앗아간 지역에서는 '착취적(extractive)' 정부가 들어서는 경향을 보인 반면 유럽인들의 사망률이 낮은 지역에서는 항구적으로 정착하려는 유럽인들이 유럽의 시스템을 반영한 정부를 설립하였다. 식민지 시기에 도입된 정부 및 제도는 식민지 이후 기간에도 이어졌으며 이에 따라 열대지방의 식민지에서 독립한 국가들은 경제성장을 저해하는 상대적으로 나쁜 형태의 정부를 가지게 되었다. 이와 같은 메커니즘이 현재 기후와 소득 간의 관계에 있어 가장 중요한 요인이라면 정부의 질을 개선하기 위해 노력하는 열대지방 국가들은 기후가 경제성장에 미치는 악영향을 향후에 배제할 수 있을 것이다.[22]

이 장에서 배울 수 있었던 가장 중요한 교훈은 한 국가의 천연자원은 경제성장에 매우 제한적인 영향만을 미친다는 점이다. 현대 경제에서 생산을 위해 필요한 원자재가 부족한 국가들은 그럼에도 불구하고 매우 빠르게 성장할 수 있었던 반면 천연자원이 풍부한 국가들은 느리게 성장하곤 한다. 이와 같은 놀라운 사실은 자원이 국경을 넘어 이동할 수 있다는 점으로 간단하게 설명될 수 있다.

국가별로 가용한 자원이 그 국가의 성장을 결정짓지 않는다는 관찰은 전 지구적 수준에서 가용한 자원이 세계 성장에 어떤 영향을 미치는지를 이해하는 데 도움이 전혀 되지 않는다. 개별국가와는 달리 당분간 세계 전체적으로 자원을 수입해 오는 것은 불가능할 것이다. 전 지구적 수준의 천연자원에 대한 주제는 제16장에서 다루기로 한다.

핵심용어

고립지대(enclave)
네덜란드병(Dutch disease)
마킬라도라(maquiladora)
전방연관(forward linkages)

천연자본(natural capital)
파급효과(spillovers)
후방연관(backward linkage)

22) Acemoglu, Johnson, and Robinson(2001).

복습문제

1. 왜 지리적 특성, 기후 및 천연자원이 경제성장에 대한 결정요인으로 연구하기에 특별히 흥미로운가? 이와 같은 특징들이 정부의 질, 소득의 불평등도나 문화 등 여타 경제성장에 영향을 미치는 요인들과 어떤 차이를 가지는가?

2. 해상운송에 대한 접근도가 경제성장에 중요한 결정요인이라는 점에 대하여 어떠한 증거들이 있는가?

3. 16세기 이전에 유용한 동식물의 존재가 경제성장에 어떻게 영향을 미쳤는가? 유럽이나 아시아가 이런 측면에서 어떤 이점을 가지고 있는가?

4. 지질학적 특성의 차이가 중국과 유럽의 정치역사에 어떠한 영향을 미쳤는가? 이와 같은 정치적 차이들이 경제성장에 어떤 영향을 주었는가?

5. 한 국가의 기후는 어떠한 경로를 통해 그 나라의 1인당 소득수준에 영향을 미칠 수 있는가?

6. 열대기후의 어떠한 특성들이 경제성장에 악영향을 미치게 되는가?

7. 천연자본이란 무엇인가? 물적 자본이 인적 자본과 유사한 점은 무엇인가? 차이점은 무엇인가?

8. 자원의 저주란 무엇인가? 이를 설명할 수 있는 이론들은 어떤 것들이 있는가?

연습문제

1. 기후에 의한 농업생산성 차이가 지역별 인구밀도나 삶의 질에 미치는 영향에 대하여 제4장에 제시되었던 맬더스 모형은 어떠한 예측을 할까? 이러한 예측은 실제 자료와 일치하는가?

2. 산업화 이전 경제성장에 있어서 지리적 특성의 역할을 활용하는 제라드 다이아몬드의 이론에 따르면 유럽과 중국의 다른 운명에 대하여 어떤 설명을 제시할 수 있을까?

3. 세계화는 다음의 관계들을 어떻게 변화시킬까? 문항별로 구체적인 사례를 제시하라.

   a. 한 국가의 천연자원과 1인당 소득수준 간의 관계

   b. 한 국가의 지리적 특성과 1인당 소득수준 간의 관계

   c. 한 국가의 기후와 1인당 소득수준 간의 관계

4. 기술발전은 다음의 관계를 어떻게 변화시켜 왔나? 문항별로 구체적인 사례를 제시하라.

  a. 한 국가의 천연자원과 1인당 소득수준 간의 관계

  b. 한 국가의 지리적 특성과 1인당 소득수준 간의 관계

  c. 한 국가의 기후와 1인당 소득수준 간의 관계

5. 기술발전이 국가별 천연자원과 1인당 소득수준간의 관계를 바꾸게 되는 가능한 사례를 제시하라. 국가별 지리적 특성과 1인당 소득수준 간의 관계를 변화시킬 수 있는 사례 및 국가의 기후와 1인당 소득수준 간의 관계도 제시하라.

6. 다음 국가들의 역사와 지리적 특성을 조사한 후 지리학적 특성, 기후 및 천연자원이 각 국가의 경제성장과 현재 경제상태에 어떠한 영향을 미쳤는지 간단한 보고서를 작성하라. 이 장에서 제시된 다양한 이론들이 이들 국가의 사례를 통해 뒷받침되는지 토론하라.

  a. 볼리비아

  b. 파나마

  c. 싱가포르

온라인 데이터 플로터(Data Plotter)와 데이터를 이용해서 실습하려면 http://www.pearsonhighered.com/weil을 방문하라.

제 16 장

전 지구적 수준에서의
천연자원과 환경

우리는 제15장에서 천연자원과 경제성장 간의 관계에 대하여 살펴보았으며 이를 통해
국가별 천연자원의 부존량이 경제성장에 미치는 영향이 놀라울 정도로 작
다는 점을 알 수 있었다. 이는 국제교역을 통해 한 국가가 다른 국가로
부터 필요한 자원을 수입할 수 있기 때문이다. 따라서 개별 국가별 천
연자원의 부족은 여타 국가들에 비해 개별 국가를 불리한 여건에 처하
게 하지 않을 수 있다. 그러나 우리가 경제성장과 자원과의 관계를 범세계
적인 수준에서 살펴볼 경우에 국제교역이 최소한 가까운 미래에는 더 이상 자원부족의
해결책이 될 수 없다. 개별 국가들과 달리 세계는 수입을 통해 천연자원의 부족을 보
충할 수 없기 때문에 세계 전체로 볼 때 천연자원의 부족은 문제가 될 수 있다.

기하급수적인 성장이
하나의 한정된 별에서 영원히 지속
될 것이라 믿는 사람은 광인이거나
경제학자일 것이다.
－케네스 보울딩

이 장에서 우리는 전 지구적 수준에서 천연자원과 경제성장이 어떻게 서로 영향을
주는지를 살펴보도록 한다. 이 이슈는 이때까지 우리가 살펴본 경제성장과 관련된 어
떠한 이슈보다도 논란이 많은 영역이다. 이 이슈에 대하여 천연자원의 부족이 경제성
장에 중요한 제약요건이 될 것이라고 믿는 학자들과 천연자원의 부족이 큰 문제가 아
니라는 학자들 간의 의견 차이는 엄청난 수준이다. 이에 더하여 양측의 논쟁은 서로
다른 언어로 말하는 것처럼 들릴 정도이며 때로는 모욕적인 언사도 나타나곤 한다.

먼저 우리는 천연자원을 측정할 수 있는 기본적인 틀과 천연자원을 생산과정에 대한
분석에 어떻게 결합할지를 제시한다. 이후 우리는 경제성장에 대한 분석에서 천연자원
의 고갈을 어떻게 설명할 것인지와 현재 인류의 천연자원 사용량이 장기적으로 지속
가능한 수준인지를 살펴볼 것이다. 마지막으로 경제성장이 환경에 미치는 영향을 분석

하기로 한다. 우리는 천연자원을 분석하기 위하여 적용하였던 많은 개념들이 만일 원시 자연환경을 공해의 발생으로 고갈되는 천연자원으로 간주한다면 자연환경의 오염에 대한 분석에도 적용될 수 있다는 점을 이해하게 될 것이다.

천연자원과 경제성장의 상호작용에 대한 분석에서 우리는 대체(substitution), 가격 및 재산권이라는 세 가지 개념을 강조할 것이다. 대체는 기업이나 소비자가 희소한 자원에서 보다 부존량이 풍부한 자원으로 사용대상을 옮겨감에 따라 발생한다. 자원의 희소성이 반영된 천연자원의 가격은 대체자원을 찾기를 원하는 사용자 및 자원을 더 생산하려는 생산자에게 신호로 작용하게 된다. 마지막으로 천연자원에 대한 재산권이 잘 확립되어 있을 때 천연자원의 소유주가 천연자원을 보존하려는 유인을 가지게 되고 천연자원의 부족이 보다 높은 가격을 통해 반영될 수 있다. 재산권과 관련된 이러한 관계가 잘 정립되지 않는다면 천연자원의 희소성이라는 측면이 경제에 반영되지 못하게 된다. 이 경우 천연자원의 부족은 경제성장에 가장 큰 위협으로 작용할 수 있다.

천연자원의 가격 및 재산권은 우리가 경제성장이 환경에 어떠한 영향을 미치는지를 분석할 때 특히 중요한 역할을 담당하게 된다. 깨끗한 환경과 여타 천연자원의 가장 중요한 차이는 대부분의 경우 깨끗한 자연에는 특정 소유주가 존재하지 않기 때문에 공해발생에 대한 시장가격이 존재하지 않는다는 데 있다. 이러한 이유로 환경의 훼손 특히 재산권이 불명확한 대기 등의 환경의 경우 천연자원의 부족보다 경제성장에 더욱 심각한 문제가 될 수 있다.

16.1 천연자원의 개념

우선 천연자원의 여러 가지 형태 및 측정방법과 경제활동에서의 사용도에 대하여 점검해 보기로 한다.

재생불능자원

재생불능자원(nonrenewable resources)은 지구에 오직 한정된 물량만이 존재하는 것을 의미한다. 재생불능자원이 소비된다는 것은 이러한 천연자원이 완전히 소멸함을 의미한다. 재생불능자원의 가용물량에 대한 일반적인 측정단위는 **현존량**(current reserves) 이다. 현존량이란 현재의 기술과 가격을 전제로 추출할 때 수익성이 있다고 판단되는 자원의 양을 의미한다. 현존량의 변화는 첫째, 현존량을 증가시키는 새로운 매장량의 발견과 둘째, 현존량을 감소시키는 자원의 고갈 두 가지 측면에서 나타난다. 현존량의 수준은 또한 기술의 발전이나 자원의 가격변화로 인해 천연자원의 기존 매장지역에서 추출과 관련된 경제적 타당성이 변화하게 될 경우에도 바뀔 수 있다.

　재생불능자원에 대한 자료를 보다 상세히 살펴보기 위해 세계에서 가장 중요한 재생불능자원 중 하나인 원유에 대하여 점검해 보도록 하자. 2011년을 기준으로 원유는 세계 상업 에너지 소비의 약 33%를 담당하고 있으며 석탄은 28%, 천연가스는 22%, 재생자원이 11%, 원자력이 5%를 담당하고 있다.[1]

　〈그림 16.1〉은 1900년 이후 세계 원유생산의 추이를 보여 주고 있다. 원유생산은 1960년 이후 3배나 증가하였다. 부유한 국가들이 대부분인 OECD는 세계 원유소비량의 52%를 소비하고 있으며, 미국은 22%를 소비하고 있다. 처음 채굴이 시작된 이래

그림 16.1
세계 원유생산 추이, 1990～2010년

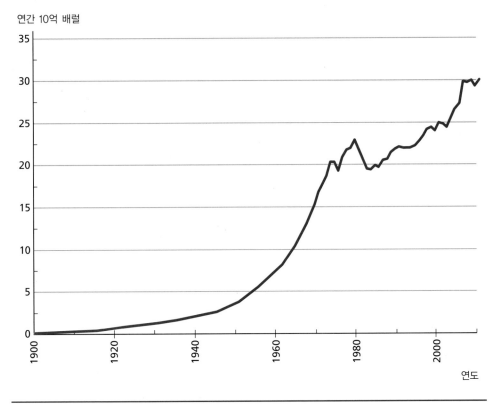

연간 10억 배럴

연도

자료 : Jenkins(1977), p. 85 and Table 2, U.S. Department of Energy, Energy Information Administration(2007), Chapter 11, BP(2011).

---

[1] U.S. EIA International Energy Outlook 2011: http://www.eia.gov/forecasts/ieo/world.cfm.

▶ 표 16.1

세계 원유 생산량 및 매장량 추이(10억 배럴)

구분	1945~1960	1961~1970	1971~1980	1981~1990	1991~2000	2001~2010
초기 시점의 매장량	51	292	612	649	1,001	1,108
−생산량	77	119	205	217	253	253
+추가 발견량	318	439	242	569	360	380
=말기 시점의 매장량	292	612	649	1,001	1,108	1,236

자료 : Adelman(1995), Table 2.2; BP(2011).

2010년 말까지 전 세계에 걸쳐 1조 1,640억 배럴의 원유가 채굴되었다.

〈표 16.1〉은 원유매장량, 생산량 및 매장량의 증가에 대한 1945년에서 2010년까지의 자료를 담고 있다. 이 표는 재생불능자원에 대한 분석에서 일반적으로 나타나는 유형을 보여 준다. 즉, 분석기간 중 생산이 매장량에 비해 매우 높은 수준을 나타내지만 현존량의 수준도 지속적으로 증가함을 알 수 있다. 다시 말해, 사용된 양보다 많은 양의 원유가 새롭게 발견된 것이다. 1945년에서 2010년 사이에 1조 1,230억 배럴의 원유가 채굴되었으나 새로운 원유의 발견과 기술발전으로 인해 채굴가능량이 증가함에 따라 2조 3,080억 배럴의 부존량이 증가하였다.

원유는 재생불능자원이기 때문에 소비가 증가하는 가운데 새로운 매장량의 발견이 더욱 빠르게 늘어나는 유형이 영원히 지속될 수는 없다. 따라서 이러한 유형이 언제까지 지속될 수 있는지가 질문이 된다. 이에 대한 답변을 내리기 위해서는 매우 강한 가정을 통해 세계적으로 발견되지 않은 원유의 매장량을 추정할 필요가 있다. 2000년에 실시한 미국 지질학 서베이는 보다 낙관적인 3조 배럴을 매장량으로 제시하였다.[2] 이러한 낙관적인 부존량을 사용할 경우 인류가 원유 채굴을 시작한 이래 궁극적으로 채굴 가능한 3조 배럴의 원유 중 39%인 1조 1,640억 배럴을 이미 소비하였으며 41%에 달하는 1조 2,360억 배럴은 발견되었으나 아직 사용되지 않았고 20%에 해당하는 6,000억 배럴은 아직 발견되지 않았다고 볼 수 있다.

이와 같은 추정치에 따르면 2010년 말 현재 지구상에는 1조 8,360억 배럴에 달하는 궁극적으로 채굴 가능한 원유가 남아 있다고 볼 수 있다. 따라서 연간 300억 배럴이 소비되는 현재 추세가 유지될 경우 원유는 61년이 지나면 모두 사라질 것이다. 만일 시

---

2) U.S. Geological Survey(2000).

간이 갈수록 과거와 마찬가지로 연간 원유 소비량이 증가할 경우 원유는 보다 빨리 고갈될 것이다. 예를 들어 1983년에서 2010년까지 연간 원유 소비량은 매년 1.6%씩 증가해 왔다. 만일 소비량이 이와 같은 속도로 증가할 경우 원유는 43년이면 고갈될 것이다.[3] 원유가 고갈되기 이전이라고 할지라도 생산은 감소하기 시작할 것이다. **피크오일**(peak oil)이라는 용어는 세계 원유생산량이 최대치에 도달하는 날이다. 피크오일이 언제가 될지 추정일은 상당히 다르지만 2020~2030년일 것이라고 자주 거론된다.

세계경제에서 원유가 차지하는 중요성을 감안한다면 이와 같은 원유의 고갈이 앞으로 경제적 재앙이 닥칠 것을 의미한다고 볼 수 있을까? 이 장의 대부분은 이와 같은 질문에 대한 해답을 내리는 데 집중될 것이다.

재생가능자원

재생가능자원(renewable resources)이란 자연적인 순환과정을 통해 재생되어 반복적으로 사용할 수 있는 자원을 의미한다. 몇몇 재생가능 자원은 인간의 소비에 의해 자원의 양이 영향 받지 않기도 한다. 예로는 태양광을 들 수 있다. 사용 가능한 태양광의 양은 매년 대체적으로 동일하며 한 연도에 인간이 어떠한 양을 사용하더라도 미래에 사용할 수 있는 양에 영향을 주지 않는다. 다른 재생가능자원의 경우에는 상황이 보다 복잡하다. 예를 들어 동식물의 경우 한 시점에 가용한 자원의 양은 과거 소비량에 영향을 받게 된다. 이와 같은 자원들은 자체적으로 재생산이 이루어지지만 재생속도는 소비량에 영향을 받는다. 한 시점에 자원이 지나치게 사용될 경우 향후에는 재생산이 불가능해질 수 있으므로 재생가능자원의 과잉소비가 발생할 수 있다.

이러한 과정을 설명하기 위해 우리는 간단한 수학적 모형을 설정할 수 있다. t시점에 존재하는 자원의 양을 S_t, t 시점에 채취된 자원의 양을 H_t, 그리고 t 시점에 늘어난 자원의 양을 G_t라고 정의하자. 두 시점 사이에 발생하는 자원 양의 변화는 성장을 통해 늘

---

3) 수학 주 : 천연자원이 고갈되는 데 걸리는 시간은 다음과 같이 계산될 수 있다. 먼저 $U(t)$를 연간 사용량, $S(0)$를 0 시점에 존재하는 전체 부존량, g를 연간 사용량의 연간 증가율, T를 자원이 고갈되는 시점이라고 정의하자. 변수들 간의 관계는 다음의 식에 나타나 있다.

$$S(0) = \int_0^T U(0)e^{gt}dt$$

이 식을 풀면, 다음의 해가 얻어진다.

$$T = \frac{ln\left(1 + g\frac{S(0)}{U(0)}\right)}{g}$$

어난 양의 변화와 채취된 양의 변화로 정의될 수 있다. 즉 다음 식으로 정의될 수 있다.

$$\Delta S_t = S_{t+1} - S_t = G_t - H_t$$

자원의 증가는 존재하는 자원의 양인 S_t와 재생 가능한 자원이 인간에 의한 채취가 없는 자연적 상태에서 도달할 수 있는 양의 최대값인 환경의 **최대부양능력**(carrying capacity) 두 가지 변수의 함수다. 만일 천연자원의 양이 최대부양능력과 동일한 수준이라면 추가 성장을 이룰 수 있는 여지가 존재하지 않기 때문에 성장량은 0이 될 것이다. 따라서 우리가 최대부양능력과 유사한 수준의 환경을 고려한다면 보다 낮은 자원량이 높은 성장을 가져올 수 있다. 그러나 만일 자원량이 지나치게 낮다면 자원량의 성장은 자원량의 수준에 영향받는다는 두 번째 요인이 작용하게 된다. 예를 들어, 물고기나 동물의 경우 자연에 너무 적은 수의 개체만이 남아 있게 되면 짝짓기를 위한 짝을 찾을 수 없어 재생산이 이루어질 수 없다.

〈그림 16.2〉는 이상의 논의를 요약한 것으로 재생가능자원의 성장속도를 자원량의 함수로 표현한 것이다. 이러한 곡선의 정확한 형태는 고려대상 자원에 따라 다르게 나타날 것이다. 재생산이 빠르게 이루어지는 종(species)의 경우 곡선의 정점, 즉 성장이 가장 큰 지점이 최대부양능력에 비해 매우 낮은 수준에서 나타날 것이다. 재생산이 느

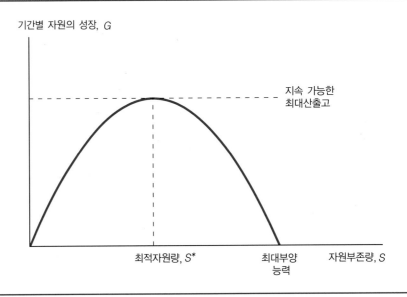

▶ 그림 16.2
재생가능자원의 성장

기간별 자원의 성장, G

지속 가능한 최대산출고

최적자원량, S*   최대부양능력   자원부존량, S

리게 이루어지는 종의 경우에는 성장이 가장 큰 지점이 상대적으로 높은 수준에서 나타날 것이다. 즉, 곡선의 정점은 오른쪽으로 치우치게 된다.

〈그림 16.2〉의 곡선의 정점은 지속 가능한 **최대산출고**(maximum sustainable yield)라고 불리며 이는 재생가능자원의 미래사용량을 감소시키지 않는 단위기간당 최대 추출량을 의미한다. 최적자원량 S^*는 지속 가능한 최대산출고에 대응된다.

전혀 사용된 적이 없는 자원의 경우 자원량은 최대부양능력 수준이 된다. 만일 자원이 지속 가능한 최대산출고에서 추출될 경우 자원량은 최적자원량인 S^*에 다시 도달하기 전에 일시적으로 감소할 것이다. 그러나 만일 자원의 추출량이 지속 가능한 최대산출고 수준을 너무 오랜 기간 넘어설 경우에는 자원량이 S^* 아래로 떨어질 것이고 궁극적으로는 0에 이르게 될 것이다. 이에 더하여 한번 자원의 양이 S^* 아래로 떨어진다면 추출량을 지속 가능한 최대산출고 수준으로 줄이는 것만으로는 자원량이 회복될 수 없다. 자원량을 최적자원량 수준으로 되돌리기 위해서는 일정기간 동안 추출량을 지속가능한 최대산출고 이하 수준으로 유지하여야 한다.

불행하게도 지속 가능한 최대산출고 이상의 추출이 이루어짐에 따라 자원량이 S^* 수준 아래로 떨어지는 패턴은 현재 세계적으로 볼 때 많은 재생가능자원이 처한 현실을 잘 묘사하고 있다. 과잉 추출을 겪고 있는 가장 일반적인 사례로 어류를 들 수 있다. 예를 들어 뉴잉글랜드 지역의 조지스 뱅크(Georges Bank)는 세계적으로 가장 어획량이 많은 어장 중 하나였다. 이 지역의 물밑에 사는 물고기들(대구류나 넙치 등)의 지속 가능한 최대산출고는 연간 9,900만kg 수준이었다. 그러나 1960년대 중반에 연간 어획량이 6억 8,200만kg까지 상승하였다. 어류자원이 감소하면서 어부들은 어획량을 유지하기 위해 보다 개량된 어구들을 사용하였으나 이와 같은 노력은 결국 수포로 돌아갔다. 1993년이 되자 연간 어획량은 3,000만kg으로 감소하였으며 이 수준에서도 어류는 자체적으로 재생산을 이루어 내지 못하였다. 이와 같은 어류 남획은 세계적으로 반복해서 일어나고 있다. 가장 최근에는 스시의 재료로 흔히 쓰이고 있는 참치의 재고가 대서양에서 급감하였다.

땅 표면으로 퍼올릴 수 있는 민물을 포함하고 있는 대수층은 남용될 우려가 존재하는 또 다른 중요한 재생가능자원이다. 적당량의 물이 퍼 올려질 경우 대수층은 토양을 통해 여과된 빗물로 다시 채워질 수 있다. 그러나 일시에 지나치게 많은 물이 퍼 올려질 경우 대수층은 사용불가능하게 되어 버린다. 예를 들어 해안선에 가깝게 위치한 대수층에서 물을 지나치게 퍼낼 경우 바닷물이 민물을 대체하게 된다. 팔레스타인 정부에 의해 통제되는 가자 지구(Gaza Strip)에서 사용되는 모든 물을 공급하는 대수층은

20~30년 후에는 완전히 붕괴될 정도로 물이 퍼내어지고 있다.[4]

천연자원에 대한 재산권

분석과정에서 사용될 천연자원에 대한 마지막 요소는 천연자원의 사용이 어느 정도로 재산권에 의해 통제되고 있느냐 하는 점이다. 천연자원은 개인, 기업 및 정부가 사용을 얼마나 통제할 수 있는지에 따라 분류될 수 있다. 분류의 한쪽 극단에는 잘 정립된 재산권에 의해 관할되는 토지나 광물 등이 있으며 다른 한쪽 극단에는 소유권이 거의 존재하지 않거나 아주 미약하게 존재하는 바다의 어류 등이 있다.

천연자원이 어떻게 이용되는지는 재산권에 의해 관할되는 정도에 달려 있다. 보다 구체적으로 볼 때 재산권에 의해 관할되지 않는 천연자원은 비효율적일 정도로 과잉 사용될 가능성이 높다. 재생불가능자원의 경우에는 자원의 고갈이 훨씬 빠르게 일어나게 되며 재생가능자원의 경우에는 지속 가능한 최대산출고 이상으로 추출이 이루어지게 된다. 두 가지 경우 모두 재산권의 부재로 인해 생산자가 미래의 생산량을 증가시키기 위해 현재의 생산량을 제한하려는 유인을 갖지 않게 한다. 예를 들어 미래를 위해 생선의 어획량을 제한하는 어부는 다른 어부들이 생선을 더 잡아들이는 현실만을 목격하게 될 것이다. 마찬가지로 여러 사람이 재생불가능자원을 마음대로 사용할 권리가 있다면 사용권을 가진 모든 사람들은 다른 사람들이 사용하기 전에 빨리 사용해 버릴 유인을 가지게 될 것이다.

천연자원에 대하여 재산권이 존재하지 않을 경우 천연자원이 남용되는 현상은 **공유지의 비극**(tragedy of the commons)으로 불리곤 한다. 이 용어는 산업혁명 이전의 영국에서 한 마을 땅의 일부를 '공유지'로 지정하고 모든 주민들이 자유롭게 자신들의 가축을 방목할 수 있게 한 데에서 연유한다. 1833년 윌리엄 포스터 로이드(William Forster Lloyd)라는 경제학자는 공유지와 사유지의 대비에 주목했다. 그는 "왜 공유지 가축들의 발육이 저해되었을까?" 그리고 "왜 공유지는 이렇게 황량하고 근처 대지와는 다르게 경작되고 있을까?"라는 질문을 던진다. 그의 해답은 자신의 땅에서 가축을 기르는 소유주들은 향후 토양의 비옥도를 보존하기 위해 방목을 제한하려는 유인을 가진 반면 공유지에 대해서는 이와 같은 유인이 전혀 존재하지 않는다는 것이었다. 결과적으로 공유지는 자주 과잉 방목되므로 생산성이 떨어지게 된다.[5]

공유지의 비극에 대한 하나의 해법은 재산권을 정립하는 것이다. 예를 들어 공유되

---

4) United Nations Environmental Program(2002).

5) Lloyd(1833), Hardin(1968).

는 방목지의 경우 재산권을 형성하게 하는 것은 공유지를 여러 조각으로 나누어 각각 사유 목초지로 구분하는 것이다. 다만 재산권을 부여하는 것이 언제나 실용적인 것은 아니다. 예를 들어 여러 사람들의 재산인 땅이나 건물 밑을 지나는 지하의 대수층에 대하여 개개인에게 일정량의 재산권을 부여하는 것은 거의 불가능하다. 사적 재산권에 대한 대안은 남용으로 발생하는 부정적인 외부효과를 고려할 수 있는 정부나 여타 다른 규제당국이 관할하는 것이다(제6장에서 살펴본 바와 같이 외부효과란 경제적인 대가가 제공되지 않은 행위로부터 우연히 발생하는 효과를 의미한다는 점을 떠올려 보자). 한 예로 공유 방목지의 경우 정부나 여타 규제당국이 각 소유자별로 방목할 수 있는 가축의 수를 제한할 수 있을 것이다. 이와 같은 규제는 결과적으로 모든 가축의 소유자들에게 혜택으로 돌아올 것이다.

공유지에 대한 적절한 관리를 위해서는 자원이 얼마나 사용되어야 할지를 결정할 수 있는 지혜와 정직성을 가진 규제당국뿐 아니라 이러한 결정을 강제할 수 있는 수단이 필요하다. 자원이 남용되는 경우는 대부분 앞서 제시한 요건들이 충족되지 못할 때 발생한다. 산림은 많은 개발도상국에서 남용되어지는 천연자원 중 하나다. 정부가 공식적으로는 산림을 소유하고 관리하는 것으로 되어 있지만 대부분의 경우 불법적인 산림의 벌채를 막지 못한다. 인도네시아 벌채 중 70%가 불법적으로 이루어졌다는 추정도 존재한다. 정부가 천연자원에 대한 접근을 통제할 수 있는 경우에도 차기 선거에서 승리하려는 욕구나 정치적인 영향력이 강한 이해집단의 이해관계에 의해 남용이 이루어지고는 한다.

마지막으로 가장 심각한 공유지의 비극이 발생하는 것은 자원이 어떠한 단일 정부의 통제하에도 놓이지 않는 경우이다. 현재 세계에서 가장 중요한 두 가지 천연자원은 해양과 대기이다. 최근 들어 많은 국가들은 조업에서 유리한 위치를 차지하기 위해 배타적 경제수역을 국가별 해안선에서 멀리 떨어진 지역까지 확대하고 있다. 실제 1975년 영국과 아이슬란드는 아이슬란드가 대구조업을 위한 320km(또는 200mi) 배타적 경제수역을 천명하면서 전쟁 직전까지 치달았다. 이와 같은 국가별 노력에도 불구하고 국제해역의 많은 어류들은 남획되고 있다. 전 세계 어획량은 1950년 2,000만 톤에서 2009년에는 9,600만 톤으로 증가하였다. FAO(Food and Agriculture Organization)에 따르면 53%의 어류가 지속 가능한 최대산출고 수준에서 포획되고 있으며 28%는 이 수준을 넘어선 속도로 남획되고 있다고 한다.[6] 대기의 경우에는 자연의 고갈이 문제라기보다는 오염이 문제가 되고 있다. 그러나 추후 살펴볼 바와 같이 이 문제에 대한 경제학

---

6) United Nations Food and Agriculture Organization(2010).

적 분석도 마찬가지 결론에 도달하게 된다. 어떤 사람도 오염되지 않은 대기를 '소유'하고 있지 않기 때문에 생산자들이 공해물질을 대기에 쏟아 내면서 공유지의 비극이 발생하게 된다.

천연자원과 생산

우리가 천연자원에 관심을 두게 된 것은 기본적으로 천연자원이 생산과정에 투입된다는 점에 기인한다. 작물을 재배할 토지, 제품을 만들 원자재 및 기계를 돌리는 데 필요한 에너지가 없다면 경제활동은 모두 멈춰지고 말 것이다.

〈표 16.2〉는 2008년을 기준으로 소득수준별로 국가를 분류하였을 때 에너지의 사용도를 보여 주고 있다. 표에 따르면 에너지 소비량은 1인당 소득이 증가함에 따라 같이 증가하고 있다. 가장 부유한 국가 그룹과 가장 빈곤한 국가 그룹을 비교할 경우 1인당 에너지 사용량은 14배 차이를 나타낸다. 〈표 16.2〉를 통해 우리는 간단한 계산을 해볼 수 있다. 전 세계인들이 가장 소득 수준이 높은 국가의 사람들 정도의 에너지를 소비한다고 가정해 보자. 전 세계적인 에너지 소비는 얼마나 증가할까? 정답은 약 2.9배다. 만일 전 세계인들이 세계에서 가장 에너지를 많이 소비하는 미국인들(1인당 7,481 킬로그램의 원유)만큼 에너지를 소비한다면 세계 에너지 소비는 4.2배나 증가한다!

생산에서의 **자원집약도**(resource intensity)는 생산에 있어서 에너지가 담당하는 역할을 이해하는 데 유용한 개념이다. 자원집약도란 한 단위의 산출물을 생산하기 위해 요구되는 천연자원의 양을 뜻한다. 이러한 개념을 〈표 16.2〉의 마지막 칸에 적용하면 생산에서의 에너지 집약도를 계산할 수 있다. 즉, GDP 1달러를 생산하기 위해 필요한 에너지의 양이 도출된다. 에너지 집약도는 빈곤한 국가에서 소폭 높은 수준을 나타내기는 하지만 소득수준별로 큰 차이를 나타내지는 않는다. 이와 같은 에너지 집약도의 상

▶ 표 16.2

국가별 에너지 사용량

국가 분류	인구(백만 명)	1인당 GDP($)	1인당 에너지 사용량 (원유 등가물 Kg 사용량)	에너지 집약도 ($ 기준 GDP 대비 원유 등가물 기준 Kg 사용량)
저소득 국가군	764	1,061	364	0.309
중저소득 국가군	2,392	2,988	671	0.224
중고소득 국가군	2,419	8,063	1,825	0.227
고소득 국가군	1,113	33,691	5,112	0.151

자료 : World Bank(2011).

대적인 평등도가 모든 자원에 적용되는 것은 아니다. 가령 부유한 국가의 경우 식량생산이 GDP에서 차지하는 비중이 가난한 국가에 비해 매우 낮기 때문에 GDP 1달러당 토지집약도는 부유한 국가에서 훨씬 낮게 나타난다. 또한 한 천연자원에 대한 자원집약도는 시기별로 매우 다르게 나타날 수 있다. 집약도는 기술의 변화, 산출물의 구성 (예를 들어 상품생산과 서비스 생산), 자원의 가격변화 및 자원에 대체재로 활용될 수 있는 천연자원의 가격변화 등에 의해 변화할 수 있다. 예를 들어 아랍의 석유수출 금지에 따른 에너지 가격상승으로 미국의 에너지 집약도는 1973년에서 2000년 사이에 매년 1.9%씩 하락하였다.

자원집약도 개념을 이용해서 우리는 경제성장, 인구성장 및 자원의 성장이 이떠한 연관을 가지게 되는지 살펴볼 수 있다. y를 1인당 GDP, L을 인구규모, I를 자원집약도 그리고 R을 자원소비라고 정의하자. 따라서 자원집약도는

$$I = \frac{R}{yL}$$

이므로 다음과 같이 정의된다.

$$R = IyL$$

또한 성장률을 기준으로 고쳐 쓰면 다음과 같다.[7]

$$\hat{R} = \hat{I} + \hat{y} + \hat{L}$$

만일 1인당 산출물이 연간 1% 증가하고 인구가 연간 1% 증가하는 가운데 자원집약도가 일정하다면 전체 자원소비는 연간 2% 증가한다는 점을 나타내고 있다.

위의 식을 다시 정렬하면 자원의 제약이 어떻게 경제성장에 영향을 줄 수 있는지를 설명할 수 있다. 예를 들어 재생가능자원이 지속 가능한 최대산출고 수준으로 생산되는 것과 마찬가지로 현재 이용 가능한 자원의 양이 고정되어 있다고 가정하자. 이러한 가정은 $\hat{R} = 0$임을 의미한다. 따라서 앞서 제시된 수식을 다음과 같이 쓸 수 있다.

$$\hat{y} = -\hat{I} - \hat{L}$$

이렇게 쓰여진 수식은 1인당 산출물이 증가하기 위해서는 자원집약도가 인구증가에 비해 **빠르게** 하락하여야 함을 보여 준다.

---

7) 수학 주 : 구체적으로는 식의 양변에 로그를 취하고 시간에 대하여 미분한 것과 동일하다.

16.2 천연자원을 포함한 경제성장에 대한 분석

재생불능자원이 유한하다는 사실은 경제 전체적으로 볼 때 현재와 미래 간의 상충관계(trade-off)가 존재한다는 것을 의미한다. 즉, 현재 자원을 많이 사용할수록 미래에 사용될 수 있는 자원의 양은 감소할 것이다. 물론 현재와 미래 간의 상충관계가 천연자원에 국한된 것은 아니다. 앞서 우리는 현재의 소비를 줄인다면 물적 자본, 인적 자본 및 기술 발전에 대한 투자가 미래의 삶의 질을 높이는 데 기여할 수 있음을 살펴본 바 있다. 그러나 이러한 상충관계가 천연자원에 국한된 것이 아니라 하더라도 현재와 미래 사이의 상충관계는 천연자원의 경우 가장 현저하게 나타난다. 만일 우리가 물적 및 인적 자본에 대하여 투자를 하지 않더라도 미래세대는 언제라도 자신들을 위해 투자를 수행할 수 있다. 그러나 만일 우리가 지구에 존재하는 모든 원유를 소비해 버린다면 미래세대는 이러한 상황을 되돌릴 수 없다.

천연자원과 경제성장 간의 관계에 대한 논의는 대부분의 경우 **지속 가능한 발전**(sustainable development)이라는 개념을 통해 이루어진다. 이 개념은 1987년 UN의 환경 및 개발에 대한 위원회(United Nations Commission on Environmental and Development, 이 위원회의 의장 성명을 따서 Brundtland 위원회라고도 불린다)에서 제시한 개념으로 '후세대의 자원에 대한 필요수준(needs)이 충족되는 데 영향을 주지 않으면서 현세대의 필요수준(needs)을 충족시키는 수준의 발전'을 의미한다.

경제적 관점에서 보면 이 개념을 적용하는 데 많은 애로사항이 발생할 수 있다. 먼저 경제학자들은 부유한 국가들이 생리학적으로 필요한 수준보다 몇 배의 소비를 행하고 있는 상황하에서 '필요수준(needs)'이라는 개념에 대하여 논의하는 것에 거부감을 가진다. 두 번째 문제는 앞서 제시된 개념에서 장래 소득수준이 현재에 비해 높을지 아니면 낮을지에 대하여 집중하다 보니 여타 고려하지 못한 점들이 많이 존재한다는 사실이다. 예를 들어 현재의 경제발전과정이 미래세대가 현재세대에 비해 경제적으로 약간이나마 나은 삶을 영위할 수 있다는 측면에서 지속 가능하다고 가정해 보자. 또한 다소간의 정책변화를 통해 현재세대의 삶의 질을 소폭 하락시킬 경우 미래세대의 삶을 크게 개선할 수 있다고 가정해 보자. 이 두 가지 사례는 모두 지속 가능하다고 볼 수 있다. 따라서 지속 가능성이라는 기준만으로 앞서 제기한 두 가지 중 하나를 선택하는 것은 불가능하다.

지속 가능한 발전이라는 개념의 마지막 문제점은 이 개념을 사후적(事後的)으로 적용하기는 용이하지만 사전적(事前的)으로 적용하기는 상대적으로 어렵다는 것이다. 만일 자원의 부족으로 인해 삶의 질이 하락한다면 미래세대는 현재의 경제발전과정이 지속 가능하지 않았다고 옳은 판단을 사후적으로 내릴 수 있을 것이다("자원의 재앙" 참조). 이와는 대조적으로 향후 200년간 세계의 1인당 소득이 지속적으로 증가한다면 현재의 경제발전과정은 지속 가능한 것이었다고 평가될 것이다. 우리가 미래를 정확하게 내다볼 수 없기 때문에 이러한 두 가지 시나리오 중 어떤 것이 실현될지 알기는 어렵다.

Brundtland 위원회에 의해 제시된 지속 가능한 발전이라는 개념을 구체적으로 적용하는 것이 쉬운 일은 아니지만 경제의 자원 사용방식에 따라 큰 재앙이 발생할 가능성이 있는지를 판단할 기준은 필요하다. 아래에서는 이러한 판단기준에 대하여 살펴보기로 한다.

국민계정에 대한 재검토

지금까지 성장에 대한 논의과정에서 우리는 주로 국내총생산(GDP) 자료를 사용하여 왔다. GDP 측정은 사실 1930년대에 쿠즈네츠에 의해 개발되었으며 훨씬 넓은 분석틀이 되는 국민계정(national income accounting)의 일부이다. 최근 몇몇 학자들은 국민계정 시스템에 자원고갈 및 환경오염 등의 이슈를 포함시키려는 시도를 전개하여 왔다.

한 접근방식은 천연자본이라는 개념으로부터 출발한다. 천연자본이란 한 국가의 농지, 목초지, 산림 및 매장된 자원 등의 가치로 제15장에서 이미 소개된 바 있다. 천연자본은 개념적으로 볼 때 천연자본에 대한 '투자'는 대부분 마이너스 투자라는 측면을 제외하면 물적 자본이나 인적 자본과 유사하다. 즉, 한 국가의 천연자본은 재생불능자원 등의 소진 등으로 인해 일반적으로 시간이 지나면 감소한다. 물론 천연자본은 남용되었던 재생가능자원이 회복됨에 따라 증가할 수도 있으나 이는 매우 드물게 발생한다. 따라서 천연자본의 감소는 미래에 사용될 수 있는 자산이 훼손됨을 의미한다.

우리는 **녹색 GDP**(green GDP)라는 개념을 통해 천연자본을 국민계정 체계에 포함시킬 수 있다. 녹색 GDP는 통상적인 GDP에서 당해연도에 훼손되거나 사용된 천연자본의 가치를 차감한 것이다.

이와 같은 조정은 재생불능자원의 경우에 가장 용이하게 이루어질 수 있다. 한 연도에 사용된 천연자원의 양을 측정하는 것은 상대적으로 쉽다. 난제는 이와 같은 자원의 감소에 어떠한 가치를 부여할 것인지 결정하는 데 있다. 우리가 시장에서 자원의 가격을 관찰할 수 있으나 이러한 가격에는 자원을 채취하는 데 들어간 노력과 비용이 포함되어 있다. 따라서 우리가 궁극적으로 원하는 계산을 위해서는 자원의 내재적인 가치, 즉 **채취 전 가격**(in-ground price)을 사용하여야 한다. 채취 전 가격이란 자원의 시장가격으로부터 채굴비용을 제외한 가격을 의미한다. 〈표 16.3〉은 녹색 GDP를

자원의 재앙

자원이 경제성장에 있어서 중요한 역할을 담당하고 있으며 공급이 제한되어 있다는 관찰은 때때로 제한된 자원이 경제성장에 제약으로 작용할 것이라는 예측을 낳을 때가 있다. 이와 같은 논의의 시초는 "인구 증가의 힘은 인류에게 필수적인 물질을 공급하는 자연의 힘을 훨씬 넘어서기 때문에 때 이른 죽음 등의 재앙이 인류에게 발생하게 될 것"이라는 서술을 남긴 토마스 맬더스(Thomas Malthus)에게서 유래하였다.*

맬더스의 예언은 일반적인 원칙만을 논의한 것이었으며 앞서 언급한 것과 같은 종말이 언제 발생할 것이라는 언급은 없었다. 맬더스의 뒤를 이은 여러 학자들은 이러한 대재앙을 보다 구체적으로 제시하였다. 1865년 스탠리 제본스(Stanley Jevons)라는 경제학자는 영국의 석탄이 곧 고갈될 것이며 이는 영국에 재앙이 될 것이라고 예측하였다. 한편 영국의 소설가인 웰즈(H.G. Wells)는 1930년대에 미래에 대하여 평가하면서 제한된 인(燐 : 농업에 꼭 필요한 원소)이 향후 성장에 제약요인으로 작용할 것이라고 주장하였다.[†]

미래의 자원에 대한 비관론은 천연자원의 가격이 급등하던 1970년대에 그 절정에 달했다. 이와 같은 비관론은 방대한 연구로 이루어진 저작물인 『성장의 한계(The Limits to Growth)』로 나타났다.[‡] 이 연구의 저자들은 컴퓨터 프로그래밍을 통해 '세계 모형'을 구축하였으며 이 모형 내에서 경제성장, 출생률과 사망률, 재생가능자원과 재생불능자원 및 공해가 서로 연관관계를 가지도록 하였다. 저자들은 1900~1970년 기간의 각 변수별 자료를 기초로 1970~2100년에 어떤 결과가 도출될지를 살펴보았다. 〈그림 16.3〉은 이러한 실험을 기초로 도출된 세계인구, 1인당 식량생산, 1인당 산업생산, 재생불능자원 및 공해에 대한 추이를 보여 주고 있다. 저자들의 모형에 따르면 1인당 식량 및 산업생산은 2000년경에 최고점에 달하고 이후 재생불능자원의 부족으로 하락하게 된

그림 16.3

『성장의 한계』에서 예측된 성장 추이

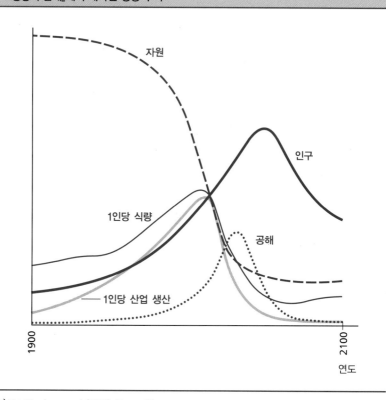

자료 : Meadows et al.(1972), Figure 35.

다. 세계인구는 이후에도 소득이 최고값을 기록한 후에도 그동안 증가한 인구수준으로 인해 수십 년간 증가하다가 식량 및 의료 서비스의 부족으로 사망률이 급증하면서 21세기 중반 이후 감소하게 된다.

현재 상황에서 살펴보면 앞서 제기된 우울한 시나리오는 그야말로 엉터리였음이 드러났다. 농업생산성은 인구증가율보다도 빨리 개선되어 맬더스가 예견했던 대규모 굶주림은 발생하지 않았다. 제본스는 엔지니어들의 석탄 채굴기술 및 석탄매장량을 과소추정하였을 뿐 아니라 20세기에 등장한 석유의 역할을 알지 못했다. 식량생산, 1인당 산출량 및 재생불능자원의 매장잔고 그 어떠한 변수들도 지금까지는 『성장의 한계』에서 지적된 바와 같은 '과잉소비와 몰락'의 조짐을 나타내지 않고 있다.

불행히도 우울한 예언을 남긴 과거의 오류가 현재 이루어지고 있는 미래에 대한 예측이 틀렸다는 것을 의미하지는 않는다. 또한 전 세계적인 자원 재앙이 아직까지 나타나지 않았으나 지역적인 재앙은 발생한 바 있다.

고고학자들은 최근 태평양의 중심에 위치한 이스터 섬(Easter Island)에서 발생한 재앙이 어떻게 발생하였는지 해석하는 데 성공하였다. 기원후 400년경 이스터 섬에는 약 40명의 폴리네시아인들이 이주하였다. 이주 시점에 이스터 섬은 야자수가 울창하게 번성하고 있었다. 이주자들에게 이스터 섬은 정착하기에 아주 좋은 조건을 제공하였다. 이주자들은 나무를 베어 배를 건조하고 섬 주변에서 물고기를 잡았으며 숲 속의 새들을 사냥하면서 비옥한 경지를 경작하였다. 풍부한 식량을 바탕으로 인구는 자연스럽게 증가하였다. 1100~1400년경에는 이스터 섬의 인구가 최고치에 달하면서 약 10,000명의 인구가 거주하였던 것으로 추정된다. 동 시기에 섬에는 섬 주위를 둘러싼 거대한 조각상을 만드는 많은 예술가들을 먹여 살릴 수 있을 만큼 풍족하였던 것으로 보인다.

그러나 이스터 섬의 인구증가는 이스터 섬이 지탱할 수 없을 정도였다. 나무들은 다시 자라는 속도보다 빨리 베어져 나갔고, 숲의 규모는 당연히 줄어들었다. 이스터인이 사냥하던 새들은 사라졌고 결국 어업을 위한 배를 만들 수 있는 나무는 남아 있지 않았다. 숲이 사라지자 토양의 비옥함도 점차 사라졌다. 이 당시 조각상의 제작은 정지되었으며 이스터인끼리의 싸움이 시작되었다는 고고학적 증거가 존재한다.

1722년에 이 섬에 도착한 유럽인들은 단지 3,000명의 주민을 발견하였으며 당시의 문명은 거대한 조각상을 만들었을 것으로 기대하기에는 수준이 너무 낮았다. 이에 더하여 섬에는 나무가 거의 없었으므로 통나무를 깔고 굴리지 않고 어떻게 거대한 조각상들을 해안으로 옮겼는지 이해할 수 없었다(섬에 울창한 숲이 존재하였다는 것은 고고학자들이 최근에서야 꽃가루를 통해 검증하기 전에는 알려지지 않았다). 섬 주민들은 거대한 조각상들이 스스로 걸어서 해안으로 왔다고 믿고 있었다.

이스터 섬의 사례 외에도 자원의 부족으로 인해 문명이 쇠퇴한 사례가 존재한다. 기원전 3000년에 현재 남부 이라크 지역에서 번성하던 수메르는 세계에서 최초로 글씨를 사용하였으며 거대한 관료조직과 군대를 지탱할 수 있을 정도로 생산적인 농업을 영위하고 있었다. 그러나 수메르에서 사용하던 관개시설은 토양을 바닷물에 젖게 만들었고 결국 토양에는 소금이 쌓이게 되었다. 농작물 수확량은 기원전 2400년에서 1700년 사이에 65%나 하락하였고 현재 이 지역은 대부분 황무지이고 나무를 찾아볼 수 없다.[§]

---

* Malthus(1798), Chapter 7.

† Jevons(1865), Wells(1931).

‡ Meadows et al.(1972).

§ Brander and Taylor(1998), Ponting(1991).

▎표 16.3

14가지 주요광물에 대한 사용된 가치 계산

광물명	세계소비량(천)	단위당 가격($)	단위당 생산비용($)	단위당 채취 전 가격 (가격−생산비용)($)	사용된 가치(소비량×채취 전 가격)($백만)
원유	3,012,984	113	56.6	56.4	169,932
천연가스	95,925	2,133	958.3	1,174.7	112,683
석탄	3,967,054	40	32.6	7.4	29,356
갈탄	1,119,937	11	9.4	1.6	1,792
보크사이트 (알루미늄 원광)	132,315	33.8	14.5	19.3	2,554
구리	9,539	2,330	1,385.2	944.8	9,012
철광석	604,679	40	23.9	16.1	9,735
납	2,718	679	658.1	20.9	56.8
니켈	783	6,278	5,239.9	1,038.1	812.8
인산	136,482	38	31.7	6.3	859.8
주석	166	5,428	4,209	1,219	202.4
아연	6,964	1,033	894.4	138.6	965.2
금	1.74	12,346,000	10,822,700	1,523,300	2,652
은	10	169,872	129,763.5	40,108.5	401.0
합계					341,015

자료 : Weitzman(1999). 천연가스를 제외한 모든 수량 단위는 1000kg(metric ton)이며, 천연가스는 1조 줄(joule) 단위이다. 가격은 사용된 수량 단위에 대한 것이며, 자료는 1994년 값이다.

계산하는 데 사용될 14가지 주요 광물에 대한 고갈비용을 1994년 기준으로 계산한 것을 보여 준다.

〈표 16.3〉에서 얻어질 수 있는 가장 중요한 사실은 14가지 주요 광물별 고갈비용을 합할 경우 3,410억 달러가 된다는 점이다. 반면 1994년의 세계 GDP는 25.2조 달러였다. 따라서 이 14가지 광물의 고갈로 인해 발생한 비용은 단지 세계 GDP의 1.4%에 그치고 있다. 무시할 만한 액수는 아니지만 이 비용은 대부분의 사람들이 일반적으로 믿고 있는 수준에 비해서는 낮은 수준이다.

이러한 계산방식을 개별국가에 적용할 경우 훨씬 극적인 결과를 얻을 수 있다. 예를 들어 2009년에 사우디아라비아의 GDP는 3,730억 달러였고 동년도에 36억 배럴의 원유를 생산하였다. 당시 원유가격은 배럴당 56.35달러였으며 석유채취비용은 약 5달러였다. 따라서 사우디아라비아 원유의 채취 전 가격은 배럴당 약 51.35달러가 된다.[8] 채취 전 가격과 원유 생산량을 곱한 값은 1,850억 달러로 녹색 GDP개념을 적용하면 자원고갈로 50%의 GDP가 감소하게 된다.

이러한 방법론을 재생가능자원에 적용하는 것은 쉽지 않은 일이다. 왜냐하면 재생가능자원으로 구성된 천연자본의 가치는 재생가능자원을 한 단위 소비할 때마다 한 단위만큼 감소하지 않기 때문이다. 만일 재생가능자원이 적절하게 관리되고 지속 가능한 최대산출고 수준을 넘어서지 않는 만큼 소비된다면 천연자본의 가치는 전혀 하락하지 않을 수도 있다. 반면 천연자원이 재생산이 가능하지 않을 정도로 남용된다면 천연자본의 감소는 실제 소비된 자원의 가치보다 크게 나타닐 수 있다.

세 번째로 환경오염(16.3절에서 보다 상세하게 논의할 것이다)의 효과를 분석하기 위해 녹색 GDP 개념을 적용하는 것을 고려할 수도 있으나 이 경우 공해에는 재생불능자원과 달리 '가격'이 존재하지 않는다는 문제가 있다.

천연자원의 고갈을 고려하여 국민소득을 조정하는 방법론에서 가장 중요한 것은 정확한 가격을 설정하는 것이다. 즉 자원의 가격이 고갈되어지는 자원의 비용을 정확하게 반영하여야 한다. 녹색 GDP를 계산할 때 가장 많이 이용되는 것은 자원의 시장가격이다. 만일 이 가격이 자원의 진정한 희소성을 적절하게 반영하지 못한다면 자원의 고갈로 발생하는 비용으로 조정된 GDP 역시 부정확할 것이다. 다음에서는 자원의 가격이 희소성과 연계된 비용을 정확하게 반영하는지 살펴보도록 하자.

자원의 가격

앞에서 녹색 GDP를 계산하기 위해 사용되었던 가격들은 모두 시장가격이었다. 이와 같은 계산과정이 현재의 자원 고갈로 미래세대의 후생에 미치는 영향을 측정한다는 측면에서 타당성을 인정받기 위해서는 현재의 가격이 미래세대에 대한 자원의 가치를 적절하게 반영하고 있어야 할 것이다. 예를 들어 현재 우리가 값이 싸다고 느끼는 자원을 미래세대가 매우 비싼 가격에 사용하게 된다면 우리가 계산한 방식은 자원고갈로 인한 비용을 과소추정하게 된다.

자원의 가격은 녹색 GDP를 계산하는 데 있어서 중요할 뿐 아니라 경제가 희소한 자원사용을 최소화하는 경로인 대체와 기술발전에서도 중요한 역할을 담당한다. 높은 자원가격은 사용자로 하여금 대체재를 찾으려는 유인을 제공한다. 이와 유사하게 높은 자

---

8) Reuters(2009).

원가격은 잠재적인 발명가들에게 기술개발의 수익성이 있다는 신호로 작용할 수 있다.

이와 같은 이유로 현재의 자원가격이 미래세대가 동일한 자원에 부여할 가치를 정확하게 반영하는가 여부는 중요하다. 그렇다면 현재의 자원가격은 적절한가? 보다 구체적으로는 자원가격은 미래의 자원 희소성을 반영하고 있는가?

적어도 일부 경우에서는 자원가격이 실제 미래의 자원 가치를 반영할 것이라고 믿을 만한 이론적 근거가 존재한다. 핵심 아이디어는 미래의 자원 희소성과 현재의 가격 간에 어떠한 관계가 존재할 것이라는 점이다. 이러한 관계는 자원공급자의 행태에 기인한다. 예를 들어 어떠한 자원의 가격이 현재 낮은 수준이지만 근 시일 내에 공급부족이 발생하여 가격이 크게 높아질 것으로 예상된다고 가정하여 보자. 자원의 소유주는 현재공급을 축소함으로써 향후 높은 가격을 향유하려고 할 것이다. 공급이 축소되면 현재 가격이 상승할 것이고 현재 소비되지 않은 자원은 미래의 자원공급을 증가시켜 미래 가격을 하락시킬 것이다. 현재 가격이 높지만 향후 가격이 하락할 것으로 예상되는 경우에는 정확히 반대 현상이 발생할 것이다. 자원소유주는 자원을 가능한 한 빨리 공급하여 현재의 높은 가격을 향유하려는 유인을 가지게 될 것이다. 추가 공급은 현재 가격을 하락시키게 될 것이고 미래의 자원공급이 축소되면서 미래 가격은 상승하게 된다. 이러한 예들을 통해 공급자의 행태가 현재 가격과 미래 예상가격 간의 연결고리가 된다는 점을 알 수 있다. 이에 더하여 여타 조건이 일정하다면 공급자들이 미래보다는 현재의 수입을 선호할 것이므로 자원의 채취 전 가격은 시간이 지남에 따라 이자율만큼 상승하여야 한다.[9]

자원의 현재 가격이 미래의 자원희소성을 반영하게 되는 메커니즘은 여러 가지 이유로 작동하지 않을 수 있다. 자원의 소유주가 미래를 내다보지 못한다면 미래의 높은 가격을 고려하지 않고 현재 지나치게 많은 자원을 추출할 수 있다. 천연자원에 대한 소유권이 적절하게 정비되지 않았다면 이로 인해 자원에 대한 접근이 가능한 사람들은 그들이 당장 자원을 채취하지 않는다면 내일 자원을 채취할 수 있을지 모르기 때문에 앞서 사례와 유사한 현상이 발생할 수 있다. 반대로 만일 카르텔 등의 인위적인 이유로 자원에 대한 접근이 제한된다면 장기적으로 자원이 희소하지 않더라도 높은 가격이 형성될 수 있다. 이 경우 카르텔의 영향력이 감소한다면 가격은 점차 하락할 것이다.

따라서 현재 자원의 가격과 미래의 자원희소성의 관계를 결정짓는 메커니즘이 작동하는지 여부는 실증분석을 통해 살펴보아야 한다. 즉 평균적으로 볼 때 천연자원의 채

---

9) Hotelling(1931).

취 전 가격이 예견된 속도로 시간이 지남에 따라 상승하였을까?

천연자원의 채취 전 가격의 추이를 살펴보는 것은 대부분의 경우에 현실적으로 불가능하므로 천연자원의 가격 그 자체에 초점을 맞추도록 하자. 또 다른 이슈는 현재 가격과 미래자원의 희소성 간의 관계는 오직 기대(expectation)라는 측면에서만 성립한다는 것이다. 우리가 관찰하는 실제 가격은 과거 어떠한 시점에서 기대되었던 미래 가격과 반드시 일치하지는 않는다. 몇몇 자원의 경우에는 예기치 못했던 새로운 수요가 발생할 수 있고 또 어떤 경우에는 천연자원에 대한 대체재가 예기치 않게 발견되거나 천연자원을 대체할 수 있는 기술이 개발되기도 한다. 이와 같은 상황에 대한 사례는 다수 존재한다. 예를 들어 1886년에 개발된 홀-에루(Hall-Heroult) 방식은 알루미늄의 정제 비용을 95% 하락시켰으며 이로 인해 알루미늄 원석(bauxite)의 가격은 크게 상승하였다. 이와 마찬가지로 광섬유 기술의 개발은 전화선으로 사용되던 구리선에 대한 수요를 크게 감소시켰다. 따라서 자원가격의 실제 추이는 사람들의 기대와 예기치 못한 사건들의 결합으로 나타나게 된다.

이러한 문제점들에도 불구하고 우리는 천연자원의 장기 가격추이를 살펴봄으로써 여러 시사점을 얻을 수 있다. 만일 가격이 장기적으로 천천히 상승한다면, 아마도 현재 생산과 미래의 자원 희소성 간의 메커니즘이 대부분 작동하고 있다고 볼 수 있다. 만일 가격이 매우 빠르게 상승하였다면 이는 얼마나 많은 자원을 추출할 것인지에 대한 결정에서 미래의 자원희소성이 전혀 고려되지 않았다는 좋은 증거가 될 것이다.

이러한 원칙들을 적용하기 위해 〈그림 16.4〉는 1850~2010년의 천연자원 가격추이를 보여 주고 있다. 이 자료는 대부분의 선진국에서 시기별로 변화한 천연자원에 대한 수요변화를 반영하기 위해 시기별로 포함된 천연자원이 바뀐 바스켓 가격(basket price)이다. 그림은 과거 160년 동안 천연자원의 가격이 전쟁 및 경기의 호황과 불황에 의해 변동하기는 하였으나 추세적으로 하락하였음을 보여 준다. 2008년 전 세계적인 경제위기 때문에 살짝 홈이 파이기는 했어도 최근에는 뚜렷한 가격상승세가 나타나고 있다. 최근의 상승세에도 불구하고, 전 기간에 걸쳐 천연자원의 평균가격은 무려 50%나 하락하였다. 〈그림 16.5〉는 1861~2010년의 원유가격 추이를 보여 주고 있다. 이 그림에서 지난 1세기 동안 가장 눈에 띄는 가격변화들은 OPEC와 아랍국가들의 원유수출금지 조치(1973년), 이란 혁명(1979년) 및 제1차 걸프 전쟁(1990~1991년)과 2005년 근방에 시작된 상품가격의 급등이다. 최근까지만 하더라도 원유 가격은 적어도 가용자원의 고갈보다는 공급을 제한하려는 생산자 카르텔의 성패에 따라 더 민감하게 반응하는 것으로 보인다.

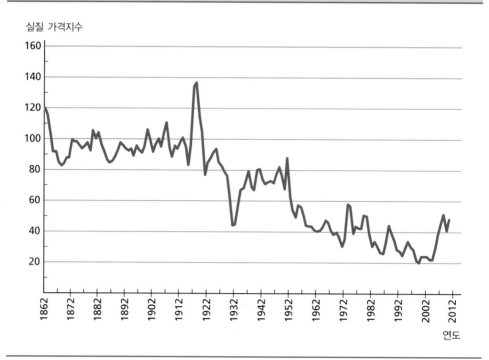

▶ 그림 16.4

천연자원의 가격, 1850~ 2010년

자료 : Cashin and McDermott(2002). 자료의 출처는 「The Economist」의 산업상품가격지수이다.

〈그림 16.4〉와 〈그림 16.5〉를 통해 내릴 수 있는 결론은 현재의 자원사용과 미래자원의 가격 간의 관계가 이론과는 달리 실제에서는 작동하지 않는다는 것이다. 이러한 결과가 사람들이 멀리 내다보지 못하고 현재의 자원을 지나치게 남용할 것이므로 천연자원의 가격이 급격하게 상승할 것임을 의미하는 것은 아니다. 오히려 이러한 결과는 미래 가격의 상승을 기대하고 천연자원의 현재 생산을 억제한 사람들이 오류를 범하였다는 것을 의미한다("내기" 참조).

녹색 GDP 측면에서는 천연자원의 가격이 하락한다는 것이 현재 천연자원의 가격이 미래세대에 대한 천연자원의 가치를 과대평가하고 있다는 것을 의미한다. 즉, 우리가 현재 가격을 기준으로 재생불능자원의 감소를 계산하고 GDP를 조정할 경우 조정분이 과대 추정될 수 있다.

천연자원의 가격 특히 매장량이 한정되어 있는 재생불능자원의 가격이 시간이 지남에 따라 하락한다는 사실은 많은 사람들을 당혹스럽게 한다. 다음 소절에서는 이러한 가격하락에 내재된 메커니즘과 한정된 천연자원에도 불구하고 경제성장이 지속될 수

그림 16.5

원유의 실질가격, 1861~ 2010년

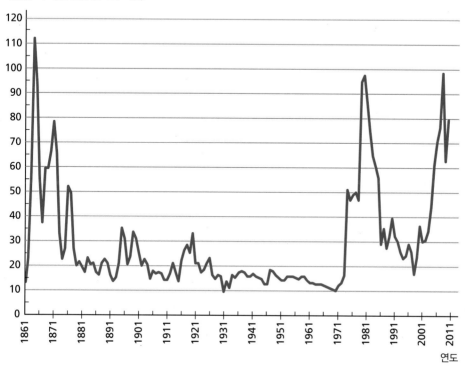

배럴당 가격(2010년 달러화 기준)

연도

자료 : BP(2011).

있는 이유에 대하여 살펴보기로 하자.

한정된 천연자원이 왜 경제성장을 막지 못할까?

천연자원의 가격하락은 세계적으로 볼 때 천연자원이 고갈되지 않고 있다는 증거로 보일 수 있다. 이와 유사하게 재생불능자원의 고갈로 인한 비용을 반영한 GDP 기준으로 볼 때 이러한 비용은 상대적으로 그리 크지 않았음을 알 수 있다. 이와 같은 결과들은 경제학자가 아닌 많은 사람들을 어리둥절하게 한다. 어떻게 공급이 한정된 자원들을 사용해 가면서도 경제성장이 별 탈 없이 지속될 수 있을까?

이 이슈에 대한 논의를 시작하기 위해 16.1절에서 살펴본 자원에 대한 자료로 돌아가 보자. 재생불능자원에서 한 예로 원유를 살펴보기로 한다. 〈표 16.1〉에 따르면 현재의 소비속도를 감안할 때 지구상에 남아 있는 원유의 양은 약 61년간 소비할 수 있

내기

학자들은 대체로 그들 간의 의견 불일치를 글이나 말로 표현한다. 그러나 1980년에 생물학자 폴 에리히(Paul Ehrlich)와 경제학자인 줄리안 사이먼(Julian Simon)은 실제로 돈을 걸고 자신들의 의견을 증명하고자 하였다. 『인구 폭탄(The Population Bomb)』(1968)이라는 베스트셀러의 저자였던 에리히는 잘 알려진 비관론자였다. 그는 전 세계가 엄청난 자원부족과 전염병에 노출될 것이라고 예견하였다. 반면 사이먼은 인류의 창의성이 어떠한 천연자원 부족에 대하여서도 대응할 수 있을 것이라는 이론의 주창자였다. 『궁극적인 자원(The Ultimate Resource)』(1981)에서 사이먼은 사람 그 자체가 세계적으로 볼 때 생산과정에서 유일하게 부족할 수 있는 자원이라고 주장하였다.

자원부족이 발생할 것이라는 에리히의 예견에 따르면 천연자원의 가격은 시간이 지남에 따라 상승하게 될 것이다. 따라서 사이먼은 에리히에게 다음 10년간 자원의 가격에 대한 내기를 제안하였다. 에리히는 다섯 가지 광물, 즉 텅스텐, 니켈, 구리, 크롬, 주석을 선택하였으며 광물별로 1980년에 200달러로 구매할 수 있는 수량을 계산하였다. 두 학자는 1990년에 동일 수량을 구매하기 위해 필요한 비용을 다시 계산하기로 합의하였다. 만일 인플레이션을 감안한 총비용이 1,000달러를 넘어설 경우 사이먼은 에리히에게 그 차이만큼을 지불하기로 합의하였으며 1,000달러를 하회할 경우 에리히가 사이먼에게 차액을 지불하기로 하였다.

1980년대에 세계인구가 9억 2,100만 명(21%) 증가하였음에도 불구하고 내기에서 이긴 사람은 사이먼이었다. 다섯 가지 광물을 사기 위해 1980년에 1,000달러가 필요했던 반면 동일 수량을 사는 데 1990년에는 단지 642달러면 되었다. 이러한 결과는 에리히가 다섯 가지 광물을 잘못 뽑았기 때문에 발생한 것은 아니었다. 37개 주요 광물 중 1980년대에 35가지 광물의 가격이 하락하였다. 사이먼이 다시 내기를 하자고 제안하였으나 에리히는 이를 거절하였다. 사실 1980년에 1,000달러어치 광물 바스켓은 2009년에 773달러(1980년 기준 가격)까지 가격이 회복되었지만, 그 이전인 2000년에는 415달러까지 가격이 하락하였다.* 2011년에는 거의 정확하게 1,000달러(1980년 기준 가격)가 되었다.†

---

* US Geological Survey의 가격, http://minerals.usgs.gov/ds/2005/140#talc. 소비자물가지수로 환가(디플레이트)하였음.

† "The Revenge of Malthus: A Famous Bet Recalculated," *The Economist*, August 6, 2011.

는 양이다. 여타 재생불능자원의 경우 현재 소비속도를 감안할 때 향후 고갈에 걸리는 시간이 상대적으로 길다는 것 이외에 결국 모두 소진될 것이라는 결론에는 변화가 없다. 잠시 생각해 보면 재생불능자원의 경우에는 아무리 소비속도를 늦추어도 결국 자원이 고갈될 수밖에 없음을 알 수 있다. 재생가능자원의 경우 자원을 영원히 유지하는 것은 가능하지만 그 수준을 높이는 것은 제한될 수밖에 없다. 만일 GDP가 계속 성장하고 자원소비가 이미 지속 가능한 최대산출고 수준에서 이루어지고 있다면 자원집약도(한 단위 산출물의 생산에 투입되는 자원의 양)는 시간이 지남에 따라 하락할 수밖에 없다.

이상의 논의에 따르면 현재의 자원 소비수준은 지속 가능해 보이지 않는다. 그렇다면 이러한 결론이 우리의 소득수준도 지속 가능하지 않다는 것을 의미할까?

이 질문에 대한 답은 두 가지 이유로 "아니오"가 된다. 첫째, 우리가 사용하는 자원에 대하여 한정된 공급량만이 존재하더라도 대부분의 경우 이를 대체할 만한 자원이 존재한다. 둘째, 자원의 고갈이 성장을 저해할 수는 있으나 여타 요인들 특히 기술의 발전은 이러한 저해요인을 극복하고 소득수준이 지속적으로 늘어날 수 있게 해 준다. 아래에서 이 두 가지 경로를 살펴보기로 하자. 이 장의 수학 부록에는 기술발전과 경제성장의 지속성 간의 관계가 보다 심층적으로 분석되어 있다.

대체

대체(substitution)는 경제학에서 가장 기초적으로 사용되는 개념이다. 기업들이 생산을 위해 투입을 결정할 때 기업들은 동일한 목적을 달성하기 위해 여러 가지 대안들을 고려하여 선택하게 된다. 즉 여러 가지 투입물의 가격에 따라 어떠한 투입물을 사용할 것인지 결정한다. 만일 어떤 투입물의 가격이 상승할 경우에는 기업들은 가격이 상승한 투입물을 줄이고 다른 요소들로 대체할 수 있다. 이와 유사하게 소비자들은 동일 목적을 달성하기 위해 다양한 상품들을 각각의 가격을 고려한 뒤 소비할 수 있다(예를 들어 감자, 빵 및 쌀 중 하나를 선택할 수 있다).

천연자원의 경우 매우 다양한 대체 관계가 존재한다. 이러한 대체 관계의 대표적인 예는 자본과 노동 간의 대체다. 예를 들어 한 경작지의 생산성을 높이기 위해서는 관개시설을 더욱 확충할 수도 있으며 경작활동을 더욱 집중적으로 할 수도 있다. 이와 유사하게 원자재의 낭비를 막을 수 있는 기계는 천연자원과 자본 간의 대체 관계를 보여 주는 예가 된다. 어떤 경우에는 천연자원 간 대체가 이루어지기도 한다. 예를 들어 석탄 가스와 등유는 19세기 중반까지 불을 밝히기 위해 주로 사용되었던 고래기름을 대체하였다. 생산과정에서의 대체에 더하여 소비수준이 하락한다는 측면의 대체도 존재한다. 우리 모두는 생산과정에서 천연자원을 사용하게 되는 인쇄된 책에 대하여 높은 가치를 부여한다. 그러나 우리가 가치를 부여하는 것은 책 자체가 아니라 책에 포함되어 있는 정보이다. 만일 전자책(electronic book)과 같은 다른 경로를 통해 정보에 접근할 수 있다면 인쇄된 책을 생산하기 위해 소비되었던 천연자원을 이러한 대체적인 경로를 통해 절약할 수 있을 것이다.

기업이나 소비자가 특정 재화를 대체할 수 있는 능력은 **수요의 가격탄력성**(price elasticity of demand)에 반영된다. 수요의 가격탄력성은 상품의 가격변화율에 대한 상품의 수요량 변화율의 비율을 의미한다. 완전 대체재에 가까운 상품이 쉽게 공급될 수 있는 상품에 대한 수요의 가격탄력성은 높게 나타난다. 즉 상품의 가격이 상승하면 그 상품에 대한 수요가 크게 감소한다. 대체재가 거의 존재하지 않는 상품은 수요의 가격 탄력성이 낮게 나타난다.

특정 천연자원에 대한 수요의 가격탄력성을 알 수 있으면 그 재화에 대한 공급변화에 따라 가격이 얼마나 변화할 것인지 알 수 있다. 수요의 가격탄력성이 높은 자원의 경우에는 가격이 상승할 경우 기업이나 소비자가 대체자원으로 옮아갈 것이므로 공급 감소가 가격에 미치는 영향이 적게 나타날 것이다. 반면 만일 천연자원에 대한 수요의 가격탄력성이 낮다면 공급감소는 가격에 큰 영향을 미칠 수 있다.

수치를 동반한 사례를 통해 이를 보다 구체적으로 이해할 수 있다. 우리가 두 가지 다른 천연자원을 고려한다고 가정해 보자. 자원 A는 수요의 가격탄력성이 −2이며 자원 B는 수요의 가격탄력성이 −1/2이다. 두 자원의 공급이 각각 10% 하락하였다고 가정하자. 각 자원의 가격은 얼마나 변화할까? 자원 A의 경우 1% 가격상승은 2%의 수요 감소를 가져온다. 따라서 5%의 가격상승 후에는 10%의 수요 감소가 발생한다. 자원 B의 경우 1%의 가격상승은 1/2%의 수요 감소를 가져온다. 따라서 10%의 수요 감소는 20%의 가격상승을 전제로 한다.

수요의 가격탄력성과 자원의 가격 간의 관계는 수요의 가격탄력성이 대부분의 경우 (절대값으로 판단한다면) 장기보다 단기에 더 작다는 경제학적 사실과 맞물릴 때 더욱 중요해진다. 다시 말해 수요자가 주어진 자원 사용을 최적화하는 데에는 시간이 필요하다는 것이다. 그러므로 가격에 변화가 발생할 경우 단기에 발생하는 수요량의 변화는 장기적으로 발생하는 수요량의 변화에 비해 언제나 작게 나타나게 된다.

장단기 수요의 가격탄력성에 차이가 나타나는 것은 자원집약도가 사용연한이 긴 자본재에 체화(embodied)되어 있기 때문이다. 자본재가 한 번 설치되면 생산을 위해 요구되는 자원들의 비율을 바꾸기란 매우 어렵다. 오히려 자원을 대체하거나 자원을 절약하기 위해서는 새로운 기계가 개발되어야 한다. 따라서 자원의 가격이 상승할 경우 자본재의 소유주들은 보다 효율적인 기계를 설치하지 않은 것을 후회하게 되지만 대부분 이미 설치된 기계를 그냥 사용하게 된다. 반면 새로 기계를 구입하는 사람들은 자원가격의 변화에 적응하여 보다 효율적이고 여타 대체재를 사용할 수 있는 기계를 구입하게 된다. 시간이 지남에 따라 오래된 기계들은 낡게 되고 새로운 기계들이 이를 대체하게 되며 이에 따라 자원집약도도 하락하게 된다.

캐나다의 가솔린에 대한 수요변화를 통해 대체에 있어서 시간의 중요성을 보다 구체적으로 파악할 수 있다. 가격상승에 대응한 수요의 가격탄력성은 첫해에 −0.31로 나타났다. 이러한 수요감소는 대부분 사람들이 운행거리를 축소함에 따라 나타난 것이다. 5년이 지났을 때 수요의 가격탄력성은 −0.70으로 변하였으며 10년이 지나자 −1.01에 달하였다. 관찰시점이 길어질수록 사람들이 가솔린 소비를 줄인 경로는 보다 연료를 효율적으로 사용하는 자동차로 교체하는 과정에서 나타난다.[10]

이러한 분석은 가격이 자원의 사용을 보다 경제적으로 만드는 주요 동인이라는 점을 잘 보여준다. 또한 이는 왜 잠재적인 자원부족이 실제부족보다 더 심각하게 여겨지는지 잘 설명하고 있다. 오늘날 생산에 사용되는 어떤 자원의 양을 보고 우리는 자원이 만일 존재하지 않았다면 생산은 감소해야만 할 것이라고 결론 내리곤 한다. 그러나 만일 자원이 점차 부족해진다면 자원의 가격이 상승하고 대체제를 찾으려는 노력이 니타날 것이다. 넓게 보아서 자원부족이 경제성장에 있어서 제약요건으로 작용할 것이라는 의견(대부분 환경론자들에 의해 제기됨)과 이에 동의하지 않는 의견(대부분 경제학자들에 의해 제기됨)의 차이는 대체가 얼마나 수월하게 일어날 수 있는지에 대한 의견의 차이로 귀결된다.

기술진보

제8장과 제9장에 걸쳐 우리는 장기적인 성장에 있어서 기술진보(technological progress)의 역할을 살펴본 바 있다. 우리가 자원의 제약과 기술진보 간의 상호작용을 분석함에 있어서 가장 흥미로운 질문은 기술진보가 어느 정도까지 공급이 제한되지 않은 자원으로 희소한 자원을 대체할 수 있게 해 주는가이다. 앞서 대체에 대한 논의에서는 자원 간 대체 가능성이 이미 알려져 있는 것으로 간주하였다. 그러나 실제로는 자원 간 대체와 관련된 기술들은 아직 밝혀지지 않은 것이 대부분이다. 우리는 대체가 실현 가능한지 실제 이에 대한 수요가 발생하기 전에는 알 수 없다.

역사적으로 새로운 기술을 통해 경제성장에 제약으로 작용하던 자원의 한계를 뛰어넘은 사례들이 많이 존재한다. 이미 우리는 이와 같은 사례들을 살펴본 바 있으며 '자원절약형 기술'은 이에 대하여 추가적인 사례들을 제공한다. 그러나 '자원 재앙'에서 살펴본 바와 같이 이러한 마술 같은 기술진보가 이루어지지 않은 사례도 존재한다. 이에 더하여 미래에 발생할 자원부족은 지금까지 발생한 자원부족 사례에 비해 기술진보를 통해 해결하기 더욱 어려울지도 모른다. 자원과 관련하여 낙관론적인 입장을 보이는 사람들은 어떠한 자원부족이 발생하더라도 기술진보가 이러한 문제들을 해결해 낼 수 있을 것이라고 믿고 있다. 반면 자원과 관련하여 비관적인 입장을 취하는 사람들은

10) Eltony(1993).

자원절약형 기술

제9장에서 우리는 기술 발전을 예견하는 것이 쉽지 않은 일임을 살펴보았다. 즉 어떠한 일이 기술적으로 실현 가능한지를 아는 방법은 직접 해보는 것 이외에는 없다. 이러한 사실은 천연자원을 보존하거나 대체하는 기술에도 동일하게 적용된다. 역사적으로 한 경제가 극복할 수 없을 정도로 엄청난 자원제약을 극복한 사례들은 많이 존재한다. 그러나 이와 같은 자원절약형 기술(resource-conserving technologies)이 성공하지 못한 사례들도 존재한다. 이 박스에서는 두 성공사례, 한 실패 사례, 그리고 성공과 실패가 아직 명확하지 않은 사례를 살펴보기로 한다.

질소

20세기 초에 인류가 직면하고 있던 가장 큰 자원부족 중 하나는 농작물 성장에 필수적인 질소의 부족이었다. 질소(nitrogen)는 지구대기에 존재하는 가장 흔한 요소이지만 농작물에 사용되려면 생물학적으로 접근이 가능한 형태로 '변형' 되어야 했다. 20세기 전에는 오직 콩과 식물의 뿌리에 기생하는 특정 박테리아나 버섯류만이 질소를 '변형' 시킬 수 있었다. 1909년 독일의 젊은 화학자인 프리츠 하버(Fritz Harber)는 대기중 질소를 암모니아로 바꾸는 방법을 통해 질소를 고정시키는 데 성공하였으며 이는 최초의 인공화학비료의 탄생을 의미했다. 과학자들은 하버의 발명이 없었다면 오직 현재 지구인구의 2/3에게 돌아갈 식량생산만이 가능했을 것이라고 추정한다.

고무

1941년 미국의 고무(rubber) 소비량 중 99.6%는 나무로부터 떨어진 진액을 통해 생산된 자연고무였다. 이러한 천연고무의 원산지는 동남 아시아의 플랜테이션이었다. 1941년 일본의 진주만 폭격 이후 원료 공급이 중단되었다. 이와 같은 중대한 전시물자부족에 대응하여 미국정부는 긴급 과학 프로그램을 조직하여 인조고무개발 및 생산을 시작하였다. 인조고무 개발 프로젝트는 핵폭탄을 개발하였던 맨하탄 프로젝트 이후 두 번째 조직된 것이었다. 1945년에 미국의 고무소비량은 전쟁발발 전 수준을 넘어섰으며 소비량의 85%는 인조고무로 이루어졌다.*

핵융합

제2차 세계대전 이후 가장 기대를 모았던 기술은 핵

자원부족과 관련하여 "무언가가 해결해 줄 거야."라는 입장을 보이는 것은 잘해야 무책임한 행동에 불과하며 최악의 경우 자살행위나 다름없다고 주장한다.

경제학자들이 이 논쟁에 대하여 도움이 될 수 있는 측면이 있다면 이는 마술과 같은 기술진보가 실제 일어나려면 잠재적인 개발자들이 새로운 기술이 절실하게 필요하다는 신호를 받아야 하며 이러한 신호는 공급부족을 겪고 있는 자원가격의 상승으로 나타나야 한다는 점을 보이는 것이다. 태양 에너지를 활용하거나 보다 효율적인 자동차 엔진을 연구하는 유인은 원유값이 배럴당 15달러일 때보다 배럴당 100달러일 때 훨씬 커질 것이다. 천연자원이 미래의 희소성을 반영하지 못할 경우(예를 들어 자원이 개개인에 의해 소유되지 못하여 공공재의 문제가 발생할 때) 높은 가격이 자원절약형 혁신융합이다. 핵융합(nuclear fusion)은 태양과 수소폭탄의 에너지 발생과정을 의미한다. 이러한 에너지 발생과정을 위한 원료는 물에서 추출될 수 있으므로 실질적으로 공급이 무제한으로 이루어질 수 있을 것으로 기대되었다. 또한 핵융합과정은 지구온난화에 영향을 주지 않을 것이며 핵분열과정에서 발생하는 원자력 폐기물을 만들어 내지도 않을 것으로 기대되었다. 불행히도 수십 년의 연구와 수십억 달러의 비용을 투자하였음에도 핵융합 자체에 필요한 에너지보다 많은 에너지를 생산해 내는 핵융합을 도출하는 데 실패하였다. 「The Economist」는 2002년에 "핵융합발전의 상용화는 앞으로도 50년 더 걸릴 것이고 사람들이 처음 핵융합발전을 시도하였을 때도 상용화는 50년 걸릴 것이라고 예측한 바 있다."라는 평을 남긴 바 있다.[†]

태양 에너지

태양광선은 풍부하고 깨끗할 뿐 아니라 비용도 저렴하다. 태양광을 통해 전기를 만드는 태양전지는 100여 년 전에 개발되었으나 가격이 너무 높아서 특정목적에만 사용되어 왔다. 실질적인 전기생산에 최초로 이용된 것은 1W의 전기를 생산하는 데 200,000달러의 비용이 들어가는 태양전지가 인공위성에 에너지

공급을 위해 설치된 1950년대다. 1975~2009년 기간 중 태양전지의 가격은 1와트당 50달러에서 1.27달러로 하락하였다. 그러나 현재 가격하에서도 태양전지 설치는 보통의 전기선이 다다를 수 없는 지역이나 정부 보조금의 규모가 상당한 지역에서나 경제성이 있다. 2010년 기준으로 태양광은 전세계 전력 생산의 0.1%를 차지하고 있다.[‡]

태양전지의 가격은 기술발전과 시장확대에 따른 규모의 경제에 달려 있다. 과거 추세를 기초로 한 추정에 따르면 태양전지를 통해 생산된 전력의 가격이 화석원료를 통한 전기에 비해 낮아지는 것은 2030년 근방이 될 것이라고 한다.[§] 만일 이러한 일이 발생한다면 지구온난화를 야기하던 화석원료를 대체할 것이며 많은 저소득 국가들의 경우 태양광은 풍부하므로 경제적으로 큰 이득을 얻게 되는 등 세계경제에 엄청난 영향을 미치게 될 것이다.

---

* Mowry and Rosenberg(1998).

[†] "Here we go again," March 9, 2002.

[‡] http://www.eia.gov/cneaf/solar.renewables/ page/solarreport/solarpv.html, BP(2011).

[§] Chakravorty, Roumasse, and Tse(1997).

을 촉진하는 메커니즘이 작동되지 못한다.

가격에 의해 제공되는 유인은 또한 16.3절의 주제인 공해감소에 대한 고려에서도 중요한 역할을 담당한다. 기업들이 공해물질 배출을 감소시킬 유인이 없다면 잠재적인 개발자들이 공해물질을 줄일 수 있는 기술개발에 노력을 기울일 유인도 존재하지 않을 것이다.

16.3 경제성장과 환경

이 절에서는 경제성장과 환경오염 간의 관계를 다루어 보기로 한다. 우리가 사용할 분

석틀은 천연자원에 대하여 사용했던 것과 크게 다르지 않다. 핵심 아이디어는 깨끗한 환경은 여타 천연자원과 마찬가지로 자원이라는 점이다. 우리가 오염시키면 오염시킬수록 우리는 깨끗한 환경을 '고갈'시키는 것이다.

우리는 천연자원에 대한 분석에서 사용하였던 여러 개념들을 환경과 관련된 이슈에 직접 적용할 수 있다. 예를 들어 공해는 재생 가능한 특성과 재생불능인 특성을 모두 보유하고 있다. 하수구가 없는 상태의 호수는 재생가능자원이다. 만일 이 호수에 작은 하수구를 설치한다면 일정 시간이 지나서 호수는 자정능력을 통해 애초의 깨끗함을 되찾을 것이다. 여타 재생가능자원과 마찬가지로 우리는 환경이 공해를 받아들일 수 있는 한계를 계산할 수 있다. 이는 재생가능자원에서 지속 가능한 최대산출고를 계산한 것과 마찬가지다. 만일 이 한계값보다 작은 공해를 환경에 배출한다면 공해의 양은 시간이 지나더라도 안정적일 것이다. 그러나 이보다 많은 수준의 공해를 배출한다면 공해는 환경에 누적될 것이며 환경을 스스로의 자정능력을 잃게 될 것이다. 그러나 어떠한 공해물질들은 환경에 의해 자연스럽게 정화되지 않으며 이러한 물질의 축적은 재생불능자원의 소비와 유사한 성격을 지닌다.

환경과 모든 여타의 천연자원과의 차이는 주로 재산권 측면에서 발생한다. 어느 누구도 깨끗한 자연을 소유하지 않는다. 즉, 공해물질을 배출하는 것은 거의 공짜나 다름없다. 따라서 16.1절에서 자원의 남용 측면에서 살펴본 바와 같은 공유지의 비극이 환경 오염의 경우 더욱 중요해진다.

환경의 경우 가격, 대체 및 기술진보 등이 담당하는 역할은 이들이 일반적인 천연자원과 관련하여 담당하는 역할과 큰 차이가 없다. 만일 공해배출에 비용이 전혀 존재하지 않는다면 생산자는 공해배출을 제어할 유인을 전혀 가지지 않을 것이다. 만일 공해배출에 비용이 발생한다면 생산자는 공해배출을 대체할 수 있는 방법을 찾으려고 할 것이다. 만일 공해를 배출하는 데 높은 비용이 든다면 기업들은 공해배출을 줄이기 위한 연구개발을 실시할 유인을 가지게 될 것이다.

공해와 관련된 다른 중요한 특징은 공해물질로 인한 환경훼손으로 고통받는 사람들과 공해물질 배출을 통해 이득을 누리는 사람들이 거의 대부분의 경우 같지 않다는 점이다. 공해는 부(負)의 외부효과를 창출하는 전형적인 사례다. 공해제어의 성공가능성은 일반적으로 공해의 영향으로 고통받는 사람들과 공해물질을 배출하는 사람들 간의 거리에 반비례한다. 예를 들어 한 공장이 배출하는 폐기물이 호수로 배출되고 이러한 공해물질이 근거리에 거주하는 사람들에게 영향을 준다면 정치적인 결정과정으로도 충분히 외부효과 문제를 풀어낼 수 있다. 특히 정부가 국민의 의사를 잘 반영하고 효율적일 경우에 정치적인 의사결정으로도 문제가 잘 해결될 수 있다. 그러나 공해물질로 인한 영향을 받는 사람이 멀리 살고 있다면(예를 들어 미국 중동부의 발전소들로 인한 산성비가 뉴잉글랜드 지방의 숲을 훼손한다면) 이러한 부의 외부효과를 해결하는 것은 훨씬 어렵다. 지구온난화와 같이 지리적 규모가 큰 문제의 경우에는 이를 해결하는 것은 지극히 어려운 일이 된다.

환경 쿠즈네츠 곡선

제13장에서 우리는 처음으로 쿠즈네츠 곡선을 살펴본 바 있다. 쿠즈네츠 곡선은 역U자(字) 형태를 띠고 있으며 소득불평등도와 경제발전의 수준 간의 관계를 나타낸다. 쿠즈네츠 곡선에 따르면 경제 발전과정에서 초기에는 소득불평등도가 증가하다가 이후 소득불평등도가 감소하게 된다.

이와 유사한 분석이 공해와 경제성장 간의 관계에 대한 연구에도 적용되어 왔다. **환경 쿠즈네츠 곡선**(Environmental Kuznets curve)은 위아래가 뒤집어진 역U자 형태를 취하고 있으며 경제발전 수준과 환경오염 정도 간의 관계를 보여 주고 있다. 환경 쿠즈네츠 곡선의 아이디어는 직관적으로 쉽게 이해될 수 있다. 경제발전 단계가 낮은 국

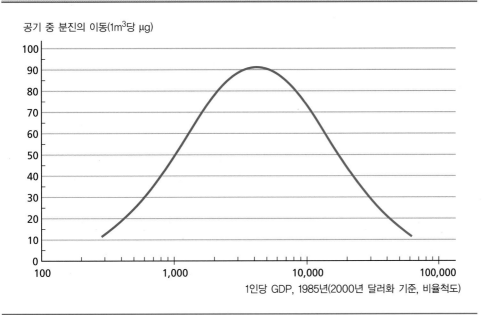

▶ 그림 16.6

환경 쿠즈네츠 곡선

자료 : Shafik(1994).

런던의 환경 쿠즈네츠 곡선

환경 쿠즈네츠 곡선을 분석하면서 지금까지 우리는 동일 시점에서 여러 국가 간 비교에 집중해 왔다. 그러나 소득불평등도의 쿠즈네츠 곡선에서와 마찬가지로 환경 쿠즈네츠 곡선을 한 지역에 대하여 시점별로 비교할 수도 있다.

런던의 환경쿠즈네츠 곡선이 어떻게 변해왔는지를 살펴볼 수 있는 좋은 사례다. 역사적으로 런던의 공해는 런던을 둘러싼 지역의 숲이 황폐화된 후 17세기부터 런던의 가장 중요한 연료가 된 석탄연소에 기인하였다. 1661년에 이미 다음과 같은 글이 쓰여졌던 것을 볼 수 있다.

…… 거주자들이 호흡하는 것은 거주자들에게 수없이 많은 불편을 야기하고 폐를 더럽히며 몸 전체의 건강을 악화시키는 불결하고 짙은 안개뿐이다. 이로 인해 설사, 폐결핵, 기침, 폐병들이 지구의 다른 어떤 지역보다 많이 발생하고 있다. …… 우리의 교회가 잘 안 보이게 만들고, 우리의 옷을 더럽히고, 우리의 궁전이 낡아 보이게 하는 것은 무서운 연기다. 또한 여러 계절에 걸친 비와 이슬도 이 더러운 수증기를 흡수하면서 검고 지독한 얼룩을 남기고 이것에 노출된 모든 것들을 오염시킨다.*

〈그림 16.7〉은 1585~1940년에 걸쳐 런던의 매연 집중도를 보여 준다. 이 지표는 3세기에 걸쳐 지속적으로 증가한 후 19세기 말에 정점에 이르고 이후 급격하게 하락하고 있다. 이와 같은 하락세는 공업유해가스 배출 제한, 굴뚝 높이에 대한 규제, 실내 석탄 난로의 중앙집중방식 난방으로의 교체, 석탄에서 가스, 기름 및 전기 등으로의 대체 등에 기인한다.

대기환경의 개선은 제2차 세계대전이 끝난 후 가속화되었다. 1952년 $1m^3$당 오염도가 4,500μg에 달하는 '죽음의 스모그(killer smog)'가 3,800명의 사망을 초래한 것으로 알려졌다. 1980년대에 들어서서는 이와 유사한 기후조건(영하의 기온, 낮은 풍속, 대기의 역전이 낮은 수준)일 경우에도 $1m^3$당 오염도가 500μg을 넘어서는 일이 거의 발생하지 않았다. 1950~1985년 사이에 겨울 런던에서 볼 수 있는 태양광의 양은 1일당 1.00시간에서 1.75시간으로 증가하였다.[†]

* Evelyn(1661).

[†] Elsom(1995).

가들은 상당한 양의 공해물질을 배출할 정도의 생산활동 자체가 불가능하다. 이후 1인당 소득이 증가하면서 환경훼손도 이와 함께 증가한다. 그러나 소득수준이 높아지면서 또 다른 요인이 작동하게 된다. 사람들이 공해에 대하여 관심을 보일 정도로 소득이 증가하고 공해를 줄이기 위한 조치에 착수하게 된다. 미시경제학 용어로 깨끗한 환경은 사람들이 부유해질수록 더욱 소비량을 늘리고 싶어 하는 사치재(luxury good)로 볼 수 있다.

〈그림 16.6〉은 환경 쿠즈네츠 곡선의 한 예다. 가로축은 1인당 소득을 의미하며 세로축은 공기 중에 있는 분진의 양을 의미한다. 이 곡선은 1986년을 기준으로 31개국의 48개 도시에 대한 자료를 이용하여 그려진 것이다. 그림에 따르면 분진의 집중도는 소득이 2000년 달러 기준으로 4,717달러(엘살바도르의 2000년 1인당 GDP와 유사하다)가

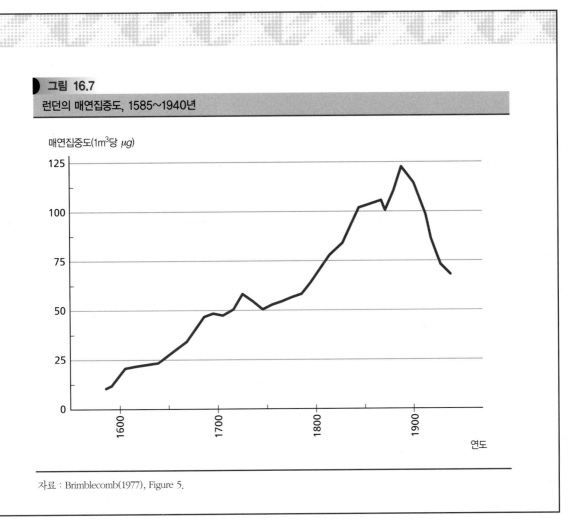

> **그림 16.7**
> 런던의 매연집중도, 1585~1940년

자료 : Brimblecomb(1977), Figure 5.

될 때까지 증가한다. 이를 넘어서면 소득수준이 높아질수록 공해의 정도도 감소한다. 예를 들어 엘살바도르 소득수준의 5배 소득수준에 달하게 되면 공기 중 분진의 양은 반으로 떨어지게 된다("런던의 환경 쿠즈네츠 곡선" 참조).

환경 쿠즈네츠 곡선은 부유한 국가와 가난한 국가들에 모두 시사점을 준다. 첫째, 환경 쿠즈네츠 곡선에 따르면 국가가 부유해질수록 공해를 제거하기 위해 더 많은 비용을 지불하려는 유인이 작동한다. 둘째, 매우 가난한 국가들의 공해수준이 낮은 것은 가난한 국가들이 깨끗한 환경에 높은 가치를 부여하고 있기 때문이 아니다. 오히려 가난한 국가들은 보다 많은 소득을 위해 환경을 희생할 기회조차 갖지 못하고 있다. 다시 말하면 공해로 인한 달러 기준 비용은 부유한 국가에 비해서 가난한 국가에서 훨씬 낮다.

공해에 대하여 부유한 국가와 가난한 국가가 다른 가치를 부여한다는 사실은 교역을 통한 이익이 창출될 수 있을 가능성을 시사한다. 이러한 가능성은 당시 세계은행의 연구부서장이었던 로렌스 서머스(Lawrence Summers)가 1991년 서명한 메모에 잘 나타나 있다.[11] 이 메모는 과연 세계은행이 실제로 공해배출량이 많은 산업을 부유한 국가에서 가난한 국가로 이전하는 것을 권유해야 하는지에 대하여 질문을 던지고 있다. 그 중 중요한 점들을 요약하면 다음과 같다.

- 부유한 국가의 사람들은 가난한 국가의 사람들에 비해 공해감소에 높은 가치를 부여한다. 이는 부유한 국가의 사람들이 더 높은 소득수준을 보이기 때문에 모든 것에 대하여 쓸 돈이 더 많을 뿐 아니라, 쉽게 예방이 가능한 사망위협으로부터의 위험이 낮은 부유한 국가들의 경우 공해로 인한 건강비용이 더욱 중요하기 때문이기도 하다. 따라서 만일 부유한 국가로부터 가난한 국가로 공해물질 한 단위가 옮겨질 때 이에 대하여 적절한 보상이 이루어진다면 양국이 모두 혜택을 얻을 수 있다 (여기서 적절한 보상이란 부유한 국가에서 공해에 대하여 두는 가치보다는 작지만 가난한 국가가 공해에 대하여 부여하는 가치보다는 많은 액수를 의미한다).
- 공해물질이 추가될 때 발생하는 유해성은 이미 환경에 존재하는 공해물질의 양에 비례하여 증가한다. 예를 들어 공기 중의 분진이 $1m^3$당 $10\mu g$ 증가할 경우 발생하는 건강상 위협은 공기에 오염이 전혀 없는 국가에서보다 이미 분진의 공기 중 집적도가 $1m^3$당 $80\mu g$에 달하는 국가에서 더욱 크게 나타난다. 따라서 공해물질을 많이 배출하는 산업을 공해수준이 높은 국가에서 낮은 국가로 이전함에 따라 공해로 인해 발생하는 평균적인 폐해를 줄일 수 있다.

서머스의 제안은 많은 사람들에 의해 비판받았으나(실제 서머스의 의도는 이를 실질적인 정책제안으로 제시하였다기보다는 토론을 이끌어 내기 위한 것이었다) 그럼에도 불구하고 공해를 많이 배출하는 산업이 선진국에서 개발도상국으로 이전하여 온 것은 사실이다. 사실 선진국이 과거에 비해 깨끗한 환경을 누리고 있는 것은 이와 같은 이전에 상당부분 기인한다. 환경규제 등으로 인해 선진국에서 이전되어 나간 산업으로는 피혁산업 및 납전지 재활용산업 등이 있다.

이와 같은 유해산업의 수출은 최근 무역과 관련된 협상에서 중요한 논쟁대상이 되고 있다. 환경보호론자들은 부유한 국가와 가난한 국가의 공해배출에 대하여 동일한 규제가 필요하다고 주장한다. 이는 이러한 규제가 없다면 유해산업들이 공해물질을 줄이려

---

11) "Let Them Eat Pollution," *The Economist*, February 8, 1992.

는 여타 노력을 기울이지 않고 단순히 공장을 한 국가에서 다른 국가로 이전하려 할 것이라는 우려에서 기인한다. 그러나 개발도상국가들의 협상대표자들은 대부분 이와 같은 규제에 반대하고 있다. 이 국가들은 아무것도 가지지 못할 바에는 차라리 유해산 업의 일자리와 공해물질을 선호한다는 것이다.

지구온난화

환경 쿠즈네츠 곡선에 대한 분석에서 국가가 부유해질수록 공해물질을 많이 배출하게 되지만 또한 환경을 개선하기 위해 더 많은 비용을 지불할 의향도 생긴다는 점을 알 수 있었다. 반면 한 국가나 개인이 보다 나은 환경을 위해 지불할 비용은 그 국가나 개 인이 받는 혜택에 달려 있다는 점도 살펴본 바 있다. 공해문제가 '전 세계적'으로 공통 된 문제가 될수록 한 국가가 공해물질 배출을 줄임으로써 바로 그 나라가 받는 혜택은 작아진다. 이러한 현상의 극단적인 사례가 지구온난화(global warming) 문제다.

지구온난화란 지구의 토양 근처 대기의 온도가 높아지는 현상을 의미한다. 〈그림 16.8〉은 1880~2010년 기간 중 지구의 평균 표면온도를 보여 주고 있는데 온난화 현상 은 뚜렷하다. 다른 지표들도 이와 같은 기후 온난화를 확인해 주고 있다. 세계적으로

▶ 그림 16.8
평균 세계 기온

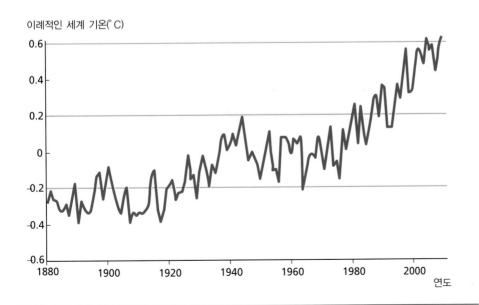

이례적인 세계 기온(°C)

자료 : www.giss.nasa.gov

평균 해수면의 높이는 20세기 중 17cm 상승하였다.[12] 극지대 이외 지역의 빙하는 축소되었고, 얼음의 두께가 얇아지고 북반구의 식물 성장가능기간은 1~4일 증가하였다.

　최근 지구온난화의 주 원인은 지구로부터 발생하는 복사열을 흡수하면서 대기에 축적되고 있는 소위 '온실가스'이다. 온실가스가 없었다면 이러한 복사열은 우주로 퍼져버렸을 것이다. 온실가스 중 가장 큰 영향을 미치는 것은 이산화탄소(CO_2)이다. 산업혁명 이후 2010년까지 이산화탄소의 대기 집중도는 38%나 증가하였으며 최근에는 매년 0.5%씩 늘어나고 있다. 이산화탄소의 증가 중 80%는 화석연료 사용으로 인한 것이며 20%는 숲의 파괴 및 토지의 이용방식 변화에 기인한다.[13]

　〈그림 16.9〉는 1인당 GDP와 1인당 이산화탄소 배출량이 매우 밀접한 관계를 지니고 있음을 보여 주고 있다. 이 그림에서 1인당 GDP와 1인당 이산화탄소 배출량은 모두 비율척도를 따르고 있다. 이는 1인당 GDP 및 1인당 이산화탄소 배출량 모두 국가간 엄청난 차이를 보이고 있어서 비율척도를 사용하지 않고는 가난한 국가들의 자료를

> **그림 16.9**
1인당 GDP와 1인당 이산화탄소 배출량

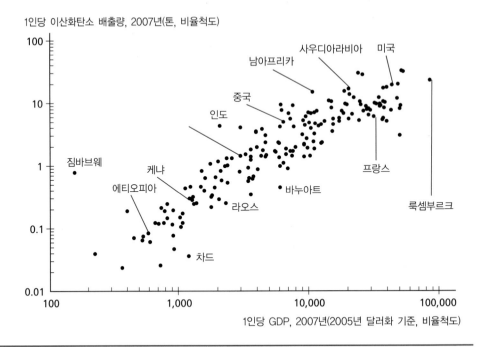

자료 : Heston, Summers, and Aten(2011), http://cdiac.ornl.gov/.

---

12) Intergovernmental Panel on Climate Change(2007).
13) Intergovernmental Panel on Climate Change(2007), Lomborg(2001)./.

보기 어렵기 때문이다. 예를 들어 2007년 미국의 이산화탄소 배출량은 1인당 19.3톤에 달하였으나 방글라데시의 경우 1인당 이산화탄소 배출량은 0.3톤에 불과하였다. 2008년에 세계에서 가장 많은 이산화탄소 배출국인 중국의 배출량은 전 세계의 21.9%이다. 미국은 두 번째로 전 세계의 17.7%이다.[14]

〈그림 16.9〉는 이산화탄소의 경우 환경 쿠즈네츠 곡선이 성립하지 않음을 잘 보여주고 있다. 이 결과는 다른 형태의 공해와는 달리 한 국가의 이산화탄소 배출로 인해 발생하는 부정적인 효과가 멀리 떨어져 있는 국가에 집중된다는 점과 일치한다. 이산화탄소의 경우 환경 쿠즈네츠 곡선이 존재하지 않는다는 것은 전 세계적으로 정책에 큰 변화가 없다면 가난한 국가들의 성장이 지속될 경우 이산화탄소 배출로 인한 환경오염이 더욱 악화될 것임을 의미한다.

향후 온난화에 대한 예측

만일 온난화 추이가 지속되거나 가속화된다면 이로 인해 발생하는 경제활동, 보건, 거주환경에 엄청난 영향을 줄 것이라는 우려가 존재한다. 불행하게도 향후 어느 정도의 지구온난화가 발생할 것인지를 예측하는 것은 너무도 어려운 일이다. 향후 발생할 수 있는 이산화탄소 배출량은 인구 및 경제성장, 지금까지 알려지지 않은 핵융합, 태양 에너지 활용 등의 기술발전 및 대기 중 이산화탄소가 증가하면서 지구의 이산화탄소 흡수량이 어떻게 변동할 것인지 등 다양한 불확실성에 달려 있다. 2007년에 노벨평화상을 공동 수상한 IPCC(Intergovernmental Panel on Climate Change)는 다음과 같은 시나리오를 설정하고 분석하였다. 이 시나리오에 따르면 21세기 중반에 세계 인구가 최대에 달하고 세계 인구의 1인당 GDP는 매년 3%씩 증가하며 대부분의 경제가 화석연료에 의존한다고 가정한다. 이 시나리오를 따를 경우 이산화탄소의 집중도는 2000년에 비해 2050년에 약 56% 상승하며 2100년에는 166% 상승한다.

이와 같이 증가한 대기 중 이산화탄소의 양이 기온에 어떠한 영향을 미치는지를 예측하는 데는 여러 과학적 불확실성이 수반된다. 위에서 제시한 시나리오에 대하여 IPCC는 2000년에 비해 평균 기온이 2050년이 되면 1.8°C 상승하고 2100년이 되면 추가적으로 1.6°C 상승할 것으로 예측하고 있다. 물론 이러한 예측에는 엄청난 불확실성 (1세기에 약 ±1°C)이 동반된다. IPPC는 또한 이러한 환경하에서 21세기에는 해수면의 높이가 약 21~48cm 상승할 것이라고 예측하였다.[15] 이에 더하여 평균 강수량의 증가

14) Carbon Dioxide Information Analysis Center, U.S. Department of Energy, http://cdiac.ornl.gov/.
15) Intergovernmental Panel on Climate Change(2007).

및 홍수, 가뭄, 폭염과 태풍 등 급격한 기후 변동성이 증가할 것으로 예측된다.

지구온난화가 가져올 경제적 효과를 추정하는 것 역시 어려운 작업이다. 온난화는 일부 경제활동을 불가능하게 할 수 있는 반면 여타 새로운 경제활동을 가능하게 할 수도 있다. 예를 들어 온난화는 미국 내 지중해성 및 아열대기후 지역의 많은 토지를 옥수수나 밀의 재배가 어려운 환경으로 만들겠지만 과일, 야채 및 면화의 재배에는 보다 적합한 환경으로 바꾸어 놓을 것이다. 한편 2090년까지 3°C 기온 상승이 발생하였을 경우를 가정하고 이에 따른 여파에 대하여 전문가들에 대한 설문 조사를 통하여 연구한 사례도 있다. 평균추정값에 따르면 세계의 생산량은 3.6% 감소하는 것으로 보고되었다. 그러나 이 평균추정치에 대해서는 다양한 의견이 존재한다. 전문가들은 세계의 생산량이 0.7% 이하로 감소할 가능성에 10%를 부여한 반면 세계의 생산량이 25% 이상 급감할 가능성에도 4.8%의 가능성을 부여하였다.

지구온난화가 개별국가에 미치는 영향은 매우 다르게 나타날 것이다. 농업에 대한 의존도가 높고 해안선이 긴 국가들이 가장 부정적인 영향을 받게 될 것으로 보인다. 미국이 받게 될 영향은 세계 평균값에 근접한 수준일 것으로 판단된다. 열대지방은 이미 가장 더운 지역이며 소득수준이 낮기 때문에 홍수와 가뭄 등 급격한 기후변화에 대처할 여력을 가지지 못하고 있다. 따라서 온난화는 열대지방에 가장 부정적인 영향을 미칠 가능성이 높다. 이에 더하여 열대지방에서 말라리아와 뎅기열병을 전염시키는 모기의 서식지가 확대될 것이다. 만일 IPCC에서 향후 1세기 동안 발생할 것으로 예측하였던 것보다 높은 수준으로 해수면이 상승한다면(예를 들어 1m) 방글라데시의 17%가 물에 잠기게 되고 1,000만 명의 거주지가 사라지게 될 것이다.[16]

지구온난화를 억제한다면 경제성장은 반드시 멈추게 될까?

지구온난화를 막기 위해 취해졌던 조치 중 가장 중요한 것은 1997년 미국을 제외한 대부분의 국가에 의해 서명된 교토 의정서(the Kyoto Protocol)다. 교토 의정서는 선진국들이 2012년까지 1990년 수준과 비교하여 이산화탄소 배출량을 7% 낮출 것을 요청하고 있다. 개발도상국가들은 어떠한 제한에도 노출되어 있지 않다. 교토 의정서를 연장하려는 시도와 부유한 국가는 물론이고 가난한 국가에 대해서까지도 배출량 규제 도입을 목표에 포함시키려는 노력은 아직 결실을 거두지 못하고 있다. 그러나 공통적으로 논의된 목표는 2050년까지 사이에 선진국이 총 이산화탄소 배출량을 50% 가량 줄이도록 하는 것이다.

---

16) Rijsberman and van Velzen(1996), Nordhaus(1994), Chapter 4 and Table 7.2.

이산화탄소 배출의 억제가 성장의 중지를 의미하는가? 물론 그렇지 않다. 이는 앞서 살펴본 바와 같이 희소한 자원의 사용을 줄이는 것이 언제나 성장세가 축소된다는 것을 의미하지는 않는다는 것과 일맥상통한다. 우리는 이 질문을 자원집약도 개념을 통해 분석할 수 있다. 2010~2050년 동안 배출량을 절반으로 줄이고자 하는 나라가 있다고 하자. 이 나라는 연평균 1.7%씩 배출량을 줄여가야 한다. 이와 동시에 1인당 산출량이 매년 2% 증가하였으며 인구는 매년 1%씩 증가한다고 가정하자. 여기서 16.1절에서 사용하였던 자원사용량, 자원집약도, 1인당 산출량 및 인구 등의 증가율 간의 관계를 나타내었던 방정식을 다시 도입하여 보자.

$$\hat{R} = \hat{I} + \hat{y} + \hat{L}$$

위 식에서 R은 자원사용량, I는 자원집약도, y는 1인당 GDP, L은 인구규모, ^는 증가율을 의미한다. 식을 재정렬하면 다음 식을 얻을 수 있다.

$$\hat{I} = \hat{R} - \hat{y} - \hat{L}$$

여기에 위에서 제시된 수치들을 대입하면 다음 결과를 얻을 수 있다.

$$\hat{I} = -0.017 - 0.02 - 0.01 = -0.047$$

다시 말해 이산화탄소 집약도를 매년 4.7%씩 감소한다면 목표 수준에 도달할 수 있다. 이와 같은 자원집약도의 하락은 역사적 기준으로 볼 때 높은 수준이지만 선례가 없는 것은 아니다.

여타 천연자원에 대한 예에서 살펴본 바와 마찬가지로 빠르고 지속적으로 생산과정에서 이산화탄소 집약도를 낮추기 위해서는 이산화탄소 배출비용이 증가하여야 한다. 현재 이산화탄소 배출에는 어떠한 비용도 추가되지 않는다. 배출비용을 증가시키면 기업이나 소비자 모두 대체재를 찾으려는 노력을 펼 것이며 배출량을 낮출 수 있는 기술개발을 촉진할 것이다. **탄소세**(carbon tax, 이산화탄소 배출에 부과되는 세금) 도입과 같은 간단한 정책으로 모든 목적이 달성 가능하다. 다양한 모형에 따르면 미국에 탄소세를 도입하여 교토 의정서의 기준을 달성할 경우 여타 조건이 동일하다는 전제하에서 2010년에 미국의 1인당 GDP는 0.45~1.96% 하락할 것으로 추정되고 있다.[17]

---

17) Intergovernmental Panel on Climate Change(2001b), Table 8.4.

16.4 결론

천연자원은 생산을 위해 필수적이다. 수세기 동안 경제학자들과 여타 학자들은 미래성장을 유지하기 위해 현존하는 자원이 충분한가라는 질문에 대하여 검토하여 왔다. 수많은 비관론에도 불구하고 천연자원의 부족은 최소한 현재까지는 경제성장에 거의 부정적인 영향을 미치지 않았다. 예를 들어 맬더스의 대규모 굶주림에 대한 예언과는 달리 기술진보와 농부들의 창의력은 인구보다 식량생산이 훨씬 더 빨리 증가하게 하는 데 성공하였다.

지금까지 제시된 비관적 예측들이 빗나간 이유는 '가격'이라는 한 단어로 요약될 수 있다. 천연자원의 가격이 높아지면 생산자에게 새로운 공급원을 찾으려는 유인이 제공되고 소비자에게는 대체재를 찾으려는 유인이 그리고 개발자에게는 자원으로 인한 문제를 기술의 발전을 통해 해결하려는 유인이 제공된다. 또한 미래의 자원희소성은 자원의 소유주에게 현재의 공급을 줄이고 미래소비를 위해 현재의 자원을 보존하려는 유인을 제공할 뿐 아니라 이를 통해 대체재를 찾는 노력을 배가시킨다.

물론 가격 메커니즘이 자원부족문제를 언제나 해결해 주는 것은 아니다. 가격 메커니즘이 실패하는 것은 주로 재산권이 적절하게 갖추어지지 않았을 경우에 발생한다. 천연자원에 대한 재산권이 존재하지 않을 경우 어느 누구도 미래를 위해 이를 보존하려는 유인을 갖지 못하게 된다. 오히려 자원의 생산자에게 남들이 채굴하기 전에 빨리 채취하려는 추가적인 유인만을 제공할 뿐이다. 이 경우 낮은 가격과 대체재를 찾으려는 유인이 없기 때문에 고갈될 때까지 넘치도록 공급될 수 있다. 현재 세계적으로 가장 남용되는 자원들은 국제적으로 공유되는 해역에 존재하는 어류 등 대부분이 재산권이 적절하게 부여되지 않은 자원들이다.

깨끗한 환경은 재산권의 부재로 가격 메커니즘이 작동하지 않게 되는 자원들 중 가장 중요한 사례로 꼽을 수 있다. 어느 누구도 깨끗한 환경을 '소유'하지 않으므로 공해물질을 배출하는 가격은 0이 된다. 공해물질을 배출하는 사람들에게 공해물질을 배출하지 않는 방식으로 생산을 대체하게 하는 메커니즘은 작동하지 않는다.

깨끗한 환경에 대하여 재산권이 존재하지 않는 상황에서는 정부의 규제를 통해 공해를 제어할 수 있다. 공해에 대한 정부 제어는 공해가 야기하는 문제가 지역적으로 발생할 때 잘 작동할 수 있다. 가장 제어가 어려운 형태의 공해는 지구온난화를 야기하는 이산화탄소 축적과 같이 지구 전체에 영향을 미치는 것들이다.

만일 천연자원과 관련된 문제의 역사적 경험이 좋은 길잡이가 될 수 있다면 이산화탄소 배출을 줄이는 것이 반드시 경제성장을 크게 저해할 필요는 없다. 오히려 공해물질을 배출하는 사람들에게 적절한 유인구조(이산화탄소 배출에 환경에 발생하는 비용에 버금가는 비용이 강제된다면)가 제시된다면 대체와 기술진보과정을 통해 경제는 지속적으로 성장할 수 있을 것이다.

핵심용어

공유지의 비극(tragedy of the commons)

녹색 GDP(green GDP)

수요의 가격탄력성(price elasticity of demand)

자원집약도(resource intensity)

재생가능자원(renewable resources)

재생불능자원(nonrenewable resources)

지속 가능한 발전(sustainable development)

지속 가능한 최대 산출고(maximum sustainable yield)

채취신 가격(in-ground price)

최대부양능력(carrying capacity)

탄소세(carbon tax)

피크오일(peak oil)

현존량(current reserves)

환경 쿠즈네츠 곡선(environment Kuznets curve)

복습문제

1. 공유지의 비극이란 무엇인가? 이 개념은 어떠한 유형의 천연자원과 연관이 있나?

2. 지속 가능한 개발이란 무엇인가? Brundtland 위원회가 설정한 '지속 가능한 개발'이라는 정의가 가지는 문제점들은 무엇인가?

3. 녹색 GDP를 계산할 때 천연자본의 고갈이 어떻게 반영되는가?

4. 천연자원의 현재와 미래 가격 간의 이론적 관계는 무엇인가? 어떤 요인에 의해 이 관계가 성립하지 않을 수 있는가?

5. 왜 장기수요의 가격탄력성이 단기수요의 가격탄력성에 비해 큰가?

6. 환경 쿠즈네츠 곡선은 왜 위아래가 뒤바뀐 U형태를 띠게 되는가?

연습문제

1. 아래의 표는 한 국가의 1965~2000년 사이의 인구 1인당 GDP 및 총 에너지 소비를 보여 주고 있다. 생산에서 에너지 집약도 연간 증가율은 동 기간 중 얼마였는가?

연도	인구	1인당 GDP	에너지 소비량
1965	1,000	10,000	200
2000	2,000	20,000	400

2. 한 호수의 물고기 양은 다음의 식에 따라 늘어나며 식에서 S_t는 t기 시작지점의 물고기의 양을 의미하고 G_t는 t기에 늘어난 물고기의 양을 의미한다. 단위는 둘 모두 톤이다.

$$G_t = \frac{S_t \times (100 - S_t)}{100}$$

   a. 한 연도에 물고기의 양이 20톤이었다고 가정하자. 또한 호수에 남아 있는 물고기의 양과 어획량이 오랜 기간 동안 동일하였다고 가정하자. 매년 어획량 H_t는 얼마일까?

   b. 최적 물고기의 양과 지속가능한 최대산출고를 계산하라. 미분을 사용하거나 다양한 숫자를 대입하면서 답을 찾아낼 수 있다.

3. 〈표 16.2〉를 사용하여 다음의 질문에 답하라. 세계 모든 인구가 중고소득국가의 국민들만큼 에너지를 소비한다면 현재 에너지 소비에 비해 얼마나 증가할까?

4. 세계적으로 볼 때 현재 수준으로 소비할 경우 1,000년간 사용할 수 있는 자원이 있다고 가정하자. 소비수준이 매년 2%씩 증가한다고 하면 자원고갈까지 몇 년이 소요될까?

5. 가솔린 가격이 오랜 기간 동안 리터당 1달러를 유지하였다고 가정하고 다음의 두 가지 시나리오를 살펴보자.

장기 상승	가격은 리터당 2달러로 상승하고 모든 사람들이 이 가격이 오랜 기간 지속될 것이라고 기대한다.
단기 상승	가격은 리터당 2달러로 상승하고 모든 사람들이 5년 후에는 다시 리터당 1달러로 하락할 것이라고 기대한다.

   가솔린 가격이 상승한 후 첫해에 가솔린 소비는 두 가지 시나리오별로 어떤 차이를 나타낼까? 가격변화가 발생한 후 4년차의 가솔린 소비는 어떤 변화가 나타날까? 두 가지 시나리오별 차이의 이유를 설명하라.

6. 칠레에서 대규모 유전이 발견되었다는 소식이 발표되었다. 실제 원유가 생산되는 데에는 5년이 걸리지만 일단 생산이 시작되면 칠레는 큰 차이로 세계에서 가장 큰

원유 생산국이 될 전망이다.

   a. 칠레의 원유 생산이 시작되기 전에라도 칠레의 원유 매장량 발견 소식이 세계 원유 공급곡선에 어떤 영향을 왜 미치게 될까?

   b. 칠레의 원유 생산이 시작되기 전에라도 칠레의 원유 매장량 발견 소식이 세계 원유 소비 곡선에 어떤 영향을 왜 미치게 될까?

   c. a와 b에 대한 답변을 기초로 칠레의 원유생산이 시작되기 전 세계 원유 가격 및 소비 규모에 어떤 변화가 발생할지 추론해 보아라.

7. 1992년에 세계은행이 추정한 바에 따르면 3~7억 명의 여자와 아이들이 요리를 위해 실내에서 불을 때는 과정에서 실내공기기 오염되어 하루에 담배 몇 갑을 피우는 것과 유사한 수준으로 건강을 해치고 있다고 한다. 실내공기오염이 이 장에서 논의한 다른 형태의 대기오염과 어떠한 차이를 지니는지 설명하라.

8. 정부는 때때로 16.3절에서 논의된 탄소세와 같이 특정 공해물질에 대하여 세금을 부과한다. 이와 같은 세금이 유해물질 배출에 미치는 단기 및 장기효과 간의 관계에 대하여 논하라. 이와 같은 세금부과로 인해 단기적으로 징수한 세수와 장기적으로 징수한 세수 간 관계는 무엇인지 설명하라.

온라인 데이터 플로터(Data Plotter)와 데이터를 이용해서 실습하려면
http://www.pearsonhighered.com/weil을 방문하라.

기술발전과 자원 고갈

일반 상식과는 달리 천연자원의 고갈이 존재할 경우에도 경제성장을 예측하는 것에는 논리적으로 하자가 존재하지 않는다. 여기서 우리는 재생불능자원에 초점을 맞춘 간단한 예를 살펴보기로 한다. $X(t)$를 t기에 존재하는 자원의 양으로, $E(t)$를 t기에 사용되는 자원의 양으로 정의하자. E와 X의 관계는 다음과 같이 정의될 수 있다 (변수 위에 점으로 표시된 것은 시간에 대하여 미분되었음을 의미한다).

$$\dot{X}(t) = -E(t)$$

모형을 단순하게 유지하기 위해 생산에 오직 한 요소만이 필요하다고 가정하자. 즉, 이번 분석에서는 물적, 인적 자본이나 노동을 고려하지 않는다(이러한 요소들을 포함하여도 결론에 변화는 없으며 단지 계산을 복잡하게 만들 뿐이다). 따라서 생산함수는 다음과 같이 표현될 수 있다. 여기서 Y는 산출물을, A는 기술수준을 의미한다.

$$Y(t) = A(t)E(t)$$

만일 기술수준 A에 변화가 없다면 결국 이 경제의 산출물은 더 이상 추출할 자원이 존재하지 않기 때문에 궁극적으로 산출량은 0이 될 것이다. 그러나 자원의 고갈에 대응할 수 있게 기술수준이 시간이 지남에 따라서 일정한 외생적인 속도 g만큼 높아진다고 가정하자. 즉, 기술수준의 증가속도는 다음과 같이 표현될 수 있다.

$$\hat{A}(t) = \frac{\dot{A}(t)}{A(t)} = g$$

이를 기초로 우리는 지속가능성에 대하여 살펴볼 수 있다. 보다 구체적으로 우리는 "오늘 산출물을 생산하는 것과 내일 생산을 위해 자원을 남겨두는 것 간의 균형은 무엇인가?"라는 질문에 대한 답을 찾아보도록 한다. 자원이 사용되는 속도를 가정함으로써 이 문제를 보다 구체화할 수 있다. 즉 ε을 자원의 채취 속도(일정 기간에 사용되는 자원의 비율)라고 가정하면 다음과 같이 표현될 수 있다.

$$E(t) = \varepsilon X(t)$$

자원의 채취속도가 일정하다면 남아 있는 자원의 양도 기하급수적으로 감소할 것이나. 빈일 $X(0)$를 0기에 남아 있는 자원의 양이라고 가성하나면 t기에 남아 있는 자원의 양은 다음과 같이 정의된다.

$$X(t) = X(0)e^{-\varepsilon t}$$

이제 우리는 산출물의 증가율과 산출물의 수준이 채취속도 ε과 어떤 관계를 가지는지 살펴볼 수 있다. 0기의 산출물은 다음과 같이 정의된다.

$$Y(0) = A(0)(\varepsilon X(0))$$

따라서 채취속도 ε이 낮아진다면 초기 산출물의 수준도 낮아질 것이다. 산출물의 증가율을 계산하기 위해 생산함수의 양변에 로그를 취하고 이를 시간에 대하여 미분하자. 여기서 채취속도는 자원의 부존량의 증가율과 일치한다는 점에 주의한다. 따라서 다음의 식을 얻을 수 있다.

$$\hat{Y} = \hat{A} + \hat{E} = g - \varepsilon$$

이 식은 높은 채취속도는 산출물의 증가율을 낮추게 된다는 것을 보여 주고 있다. 만일 채취속도가 지나치게 높다면 산출물의 증가율은 마이너스가 될 수도 있다. 또한 특정 채취속도하에서는 산출물의 증가율이 0이 될 수도 있다. 이러한 채취속도 ε^*는 위의 식을 0으로 두고 방정식을 풀어서 얻어질 수 있다.

$$\varepsilon^* = g$$

〈그림 16.10〉은 여러 가지 채취속도에 따른 산출물의 추이를 보여 주고 있다. 만일 채취속도가 ε^*를 넘어선다면 초기 산출물은 지속 가능한 수준을 넘어서게 되고 산출물

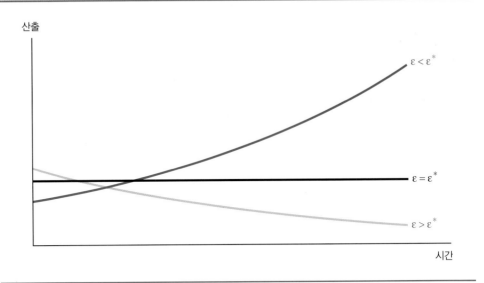

그림 16.10

자원사용과 성장 간의 관계

은 시간이 지남에 따라 하락할 것이다. 만일 채취속도가 ε^* 수준보다 낮은 수준에서 결정된다면 초기 산출물은 지속 가능한 수준 아래에서 시작하지만 결국 이를 넘어서게 될 것이다.

연습문제

A.1 한 국가의 산출물이 오직 재생불능자원만을 이용하여 생산된다고 가정하자. 자원의 채취속도는 연간 1%이다. 36년이 지난 후 이 경제의 총산출물은 2배가 되었다. 기술수준의 증가율은 무엇이었을까? 몇 년이 지나면 자원의 잔존량이 초기 수준의 1/8수준으로 떨어질까?

온라인 데이터 플로터(Data Plotter)와 데이터를 이용해서 실습하려면
http://www.pearsonhighered.com/weil을 방문하라.

결론

마지막 장에서는 소득수준과 그 성장률의 국가 간 격차에 대해 이해하기 위해 우리가 세운 이론적 틀을 돌아보고 한 나라의 경제적 운명을 결정하는 요인들에 관한 중요한 실증적 발견을 설명하기로 한다. 또한 우리는 앞으로 올 수십 년의 경험이 대답해 줄 경제성장에 관한 중요한 물음들이 어떤 것인지도 알아본다.

제 17 장

우리가 배운 것과 앞으로 남은 과제

17.1 우리가 배운 것

국가 간 1인당 소득의 놀라운 격차는 오늘날의 세계에 관한 가장 두드러진 사실 중 하나다. 세계에서 가장 부유한 나라들의 1인당 GDP는 가장 가난한 나라들의 1인당 GDP의 40배가 넘는다. 가장 부유한 나라들에 사는 세계 인구의 20%가 전 세계 소득의 60%를 점하고 있다. 다른 한편에서는 11억 명의 사람들이 하루에 1달러도 되지 않는 소득으로 살고 있다. 부유한 나라의 사람들은 가난한 나라의 사람들보다 더 오래 살고 더 건강하며 더 많은 여가를 즐기고 더 많은 문화시설을 누리고 있다.

이처럼 커다란 국가 간 소득격차는 많은 부분이 지난 200년간의 경제성장의 결과다. 1800년 이전에는 국가 간 1인당 소득의 격차가 상대적으로 작았고 수백 년 동안 생활수준에 큰 변화가 없었다. 오늘날의 가장 가난한 나라들에서 생활수준은 1800년과 비슷하지만 부유한 나라의 생활수준은 가파르게 성장하였다. 따라서 세계 전체의 불평등 증가는 어떤 나라는 경제성장을 겪은 반면 다른 나라는 그렇지 못함으로써 비롯된 것이다. 오늘날 세계에서 가장 부유한 나라들은 대부분 일찍 성장을 시작한 나라들이다. 하지만 특히 일본과 같은 어떤 나라들은 뒤늦게 성장을 시작하였으나 폭발적인 고도성장을 겪고 앞서 있던 나라들을 따라잡았다. 이와 같은 급성장의 시기는 최근으로 오면서 더욱 극적인 양상을 보였다.

우리의 목표는 국가 각국의 소득수준과 그 성장에 관해 이해하는 것이었다. 우리가 이 문제에 어떻게 접근하였으며 무엇을 배웠는지 돌아보기로 하자.

요소축적

국가 간 소득격차의 가장 직접적인 설명은 생산요소의 축적에 차이가 있었다는 것이다. 부유한 나라의 근로자들은 가난한 나라의 근로자들보다 더 많은 기계와 컴퓨터, 그리고 사회간접자본, 즉 더 많은 물적 자본을 사용한다. 부유한 나라의 근로자들은 또한 가난한 나라의 근로자들보다 더 많은, 그리고 더 좋은 교육(인적 자본)을 받았다. 마지막으로 부유한 나라의 근로자들은 가난한 나라의 근로자들보다 더 건강상태가 좋다. 근로자들이 가질 수 있는 물적 자본과 인적 자본의 이러한 차이는 분명히 부유한 나라와 가난한 나라 간 소득격차의 중요한 이유다.

부유한 나라와 가난한 나라 간 자본의 이와 같은 차이는 닭이 먼저인지 달걀이 먼저인지와 같은 점이 있다. 가난한 나라의 물적 자본과 인적 자본 수준이 낮은 한 가지 이유는 그 나라들이 가난하기 때문이다. 가난한 나라의 가계도 부유한 나라의 가계와 똑같이 물적 자본에 투자하고 싶고 그들의 자녀에게 인적 자본을 얻어 주고 싶을 것이지만 가난한 나라는 단지 부유한 나라와 똑같은 투자를 할 방법이 없을 뿐이다. 일단 자본이 어느 정도 있으면 자본을 축적하기 더 쉽기 때문에 자본축적은 가난한 나라의 성장률을 제약하는 요인이 된다. 가난한 나라가 다른 모든 것은 다 갖추고 있다고 해도, 즉 우리가 고려한 성장의 장애요인들 중 다른 것들은 다 해결하였다고 해도 자본축적이 그 나라의 소득수준을 부자나라들과 같은 수준으로 끌어올려 주는 데 수십 년이 걸릴 것이다.

이론적으로는 낮은 자본축적 수준만으로도 가난한 나라의 빈곤을 충분히 설명할 수 있다. 하지만 우리가 정량적인 분석을 해보았을 때 낮은 수준의 자본축적은 그 자체로 해답이 되지는 못하였다. 물적 자본과 인적 자본의 축적이 잘 되어 있었던 구 소련연방이 경제적으로 실패한 사례는 요소축적만으로는 경제성장을 설명하기 어렵다는 사실을 분명히 보여 준다.

생산성

국가 간 소득격차가 생산요소의 축적으로 설명되지 않는 만큼 그 격차는 생산성, 즉 생산요소가 산출물로 바뀌는 과정이 얼마나 효율적인가에 달려 있음에 틀림없다. 국가 간 생산성 격차는 크다. 발전회계를 통해 우리는 같은 양의 노동, 물적 자본, 인적 자본으로 가장 부유한 5분위 나라에서 생산할 수 있는 양은 가장 가난한 1분위 나라의 6배나 된다는 것을 보았다. 이와 유사하게 생산성의 성장은 산출량 증가의 주요한 원인인데, 1975년과 2009년 사이에 일어난 미국의 근로자 1인당 산출량 증가의 40%가 생산성의 성장에 기인한 것이다. 생산성 성장의 국가 간 차이는 1인당 소득성장률의 국가 간 차이를 설명하는 데 있어 가장 중요한 요인이다.

이러한 발견을 통해 우리는 생산성에 대해 자세히 연구해 볼 필요를 느꼈다. 일정한 양의 생산요소로 생산할 수 있는 양의 차이는 무엇으로 설명할 수 있는가? 생산성에 관한 분석에서 우리는 그것을 기술과 효율성이라는 두 부분으로 나누어 보았다. 기술은 산출물을 어떻게 생산할 것인지에 관한 지식이다. 기술은 연구개발, 정보의 확산, 그리고 과학적 발달이라는 측면에서 생각해 볼 수 있다. 생산성의 다른 한 구성요소인 효율성은 경제의 편제, 사람들과 기업들이 직면하는 유인체계, 그 나라의 제도 등과 관련이 있다.

기술

기술진보는 긴 기간에 걸친 생산성 성장을 설명하는 데 주된 요인이다. 지난 수세기에 걸쳐 가장 부유한 나라들의 생활수준이 몇 곱절로 될 수 있었던 것은 새로운 상품의 발명과 이미 있던 상품을 생산하는 새로운 방법의 발견 덕택이다.

기술진보도 물적 자본과 인적 자본의 형성과 마찬가지로 자원, 구체적으로 연구개발 지출이라는 자원의 투입을 필요로 한다. 그러나 기술은 그것이 독특한 성장의 동력이 될 수 있게 하는 남다른 성질을 가지고 있다. 기술은 비경합적인데, 이는 많은 사람들이 똑같은 기술을 동시에 사용할 수 있다는 의미다. 그리하여 부유한 나라의 기술이 가난한 나라로 이전되어도 부유한 나라가 그 기술을 더 적게 써야 한다거나 할 이유가 없다. 그러나 기술은 종종 비배제성을 갖는데 이는 어떤 기술의 발명가가 다른 사람들이 그것을 사용하지 못하도록 막기 어렵다는 의미다. 이 때문에 새로운 기술을 만들어 내려는 유인이 충분하지 않은 경우가 종종 있다. 역사적으로 볼 때 발명가들에게 보상을 충분히 하여 연구개발을 장려함과 동시에 기득권자들이 새로운 기술을 차단하는 것을 방지하는 부분에 관해 균형을 이룬 사회는 거의 없었다.

기술은 시간에 걸친 생산성의 성장을 잘 설명하지만 오늘날 국가 간에 존재하는 생산성의 격차에 대해서는 그다지 설명력이 없어 보인다. 그 이유는 기술이 비교적 쉽게 국경을 넘어가기 때문이다. 국가 간 생산성 격차는 너무 커서 단순히 기술의 차이 때문이라고 한다면 가난한 나라들이 사용하는 기술은 부유한 나라들이 100년 전 혹은 더 이전에 사용하던 기술과 같은 것이라고 보아야 할 정도다. 최근에 신기술을 개발한 사람들이 특허로 보호하거나 비밀을 유지하기도 하고 어떤 새로운 기술은 가난한 나라의 요소결합 비율과 잘 맞지 않기 때문에 일정 정도의 기술격차는 분명히 존재한다. 하지만 이러한 격차가 100년 이상의 차이라고 보일 정도로 크지는 않다.

효율성

우리는 생산의 효율성에 관한 국가 간 격차가 상당히 크다는 직접적인 증거를 보았다. 똑같은 양의 자본과 노동, 그리고 똑같은 기술을 사용하더라도 산출량은 국가 간에 크게 다를 수 있다. 많은 개발도상국에서 공통적으로 드러나는 비효율의 중요한 형태는 과잉인력 보유가 심각한 국유기업들이다. 개발도상국에서 또 흔히 볼 수 있는 것은 가치가 낮은 산출물을 생산하는 부문에 과다한 자본과 노동이 투입되는 것이다. 부유한 나라에서나 가난한 나라에서나 공히, 많은 양의 자원이 산출량을 늘리는 데 사용되지 않고 이미 있는 산출물을 서로 가지려고 싸우는 데 낭비되고 있다.

효율성은 경제 내에서 개별 사람들과 기업들이 직면하는 기회와 유인들을 결정하는 제도에 의해 만들어진다. 경제적 효율성이 낮은 나라의 사람들이 효율성이 높은 나라의 사람들보다 더 열심히 일하지 않거나 더 이기적인 것은 아니다. 한 나라의 제도는 그 나라 국민의 노력이 어디에 쓰이는지 생산적인 활동이나 생산요소의 축적 또는 신기술의 발명을 위해 쓰이는지, 아니면 기술차단이나 지대추구 또는 다른 비생산적 활동에 쓰이는지를 정해 준다. 경제정책의 입안자들, 즉 개발도상국의 정책 입안자들과 가난한 나라의 성장을 촉진하고자 하는 선진국의 정책 입안자들이 직면하는 가장 어려운 문제는 어떻게 하면 성장에 도움이 되는 제도를 세우게 될 것인가다.

한 나라의 경제적 효율성에 관해 특히 두드러진 점은 다른 나라와 상호교류하면서 얼마나 많은 특화의 이점과 교역으로부터의 이득을 얻을 수 있는가 하는 것이다. 세계 경제에 대한 개방은 한 나라의 기술수준과 생산요소의 축적에 영향을 미치지만 이러한 효과는 국제무역을 통해 얻을 수 있는 효율성의 증대에 비하면 2차적인 것이다.

기본 요인

요소축적, 기술, 그리고 효율성은 한 나라의 1인당 소득수준을 결정하는 보다 직접적인 요인들이다. 즉 그것들은 소득에 직접적인 영향을 미치며 더 나아가 정의상 이들 세 값들만이 소득을 결정하는 요인이다. 두 나라 간 1인당 소득격차는 모두 이들 세 요인의 차이에 기인하는 것이어야만 한다. 마찬가지로 한 나라의 1인당 소득의 증가는 전적으로 이들 세 요인 중 하나 혹은 그 이상이 증가하여 발생한 것일 수밖에 없다.

그러나 한 나라가 부유하거나 가난한 직접적인 이유를 분석하는 것만으로 우리가 알고자 하는 모든 것을 다 알 수는 없었다. 어떤 나라가 요소축적이나 기술 또는 효율성이 낮기 때문에 가난하다고 말하는 것은 그 나라가 왜 가난한가라는 물음에 완전한 답을 주는 것이 아니다. 이러한 직접적 요인들 저변에 깔려 있는 기본적인 혹은 더 깊은 결정요인들을 이해하는 것이 매우 중요하다. 이 책의 마지막 부분에서는 이러한 기본적인 결정요인들 중 일부를 살펴보았다.

소득을 결정하는 세 가지 직접적인 요인들에 특히 강력한 영향력을 행사하는 것은 정부의 활동이다. 정부는 교육을 제공하는 일 등을 통해 요소축적에 영향을 미치고 연구개발을 지원하는 일 등을 통해 기술진보에 영향을 미친다. 하지만 정부의 가장 중요한 효과는 경제의 효율성에 대한 것이다. 기업과 근로자에게 경기규칙을 세움으로써 정부는 얼마나 많은 노력이 생산적인 혹은 비생산적인 활동에 쓰이게 될지 그리고 경제의 생산이 어떻게 편제되는지에 중대한 영향을 미친다. 자료를 통해 분명히 드러나는 것은 가난한 나라들이 여러 면에서 성장에 나쁜 영향을 주는 정부를 갖고 있다는 것이다. 가난한 나라의 정부는 더 부패되어 있고 지출의 낭비가 더 많으며 교역과 새로운 사업의 형성을 제한할 가능성이 더 높다. 좋지 않은 정부가 그 나라의 빈곤의 원인인지 혹은 빈곤 때문에 나타난 증상인지는 그렇게 명확하지 않다.

한 나라의 경제발전에 기본적 결정요인이 될 수 있는 다른 요인들, 즉 소득불평등, 문화, 지리적 요인 등에 관해 우리가 본 증거는 뚜렷한 결론으로 이어지지 못한다. 소득불평등은 생산요소의 축적에 대해 긍정적인 효과와 부정적인 효과를 다 가지고 있다. 불평등의 정도가 심할수록 물적 자본의 축적에 유리한 반면 인적 자본의 축적에는 불리하다. 소득불평등의 더 중요한 효과는 정부와의 관련성을 통해 나타난다. 불평등한 나라들에서는 정치적 불안정성이 높으며 소득재분배를 위한 압력이 크다(실제로 소득재분배가 꼭 더 많이 일어나는 것은 아니다). 소득불평등과 관련하여 또 한 가지 놀라운 발견은 불평등 정도가 오래 지속된다는 것이다. 세계에서 가장 불평등한 나라에서 소득불평등의 뿌리는 수백 년을 거슬러 올라간다.

문화에 대한 우리의 고찰은 문화와 경제적 성과 간의 몇 가지 흥미로운 상관관계를 보여 주었다. 하지만 정부의 경우에서와 마찬가지로 문화에서 경제성장으로 흐르는 인과관계가 어느 정도인지 그리고 반대 방향으로 흐르는 인과관계는 어느 정도인지 구분해낼 수 있는 좋은 방법이 아직 없다.

지리, 기후, 천연자원의 경우에는 이러한 인과관계의 문제가 없다. 우리는 이미 지리적 요인이 성장에 영향을 주는 것이지 그 반대가 아니라는 것을 잘 알고 있다. 1인당 GDP와 적도에서의 거리와 같은 지리적 요인 간의 강한 상관관계는 지리적 요인이 현재의 세계 소득분포를 형성한 주요 요인 중 하나라는 분명한 증거다. 그러나 지리적 요인이 제도에 대한 역사적 효과나 농업생산성에 대한 효과 또는 질병에 대한 효과 등 어떤 경로를 통해 작용하는지는 분명하지 않다. 또한 과거에 소득의 성장에 영향을 미

성장은 우리를 행복하게 해 주는가?

19 30년에 케인스는 "우리 자손들의 경제적 가능성"이라는 주목할 만한 평론을 썼다. 케인스는 경제성장의 역사를 되돌아 보고 성장이 같은 속도로 100년간 더 계속된다면 어떤 일이 벌어질지에 대해 생각해 보았다. 그의 계산에 따르면 그와 같은 성장이 계속된다면 생활수준이 4 내지 8배로 높아진다는 것이다. 케인스는 이 정도의 성장이 이루어진다면 인류는 그가 경제적 문제로 보았던 희소성 문제의 해결에 다가갈 수 있을 것이라고 내다보았다. 케인스가 예측하기를 성장이 100년간 더 지속된다면 개인이 직면하는 가장 중심이 되는 문제가 어떻게 하면 충분한 양의 재화와 서비스를 확보하는가에서 어떻게 하면 남아도는 자유시간을 의미 있게 즐길 수 있는가로, 즉 "경제적인 근심거리가 사라진 후 찾아온 자유를 어떻게 사용하고, 과학과 복리이자가 안겨 준 여가시간을 어떻게 보냄으로써 현명하고 기분좋고 올바르게 살 수 있을 것인가?"로 옮겨 갈 것이라고 했다.*

대공황, 제2차 세계대전, 그리고 케인스가 그 글을 쓴 후에 있었던 여러 사건들에도 불구하고 케인스가 예견했던 복리성장(複利成長, compound growth)은 실제로 계속되었다. 영국의 1인당 소득은 케인스가 그 글을 쓴 후 이미 4배로 되었다. 그러나 그가 생각했던 기간의 4/5가 이미 지난 시점에서 보건대 케인스가 했던 예측의 두 번째 부분은 터무니없이 어긋났다. 그가 예견한 여가시간의 급증은 나타나지 않았다. 남아도는 자유 시간을 어떻게 써야 할지 고민하기는커녕 많은 부유한 나라의 사람들은 마치 그들이 원하는 생활수준을 얻으려면 그렇게 해야 한다고 느끼기라도 하는 듯 그들의 선조가 80년 전에 한 것만큼 열심히 일하고 있다. 예를 들어 경제학자 줄리엣 쇼어(Juliet Schorr)가 쓴 책 『과로하는 미국인 : 예상치 못한 여가의 감소(The Overworked American: The Unexpected Decline of Leisure)』(1992)는 미국에서는 더 많은 시간을 일하거나 사무실에서 일거리를 집으로 가져가면서 여가를 추구하거나 가족과 함께 지내면서 시간을 쓰는 일이 점점 어려워진다고 느끼는 추세가 있다고 보고하였다. 게다가 빈곤이라는 경제적 문제를 극복하지 못하고 있다는 것은 가난한 사람들만의 일이 아니다. 예를 들어 2012년 대선을 포함한 미국의 역대 대통령 선거에서 모든 후보자들이 동의할 수 있었던 몇 안 되는 문제 중 하나는 중산층이 경제적으로 악전고투하고 있다는 것이었다. 세계에서 가장 부유한 나라에서조차 희소성이라는 경제적 문제의 해결이 케인스 시대에 비해 더 가까워진 것은 아닌 것 같다.

이런 사실을 생각하다 보면 다음과 같은 의문이 생긴다. 경제성장은 사람들이 기대했던 것만큼은 아니라 할지라도 사람들을 예전보다는 좀더 행복하게 만들어 주지는 못 하는 것일까? 이 질문에 답하기 위해서 한 나라에서 소득수준과 행복의 관계에 관한 고찰부터 시작해 보자. 〈그림 17.1〉은 1994년부터 1996년 사이에 행해진 미국의 한 설문조사에서 드러난 주관적 행복도와 소득 간의 관계를 보여 준다. 각 점은 소득분포의 각 십분위에 포함된 사람들의 평균 행복도와 평균소득을 나타낸다. 행복도는 각 가계가 주관적으로 느끼는 정도며 1은 '별로 행복하지 않음', 2는 '행복한 편', 3은 '매우 행복'을 나타낸다. 소득수준이 행복의 유일한 결정요인은 아니지만 행복도가 소득과 함께 올라가는 것은 분명하다. 소득이 2배로 되면 행복도는 0.09점 높아진다. 소득이 행복도와 관계가 있다는 사실은 상당히 견고해서 많은 국가에서도 수십 번 넘게 재확인되었다.

한 나라에서 부자가 가난한 사람보다 더 행복하다는 것은 곧 부유한 나라의 국민들이 가난한 나라의 국민보다 평균적으로 더 행복하는 점을 시사할 것이라고 생각한다. 이와 유사하게 한 나라의 평균 행복도는 1인당 소득에 따라 올라갈 것이라고 생각한다. 그러나 반드시 그렇지는 않다. 이 관계가 성립하지 않는 시나리오를 쉽게 만들 수 있다.

예를 들어 사람들의 경제적 만족은 자신들의 소비뿐 아니라 자기들이 비교로 삼는 기준 소비에도 달려 있다고 하자. 기준 소비란 바로 주변 사람들의 소비가 될 수도 있고, 자신이 살고 있는 국가 국민들의 소비가 될 수도 있다. 예컨대 1년에 2만 달러를 소비하는 사람이 있다고 하자. 이 사람은 평균 소비 수준이 3만 달러인 국가보다는 2만 달러인 국가에 사는 것이 더 행복할 것이다. 이러한 현상이 나타나는 가장 간단한 형태는 사람들이 소비의 절대 수준이 아니라 오직 소비 서열에서 차지하는 자신들의 등급에만 관심이 있는 경우다. (자신의 상대적 위치에만 관심을 갖는 것은 인간의 내재적 본능이다. 줄리어스 시저도 "로마의 2인자가 되느니 차라리 가울 마을의 촌장이 되겠다."고 하였다.)

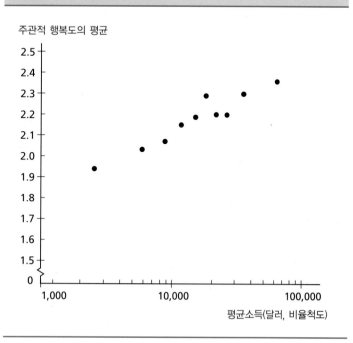

그림 17.1

미국인의 소득과 행복도 간의 관계

자료 : Frey and Sturtzer(2002). 소득분포의 십분위별 평균임.

만일 사람들이 자신의 소비와 주변 사람들의 평균 소비를 비교한다면, 평균적으로 경제성장은 사람들을 더 행복하게 해 줄 수 없다. 성장은 자신의 소비가 늘어난 만큼 기준 소비도 늘일 것이기 때문이다. 사람들이 자신이 과거에 소비했던 것과 비교하는 경우에도 이와 비슷한 현상이 발생한다. 이 경우에는 기준 소비 대비 현재 소비의 비율을 유지하려면 지속적 성장이 발생해야 한다. 이 해석은 케인스의 예측이 왜 빗나갔는지 말해 준다. 케인스는 자신을 상황에 대입시킴으로써 사람들이 단순히 자신의 과거 소득보다 4배가 증가했다고 해서 만족하지는 않을 것이라는 점을 간과하였다. 즉, 100년 후에 올 미래 사람들도 케인스 자신이 사용했던 기준선을 사용할 것이라고 오인했기 때문이다. 케인스는 100년 후에 기준 소비가 얼마나 증가하게 될지 인지하지 못했다. 미래 사람들은 더 높은 소비 기준을 사용할 것이고, 따라서 케인스가 상상했던 것만큼 잘 산다고 느끼지는 못할 것이다.

경제학자들은 위의 두 가지 경우를 '비교 효용(comparison utility)' 혹은 앞으로 나아가기는 하지만 목표한 지점에 결코 도달하지는 못한다는 의미에서 좀더 화려한 용어로 '쾌락의 쳇바퀴(hedonic treadmill)'라고 한다.

성장이 사람들을 더 행복하게 만들어 준다는 명제가 더 이상 논리적 필연은 아니라고 전제할 때 이것은 경험적 문제가 된다. 현실에서 경제성장은 실제로 사람들을 행복하게 해 주는가? 이 주제를 체계적으로 연구한 첫 번째 경제학자는 리차드 이스터린(Richard Easterlin)이다. 그는 1974년부터 이 주제에 관한 연구를 계속하였다. 이스터린의 역설(Easterlin Paradox)로 알려진 그의 결론은 한 국가의 소득 수준과 국민들의

(계속)

성장은 우리를 행복하게 해 주는가?(계속)

평균적 행복 간에는 아무런 관계가 없다는 것이다.

이스터린과 그의 추종자들은 여러 나라의 평균 행복도 데이터를 관찰하였는데, 그들의 연구에서 두가지 점이 발견되었다. 첫째, 횡단면 분석에서 1인당 소득이 15,000달러에 이르기 전까지는 소득에 따라 평균 행복도가 향상되었지만, 그보다 많은 소득 수준에서는 소득에 따라 행복도가 더 증가하지 않는 것으로 나타났다. 둘째, 한 국가를 대상으로 볼 때 시간이 흐름에 따라서 소득성장률과 행복의 증가 간에는 통계적으로 유의한 관계가 존재하지 않았다. 이 맥락에서 좀더 충격적인 발견은 1958~1991년 중 일본의 1인당 실질GDP는 6배나 높아졌지만 일본인들의 인생 자체만족도는 변하지 않았다는 사실이다.[†] 이스터린은 이런 발견들은 모두 앞에서 논의한 비교효용에 기인하기 때문이라고 주장하였다.

그렇지만 더 최근의 연구 결과들은 이러한 발견에 대해 부정적이다. 벳씨 스티븐슨(Betsey Stevenson)과 저스틴 울퍼스(Justin Wolfers)는 과거보다 더 여러 국가와 더 긴 기간에 대해 정보를 가지고 행복도 분석을 광범위하게 다시 시행하였다.[‡] 그들은 행복도처럼 파악하기 어려운 개념을 평가할 때 자연히 발생하는 많은 문제점들을 수정하였다. 그 어떤 데이터 문제보다도 스티븐스과 울퍼스는 시간에 따라 설문 자체가 많이 변했다는 사실을 발견하였다. 예를 들면, 일본에서 행복도는 5점 만점으로 측정되었다. 초기 서베이에서 가장 높은 행복도는 '내가 무한히 만족할 수는 없다고 해도, 현재의 생활에 일반적으로 만족하는 것'으로 정의되었다. 그러나 이후에 '완전히 만족하는 것'으로 바뀌었는데, 당연히 후자가 더 높은 수준이라고 할 수 있다.

스티븐슨과 울퍼스는 횡단면에서 관찰한 국가들에 대해서는 최소한 이스터린의 역설이 완전히 사라지는 것을 발견하였다. 소득에 따라 평균 행복도가 올라갈 뿐만 아니라 '복지(well-being)와 소득 간 경사'의 기울기도 유지되는 현상(소득이 1% 증가할 때 향상되는 행복도)은 한 국가 내의 개인을 대상으로 하거나 국가 간 평균 행복도와 평균 소득을 대상으로 하더라도 동일하게 나타났다.

한 국가 안의 행복도 증가를 살펴보면 좀더 복잡하다. 스티븐슨과 울퍼스는 한 국가의 평균 행복도는 평균 소득이 증가할 때(다른 예에서는 복지와 소득 간 경사의 기울기처럼) 향상된다는 증거를 찾았다고 주장하였다. 그러나 이스터린은 이들에 대한 반론에서 행복과 소득 간의 관계는 오로지 호황과 불황 같은 경기변동기에만 성립한다고 주장하였다.[§] 어떠한 경우든지 간에 한 국가 내에서 성장이 행복도를 증가시킨다는 명제의 통계적 유의성이 결여되어 있다는 사실과 성장이 행복도를 증가시키지 못한다는 발견이 동일한 것이라고 말할 수는 없다.

이스터린 역설이 성립하지 않는다는 것이 좋은 뉴스가 될지 아니면 나쁜 뉴스가 될지는 개인적 시각의 차이이다. 부유한 나라의 국민들에게는 좋은 뉴스가 될 수 있다. 이스터린의 관점에서는 부유한 국가의 국민들이 지속적으로 비교 기준을 줄곧 높이기 때문에 미래 성장이 행복도를 증가시키지는 않을 것이라고 본다. 그렇지만 이스터린이 틀렸다면 또 한 세기 잘 성장하면 더 행복해지지 말라는 법도 없다.

한편 이스터린의 가설이 옳다면 세계의 불평등에 관해서 상당히 긍정적인 시사점이 있다. 그 이유는 이스터린의 가설이 옳다면 행복 불평등도는 소득 불평등도보다 훨씬 낮을 것이기 때문이다. 다른 사람보다 훨씬 부유한 사람이 누리고 있는 불공평성(unfairness) 때문에 마음이 짓눌렸던 사람들에게는 복된 소식이다.

---

[*] Keynes(1930).

[†] Frey and Stutzer(2002).

[§] Easterlin et al.(2010).

[‡] Stevenson and Wolfers(2008).

쳤던 지리적 요인들이 미래에도 계속 똑같은 효과를 유지할 가능성은 얼마나 되는지도 불확실하다.

기본적 결정요인들은 요소의 축적과 기술의 발전 그리고 생산의 효율성이라는 경로를 통해 한 나라의 경제적 운명을 좌우하는 궁극적인 힘으로 작용한다. 그러나 기본 요인들 혹은 적어도 우리가 이 책에서 고찰한 기본 요인들이 운명이라고 한다면 그것은 너무 주제넘은 일이다. 왜 어떤 나라는 부유하고 어떤 나라는 가난한지를 설명할 때 우리는 그 나라의 역사에서 중요한 순간에 하필이면 비도덕적인 지도자가 나타나는 역사적 우연을 참작하여야 한다. 게다가 경제학자들이 아직 생각도 해 보지 못한 기본적인 힘이 있을시도 모른다. 끝으로, 기본적 요인들이 경세에 영향을 미치는 방식에 앞으로 변화가 있을지도 모른다. 과거에는 한 나라의 성장에 악영향을 미치던 특성들이 기술진보나 세계경제구조의 다른 변화로 인해 성장과 무관하게 되거나 심지어는 성장에 도움이 될 수도 있다.

17.2 미래에는 무엇이 담겨 있을까?

경제성장이라는 현상을 이해하는 것도 충분히 어려운 일이다. 성장을 예측하는 것은 너무 어려운 일이므로 그것을 해보려는 것은 아니다. 대신 이 절에서는 향후 수십 년간 지켜보아야 할 중요한 문제들을 부각시켜 보기로 한다.

세계 소득분포는 어떻게 변할 것인가?

세계의 소득불평등 정도는 150년간 증가한 후 20세기의 지난 수십 년간에는 뚜렷한 변화가 없었다. 이처럼 소득불평등에 상대적으로 변화가 없었던 것은 서로 반대방향으로 작용하는 두 가지 힘의 결과다. 한편으로는 일부 가난한 나라들의 고속성장이 세계의 소득불평등을 좁혀 놓았다. 이 점에서는 세계 인구의 5분의 1을 차지하는 중국이 가장 중요한 역할을 하였다. 1980년 중국의 1인당 GDP는 미국의 3.5% 수준이었는데, 2009년에는 19% 수준으로 증가하였다. 그러나 또 한편으로는 일부 가난한 나라들이 전혀 성장하지 못하여 세계의 소득불평등 정도를 높이는 역할을 하였다. 1975~2009년 사이에 세계 인구의 5.5%를 차지하는 26개국에서 1인당 GDP가 실제로 하락하였다.

1980~2010년의 기간 중 빈곤을 탈출한 사람들의 수는 인류 역사상 그 어느 때보다도 많았다. 만약 중국과 다른 일부 가난한 나라들에 영향을 미친 '성장의 전파(contagion of growth)'가 계속 확산된다면 21세기 초반에는 비슷한 정도의 대규모 빈

곧 감소와 함께 세계 소득불평등의 완화도 가능할 것이다.

기술진보의 빠른 속도는 유지될 것인가?

현재 부유한 나라들에서 가장 중요한 미래 경제성장의 결정요인은 기술진보가 될 것이다. 기술진보가 가속화될 것인지 둔화될 것인지 혹은 같은 속도를 유지할 것인지는 지금부터 50년 후의 생활수준에 다른 무엇보다도 더 큰 영향을 미칠 것이다. 그러나 기술진보의 결정요인에 대해 우리가 알고 있는 것은 매우 부족하다. 1970년대와 1980년대에 걸쳐 생산성이 둔화된 기간 중에 기술진보의 속도는 시들해지는 듯했다. 하지만 1995년 이후 10년간은 기업들이 컴퓨터라는 범용기술을 구조조정과 생산성 향상에 어떻게 적용할 것인지 배우게 되면서 유별나게 빠른 기술적 변화의 시기가 되었다.

기술진보는 그 본성이 예측하기 힘든 것이다(1965년 이후 컴퓨터 칩 생산의 발달을 정확히 예측한 무어의 법칙이 유명한 이유는 바로 그만큼 미래의 기술에 대한 다른 많은 예측들이 무참하게 빗나갔기 때문이다). 지난 반세기 동안 가장 앞선 나라들에서의 기술진보는 연구개발에 대한 노동과 자본의 투입이 계속 증가함으로써 유지될 수 있었다. 확실한 것은 아니지만 그와 같은 연구개발 투입의 증가가 적어도 향후 50년간 계속될 가능성은 높다. 그러나 연구개발이 계속 증가한다고 해도 우리가 얻을 수 있는 새로운 기술의 창고가 무한정 넓은 것은 아니다. 현재와 같은 급속한 기술진보의 물결이 곧 소멸하게 될지 혹은 수십 년간 더 지속될지 그리고 또 하나의 새로운 범용기술이 곧 나타나 경제성장에 박차를 가하게 될지, 이러한 물음은 시간만이 답해 줄 수 있을 것이다.

세계 인구의 미래는 어떠한가?

20세기에는 극적인 인구변화가 있었다. 세계 인구는 4배로 늘었고 수명은 급격하게 증가했으며 출산율은 똑같이 급격한 감소를 보였다. 21세기에는 세계가 새로운 인구학적 영역에 들어설 것이다. 인구학적 발달에 드리워진 두 가지 커다란 변수는 AIDS의 진행과 출산율이 어떻게 될 것인가다.

AIDS는 이미 여러 아프리카의 나라들에서 수십 년에 걸친 기대수명의 상승추세를 반전시켰다. 이 전염병이 억제되지 않으면 다른 개발도상국에도 비슷한 영향을 미칠 것이다.

세계에서 가장 부유한 나라들에서는 지난 수십 년에 걸쳐 인구 대체율을 밑돌았던 출산율 때문에 전례 없는 인구의 노령화와 총인구규모의 축소가 거의 확실시된다. 출산율이 몇십 년 동안 더 대체율 수준을 훨씬 밑돌게 되면 그 결과로 오는 인구학적 변동은 이들 나라의 경제, 사회 그리고 세계에서의 위치에 큰 영향을 미칠 것이다. 일부 개발도상국도 매우 급속한 출산율 저하로 인해 곧 대체율 수준에 미치지 못하는 출산율에 이르게 될 수 있겠지만 다른 개발도상국들은 향후 50년 혹은 그보다 더 오래 대체율을 훨씬 상회하는 출산율을 유지할 것이다. 파키스탄이나 나이지리아와 같이 인구가 급속히 증가하는 나라들에서조차 출산율이 대체율 수준의 출산율에 비교적 빠른 속도로 다가가고 있지만 인구학적 모멘텀을 감안하면 향후 50년 동안 인구가 2배 이상으로 될 것이 확실하다.

전 지구적 경제통합은 계속될 것인가?

세계화는 기술과 생산요소의 이전을 촉진하고 특히 각국이 생산에 유능한 재화에 특화하게 함으로써 경제성장을 추진해 왔다. 교역으로부터의 이득은 세계경제에 참여하는 나라의 평균 생활수준을 높여 주지만 각국에서 세계화의 결과로 손해를 보는 그룹도 있다는 것은 부정할 수 없다. 세계화로 인한 혼란은 부유한 나라와 가난한 나라에서 공히 세계화에 대한 심각한 반대를 불러왔다. 정부들도 과거에 국제 간 경제통합을 제한하기 위해 권력을 사용하였으며 앞으로도 그럴 가능성이 있다.

　정부가 세계화를 멈추기 위해 권력을 사용하지 않는다면 향후 수십 년간 경제적 통합이 더 진전될 것이라고 예상할 수 있다. 재화 운송비용의 하락과 거의 비용이 들지 않는 정보 전달방법의 도래는 전혀 새로운 형태의 경제통합으로 이어질 것이다. 가장 중대한 것으로 서비스 교역이 확대될 수 있다. 예를 들어 부유한 나라의 학생들이 세계의 반대편에 있는 교사에게 배울 수도 있다.

　현재 진행 중인 세계화는 부유한 나라들에게 이로울 것이지만 가난한 나라들에게는 더 큰 가능성을 담고 있다. 지리적 입지가 나쁜 나라들, 즉 천연자원이 부족하거나 열대기후 때문에 농업생산성이 낮은 나라들에게 있어 세계화는 성장의 장애요인을 제거해 줄 수 있다. 세계시장에 나아감으로써 기업과 근로자들은 여러 나라에서 성장을 저해하고 있던 비효율적 제도를 비켜갈 수 있다.

천연자원의 부족이 경제성장을 제약할 것인가?

한 세기가 넘도록 경제학자들을 비롯한 학자들은 천연자원의 부족이 경제성장을 제약할 것이라고 걱정해 왔다. 현재까지는 그들의 걱정은 근거가 없는 것으로 판명되었다. 특정 자원이 부족한 적은 있었지만 각국 경제는 다른 풍부한 자원으로 부족한 자원을 대체하는 유연성을 보였다. 기술진보도 역시 여러 자원의 병목(bottleneck)을 우회하여 갔다.

성장이 자원부족으로 제약된 적은 없었지만 이론적으로는 자원의 부족이 미래의 성장을 제약할 수도 있다. 자원절약 기술의 미래도 일반적 기술의 미래와 마찬가지로 예측하기 어렵다.

천연자원의 부족이 그 가격을 상승시키고 혁신과 대체를 장려하는 과정은 자원이 사적으로 소유된 경우가 아니라면 제대로 작동하지 않는다. 오늘날 세계에서 그런 성격을 갖는 가장 중요한 자원은 대기(大氣)다. 가난한 나라들이 선진세계의 생활양식으로 옮겨가면서 화석연료의 연소로부터 나오는 이산화탄소의 전 세계 방출량은 상당히 증가할 것이다. 그 결과로 오는 지구온난화는 지구의 기후를 결과를 예측할 수 없을 정도로 급격하게 변화시킬 잠재력이 있다.

17.3 최후의 단상

경제성장은 중요한 주제다. 경제성장은 너무나도 많은 사람들의 후생수준에 지대한 영향을 미치기 때문이다. 경제성장은 흥미로운 주제기도 하다. 그것은 현재 진행 중인 이야기기 때문이다. 시간의 흐름은 새로운 자료와 새로운 사건 그리고 새로운 정책실험을 낳는다. 끝으로 경제성장은 활발한 연구분야다. 새로운 아이디어가 끊임없이 제시되어 논쟁이 붙고 검증된다. 이 책으로부터 우리가 제기하는 문제들에 대해 더 배우고 싶은 마음이 드는 독자라면 학문적인 저작을 통해서나 세계에 대한 가벼운 관찰을 통하여 호기심을 발동한다면 그에 대한 충분한 보상을 받을 것이다.

가처분소득(disposable income)   근로자의 세전소득에서 정부에 납부하는 조세를 빼고 정부로
부터의 받은 이전소득을 더한 값

감가상각(depreciation)   자본이 마모되어 가치가 떨어지는 현상

경제모형(economic model)   경제변수의 결정과 변수 상호 간의 영향 등을 분석하기 위해 사
용하는 현실의 단순화된 묘사

경제의 근본요인(fundamentals)   생산성이나 생산요소의 축적에 미치는 효과를 통하여 생산량
에 영향을 주는 근본적 특징

경제적 이동성(economic mobility)   사람들이 소득분배상의 한 부분에서 다른 부분으로 옮겨가
는 현상

경제적 지대(economic rent)   생산요소의 공급을 끌어내기 위해 필요한 수준 이상으로 지불되
는 요소소득

경합적 생산요소(rival input into production)   한 시점에 한 생산과정에만 이용될 수 있는 재화

계층별 혼인(assortative mating)   혼인이 동일한 사회경제적 계층 내에서 이루어지는 현상

고갈효과(fishing out effect)   수월한 기술이 우선 개발되기 때문에 과거의 기술개발이 현대의
기술개발을 어렵게 하는 부정적 효과

고립지대(enclaves)   한 국가경제의 다른 부분과는 거의 접촉이 없이 고립된 경제발전의 작은
구역

고비용병(cost disease)   국민경제의 지출 구성에서 서비스에 대한 지출 비율이 높아지면서
경제 전체의 생산성 증가율이 낮아지는 현상

공공재(public goods)   국방이나 법규정과 같이 비배제성(상품 이용에 대한 대가를 지불하지
않았다고 해서 사용을 배제할 수 없다는 특성)으로 인해 민간부분이 공급할 수 없는 상
품

공유지의 비극(tragedy of the commons)   소유권이 없는 자원에 대하여 과잉 이용이 발생하는
현상

과다고용요구(featherbedding)   효율적인 생산을 위해 필요한 수준 이상으로 근로자를 고용하
도록 고용주가 강요받는 상황

관세(tariff)   수입품에 부과되는 세금

관찰자의 편견(observer bias)   어떤 변수와 타 변수에 관한 관찰자의 사전적 지식으로 인해
해당 변수의 특성에 대한 평가가 왜곡되는 현상

교역(trade)   국경을 넘나드는 재화나 서비스의 교환

교육에 대한 수익(return to education)   근로자가 1년의 교육을 더 받을 경우 추가적으로 증가
하게 되는 임금의 증가율

구매력평가 환율(purchasing power parity, PPP)   상이한 국가와 시점 간의 금액을 공통적인 화
폐단위로 변환하기 위해 고안된 가상의 환율

구성효과(composition effect)   세계의 인구구성에서 저소득 국가의 비율이 고소득 국가보다
커짐에 따라 세계 1인당 소득의 평균성장률이 낮아지는 현상

국내총생산(gross domestic product, GDP)   한 해 동안 한 나라에서 생산된 모든 최종재화와
용역의 가치

국민총생산(gross national product, GNP)   한 나라의 거주자가 소유하고 있는 생산요소가 취득
한 총소득의 가치

궁극적 원인(ultimate cause)   일련의 인접 사건들을 통해 관찰된 결과에 영향을 미치는 것

규모대비 수익불변(constant returns to scale)   생산함수에서 투입요소의 양이 각각 동일한 비
율로 증가할 때 산출의 양도 동일한 비율로 증가하는 성질

규범적 접근(normative approach)   정부정책이 어떻게 이루어져야 바람직한지에 관한 조언을
목적으로 하는 분석 방식

규제완화(deregulation)   어떤 산업에 대한 정부의 감독을 제거하는 일

극단값(outlier)   두 변수 간의 전반적인 통계적 관계와는 다른 특징을 보이는 관측값

기계파괴자(Luddites)   19세기 초 생계를 위협하는 기계를 파괴했던 영국의 섬유산업 노동자

기술(technology)   투입요소를 결합하여 산출물을 생산하는 방법과 관련된 가용 지식

기술생산함수(technology production function)   R&D에 사용한 물적 자본을 비롯한 노동력과 연
구자의 인적 자본을 투입으로 하고 그 결과 얻어진 신기술을 산출로 표현한 함수

기술차단(technology blocking)   어떤 기술을 사용할 수 있었으나 특정인이 해당 기술의 사용
을 고의적으로 방해함에 따라 발생하는 비효율성

기업 간 배분착오(misallocation among firms)   가장 생산적인 기업에 자원이 배분되지 않아서
발생하는 비효율의 유형

내생변수(endogenous variables)   경제모형 내부에서 그 값이 결정되는 변수

네덜란드 병(Dutch disease)   천연자원의 부존이 제조업 제품의 수입을 촉진함으로써 국내의 제조업 부문에 타격을 주는 현상

녹색 GDP(green GDP)   GDP로부터 당해 연도에 고갈되었거나 파괴된 국내 천연자본의 가치를 뺀 GDP

누락변수(omitted variable)   통계 분석에서 누락되었으나 분석 대상인 두 변수 간의 상관관계에 영향을 주는 변수

대졸자 프리미엄(college premium)   고등학교 졸업자의 임금에 대한 대학 졸업자의 임금의 비율

도둑정치(kleptocracy)   통치자를 부유하게 만들기 위해서 정부를 이용하는 상황. 도둑정치라고도 함

독점(monopoly)   특정한 상품의 공급자가 단 하나인 기업

뛰어넘기(leapfrogging)   기술적으로 후발국이나 후발기업이 선도자를 뛰어넘는 과정

로렌츠 곡선(Lorenz curve)   한 나라의 가장 가난한 1%의 가계부터 시작하여 2%, …… 100%의 가계까지 취득한 총소득의 비율을 표시한 그래프

마킬라도라(maquiladora)   미국으로부터 부품을 수입·가공한 후 이를 다시 미국으로 수출하는 미국·멕시코 국경 부근에 있는 멕시코의 조립공장

모방(imitation)   다른 나라의 기술 복제

무어의 법칙(Moore's low)   마이크로프로세서의 성능이 18개월마다 배가 된다는 1965년에 탄생한 예측

문화(culture)   한 사회에서 널리 퍼져 있는 가치관, 사고방식, 믿음

민영화(privatization)   정부에 의해 수행되던 업무의 민간 이전

민족분할도 지수(index of ethnic fractionalization)   한 나라에서 임의로 선택한 두 사람이 동일한 민족 집단에 속하지 않을 확률

발전회계(development accounting)   국가 간 소득수준의 격차를 생산성의 차이에 기인하는 부분과 생산요소의 축적량에 기인하는 부분으로 나누어 분석하는 데 사용되는 기법

배분착오(misallocation)   서로 다른 생산적 용도 간에 자원이 효율적으로 배분되지 않아서 발생하는 비효율의 유형

배제성(excludability)   어떤 재화나 생산요소의 소유주가 자신의 허락 없이 다른 사람이 사용하는 것을 막을 수 있는 정도

범용기술(general-purpose technologies)   경제 각 부문의 생산양식을 변화시키는 동시에 해당

기술에 수반되는 연쇄적 발명을 촉발하는 중요한 기술혁신

변수(variable)   분석대상이 되는 관측값의 특성

복수정상상태(multiple steady states)   여러 개의 정상상태 가운데서 한 나라의 초기상태가 향후 접근할 정상상태를 결정하는 현상

부문 간 배분착오(misallocation among sectors)   부문 간에 자원이 비효율적으로 배분되었을 때 나타나는 비효율의 유형

비경합적 생산요소(nonrival inputs into production)   기술과 같이 개별 생산자가 얻는 이익을 감소시키지 않으면서 무한한 수의 생산자가 동시에 사용할 수 있는 요소투입

비관세장벽(nontariff barriers)   정부가 관세나 물량제한(quota) 이외에 국제무역을 제한하기 위해 부과하는 정책수단들

비생산적 활동(unproductive activities)   경제적인 가치를 창출하지 못하는 행위에 자원이 투입되면서 발생하는 비효율성

비율척도(ratio scale)   한 변수의 비율변화가 세로축 혹은 가로축에 동일한 간격으로 표시되도록 그래프를 그리는 척도. 로그 척도(logarithmic scale)라고도 불림

사망률 변천(mortality transition)   경제발전에 수반하는 기대수명의 증가

사회적 역량(social capability)   후진국이 선진국과의 교류를 통해 얻어지는 경제적 기회를 통해 발전을 이루어 낼 수 있게 하는 사회 문화적인 질적 능력

사회적 자본(social capital)   사회 구성원이 보유하고 있는 네트워크 및 그 네트워크를 통해 사회구성원 간에 기여하려는 성향의 가치

산업혁명(Industrial Revolution)   여러 산업에서 신속한 기술혁신이 발생했던 시기로 영국은 1760년부터 1830년, 유럽과 북미는 이보다 다소 늦음

산포도(scatter plot)   각 축이 한 변수를 표시하며 하나의 관측값이 한 점으로 표현된 그래프

상관계수(correlation coefficient)   두 변수 간의 상관관계의 척도로서 21과 1 사이의 값을 갖음

상관관계(correlation)   두 변수가 함께 변화하는 경향의 정도

생산성(productivity)   생산요소가 산출물로 변환되는 과정의 효율성

생산성 둔화(productivity slowdown)   1970년대 초에서 1990년대 초에 선진국에서 발생한 생산성 증가의 둔화

생산요소(factors of production)   물적 자본, 인적 자본, 노동, 토지 등과 같은 생산의 투입요소

생산요소의 이동(flow of factors of production)   자본을 비롯한 생산요소의 국가 간 이동

생산함수(production function)   기업이나 국가가 생산요소를 산출물로 변환하는 방식을 수식으로 표현한 것

생존함수(survivorship function) 각 연령별로 생존해 있을 확률을 나타내는 함수

선형척도(linear scale) 그래프에서 흔히 사용되는 척도로 축의 동일한 간격이 해당 변수의 동일한 증가량을 표시

성장회계(growth accounting) 산출물의 총증가로부터 생산요소의 축적에 기인한 성장을 제외시킴으로써 생산성 증가율을 측정하는 기법

세대 간 이동성(intergenerational mobility) 가족의 세대 간 경제적 지위 변화

세원(tax base) 과세대상이 되는 재화 혹은 용역의 총량

세전소득(pretax income) 이전소득이나 세금이 반영되기 전의 소득

소득분배(distribution of income) 한 국가의 총소득이 구성원들 간에 나누어져 있는 양태

소득재분배(income redistribution) 부자로부터 가난한 사람, 노동이 가능한 성인으로부터 노인, 일반인으로부터 모종의 특혜집단 회원으로의 소득이전

속도효과(tempo effect) 출산연령이 높아짐에 따라 일시적으로 출산율이 하락하는 현상

수요의 가격탄력성(price elasticity of demand) 상품의 가격 변화율에 대한 상품 수요량의 변화율의 비율

수입쿼터(quota) 수입할 수 있는 재화의 총액(또는 총량)에 대한 제한

순재생산율(net rate of reproduction, NRR) 현인구의 사망률과 출산율을 따른다고 가정했을 때 여성 한 사람이 낳을 것으로 기대하는 여아의 수

시장실패(market failure) 어떤 조건하에서는 규제가 없어도 시장이 효율적인 결과를 창출하지 못할 것이라는 개념

실증적 접근(positive approach) 정부 정책에 대한 처방보다는 정책효과의 서술을 목적으로 하는 분석방식

암묵적 지식(tacit knowledge) 경험을 통해 획득되거나 비공식적인 교습을 통해 전수되는 생산과정에 대한 지식

역인과관계(reverse causation) 실제로는 Y가 X를 발생시키는 상황인데 그 반대라고 오해를 불러일으킬 수 있는 상황

연령별 출산율(age-specific fertility rate) 특정 연령 여성의 1년간 평균 출산 횟수

와그너의 법칙(Wagner's law) 국가가 부유해질수록 정부의 규모가 커지는 경향을 보인다는 주장

외부효과(externality) 어떤 경제활동이 대가 없이 우연히 갖게 되는 효과

외생변수(exogenous variable) 경제모형을 분석할 때 그 값이 주어져 있다고 보는 변수

유휴자원(idle resources) 비효율의 한 형태로 산출물의 생산에 사용되지 않은 가용생산요소

이스터린의 역설(Easterlin paradox)   한 국가의 소득수준과 주민들의 평균 행복도 간에는 아무 관계가 없다는 이론

이행행렬(transition matrix)   여러 그룹 중 한 그룹에서 다른 그룹으로 옮겨갈 확률을 보여 주는 표

인구대체 출산율(replacement fertility)   장기적으로 인구 규모를 일정 수준으로 유지시킬 수 있는 수준의 출산율

인구밀도(population density)   일정 면적(1평방마일이나 1평방킬로미터)에 사는 인구의 수

인구학적 모멘텀(demographic momentum)   출생률이 높았던 국가에서 출생률이 인구대체율 (replacement level)까지 낮아진 후에도 지속적으로 인구가 증가하는 현상

인구학적 변천(demographic transition)   한 국가의 발전도상에서 사망률과 출생률이 낮아지는 과정

인적 자본(human capital)   과거에 시행했던 투자의 결과이며, 근로자의 생산력을 증가시키는 교육이나 건강 등의 특성

일물일가의 법칙(law of one price)   두 나라가 교역을 시작한다면 양국에서 동일상품은 동일가격에 팔린다는 주장

자본(capital)   노동자들이 재화와 용역을 생산하기 위하여 임의로 사용할 수 있는 도구

자본소득분배율(capital's share of national income)   자본의 수익으로 지불되는 국민소득의 비율. 생산함수가 콥-더글라스형이고 생산요소소득이 한계생산성과 같다면 자본소득비율과 같음

자본희석(capital dilution)   인구 성장으로 인한 자본-노동 비율의 하락

자원집약도(resource intensity)   한 단위의 산출물을 생산하기 위해 요구되는 천연자원의 양

재생가능자원(renewable resources)   자연적으로 재생되어 재사용이 가능한 자원

재생불능자원(nonrenewable resources)   지구상에 한정된 수량으로 존재하는 자원

저축보존계수(savings retention coefficient)   국내 저축이 국내 투자로 이어지는 비율. 자본시장 개방도를 측정하는 지표로 이용됨

전방연관(forward linkages)   (자원채취와 같이) 한 산업의 생산이 생산요소를 공급하는 효과를 발휘함으로써 타 산업의 성장을 촉진하는 상황

정부실패(government failure)   시장실패를 시정하려는 목적으로 고안된 정책으로 착상이 나쁘거나 부적절하게 시행된 경제정책

정상상태(steady state)   근로자 1인당 산출량과 자본 장비율이 시간이 지나도 변하지 않는 경제의 상태

정상상태로의 수렴(convergence toward the steady state)   한 국가의 근로자 1인당 GDP가 최초의 위치에서 정상상태 수준으로 성장 혹은 감소

조정실패(coordination failure)   시장실패의 한 유형으로서 기업 간 조정을 담당할 계획자의 부재로 인해 산출수준이 낮게 결정되는 현상

중위값(median)   관측값 중 정확하게 중간에 위치하는 값

중위투표자(median voter)   어떠한 변수든지(예컨대 세전소득) 어떤 경제정책(예 : 세율)의 선호값을 결정하는 중위값을 가진 투표자

증가율(growth rate)   연간 변화량을 기준연도의 값으로 나눈 값

지니 계수(Gini coefficient)   소득불평등의 척도

지대추구(rent seeking)   정부의 제도나 법규를 이용하여 사적 이익을 추구하는 비생산적인 활동

지속 가능한 발전(sustainable development)   UN의 환경 및 개발에 대한 위원회에서 제시한 개념으로 '후세대의 자원에 대한 수요를 충족시키는 데 영향을 주지 않으면서 현세대의 욕구를 충족시키는 수준의 개발'

지속 가능한 최대산출고(maximum sustainable yield)   장래사용을 위한 자원의 양을 감소시키지 않으면서 단위 기간당 추출할 수 있는 최대의 재생가능자원의 양

직접적 원인(proximate cause)   어떤 관찰된 결과에 대해 직접적인 책임이 있는 사건

차분(difference in a variable)   한 시점에서 다음 시점으로 넘어가면서 발생하는 어떤 변수값 크기의 변화분. 그리스어 델타의 대문자 Δ로 표시함

창조적 파괴(creative destruction)   새로운 창안이 일부 기업들에게는 이윤을 창출하지만 동시에 다른 기업들의 파산을 초래하는 과정

채취 전 가격(in-ground price)   자원의 시장가격으로부터 채굴비용을 제외한 가격

천연자본(natural capital)   한 나라의 농토, 목장, 임야 및 금속, 광물, 석탄, 석유, 천연가스와 같은 지하자원의 가치

체화된 기술진보(embodied technological process)   새로운 기술이 새로운 자본에 통합되어야만 사용될 수 있는 현상

총액이전(lump-sum transfer)   각 사람에게 동일한 금액을 지급하는 정부의 이전지출

최대부양능력(carrying capacity)   재생가능한 자원이 인간에 의한 채취가 없는 자연적 상태에서 도달할 수 있는 양의 최대값

최빈값(mode)   관측값 중 가장 빈번하게 나타나는 값

출산율 변천(fertility transition)   경제발전에 수반되는 출산율의 저하

출생 시 기대수명(life expectancy at birth)   신생아가 살 것으로 기대하는 평균연수

충돌 함정(conflict trap)   시민폭력과 경제실패가 서로 영향을 주어 국가가 소득수준이 낮은 정상상태에 머물러 있는 현상

콥-더글라스 생산함수(Cobb-Douglas production function)   생산함수의 특정한 함수형태로서 $F(K, L) = AK^{\alpha}L^{1-\alpha}$로 주어지는데 K는 자본의 양, L은 노동의 양, A는 생산성의 척도, 그리고 0과 1 사이의 값을 갖는 파라미터임

쿠즈네츠 곡선(Kuznets curve)   한 나라의 소득수준과 소득불평등도의 관계를 보여 주는 역 U-자 모양의 곡선

탄소세(carbon tax)   이산화탄소의 배출에 대하여 부과하는 조세

투자(investment)   소비하지 않고 새로운 자본 생산에 사용되는 재화와 용역

특허(patent)   새로운 제품의 개발자에게 정부가 일정기간(일반적으로 20년) 독점적인 이용, 생산, 판매 권한을 부여하는 것

파급효과(spillovers)   경제성장의 결과로 국경을 넘어 이웃국가에 영향이 발생하는 현상

평균(mean)   단순평균

폐쇄경제(autarky)   한 국가가 국제적 경제교류를 전혀 하지 않는 상태

포트폴리오 투자(portfolio investment)   외국 주식 및 채권에 대한 투자형태를 띠는 국제적 자본이동의 한 유형

피크오일(peak oil)   세계 원유생산량이 최대치에 도달하는 날짜

한계생산물(marginal product)   특정한 생산요소를 한 단위 추가로 투입했을 때 얻는 생산물

한계생산물 체감(diminishing marginal product)   생산함수에서 한 요소만의 투입량이 증가할 때 (다른 요소들의 투입량은 변하지 않는다는 가정하에) 마지막으로 더해진 요소투입 단위가 생산한 산출량이 그 전에 더해진 요소투입 단위가 생산한 산출량보다 작은 성질

한쪽으로 치우친 분포(skewed distribution)   평균을 중심으로 대칭을 이루지 못하고 왼쪽이나 오른쪽으로 치우친 분포

합계출산율(total fertility rate, TFR)   한 여성이 가임기간 동안 현재 연령별 여성 출산율만큼의 출산을 한다는 가정하에 낳는 자녀 수의 합계

해외직접투자(foreign direct investment)   외국에 있는 설비의 구매나 구축 등의 기업투자

혁신(innovation)   신기술의 발명

현존량(current reserves)   현재의 기술과 가격을 전제로 추출할 때 수익성이 있다고 판단되는 자원의 양

형평과 효율성의 상충(equity-efficiency trade-off)   소득재분배를 통해 형평성을 제고하는 정책

이 효율성을 저해하는 현상

확산(diffusion)　새로 발견된 기술이 경제 전체로 파급되는 과정

환경 쿠즈네츠 곡선(environmental Kuznets curve)　한 국가의 경제발전 단계와 환경오염 수준 간의 역 U자 모양의 관계

횡단면자료(cross-sectional data)　어떤 변수에 대한 관찰을 같은 시점의 여러 단위로부터 모은 자료

효율성(efficiency)　이용 가능한 기술과 생산요소가 실제로 얼마나 잘 사용되고 있는가의 척도

후방연관(backward linkages)　한 산업의 생산 활동(예를 들어, 천연자원의 채취)이 그 산업에 필요한 투입요소를 공급하는 다른 산업의 싱장을 촉진하는 상황

72의 법칙(rule of 72)　어떤 변수가 일정비율로 증가할 때 2배가 되는 데 걸리는 시간을 계산하는 방법. 예를 들어 g를 연간 성장률이라고 하면 2배가 되는 데 걸리는 시간은 $72/g$로 계산될 수 있음

Abramovitz, Moses. 1956. "Resource and Output Trends in the United States Since 1870." *American Economic Review* 46 (May): 5–23.

———. 1986. "Catching Up, Forging Ahead, and Falling Behind." *Journal of Economic History* 46 (June): 385–406.

Acemoglu, Daron. 2002. "Directed Technical Change." *Review of Economic Studies* 69 (October): 781–810.

———. 2010. "Theory, General Equilibrium, and Political Economy in Development Economics." *Journal of Economic Perspectives* 24 (Summer): 3.

Acemoglu, Daron, and David H. Autor. Forthcoming. "Skills, Tasks and Technologies: Implications for Employment and Earnings," in Orley Ashenfelter and David E. Card (eds.), *Handbook of Labor Economics Volume 4*. Amsterdam: Elsevier.

Acemoglu, Daron, and Simon Johnson. 2007. "Disease and Development: The Effect of Life Expectancy on Economic Growth." *Journal of Political Economy* 115(6): 925–985.

Acemoglu, Daron, Simon Johnson, and James A. Robinson. 2001. "The Colonial Origins of Comparative Development: An Empirical Investigation." *American Economic Review* 91(5): 1369–1401.

———. 2003. "An African Success Story: Botswana," in Dani Rodrik (ed.), *Search of Prosperity: Analytic Narratives of Economic Growth*. Princeton, NJ: Princeton University Press.

Acemoglu, Daron, and James A. Robinson. 2002. "Economic Backwardness in Political Perspective." *Mimeo* (May).

Acemoglu, Daron, and Fabrizio Zilibotti. 2001. "Productivity Differences." *Quarterly Journal of Economics* 116 (May): 563–606.

Adelman, Morris A. 1995. *The Genie out of the Bottle: World Oil Since 1970*. Cambridge: MIT Press.

Ades, Alberto F., and Edward L. Glaeser. 1995. "Trade and Circuses: Explaining Urban Giants." *Quarterly Journal of Economics* 110 (February): 195–227.

Aghion, Philippe, and Peter Howitt. 1992. "A Model of Growth Through Creative Destruction." *Econometrica* 60:2, 323–351.

———. 2008. *The Economics of Growth*. Cambridge: MIT Press.

Ahuja, Vinod. 1998. "Land Degradation, Agricultural Productivity, and Common Property: Evidence from Côte d'Ivoire." *Environment and Development Economics* 3 (February): 7–34.

Alesina, Alberto, Arnaud Devleeschauwer, William Easterly, Sergio Kurlat, and Romain Wacziarg. 2003. "Fractionalization." *Journal of Economic Growth* 8 (June): 155–194.

Alesina, Alberto, and Dani Rodrik. 1994. "Distributive Politics and Economic Growth." *Quarterly Journal of Economics* 109 (May): 465–490.

Anderson, James E., and J. Peter Neary. 1999. "The Mercantilist Index of Trade Policy." NBER Working Paper 6870 (January).

Arrow, Kenneth J. 1972. "Gifts and Exchanges." *Philosophy and Public Affairs* 1(4): 343–362.

Ashton, Basil, Kenneth Hill, Alan Piazza, and Robin Zeitz. 1984. "Famine in China, 1958–61." *Population and Development Review* 10 (December): 613–645.

Åslund, Anders, and Mikhail Dmitriev. 1999. "Economic Reform Versus Rent Seeking." In Anders Åslund, and Martha Brill Olcott (eds.), *Russia After Communism*, Washington, DC: Carnegie Endowment for International Peace.

Atkeson, Andrew, and Patrick J. Kehoe. 2001. "The Transition to a New Economy After the Second Industrial Revolution." Working paper, Federal Reserve Bank of Minneapolis.

Atkinson, Anthony B., and Joseph E. Stiglitz. 1969. "A New View of Technological Change." *Economic Journal* 79 (September): 573–578.

Autor, David H., Lawrence F. Katz, and Melissa S. Kearney. 2008. "Trends in U.S. Wage Inequality: Revising the Revisionists." *Review of Economics and Statistics* 90(2): 300–323.

Autor, David H., Lawrence F. Katz, and Alan B. Krueger. 1998. "Computing Inequality: Have Computers Changed the Labor Market?" *Quarterly Journal of Economics* 113 (November): 1169–1214.

Babbage, Charles. 1851. *The Exposition of 1851.* London: John Murray.

Backhouse, E., and J. O. P. Bland. 1914. *Annals and Memoirs of the Court of Peking.* Boston: Houghton Mifflin.

Baily, Martin Neil, and Robert Solow. 2001. "International Productivity Comparisons Built from the Firm Level," *Journal of Economic Perspectives* 15 (Summer): 151–172.

Bairoch, Paul. 1988. *Cities and Economic Development: From the Dawn of History to the Present.* Translated by Christopher Braider. Chicago: University of Chicago Press.

————. 1993. *Economics and World History: Myths and Paradoxes.* Chicago: University of Chicago Press.

Banerjee, Abhijit V., and Esther Duflo. 2011. *Poor Economics: A Radical Rethinking of the Way to Fight Global Poverty.* New York: Public Affairs.

Barro, Robert. 1997. *Determinants of Economic Growth: A Cross-Country Empirical Study.* Cambridge: MIT Press.

————. 2000. "Inequality and Growth in a Panel of Countries." *Journal of Economic Growth* 5 (March): 5–32.

Barro, Robert, and Jong-Wha Lee. 2011. "Education Attainment Dataset." http://www.barrolee.com/

Barro, Robert, and Xavier Sala-i-Martin. 1997. "Technological Diffusion, Convergence, and Growth." *Journal of Economic Growth* 2(1): 1–26.

Barth, James, Gerald Caprio, Jr., and Ross Levine. 2006. *Rethinking Bank Regulation: Till Angels Govern.* Cambridge: Cambridge University Press.

Basu, Susanto, and David N. Weil. 1998. "Appropriate Technology and Growth." *Quarterly Journal of Economics* 113 (November): 1025–1054.

Baumol, William J., and Alan S. Blinder. 1997. *Economics: Principles and Policy,* 7th ed. New York: Dryden Press.

Beaulier, Scott A. 2003. "Explaining Botswana's Success: The Critical Role of Post-Colonial Policy." Working paper, George Mason University.

Beck, Thorsten, Ross Levine, and Norman Loayza. 2000a. "Finance and the Sources of Growth." *Journal of Financial Economics* 58(1–2): 261–300.

————. 2000b. "Financial Intermediation and Growth: Causality and Causes." *Journal of Monetary Economics* 46(1): 31–77.

Benabou, Roland, and Efe Ok. 2001. "Social Mobility and the Demand for Redistribution: The POUM Hypothesis." *Quarterly Journal of Economics* 116 (May): 447–487.

Berg, Alan, and Susan Brems. 1989. *A Case for Promoting Breastfeeding in Projects to Limit Fertility.* World Bank Technical Paper 102.

Berger, Peter. 1994. "Gross National Product and the Gods." *McKinsey Quarterly* 1: 97–110.

Berhanu, Betemariam, and Dennis P. Hogan. 1997. "Women's Status and Contraceptive Innovation in Urban Ethiopia." Population Studies Training Center Working Paper 97–03, Brown University.

Bernanke, Ben S., and Refet S. Gürkaynak. 2001. "Is Growth Exogenous? Taking Mankiw, Romer, and Weil Seriously," in Ben S. Bernacke and Kenneth Rogoff (eds.), *NBER Macroeconomics Annual 16.* Cambridge: MIT Press.

Bernard, Andrew, and Meghan Busse. 2004. "Who Wins the Olympic Games: Economic Resources and Medal Totals." *Review of Economics and Statistics* 86(1), 413–417.

Berry, Steven, James Levinsohn, and Ariel Pakes. 1999. "Voluntary Export Restraints on Automobiles: Evaluating a Trade Policy." *American Economic Review* 89(3): 400–430.

Bertola, Giuseppe. 1999. "Labor Markets in the European Union." *Mimeo*, European University Institute (September).

Bloom, David E., and Jeffrey D. Sachs. 1998. "Geography, Demography, and Economic Growth in Africa." *Brookings Papers on Economic Activity* 2: 207–273.

Bloom, David, and Jeffrey Williamson. 1998. "Demographic Transitions and Economic Miracles in Emerging Asia." *World Bank Economic Review* 12(3): 419–455.

Bockstette, Valerie, Areendam Chanda, and Louis Putterman. 2002. "States and Markets: The Advantage of an Early Start." *Journal of Economic Growth* 7 (December): 347–369.

Bodin, Jean. 1967. *Six Books of a Commonwealth*. Translated and edited by M. J. Tooley. New York: Barnes and Noble.

Bongaarts, John. 1994. "Population Policy Options in the Developing World." *Science* 263 (February): 771–776.

———. "Fertility and Reproductive Preferences in Post-Transitional Societies." *Population and Development Review* 27 supplement: 260–281.

Bourguignon, François. 2011. "A Turning Point in Global Inequality…and Beyond." *Mimeo*.

Bourguignon, François, and Christian Morrison. 2002. "Inequality Among World Citizens: 1820–1992." *American Economic Review* 92 (September): 727–744.

BP Statistical Review of World Energy. 2011.

Brander, James A., and M. Scott Taylor. 1998. "The Simple Economics of Easter Island: A Ricardo-Malthus Model of Renewable Resource Use." *American Economic Review* 88 (March): 119–138.

Braudel, Fernand. 1984. *The Perspective of the World, Civilization and Capitalism 15th–18th Century*. Vol. 3. Translated by Sian Reynolds. New York: Harper and Row.

Bresnahan, Timothy F. 2002. "The Microsoft Case: Competition, Innovation, and Monopoly." Manuscript.

Brezis, Elise, Paul Krugman, and Daniel Tsiddon. 1993. "Leapfrogging in International Competition: A Theory of Cycles in National Technological Leadership." *American Economic Review* 83 (December): 1211–1219.

Brimblecomb, Peter. 1977. "London Air Pollution, 1500–1900." *Atmospheric Environment* 11: 1157–1162.

Brooks, Daniel J. 2003. *The Culture of World Civilizations*. Manuscript, Aquinas College.

Brown, Drusilla K., Alan V. Deardorff, and Robert M. Stern. 2002. *Computational Analysis of Multilateral Trade Liberalization in the Uruguay Round and Doha Development Round*. Discussion Paper 489, Research Seminar in International Economics, University of Michigan (December 8).

Bruce, Anthony. 1980. "The Purchase System in the British Army 1660–1871." *Studies in History*, Series No. 20, Royal Historical Society.

Burkett, John, Catherine Humblet, and Louis Putterman. 1999. "Pre-Industrial and Post-War Economic Development: Is There a Link?" *Economic Development and Cultural Change* 47(3): 471–495.

Cain, Mead. 1977. "The Economic Activities of Children in a Village in Bangladesh." *Population and Development Review* 3 (September): 201–227.

Carroll, Christopher, Jody Overland, and David N. Weil. 1997. "Comparison Utility in a Growth Model." *Journal of Economic Growth* 2 (December): 339–367.

———. 2000. "Saving and Growth with Habit Formation." *American Economic Review* 90 (June): 341–355.

Carroll, Christopher, Byung-Kun Rhee, and Changyong Rhee. 1994. "Are There Cultural

Effects on Saving? Some Cross-Sectional Evidence." *Quarterly Journal of Economics* 109 (August): 685–699.

———. 1999. "Does Cultural Origin Affect Saving Behavior? Evidence from Immigrants." *Economic Development and Cultural Change* 48 (October): 33–50.

Caselli, Francesco. 1999. "Technological Revolutions." *American Economic Review* 89 (March): 78–102.

Caselli, Francesco, and Wilbur J. Coleman II. 2001. "The U.S. Structural Transformation and Regional Convergence: A Reinterpretation." *Journal of Political Economy* 109 (June): 584–616.

Cashin, P., and C. J. McDermott. 2002. "The Long-Run Behavior of Commodity Prices: Small Trends and Big Variability." *IMF Staff Papers* 49: 175–199.

Cerf, Christopher, and Victor Navasky. 1998. *The Experts Speak: The Definitive Compendium of Authoritative Misinformation.* New York: Villard.

Chakravorty, Ujjayant, James Roumasse, and Kinping Tse. 1997. "Endogenous Substitution Among Energy Resources and Global Warming." *Journal of Political Economy* 105 (December): 1201–1234.

Chanda, Areendam, and Louis Putterman. 1999. "The Capacity for Growth: Society's Capital." Working paper, Brown University.

Chen, Nai-Ruenn, and Walter Galenson. 1969. *The Chinese Economy Under Communism.* Chicago: Aldine Publishing Co.

Chi, Ch'ao-Ting. 1963. *Key Economic Areas in Chinese History: As Revealed in the Development of Public Works for Water-Control.* New York: Paragon Book Reprint Corp.

China Statistics Press. 2006. *China Statistical Yearbook.*

Clark, Gregory. 1987. "Why Isn't the Whole World Developed? Lessons from the Cotton Mills." *Journal of Economic History* 47 (March): 141–173.

Coale, Ansely J., and Melvin Zelnik. 1963. *New Estimates of Fertility and Population in the United States.* Princeton, NJ: Princeton University Press.

Cohen, Daniel, and Marcello Soto. 2007. "Growth and Human Capital: Good Data, Good Results." *Journal of Economic Growth* 12(1): 51–76.

Cohen, Joel. 1995. *How Many People Can the Earth Support?* New York: W. W. Norton.

Cohen, Wesley M., Richard R. Nelson, and John P. Walsh. 2000. "Protecting Their Intellectual Assets: Appropriability Conditions and Why U.S. Manufacturing Firms Patent (or Not)." NBER Working Paper 7552 (February).

Coleman, James S. 1988. "Social Capital in the Creation of Human Capital." *American Journal of Sociology* 94 (S): S95–S120.

Collier, Paul. 2007. *The Bottom Billion: Why the Poorest Countries Are Failing and What Can be Done About It.* Oxford University Press.

Corak, Miles. 2006. "Do Poor Children Become Poor Adults? Lessons from a Cross Country Comparison of Generational Earnings Mobility." IZA Discussion Paper No. 1993. Bonn: Institute for the Study of Labor.

Costa, Dora. 2000. "American Living Standards 1888–1994: Evidence from Consumer Expenditures." NBER Working Paper 7650 (April).

Cox, Michael W., and Richard Alm. 1999. *Myths of Rich and Poor: Why We're Better Off Than We Think.* New York: Basic Books.

Crafts, Nicholas F. R. 1996. "The First Industrial Revolution: A Guided Tour for Growth Economists." *American Economic Review* 86 (May): 197–201.

Cuban, Larry. 1986. *Teachers and Machines: The Classroom Uses of Technology Since 1920.* New York: Teachers College Press.

Cutler, David, Winnie Fung, Michael Kremer, and Monica Singhal. 2007. "Mosquitoes: The Long-term Effects of Malaria Eradication in India." *Mimeo.*

Dauzet, Pierre. 1948. *Le Siècle des Chemins de Fer en France (1821–1938).* Fontenay-aux-Roses, Siene: Imprimeries Bellenand.

David, Paul A. 1991a. "Computer and Dynamo: The Modern Productivity Paradox in a

Not-Too-Distant Mirror," in *Technology and Productivity: The Challenge for Economic Policy.* Paris: OECD, 315–345.

———. 1991b. "The Hero and the Herd in Technological History: Reflections on Thomas Edison and the Battle of the Systems," in Patric Higonnet, David S. Landes, and Henry Rosovsky (eds.), *Favorites of Fortune: Technology, Growth, and Economic Development Since the Industrial Revolution.* Cambridge: Harvard University Press.

Davidson, Marshall B. 1988. *Treasures of the New York Public Library.* New York: Harry N. Abrams.

De Soto, Hernando. 1989. *The Other Path: The Invisible Revolution in the Third World.* New York: Harper & Row.

Deane, Phyllis, and Cole, W. A. 1969. *British Economic Growth 1688–1959.* Cambridge: Cambridge University Press.

Deininger, Klaus, and Lyn Squire. 1996. "A New Data Set and Measure of Income Inequality." *World Bank Economic Review* 10 (September): 565–591.

DeLong, J. Bradford. 1997. "Cross-Country Variations in National Economic Growth Rates: The Role of 'Technology,'" in Jeffrey Fuhrer and Jane Sneddon Little (eds.), *Technology and Growth.* Boston: Federal Reserve Bank of Boston.

———. 2001. *Slouching Toward Utopia: An Economic History of the Twentieth Century.* Manuscript.

DeNavas-Walt, Carmen, Bernadette D. Proctor, and Jessica Smith. 2010. *Income, Poverty, and Health Insurance Coverage in the United States: 2009.* Current Population Reports, P60-238, U.S. Census Bureau. Washington, DC: U.S. Government Printing Office.

Desvaux, Georges, Michael Wang, and David Xu. 2004. "Spurring Performance in China's State-owned Enterprises," *McKinsey Quarterly*, Special Edition, 96–105.

Devine, Warren D., Jr. 1983. "From Shafts to Wires: Historical Perspective on Electrification." *Journal of Economic History* 43 (June): 347–372.

Diamond, Jared. 1997. *Guns, Germs, and Steel: The Fates of Human Societies.* New York: W. W. Norton and Co.

Díaz-Giménez, Javier, Vincenzo Quadrini, and José-Víctor Ríos-Rull. 1997. "Dimensions of Inequality: Facts on the U.S. Distributions of Earnings, Income, and Wealth." *Federal Reserve Bank of Minneapolis Quarterly Review* 21 (Spring): 3–21.

Djankov, Simeon, Rafael La Porta, Florencio Lopez-De-Silanes, and Andrei Shleifer. 2002. "The Regulation of Entry." *Quarterly Journal of Economics* 117 (February): 1–37.

Dollar, David, and Paul Collier. 2001. *Globalization, Growth, and Poverty: Building an Inclusive World Economy.* Washington, DC: World Bank.

Dollar, David, and Aart Kraay. 2002. "Growth Is Good for the Poor." *Journal of Economic Growth* 7 (September): 195–225.

Drucker, Peter F. 1997. "The Future That Has Already Happened." *Harvard Business Review* 75 (September–October): 20–24.

Durpe, Ruth. 1999. "'If It's Yellow, It Must Be Butter': Margarine Regulation in North America Since 1886." *Journal of Economic History* 59 (June): 353–371.

Dynan, Karen E., Jonathan Skinner, and Stephen P. Zeldes. 2004. "Do the Rich Save More?" *Journal of Political Economy* 112(2): 397–444.

Easterlin, Richard A. 2000. "The Worldwide Standard of Living Since 1800." *Journal of Economic Perspectives* 14 (Winter): 7–26.

Easterlin, Richard, et al. 2010. "The Happiness–Income Paradox Revisited" *Papers of the National Academy of Science*, December 13.

Easterly, William. 1995. "Explaining Miracles: Growth Regressions Meet the Gang of Four," in Tako Ito and Anne O. Krueger (eds.), *Growth Theories in Light of the East Asian Experience.* Chicago: University of Chicago Press.

Easterly, William, and Stanley Fischer. 1995. "The Soviet Economic Decline." *World Bank Economic Review* 9 (September): 341–372.

Eaton, Jonathan, and Samuel Kortum. 1996. "Trade in Ideas: Patenting and Productivity in the OECD." *Journal of International Economics* 40 (May): 251–278.

Ehrlich, Paul R. 1968. *The Population Bomb.* New York: Ballantine Books.

Elsom, Derek M. 1995. "Atmospheric Pollution Trends in the United Kingdom," in Julian L. Simon (ed.), *The State of Humanity.* Cambridge: Blackwell.

Eltony, M. 1993. "Transport Gasoline Demand in Canada." *Journal of Transport Economics and Policy* 27 (May): 193–208.

Engerman, Stanley L., and Kenneth L. Sokoloff. 2002. "Factor Endowments, Inequality, and Paths of Development Among New World Economics." NBER Working Paper 9259 (October).

Ettling, John. 1981. *The Germ of Laziness: Rockefeller Philanthropy and Public Health in the New South.* Cambridge: Harvard University Press.

Evelyn, John. 1661. *Fumifugium: or The Inconveniencie of the Aer And Smoak of London Dissipated. Together With some Remedies humbly Proposed.* London: Printed by W. Godbid for Gabriel Bedel, and Thomas Collins.

Federal Reserve Bank of Dallas. 1997. *Time Well Spent: The Declining* Real *Cost of Living in America.* Annual report.

Feldstein, Martin. 1997. "How Big Should Government Be?" *National Tax Journal* 2 (June): 197–213.

Feldstein, Martin, and Charles Horioka. 1980. "Domestic Saving and International Capital Flows." *Economic Journal* 90 (June): 314–329.

Felten, Eric. 2001. "Finders Keepers?" *Reader's Digest* April, 103–107.

Fernandez, Raquel, Nezih Guner, and John Knowles. 2005. "Love and Money: A Theoretical and Empirical Analysis of Household Sorting and Inequality," *Quarterly Journal of Economics* 120(1): 273–344.

Fernandez-Armesto, Felipe. 1995. *Millennium.* New York: Bantam.

Fisman, Raymond, and Edward Miguel. 2007. "Corruption, Norms and Legal Enforcement: Evidence from Diplomatic Parking Tickets." *Journal of Political Economy* 115(6): 1020–1048.

Fogel, Robert W. 1964. *Railroads and American Economic Growth: Essays in Econometric History.* Baltimore: Johns Hopkins University Press.

————. 1997. "New Findings on Secular Trends in Nutrition and Mortality: Some Implications for Population Theory," in Mark R. Rosenweig and Oded Stark (eds.), *Handbook of Population and Family Economics*, Vol. 1A. Amsterdam: North Holland.

Forbes, Kristin. 2000. "A Reassessment of the Relationship Between Inequality and Growth." *American Economic Review* 90(4): 869–887.

Fox, Matthew, et al. 2004. "The Impact of HIV/AIDS on Labour Productivity in Kenya." *Tropical Medicine and International Health* 9(3): 318–324.

Frankel, Jeffrey, and David Romer. 1999. "Does Trade Cause Growth?" *American Economic Review* 89 (June): 379–399.

Freedom House. 2011. *Freedom in the World, 2011.*

Frey, Bruno S., and Alois Stutzer. 2002. "What Can Economists Learn from Happiness Research?" *Journal of Economic Literature* 40 (June): 402–435.

Fuchs, Rachel. 1984. *Abandoned Children, Foundlings, and Child Welfare in Nineteenth-Century France.* Albany: State University of New York Press.

Fylkesnes, Knut, et al. 1997. "The HIV Epidemic in Zambia: Socio-demographic Prevalence Patterns and Indications of Trends among Childbearing Women." *AIDS* 11(3): 339–345.

Gallup, John L. 1998. "Agricultural Productivity and Geography." Harvard Institute of International Development.

Gallup, John L., and Jeffrey D. Sachs. 2001. "The Economic Burden of Malaria." *American Journal of Tropical Medicine and Hygiene* 64(1–2 S): 85–96.

Gallup, John L., Jeffrey D. Sachs, and Andrew D. Mellinger. 1999. "Geography and Economic Development." *International Regional Science Review* 22(2): 179–232.

———. 2001. "Geography Datasets." Center for International Development, Harvard University, http://www.cid.harvard.edu/ciddata/geography-data.htm

Galor, Oded, and Omer Moav. 2006. "Das Human Kapital." *Review of Economic Studies* 73(1): 85–117.

———. 2004. "From Physical Capital to Human Capital: Inequality and the Process of Development." *Review of Economic Studies* 71(4), 1001–1026.

Galor, Oded, and Daniel Tsiddon. 1997. "Technological Progress, Mobility, and Economic Growth." *American Economic Review* 87(3): 363–382.

Galor, Oded, and David N. Weil. 1996. "The Gender Gap, Fertility, and Growth." *American Economic Review* 86 (June): 374–387.

———. 2000. "Population, Technology, and Growth: From Malthusian Stagnation to the Demographic Transition and Beyond." *American Economic Review* 90 (September): 806–828.

Galor, Oded, and Joseph Zeira. 1993. "Income Distribution and Macroeconomics." *Review of Economic Studies* 60(1): 35–52.

Garang, John. 1987. *John Garang Speaks*. London: Kegan Paul International.

Garon, Sheldon. 1998. "Fashioning a Culture of Diligence and Thrift: Savings and Frugality Campaigns in Japan, 1900–31," in S. Minichiello (ed.), *Japan's Competing Modernities: Issues in Culture and Democracy, 1900–1930*. Honolulu: University of Hawaii Press.

George, Henry. 1886. *Protection or Free Trade; An Examination of the Tariff Question, with Especial Regard to the Interests of Labor*. New York: H. George and Co.

Goldman, Dana, and Elizabeth McGlynn. 2005. "US Health Care: Facts about Cost, Access,

and Quality." Rand Corporation, http://www.rand.org/pubs/corporate_pubs/2005/RAND_CP484.1.pdf

Gollin, Douglas. 2002. "Getting Income Shares Right." *Journal of Political Economy* 110 (April): 458–474.

Gollin, Douglas, Stephen L. Parente, and Richard Rogerson. 2001. "Structural Transformation and Cross-Country Income Differences." *Mimeo* (December).

Gordon, Robert. 1999. "U.S. Economic Growth Since 1870: One Big Wave?" *American Economic Review Papers and Proceedings* 89 (May): 123–128.

———. 2000. "Does the 'New Economy' Measure Up to the Great Inventions of the Past?" *Journal of Economic Perspectives* 14 (Autumn): 49–74.

———. 2010. "Revisiting U.S Productivity over the Past Century with a View of the Future." NBER Working Paper 15834 (March).

Gylfason, Thorvaldur. 2001. "Natural Resources, Education, and Economic Development." *European Economic Review* 45 (May): 847–859.

Hall, Robert, and Charles Jones. 1999. "Why Do Some Countries Produce So Much More Output per Worker than Others?" *Quarterly Journal of Economics* 114 (February): 83–116.

Haltiwanger, John. 2011. "Firm Dynamics and Productivity Growth." *EIB Papers* 16: 1.

Hamermesh, Daniel, and Jeff Biddle.1994. "Beauty and the Labor Market." *American Economic Review* 84 (December): 1174–1194.

Hardin, Garret. 1968. "The Tragedy of the Commons." *Science* 162 (December): 1243–1248.

Harley, C. Knick. 1988. "Ocean Freight Rates and Productivity 1740–1913: The Primacy of Mechanical Invention Reaffirmed." *Journal of Economic History* 48 (December): 854–876.

———. 1993. "Reassessing the Industrial Revolution: A Macro View," in Joel Mokry (ed.), *The British Industrial Revolution: An Economic Perspective*. Boulder: Westview Press.

Hellmich, Nanci. 2010. "Bad Hair Day Can Hit Women's Self-Esteem, Wallet" *USA Today*, April 12. http://www.usatoday.com/news/health/2010-04-12-bad-hair_N.htm

Henderson, Vernon, Adam Storeygard, and David N. Weil. 2012. "Measuring Economic Growth from Outer Space." *American Economic Review*, 102(2), 994–1028.

Henrich, Joseph, Robert Boyd, Samuel Bowles, Colin Camerer, Ernst Fehr, Herbert Gintis, and Richard McElreath. 2001. "In Search of Homo Economicus: Behavioral Experiments in 15 Small–Scale Societies." *American Economic Review* 91 (May): 73–78.

Heston, Alan, Robert Summers, and Bettina Aten. 2011. *Penn World Table Version 7.0*, Center for International Comparisons of Production, Income and Prices at the University of Pennsylvania, May.

Higgins, Matthew, and Jeffrey Williamson. 1999. "Explaining Inequality the World Round: Cohort Sizes, Kuznets Curves, and Openness." NBER Working Paper 7224 (July).

Hill, Roger Brian. 1992. "The Work Ethic as Determined by Occupation, Education, Age, Gender, Work Experience, and Empowerment." Ph.D. diss., University of Tennessee, Knoxville.

Hochschild, Adam. 1998. *King Leopold's Ghost: A Story of Greed, Terror, and Heroism in Colonial Africa*. Boston: Houghton Mifflin.

Hotelling, Harold. 1931. "The Economics of Exhaustible Resources." *Journal of Political Economy* 39 (April): 137–175.

Hsieh, Chang-Tai, Erik Hurst, Charles I. Jones, and Peter J. Klenow. 2011. "The Allocation of Talent and U.S. Economic Growth." Working Paper.

Hseih, Chang-Tai, and Peter Klenow. 2007. "Misallocation and Manufacturing TFP in China and India." *Quarterly Journal of Economics* 124 (November): 1403–1448.

Huber, Richard J. 1971. "Effect on Prices of Japan's Entry into World Commerce After 1858." *Journal of Political Economy* 79 (May): 614–628.

Hufbauer, Gary Clyde, and Kimberly Ann Eliott. 1994. *Measuring the Costs of Protection in the United States*. Washington, DC: Institute for International Economics.

Inglehart, Ronald, and Hans-Dieter Klingermann. 2000. "Genes, Culture, Democracy and Happiness," in Ed Diener and E. M. Suh (eds.), *Subjective Well-Being Across Cultures*. Cambridge: MIT Press.

Ingram, James C. 1966. *International Economic Problems*. New York: Wiley.

Intergovernmental Panel on Climate Change. 2007. *The IPCC Fourth Assessment Report*.

International Energy Agency. 2002. *World Energy Outlook 2002*.

International Labour Organization. 2011. *Global Trends in Employment*. Geneva.

International Monetary Fund. 1997. *World Economic Outlook*.

Irwin, Douglas A. 2002. *Free Trade Under Fire*. Princeton, NJ: Princeton University Press.

Isaacs, Julia B. 2011a. "Economic Mobility of Families Across Generations," in Julia B. Isaacs, Isabel V. Sawhill, and Ron Haskins (eds.), *Getting Ahead or Losing Ground: Economic Mobility In America*. Washington, The Brookings Institution.

———. 2011b. "International Comparisons of Economic Mobility," in Julia B. Isaacs, Isabel V. Sawhill, and Ron Haskins (eds.), *Getting Ahead or Losing Ground: Economic Mobility In America*, Washington, The Brookings Institution.

ITU. "The World in 2010: ICT Facts and Figures," 2010.

Jaffe, Adam B., and Josh Lerner. 2004. *Innovation and Its Discontents: How Our Broken Patent System Is Endangering Innovation and Progress, and What to Do About It*. Princeton, NJ: Princeton University Press.

James, Estelle. 1998. "New Models for Old Age Security: Experiments, Evidence and Unanswered Questions." *World Bank Research Observer* 13 (August): 271–301.

Jardin, A. 1983. *Restoration and Reaction, 1815–1848.* Paris: Maison des Sciences de l'Homme; Cambridge: Cambridge University Press.

Jayaratne, Jith, and Philip E. Strahan. 1996. "The Finance-Growth Nexus: Evidence from Bank Branch Deregulation." *Quarterly Journal of Economics* 111(3): 639–670.

Jefferson, Thomas. 1967. *The Jefferson Cyclopedia.* Vol. 1. Edited by John P. Foley. New York: Russell and Russell.

Jenkins, Gilbert. 1977. *Oil Economists' Handbook.* New York: Applied Science Publishers.

Jensen, Robert, and Emily Oster. 2009. "The Power of TV: Cable Television and Women's Status in India." *Quarterly Journal of Economics* 124(3): 1057–1094.

Jevons, W. Stanley. 1865. *The Coal Question: An Inquiry Concerning the Progress of the Nation, and the Probable Exhaustion of our Coal-Mines.* London: Macmillan.

Jones, Arthur F., and Daniel H. Weinberg. 2000. "The Changing Shape of the Nation's Income Distribution 1947–1998," Current Population Report P60-204, U.S. Census Bureau (June).

Jones, Charles. 1995. "R&D-Based Models of Economic Growth." *Journal of Political Economy* 103 (August): 759–784.

———. 1998. *Introduction to Economic Growth.* New York: Norton.

———. 2002. "Sources of U.S. Economic Growth in a World of Ideas." *American Economic Review* 92 (March): 220–239.

Jones, Eric L. 1987. *The European Miracle: Environments, Economies and Geopolitics in the History of Europe and Asia,* 2nd ed. Cambridge: Cambridge University Press.

Joshi, Shareen, and T. Paul Schultz. 2007. "Family Planning as an Investment in Development: Evaluation of a Program's Consequences in Matlab, Bangladesh." Yale Economic Growth Center Discussion Paper No. 951.

Kahn, Herman, and Anthony Weiner. 1967. *The Year 2000: A Framework for Speculation on the Next Thirty-Three Years.* New York: Macmillan.

Kalemli-Ozcan, Sebnem. 2002. "Does Mortality Decline Promote Economic Growth?" *Journal of Economic Growth* 7 (December): 411–439.

Kaneko, Ryuichi, et al. 2008. "Population Projections for Japan: 2006–2055, Outline of Results, Methods, and Assumptions." *The Japanese Journal of Population* 6(1): 76–114.

Karl, Terry Lynn. 1997. *The Paradox of Plenty: Oil Booms and Petro-States.* Berkeley: University of California Press.

Kaufmann, Daniel, Aart Kraay, and Massimo Mastruzzi. 2010. "Governance Matters IX: Governance Indicators for 1996–2009," World Bank Policy Research Paper 5430.

Kelly, Morgan. 1997. "The Dynamics of Smithian Growth." *Quarterly Journal of Economics* 112 (August): 939–964.

Kendrick, John W. 1976. *The Formation and Stocks of Total Capital.* New York: Columbia University Press.

Kertzer, David I. 1993. *Sacrificed for Honor: Italian Infant Abandonment and the Politics of Reproductive Control.* Boston: Beacon Press.

Keyfitz, Nathan. 1989. "The Growing Human Population." *Scientific American* 261 (September): 119–126.

Keyfitz, Nathan, and Wilhelm Flieger. 1968. *World Population: An Analysis of Vital Data.* Chicago: University of Chicago Press.

———. 1990. *World Population Growth and Aging: Demographic Trends in the Late 20th Century.* Chicago: University of Chicago Press.

Keynes, John Maynard. 1920. *The Economic Consequences of the Peace.* London: Macmillan.

———. 1930. "Economic Possibilities for Our Grandchildren." Repr. in *The Collected Writings of John Maynard Keynes,* vol. 9, *Essays in Persuasion.* London: Macmillan, 1972.

Khwaja, Asim Ijaz, and Atif Mian. 2005. "Do Lenders Favor Politically Connected Firms? Rent Provision in an Emerging Financial Market." *Quarterly Journal of Economics* 120: 4.

King, Robert, and Ross Levine. 1993. "Finance and Growth: Schumpeter Might Be Right." *Quarterly Journal of Economics* 108(3): 717–737.

———. 1994. "Capital Fundamentalism, Economic Development and Economic Growth." *Carnegie-Rochester Series on Public Policy* 40 (June): 259–292.

Kiszewski, Anthony, Andrew Mellinger, Andrew Spielman, Pia Malaney, Sonia Ehrlich Sachs, and Jeffrey D. Sachs. 2004. "A Global Index Representing the Stability of Malaria Transmission." *American Journal of Tropical Medicine and Hygiene* 70(5): 486–498.

Klenow, Peter, and Andres Rodriguez-Clare. 1997. "The Neoclassical Revival in Growth Economics: Has It Gone Too Far?" *NBER Macro Annual*, pp. 73–103.

Knack, Stephen, and Philip Keefer. 1997. "Does Social Capital Have an Economic Payoff? A Cross-Country Investigation." *Quarterly Journal of Economics* 112 (November): 1251–1288.

Knack, Stephen, and Paul J. Zak. 2001. "Trust and Growth." *Economic Journal* 111 (April): 295–321.

Kolbert, Elizabeth. 2002. "Fellowship of the Ring: Boss Tweed's Monument Just Can't Stay Out of Trouble." *New Yorker*, May 6, 86–91.

Kremer, Michael. 1993. "Population Growth and Technological Change: One Million B.C. to 1900." *Quarterly Journal of Economics* 108 (August): 681–716.

Kremer, Michael, and Edward Miguel. 2004. "Worms: Identifying Impacts on Education and Health in the Presence of Treatment Externalities." *Econometrica* 72(1): 159–217.

Krueger, Anne O. 1990. "Government Failures in Development." *Journal of Economic Perspectives* 4 (Summer): 9–23.

Krugman, Paul. 1994. "The Myth of Asia's Miracle." *Foreign Affairs* 73 (November/December): 62–78.

———. 2000. "Why Most Economists' Predictions Are Wrong." *Red Herring*, May 18.

Kuznets, Simon. 1955. "Economic Growth and Income Inequality." *American Economic Review* 45 (March): 1–28.

La Ferrara, Eliana, Alberto Chong, and Suzanne Duryea. 2008. "Soap Operas and Fertility: Evidence from Brazil." Working Paper.

La Porta, Rafael, and Florencio Lopez-De-Silanes. 1999. "The Benefits of Privatization: Evidence from Mexico." *Quarterly Journal of Economics* 114 (November): 1193–1242.

La Porta, Rafael, Florencio Lopez-i-Silanes, and Andrei Shleifer. 2002. "Government Ownership of Banks," *Journal of Finance*, 57: 1.

Landes, David S. 1998. *The Wealth and Poverty of Nations: Why Some Are So Rich and Some So Poor.* New York: W. W. Norton.

Larsen, Ulla, and James W. Vaupel. 1993. "Hutterite Fecundability by Age and Parity: Strategies for Frailty Modeling of Event Histories." *Demography* 30 (February): 81–102.

Lee, Ronald D. 1990. "Long-Run Global Population Forecasts: A Critical Appraisal," Population and Development Review, 16, Supplement: Resources, Environment, and Population: Present Knowledge, Future Options, 44–71.

Levine, Ross. 2005. "Finance and Growth: Theory and Evidence," in Philippe Aghion and Steven Durlauf (eds.), *Handbook of Economic Growth.* Amsterdam: Elsevier Science.

Lewis, W. Arthur. 1954. "Economic Development with Unlimited Supplies of Labor." *Manchester School* 22(2): 139–191.

Lewis, William W., Hans Gersbach, Tom Jansen, and Koji Sakate. 1993. "The Secret to Competitiveness—Competition." *McKinsey Quarterly* 4: 29–43.

Lindbeck, Assar. 1995. "Hazardous Welfare-State Dynamics." *American Economic Review* 85 (May): 9–15.

Lipset, Seymour Martin. 1990. "The Work Ethic—Then and Now." *Public Interest* 98 (Winter): 61–69.

Livi-Bacci, Massimo. 1997. *A Concise History of World Population*, 2nd ed. Translated by Carl Ipsen. Malden, MA: Blackwell Publishers.

Lloyd, William F. 1833. *Two Lectures on the Checks to Population.* Oxford: Oxford University Press.

Lomborg, Bjørn. 2001. *The Skeptical Environmentalist: Measuring the Real State of the World*. Cambridge: Cambridge University Press.

Lucas, Adrienne. 2007. "The Impact of Disease Eradication on Fertility and Education." Wellesley College. *Mimeo*.

Lucas, Robert E. 1989. "On the Mechanics of Economic Development." *Journal of Monetary Economics* 22 (May): 3–42.

———. 1993. "Making a Miracle." *Econometrica* 61 (March): 251–272.

Maddison, Angus. 1995. *Monitoring the World Economy 1820–1992*. Paris: Development Center of the Organization for Economic Cooperation and Development.

———. 2001. *The World Economy: A Millennial Perspective*. Paris: Development Center of the Organization for Economic Cooperation and Development.

———. 2008 *Historical Statistics of the World Economy 1-2006*, http://www.ggdc.net/maddison/Maddison.htm

Malthus, Thomas R. 1798. *An Essay on the Principle of Population, as It Affects the Future Improvement of Society with Remarks on the Speculations of Mr. Godwin, M. Condorcet, and Other Writers*. London: Printed for J. Johnson in St. Paul's Church-Yard.

———. 1826. *An Essay on the Principle of Population*, 6th ed. London: J. Murray.

John A. Maluccio, et al. 2009. "The Impact of Improving Nutrition During Early Childhood on Education Among Guatemalan Adults." *The Economic Journal* 119 (April): 734–763.

Mankiw, N. Gregory. 1995. "The Growth of Nations." *Brookings Papers on Economic Activity* 1 (Spring): 275–310.

Mankiw, N. Gregory, David Romer, and David N. Weil. 1992. "A Contribution to the Empirics of Economic Growth." *Quarterly Journal of Economics* 107 (May): 407–437.

Mankiw, N. Gregory, and David N. Weil. 1989. "The Baby Boom, the Baby Bust, and the Housing Market." *Regional Science and Urban Economics* 19 (May): 235–258.

Masters, William A., and Margaret S. McMillan. 2001. "Climate and Scale in Economic Growth." *Journal of Economic Growth* 6 (September): 167–186.

McArthur, John W., and Jeffrey D. Sachs. 2001. "Institutions and Geography: Comment on Acemoglu, Johnson and Robinson." NBER Working Paper W8114 (February).

McDermott, Darren. 1996. "Singapore Swing: Krugman Was Right." *Wall Street Journal*, October 23.

McKinsey Global Institute. 1999. "Unlocking Economic Growth in Russia." Moscow: McKinsey Global Institute (October).

———.2009. "Lean Russia: Sustaining Economic Growth Through Improved Productivity." Moscow: McKinsey Global Institute (April).

McLaren, Angus. 1990. *A History of Contraception: From Antiquity to the Present Day*. Oxford: Basil Blackwell.

Mcleod, Christine, et al. 2003. "Evaluating Inventive Activity: The Cost of Nineteenth-Century UK Patents and the Fallibility of Renewal Data." *The Economic History Review*, New Series, 56(3): 537–562.

McNeill, William H. 1976. *Plagues and Peoples*. New York: Doubleday.

Meadows, Donella H., Dennis L. Meadows, Jørgen Randers, and William W. Behrens III. 1972. *The Limits to Growth: A Report for the Club of Rome's Project on the Predicament of Mankind*. New York: Universe Books.

Mellinger, Andrew, Jeffrey Sachs, and John Gallup. 2000. "Climate, Coastal Proximity, and Development," in Gordon L. Clark, Maryann P. Feldman, and Meric S. Gertler (eds.), *Oxford Handbook of Economic Geography*. Oxford University Press.

Miguel, Edward, Shanker Satyanath, and Ernest Sergenti. 2004. "Economic Shocks and Civil Conflict: An Instrumental Variables Approach." *Journal of Political Economy* 112(4): 725–753.

Mill, John Stuart. 1909. *Principles of Political Economy*. Edited by William James Ashley. London: Longmans, Green and Co. Library of Economics and Liberty, http://www.econlib.org/library/Mill/mlP7.html.

Mokyr, Joel. 1990. *The Lever of Riches: Technological Creativity and Economic Progress*. New York: Oxford University Press.

Montesquieu, Charles de Secondat, Baron de. 1914. *The Spirit of Laws*. Translated by Thomas Nugent. London: G. Bell and Sons.

Mowry, David C., and Nathan Rosenberg. 1998. *Paths of Innovation: Technological Change in 20th-Century America*. Cambridge: Cambridge University Press.

Narayan, Deepa, and Lant Pritchett. 1999. "Cents and Sociability: Household Income and Social Capital in Rural Tanzania." *Economic Development and Cultural Change* 47 (July): 871–897.

National Science Foundation. 2006. *Science and Engineering Indicators*. http://www.nsf.gov/statistics/seind06/

Nordhaus, William. 1994. *Managing the Global Commons: The Economics of Climate Change*. Cambridge: MIT Press.

———. 2004. "Retrospective on the 1970s Productivity Slowdown." National Bureau of Economics Working Paper 10950.

North, Douglass. 1990. *Institutions, Institutional Change, and Economic Development*. Cambridge: Cambridge University Press.

Obstfeld, Maurice, and Kenneth Rogoff. 2000. "Six Major Puzzles in International Macroeconomics: Is There a Common Cause?" In Ben Bernacke and Kenneth Rogoff (eds.), *NBER Macroeconomics Annual 2000*. Cambridge: MIT Press.

Olken, Benjamin A. 2009. "Do Television and Radio Destroy Social Capital? Evidence from Indonesian Villages." *American Economic Journal: Applied Economics* 1(4): 1–33.

Organization for Economic Cooperation and Development. 2002. *China in the World Economy: Domestic Policy Challenges*. Paris: OECD.

———. 2009. "State Owned Enterprises in China: Reviewing the Evidence." OECD Working Group on Privatisation and Corporate Governance of State Owned Assets, http://www.oecd.org/dataoecd/14/30/42095493.pdf

O'Rourke, Kevin H., and Jeffrey G. Williamson. 1999. *Globalization and History: The Evolution of the 19th Century Atlantic Economy*. Cambridge: MIT Press.

———. 2005. "From Malthus to Ohlin: Trade, Growth, and Distribution Since 1500." *Journal of Economic Growth* 10 (March): 5–34.

Pack, Howard, and Lawrence Westphal. 1986. "Industrial Strategy and Technological Change: Theory vs. Reality." *Journal of Development Economics* 22 (June): 87–126.

Parente, Stephen, and Edward Prescott. 2000. *Barriers to Riches*. Cambridge: MIT Press.

Perotti, Roberto. 1996. "Growth, Income Distribution, and Democracy: What the Data Say." *Journal of Economic Growth* 1 (June): 149–187.

Persson, Torsten, and Guido Tabellini. 1994. "Is Inequality Harmful for Growth? Theory and Evidence." *American Economic Review* 84 (June): 600–621.

PISA. 2009. "OECD Program for International Student Assessment." www.pisa.oecd.org.

Polanyi, Michael. 1962. *Personal Knowledge: Towards a Post-Critical Philosophy*. New York: Harper Torchbooks.

Pollan, Michael. 1998. "Playing God in the Garden." *New York Times Magazine*, October 25.

Pollard, Sidney. 1980. "A New Estimate of British Coal Production, 1750–1850." *Economic History Review* 33 (May): 212–235.

Pomeranz, Kenneth. 2000. *The Great Divergence: China, Europe, and the Making of the Modern World Economy*. Princeton, NJ: Princeton University Press.

Ponting, Clive. 1991. *A Green History of the World: The Environment and the Collapse of Great Civilizations*. New York: Penguin.

Population Reference Bureau. 1999. "Breastfeeding Patterns in the Developing World." Wall chart: Population Reference Bureau (July).

Pounds, Norman J. G., and Sue Simmons Ball. 1964. "Core-Areas and the Development of the European States System." *Annals of the Association of American Geographers* 54(1): 24–40.

Pritchett, Lant. 1994. "Desired Fertility and the Impact of Population Policies." *Population and Development Review* 20 (March): 1–55.

———. 2000. "The Tyranny of Concepts: CUDIE (Cumulated Depreciated Investment Effort) Is Not Capital." *Journal of Economic Growth* 5 (December): 361–384.

———. 2001. "Where Has All the Education Gone?" *World Bank Economic Review* 15(3): 367–391.

Putnam, Robert D. 2000. *Bowling Alone: The Collapse and Revival of American Community.* New York: Simon & Schuster.

Putnam, Robert. 2001. "Social Capital: Measurement and Consequences," *Canadian Journal of Policy Research* 2(1): 45–51.

Putnam, Robert D., Robert Leonardi, and Raffaella Y. Nanetti. 1993. *Making Democracy Work: Civic Traditions in Modern Italy.* Princeton, NJ: Princeton University Press.

Quah, Danny T. 1998. "A Weightless Economy." *UNESCO Courier* (December).

Rajan, Raghuram, and Luigi Zingales. 1998. "Financial Dependence and Growth." *American Economic Review* 88(3): 559–586.

Reuters. 2009 "FACTBOX-Oil production cost estimates by country," July 28. http://www.reuters.com/article/2009/07/28/oil-cost-factbox-idUSLS12407420090728

Revell, Jack. 1967. *The Wealth of the Nation: National Balance Sheet for the United Kingdom 1957–61.* Cambridge: Cambridge University Press.

Riddle, John M. 1992. *Contraception and Abortion from the Ancient World to the Renaissance.* Cambridge: Harvard University Press.

Riden, Philip. 1977. "The Output of the British Iron Industry Before 1870." *Economic History Review* 30 (August): 442–459.

Rijsberman, Frank R., and Andre van Velzen. 1996. "Vulnerability and Adaptation Assessments of Climate Change and Sea Level Rise in the Coastal Zone: Perspectives from the Netherlands and Bangladesh," in Joel B. Smith, et al. (eds.), *Adapting to Climate Change: An International Perspective.* New York: Springer.

Robinson, James A. 2001. "When Is the State Predatory?" *Mimeo.*

Rodriguez, Francisco, and Jeffrey D. Sachs. 1999. "Why Do Resource-Abundant Economies Grow More Slowly?" *Journal of Economic Growth* 4 (September): 277–303.

Romer, Paul. 1990. "Endogenous Technological Change." *Journal of Political Economy* 98(5, pt. 2) (October): S71–S102.

———. 1992. "Two Strategies for Economic Development: Using Ideas and Producing Ideas." *Proceedings of the World Bank Annual Conference on Development Economics, Supplement to the World Bank Economic Review,* 63–91.

Rosen, Sherwin. 1981. "The Economics of Superstars." *American Economic Review* 71 (December): 845–858.

Rosen, Stacey, and Shahla Shapouri. 2001. "Effects of Income Distribution on Food Security." U.S. Department of Agriculture Information Bulletin 765–2 (April).

Rostow, W. W. 1998. *The Great Population Spike and After: Reflections on Population and the Economy in the 21st Century.* New York: Oxford University Press.

Ruttan, Vernon W. 2001. *Technology, Growth, and Development: An Induced Innovation Perspective.* New York: Oxford University Press.

Sachs, Jeffrey D. 2000. "Tropical Underdevelopment." Working paper, Harvard University.

Sachs, Jeffrey D., and Andrew Warner. 1995. "Economic Reform and the Process of Global

Integration." *Brookings Papers on Economic Activity* 195 (1): 1–118.

———. 2001. "The Curse of Natural Resources." *European Economic Review* 45 (May): 827–838.

Sadik, Nafis, ed. 1991. *Population Policies and Programs: Lessons Learned from Two Decades of Experience.* United Nations Population Fund. Distributed by NYU Press.

Schorr, Juliet. 1992. *The Overworked American: The Unexpected Decline of Leisure.* New York: Basic Books.

Schultz, T. Paul. 1997. "The Demand for Children in Low Income Countries," in Mark Rosenzweig and Oded Stark (eds.), *The Handbook of Population and Family Economics.* Amsterdam: Elsevier.

Schuman, Michael. 2004. "Flat Chance." *Time Magazine*, Monday, Nov. 22.

Shafik, Nemat. 1994. "Economic Development and Environmental Quality: An Econometric Analysis." *Oxford Economic Papers* 46 (October): 757–773.

Shastry, Gauri Kartini, and David N. Weil. 2003. "How Much of Cross-Country Income Variation Is Explained by Health?" *Journal of the European Economic Association* 1 (April–May): 387–396.

Simon, Julian L. 1981. *The Ultimate Resource.* Princeton, NJ: Princeton University Press.

Sobel, Dava. 1995. *Longitude: The True Story of a Lone Genius Who Solved the Greatest Scientific Problem of His Time.* New York: Walker.

Sohn, Byungdoo. 2000. "Health, Nutrition, and Economic Growth." Ph.D. diss., Brown University.

Stern, Bernhard. 1937. "Resistance to the Adoption of Technological Innovations." In *Technological Trends and National Policy,* edited by National Resources Committee. Washington, DC: U.S. Government Printing Office.

Stevenson, Betsey, and Justin Wolfers. 2008. "Economic Growth and Subjective Well Being: Reassessing the Easterlin Paradox," *Brookings Papers on Economic Activity*, Spring.

Stokey, Nancy. 2001. "A Quantitative Model of the British Industrial Revolution, 1780–1850." *Carnegie-Rochester Conference Series on Public Policy* 55: 55–109.

Stover, Leon E. 1974. *The Cultural Ecology of Chinese Civilization: Peasants and Elites in the Last of the Agrarian States.* New York: Pica Press.

Strahler, Alan, and Arthur Strahler. 1992. *Modern Physical Geography.* New York: Wiley.

Strauss, John, and Duncan Thomas. 1998. "Health, Nutrition, and Economic Development." *Journal of Economic Literature* 36 (June): 766–817.

Struck, Douglas. 2000. "In Japan, a Nation of Conformists Is Urged to Break Out of the Mold." *Washington Post* News Service, January 21.

Taylor, Alan M. 2002. "A Century of Current Account Dynamics." *Journal of International Money and Finance* 21(6): 725–748.

Temple, Jonathan, and Paul A. Johnson. 1998. "Social Capability and Economic Growth." *Quarterly Journal of Economics* 113 (August): 965–990.

Thomas, Vinod, Yan Wang, and Xibo Fan. 2000. "Measuring Education Inequality: Gini Coefficients for Education." World Bank Working Paper 2525 (December).

Tobler, W., V. Deichmann, and J. Gottsegen, 1995. The global demography project. Technical Report TR-95-6. National Center for Geographic Information Analysis. Univ. Santa Barbara, CA.

Tocqueville, Alexis de. 1839. *Democracy in America*, 3rd American ed. Translated by Henry Reeve New York: G. Adlard.

Trefler, Daniel. 2004. "The Long and Short of the Canada-U.S. Free Trade Agreement." *American Economics Review* 94 870–895.

Treisman, Daniel. 2000. "The Causes of Corruption: A Cross-National Study." *Journal of Public Economics* 76 (June): 399–457.

UNAIDS. 2010. Global Report on the AIDS Epidemic. New York: United Nations.

UNESCO. 1999. *UNESCO Yearbook*. Paris: UNESCO.

————. 2000. *World Education Forum, EFA 2000 Assessment*. Paris: UNESCO.

United Nations. 2011. "World Contraceptive Use 2011." Chart. Department of Social and Economic Affairs, UN Population Division.

United Nations Development Program. 2000. *Human Development Report: 2000*. New York: Oxford University Press.

————. 2002a. *Human Development Report: 2002*. New York: Oxford University Press.

————. 2002b. Arab Human Development Report.

————. 2003. *Human Development Report 2003*. New York: Oxford University Press.

————. 2007. UNDP database. http://hdr.undp.org/en/statistics/data/.

————. 2010. *Human Development Report 2010*.

United Nations Environmental Program. 2002. "Desk Study on the Environment in the Occupied Palestinian Territories."

United Nations Food and Agriculture Organization. 2002. *The State of the World's Fisheries: 2000*. New York: United Nations.

————. 2010. *Statistical Yearbook*.

United Nations Population Division. 1998a. *World Population Projections to 2150*. New York: United Nations.

————. 1998b. *World Population Prospects: The 1998 Revision*. New York: United Nations.

————. 2000. *World Population Prospects: The 2000 Revision*. New York: United Nations.

————. 2002.*World Population Prospects: The 2002 Revision Population Database*.

————. 2010.*World Population Prospects: The 2010 Revision*. http://esa.un.org/unpd/wpp/index

U.S. Department of Energy, Energy Information Administration, *International Petroleum Monthly,* July 2007.

U.S. Geological Survey. 2000. *World Petroleum Assessment*. http://pubs.usgs.gov/dds/dds-060/.

U.S. Patent and Trademark Office. 2006. *Patents by Country, State, and Year—All Patent Types*. http://www.uspto.gov/web/offices/ac/ido/oeip/taf/cst_all.htm

Wacziarg, Romain, and Karen Horn Welch. 2003. "Trade Liberalization and Growth: New Evidence." NBER Working Paper #10152.

Wade, Alice H. 1989. *Social Security Area Population Projections 1989*. Actuarial Study no. 105, U.S. Department of Health and Human Services, Social Security Administration.

Wehrwein, Peter. 1999/2000. "The Economic Impact of AIDS in Africa." *Harvard AIDS Review* (Fall/Winter).

Weinberg, Daniel H. 1996. "A Brief Look at Postwar U.S. Income Inequality." Current Population Report P60–191, U.S. Census Bureau, June.

Weir, Shandra, and John Knight. 2000. "Education Externalities in Rural Ethiopia: Evidence from Average and Stochastic Frontier Production Functions." Centre for the Study of African Economies, Oxford University (March).

Weitzman, Martin. 1999. "Pricing the Limits to Growth from Minerals Depletion." *Quarterly Journal of Economics* 114 (May): 691–706.

Wells, H. G. 1931. *The Work, Wealth, and Happiness of Mankind*. Garden City, NY: Doubleday, Doran & Co.

Westphal, Larry E. 1990. "Industrial Policy in an Export-Propelled Economy: Lessons from South Korea's Experience." *Journal of Economic Perspectives* 4 (Summer): 41–59.

Williamson, Jeffrey. 1985. *Did British Capitalism Breed Inequality?* Boston: Allen & Unwin.

Womack, James P., Daniel T. Jones, and Daniel Roos. 1991. *The Machine That Changed the World*. New York: Harper Collins.

World Bank. 1997. "Expanding the Measure of Wealth: Indicators of Environmentally Sustainable Development." Environmentally Sustainable Development Studies and Monographs Series, no. 17 (June).

―――. 2002a. *Globalization, Growth, and Poverty: Building an Inclusive World Economy.* New York: Oxford University Press.

―――. 2002b. *Global Development Finance 2002: Financing the Poorest Countries.* Washington, DC: World Bank.

―――. 2003a. *World Development Report 2003.* Washington, DC: World Bank.

―――. 2006. Where is the Wealth of Nations: Measuring Capital for the 21st Century. Washington, DC: World Bank.

―――. 2011a. *World Development Indicators.* Online database.

―――. 2011b. *World Development Report, 2011.* Washington, DC: World Bank.

World Health Organization. 2003. *Malaria Fact Sheet.* http://www.who.int/inf-fs/en/fact094.html

―――. 2011. *World Malaria Report.* http://www.who.int/malaria/world_malaria_report_2011/en/

Worldwatch Institute. 1998. "A Matter of Scale." *World Watch* 11 (May/June): 39.

Yashiro, Naohiro. 1998. "The Economic Factors for the Declining Birthrate." *Review of Population and Social Policy* 7: 129–144.

Young, Alwyn. 1995. "The Tyranny of Numbers: Confronting the Statistical Realities of the East Asian Growth Experience." *Quarterly Journal of Economics* 110 (August): 641–680.

―――. 2005. "The Gift of the Dying: The Tragedy of AIDS and the Welfare of Future African Generations." *Quarterly Journal of Economics* 120(1): 243–266.

―――. 2007. "In Sorrow to Bring Forth Children: Fertility Amidst the Plague of HIV." *Journal of Economic Growth* 12(4): 283–327.

Young, Jeffrey. 2011. "Health-Benefit Costs Increase the Most in Six Years, Surpassing $15,000." Bloomberg News Service, September 27. http://www.bloomberg.com/news/2011-09-27/health-benefit-costs-rise-most-in-six-years-surpassing-15-000-per-family.html

데이비드 와일(David N. Weil)은 브라운대학교 경제학과의 석좌교수(James and Merryl Tisch Professor)이자 National Bureau of Economic Research(NBER)의 연구위원이며 브라운대학교의 인구연구훈련센터(Population Studies Training Center)의 연구원이다. 와일 교수는 1982년에 브라운대학교에서 역사학으로 학사학위를 취득했으며, 1990년에는 하버드대학교에서 경제학 박사학위를 취득하였다. 그는 인구경제학, 사회보장, 통화정책과 포트폴리오 배분 등 경제성장이 아닌 주제는 물론이거니와 국가 간 실증연구, 인적 및 물적 자본의 축적, 적절한 기술, 출생률, 습관형성, 보건 등 경제성장에 관련된 여러 가지 주제에 관하여 폭넓은 저술활동을 계속하고 있다. 와일 교수는 하버드대학교와 히브리대학교의 객원교수를 역임했으며, 'Journal of Developmen Economics'의 공동편집위원장으로 활약하고 있다. 와일 교수는 현재 스웨덴 외무부의 발전정책위원회 회원이며 아프리카 개발 성공 원인에 관한 NBER 프로젝트(NBER project on the Causes of African Development Successes)의 공동단장을 맡고 있다.

백웅기 교수는 서울대학교를 졸업하고 위스콘신대학교에서 경제학 박사학위를 받았다. 미국 아이오와주립대학교 경제학과 조교수와 KDI 연구위원을 거쳐 1995년부터 상명대학교 금융경제학과에 재직 중이며, 2002년에는 일본 ICSEAD의 초빙연구원, 2004년에는 위스콘신대학교의 Honorary Fellow, 2006년 말부터 2009년 초까지는 국회예산정책처 경제분석실장을 역임하였다. 전공 분야는 거시경제학이며 주요 관심은 거시경제정책에 있다. 백웅기 교수는 'Journal of Economic Studies', 'Statistica Sinica', 'Journal of Policy Modeling' 등 국내외 학술지에 다수의 논문을 발표하였으며 '계량경제학보', '한국경제의 분석', '금융연구'의 학술지 편집위원장을 역임하였으며 현재는 '예산정책연구'의 편집위원장을 맡고 있다.

김민성 교수는 서울대학교를 졸업하고 미국 브라운대학교에서 경제학 박사학위를 받았다. 그 후 미국 피츠버그대학교 경제학과 조교수를 역임하고 2002년부터 성균관대학교 경제학부에 재직 중이다. 전공분야는 거시경제학이며 정치경제이론과 경제성장에 관한 다수의 학술논문을 'Journal of Political Economy', 'Journal of Economic Growth', 'Journal of Economic Behavior & Organization' 등 국제학술지에 발표하였다.

The World: Population Density, 2000

Robinson Projection
Based on 2.5 arc-minute resolution data

Gridded Population of the World

Persons per km^2

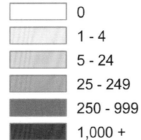

0

1 - 4

5 - 24

25 - 249

250 - 999

1,000 +

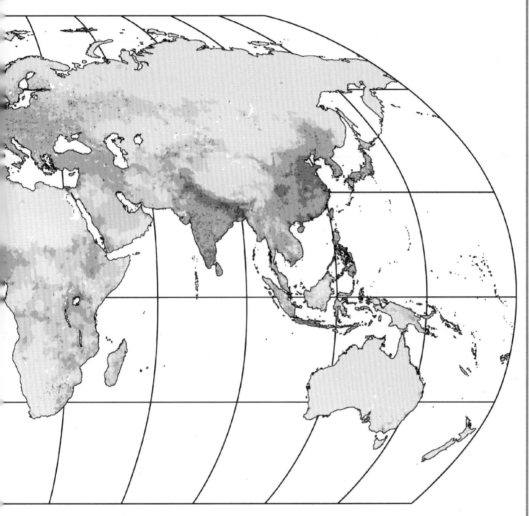

The World: Population Density, 2000. Center for International Earth Science Information Network (CIESIN), Columbia University; and Centro Internacional de Agricultura Tropical (CIAT). 2005. Gridded Population of the World Version 3 (GPWv3). Palisades, NY: NASA Socioeconomic Data and Applications Center (SEDAC), CIESIN, Columbia University. Available at http://sedac.ciesin.columbia.edu/gpw